설계자
덩샤오핑

설계자
덩샤오핑

알렉산더 V. 판초프
스티븐 I. 레빈

★

유희복 옮김

일러두기
- 원주는 미주로 하고, 옮긴이 주는 본문에 괄호로 담았다.
- 책과 잡지는 《 》로, 신문과 영화, 글 등은 〈 〉로 표기했다.
- 한자는 처음 나오는 곳에 병기하는 것을 원칙으로 삼았다.
- 중국 인명과 지명은 국립국어원의 외래어표기법을 원칙적으로 따랐다. 19세기 말을 기준으로 과거인과 현대인을 구분해, 과거인은 종전의 한자음대로 포기하고 현대인은 중국어 표기법에 따르되, 한자식 호칭이 더 널리 알려진 경우에는 처음 병기할 때 한자식을 함께 적었다.

나의 부모님
바딤 게오르기에프흐 에렌부르크(1924~1979),
니나 스테파노브나 판초바(1929~2011)를 기리며
사랑을 담아 이 책을 바친다.
———
알렉산더 V. 판초프

차례

감사의 말

★

이 책이 세상에 나올 수 있도록 신경을 써주고 친절한 도움을 주신 분들께 깊은 감사를 표할 수 있어서 매우 기쁘다.

우리는 키릴 미하일로비치 앤더슨, 니콜라이 세르게예비치 아린체프, 다리아 알렉산드로브나 아린체바(슈퍼차크), 리처드 애시브룩, 피터 W. 번스틴, 예카테리나 보리소브나 보고슬로브스카야, 덴비 보먼, 크리스토퍼 버클리, 천융파, 게오르기 이오시포비치 체르니아브스키, 존 가노, 타마라 이바노브나 일라리오노바, 류보프 스피리도노브나 칼류즈나야, 제임스 드그란데, 류드밀라 콘스탄티노브나 카를로바, 미하일 블라디미로비치 카르포프, 엘리자베타 파블로브나 키시키나(일명 리샤. 리리쌴의 부인), 류드밀라 미하일로브나 코시엘레바, 보리스 이오시포비치 코발, 매들린 G. 레빈, 리단후이, 이나 리(리리쌴의 딸), 리위쩐, 린리헝(또우 또우. 린뱌오의 딸), 린인(레나 진), 다이먼 류, 류웨이(덩샤오핑의 딸 덩룽—별칭 마오마오—의 비서이자 덩샤오핑의 비서 왕루이린의 며느리), 윌리엄 H. 멕기니스, 데이비드 맥브라이드, 니나 스테파노브나 판초바, 스베틀라나 마르코브나 로젠탈, 존 섹스턴, 발린티나 니콜라에브나 슈체틸리나,

션즈화, 발레리 니콜라에비치 셰펠레프, 이리나 니콜라에브나 소트니코바, 에브게니아 알렉산드로브나 토볼(이고르 바실리에비치 위르첸코(유진)의 손녀), 유리 티호노비치 투토호킨, 에즈라 F. 보걸, 왕푸쩡, 왕젠췬(중국공산당 광안시 당위원회 비서), 웨이징성, 샤오징왕(왕저카이의 손자), 위민링, 즈종윈(덩샤오핑, 마오쩌둥, 류샤오치, 저우언라이의 통역 가운데 한 명), 블라디슬라프 마르티노비치 주복, 그리고 덩샤오핑 체제하에서의 자신의 삶에 대한 기억을 함께 나눠주었지만 익명으로 남기를 원하는 많은 중국 시민께 감사의 뜻을 전한다.

주요 인물

★

구무谷牧,1914~2009 1975~1988년, 부총리 및 중국공산당 중앙위원회 서기처 서기. 경제개혁가.

까오강高崗,1905~1954 1949~1952년, 동북 지역 정부 주석. 1949~1954년, 부총리. 1952~1954년, 국가계획위원회 주석. 1955년, 중국공산당 당적을 박탈당함.

녜룽전聶榮臻,1899~1992 1954~1975년, 부총리. 1955년부터 인민해방군 원수.

니콜라이 부하린 Nikolai Ivanovich Bukharin,1888~1938 1924~1929년, 소련공산당 중앙위원회 정치국 위원. 1919~1929년, 코민테른 집행위원회 위원. 1917~1929년, 〈프라우다Pravda〉지 편집장. 볼셰비키 신경제정책NEP 주요 이론가.

니키타 흐루쇼프 Nikita Sergeevich Khrushchev,1894~1971 1953~1964년, 소련공산당 중앙위원회 제1서기. 1958~1964년, 소련각료회의 의장.

단淡,1884~1926 덩의 모친.

덩난邓楠,1945~ 덩의 차녀.

덩룽邓榕,1950~ 별명 마오마오毛毛. 덩의 셋째 딸.

덩리췬邓力群,1915~2015 문화대혁명의 희생자. 1975년 이래 덩의 측근 보좌관. 1978~1980년, 중국사회과학원 부원장. 1982~1987년, 중국공산당 중앙위원회 선전부 부장.

덩린邓林,1941~ 덩의 장녀.

덩원밍邓文明,1886~1936 덩의 부친.

덩샤오핑邓小平,1904~1997 1952~1968년, 1973~1976년, 1977~1980년. 부총리. 1956~1966년, 중앙위원회 총서기. 문화대혁명 때 숙청되었으나, 1977년 복권된 후 마오의 정책을 번복함. 1981~1989년, 중앙군사위원회 주석. 1978~1997년, 중국의 최고 지도자.

덩잉차오邓颖超,1904~1992 저우언라이의 부인. 덩의 강력한 노장 그룹 멤버.

덩즈팡邓质方,1951~ 덩의 차남.

덩푸팡邓朴方,1944~ 덩의 장남.

라오수스饶漱石,1903~1975 1953~1954년, 중국공산당 중앙위원회 조직부 부장. 1955년, 까오강과 함께 숙청됨.

런줘쉬안任卓宣,1896~1990 1923~1925년, 프랑스 내 중국 공산주의자의 리더. 1925~1926년, 중국공산당 모스크바 지부 서기.

레오니트 브레즈네프 Leonid Ilich Brezhnev,1906~1982 1964~1982년, 소련공산당 중앙위원회 제1서기.

뤄푸洛甫,1900~1976 본명 장원톈张闻天. 1935~1943년, 중국공산당 중앙위원회 총서기. 1954~1959년, 외교부 부부장.

류보청刘伯承,1892~1986 1937~1945년, 제18집단군 제129사단 사령원. 1946~1949년, 제2야전군 사령원. 1949~1950년, 중국공산당 중앙위원회 서남국 제2서기. 1950~1959년, 중국인민해방군 군사학원 원장 겸 정치위원. 1955년부터 인민해방군 원수.

류샤오치刘少奇,1898~1969 지도적 공산주의자. 1956~1966년, 중국공산당 중앙위원회 부주석. 1959~1968년, 중화인민공화국 주석. 1961~1966년, 마오의 지명 후계자. 문화대혁명의 주요 희생자.

리리싼李立三,1899~1967 1921년부터 중국 노동운동을 주도한 조직가. 1928~1930년, 중국공산당의 실질적 지도자. 1930년, 이른바 리리싼 모험주의 노선을 선동.

리밍루이李明瑞,1896~1931 광시广西 군벌. 1929년, 광시경비대 지휘관. 1930~1931년, 홍7, 홍8연합군 총사령관.

리셴녠李先念,1909~1992 1954~1980년, 부총리. 1977~1982년, 중국공산당 중앙위원회 부주석. 1983~1988년, 중화인민공화국 주석. 덩의 강력한 노장 그룹 멤버.

리웨이한李维汉,1896~1984 1933~1934년, 중국공산당 중앙위원회 조직부 부장. 덩의 정적. 1948~1964년, 중국공산당 중앙위원회 통일전선공작부 부장.

리펑李鹏,1928~ 1987~1998년, 총리 대리 및 총리.

리푸춘李富春,1900~1975 1954년부터 부총리 겸 국가계획위원회 주임. 1956~1969년, 정치국 위원.

린뱌오林彪,1907~1971 1955년부터 인민해방군 원수. 1959~1971년, 국방부장. 1969~1971년, 중국공산당 중앙위원회 부주석. 1969~1971년, 마오의 지명 후계자. 덩의 적대자. 1971년 9월, 소련으로 도망가려 했으나 비행기 추락으로 사망함.

마거릿 대처 Margaret Thatcher,1925~2013 1979~1990년, 영국 수상.

마오위안신毛远新,1941~ 마오쩌둥의 조카. 문화대혁명 기간 극좌적 4인방과 협력함. 덩의 정적.

마오쩌둥毛泽东,1893~1976 1911년, 중국공산당 공동 창립자. 1935년부터 중국 공산주의 운동의 지도자. 1945년부터 중국공산당 중앙위원회 주석. 1954~1959년, 중화인민공화국 주석.

마오쩌탄毛泽覃,1905~1935 마오쩌둥의 남동생.

미하일 고르바초프 Mikhail Sergeevich Gorbachev,1931~ 1985~1991년, 소련공산당 중앙위원회 총서기. 1989~1991년, 소련 대통령.

미하일 안드레예비치 수슬로프 Mikhail Andreevich Suslov,1902~1982 1947~1982년, 소련공산당 중앙위원회 서기. 1952~1953년 및 1955~1982년, 정치국 위원. 소비에트 이론가.

바오퉁鲍彤,1932~ 1980~1989년, 자오쯔양의 비서. 중국공산당 중앙위원회 정치체제개혁연구소조 연구실 주임. 1989년 체포되어 투옥됨. 1996년 석방됨.

보구博古,1907~1946 본명 친방셴秦邦憲. 1931~1935년, 중국공산당 중앙위원회 총서기. 덩의 정적.

보이보薄一波,1908~2007 1949~1953년, 재정부 부장. 1956~1975년 및 1979~1982년, 부총리. 1982~1992년, 중앙고문위원회 부주임. 덩의 강력한 노장 그룹 멤버.

샤보건夏伯根,1899~2000 덩의 계모.

샹중파向忠发,1879~1931 1928년부터 중국공산당 중앙위원회 총서기. 국민당 경찰에 의해 처형됨.

쑨원孙文,1866~1925 중화민국의 국부. 1912년, 국민당 창립자. 공산주의자들과 합작 전선을 형성함.

야오원위안姚文元,1931~2005 상하이 당 저널리스트이자 문화대혁명 기간 극좌적 4인방의 일원. 덩의 정적. 1976년 체포되어 투옥됨.

야오이린姚依林,1917~1994 1979~1993년, 부총리. 경제개혁가.

양상쿤杨尚昆,1907~1998 1949~1966년, 중앙위원회 판공청 주임. 1966년, 문화대혁명의 초기 희생자. 1982~1992년, 중앙군사위원회 부주석. 1988~1993년, 중화인민공화국 주석. 덩의 강력한 노장 그룹 멤버.

예젠잉叶劍英,1897~1986 1955년부터 인민해방군 원수. 1966~1985년, 중앙군사위원회 부주석. 1973~1985년, 중국공산당 중앙위원회 부주석. 1975~1978년, 국방장관. 1977~1978년, 덩의 멘토. 1978~1983년, 전국인민대표대회 상무위원회 위원장.

오토 브라운 Otto Braun,1900~1974 별명 리더李德, 화푸華夫. 1932~1935년, 중국공산당 중앙위원회 군사고문.

완리万里,1916~2015 1977~1980년, 안후이성 당위원회 제1서기. 1980~1988년, 부총리. 1988~1993년, 전국인민대표대회 상무위원회 위원장. 경제개혁가.

왕둥싱汪东兴,1916~2015 1968~1976년, 마오의 경호원. 1966~1977년, 중앙위원회 판공청 주임중앙위원회 판공청 주임. 1977~1980년, 중국공산당 중앙위원회 부주석. 덩의 반대자.

왕루이린王瑞林,1930~ 1952~1967년 및 1973~1992년, 덩샤오핑의 비서. 1992년부터 인민해방군 총정치부 부주임.

왕쟈샹王稼祥,1906~1974 별명 Communard, Zhang Li. 1931~1934년, 중앙 소비에트 지역에서 마오의 반대자. 1934~1935년, 장정 기간 그리고 쭌이회의에서 마오를 지지함. 1951~1962년, 중국공산당 중앙위원회 대외연락부 부장.

왕전王震,1908~1993 1975~1983년, 부총리. 1985~1987년, 중앙고문위원회 부주임. 1988~1993년, 중화인민공화국 부주석. 덩의 강력한 노장 그룹 멤버.

왕징웨이汪精卫,1883~1944 국민당의 '좌파' 지도자. 1927년, 우한정부 주석.

왕하이룽王海容,1938~2017 마오의 조카딸. 1971~1972년, 외교부 의전국 부국장. 1974~1976년, 외교부 부부장.

왕훙원王洪文,1935~1992 상하이 모반자의 우두머리이자 문화대혁명 기간 4인방의 일원. 1973~1976년, 중국공산당 중앙위원회 부주석. 1972~1976년, 마오의 지명 후계자. 덩의 정적. 1976년 체포되어 투옥됨.

우한吳晗,1909~1969 극작가 겸 베이징 부시장. 1965년, 그의 극〈해서파관海瑞罢官〉에 대한 비판이 문화대혁명을 촉발함.

웨이바췬韦拔群,1894~1932 1925~1932년, 광시의 공산주의 게릴라 리더.

웨이징성魏京生,1950~ 1978년부터 중국 반체제 운동의 리더.

위광위안于光远,1915~2013 1975년 이래 덩의 측근 보좌관. 1979~1982년, 중국사회과학원 부원장 및 마르크스-레닌주의, 마오쩌둥연구소 소장. 경제개혁가.

위쮜바이俞作柏,1889~1959 1929~1930년, 광시성 정부 주석. 군벌.

위쮜위俞作豫,1901~1930 위쮜바이의 남동생. 1927년 10월부터 공산주의자. 1930년, 홍8군 사령관.

유리 안드로포프 Yuri Vladimirovich Andropov,1914~1984 1962~1967년 및 1982년, 소련공산당 중앙위원회 서기. 1967~1982년, KGB 의장. 1982~1984년, 소련공산당 중앙위원회 총서기.

이오시프 스탈린 Joseph Vissarionovich Stalin,1879~1953 1922~1934년, 볼셰비키당 총서기. 1934년부터 볼셰비키당 서기. 1941년부터 소련 인민위원회 의장.

자오쯔양赵紫阳,1919~2005 1975~1980년, 쓰촨 당위원회 제1서기. 덩의 측근 보좌관. 1980~1987년, 총리. 1987~1989년, 중국공산당 중앙위원회 총서기. 경제개혁가. 1989년, 톈안먼 광장의 시위자들을 지지함. 덩에 의해 해고됨. 1989년부터 가택연금 상태에 놓임.

장시위안张锡瑗,1907~1930 덩의 첫 부인.

장윈이张云逸,1892~1974 1929~1931년, 중국 홍군 제7군 사령원.

장제스蒋介石,장개석,1887~1975 1926년부터 국민당 국민혁명군 총사령원. 1928년부터 국민당 정권 지도자.

장쩌민江泽民,1926~ 1989~2002년, 중국공산당 중앙위원회 총서기. 1993~2003년, 중화인민공화국 주석.

장춘차오张春桥,1917~2005 문화대혁명 기간 극좌적 4인방의 일원. 덩의 적대자. 1976년 체포되어 투옥됨.

쟝칭江青,1914~1991 마오의 네 번째 부인. 1966년부터 중앙문화혁명소조 조장. 극좌적 4인방의 일원. 덩의 주요 정적. 1976년 체포되어 투옥됨.

저우언라이周恩来,1898~1976 중국의 탁월한 공산주의자. 1927~1934년, 이따금 마오를 반대하다 그 후 마오의 오른팔 및 충실한 지지자가 됨. 1949년부터 총리. 1972년, 마오의 지명 후계자. 1956년부터 중국공산당 중앙위원회 부주석. 1923년부터 덩의 멘토.

주더朱德,1886~1976 별명 다닐로프Danilov. 1928~1945년, 내전 및 항일전쟁 기간 마오의 최측근 동료. 홍군, 제18집단군, 인민해방군 총사령관. 1956년부터 중국공산당 중앙위원회 부주석.

줘린卓琳,1916~2009 덩의 세 번째 부인.

즈비그뉴 브레진스키 Zbigniew Brzezinski,1928~2017 1977~1981년, 미국 국가안보좌관.

지미 카터 Jimmy Carter,1924~ 1977~1981년, 미국 대통령.

진웨이잉金维映,1904~1941 덩의 두 번째 부인.

차이허썬蔡和森,1895~1931 1920~1921년, 프랑스 내 중국 학생 지도자. 1927~1928년, 중국공산당 중앙집행위원회 위원. 1931년, 정치국 위원.

천두슈陈独秀,진독수,1879~1942 중국 공산주의 운동의 창시자. 1921~1927년, 중국공산당 지도자.

천샤오위陈绍禹**,1904~1974** 별명 왕밍王明. 1926~1927년, 덩의 모스크바 시절 급우. 1931년, 중국공산당의 실질적 지도자. 1931~1937년, 코민테른 내 중국공산당 대표단 대표.

천윈陈云**,1905~1995** 본명 랴오천윈廖陈云. 1954~1965년 및 1979~1980년, 부총리. 1956~1966년 및 1978~1982년, 중국공산당 중앙위원회 부주석.1982~1987년, 중앙기율검사위원회 제1서기. 1987~1992년, 중앙고문위원회 주임. 경제 전문가. 덩의 강력한 노장 그룹 멤버.

천이陈毅**,1901~1972** 1946~1949년, 제3야전군 사령원. 1954~1972년, 부총리. 1958~ 1972년, 외교부 부장. 1955년부터 인민해방군 원수.

취추바이瞿秋白**,1899~1935** 1927~1928년, 중국공산당의 실질적 지도자. 1928~1930년, 코민테른 집행위원회 내 중국공산당 대표단 단장.

캉성康生**,1898~1975** 별명 자오윈赵耘, 본명 장중커张宗可. 마오의 주요 첩보단장. 1973~1975년, 중국공산당 중앙위원회 부주석. 덩의 정적.

탄전린谭震林**,1902~1983** 1959~1975년, 부총리. 1975년부터 전국인민대표대회 상무위원회 부위원장.

파벨 유딘 Pavel Fedorovich Yudin**,1899~1968** 1950~1952년, 스탈린의 중국 특사로, 마오의 마르크스주의자로서의 자격을 상세히 검토함. 1953~1959년, 주중 소련대사.

펑더화이彭德怀**,1898~1974** 1950~1953년, 한국전쟁에서 중국인민지원군 사령원. 1954~1959년, 국방부장. 1955년부터 중국인민해방군 원수. 1959년, 대약진운동을 비판함.

펑위샹冯玉祥**,풍옥상,1882~1948** 1924~1930년, 원수, 국민군, 국민당 국민혁명군 제2집단군 및 서북군 사령원.

펑전彭真**,1902~1997** 1949~1966년, 베이징시 위원회 제1서기. 1951~1966년, 베이징 시장. 1956~1966년, 중국공산당 중앙위원회 서기처에서 덩의 대리. 덩의 강력한 노장 그룹 멤버.

허룽贺龙**,1896~1969** 1949~1952년, 중국공산당 중앙위원회 서남국 제3서기. 1954년 이래로 부총리. 1955년부터 인민해방군 원수. 문화대혁명 기간에 자살.

헨리 키신저 Henry A.Kissinger**,1923~** 1969~1975년, 미국 국가안보보좌관. 1973~1977년, 미국 국무장관.

화궈펑华国锋**,1921~2008** 1976년, 마오의 후계자. 1976~1981년, 중국공산당 중앙위원회 주석. 1976~1980년, 총리. 덩의 정적.

후야오방胡耀邦**,1915~1989** 1953~1966년, 공산주의청년단(공청단) 제1서기. 문화대혁명의 희생자. 1978~1987년, 덩의 측근 보좌관. 1981~1982년, 중국공산당 중앙위원회 주석. 1982~1987년, 중국공산당 중앙위원회 총서기. 경제 및 정치 개혁가. 과도한 자유주의로 덩에 의해 해고됨.

후챠오무胡乔木,1912~1992 1941년 이래로 마오의 비서. 1975년 이래로 덩의 측근 보좌관. 1977~1982년 및 1985~1988년, 중국사회과학원 원장. 1980~1982년, 중국공산당 중앙위원회 서기처 서기.

후치리胡启立,1929~ 1982~1989년, 중국공산당 중앙위원회 서기처 서기. 1987~1989년, 중국공산당 중앙위원회 정치국 상무위원회 위원.

소비에트 사회주의 공화국 연방

우루무치
★

신장

간쑤

칭하이

티베트

시캉

라싸
★

네팔

시킴

부탄

인도

버마

시암

1912년부터 1949년까지 국민당정부가 통치한 대륙의 영토
1911년 신해혁명으로 청이 망한 뒤 쑨원이 건국하고 장제스가 이끈 국
민당정부는 항일전쟁을 수행하기 위한 제2차 국공합작 이후 공산당과의
내전에서 패하여 1949년에 타이완으로 쫓겨 갔다.

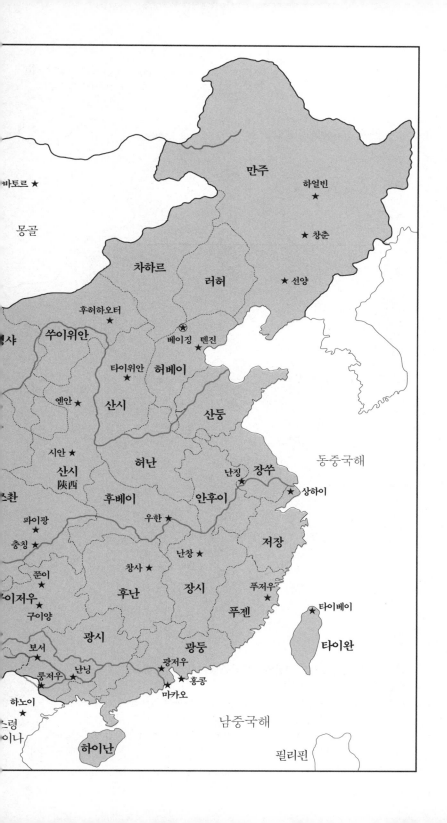

바토르 ★

몽골

만주

하얼빈
★

★ 창춘

차하르

러허

★ 선양

후허하오터
★

쑤이위안

★

베이징 톈진
★

타이위안
★

허베이

옌안 ★

산시

산둥

시안 ★

허난

산시
陝西

난징 장쑤
★

★ 상하이

동중국해

☉촨

후베이

안후이

파이팡
★

우한 ★

충칭 ★

난창 ★

저장

쭌이
★

창사 ★

이저우★

후난

장시

푸저우
★

구이양

푸젠

★ 타이베이

광시

광둥

타이완

보서

난닝

광저우
★

룽저우
★

★ 홍콩

하노이
★

마카오

스링
이나

남중국해

하이난

필리핀

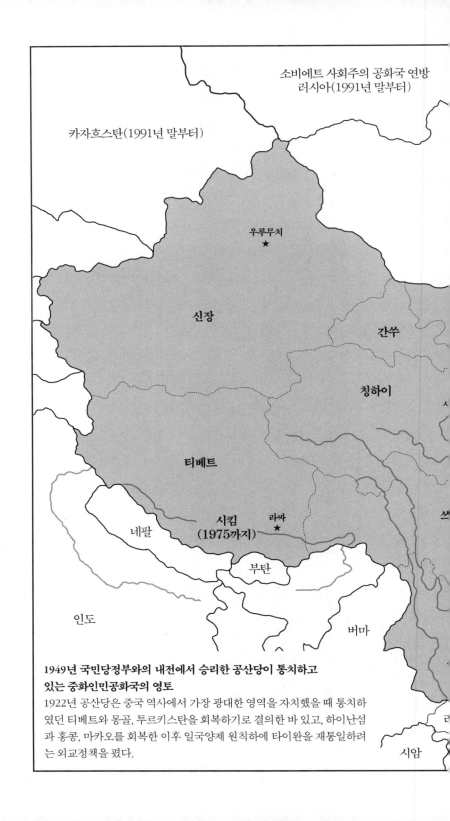

소비에트 사회주의 공화국 연방
러시아(1991년 말부터)

카자흐스탄(1991년 말부터)

우루무치
★

신장

간쑤

칭하이

티베트

시킴
(1975까지)

라싸
★

네팔

부탄

인도

버마

**1949년 국민당정부와의 내전에서 승리한 공산당이 통치하고
있는 중화인민공화국의 영토**

1922년 공산당은 중국 역사에서 가장 광대한 영역을 자치했을 때 통치하
였던 티베트와 몽골, 투르키스탄을 회복하기로 결의한 바 있고, 하이난섬
과 홍콩, 마카오를 회복한 이후 일국양제 원칙하에 타이완을 재통일하려
는 외교정책을 폈다.

시암

서문

★

1989년 여름, 전 세계의 텔레비전 채널은 중국의 수도 베이징의 톈안먼 (천안문) 광장 근처 장안가長安街를 따라 전진하는 탱크 대열 앞에서 장바구니를 들고 서서 물러서지 않고 있는 한 젊은이를 담은 영상을 전송했다. 젊은이는 왼쪽으로 그리고 다시 오른쪽으로 몇 걸음씩 움직이면서, 강력한 탱크의 길을 막아섰고, 그가 들고 있는 특이한 바구니는 공중에서 힘없이 흔들렸다.

근접 촬영된 이 장면들은 6월 5일, 최고지도자 덩샤오핑이 이끄는 중국 지도부가 군의 도움으로 수도에서 "질서를 회복"하기 시작한 뒤에 찍힌 것이었다. 4월 중순에 시작해 진정한 민주주의, 시민의 자유 그리고 부패 척결을 요구하면서 학생들과 다른 도시의 거주자들이 계속해서 벌이고 있던 시위는 정권의 절대 권력을 위협했다. 자유주의 운동은 베이징뿐만 아니라 다른 대도시들도 장악했다. 집으로 돌아가라는 호소가 무수히 나왔음에도 반항적인 젊은이들은 시위를 포기하지 않으려 했고, 따라서 국가의 지도자들은 무력 사용과 양보 사이에서 선택해야만 했다. 그들은 선택을 했고, 톈안먼에 이르는 거리들을 피로 붉게 물들였다.

아마도 젊은 반란 세력은 "약한 것이 강한 것을 이긴다"[1]고 생각했겠지만, 1989년 6월에 노자의 이 오래된 생각은 실행이 불가능한 것으로 밝혀졌다. 중국의 전체주의 정권은 반대파를 진압했고, 반혁명적 반란을 기도했다는 혐의로 그들을 비난했다. 그 후, 상징적이며 필사적인 항의의 표시로, 살아남은 사람들은 중국 도시의 거리에 유리병 파편을 흩뜨려 놓기 시작했다. 우연인지 몰라도 이런 행동은 덩의 이름을 가리킨다. 샤오핑小平(작고 평평하다는 의미)에 있는 '핑'을 다른 글자로 쓰면 그 뜻은 '작은 병小瓶'으로 변하기 때문이다.

그러나 마지막으로 분출된 이 항의는 오래가지 못했다. 삶은 계속되었다. 총에 맞거나 탱크에 깔린 사람들은 땅에 묻혔고, 형기를 마친 사람들은 석방되었다. 잡히지 않고 살아남은 반항자들은 학교로 돌아가 고등교육을 마치고, 일을 시작했다. 26년이 흐른 후, 중국의 젊은이들은 톈안먼 광장으로 가는 길에서 그리고 광장 바로 그곳에서 당시에 무슨 일이 벌어졌는지 거의 아는 바가 없다. 아무도 감히 그 대학살에 대해 공개적으로 이야기하려 하지 않으며, 그런 시도는 위험하다. 톈안먼 사건은 현대 중국에서 타이완 그리고 티베트 문제와 함께 세 가지 금기의 T 가운데 하나이다.

누군가는 이렇게 말할지도 모른다. 지나간 일인데 왜 들춰내는가? 어쨌든 중국은 현재 급속히 발전하고 있고, 소비 시장은 물품들로 가득 차 있으며, 이 대국의 현대화는 목전에 있는 듯하다. 대부분의 중국인은 과거가 아니라 미래를 보고 있다. 시장사회주의의 설계자이자 개시자였으며 안내자였던 바로 그 덩이 이끈 37년의 경제개혁은 전 세계가 "중국의 기적"을 이야기하기 시작한 상황으로 이어졌다.

어쩌면 중국 지도자들이 자유주의자들을 탄압한 것이 옳았는지도 모른다. 결국 중국은 미국이 아니니 말이다. 천하―우리가 중국으로 알고 있는 나라의 고대 명칭―의 사람들은 수천 년 이어진 전제정치 동안, 분명 지도자들의 절대 권력에 익숙해지지 않았을까?

일부러든 아니든 전제주의 옹호자들이 그런 주장을 언급한 것은 분명한 사실이다. 그러나 어떤 이유에서인지 바로 그 노자는 중국에서 "사람들이 정부의 '권력'을 더는 두려워하지 않게 되면, 결코 그 스스로 시행할 필요가 없는 훨씬 더 큰 '권한'의 이양―청렴결백―이 나타날 것이다"[2]라고 생각했다. 비슷한 시기에 공자는 "군자는 화和하되, 동同하지 않는다. 소인은 동同하되, 화和하지 않는다"고 말했다. 같은 이유에서 공자는 또한 세상의 네 가지 악 가운데 하나는 "가르치지 않고 함부로 죽이는 학정"[3]이라고 생각했다.

그렇다면 덩은 잘못된 판단을 한 것인가? 중국은 지도부가 자국 젊은이들의 피로 수도 베이징의 거리를 얼룩지게 만들지 않았더라도 경제적 정점에 다다를 수 있었을까?

성급한 결론을 내리고 싶은 유혹은 상존하지만, 이런 문제에 답하는 것은 쉽지 않다. 결국, 답은 중국의 최근 역사에만 있는 것이 아니다. 그것은 20세기 내내 그 중세 왕국이 가로질러 온 길―힘들고, 굴곡진 그리고 극적인 길, 중국을 서구의 반식민지에서 세계적 강대국으로, 후진적이고 낡은 군주국에서 사회주의 공화국으로 이르게 한 그 길에 대한 우리의 이해와 결부되어 있다.

물론, 그 답은 중국의 주요 개혁가인 덩샤오핑이라는 사람에 대한 우리의 평가와도 연결되어 있다. 그는 어떤 사람이었나? 어떻게 정권을 장악했는가? 혁명과 사회주의 건설에 어떤 역할을 했는가? 중국을 사회주의와 자본주의가 공존하는 곳으로 변모시킨 그의 독특한 개혁의 원천과 본질은 무엇이었는가? 그리고 시위하는 젊은이들을 진압하기 위해 그가 결국 군대를 보낸 이유는 무엇이었는가?

전 세계의 주요 정치인들을 포함하여 그를 아는 사람들은, 비록 모두 그의 독특한 능력을 인정하기는 했지만, 다른 식으로 말하기도 했다. 이중에는 니키타 흐루쇼프Nikita S. Khrushchev, 미하일 고르바초프Mikhail S. Gorbachev, 제럴드 포드Gerald R. Ford, 지미 카터Jimmy Carter, 로널드 레이건 Ronald Reagan 그리고 조지 부시George H. W. Bush가 있었다. 정치국에서 덩을 두 번 쫓아낸, 변덕스럽고 의심 많은 마오쩌둥조차 여전히 그를 가치 있게 여겼기 때문에, 심지어 끔찍했던 문화대혁명 동안(1966~1976)에도 아무도 그를 짓부수지 못하게 했다.

덩샤오핑을 어떻게 규정해야 할까? 그는 지난 세기 초부터 말까지 산 매우 장수한 혁명가였고, 중국사와 세계사에서 일어난 무수한 사건의 목격자이자 적극적인 참여자였으며, 마오 주석하의 중국공산당 주요 지도자 가운데 하나로 성장한 후에 그 위대한 조타수(마오)의 모든 후계자를 누르고 이길 수 있었다. 아마도 무엇보다 가장 주목할 만한 것은 그가 자신의 기본적인 신념에 대해 재고하는 길고 굴곡진 길을 걷고 난 후에, 그 자신이 마오주의식 사회경제적 유토피아의 손아귀에서 벗어났을 뿐만 아니라 그의 인민들이 똑똑히 보도록 도왔다는 점일 것이다. 그러나 그는 도전 불가한 중국공산당의 지배라는 형태로 독재가 필요하다는 굳은 신념을 유지했다. 민주주의 비전에 직면해서 단지 혼돈의 망령만을 볼 수 있던 그는 자신의 입장을 고수한 채 더는 전진하려 하지 않았다. 최종 분석 결과, 그는 그와 동지들이 인민의 이름으로 통치하겠다고 천명했던 바로 그 중국 인민들을 신뢰하지 않았다. 한마디로 그는 국가 통치권을 사회 전체에 이양하기를 거부했다.

결국, 그는 자신이 생각할 수 있는 것만 성취할 수 있었던, 자기 시대에 속한 인물이었다. 소련의 고르바초프와 달리, 덩은 전체주의적 세계관을 완전히 극복하지 못했다. 그는 중국의 사회주의를 매장하기 위해서가 아니라 개혁하기 위해서 불려 나온 것이었다.

이 책은 덩샤오핑이라는 이 복잡한 현상을 해독하는 데 전념했다. 중국공산당, 소련공산당 그리고 국제공산주의운동의 이전 비밀문건을 기초 자료로 삼았다. 기록 출처의 핵심은 모스크바 소재 러시아 국립사회·정치사문서보관소(구소련 공산당 중앙위원회 마르크스-레닌주의연구소 중앙당문서보관소)에서 나온, 전에는 검토되지 않았던 덩샤오핑의 광범위한 개인 기록 서류들(그런 파일이 두 개 존재함) 그리고 그의 가족 구성원들의 개인 기록 서류들로 구성되어 있다. 다른 러시아 문서 파일에서 우리가 참고한 추가 신규 문건으로는 마오쩌둥, 저우언라이, 주더, 천원 등 중국의 주요 공산주의자들의 개인 기록 문서 3,300여 건이 있다. '덩의 전기 작가로서 이 모든 자료를 처음으로 이용한 것은 우리다.'

무엇보다도 중국의 역사가들과 함께 그들의 러시아, 미국 그리고 서유럽 동료들의 노력 덕분에 접근할 수 있던 다른 수집품에서 나온 문서 자료들은 이미 사용된 바 있지만 마찬가지로 중요하다. 여기에는 덩샤오핑과 그 외 중국 지도자의 연설문, 글, 서신 그리고 전보문; 중국공산당, 중화인민공화국 그리고 소련공산당 고위 기관들의 회의 속기 보고문; 미국 및 타국 정부들의 문건들; 그리고 덩과 세계 지도자들 간 최고위급 회담 초안 등이 있다. 이에 못지않게 중요한 자료로는 덩의 아내들, 딸들, 아들들, 형제자매, 동료, 비서, 경호원 그리고 그 밖의 측근 등, 가정과 일터에서 덩을 알고 있던 사람들의 무수한 기억이다. 주저자인 알렉산더 판초프Alexander V. Pantsov 역시 덩에 대한 개인적 지식을 가진 많은 중국인, 덩과 같이 일을 했거나 덩의 정책과 행위에 영향을 받은 사람들을 인터뷰했다. 후자들 중에는, 잘 알려진 중국의 반체제 인사로, 1978년부터 1979년까지 일어난 민주의 벽 운동의 지도자였던 웨이징성魏京生이 있다. 판초프는 또한 쓰촨성에 있는 덩의 고향 그리고 그의 삶과 관계된 그 외 중국과 유럽의 여러 장소들을 수차례 방문하는 동안 특별한 자료도 수집했다. 이 책은 중국어, 러시아어, 영어, 프랑스어로 된 사실상 현존하는 거의 모든 2차 자료들도 활용하고 있다.

이 평전은 2012년에 출판해 널리 호평을 받은 우리의 전작《마오쩌둥 평전Mao: The Real Story》과 동일한 스타일로 저술된 객관적 연구다. 책의 대상에 대해 마찬가지로 균형 잡힌 접근법, 즉 덩을 개혁의 표본으로 칭송하거나 단순히 "베이징의 도살자들" 가운데 하나로 일축하지 않는 접근법을 사용했다.

근대 중국사에서 덩의 중요성은 그처럼 상세하고 객관적인 평가를 받을 가치가 있다. 우리 책은 정치 팸플릿이 아니라 일반 독자들이 접근할 수 있으며, 재미있어하고, 몰입할 수 있도록 이야기 형식으로 내놓은 다년간의 힘든 학술 연구의 결과물이다. 덩, 마오 그리고 그들의 모든 친구들과 적들이 활동했던 구체적인 역사적 상황을 재현하려는 시도에 있어, 우리는 우파 또는 좌파의 정치적 편견에 의해 편향되는 것을 피하려고 의도적으로 노력했다. 그것이 우리 이전에 살았던 사람들을 정확하게 이해하는 유일한 방법이고, 또 그것이 역사를 존중하는 유일한 방법이다. 만일 누군가 자신의 정치적 시각에서 역사를 쓰기 시작한다면, 그것은 결코 객관적인 역사적 기록이 아닌 오히려 정치적 비난이 될 것이다.

객관적으로 역사를 쓰면 윤리적 기준이 없는 것인가? 전혀 그렇지 않다. 역사는 피로 가득하다. 그 페이지를 넘기면, 손가락에 피가 묻는 것이 느껴진다. 이상적인 역사적 인물을 찾는 것은 불가능하다. 율리우스 카이사르, 표트르 대제, 나폴레옹을 생각해보라. 마르틴 루터, 장 칼뱅, 헨리 8세의 삶을 숙고해보라. 올리버 크롬웰, 블라디미르 레닌, 장제스를 생각해보라. 미국으로 눈을 돌리면 아프리카계 미국인들의 노예화를 정당화했던 수많은 저명한 인물들은 말할 것도 없이, 수백만 미국 원주민을 고의적으로 박해했던 앤드루 잭슨 대통령과 같은 사람들을 되돌아보라. 그들 모두는 그저 1차원적인 광신자 아니면 억압자였는가? 아마 그렇지 않았을 것이다. 모두 논란의 여지가 있는 인물들이었다. 심지어 분명 극단적인 경우인 아돌프 히틀러와 이오시프 스탈린의 생애조차 객관적으로 연구되어야 한다. 물론, 그들의 전기를 쓰는 작가들은 이 두 독재자들이 역사상 가장 파괴적인 세계대전에 불을 붙인 책임이 있다는 것을 염두에 두어야 한다. 홀로코스트를 저지른 히틀러의 죄도 결코 잊어서는 안 된다. 그럼에도 여전히 이 모든 사람들—가장 혐오스러운 사람들조차도—에 대한 다면적인 그림들만이 우리가 복잡한 역사적 진실을 해독하도록 도와줄 수 있다는 것은 분명하다. 그 진실을 필요로 하는 사람은, 오래전에 사라진 이 지도자들이 아니라 우리다.

덩을 모순이 많은 인물로 제시하는 데에는 세심한 조사가 큰 도움이 되었다. 다른 사람들처럼 그는 긍정적 그리고 부정적 측면들, 강점과 약점을 갖고 있었다. 덩을 1950년대 초부터 마오의 좌경적 정책들에 반대한 "온건주의자"로 규정한 기존의 시각과는 달리, 우리는 덩이 문화대혁명 동안 마오의 손에 박해를 당했음에도 1976년 초반까지 그 위대한 조타수에게 극히 충성스러웠던, 마오쩌둥의 진정한 제자였음을 보여주려 했다. 덩은 마오와 처음으로 협력하기 시작한 1930년대 초반부터 지극한 충심으로 마오를 지지했다. 그는 마오의 토지개혁(1950~1953), 중국의 스탈린화, 경제의 사회화 그리고 대약진운동을 열렬히 지지했다. 덩이 1961년 5월 말부터 좌경적인 정책들에 대해 일부 비판적인 발언을 하기 시작한 것은 분명하지만, 1976년 마오가 사망하기 직전에서야 그는 불복종하는 모습을 비로소 드러내 보였다.

마오처럼, 덩은 흑과 백만으로 초상화를 그릴 수 없는 다면적인 인물이었다. 그의 긍정적 업적 중에는 중국의 빈곤을 50퍼센트 감소시킨 것이 있다. 또한 중국을 국제 체제 속으로 더 크게 통합하는 길 위에 올려놓았고 현재의 중국을 만든 데에도 책임이 있었다. 그러나 그는 결코 자유주의자가 아니었으며, 생애 끝 무렵에는 심지어 마오처럼 변덕스럽고 다른 견해를 용납하지 않게 되었다. 비록 1970년대 말에 "실사구시"라는 구호를 높이며 마오주의식 유토피아를 파괴하기 시작했지만, 1980년대 말쯤에는 자신이 진리의 궁극적인 원천이라고까지 생각했다. 가장 가까운 일부 측근뿐만 아니라 그의 초기 자유주의적 계획을 믿었던 중국 사회의 상당 부분과도 갈등을 일으킨 것은 바로 이 변화였다.

우리는 덩이 경력을 쌓는 내내 헌신적인 공산당원이었을 뿐만 아니라 목적이 수단을 정당화한다는 것을 혁명기부터 토지개혁기, 사회주의를 위한 투쟁 그리고 문화대혁명 기간까지 항상 믿었던 진정한 당 관료였음을 보여준다. 사람들은 단지 그의 목적을 달성하기 위한 도구로서만 중요했다.

마오가 정말로 노쇠하게 되었을 때까지 덩은 그에게 노예처럼 봉사했다. 그는 위대한 조타수 앞에서 수도 없이, 특히 문화대혁명 기간 자신을 낮췄고, 결국 자신을 괴롭힌 자에게 충성을 표명하는 자기비하의 극단을 보여주었다. 장남이 문화대혁명 때문에 육체적으로 불구가 되었고, 부인은 고혈압으로 고통받고, 더 어린 자식들은 먼 시골 지역에서 도덕적, 육체적으로 고초를 겪고 있다는 사실에도 불구하고, 마오에 대한 헌신은 흔들리지 않았다. 인간의 존엄성, 자긍심, 원칙 같은 근본적 가치들은 그에게 아무런 의미가 없었다. 그런 것들은 그가 공산주의 운동과 운명을 같이하기로 한 젊은 시절부터 그에게는 더 이상 존재하지 않았다. 그 이후로, 조직에 대한 충성이 다른 모든 감정을 앞섰다. 확실히 이런 점에서 그는 전통적 사회 기반을 거부한 다른 사람들과 다를 바 없었다. 오랜 세월 정치적 삶을 사는 동안 위선적인 변덕은 그의 성격 일부가 되었다. 덩이 주기적으로 심기를 상하게 하고 실망시켰음에도 마오가 그를 대단한 재능의 소유자이자 자신의 수제자라고 생각한 것은 놀라운 일이 아니다. 덩은 마오에게 무심코 그렇게 했는데, 그 이유는 그가 가끔씩 마오가 내심 바라는 것들을 헤아리지 못했기 때문이었다. 덩은 사실 경제 법칙을 무시하고 위험할 만큼 빠른 속도로 공산주의를 건설하려 했던 마오보다 나은 마르크스주의자였다. 그러나 덩은 여전히 중국공산당이 낙후된 중국에서 사회주의를 성공적으로 건설—마르크스는 이 생각을 비웃었을 것이다—했다고 생각했다. 마오처럼 덩은 자신이 경제학을 정말로 이해하지 못한다고 인정했지만, 역시 마오처럼 여전히 자신의 경제적 관점을 당과 사회에 강요했다. 마오가 사망한 지 몇 년 후, 1970년대 말과 1980년대 초에 덩이 발전시킨 개혁과 개방의 이론은 그가 만든 것이 아니었다. 그것은 공산당 지배하에서 시장경제를 발전시키는 것을 목표로 한 레닌의 신경제정책에 대한 러시아 볼셰비키인 니콜라이 부하린의 해석에 뿌리를 두고 있었다. 덩은 1920년대 중반 모스크바에서 코민테른 스쿨의 학생으로 체류하는 동안 이 개념을 공부했고 권력을 굳히자마자 곧 시행에 옮기기 시작했다. 동시에, 우리는 덩이 농부들 사이에 공동 토지의 분할을 시작하지 않았다는 것을 보여준다. 가장 부담스러운 형태의 마오주의식 집단주의와의 이 근본적 결별에 대한 공로는 토지를 분할하기 시작한 농부들 자신의 몫이다. 신중한 덩은 이런 개혁이 시작된 지 1년 반이 지나서야 잠시 들러 이 같은 발전을 지지했다.

덩은 강인하고, 목적의식이 있으며, 야심이 있고, 잔인했다. 그러나 또한 신중하고 인내심이 있었다. 이 점에서 덩과 마오는 한 배에서 태어난 두 사람이었다. 덩은 친구와 동료들이 정치적으로 자신을 더 이상 만족시키지 못하게 되는 순간 그들을 쉽게 버릴 수 있었고, 그 후로 다시는 그들을 머리에 떠올리지 않았다. 그는 마오와 같이 강력한 의지를 갖고 있었고, 물론 카리스마도 있었다. 사람들을 조종하고, 음모에 가담하고, 멋진 슬로건으로 사람들을 유인하는 데 달인이었다. 이런 재주가 없었다면 지도자가 될 수 없었을 것이고, 마오의 계승자로 자처하는 다른 사람들을 이겨내고 당과 국가에서 자신만의 독재 정권을 구축할 수 없었을 것이다.

앞서 언급한 모든 특징들로 인해 이 책은 덩샤오핑에 대한 이전의 전기 및 연구 들과 현저히 다르다. 두 작품을 제외하고, 이 모든 저작은 시대적으로 뒤떨어져 항상 신뢰할 수 있는 것은 아니며, 몇몇 작품은 간략한 일대기에 불과하다. 심지어 덩에 대한 연구로서 가장 잘 알려진 에즈라 보걸Ezra F. Vogel의 《덩샤오핑 평전Deng Xiaoping and the Transformation of China》조차, 그 책의 무게와 세부 내용에도 불구하고, 몇 가지 핵심적인 측면에서 우리 책과 다르다. 첫째, 그 책은 덩샤오핑에 대한 완전한 전기가 아니다. 사실, 그 책은 전혀 전기가 아니다. 보걸은 92년에 걸친 덩의 생애 중에서 마지막 27년에만 초점을 두고 있다. 덩의 생애 처음 65년에 거의 관심을 갖지 않고 단지 덩의 인격 형성기, 혁명가로 성장하는 과정, 집권하는 과정 그리고 마오쩌둥의 중추 세력에서 핵심 멤버로서 행한 활동을 개괄적으로 기술한다(835페이지 중에서 단지 32페이지). 보걸은 전기 작가 혹은 역사가가 아니라 정책 분석가로서 저술하고 있고, 마오 이후 시기 덩의 개혁에만 관심을 두고 있다. 둘째, 보걸은 우리 연구의 기초가 된 특별한 러시아 기록문서 출처, 즉 덩의 정치 경력과 개인적 삶을 이해하는 데 지극히 중요한 이들 출처에 접근하지 못했다. 셋째로, 그리고 아마도 가장 중요한 것으로, 보걸의 책은 상당히 무비판적이고 객관성을 결여하고 있다. 덩 본인이 자신의 삶은 50 대 50의 공과로 평가되어야 한다고 말했다. 그것이 보걸의 긍정적 관점보다 훨씬 정확하다. 마오처럼, 덩은 많은 중대 범죄를 저질렀고 수백만의 죽음에 책임이 있다. 1950년대 초, 심지어 마오조차 덩이 그 많은 반혁명주의자를 대량 학살하지 못하게 막으려 했다. 1950년대 후반에 덩은 지식인들을 박해했고, 1970년대와 1980년대에는 반체제 인사들을 체포하고 심지어 죽이기까지 했으며, 1989년 6월 4일 톈안먼 대학살에 대한 책임은 말할 것도 없다. 중국학 커뮤니티에서 보걸의 책에 대한 반응이 미온적이었다는 것은 시사하는 바가 있다. 그 책은 보걸이 덩샤오핑에 대해 무비판적이고 비현실적으로 긍정적인 접근법을 취했다는 이유로 정당한 비판을 받은 것이다.[4] 영국에서 발행되는 학술잡지 《차이나 이코노믹 리뷰China Economic Review》의 전 편집자 피트 스위니Pete Sweeney가 한 말에는 그 책에 대한 일반적인 시각이 담겨 있다. "우리는 그의(덩의) 정치사상에 관한 좀 더 비판적인 작품이 나오길 기대한다."[5]

우리 책이 바로 그런 작품이다. '우리 책은 20세기 후반 중국의 역사에서 가장 중요한 그 정치 지도자에 대한 유일하게 완전하고 객관적인 전기다.'

요컨대, 역사가로서 우리의 임무는 덩샤오핑과 그가 근본적으로 변화시킨 나라에 대한 생생하고 활기찬 그림을 만들어내는 것이었다. 전작에서 우리가 마오를 명시적으로 칭찬하거나 비난하지 않았던 것처럼, 이번에도 우리는 덩을 명시적으로 칭찬하거나 비난하지 않는다. 달리 정치적 속셈이 없는 사려 깊은 독자들은 우리가 제시한 방대한 증거를 기초로 자신만의 결론에 도달할 것으로 믿는다. 우리는 마오를 이해하려고 했을 때처럼 덩의 모든 복잡한 특징들 속에서 그를 이해하려고 했다. 이책이, 우리가 수고를 아끼지 않는다면 풀 수 있는 많은 미스터리를 가진 나라, 중국의 과거와 현재 그리고 미래를 독자들이 보다 분명하게 이해하는 데에도 도움이 되기를 바란다. 이 책에서 우리의 접근법은 중국이 낳은 뛰어난 혁명가이자 개혁가이며, 역으로 긴 세월의 정치적 삶을 통해 중국을 다시 만든 덩샤오핑을 면밀히 조사하는 것이었다.

1
볼셰비키

1

용의 해에 태어나다

★
★
★

회색 관광버스 한 대가 작은 광장에 멈춰서고 여성 가이드가 힘차게 외친다. "덩샤오핑 동지의 고향에 도착했습니다!" 버스 창밖으로 우아한 초록색 대나무가 흔들거리고, 넓게 펼쳐진 바나나 나무들이 빳빳이 서 있다. 상록수, 목련 그리고 단풍나무 들이 장대한 행렬을 이룬 길은 근처의 건물 단지로 이어진다. 이곳은 쓰촨성 파이팡촌牌坊村 부지에 세워진 것으로, 현재는 사망한 지도자의 가옥만이 새롭게 디자인된 공원에 남아 있다.

버스 안의 시원함은 사라지고 이내 도로의 뜨거운 열기가 그 자리를 채운다. 중국 남서부를 여행하기에 한여름은 최적의 시기가 아니다. 온도는 섭씨 30도까지 올라가고 습도는 거의 100퍼센트다. 시원한 바람이 절실해진다. 우리는 서둘러 홍백색 대문을 지나 공원 안으로 들어선다. 전기 견인차에 줄줄이 연결된 작은 무개차에 오르고 얼마 지나지 않아 곧 굴곡진 벽돌지붕을 인 거대한 단층 농가에 도착한다. 작은 언덕 위에 전통 중국식으로 지어져 내부에 직사각형 마당이 있고, 삼면에 건물이 있다. 여기가 덩 씨 가족의 집이다. 집은 엄청난 크기로 800제곱미터

(240평 남짓)를 넘는다. 정면에는 백합과 연꽃이 떠 있는 아름다운 연못이 있고, 중심 건물 뒤에는 대나무 숲 그늘 아래로 깨끗한 물을 담은 나지막한 둥근 우물이 있다. 이웃사람들은 이곳을 "덩 씨 집안의 고가邓家老院子"라고 부른다.

벽돌로 17개의 방을 지은 농가에 들어서자, 우리는 드디어 오랫동안 기다렸던 시원함과 마주한다. 활기찬 여성 가이드는 곧 우리를 네 번째 방으로 안내한다. 방 한구석에는 잘 조각된 단단한 네 다리에 높은 캐노피가 달려 있는 거대한 옻칠 나무 침대가 놓여 있다. 대나무로 엮은 소박한 매트가 침대에 덮여 있다. 여성 가이드는 엄숙한 목소리로 알린다. "신사숙녀 여러분, 여기 이 침대에서 덩샤오핑 동지께서 탄생하셨습니다!"[1]

가이드가 사실을 왜곡하고 있다는 것을 잘 알고 있더라도 등골에 소름이 인다. 덩의 부유한 부모가 소유했던 진짜 침대는 1949년 공산당이 집권한 이후 다른 모든 소유물과 함께 농부들에게 분배되었다.

침대에 관한 "선의의 거짓말" 때문에 전반적인 인상이 감소하지는 않는다. 사유지 자체는 잘 보존되어 있었다. 모든 것이 음력으로 용의 해 7월 12일(1904년 8월 22일) 갓 태어난 아기의 울음소리가 집안에 울렸던 그날처럼 보인다. 부모는 기쁨을 감출 길이 없었다. 딸이 있기는 했지만 그들도 다른 중국인들처럼 상속자로 그리고 집안을 이을 후계자로 아들을 간절히 원했다. 나이 든 부모를 돌보고, 부모의 사후에는 전통에 따라 정기적으로 성묘를 하는 것이 아들의 의무 가운데 하나였다.

아버지는 기쁜 나머지 아들에게 공자를 가리키는 셴성先聖이라는 상서로운 이름을 지어주었다. 갓난아기인 덩이 공자보다 똑똑하다고 세상에 선포하는 것은 경솔하기 짝이 없는 일이었다. 그러나 덩의 아버지는 틀림없이 그 지역의 도교 역술가에게 상담을 청했을 것이고, 따라서 그 역술가도 "무례한" 이름을 선택한 데 책임이 있다.

사실 덩의 아버지는 아들의 이름이 가문의 계보 전통, 즉, 현재는 시에싱曄興이라 불리지만 당시에는 왕시曌漢라 불렸던 향鄕에 살고 있는 모든 덩 씨들의 계보 전통에 부합해야만 했다고 주장할 수 있었다. 옛날 중국에 개인은 없었다. 모든 사람은 한 명의 공동 조상에서 비롯된, 가깝고 먼 친척들로 이루어진 커다란 집단의 일부일 뿐이었다. 모든 문중에서는 친척들의 출생과 사망을 적어두었고, 문중 사람들의 다른 활동들도 기록했다. 모든 족보에는 새로운 남성 세대마다 특정한 한자 하나가 할당되었는데, 항렬을 나타내는 이 한자는 이름에 쓰여야 했다. 이름은 대개 두 글자로 구성되었고, 그중 하나는 그 세대의 이름을 의미했다. 문중의 19번째 세대였던 덩 세대에 그 한자는 셴先이었고, 그래서 덩 아버지의 선택은 제한적이었다. 물론 셩甽이 셴先 뒤에 와야만 하는 것은 아니었지만, 1886년에 태어나 마을사람들에게 덩원밍(덩"文明")이라고 불린 덩의 아버지는 특별한 사람이었다. 중국 속담처럼 그는 "호랑이 만지는 것을 겁내지 않았다."

훗날, 덩샤오핑은 자신의 아버지를 가리켜 소지주²라 불렀고 때로는 중농³이라고도 불렀다. 덩샤오핑의 딸 덩마오마오鄧毛毛의 기록에 따르면 자신의 할아버지는 "일꾼들을 좀" 고용했다고 한다.⁴ 덩샤오핑의 동생 덩컨鄧墾의 기억에 의하면 자신의 아버지는 2만 8,000제곱미터에 조금 못 미치는 '땅 40목'을 가지고 있었다.⁵ 그러나 1967년 덩샤오핑에 매우 적대적이던 중국 홍위병은 덩원밍이 약 8만 제곱미터의 땅을 소유하고 많은 노동자를 고용한 대지주라고 주장했다. 가난한 농부들과 극빈자들은 이들을 토호, 즉 악덕 지주라고 불렀다.⁶ 덩샤오핑 평전을 쓴 한 작가의 말처럼 아마도 "진실은 … 이 두 극단 사이의 어딘가에 있을 것이다."⁷

그 시대치고 덩의 아버지는 매우 진보적이고 꽤 교육을 잘 받은 사람이었다. 그는 지방의 구식 초등학교에서뿐만 아니라 쓰촨성의 성도인 청두에서 근대식 사법 및 사회과학 대학교육도 받았다. 여기서 그는 민족주의 이념과 조우했고 19세기 후반의 개혁가들을 깊이 동정하게 되었다.[8] 졸업 후 귀향한 덩원밍은 부유한 이웃들과 함께 마을에 학교를 세운 후 교편을 잡았다. 그는 파오꺼袍哥라는 비밀조직에 가입했는데, 이 조직의 목적은 외세가 세운 만주(청) 왕조를 타도하고, 17세기에 전복된 명 왕조를 회복시키는 것이었다. 수 년 후 그는 "큰아버지, 기수"라 불리며 조직의 실질적인 지도자가 되었다.[9]

덩 가문의 상당수는 정치에 열성적이었고 실제로 몇 사람은 현, 구, 심지어 성급 행정직을 갖고 있었다. 장시성 서부 토박이인 가문의 시조 덩하오슈엔은 전쟁 담당 부서에서 복무하던 중 1380년 쓰촨으로 이주했다. 그는 명 왕조를 세운 주원장의 황실 군대와 함께 그곳으로 이주해왔다.[10] 덩하오슈엔의 후손들 중에는 학위를 가진 이들이 많았는데 덩스민이 그중 하나였다. 국가 문화의 중심으로 이름난 한림원의 일원인 그는 대리석 궁전(대법원)의 수석 관리이자 황실 왕자의 멘토였다.[11] 그렇다면, 아마도 덩원밍은 지식과 정치 활동에 대한 갈망을 조상에게서 물려받았을 것이다.

덩원밍은 13세에 한 소녀와 결혼했는데, 소녀는 안타깝게도 임신을 할 수 없는 몸이었다. 그래서 2년 뒤 아들을 얻겠다는 희망으로 다른 소녀를 집으로 들여야 했다. 법에 의해 덩원밍의 공식 부인이 사망하기 전까지 이 소녀는 첩으로 간주되었다. 덩원밍이 이 소녀에게서 원한 것은 단지 하나 즉, 대를 잇도록 도와주는 것뿐이었다. 그리하여 새로운 배우자가 혼수로 가져온 육중한 옻칠 나무 침대는 곧 시험에 들었다. 9개월 후, 1902년에, 이 둘의 첫 아이로 딸이 태어났다. 여전히 아들은 필요했고, 드디어 아들이 세상에 나왔다! 덩샤오핑의 딸이 묘사한 바에 따르면, "둥근 얼굴, 넓은 이마, 옅은 눈썹, 하얀 피부, 작은 눈에 우리 집에 전형적인, 조상에게서 내려온 둥근 코 끝"이었다.[12] 부모에게 이 아들은 세상에서 제일 예쁜 아기였다. "예쁜 아기야!" 엄마는 아들을 품에 꼭 안으며 기뻐했다.

아버지와 집안사람들은 나쁜 기운을 몰아내기 위해 징을 세게 치며 그릇을 깨뜨렸고, 산파도 금강경과 유교 경전을 아기 곁에 놓았다. 이어서 아버지는 횃불을 켰고 농장 일꾼 두 명이 아이의 어머니를 정화하기 위해 자신을 보호하지 못하는 어린 어머니를 붙잡고 불꽃을 통과시켰다. 쌀을 쌓은 쟁반 위에 놓인 촛불이 조상의 제단 앞에서 타올랐고, 아기 엄마의 집에 소식을 전하기 위해 사람을 보냈다. 덩원밍은 아기 엄마의 부모에게 사내아이의 탄생을 알리기 위해 수탉을 선물했다.

사흘째 되던 날, 친척들이 초대되었고, 아기는 그제야 목욕을 시켰다. 손님들은 단단하게 익힌 하얀색 또는 빨간색 달걀 하나씩을 세례반 역할을 하는 대야에 담긴 끓인 물에 넣었다. 빨간색 달걀은 아기에게 무한한 행복을 기원한다는 의미였고, 하얀색은 장수를 의미했다. 또, 씻지 않은 양파와 생강을 대야에 넣었는데, 지성과 건강을 상징했으며, 동전과 장식품들도 함께 넣은 대야는 아기를 씻은 후 달걀 그리고 쌀과 함께 수고의 대가로 산파에게 선물로 주어졌다.

같은 날, 아기의 짝을 주선하려는 노력이 시작되었다. 중국에서 공자와 거의 동등하게 존경받는 위대한 유가 사상가인 맹자(기원전 391~기원전 308)는 일찍이 이렇게 말했다. "남자아이의 출생은 아내가 있어야 한다는 소망을 일으키며, 여자아이의 출생은 시집이 있어야 한다는 소망을 일으킨다. 부모로서 모든 인간은 이 마음을 갖는다."[13] 친척과 지인들은 원밍의 새 아기와 나이가 같거나 조금 많은 신부들을 소개시키려고 서로 다투었다. 명단이 수집되었고, 그 지방 흙점쟁이의 도움으로 그들은 신랑과 신부의 사주를 비교하기 시작했다. 긴 논쟁을 거친 후, 그들은 마침내 부유한 탕 씨 집안의 여자아이를 선택했다.[14] 이 여자아이의 사주가 가장 적합했다. 중매쟁이가 여자아이의 집으로 찾아갔고, 곧 모든 것이 준비되었다. 선물이 오가고, 용과 불사조 이미지로 장식된 붉은색 종이 위에 쓴 혼인증서를 교환한 후, 덩과 탕 씨 집안은 친척이 되었다. 그러나 여자아이는 아기였던 이유로 둘이 결혼적령기에 이르기 전까지는 계속 자기 부모의 집에서 살았다.

이 모든 관습은 덩 씨 가문의 전통과 사회적 지위에서 비롯되었다. 덩원밍처럼 계몽된 사람조차도 엄격한 전통적 도덕의 경계에서 항상 벗어날 수 있는 것은 아니었다. 단※ 씨 집안 출신인 어머니 역시 매우 전통적이었다. 첫 아들이 때어날 때쯤, 그녀는 이미 덩원밍의 공식 부인이 되어 있었다. 어머니는 지혜롭고 검소하며 쓰촨 요리를 맛있게 하는 것으로 알려져 있었다. 절인 배추를 만드는 데 특별한 솜씨가 있었는데, 모든 쓰촨 요리가 그렇듯, 다량의 붉은 고춧가루로 양념을 했다. 이 요리는 쓰촨 사람이라면 누구나 그렇듯 밋밋한 음식을 싫어하는 사랑스러운 아들이 제일 좋아하는 음식으로 남았다. 어머니는 누에를 쳐 시장에서 명주실을 팔았다. 덩샤오핑은 자신의 집이 수많은 뽕나무를 소유했다고 회고했다.[15]

어린 덩은 사랑과 보살핌 속에서 성장했다.[16] 그의 부모의 집에는 부족한 것이 없었다. 주변의 들과 뽕나무들은 안정된 수입을 만들어주었고, 식탁에는 항상 밥, 고기, 채소 들이 올라왔으며, 옷장은 아름다운 옷으로 가득했다.[17] 덩 씨 가족은 돼지, 소, 들소를 키웠다. 집 앞 연못에는 오리들이 헤엄쳤고, 정원에는 가금류와 거위들이 노닐었다.[18] 집안 사람들과 고용인들은 지천에서 자라는 대나무로 가구, 침상, 베개 그리고 밧줄 등 집에서 필요한 모든 것을 손수 만들었다. 양념해서 절인 신선한 죽순은 음식으로 먹었고, 죽엽은 달여서 차로 마셨다. 대나무 숲에서 나오는 덩 씨 가족의 수입은 쌀이나 누에에서 나오는 수입보다 적지 않았다.

덩윈밍은 엄격했으나 아들을 때리지는 않았다. 신앙인으로서 덩샤오핑의 부친은 가족의 행복을 최우선으로 여겼다. 아버지는 아들이 갓 다섯 살이 되자 고향의 구식 사립 초등학교에 보냈다. 1901년부터 1909년까지의 제국주의 교육개혁 기간에 그런 학교들은 모든 곳에서 폐쇄되었지만 파이팡에서 이 학교는 살아남았다. 거기서 덩윈밍의 친척인 덩쥔더가 아이들에게 유교의 기초와 글을 가르쳤다. 그는 엄격하고 이런저런 요구가 많았으며, 종종 학생들을 회초리로 때리기도 했고, 제일 시끄럽게 구는 학생은 공자의 초상 앞에 몇 시간이고 무릎을 꿇리기도 했다. 선생은 또 아들의 이름을 야심 있어 보이는 셴셩先聖에서 좀 더 겸손한 시셴希贤으로 바꾸도록 윈밍을 설득하기도 했다.[19] 젊은 덩이 1927년 여름까지 사용하게 될 이름이었는데, 그때쯤에는 이미 공산주의자가 된 그는 이후 혁명 음모의 규칙에 따라 좀 더 평범한 샤오핑小平으로 바꾸게 된다.[20]

한편, 소년 덩은 학업을 이어갔고, 일 년 후 베이샨北山 초등학교에 입학했는데, 1910년에 자신의 아버지가 설립한 마을 학교였다.[21] 이 학교에서는 고전 이외에도 수학의 기초와 중국문학도 가르쳤다. 고전은 여전히 주요 과목이었으므로 어린 덩은 매일 학우들과 함께 선생님을 따라 논어, 맹자, 대학, 중용 그리고 중국문학 선집의 인용문들을 반복해서 외웠다. 덩은 인용문들을 암기하려고 노력했지만 대부분 이해하기가 어려웠다. 젊은 마오쩌둥을 포함해 다른 많은 미래의 혁명가들에게 반향을 불러일으키지 못했던 것처럼, 고대 중국 철학의 도덕윤리 계율은 그의 영혼에는 와닿지 않았다.[22]

덩의 학창 시절(1910~1915)은 중국에서 격동의 사건들이 일어난 시기와 겹쳤다. 반(反)군주정 혁명이 오랫동안 무르익고 있었고, 시대에 뒤떨어진 절대주의 체제를 강화하려던 만주인들의 반복된 시도들은 실패로 돌아갔다. 만주인들은 헌법의 도입까지 약속했지만 사건들이 앞섰다. 잘 알려진 민주주의자 쑨원이 이끈 중국 혁명동맹회를 포함한 반(反)만주 조직들은 도시에서 도시로 반란 세력을 규합해 나아갔다. 만주인들을 비난하는 피지배자들의 수는 점점 늘어났는데, 만주인들이 노쇠한 왕조에 힘으로 불평등 조약을 강요하는 외국인들과 공모해 중국의 관세에 대한 통제권을 양도하고, 중국의 일부 영토에 대한 임차권을 허용했을 뿐만 아니라 중국의 법과 국내 무역에 대한 세금도 면제시켰다는 것이 그 이유였다.

1911년 5월, 외채로 철도 건설 자금을 대기로 한 만주 법원의 결정이 파산한 다수의 중국 소액 투자자들의 반대에 자주 부딪혔다. 쓰촨과 다른 남부 성들에서 광범위한 애국운동이 일어났다. 곳곳에서 시위자들이 정부에 탄원서를 올렸고 외국상품 불매운동을 전개했으며, 집회와 파업을 가졌다. 자오얼펑(조이풍) 쓰촨성장은 시위를 진압하기 위해 군대를 파견했고, 이는 결국 1911년 9월 초 유혈 사태로 이어졌다. 덩원밍은 군청 소재지로 향했고 그곳에서 시위운동에 참여했다. 당시의 많은 지식인들처럼 그 역시 이렇게 결론 내렸다. "이 사회는 정말 숨이 막혀. 혁명이 필요해."[23]

쓰촨은 곧, 온 나라가 그러했듯, 1911년 10월 10일 중국 중부의 우창에서 발생한 군대 반란이라는 중대한 뉴스로 비틀거렸다. 봉기는 전국으로 퍼져나갔다. 중국에서 본격적인 혁명이 시작되었고, 한 달 후 만주인 왕조는 18개 성 대부분에서 전복되었다. 혁명이 일어나는 동안이면 으레 그렇듯 도처에서 약탈이 벌어졌다. 쓰촨에서 권력은 곧 군부의 손

으로 넘어갔고, 쓰촨에서의 정치적 삶은 급격히 군대화되었다.[24]

한편, 난징에서는 반란을 일으킨 성들의 대표들이 12월 29일 의회를 소집했고, 여기서 중국 혁명동맹회의 수장 쑨원이 임시 총통으로 선출되었다. 1912년 1월 1일, 그는 취임과 함께 중화민국의 수립을 선포했다. 그러나 만주인들은 항복을 거부했고, 청 조정의 내각 총리이자 화베이 지방의 군사령관인 위안스카이(원세개) 장군에게 반란의 진압을 위임했다. 능숙한 정치가인 위안스카이는 곧 혼란스러운 상황을 이용해 자신을 군주제 지지자들과 혁명가들 사이를 잇는 가교 역할을 할 수 있는 사람으로 내세웠다. 1912년 1월 중순, 그는 여섯 살의 황제가 섭정으로 퇴위하는 대가로 "호의적인 조건들"을 전달했고, 한 달 뒤인 2월 12일, 군주제는 무너졌다. 사흘 후 위안스카이는 강대국들의 지지를 등에 업고 쑨원을 대신해 총통이 되었다. 자신의 병력이 없던 쑨원은 야망에 찬 장군에 맞설 수 없었다. 의회에서 버림받은 그는 물러났다.

한편, 혁명 활동에 몸담게 된 덩의 아버지는 현縣 방어군 사령관으로 지명되었고, 진보당이라 불린 집권당에 가입했으며 곧 마을 행정의 수장이 되었다. 그때까지 그의 집안에는 세 아이가 더 태어났다. 다섯 아이를 키우는 데에는 많은 관심과 노력이 필요했지만, 아이들의 아버지가 가진 유일한 관심사는 주는 것이라곤 골칫거리밖에 없는 정치였다. 1915년 혹은 1916년에, 그는 장 씨 성을 가진 지방의 도적 체포에 실패하는 바람에 철천지원수 하나를 얻게 되었다. 장이 당국과 화해하고 사단장으로 임명되었을 때, 덩원밍은 살기 위해 도망쳐야 했다. 그는 아내와 아이들을 버리고 충칭시로 피신해 4~5년간 머물렀다.

자연히 그가 없는 동안 집안의 재정 상황은 악화되었다. 덩샤오핑의 회고에 따르면, 모친과 아이들은 파산을 앞둔 처지였다. 덩의 동생이 이를 확인해주었다. 그에 의하면, 단지 먹고살기 위해서 항상 돈을 빌려야만 했다.[25] 그러나 도망가기 전에 아버지 덩은 장녀는 시집보내고 장남은 군청 소재지인 광안의 고등 초등학교에 넣어주었다(중국의 초등학교에는 저, 중, 고 등 세 단계가 있었다. 덩은 마을 학교에서 5년간 공부했으므로 세 단계 가운데 처음 두 단계를 마친 것이다).

이즈음(1915), 젊은 덩은 교육받은 많은 중국 청소년처럼 여실히 수모를 당하고 있는 중화민족의 자유를 위해 투쟁하는 사상들을 이미 마음속에 품기 시작했다. 더 넓은 세상에서 들려오는 혁명적 사건에 관한 뉴스와 소문들 그리고 자신의 아버지와 베이샨 학교의 혁명적인 선생님들의 사례들이 소년에게 깊은 인상을 주었음은 의심의 여지가 없다. 무수한 침략자들에 맞서 싸운 중국인들의 역사를 학생들과 함께 나눈 덩쿤더의 강의는 그의 마음속에 박혔고, 소년은 또한 당대 정치학의 기초를 확실히 파악하기 시작했다. 덩은 선생님의 애국적 이야기들에 감동을 받았고, 애국 장군 악비岳飛, 1103~1142의 영웅시 〈만강홍滿江紅〉을 암기하기까지 했다. 남송의 유명한 장군인 악비는 시에서 중국인을 괴롭히는 모든 외국의 적을 척결할 것을 동포들에게 촉구했다.[26] 1915년 5월 7일 위안스카이 총통이 중국이 일본의 식민지로 변하는 전조가 된 일본의 21개조 요구를 수용하자 덩은 다른 학우들처럼 이에 분개했다. 모든 애국 시민들의 마음에는 나라의 운명에 대한 근심이 넘쳤다.

덩의 성격은 서서히 기틀이 잡혀갔다. 모친에게서는 단호함과 의지를, 부친에게서는 급한 성미를 물려받았다(그런 이유로 공산당 내에서 "고춧가루 나폴레옹", "작은 대포"라고 불렸다). 그러나 뒤끝은 없었다. 어린 시절 일찍부터 덩은 이미 정의에 대한 예리한 감각을 소유하고 있었다고 한다. 그래서 한번은 가난한 급우를 도우려는 마음으로 당시로서는 꽤 큰 액수였던 5위안(은화 5달러 상당)을 아버지에게서 훔친 적이 있다. 아버지가 죄인을 찾기 시작하자, 덩은 눈물을 떨구며 조용히 아버지에게 회초리를 건넸다. 아들에게 질문을 하자마자 덩윈밍은 곧 아들이 친구를 도와 적절하게 행동했다고 결론지었다. 때리지는 않았지만 그저 아들이 왜 불평없이 순순히 벌을 받으려 했는지가 궁금했다. 이에 대해 작은 "범인"은 대답했다. "도둑은 항상 그에게 마땅한 것을 받아야 해요. 이게 법이에요."[27]

덩은 급우들 사이에서 리더가 되려고 한 적은 없지만, 또래에 비해 항상 아주 작긴 했어도 모욕은 참으려 하지 않았다. 청소년기에 키가 더 이상 크지 않았고, 그때 그는 150센티미터가 조금 안 되었다.

광안의 새 학교에서 그는 차분하면서도 자립심을 보였다. 집과 거리가 있어서 친척들은 일주일에 한 번밖에 볼 수 없었다. 나머지 시간에 그는 마을에 있는 기숙사에서 살았다. 당시 광안시는 좁은 골목과 자갈길이 있는 아직 중세의 모습이었다. 근대의 모습이라고는 2층짜리 유럽식 회색 벽돌 건물뿐이었는데 덩은 여기서 산수, 지리, 역사, 자연과학, 중국문학, 음악, 예술 그리고 체육을 배웠다. 근처엔 가톨릭교회가 하나 있었다. 덩이 최초로 본 외국인이던 프랑스 신부들은 그곳에서 직무를 수행했다.

덩은 1918년 여름에 졸업하기 전까지 거기서 공부했다. 아직 충칭에 살고 있던 아버지의 지시에 따라 광안의 중학교에서 학업을 이어갔다. 덩윈밍은 확실히 자기 아들이 중요한 관리가 되길 원했다. 그러나 덩은 광안중학교에 일 년밖에 머무르지 않았다. 1919년 여름, 아버지가 프랑스에서 공부하며 일하고 싶은 학생들을 위한 예비 학교가 충칭에 문을 열었다고 덩에게 알려준 것이다. 아버지 덩은 아들이 그런 기회를 놓쳐서는 안 된다고 믿었고, 그래서 어린 덩은 광안을 떠나 충칭으로 향했다. 덩보다 겨우 세 살 반 더 먹은 삼촌 덩샤오성, 동포 한 명 그리고 또 유럽 여행을 고대하던 먼 친척이 덩과 함께 출발했다.

프랑스에서의 중국 청소년 대상 체험 학습 프로그램은 프랑스에서 교육받은 두 명의 아나키스트 리스쩡(이석증)과 우즈후이(오치휘)의 아이디어로, 이들은 프랑스를 민주적 선진 산업국이라고 여겼다. 교육과 혁명은 연결되어 있다고 믿은 이들은 1912년 중국 학생들이 "1년의 근공勤工, 2년의 검학儉學" 원칙에 따라 프랑스 기업에서 일하며 자립을 유지한다는 전제하에 유법근공검학회留法勤工儉学会를 조직했다. 우월한 서구 교육 시스템의 결과는 중국을 부활시킬 수 있는 "새로운" 사람—노동자이자 지식인—일 것이었다.

1917년 8월 중국이 1차 세계대전에 뛰어든 후, 중국 정부는 14만 명의 노동자를 프랑스로 보냈는데, 이들은 주로 참호(도랑)를 팠다.[28] 리스쩡과 베이징 대학교 총장 차이위안페이(채원배)는 이에 영감을 받아 중국의 청소년들이 프랑스에서 공부하며 일하도록 하기 위한 대규모 운동을 조직했다. 그들은 곧 연합적 성격의 화법교육회华法教育会를 설립했다. 프랑스에 가고자 하는 이들을 위한 예비학교들이 중국의 몇몇 도시에 문을 열고 14세 이상의 학생들을 모집했다.[29]

쓰촨에서는 첫 번째 예비학교가 1918년 3월에 성도인 청두에서 문을 열었다. 8월이 되었을 때, 충칭에서도 비슷한 영감을 받은 많은 애국 시민들이 2만 위안 이상의 돈을 모아 1919년 1월 청두에 있는 학교와 같은 성격의 학교를 열었다. 이 학교는 시내의 옛 시립 공자사원 내에 위치를 잡았다. 여기가 덩과 그의 삼촌 그리고 고향에서 온 친구가 1919년 9월 중순에 등록한 곳이다.[30]

덩은 세상을 보고 유럽의 교육을 받는다는 생각에 들떠 있었다. 덩보다 한 살 많은 급우의 회고에 의하면 "덩샤오핑은 나보다 조금 늦게 예비학교에 등록했다. 그는 매우 밝고 활기찼으며, 말은 별로 많지 않고 항상 아주 열심히 그리고 진지하게 공부했다."[31] 덩은 공부를 즐겼고 별로

정이 가지 않는 이 학교를 충칭 최고의 학교라고 생각했다.[32] 주요 과목
은 프랑스어와 중국 문학, 수학, 물리학과 함께 프랑스에서 일자리를 찾
을 때 혹시 도움이 될지도 모를 겉핥기식 기술 지식이었다.

　학교의 규율은 느슨했다. 학생들은 내킬 때 수업을 들었다. 덩은 다
른 학생들처럼 이 자유를 이용해 친구들과 충칭을 배회하고, 작은 식당
에서 밥을 먹고, 언덕을 오르고, 이 멋진 도시의 훌륭한 전경에 감탄하는
데에 많은 시간을 썼다. 충칭은 중국인들이 장강(긴 강)이라고 부르는 양
쯔강과 그 지류인 쟈링이라는 거대한 두 강의 합류점에 자리 잡고 있다.
이 두 강이 양쪽에서 압박해 도시 자체는 앵무새의 부리를 닮은 좁은 반
도에 밀어 넣은 모양이며 강 위에서 그리고 수변 지역에서 하루 종일 끊
임없는 활동이 펼쳐진다. 그때까지 충칭은 중국 전역에서 최대의 내륙
수운 항구 가운데 하나였다.

　기원전 11세기에 세워진 이 오래된 도시는 오랫동안 중요한 무역의
중심지였다. 영·중 조약에 의해 1890년 3월 충칭은 국제적인 개방 항구
로 변모했고, 선교사와 무역업자 들을 포함한 외국인들이 물밀 듯 유입
되었다. 50만에 육박하는 인구를 가진 이 도시는 몇몇 신식 학교, 은행,
그리고 외국 상품을 포함해서 생각할 수 있는 모든 생필품을 파는 수많
은 상점 그리고 미국 병원을 자랑했지만, 근대 산업은 없었다.

　충칭의 독특한 특징은 강에서 물을 길어 가파른 언덕을 올라 주민들
에게 물을 공급하는 수많은 하층 노동자였다. 이들은 도시 밖에서 강둑
을 따라 이어진 더러운 오두막에서 살았다. 매년 여름 강이 범람하면 이
비참한 집들은 물에 쓸려 떠내려갔고, 집을 잃은 수천 명의 사람이 도시
의 거리를 채웠다. 그러나 시 당국은 이들의 상황을 개선시킬 아무런 조
치도 취하지 않았다.

　여기저기 도시를 걸어 다니면서 덩과 친구들은 부당한 사회에 대해

알게 될 수밖에 없었다. 그러나 보통 사람들이 겪는 고통보다 중국의 국가적 부활 문제가 그들을 더 괴롭혔다. 1916년 6월, 성 및 지방의 군벌들로 하여금 엄격하게 중국을 통치토록 했던 강력한 정치 지도자이자 군사령관이었던 위안스카이가 사망한 이후, 중국은 군벌들이 이끄는 여러 자치 영역으로 쪼개졌다. 유혈 내전이 시작되었다. 덩이 태어난 쓰촨성도 쪼개졌다. 성 정부는 붕괴되었고, 성의 여러 지역은 서로 끊임없이 충돌한 군벌들의 수중으로 들어갔다.[33]

1918년 11월 1차 세계대전이 끝난 후, 중국의 국제적 상황은 더욱 복잡해졌다. 파리강화회의에서 승전 협상국들은 일본과 체결한 비밀조약들에 묶여 중국의 반대를 무시하고 칭다오의 식민지는 독일에, 전쟁 발발 시 일본이 장악한 중국 산둥반도의 지아저우만 주변 지역은 일본에 주었다. 이 제국주의적 횡포는 중국에서 거대한 반일운동을 촉발했다. 1919년 5월 4일, 베이징의 학생들은 대규모 시위를 조직했고 대부분의 학생들이 거리로 나선 충칭을 포함, 곧 전국에서 애국 시민들의 지지를 얻었다. 그들은 일본 상품 불매운동을 촉진했고, 상점들을 샅샅이 뒤져 일본 제품을 압수한 뒤 공개적으로 불태웠다. 학생들은 여러 그룹으로 나눠 일본의 화물을 실은 배들이 부두에 들어오지 못하도록 양쯔강과 쟈링강을 주야로 순찰했다. 6월 3일, 대규모 시위가 발생했는데, 20개 시립학교에서 온 학생들이 동시에 시위를 벌였다.[34]

덩 역시 5·4운동에 참가했다. 예비학교의 덩과 다른 학생들은 충칭 수비대 숙소 앞에서 꼬박 이틀 동안 집단 회의를 개최, 장교와 부하들이 자신들을 지지해줄 것을 요구했다. 의기양양하게 학교로 돌아오면서 그들은 모닥불을 피운 뒤 가지고 있던 의류, 가루 치약 캔, 목조 세숫대야 등 모든 일본 물품을 그 속에 던져 넣었다. 그들의 자긍심과 그 자신들의 정치적 중요성에 대한 자각은 오래도록 지속되었다.[35] 연합국들과 독일 간의 불공정한 베르사유 조약에 중국대표단이 서명을 거부했다는 뉴스가 전해진 1919년 6월 28일까지 중국 전역에 걸친 소란은 계속되었다.

애국운동 참여로 덩은 자신이 정치에 관심이 있다는 것을 깨닫게 되었다. 다른 학생들처럼 그는 혁명 민주 출판물들을 읽기 시작했는데, 이 중에는 베이징에서 발간되는 조간 신문 〈신보晨報〉와 잡지 〈신청년新靑年〉이 있었다. 후자는 당시 젊은 자유주의자들 사이에 인기가 많았던 잡지로, 5·4운동 지도자 가운데 하나인 천두슈 교수가 발행하고 있었다.[36]

한편, 덩의 학업은 거의 끝나가고 있었다. 1920년 7월 중순, 그는 시험에 통과했다. 성적이 그리 좋지는 않았는데, 주요 과목인 프랑스어가 쉽지 않았기 때문이었다. 그럼에도 프랑스에서 공부하고 일하기에 적합하다는 판단이 내려졌으나, 여행경비의 3분의 2를 자비로 내야만 했다. 덩과 달리 삼촌에게는 시험성적에 기초하여 여행에 필요한 300위안이 지급되었다.

덩은 낙담하지 않았다. 자신을 도와주려는 아버지가 돈을 줄 것을 알았기에 집으로 돌아왔다. 그 무렵 아버지는 다시 파이팡에서 살고 있었다. 파이팡의 권력자는 바뀌었고 그의 적이었던 장은 더 이상 위협이 아니었다. 말할 것도 없이, 아버지는 집안의 재정적 어려움에도 아들에게 필요한 돈을 마련해주었다. 경작지 일부를 팔고 장인과 장모에게도 빌려서 마련한 것이었다. 덩의 외조부모와 외삼촌 앞에서 덩원밍은 그 해외여행이 그들의 손자와 조카에게 열어줄 앞날에 대해 낙관적인 그림을 그렸다. 그는 덩이 해외교육을 받고 나면 반드시 부자가 될 것이고 그러면 자신의 부모뿐만 아니라 가까운 다른 친척들도 돌볼 수 있을 것이라고 말했다.[37]

그러나 덩의 모친은 처음에는 아들을 "털 난 외국 악마들"(중국인들은 외국인을 그렇게 불렀다)에게 보내기를 거부했다. 그녀는 눈물 어린 눈으로 남편을 책망했다. "그렇게 작은 애를 당신은 공부하고 일하라고 세상 반대편으로 보내려고 해요! 무정해요!." 덩의 남동생은 이렇게 회고했다. "우리 어머니는 샤오핑을 아주 많이 사랑했어요. 어머니는 형이 커서 가족의 농장을 돌보기를 바랐어요." 그러나 아버지와 아들을 달랠 수는 없었다. 덩샤오핑은 단식투쟁까지 했다. 결국 덩의 어머니는 마지못해 묵인했다.

1920년 8월 말, 덩은 가족들에게 작별인사를 하고 충칭으로 돌아갔다. 떠나기 전, 아직 여덟 살이 안 된 여동생 셴전이 심하게 울며 말했다. "가지 마!"

"너 왜 그래?" 덩은 물었다. "나 금방 돌아올 거야!"

그는 웅크려 앉아 여동생의 손을 잡고 말했다.

"내 여동생! 너 오빠 기다려야 한다. 나 없을 때 결혼하지 마!"[38]

그리고 덩은 일어서서 떠났다. 프랑스로 향하는 출발지 충칭까지는 긴 여정이었고, 한시도 낭비하고 싶지 않았다. 앞에는 위험과 위대한 업적, 오르막, 내리막 그리고 궁극적 승리로 가득한 긴 삶이 놓여 있었다.

2

파리에서 모스크바로: 볼셰비즘의 교훈

1920년 8월 27일 오후, 덩과 그의 삼촌 샤오성 그리고 예비학교 졸업생들은 증기선 지칭호를 타고 충칭을 떠났다.[1] 양쯔강 하류를 따라 그들은 마르세유행 선박으로 갈아타는 지점인 상하이로 향했다. 송별 축제가 있었다. 항구의 일꾼들은 수탉을 잡아 그 털에 닭 피를 묻혀 뱃머리에 두껍게 발랐다. 그리고 거대한 강의 두려운 신과 격랑에 숨겨간 사람들의 영혼을 달래기 위해 귀가 먹먹해질 정도로 요란한 폭죽을 터트렸다. 그런 의식 없이 충칭을 떠나는 범선은 단 한 척도 없었다.[2]

대부분 쓰촨을 벗어난 적이 없던 이 여행자들은 긴 여행을 앞두고 있었다. 그들은 갑판에 모여들었고, 쓰촨을 나머지 중국과 갈라놓는 그 유명한 장강삼협에 배가 접근하자 흥분은 최고조에 달했다. 이곳에 이르면 양쯔강은 양쪽에서 조이는 웅장한 산등성이를 만나 걷잡을 수 없이 거세게 앞으로 쏟아지며 폭 800미터의 깊은 강에서 끓어넘치는 50여 미터의 격류로 죄여든다. 그렇게 8킬로미터를 흐른 이후부터는 다시 넓어져 절벽들 사이를 급격히 휘돌고 급류에 튀어 오르다가 다시 한번 좁아진다. 강의 변화무쌍한 변신은 한 번만이 아니다.

협곡을 지난 양쯔강은 한코우, 한양 그리고 우창 등 세 도시까지 다시 부드럽게 쭉 흘러간다. 이 세 도시가 합쳐져서 지금의 우한이 되었는데, 이 도시는 그 자체로 매우 흥미롭다. 덩과 동료들은 배에서 간신히 내려 서둘러 한코우 기차역으로 향했다. 그들 가운데 누구도 서구 기술의 경이인 증기 엔진을 본 적이 없었다. 그들이 플랫폼에 들어서자마자 연기에 싸인 기차 한 대가 역으로 들어왔다. 홀린 듯 오랫동안 기차를 바라보며 그들은 프랑스로 떠나기로 한 자신의 결정이 옳았다는 확신을 점점 더 굳혀갔다. 그들은 진심으로 중국의 산업화에 헌신할 수 있도록 지식을 습득하기 위해 유럽으로 가야만 했다.

우한을 지나 다시 800킬로미터를 간 후, 배는 양쯔강의 지류인 황푸강에 들어섰고 이어 상하이의 부두에 입항했다. 마르세유행 정기선 앙드레 르봉호가 출발하기 전까지는 아직 며칠이 남아 있었기에 덩과 친구들은 상하이를 둘러보기로 했다.[3]

중국과 동아시아 전체에서 최대의 산업 및 금융 중심지이자 당시 약 150만 인구가 몰려 있는 상하이는 틀림없이 그들에게 깊은 인상을 주었을 것이다. 상하이 전체에 걸쳐 가장 놀라운 현상은 90제곱킬로미터에 이르는 도시 면적 가운데 31제곱킬로미터 이상을 외국인들이 통제하며 지배했다는 것이었다. 공동 조계지와 프랑스 조계지는 시의 중심을 양분하고 그 사이의 중국인 구역을 압박했다. 외국 조계지는 외국법이 지배하는 곳이었다. 그곳에는 외국 군대와 경찰이 주둔했고, 외국 기업, 은행 그리고 카지노도 운영되었다. 유럽 여행객들에겐 기쁜 일이었겠지만, 상하이에 대한 덩과 그의 동료들의 반응은 달랐다. 그들은 공동 조계지 경계에서 시크교도 경찰들에게 강제로 굴욕적인 몸수색을 당하고, 영국 정원 대문에 세워놓은 표지판에 "중국인과 개는 출입금지"라고 쓰여 있는 것에 대해 격분했다. "여긴 중국 영토야!" 그들은 분노로 끓어올랐다.[4]

9월 11일 토요일 이른 아침, 그들은 여전히 분이 가시지 않은 상태로 프랑스 여객선단의 자존심 앙드레 르봉에 자리를 잡았다. 배는 200개의 일등석과 184개의 이등석을 포함해 1,100명 가까운 승객을 태울 수 있었다.[5] 그러나 쓰촨 학생들이 가진 표는 가장 싼 것이어서, 더럽고 답답하고 붐비는 선창에 자리가 있었다. 바다 위를 항해하는 동안 그들 상당수가 심하게 뱃멀미를 앓았으나, 덩과 대부분의 동료들은 낙심하지 않았다. 그들은 멀리 있는 프랑스, 그리고 어떻게 집중적인 학습과 신성한 노동을 결합시킬지를 꿈꾸었다. 39일 동안 8천 해리 이상을 횡단한 후, 1920년 10월 19일 화요일 아침, 앙드레 르봉은 마르세유 항구에 들어섰다.[6]

뭍에는 화법교육회 대표들이 그들을 기다리고 있었다. 그룹 전체가 곧 버스를 타고 마르세유에서 파리, 좀 더 정확히는 라 가렌느 콜롱브의 북서쪽 교외로 이동했다. 이곳 쁘왕뜨 39번가에는 근공검학 프로그램 참가자들의 환영 및 배정을 맡고 있는 세 개의 조직들, 즉 화법교육회, 중법감호중국청년위원회, 중법우의회가 자리 잡았다. 이들은 모두 주프랑스 중국대사관과 긴밀히 협력했으며, 대사관에서 정기적으로 소액의 보조금을 받았다.

덩과 동료들이 도착할 때쯤, 프랑스에는 21명의 여성을 포함해 1,300명의 중국 학생들이 있었다.[7] 일부는 초등학교 최고 레벨을 마쳤고, 나머지는 덩처럼 예비학교를 마쳤으며, 90명 정도만이 학사 학위를 갖고 있었다. 몇몇을 제외하면 거의 모두가 서른 살 미만이었다. 그들 중에는 창사長沙에 있는 성제일사범학교의 전직 교사였던 43세 쉬터리徐特立, 근공검학운동의 두 활동가 차이허썬과 차이창蔡暢의 어머니인 55세의 거젠하오葛健豪(본명 거란잉葛蘭英)가 있었다. 그들 대부분은 프랑스의 대학과 대학 예비학교에 다니며 프랑스어를 배웠다.[8]

덩과 삼촌은 파리에서 270여 킬로미터 떨어진 프랑스 북부의 바이외라는 작은 마을에 있는 사립대학에 배정되었다. 첫 기차 여행이 너무 즐거웠던 터라 그들은 피로한 줄도 몰랐다. 10월 21일 저녁에 그들은 대학 기숙사에 자리를 배정받았고, 다음날 아침 주말이었음에도 벌써 공부를 시작했다.

그러나 덩은 곧 의기소침해졌다. 충칭에서처럼 필수 주요 과목이 적성에 맞지 않는 프랑스어였기 때문이었다. 그래서 바이외에서 보낸 5개월 동안 덩의 말에 의하면 자신은 "배운 게 아무것도 없었다." 자연히 그는 자신이 아니라 대학 당국을 비난했다. 그와 다른 중국인들은 제대로 교육받지도 못했고 "음식도 아주 형편없었"으며 "어린아이" 취급을 당하고 "아주 이른 시간에 잠자리에 들도록" 강요받았다.[9]

게다가 덩은 1921년 봄까지는 지극히 검소한 생활을 했는데도 집에서 가져온 돈을 다 써버렸다. 학비는 매달 200프랑이 넘는 상당한 액수였고,[10] 오래된 도시 노르망디에서 좀 더 즐겁게 시간을 보내고 싶기도 했다. 바이외는 프랑스 관광 중심지로 유명한데, 바이외 태피스트리를 소장한 박물관을 포함해 많은 박물관이 있고, 노트르담 성당과 커다란 식물원도 있었다. 조용하고 좁다란 거리들은 돌로 포장되어 있었고, 2층과 3층짜리 중세식 석조 건물들이 줄지어 있었다. 카페도 셀 수 없이 많았다. 덩은 커피를 처음 맛본 후 평생 사랑하게 되었고, 반죽을 얇게 겹쳐 구운 크로아상도 좋아했다.

그러나 빈곤에 시달린 덩은 1921년 겨울 즈음에는 더 이상 카페에 갈 수 없었다. 3월 13일 그와 삼촌 그리고 대부분의 중국 학생들은 대학을 그만두고 라 가렌느 콜롱브로 돌아왔다. 그곳에서 화법교육회 스태프들은 그들에게 일자리를 찾아주었고 용돈도 약간 주었다. 4월 2일, 덩과 동료들은 부르고뉴 지방에 있는 르 크뢰조 시로 갔고, 거기서 프랑스 산업 거인의 하나인 슈나이더 야금공장의 비숙련 노동자가 되었다. 덩과 그의 삼촌은 강철 압연 작업장에서 일을 시작했다(무슨 이유에서인지 금속 노동자 직업은 덩이 프랑스에서 마스터하고 싶어 했던 것이었다. 이미 1920년 8월, 프랑스 대사관에서 비자를 받기 위해 작성하는 설문지의 "직업"란에 그는 "금속 노동자"라고 적었다[11]).

하루 열 시간의 고된 노동, 쥐꼬리만 한 품삯, 형편없는 공장 식당의 음식, 그리고 숙련공들의 학대까지 이 모든 것은 육체적 노동이나 도덕적 굴욕에 익숙하지 않았던 열여섯 살의 덩에게 끔찍한 인상을 심어주었다.[12] 다른 많은 젊은 중국 지식인들처럼 덩은 처음으로 산업화의 부담을 경험했다. 슈나이더에서 덩샤오핑과 함께 일했고, 훗날 중국 외교부장이 된 천이에 따르면 "공장에 들어간 후 나는 곧 명예에 대한 내 모든 허황된 꿈들을 잃었다. … 열심히 일해도 검소하게 공부할 수 있다는 보장이 없다는 것을 알게 되었다. … 일에 치이고 살아 숨 쉴 기력도 없는 사람이 사회를 바꾼다는 것이 가능한가?"[13] 천이가 자신이 불행한 상황에 처한 이유에 대해 숙고하기 시작하고 그것이 곧 사회질서의 불완전함 때문이라고 결론을 내린 것은 그가 슈나이더에서 일하는 동안이었다.[14] 그러나 덩은 아직 그런 생각이 들지 않았다. 물론, 프랑스 사회가 이상적이지는 않다는 것은 이해했다. 그러나 그는 아직은 "체제의 결함"이 "자유의 조국" 프랑스 공화국에서 그렇게 "끔찍한 차원"으로까지 커졌다는 생각은 하지 않았다.[15] 그는 여전히 경험이 적고 교육 수준도 낮았다. 단지 살아가기가 힘들 뿐이었다. 게다가 항상 열등감에 젖어 있었다. 나이가 어렸기 때문에 학생 취급을 받았고 그래서 다른 중국인들보다 받는 돈도 적던 반면, 프랑스 노동자들은 그가 제몫을 해내지 못한다고 끊임없이 모욕했다. 물론, 열심히 일하는 이 노동자들이 경멸한 것은 비단 덩뿐만이 아니라 모든 "황인종"이었다.[16]

결국 덩은 견디지 못했고 3주 후 일을 그만두었다. 돈도, 살 곳도 없던 그는 라 가렌느 콜롱브에 있는 화법교육회로 돌아왔다. 거기에는 이미 일자리가 없고 "자본주의의 공포"도 참을 수 없었던 500여 명의 젊은 중국인들이 모여 있었다. 화법교육회의 스태프들은 그들 모두에게 하루 5프랑씩 주기 시작했고 자신들이 소유한 건물의 지하실, 다락, 두 개 층 가운데 한 층 그리고 바깥에 쳐놓은 텐트에 그들이 묵도록 했다. 쁘왕뜨 39번가는 상상하기 어려울 만큼 변해버렸다. 교육회의 서기는 이 불청객들의 생활을 정돈하려고 그들에게 화장실을 청소할 것, 쓰레기를 내다 버릴 것, 정숙할 것을 명령했지만, 별 소용이 없었다. 학생들은 서기에게 화를 냈고 그를 "군국주의자"라고 불렀다.[17]

여기가 당시 덩의 도피처였다. 1921년 봄은 전후 프랑스 경제 위기가 절정에 달한 때였다. 교육회 스태프들은 덩 혹은 다른 중국 학생들 누구에게도 일자리를 찾아줄 수 없었다. 1921년, 프랑스에 있는 중국인들의 55퍼센트는 실직 상태였다.[18] 훗날 덩은 "프랑스에 도착하자마자 나는 … 일자리를 찾기 어렵(고)… 일해서 학비를 마련하기가 불가능하고 … '산업발전으로 나라를 구하고' '기술을 좀 배우고' 하는 등등 그런 모든 꿈이 아무것도 아닌 것이 되어버렸다는 사실을 알았다"고 말했다.[19]

당연히, 그런 삶은 맥 빠지는 것이었다. 39번가의 집에서는 싸움도 점점 더 자주 일어났다. 칼부림, 주먹질 그리고 사고로 다섯 명이 사망했다.[20] 실직한 학생들 사이에는 일일 5프랑의 실업수당이 나오지 않게 될 것이고 식객들은 모두 쫓겨날 것이라는 소문도 돌았다. 표 값을 대주겠다는 대사관의 제의에도 불구하고 아무도 중국으로 돌아가려 하지 않았다. 불명예스러운 환향은 "체면의 상실"을 의미했다. 유일한 대안은 눌러앉아서 불평을 늘어놓는 것뿐이었다.

9월 초가 되자 마침내 교육회 스태프들은 학생들에 대한 지원을 중단할 것이라고 선언했다. 9월 중순, 39번가의 거주자들은 마지막 지원을 박탈당했다. 바로 그 시기에 리옹 대학교에 새로운 중법 대학이 문을 열었으나, 신임 공동 책임자들은 이 대학에서 중국 사회의 엘리트만 훈련시키겠다고 선언했다. 실직했거나 집이 없는 학생들은 입학시키지 않겠다는 것이었다.[21]

이에 대응하여 차이허썬은 천이를 포함한 다른 반항자들과 함께 베이징 대학교 총장 차이위안페이에게 보낼 분노의 서신 초안을 작성했다. 덩을 포함해 243명이 서명했는데, 이는 덩이 참여한 최초의 정치적 행동이었다.[22] 얼마 되지 않아 그중 125명의 활동가들이 리옹에 도착했고, 대학 건물 내부로 난입하려 했으나 프랑스 경찰에 의해 체포되어 곧 추방되었다.[23]

하지만 덩은 대학을 덮치는 데 참가하지 않았기 때문에 편지에 서명한 243명 가운데 한 명이었음에도 추방되지 않았다. 물론, 자신보다 나이 많은 동료들을 동정했지만, 이 일화는 새로운 일들 때문에 곧 과거로 밀려났다.

1921년 10월 말, 그와 삼촌은 마침내 샹부르랑 부채 및 종이꽃 제조공장에서 일자리를 찾았다. 그러나 단 2주 만에 해고되었고, 간간히 이런저런 일들로 생계를 이어나갈 수 있을 뿐이었다. 그들 둘은 1922년 2월 초가 되어서야 장기적인 일자리를 받았는데, 이번에는 몽타르지 외곽의 샬레 수르 루앙 마을에 있는 허친슨 고무 공장이었다. 뜻밖의 행운이었다. 급여는 나쁘지 않았고, 숙소는 무료였으며, 중국 노동자들 자신들이 직접 만드는 음식은 싸고 맛있었다.[24]

덩은 그곳에서 1922년 2월 14일부터 10월 17일까지 8개월을 보냈다. 그는 고무신발 매장에서 고무 덧신을 만들었다. 시간이 나면 그는 샬레 수르 루앙 주변을 거닐고, 수많은 운하로 인해 "가티네 지역의 베니스"(가티네는 이 지역의 중세 시기 이름)로 알려진 작고 매력적인 도시 몽타르지에 가거나 숙소 동료들과 잡담을 했다.

새로 알게 된 30여 명 중에는 인쿠안을 포함해서 안후이성 출신의 리웨이농 그리고 후난성 출신의 왕저카이 등 재미있는 인물들이 좀 있었다. 이들은 모두 동료 노동자들과 구별되는 자신만의 독특한 시각을 갖고 있었다. 이 젊은 중국인들은 자신들의 문제가 "사회 질서의 결함"에 기인한다고 보고 스스로를 공산주의자라고 불렀다. 덩도 이 무리에 들어갔다. 푸젠성 출신의 새 친구 정차오린鄭超麟은 훗날 덩샤오핑에 대해 다음과 같이 회고했다. "쓰촨에서 온 열여덟 살 먹은 친구가 있었는데, 작고 통통했다. 그는 여기저기서 농담을 하며 사람들을 웃겼다."[25] 정차오린의 회고를 더 들어보자. "덩이 제일 어렸다. 우리 모두 그를 사랑했고, 그를 어린애처럼 다루었다. 우리는 그와 얘기하고, 농담하고, 노는 것을 즐겼다."[26]

덩은 이렇게 자기보다 나이가 많은 친구들의 도움으로 지금까지 접하지 못한 공산주의 사상들을 흡수하기 시작했다. 그는 곧 이전에는 자유주의적이었지만 현재는 볼셰비키 성향으로 바뀐 잡지 《신청년》을 읽기 시작했다. 중국공산당CCP의 창립을 주도한 천두슈 교수가 펴낸 이 잡지는, 신생 중국공산당의 기관지로서 1921년 7월에 상하이에서 창간되었다.

물론, 덩은 더 일찍 공산주의, 볼셰비즘 그리고 러시아의 10월 혁명에 관한 소식들을 접했을 것이다. 그가 충칭에 살 때, 쓰촨의 유명 신문 〈일요일日曜日〉과 〈국민공보國民公報〉는 러시아 볼셰비키와 그들의 이데올로기에 관해 수많은 기사를 게재했다.[27] 1920년대 초 프랑스에서는 모든 신문이 레닌과 트로츠키에 대한 기사를 썼고, 일부는 러시아 혁명가들에 대해 매우 동정적이었다. 정차오린을 포함해 많은 중국 학생이 이런 출판물들을 구독했다.[28] 1920년 12월, 천두슈는 베이징 공산주의 서클의 멤버인 자신의 연락책 장선푸張申府(장쑹녠)을 파리로 보냈고, 이듬해 봄 장선푸는 그곳에서 유럽 최초의 중국 공산주의자 그룹을 조직했는데, 초기 멤버는 장 자신과 그의 부인 류칭양 그리고 젊은 장쑤성 토박이 저우언라이 이렇게 단 세 명이었다.[29] 그 후에 장은 두 명의 학생을 더 그룹으로 끌어들였다.[30] 1921년 말 파리에서, 천두슈의 장남이자 당시 아나키스트였던 천옌녠陈延年은 중국 학생들 사이에서는 최초이자 무엇보다도 마르크스주의와 볼셰비즘에 관심을 집중시킨 등사판 잡지《꿍위工余》(자유시간이라는 뜻)를 발간하기 시작했다.[31]

덩은 틀림없이 새로운 급진 좌파 운동에 대해서 들어봤겠지만 젊은 공산주의자들과 만나기 전까지는 정말 그것에 대해 아는 것이 없었다. 정차오린과 다른 동료들의 이야기를 듣고 〈신청년〉을 읽고 난 후에도 여전히 공산주의에 대한 명확한 그림이 없었다.[32] 그러나 한 가지는 금방 배웠는데, 강력하게 통합된 혁명 조직이 세상을 뒤집을 수 있다는 것이었다.

정확히 그런 조직이 곧 설립되었다. 1922년 6월 말, 덩의 지인들 거의 모두를 포함한 23명의 중국인 공산주의 지지자들이 파리의 브와 드 볼로뉴로 모여들었다. 그들은 재유럽중국청년공산당의 설립을 공표하고 볼셰비키 잡지《소년少年》을 발간하기로 결정했다. 쓰촨 사람 자오스옌赵世炎이 당의 지도자(서기)로 선출되었다.[33] 1922년 말, 공산당 중앙집행위원회는 프랑스, 독일 그리고 벨기에 지부를 유럽의 새로운 중국 공산당 조직, 즉 중국공산당 유럽지부로 합병키로 결정했다. 이 지부의 집단 지도부에는 자오스옌과 저우언라이가 있었다.[34]

이런 단체들의 설립은 비밀에 부쳐졌기 때문에 덩의 친구들은 덩에게 알려주지 않았다. 그들은 단지 선전 공작을 계속했고, 태연하게 덩을 설득했으며 그에게 공산주의 문헌을 제공했다. 1922년 10월, 프랑스에서 교육을 받는다는 덩의 희망은 다시 불타올랐다. 그는 다소간의 돈을 모았고 대학에 다닐 충분한 자금을 요청하는 편지를 집으로 보냈다. 덩의 딸이 기록한 바에 따르면, 덩의 아버지와 가족이 "당시 엄청난 재정적 어려움을 겪고 있었음"에도, 덩원밍은 땅 일부분을 또 팔아서 맏아들에게 송금했다.[35]

불행하게도, 덩이 등록하려 했던 지역대학이 있는 작은 마을 샤티옹 수르 세인에 도착했을 때, 수업료가 생각했던 것보다 비싸져 있었기에 덩은 계획을 포기해야 했다. 그는 더 이상 학위를 받으려는 노력을 하지 않았다. 세월이 흐른 뒤, 그는 프랑스에 살면서 아무데서도 배우지 않고 일만 했다고 냉소적으로 적어놓았다.[36] 분명, 프랑스 교육을 받지 못한 것에 대해 실망했고 악감정을 가졌다.

그는 허친슨에서 다시 일을 시작했지만, 한 달 뒤 또다시 일을 그만두면서 매장 감독에게 자신이 "노동을 거부"한다고 당당하게 알렸다.[37] 이제 돈이 좀 있었다. 학비로는 충분치 않았지만, 그 돈으로 당분간은 살 수 있었고, 아무도 숙소에서 그를 쫓아내지 않았기 때문에 특히 그랬다.

자신의 자리가 없는 사회에 대한 불만으로 인해 덩의 좌익 성향은 가속화되었다. 결국, 1923년 여름경, 비록 여전히 그 이론상의 세밀한 요점들을 이해하지는 못했지만, 덩은 공산주의를 받아들였다. 볼셰비키 운동에 참여한 이유는 그의 사상이 심오한 진화를 거쳤기 때문이 아니라, 자본주의에 환멸을 느끼고 자본주의 세계가 그에게 가한 모욕과 상처를 보상받는 데 도움이 될 만한 것이라면 무엇이든 할 준비가 되어 있었기 때문이었다. 그는 "자본주의자들과 그들의 도구, 즉 감독관들이 나를 무시하고 착취했던 그때 나는 계급의식을 배웠다"[38]고 썼다. 수년 후 덩은 프랑스 외무장관 롤랑 뒤마Roland Dumas에게 이런 말을 했다. "당신들의 자본주의자들이 내게 (좋은) 교훈을 가르쳤습니다. 그들은 나와 내 친구들에게 (모든 것을) 가르쳐줬고, 우리가 공산주의의 길을 걷도록 했으며 마르크스-레닌주의에 대한 신념을 갖도록 했습니다."[39] 다시 말하자면, 마오쩌둥과 많은 다른 중국 공산주의자들과 달리, 젊은 덩은 이데올로기 투쟁을 거쳐 공산주의에 도달하지 않았다. 사회과학과 정치적 이데올로기에 대한 그의 지식은 그가 여러 대안 중에서 선택을 하기에는 여전히 불충분했다. 그 후 그는 이렇게 적고 있다. "대체로 나는 다른 사상의 영향에 노출된 적이 없었다." "나는 곧장 공산주의에 도달했다."[40]

1923년 6월 11일, 그는 파리로 돌아와 재유럽중국청년공산당의 새 이름, 중국사회주의청년단CSYL 유럽지부에 가입했다.[41] 자신보다 네 살 위였던 차이허썬의 여동생 차이창과 함께 선서식을 치렀다. 그는 차이창 그리고 앞으로 그녀의 남편이 될 사람이자 당시 중국사회주의청년단 유럽지부 지도자의 한 명이던 리푸춘과 평생 친구가 될 터였다.[42]

그 이후로 덩은 위험한 볼셰비키 업무에 헌신했다. 그는 곧 아버지와 어머니에게 관계를 끊겠다는 절연의 편지 한 장을 썼다. 자신과 약혼 관계였던 탕 씨 가문 출신의 "교육받지 않고 알려지지 않은" 소녀와 결혼하고 싶지 않다고 선언했고, 혼인의 의무를 무효화시켜 줄 것을 부모에게 요구했다. 게다가 자신은 집으로 돌아가지 않을 것이며, 그렇기 때문에 집안을 돌볼 수 없을 것이라고 부모에게 알렸다.[43] 사랑하는 아들을 위해 할 수 있는 모든 것을 포기했던 덩원밍과 어머니 단 씨에게 이는 치명적인 타격이었다. 자신들의 자식이 배은망덕할 뿐만 아니라 온 마을 앞에서 자신들의 명예를 더럽히려 하고 있는 것이었다. 이런 행동은 전통을 어기는 것이었다. 가문 전체가 "체면을 잃을" 수 있었다. 덩의 아버지는 곧 아들의 "불효와 배신"을 비난하며 분노하는 편지를 보내, 다시 생각하지 않는다면 모든 관계를 끊겠다고 위협했다. 그러나 덩은 완고했고, 이미 썼던 내용을 반복하는 다른 편지를 보냈다. 그 결과, 덩 자신의 말에 의하면, 스스로 "사실상… (그의) 가족과의 관계를 끊었다."[44]

덩의 모친은 곧 침대에 앓아누웠고, 연로한 원밍은 일을 해결하기 위해 아무 이유도 없이 거절당한 딸을 둔 탕 씨 가문의 원로를 찾아갔다. 두 사람은 덩의 신부가 그녀를 거절한 신랑의 집에 "과부"로 들어가는 것에 합의했다. 수년 후, 원밍은 그녀를 마치 자신의 딸인 것처럼 많은 혼수와 함께 시집보냈다.[45] 혁명가 아들과 달리, 그는 혼인의 의무를 철저히 지키는 것은 명예의 문제라고 믿었다.

그 후 덩은 자신의 가족을 모르는 체했다. 아버지와의 연락은 끝이 났다. 오랫동안 덩샤오핑은 자신의 편지를 받은 지 얼마 지나지 않아 여동생이 그리고 수년 뒤(1926년) 어머니마저 결핵으로 사망했다는 것조차 몰랐다. 여동생의 죽음이 그의 탓이라고 할 수는 없겠지만, 모친의 건강은 자신을 버린 아들과의 이별로 인해 서서히 쇠퇴했던 것으로 보인다.

한편, 1923년 여름, 사회주의청년단에 가입한 직후 덩은 처음에는 중국사회주의청년단 유럽지부의 잡지 《소년》, 그 후 1924년 1월부터 시작된 새로운 저널 《적광》(붉은 빛이라는 뜻)의 출간과 같은 매우 중요한 혁명 사건에 참여하기 시작했다. 이 두 저널의 편집실은 플라세 디탈리에서 멀지 않은 고드프루아가 17번지의 작은 호텔 3층에 있는 4제곱미터를 겨우 넘는 조그만 방에 자리 잡고 있었다. 여기가 1923년 2월 중국사회주의청년단 유럽지부 서기직을 맡게 된 저우언라이의 숙소였다. 덩과 저우가 처음 만난 것은 1923년 어느 여름날 이 방에서였다. 단추를 끝까지 채운 헐렁한 재킷에 너무 짧은 바지 차림을 한 이 예의 바른 젊은이가 자신의 인생에서 너무나도 중요한 역할을 할 운명을 가진 사람이라는 것을 덩은 직관으로 알 수 있었을까?

저우는 덩보다 나이가 여섯 살 반 많았다. 그는 1898년 3월 5일 장쑤성의 한 시골 지식인 가정에서 태어났고 일찍이 고아가 되어 친척들의 손에 길러졌다. 15세가 되었을 때, 베이징에서 동쪽으로 110킬로미터 정도 떨어진 상업 대도시 톈진에 사는 이모집으로 들어갔다. 1917년 거기서 명문 난카이 학원을 졸업했다. 그러고 나서 일본으로 건너가 학업을 지속했으나 진지하게 학업에 임하는 대신 사회주의자를 포함하여 급진 좌파들, 문학에 이끌렸고 《신청년》을 읽기 시작했다. 1918년 도쿄에서 애국적 중국인 조직인 신중회에 가입했다. 1919년 4월 말, 톈진으로 돌아왔다.[46] 그곳에서 5·4운동에 적극적으로 참여했고, 애국적 언론에 실린 그의 훌륭한 글들로 인해 도시 젊은이들 사이에서 곧 유명해졌다. 1919년 9월 톈진에서 뜻이 맞는 19명의 동료들과 함께 구국을 목표로 한 비밀 계몽회를 설립했다.

이렇게 열성적인 정치 활동에도, 저우는 고등교육을 받고 싶다는 욕구를 버리지 않았다. 1919년 말 무렵 그는 난카이 대학교 인문학과에 입학했다. 그러나 4개월 후인 1920년 1월, 애국적 항일 학생시위를 조직했다는 이유로 체포되었고 대학에서 제적되었다. 1920년 여름 석방된 저우는 유럽행을 결심했다.

1920년 12월 중순에 마르세유에 도착했고 곧 혁명 활동에 몰두했다. 파리를 본거지로 삼은 뒤 독일, 벨기에 그리고 영국을 자주 다니며 그곳에서 중국 학생들을 조직하기 시작했다. 그는 매우 사교적이고 활기찼으며, 논쟁의 여지가 없는 리더십의 자질이 결합된 타고난 지성을 발산했다. 1923년 덩과 저우가 만났을 때, 그들의 모든 생각은 유럽에 사는 중국인 이주자들 사이에 공산주의 프로파간다를 확산시키는 쪽으로 향해 있었다. 차이창은 다음과 같이 회고했다.

우리는 《소년》지를 교대로 편집했다. 덩샤오핑과 리창잉 동지가 스텐실로 글을 복사하면, 리푸춘 동지가 등사판 인쇄기로 그것을 뽑아냈다. … 나중에 저널의 이름은 〈적광〉으로 바뀌었다. … 덩샤오핑과 리푸춘 동지는 낮에는 (프랑스 회사에서) 일하고, 밤에는 당 업무로 바빴지만, 저우언라이 동지는 자유로운 당 노동자였다.[47]

2년이 넘는 동안 덩과 저우는 거의 매일 만났다. 그들은 가까워졌고 튼튼한 우정을 쌓았다. 그 후 덩은 "나는 줄곧 그를 형으로 생각했고 우리는 가장 긴 시간 동안 함께 일했다"[48]고 회고했다.

"유능하고 사무적인" 동지로서의 자질을 보이며 덩은 곧 사회주의 청년단 서클 내에서 "출판과학박사"라는 별명을 얻었다.[49] 그러나 저우 그리고 몇몇 다른 리더들과는 달리 그는 순전히 실용적인 일에만 종사했으며 이론적인 문제들은 다루지 않았다. 이는 그가 1924년부터 1925년까지 〈적광〉에 발표한 세 편의 짧은 글에서 명확히 드러난다. 글들은 날카롭고, 다소 투박한 어조에 신문 잡지 스타일로 쓰였지만, 중국사회주의청년단(1925년부터는 CCYL, 중국공산주의청년단) 유럽지부의 저우언라이 혹은 또 다른 리더 런줘쉬안의 심오한 이론적 글에 필적할 만한 것은 아니었다. 덩의 글들은 정교한 분석이라기보다는 날카로운 시사평론이었다.

한편, 중국에서는 엄청난 사건들이 일어나고 있었다. 1922년 8월 말, 중국공산당과 중국사회주의청년단은 1912년 중화민국의 전前 임시 총통 쑨원이 설립한 국민당GMD과 민족연합전선을 계획하기 시작했다. 그들을 사상적, 재정적으로 지원하고 있던 공산주의 인터내셔널(코민테른)의 압력 때문이었다. 코민테른은 1919년 3월 러시아의 볼셰비키들이 세계 혁명의 촉진을 위해 설립한 공산주의자들의 국제 조직이었다. 볼셰비키들은 중국 내의 모든 반제국주의자와 반봉건 세력을 자신들의 리더십하에 규합시킴으로써 세계 제국주의에 결정적인 타격을 가할 수 있을 것이라 생각했다. 합작전선은 개별 공산당원과 청년연맹 성원이 국민당에 가입하는 형태를 띠었다. 중국 공산주의자들은 국민당과 협력하면서 국민당 내에서 철저히 자신들의 독립성을 유지하고 중국공산당이 거대 정치조직으로 발전할 때까지만 그 안에 남아 있기로 되어 있었다.[50] 다시 말해, 모스크바는 중국 공산주의자들에게 중국 남부에서 상당한 영향력을 행사하던 국민당을 이용할 것을 지시했는데, 이는 중국의 국가적 독립을 위한 투쟁뿐만 아니라 자신들의 대중적 기반 강화를 위한 것이기도 했다.

1923년 여름, 유럽의 젊은 중국 사회주의자들과 공산주의자들은 국민당에 가입하라는 명령을 받았다. 곧 덩을 포함한 중국사회주의청년단 유럽지부의 멤버 80여 명은 모두 국민당에 입당했다.[51] 프랑스 내의 중국 공산주의자들도 국민당에 가입했다.

1923년 2월부터 쑨원이 중국 정부를 이끌어온 광저우에서 1924년 1월에 열린 제1차 국민당 전국대표대회는 모든 중국 공산주의자 및 사회주의청년단 멤버들의 국민당 가입을 공식 승인했다. 쑨원이 모스크바의 정책을 채택한 이유는 1923년부터 소비에트 연방이 그에게 막대한 자금을 포함한 물질적 원조를 제공하고, 수십 명의 군사 및 정치 고문을 보내주었기 때문이다. 1924년 5월, 러시아인들은 광저우 부근 황푸 지역에 국민당 군대의 장교 양성단 교육을 위한 군사학교를 설립했다. 볼셰비키의 도움으로 쑨원은 옛 총통 위안스카이의 사망 이후 분열된 국가의 통일을 위해 무력을 사용할 수 있기를 바랐다.

합작전선이 구축된 후, 프랑스의 젊은 중국 사회주의자들, 공산주의자들 그리고 국민당 당원들은 반제국주의 연합 행동에 참여, 시위를 개최하고 프로파간다 자료를 배포했다. 그들은 모국에서 본격적인 민족주의 혁명이 전개되기 시작한 1925년 봄에 특히 활발하게 움직였다.

이맘때쯤, 사회주의청년단의 적극적인 선전가였던 덩은 이미 정치적 상승기에 있었다. 1924년 1월, 편집 업무에 더해 그는 청년단 사무실에서 기술 서기의 역할을 시작했다. 7월 중순에는 파리의 중국사회주의청년단 유럽지부 제5차 대표회의에서 집행위원회 위원에 선출되었고 세 비서 가운데 한 명이 되었다. 1925년 초 덩은 중국청년단 지방 세포의 리더 가운데 한 명으로 리옹으로 출발했다. 1925년 4월 그곳에서 중국공산당[52], 좀 더 정확하게는 중국공산당 유럽지부[53]에 가입했다.

곧 이어 1925년 6월, 중국공산당 유럽지부와 국민당 지도자들은 프랑스가 중국에서 하는 행위에 항의하기 위해 파리에서 대규모 집회와 시위를 열었다. 이런 사건들은 중국에서 일어난 새로운 반제국주의 봉기, 즉 상하이에서 발생한 일본인의 노동자-공산주의자 살해 사건으로 촉발된 이른바 5·30운동에서 영감을 받은 것이었다. 그때쯤 쑨원은 이미 숨을 거둔 뒤였다(그는 1925년 3월 12일에 사망했다). 국민당의 좌파 수장 왕징웨이를 포함한 국민당의 새로운 지도자들은 민족주의 혁명에 착수하기 위해 중국 내외에서 당의 모든 역량을 동원하고자 그 상황을 이용했다. 그들은 이러한 노력에 있어 공산주의자들의 지지를 받았다. 당연히, 프랑스 경찰은 프랑스 내의 중국인들이 벌이려는 데모를 용인하지 않으려 했다. 그래서 많은 젊은 사회주의자들, 공산주의자들 그리고 국민당 당원들이 투옥된 데 이어 추방되었다. 이런 상황에서 덩은 지도급 간부들의 파국적 부족으로 생긴 공백을 메우기 위해 곧 파리로 돌아와 중국청년단 유럽지부 임시집행위원회에 가담했다. 동시에, 그는 중국공산당 유럽지부 집행위원회의 후보 (무의결권) 멤버가 되었다.[54] 이 두 기관들은 멤버가 거의 없었다. 예를 들어, 중국청년단 임시집행위원회 조

직은 덩을 포함해서 단 세 명으로 구성되었다.[55]

이렇게 덩은 유럽 내 중국 공산주의자들의 지도자 가운데 한 명이 되었다. 그러나 조직은 거의 망가지고 있었다. 덩은 파리 서부의 교외 빌랑쿠르에 정착했고 강철 노동자로 근무하게 된 르노 공장 근처의 카스티야로 3번지에 위치한 작은 호텔의 5번 방에 묵었다. 두 명의 다른 동지들과 방을 함께 썼는데, 중국청년단 유럽지부 집행위원회 지도자 푸종傳鍾과 중국청년단 멤버 양편순이 그들이었다. 1925년 하반기동안 셋은 6월에 시작한 반제투쟁을 지속하기 위해 최선을 다하려 했다. 그들은 중국 커뮤니티 회의를 소집했고 성명과 호소문을 발표했다. 프랑스 경찰 아카이브에는 그들의 활동에 대한 비밀 보고서가 많이 있다.[56] 결국, 그들의 머리 위로 짙은 먹구름이 드리워졌고, 1925년 12월, 조직의 결정으로 푸종과 덩샤오핑은 프랑스를 떠날 준비를 시작했다. 그들이 향한 길은 모스크바였으며, 거기서 1921년 4월 설립된 특수 코민테른 대학인 동방노동자공산주의 대학(러시아어 약자로는 KUTV)에 등록할 예정이었다. 덩샤오핑과 마찬가지로 1925년 중국공산당에 가입한 삼촌 덩샤오성도 여기에 합류했으며, 17명의 다른 동지들이 그 뒤를 따랐다. 은신처를 찾아 급히 카스티야로의 호텔을 떠났던 양편순과 그 밖의 소수만이 프랑스 내 중국인의 당 및 청년단 일을 점진적으로 마무리하기 위해 몇 달 더 파리에 남았다.[57]

1926년 1월 7일, 덩과 삼촌, 푸종과 다른 이들은 기차에 몸을 싣고 천천히 역을 빠져나갔다. 시가지는 곧 뒤로 사라졌고 그들이 탄 칸 창밖에는 미래 중국의 위대한 개혁가가 정치적으로 성숙하는 데 그토록 커다란 역할을 한 이 아름다운 나라의 들판과 초원이 눈앞에 펼쳐졌다. 출발 전, 그들 모두 프랑스 경찰에서 추방통지를 받았다. 다음날, 빌랑쿠르 경찰은 떠나는 중국인들이 살았던 카스티야로 3번지 그리고 또 다른 두 호텔에서 수색 작업을 벌였다. 비밀 경찰 보고서는 카스티야로 호텔의 5번 방에서 발견한 것에 대해 다음과 같이 기술하고 있다.

> 프랑스어와 중국어로 된 많은 중요한 소책자들이 발견되었음(《중국 노동자》《쑨원의 유언장》《공산주의 입문》외), 중국어 신문들, 특히 〈진보〉(치엔진빠오, 정확한 번역은 전진), 모스크바에서 간행된 중국어 신문, 그리고 인쇄기 두 대에 필요한 장비들, 프린터 잉크, 인쇄용 판, 롤러 그리고 인쇄용지 여러 꾸러미 … 어느 모로 보나 … (이곳에 살던) 그 중국인들은 공산주의 활동가들이었다.[58]

프랑스 경찰은 놀라울 만큼 영리했으나 더 이상 상관은 없었다. 고속철은 덩과 친구들을 싣고 10월혁명의 모국, 덩이 열정적으로 그 경험을 배우기 바랐던 성공한 볼셰비즘의 나라로 빠르게 달려가고 있었다.

독일과 폴란드를 거쳐 1926년 1월 17일 일요일 그들은 모스크바에 도착했다. 벨라루스-발틱 역에서 그들은 중국공산당 모스크바지부 대표들의 환영을 받았고, 곧 이전에는 수녀원이 있었지만 현재는 동방노동자 공산주의 대학이 있는 스트라스트나이아 광장으로 이동했다. 그들 모두에게는 학생신분증과 함께 가명이 주어졌다. 덩은 임의로 고른 듯한 크레조프Krezov라는 성을 받았다.[59] 코민테른 학교 간부학과 관리들의 주요 관심사는 비밀을 유지하는 것이었다.

그 후 그들은 모두 코민테른 동방학과하의 KUTV 기숙사로 이동했다(이 대학은 현재 볼셰비키 당중앙위원회 총서기였던 스탈린의 이름을 갖고 있다[60]). 덩이 도착할 당시, KUTV는 소비에트 러시아에서 가장 큰 대학 가운데 하나로, 100여 명의 중국 학생을 포함하여 아시아 각지에서 온

1,664명의 학생이 있었고 중국 학생 대부분은 유럽에서 왔다.[61]

모스크바에서 덩은 프랑스에서 온 지인들을 많이 만날 수 있었는데,[62] 이들 중에는 중국공산당 유럽지부 그리고 중국공산주의청년단의 지도자였던 런쥐쉬안(가명 라파일)이 있었다. 모스크바에 이미 두 달째 머물고 있던 런은 공부보다는 정치에 몰두하고 있었다. 런은 자신이 중국공산당 모스크바지부의 비서로 임명됐다는 사실에 우쭐해져 있었다. 1월 19일, 그는 새로 도착한 모든 사람을 조직에 등록시키고 군대식 훈련을 강요함으로써 많은 이들을 놀라게 만들었다.[63]

모스크바의 방식은 파리의 방식과는 달랐다. 1921년 12월 모스크바에 중국공산당과 청년단 지부들이 설립된 이후부터 그 멤버들은 스파르타식 삶을 살았다. 중국인 지도자들은 하급자들이 "후진적인 가부장적 사회"에서 물려받았을 "구식 개념과 사상"을 삭제하고자 했다. 1923년 봄 모스크바에 도착한 정차오린은 다음과 같이 회고했다.

중국공산당 모스크바지부 멤버들은 리더와 군중으로 나뉘었다. … 리더들은 군중의 동료 학생들이 아니라 그들의 선생님처럼 행동했다. … 리더에 대한 모스크바 학생들의 시각은 우리에겐 완전히 생소했다. … 그들은 공적으로 복종했을 뿐만 아니라 사적으로도 감히 불만을 표출하지 못했다. … 우리는 넷 혹은 다섯 명의 멤버로 구성된 몇 개의 세포로 나뉘었다. 각 세포는 일주일에 한두 번 만났고, 총회 그리고 다른 종류의 미팅이 있었다. … 그런 데에서의 분위기는 긴장과 흥분 그리고 열성적이었다. … 대부분의 시간은 '개인비판'에 할애되었다. … 당신은 너무 개인주의적이다, 당신은 너무 건방지다, 당신은 너무 쁘띠 부르주아적이다, 당신은 무정부주의 성향이 있다 등등. 비판을 받은 사람들은 자신을 비판한 사람들에게 다시 퍼부어줄 비슷한 비판을 생각해내곤 했다. 그 결과 … 사람들의 마음속에는 증오의

씨앗이 심어졌다.[64]

훨씬 느슨한 프랑스 출신이던 런은 재빠르게 모스크바 스타일을 적용했다. 그는 자신의 방침을 정당화하며 훗날 이렇게 적고 있다. "우리 방식은 당 자아비판이라는 레닌주의 원칙이었다. … 모든 학생이 지식인이었기 때문에 … 우리는 그들의 쁘띠 부르주아 의식을 전환시킬 필요가 있다고 생각했다. … 학생들은 완전한 쇄신을 거쳐야만 했다. … 그들이 이것을 하지 않으면, 우리는 그들을 때로는 강하게 비판했다. 그들이 스스로를 개조시킬 때까지."[65]

도착한 지 일주일 만에 덩 역시 자아비판을 해야 했다. 충실한 당원으로서, 그는 다음과 같은 진술서를 제출했다. "저는 비록 최근에 도착했을 뿐이지만, 조직은 이미 제가 저의 결점을 알고 자아 개선의 길로 나아가 진정한 공산주의자로 성공적으로 변모할 수 있도록 전적으로 정당한 비판을 할 수 있게 해주었습니다."[66]

중국공산당 모스크바지부 본부는 덩이 도착하기 두 달 전에 문을 연 또 다른 코민테른 학교, 중산중국노동자 대학교UTK에 자리 잡고 있었다. UTK는 공산당과 청년단 그리고 국민당 멤버를 포함한 중국인만을 위한 것이었다.[67] 그것은 통일전선의 교육적 화신이었다.

모스크바에 도착한 지 12일 만에 덩은 UTK로 전학을 갔다. 1926년 1월 29일, 그는 이반 세르게예비치 도조로프Ivan Sergeevich Dozorov라는 이름으로 UTK 학생 신분증, 번호 233을 받았다.[68] 다음날인 1월 30일 토요일 그는 공부를 시작했다.

2년의 과정은 매우 많은 것을 요구하는 어려운 과정이었다. 덩은 러시아어, 마르크스주의 역사유물론, 중국과 외국의 혁명사, 볼셰비키 역사, 경제 지리학, 정치 경제학(독일 사회학자 카를 카우츠키가 지은, 레닌이 좋아한 책《카를 마르크스의 경제 원칙The Economic Doctrines of Karl Marx》의 관점에서) 당 건설, 군사 그리고 저널리즘을 공부했다.[69] 학생들은 2시간의 식사 시간을 포함하여 오전 9시부터 오후 7시까지 일일 8시간, 주 6일의 수업을 받았다.[70]

덩은 새로운 자료들을 스펀지처럼 흡수했다. 그 자신의 말에 따르면, 모스크바에 온 이유는 "공산주의가 대체 무엇인지 알아내기 위해서"였다. UTK에 입학하자마자 자서전에 쓰기를, "내가 서유럽에서 조직에서 일할 때,"

> 나는 끊임없이 준비가 부족하다고 느꼈고 결과적으로 종종 실수를 저질렀다. 그래서 그 이후로 오래도록 러시아에서 공부하겠다고 결심했다. 그러나 그 당시 여행경비가 없었고 그래서 내가 바라던 것을 성취할 수 없었다. … 나는 (항상) 공산주의에 대한 내 지식이 피상적임을 강렬하게 느꼈다. 다른 사람들도 그렇다고 이해했다. … 그래서 나는 러시아에 있는 동안, 공산주의에 관해 더 많은 지식을 얻을 수 있도록 지속적으로 공부할 것이다. 나는 또한 동방의 젊은이인 우리는 강렬히 해방을 열망하지만 우리의 사상과 행동을 체계화하기가 어렵다고 생각한다. 이 상황이 미래에 우리가 할 일에 커다란 방해가 됨은 물론이다. 그러므로 나는 무엇보다도 철석같은 규율을 견지하는 법을 배우고, 공산주의의 세례를 받은 후 나의 생각과 행동을 전적으로 공산화한다는 결심으로 러시아에 왔다. 모스크바에 도착한 이후로 나는 우리 당, 나의 계급에 절대적으로 헌신하기로 결심했다. 이제부터 충심으로 당의 교육을 받고, 당의 리더십에 따르며, 프롤레타리아의 이익을 위해 충실하게 싸울 것이다.[71]

덩은 "이론가 서클"이라는 별명을 가진 교육그룹 7번에 배정되었는데,

여기에는 황푸군사학교의 사령관이자 동시에 국민당 국민혁명군NRA 제1군단 지휘관인 장제스의 맏아들 장징궈蔣經國, 그리고 다른 유명한 중국 지도자들의 친척을 포함하여 가장 전도유망한 중국공산당 그리고 국민당 학생들이 있었다. 강의는 러시아어로 중국어 순차통역과 함께 진행되었으나 통역이 항상 정확하지는 않았다. 중국어 강의는 없었고, 비록 프랑스에서 5년을 살았지만 덩은 프랑스어를 배우지 않았기 때문에 프랑스어 그룹에 들어갈 수 없었다.

그러나 덩은 낙관적 태도를 유지했다. 많은 시간 도서관에 앉아 열심히 학업에 전념했다. 비록 프랑스어보다 러시아어를 잘한 것은 아니었지만 볼셰비키 역사, 마르크스 이론 그리고 마르크스 경제학을 포함하여 사회과학 분야에서 높은 점수를 받았다. 덩은 대학에 있는 마르크스, 엥겔스, 레닌, 스탈린 그리고 부하린 저작들의 중국어 번역본에 집중했다.

모스크바의 환경은 그의 좋은 기분을 더 좋게 만들었다. 1926년 소비에트연방 전역에서 신경제정책NEP이 완전히 꽃피었다. 공산당 통제하의 시장경제 발전을 목표로 한 신경제정책의 결과는 곳곳에서 가시적 성과를 드러냈다. 경제는 활황이었다. 시장은 갈수록 국영 및 사영 기업들이 생산한 상품으로 가득 찼다. 항상 새로운 상점, 음식점 그리고 카페들이 문을 열었다. 덩의 한 급우는 "우리는 닭고기, 오리고기, 생선 그리고 육류가 부족한 적이 없었다"고 회상했다.

아침식사로 달걀, 빵과 버터, 우유, 소시지, 홍차 그리고 가끔은 캐비어도 나왔다. 어느 곳의 부자들도 우리보다 더 풍족한 아침식사를 즐기지 못했을 것이다. … 우리 학생들이 러시아 음식에 질릴 때쯤이면, 그들(관리들)은 중국인 요리사를 고용해 서둘러 우리의 편의를 도모해주었다. … 우리는 러시아 음식 아니면 중국 음식을 골라 먹을 수 있었다.[72]

학생들의 자유시간도 잘 계획되었다. 학생들은 박물관, 전시회 그리고 극장을 방문했다. 1926년 여름에는 레닌그라드로 견학을 가기도 했을 정도다.[73]

이런 삶은 덩이 프랑스에서 보낸 곧잘 굶주리던 상태의 생존과는 확연히 달랐다. 그는 마르크스-레닌주의 서적과 글 그리고 자신의 세계관에 깊은 인상을 남긴 스탈린과 부하린의 당대 연설들을 읽고 신경제정책 스타일 사회주의의 명백한 우위를 확인했다.

"권리는 사회의 경제적 구조와 그 구조가 결정하는 그 사회의 문화적 발전보다 더 위일 수 없다"고 마르크스는 말했다.[74] "수백만의 소생산자가 있는 한 불가피한 모든 사적, 비국가적 교환, 즉 교역, 다시 말해 자본주의의 발전을 전적으로 금지하려는 시도, 그것에 족쇄를 채우는 것, … 그런 정책은 그것을 적용하려는 당에 어리석고 자멸적일 것"이라고 레닌은 주장했다.[75] "신경제정책은 프롤레타리아 국가가 지휘적 지위를 갖는 상태에서 자본주의를 허용하는 것을 목표로 하는 프롤레타리아 국가의 특별한 정책이다"라고 스탈린은 말했다.[76] "우리는 소작농들에게 말해야 한다. … 스스로를 부유케 하고, 축적하고, 농장을 개발하라고. 바보만이 가난한 사람들은 '항상' 우리와 같이 있을 것이라는 말을 할 수 있다. 우리는 이제 가난한 사람들이 사라지는 결과를 낳는 정책을 실시해야만 한다"고 부하린은 강력히 권고했다.[77]

당내 정치 업무가 덩의 시간 대부분을 차지했다. 그는 곧 중국공산주의청년단 대학지부에 선출되어 들어갔다. 7번 그룹의 학생들 역시 그를 자신들의 당 조직자로 선출했다.[78] 따라서 덩은 본의 아니게 대학 내에서 펼쳐지는 첨예한 파벌 싸움에 끌려들었다. 문제가 된 것은 1926년 초 런줘쉬안이 "회의가 우선, 학업은 나중. 실천이 우선, 이론은 나중"이라는 슬로건을 공표한 것이었다.[79] 당 회의보다 학업에 더 신경을 썼던 학생들은 공공연하게 "형식주의" 그리고 "개인주의"로 낙인찍혔고, 길게 늘어지는 회의를 견디다 못해 식사를 하러 간 사람들은 "쁘띠 부르주아" 그리고 "이기주의자"라고 비난을 받았다. 많은 교사들도 불만이었고 식당 스태프들도 반대 목소리를 냈다.[80] UTK의 학장 카를 라데크Karl Radek 자신이 가장 분개했다. 비록 레닌주의 옹호자(보수파 레닌주의자)의 멤버였지만, 그는 무엇보다도 개인의 자유를 중시했다. 1926년 2월 18일, 그는 UTK 당총회에서 중국공산당 모스크바지부의 리더십을 비난했다.[81] 그 후 지부의 업무계획을 직접 작성했는데, 여기서 그는 중국공산당 학생 당원들에게 마르크스-레닌주의와 쑨원주의를 학습할 것, 상호원조 정신을 강화할 것, 그리고 맹목적으로 당국에 복종하지 말 것을 호소했다. 그는 중국의 혁명과 연관된 여하한 문제에 대한 학생들의 생각과 토론의 자유를 런줘쉬안이 방해하지 말 것을 요구했다.[82]

라데크의 요구는 효과가 있었다. 모스크바에서 당 경력을 쌓아 나가겠다는 꿈을 지닌 많은 활기찬 중국 젊은이들이 공개적으로 모스크바 지부에 대한 반대 의사를 분명히 밝혔다. 그들의 리더는 22세의 안후이성 토박이이자 중국공산당의 멤버인 천샤오위로, 그는 런줘쉬안의 이론적·실천적 지시들을 평결처럼 들리는 용어인 런의 별명 라파일Rafail을 따서 "라파일로비즘"이라고 낙인찍었다. 그 결과 1926년 봄, 교육이 거의 중단되는 사태에 빠지게 되었다. 다행히 6월에 방학이 시작되었고, 덩을 포함하여 학생들은 모스크바 외곽의 타라소프카로 갔다. 그러나 거기서도 천과 그의 동지들은 자신들의 논쟁을 이어갔다. 6월 혹은 7월에 그들은 런줘쉬안과 모스크바지부의 다른 "보스들"을 겨냥한 떠들썩한 총회를 소집했다. 라데크 총장이 타라소프카에 도착해 볼셰비키 당 중앙위원회, 코민테른 집행부 그리고 대학 행정부의 이름으로 중국공산당 모스크바지부를 해산시키기까지 회의는 나흘 동안이나 이어졌다. 1926년 여

름, 런줴쉬안은 중국으로 돌아갔다.[83]

그 후, 러시아 볼셰비키 당국은 덩을 포함하여 모든 중국인 공산주의자들이 러시아공산당의 후보 혹은 무의결권 멤버가 될 것을 결정했는데, 이는 그들의 독립성을 박탈하는 조치였다. 후보 멤버들은 선출직으로 일할 수 없기 때문에, UTK 당위원회 리더들과의 경쟁은 고사하고 당의 정규 멤버들과도 경쟁할 수 없었다. 게다가, 러시아 당 지도부는 라데크 총장과 달리 당 건설에 대해 중국공산당 모스크바지부의 보스들과 같은 시각을 고수했고 어떠한 자율도 허락하지 않았다. 그렇기에, 얄궂게도 UTK의 당무 방식은 바뀐 것 없이 그대로 유지되었다. 당과 공산주의 청년단의 모든 멤버는 여전히 그룹 토론 그리고 현재 정치에 관한 세션과 같은 긴 시간의 당 회의와 다른 행사들에 참석해야 했고, 그런 데서 당 지도부에 대한 충성을 공개적으로 표현하도록 강요받았다.[84] UTK 당위원회 서기 세드니코프는 오직 혁명의 승리를 위한 외곬 투쟁에 종사하는 당내에서 민주주의에 대해 이야기하는 것은 금지되어 있다는 생각을 중국 학생들에게 끊임없이 주입시켰다.[85]

덩은 이 모든 것에 개의치 않았다. 흥분을 잘하는 성격임에도, 어떠한 일탈도 피하고자 했고 다수의 의견을 받아들이고자 했다. 순종적인 당의 군인이 되기를 원했기에 덩은 철석같이 당의 규율을 준수했다. 그래서 런줴쉬안이 비서일 때는 그에게 복종했으나 런이 권력을 잃기 시작했을 때는 그에게 대항했다. 1926년 8월 12일, 작문 수업 때 쓴 글 중에서 덩은 자신의 정통적 시각을 상술하며 다음과 같이 적고 있다. "중앙 집중적 권력은 위에서 아래로 흐른다. 리더십의 지시에 복종하는 것이 절대적으로 필요하다. … 민주주의는 항상 변치 않는 개념이 아니다. 민주주의의 확대와 축소는 주변 환경의 변화에 달려 있다. 예를 들면, 혁명 이전의 러시아와 현재의 중국에서 민주주의를 확대하는 것은 불가능하다."[86]

　　따라서 대학의 당위원회가 주기적으로 그에게 긍정적인 평가를 내린 것은 우연이 아니었다. 그러한 평가 가운데 1926년 6월 16일자 평가에는 문답 형식으로 이렇게 적혀 있다.

'그의 모든 행실은 중국공산당(CPC, CCP) 멤버로서 그의 지위에 적합한가?' 그러함. 그는 비非당 성향이 없음. '그는 규율을 준수하는가?' 그러함. … (그는) 당 규율에 많은 주의를 기울임. 그는 정치문제 전반에 많은 흥미를 보임. … '그는 당 회의와 그룹 미팅에 참여하는가?' 그는 (당 회의에) 절대 결석하지 않음. … '그는 당이 부여한 업무를 완수하는가?' 그는 진지하게 그렇게 할 수 있음. '그는 자신이 받는 수업에 흥미가 있는가?' 매우 많음. '그는 다른 사람들에게 모범을 보일 수 있는가?' 그는 열심히 공부하며 다른 사람들에게 영향을 줌. '그는 당의 시각을 국민당 내에서 행동으로 옮기는 데 적합한가?' 그러함. … '그에게 가장 적합한 직무는 무엇인가?' 선전 그리고 조직 업무임.[87]

1926년 11월 5일자로 된 또 다른 평가는 이렇다.

매우 적극적이고 활기찬 당원이자 중국청년단원(전연맹공산당원 후보). 대학의 중국청년단국 내에서 최고의 조직일꾼 가운데 하나. 규율도 바르고 일관성도 있으며 학업에서도 유능한 사람으로서, 도조로프 동지Comrade DOZOROV는 중국청년단국 내에서 담당한 조직 업무를 통해 많은 경험을 축적했으며 매우 성숙했음. 정치 업무에 적극 참여함. 다른 사람들과의 관계에 있어 동지처럼 행동함. 가장 뛰어난 학생 가운데 하나임. 그의 당 훈련은 훌륭함(개별적으로 국민당 멤버 양성 업무를 수행했음—가장 잘 훈련받은

당 멤버들만이 이 업무를 할당받았음.) 조직 업무에 종사시키면 가장 좋을 것 같음.[88]

1926년 10월 9일, 덩이 당 조직책으로 참석한 7번 그룹 총회는 "그가 훌륭하고 자신의 업무를 성실히 그리고 잘 하기 때문에" 그를 전연맹공산당의 후보 멤버에서 정식 멤버로 전환시키는 것이 "적합하고 유용하다"고 보았다.[89]

당 규범에 따르면, 덩은 도덕관념도 뛰어났다. 대학에는 남성이 수백 명인 데 비해 여성은 20~30여 명 정도만이 있었는데, 끊임없이 여성들을 괴롭히는 대다수 또래와 달리, 덩은 매우 겸손하게 행동했다. 그는 도가도바Dogadova라는 가명으로 통하는 여학생을 좋아했다. 그러나 그는 매력적이고, 날씬하며, 짧은 머리에 가늘고 검은 눈썹과 보기 좋은 입술을 가진 그녀에게 가까이 다가가려는 움직임을 보이지 않았다. 그는 모든 시간을 학업과 당무에 쏟았다. 여학생의 본명이 장시위안이고, 1907년 10월 28일 즈리성(현재의 허베이성) 팡산현房山県 소재 량샹역良乡站의 노동자 집안에서 태어났으며(그녀의 아버지는 철도 노동자였다), 1925년 11월 27일 천샤오위와 함께 중국에서 UTK로 왔다는 것만 알았다. 한 달 뒤 그녀는 모스크바에서 공산당에 가입했다. 장은 처음에 3번 그룹, 그 다음에는 4번 그룹에 등록되었다.[90] 그녀는 좀 그저 그런 학생으로, 보통 C를 받았고 당무에 항상 주의를 기울이는 것도 아니었다. 한번은 "당 과제 수행 실패"를 이유로 야단을 맞기도 했다. 그렇기에 그녀 역시 연애에는 관심이 없었다. 조직에서 다시 신임을 얻어야 했기 때문이다.

한편, 중국에서는 사건들이 급박하게 전개되고 있었다. 쑨원의 사망 이후 왕징웨이가 이끄는 좌파가 국민당의 권력을 쥐었고, 민족주의 혁명이 속도를 냈다. 광둥의 중국공산주의자들은 모스크바의 지령에 따라 1925년 봄 국민당 내에서 권력을 장악하여 국민당을 스탈린의 이론 공식에 일치하는 이른바 인민의 당으로 전환시키는 것을 목표로 하는 공세적 정책을 채택했다.[91] 1926년 3월까지 모스크바와 광둥의 많은 사람은 국민당 내 중국공산당의 승리가 목전에 있다고 믿었다. 그러나 3월 20일, 국민혁명군 제1군단 지휘관 장제스는 좌파에 대항하는 군사 쿠데타를 일으키고 왕징웨이 그리고 자신을 적대했던 몇몇 소비에트 군사 고문들에게 중국을 떠날 것을 강요했다. 그 후 그는 국민당 내에서 중국공산당의 정치 및 조직적 자율의 축소를 요구했다. 장은 모든 정치 및 군사력의 줄기들을 제 수중으로 끌어모았다. 가장 중요한 것은 그가 국민혁명군 총사령관으로 공표된 것이었다.[92]

이 기정사실을 받아들여야만 했던 모스크바는 세력을 다시 규합하기 위해 중국공산당에 국민당 내에서의 공세 속도를 늦출 것을 지시했다.[93] 합작전선은 유지되었고, 장제스는 공산당의 양보에 만족했다. 1926년 7월 초, 장은 소비에트 수석 군사고문 바실리 블류커Vasilii Bliukher의 도움을 받아 군벌을 제압하고 나라를 통일하기 위한 군사 작전, 북벌을 개시했다. 당시 국민혁명군의 수는 병사들과 장교들을 포함해 10만 명 정도였다. 이들과 맞선 북부의 세 군벌의 병력은 모두 합쳐 그 수가 75만이었다. 펑위샹馮玉祥 원수가 이끄는 15만의 국민군은 중국의 서북 지역에 배치되어 있었는데, 객관적으로는 장제스의 동맹이었다. 펑은 1924년 10월 베이징을 점령하고 소련에 원조를 요청했으며 쑨원에 대한 지지를 선언했다. 모스크바는 곧 소비에트 군사 고문을 수십 명이나 파견했다. 그러나 북벌이 시작되기 3개월 반 전에 펑 원수는 북부 군벌에 의해 끔찍한 패배를 당했고, 이후 소비에트 군사 원조 확대를 위해 가족과 함께 모스크바로 떠났다.[94] 그럼에도, 장은 북벌을 성공적으로 시작했다. 1926년 7월 11일, 국민혁명 사상에 고무된 그의 군대는 첫 번째 승리를 거둔 후 후난성의 성도 창사를 점령했다.

당연히 모스크바의 중국 학생들은 북벌의 성공적인 전개에 대해 열광적인 반응을 보였다. 그들은 또한 펑위샹이라는 인물에게도 끌렸다.[95] 1926년 5월 9일 펑과 그의 가족이 모스크바의 야로슬라플 역에 도착했을 때, 그는 붉은 군대 보병과 기병 의장대, 수많은 중국 학생들(그중에 덩도 있었을 가능성이 높다), 그리고 다수의 소련 및 외국 기자들에게 환영을 받았다. 그 후 3개월여에 걸쳐 그를 위한 빡빡한 프로그램이 마련되었으나 펑은 대부분의 시간을 UTK에서 혁명과 제국주의 전복에 대한 자신의 요구에 열렬하게 반응했던 덩샤오핑을 포함한 중국 학생들을 만나는 데 할애했다.[96] 펑이 모스크바에 도착한 날, 레닌의 석관 앞에 서서 국민당에 합류했음을 공표했다는 사실은 모두가 알고 있었다.

모스크바에 체류하는 동안 펑은 추가적인 재정지원을 약속받았고 그의 소비에트 고문가 그룹은 새로운 간부들로 강화되었다. 펑은 이렇게 증원받은 것을 가지고 중국으로 출발했다.[97]

펑이 모스크바를 떠난 다음날 8월 17일 장제스는 창사에서 우한으로 진군하며 북벌을 재개했다. 1926년 가을쯤 국민혁명군은 양쯔강 계곡에 들어섰다. 10월 펑 원수는 간쑤성에서 이웃한 산시성으로 사단을 파견했고, 11월 18일 산시 지역의 거점 도시인 시안에 대한 포위를 풀었다. 한편, 장제스는 우한을 손에 넣고 1927년 1월 1일 우한을 국민당 중국의 수도로 선포했다.[98] 펑은 장제스의 국민혁명군과의 연합을 위한 허난 원정을 준비하면서 추가로 자문가들을 보내줄 것을 모스크바에 요청했다.[99]

코민테른은 모스크바에서 20여 명으로 구성된 일단의 출중한 중국 학생들을 펑에게 보냄으로써 화답했다. 그중에는 2년 과정의 학업을 채 마치지 않은 덩샤오핑도 있었다. 북벌은 결정적인 국면에 진입했고 코민테른 관리들은 "모스크바에 있는 몇몇 동지들이 학업을 마칠 때까지 일을 제쳐두고 줄이는 것은 말이 안 된다"고 올바르게 생각하고 있었다.[100]

1927년 1월 12일, 덩은 중산 대학교의 학생 명부에서 빠졌고 같은 날 중국으로 출발했다. 6년여에 걸친 해외생활의 끝이었다. 그에 대한 대학 당위원회의 최종 보고서에는 "매우 적극적이고 활기찬, 조직 최고의 일꾼 가운데 한 명. 규율 바르고 일관적. 학업에 있어 우수. 잘 교육됨"이라고 적혀 있었다.[101] 그러나 그를 전연맹공산당의 후보에서 정식 멤버로 진급시킨다는 7번 그룹 총회의 결의는 취소되어야 했다. 덩은 중국으로 돌아왔고, 중국에서 다시 중국공산당의 공식 멤버가 되었다. 젊고 유능한 공산주의자 덩은 혁명의 파도를 탔다. 그 파도의 정점에서 그와 동지들은 정권을 장악하기를 희망했다.

3

시안에서 상하이로

★
★
★

덩이 모스크바를 떠날 때쯤, 펑 원수는 덩과 동지들이 향하고 있던 시안에 이미 도착해 있었다. 기차는 베르크뉴딘스크(현재의 울란우데)까지만 운행했기 때문에, 그들은 펑의 군대에 무기를 운반해주는 소비에트 트럭을 타고 몽골의 초원을 가로질러 우르가(울란바토르)시를 통과했다. 그러고 나서 낙타를 타고 고비사막을 건너서 인촨에서 말을 타고 드디어 목적지에 도착했다. 힘든 여정이었다. 초원은 춥고, 사막은 더웠으며 모래바람이 시야를 가리고 입과 코가 모래로 막혔다. 3월 말, 모스크바를 떠난 지치고 옷도 더러워진 학생들은 마침내 시안에 도착했다. 덩의 딸 마오마오는 "시안에 도착했을 때 20여 명의 동지들이 걸치고 있던 옷은 누더기나 마찬가지였다"고 그녀의 아버지가 관찰한 바를 기록하고 있다.[1]

그들은 막사에 숙소를 정하고 나서 펑위샹을 만났다. 44세의 펑 원수는 자기 확신으로 가득했다.[2] 큰 키에 건장한 체격, 살집이 있는 얼굴과 넓은 어깨를 지닌 펑은 소박하게 마을 사람처럼 솜을 넣은 재킷과 헐렁한 바지 차림을 하고 있었고, 신중하게 행동했으며, "지혜의 잔을 엎지르기"라도 할까 봐 부드럽게 말했다.[3] 그는 즉시 이들을 자신의 군대 정치부서 및 다른 기관들을 이끄는 자리에 임명했다.

덩이 배치된 시안중산사관학교에는 700여 명의 생도들이 등록되어 있었는데, 대부분은 군 및 군사기술 과목을 학습하고 사회과학 과목을 수강하고 있던 지역 민간 학교 학생들이었다. 군사학교는 회족 거리의 끝자락, 1480년대에 지어진 유명한 시계 혹은 종루와 고루 근처에 위치해 있었다.[4]

시안중산군사학교는 덩이 도착하기 얼마 전 펑위샹이 산시에 배치된 국민군 부대의 총사령관으로 임명한 국민당 좌파 위유런에 의해 설립되었다. 위는 다시 37세의 산시성 토박이 스커쉬안史可軒으로 하여금 학교를 이끌도록 임명했다. 스는 약간의 행정 경험을 지닌 여단장 출신으로 중국공산당에 입당한 지 얼마 되지 않은 상태였다.[5] 스의 부단장은 리린이라는 공산주의자로, 프랑스에 있을 때부터 덩이 잘 알던 KUTV 졸업생이었다. 다른 많은 공산당 멤버 역시 이 군사학교에서 근무했다.

정치처 처장으로서 덩은 학교에서 주로 당 선전 업무와 함께 중국 혁명사, 국민당사 그리고 볼셰비즘의 교리와 같은 정치 과목 강의를 맡았다. 이외에도 당대 중국 혁명의 문제, 레닌주의, 농업과 농민 문제, 군정치 업무의 기초 등의 과목이 있었다. 대략 100명의 중국공산당 멤버 또는 후보 멤버 생도들에게는 특별 과정이 제공되었다. 공산당이란 무엇인가, 공산주의 입문 그리고 《자본론》이었다. 덩은 모스크바에서 자신이 습득한 지식을 나눌 수 있었다. 그는 다음과 같이 회고했다. "정치교육의 주요 과목은 혁명과 마르크스-레닌주의였다. 그곳은 시안의 공산주의 학교였다."[6]

덩은 열성적이고 활동적인 강사로 판명되었다. 그래서 지휘부는 곧 그를 정치 간부를 양성하기 위한 중산학교에 배치했고 이어 안보 교육학과에서도 강의하도록 했다.[7] 한동안 그는 중산학교의 공산당 조직 서기를 겸임했고[8], 1927년 5월과 6월에는 중산학교 특수 국민당 세포의 집행위원회에 참여했다.[9] 이따금 생도들과 교사들에게 중국의 정치적, 국제적 상황 그리고 소비에트 러시아의 상황에 관한 보고를 전하기도 했고, 아마추어 장기자랑에까지 참가했는데, 관객들이 좋아한 애국을 주제로 한 간단한 연극에서 여러 역할을 했다.[10]

덩은 적은 급여를 받았지만 근처의 회족 거리에는 작은 식당들이 수많은 음식으로 유혹했고 동지들과 함께 이곳을 자주 찾았다. 회족 지역의 중심가 베이위안먼 그리고 인접한 골목과 도로는 매운 향으로 가득했다. 면이 들어간 두툼하고 매콤한 소고기 탕은 특히 맛있었다. 덩은 그 음식을 매우 좋아했기 때문에 자신과 당 멤버들에게 학교 비용으로 종종 외식을 시켜 달라고 상사를 들볶았다.[11]

약 80만의 인구가 밀집한 산시성의 성도 시안은, 중국 본토와 초원지대 사이의 경계에 걸쳐 있는 도시로, 중국에서 가장 큰 상업 및 문화 중심지 가운데 하나였다. 시안의 시장에는 비단과 면직물, 자기, 차, 쌀, 칠기 그리고 옥 장신구와 같은 중국 전통 수공예품들이 쌓여 있었고, 초원 지대 유목민들의 상품과 교환되었다. 인상적인 성벽으로 사면이 둘러싸인 시안은 중국 역사에서 항상 중요한 역할을 담당했는데, 천백 년 동안 13개 왕조가 수도로 삼은 곳이다. 북적거리는 거리에 번창하는 수많은 가게는 고대의 탑들과 궁전들이 그랬듯 방문객에게 언제나 깊은 인상을 주었다.

그러나 덩은 시안의 명물들을 구경할 틈이 없었다. 회족 거리도 일주일에 한 번밖에 갈 수 없었다. 중국과 시안 자체의 상황이 급변하고 있었다. 4월 12일, 국민혁명군 총사령관 장제스가 상하이와 중국 동부의 다른 도시들에서 공산주의자들을 겨냥한 유혈 백색테러를 촉발했다는 끔찍한 소식이 상하이에서 전해졌다. 장이 그렇게 했던 이유는 북벌과 그에 수반된 토지 없는 농부들, 빈민들 그리고 농촌 하층민들의 대중 운동이 전개되는 과정에서, 스탈린이 국민당 내에서 정치 공세를 취하라고 다시 한번 중국공산당에게 지시를 내렸기 때문이다. 1927년 봄 초, 중국공산당은 소비에트 정치국에서 "군대 내에서 중요한 위치를 점령하고 … 군대 내에서 국민당과 공산당 세포 조직의 업무를 강화하고 … 노동자와 농민을 무장시키는 노선을 추구하고, '지방의 농민위원회를 무장 자위 능력을 갖춘 진정한 힘의 조직으로 전환시키는' 정책을 추구하기 위해 … 국민당 우파들을 쥐어짜내라"는 지시를 받았다.[12]

그 후 "시골의 흡혈귀들"에 저항하는 토지 없는 농부, 빈민 그리고 농촌 하층민 들의 운동은 "광란의 단계"에 이르렀다.[13] 상하이를 포함한 몇몇 도시에서는 무장한 공산당 노동자 시위대가 영향력 있는 국민당과 공산당 지도자들의 부유한 친척들에 과격한 공격을 가하기도 했다.

이것이 장제스가 결국 합작전선을 해체하고 난징에서 새로운 국민당 정부의 수립을 공표한 이유다. 그 결과 국민혁명군이 점령한 지역에는 서로 적대적인 힘의 중심이 두 개 생겨나게 되었다. 장제스가 이끄는 반공산주의 난징 중심, 그리고 왕징웨이가 이끄는 국민당 좌파 우한 중심. 이제 펑 원수가 어느 쪽을 지지할 것인가에 많은 것이 달려 있었다. 덩샤오핑과 국민당의 다른 좌파들 그리고 공산주의자들은 곧 펑의 군대를 대상으로 반反장제스 프로파간다 캠페인에 착수했다. 5월 5일 시안에서는 붉은 성이라는 이름이 붙여진 펑위샹의 저택 앞에서 만 오천 명이 참가한 대규모 시위가 열렸다. 군 복무자들뿐만 아니라 많은 도시 거주자들도 참가했다.[14] 장은 큰소리로 비난받았고 "배신"으로 비판받았다.[15]

펑위샹이 자신의 군대를 국민혁명군 제2집단군으로 개칭하고 국민당 좌파 군대와 연합하기 위해 허난으로 향한 데에는 이 모든 움직임이 영향을 준 게 분명하다. 6월 1일, 그의 군대는 카이펑을 접수하고 국민당 좌파 원수 탕성즈唐生智의 제1집단군과 만났다.[16] 6월 10일, 왕징웨이가 이끄는 우한 정부 지도자들이 그와 만나기 위해 정저우에 도착했다. 회담 도중에 펑은 반장제스 정서를 표출했고, 공공연히 장을 "늑대의 심장, 개의 허파를 가진 비인간"이라 불렀다.[17] 장과 싸우다 죽을 각오가 되어 있는 듯했다.

그와 동시에, 우한 리더들에게 사적으로 알려주었듯이, 펑은 자신의 군대를 통제하려고 도전하는 것처럼 보이는 공산당에 대해서도 적잖은 불만이 쌓여 있었다. 공산주의자들은 농민연맹, 노동자, 여성 그리고 청년 조직들에 등록된 가난한 사람들의 대중운동을 지휘하고 있었고, 그것이 공식적으로 펑의 통제하에 있는 성들에서 혼란을 초래하고 있었다. 질서를 중시하는 펑 원수는 이를 참을 수 없었다.[18] 그를 특히 분노케 한 것은 여성의 해방이었다. "여성협회가 설립되고 (그 이후로) 퉁관 지역(산시-허난의 경계)의 여성들은 매일 회의에 나가고, 아이들과 요리에는 신경을 쓰지 않았다"고 그는 화가 나서 말했다. "남편들이 이에 대해서 말을 하면, 여성들은 애를 돌보는 것은 여자만 하는 일이 아니고 동등하게 나뉘어야 한다며 그것만이 평등이라고 말했다. 그래서 집안에 무질서가 생겼다."[19]

국민당 좌파들은 예의 바르게 그의 말을 들었지만 행동은 하지 않았다. 그리고 6월 19일, 펑은 중국공산당에 대항할 행동을 조율하기 위해 쉬저우에서 "비인간" 장제스와 만났다. 거기서 그는 국민당 좌파들에게 공산주의자들과 결별할 것을 요구하는 최후통첩을 보냈다. 펑은 "사람들은 그런 (공산주의자) 독재를 억압하기를 원했다"고 주장했다.[20]

장제스와 달리 펑은 자신의 군 내에 있는 공산주의자들을 처단하고 싶은 욕구가 없었다. 6월 21일 카이펑으로 돌아온 후, 그는 자신의 수석

소비에트 군사 고문관에게 더 이상 중국공산당과 협력할 수 없는 이유를 정중히 설명했다. 그러고 나서 그와 다른 고문들에게 선물과 여비를 선사한 후 작별 인사를 했다.[21] 덩은 후일 다음과 같이 회고했다. "1927년 숙청 기간에, 남쪽에서 장제스가 공산주의자들을 무자비하게 죽이는 동안, 환장(펑위샹의 자호) 선생은 대신 단지 정중하게 우리를 다른 곳으로 떠나보냈다."[22] 한편, 펑은 산시 성장 스징팅石敬亭을 통해 시안군사학교의 모든 공산주의자 관리들에게 "학습을 위해" 정저우로 가서 보고할 것을 명령했다. 그러나 중국공산당 산시위원회는 그 명령을 무시했다.

2주일이 더 지난 뒤, 스커쉬안은 시안군사학교 출신의 교사와 생도들로 구성된 부대를 만들어 "혁명을 배반한" 자들에 대항해 짧은 투쟁을 시작했다. 2주 후, 스는 국민당의 포로로 잡힌 뒤 처단되었다.[23] 6월 말, 덩과 군사학교 부교장 리린은 성 공산당위원회의 명령을 받고 우한으로 출발했다.[24]

상황이 심각한 수준에 달한 우한에서는 위험한 임무가 그들을 기다리고 있었다. 좌파의 또 다른 근거지였던 창사에서는 지방의 군 지휘관들과 정치 지도자들이 노동조합에 등을 돌리고 공산주의자들을 공격했다. 우한에서도 좌파 장군으로 알려진 탕성즈가 곧 장제스를 지지하고 나설 것이라는 예측이 도는 가운데, 경제가 서서히 멈춰서기 시작했다.[25]

1927년 7월 초 우한에 도착한 덩은 끔찍한 붕괴 현장에 몸서리쳤다. 그는 곧 중앙위원회의 단독 서기로서 임무가 주어졌고, 우한에 오지 못한 다른 7명의 서기들이 할 일을 홀로 떠안았다.[26] 임무는 정치국 회의의 회의록 작성, 중앙위원회 결의안 초안 작성, 지방 조직들과의 교신, 지하로 숨어 들어간 공산주의자들과의 연계 구축 등이었다. 그의 상사인 서기처 주임 덩중샤鄧中夏는 서른세 살의 후난 토박이로 목이 길고 머리숱이 많은 사람이었는데, 중앙위원회의 위원이자 지위가 높은 리더로서 다른 일들로 계속 바빴다. 그는 서류 업무를 덩에게 넘겼는데, 덩은 이를 곧잘 해냈다.

덩은 당 지도부 내에서 펼쳐지는 정치 및 조직 투쟁에 휘말리지 않았다. 그는 시간도, 정력도 그리고 경험도 부족했다. 그를 그렇지 않아도 중국공산당 내에 그 수가 많았던 정치가 혹은 이론가로 여기는 사람은 아무도 없었다. 대개 한코우에서 열렸던 지도부 회의에서 회의록을 작성했던 덩은 많은 격한 언쟁을 목격했다. 합작전선은 말 그대로 눈앞에서 와해되었고, 공산당 리더들과 소비에트의 고문들은 그 과정을 멈출 어떤 방법도 생각해내지 못했다. 중국 내에서의 실제적인 힘의 균형에 대해 무지했던 스탈린은 공산당 지도자들에게 토지개혁을 수행하고, 국민당 내에서 권력을 장악하고, "신뢰할 수 없는 장군들"에 대한 국민당의 의존을 없앨 것을 요구했다.[27] 그러나 중국공산당 정치국 멤버들은 우한에서 실질적인 힘이 없었다. 6월 말, 천두슈는 국민당 중앙집행위원회의 정치 고문 보로딘, 그리고 국제청년공산당의 대표 라파엘 키타로프에게 격렬하게 말했다. "나는 모스크바의 지시를 이해할 수 없고, 그들의 의견에 동의할 수 없다. 모스크바는 단순히 여기서 무슨 일이 일어나는지 이해하지 못하고 있다. … 모스크바는 우리가 할 수 없는 토지 몰수를 요구하고 있다." 천두슈의 지적을 전해 듣자마자 코민테른의 대표 마나벤드라 나트 로이Manabendra Nath Roy는 이를 코민테른 집행위원회 정치서기에게 알렸다. "6월 26일, 중국공산당 정치국은 공개적으로 코민테른의 지시를 어겼다. 천두슈는 모스크바가 상황을 이해하지 못하고, 이행할 수 없는 지시를 보내고 있다고 말했다. … 중국공산당과 코민테른 사이에 공개적인 의견 차이가 존재한다."[28]

7월 8일, 화가 난 스탈린은 중국공산당 정치국 멤버들에게 "코민테른 집행위원회ECCI의 지시를 토대로 당 지도부의 근본적 오류를 시정하라"고 요구했다.[29] 그 대신 7월 12일 천두슈는 사직을 했다. 천은 중앙위원회에 보낸 서신 일부에 "진정 출구가 없다. 나는 정말 일을 계속할 수가 없다"고 썼다.[30] 3일 후, 국민당 좌파 지도자 왕징웨이는 공산주의자들과 결별하고, 우한에서 장제스를 모방한 백색테러를 저질렀다. 공산주의자들은 시 전체에 걸친 총파업으로 대응했으나 실패했다. 직접 목격한 사람에 따르면 실패의 원인은 그들이 "한코우 노동자들 사이에서 어떠한 기반도 전혀 가지고 있지 않았기" 때문이었다.[31]

간단히 말하자면, 합작전선은 붕괴되었고, 노동자 운동은 증발했으며, 덩은 상하이, 광둥 그리고 다른 지역의 공산주의자들이 이미 그랬듯, 시내의 다른 공산주의자들과 함께 지하로 숨어 들어가야만 했다. 7월 24일, 덩의 오랜 친구 저우언라이를 포함한 공산당의 새로운 지도자들은 당 전체를 불법 체제로 전환하고 업무에 있어 철저히 기밀을 준수할 것을 지시했다. 당의 기관들은 개인 주택, 상점 그리고 병원 등으로 가장하여 새로운 장소로 이동해야 했다. 당의 모든 주요 인사들은 이름과 외모를 바꾸고 고도의 경계 태세를 유지했다.[32] 이 지시를 이행하던 바로 이 시기에 덩은 이름을 (시셴에서) 샤오핑으로 바꾸었고, 그가 살았던 우창에서 중앙위원회 서기처와 함께 양쯔강을 건너 한코우로 이동했다.

7월 말, 새로운 모스크바 특사로 비사리온 로미나제가 도착했다. 그는 오랜 볼셰비키이자 스탈린의 측근이며, ECCI 리더 가운데 한 명이었다. 자신이 "중국 혁명 과정에서 과거 코민테른 관리들과 중국공산당 중앙위원회가 저지른 수많은 과오를 시정"하기 위해 파견되었음을 알린 로미나제는 가급적 빠른 시일 내에 긴급 당 회의를 소집할 것, 당 지도부를 재편할 것, 실패한 전술을 대신할 새로운 전술을 만들어낼 것을 요구했다. 그다음 그는 "중국공산당 중앙위원회가 우익(완전한) 기회주의라는

심각한 오류를 저질렀으며 코민테른의 지시를 위반했음"을 강조했다.[33]

불과 며칠 전에 새롭게 조직된 중앙위원회 임시국은 국민당 군대 내에서 무장 폭동과 함께 후난, 후베이, 광둥 그리고 장시에서 농촌 봉기를 일으키기로 결정했다. 그들의 의도는 소작농들이 지주들과 정산하는 시기인 가을 수확기에 가난한 농민들을 선동해 부채 지불을 거부하는 간단한 방책으로 토지개혁을 수행하는 것이었다. 로미나제는 이 노선을 열렬히 지지했다. 7월 31일부터 8월 1일 밤 사이 공산주의자들은 (장시성) 난창시에서 첫 번째 봉기를 일으켰다. 장교와 남자들로 구성된 2만 여 반란 세력은, 계속 붙들고 있겠다는 의도는 없었지만 난징을 장악할 수 있었다. 광둥에 혁명 정부를 수립하겠다는 목표로 남쪽 공격을 시작했을 때, 그들은 소련에서 공급된 무기를 받으러 갔던 광둥 동부의 산터우 항구 부근에서 9월 말과 10월 초에 치명적인 패배를 맛보았다. 그 후, 군대는 해체되어버렸다.

한편, 1927년 8월 7일 한코우에서는 중국공산당의 새 리더 취추바이와 로미나제가 중앙위원회 긴급회의를 소집했다. 회의 장소는 전 우한 정부 소비에트 자문관이 살던 아파트로, 옛 러시아 조계지에 있는 유럽식 3층 저택의 2층이었다. 회의에는 25명이 참석했다. 덩샤오핑은 서기로 회의에 참석해서 창가 옆 구석에 놓인 탁자에 앉아 회의록을 작성했다. 그는 토론에 참여하지는 않았지만 사실 별 토론도 없었다.

로미나제가 대부분의 발언을 했는데, 중국 공산주의자들을 혹평하는 내용이었다. 취추바이는 당 지도부의 이름으로 자아비판을 했다. 모스크바에서 온 특사와 말싸움은 하지 않는 게 좋았다. 공산당이 위기에 처해 있었기 때문에, 코민테른이 보내오는 자금이 어느 때보다 절실했다. 큰 키에 마오쩌둥이라는 이름을 가진 34세의 후난 사람을 포함해 다섯 명만이 두 가지 일에 관해 토론에 참가했는데, 덩은 이때 처음 마오를 만났다. 마오는 열정적이며 설득력 있게 말을 했는데, 군 및 농민 문제와 관련하여 저지른 "실수"에 대해 이전 지도부를 비판했다. 그의 주장은 지주의 땅뿐만 아니라 농민들의 땅도 몰수함으로써만 공산주의자들의 편으로 이끌려 올 수 있는 법외자들bandits, 재산을 빼앗긴 사람들, 빈민들 그리고 농촌 하층민들로 구성된 군대를 중국공산당이 시급히 만들어야 한다는 것이었다.[34]

하찮다고 치부하기 어려운 이 생각들은 그리 볼셰비키적인 것은 아니었다. 당시에 당 지도부 혹은 코민테른의 어느 누구도 혁명 운동에 있어 군사적 요소의 결정적 역할 혹은 농민들에 대항한 공산주의자와 하층민 그리고 법외자들 간의 연대에 관해 그렇게 직접 문제를 제기하지 않았다. 그래서 덩은 발언자를 기억하지 않을 수 없었다. 모스크바에서 그는 전혀 다른 것을 배웠다. 마오의 입장에서도, 자신의 어깨에도 못 미칠 정도로 체구가 작은 중앙위원회 서기에 관심을 두지 않았다. 여전히 덩은 조용히 구석에 앉아 회의록을 작성하는 별 중요치 않은 인물이었다. 1960년 마오는 "후일 사람들은 우리가 우한에서 만났다고 했다"고 기억을 더듬었다. "하지만 난 전혀 기억이 나지 않는다. 아마 만났겠지만 확실히 말은 나누지 않았다!"[35] 마오는 이미 잘 알려진 공산주의자로, 당 창시자의 하나였고 후난 당 지부의 조직책이었다. 중국공산당 내에서 그는 후난의 공산주의자들 사이에서 누렸던 막대한 권위를 인정받아 후난의 왕으로 불렸고, 농민 문제 전문가로도 여겨졌다.

로미나제는 곧 지나치게 좌익적이라며 마오를 비판했으나, 회의가 끝난 직후 총서기 대리 취추바이는 8월 7일 긴급회의에서 임시정치국[36]의 후보 멤버로 선출된 후난의 왕으로 하여금 그의 고향 후난성으로 돌아가 가을 추수봉기를 이끌도록 지시했다.[37]

9월 말 혹은 10월 초, 취추바이는 덩샤오핑을 포함한 중앙위원회 위원들과 함께 우한을 떠나 상하이로 이동했다. 9월 중순 그들이 떠나기 전, 취추바이는 한코우 코민테른의 러시아 영사를 통해 공산주의자들이 중국에서 소비에트 설립 투쟁을 시작한다는 것을 공표하라는 지시를 받았다.[38] 많은 농촌 지역에서 맹렬히 일어난 가을 추수봉기는 소비에트 봉기라 불리기 시작했으나 곧 모두 패배당하고 말았다. 잔여 반란군들은 종종 산악 지대와 같은 접근이 어려운 지역으로 도주해 게릴라 전투로 전환했다. 마오쩌둥과 전투에 지친 1,500명의 파견대 역시 후난과 장시의 경계에 있는 산악 지역 징강산으로 퇴각했다. 1928년 4월, 난창 봉기에 참여한 후 산터우 항구에서의 공산주의자들의 패배 이후 이 지역으로 온 주더 휘하의 군대가 그와 합류했다.[39]

임시정치국과 중앙위원회 서기처는 상하이에 남았다. 마르크스주의의 고전적 신조에 따라 코민테른과 중국공산당의 지도자들은 계속 노동자 계급을 혁명의 주요 동력으로 보았고, 그랬기에 1927년 여름 소멸된 프롤레타리아 운동을 부활시키려 했다. 먼저, 1927년 12월 11일, 그들은 코민테른 특사 하인츠 노이만의 지휘하에 광둥에서 봉기를 계획했다. 역사에 광둥 코뮌으로 기록된 이 유혈 사태 역시 당연히 패배로 끝나고 말았다. 그러나 중국공산당 지도자들은 포기하지 않았다. 도시에서의 지하 활동 상황이 악화되고 치명적 위험이 계속되는 데도 불구하고 그들은 상하이 자체에 특별히 주목했다. 비밀경찰의 테러는 무자비했다. 그들의 최우선 순위는 공산주의자들과 그 외의 좌파주의자들을 추적하는 것이었다. 1928년 3월 7일, 국민당 정부는 국가 비상 상태를 선포했다. 쑨원의 삼민주의[40]와 병립할 수 없는 사상을 유포하는 것은 15년의 징역형에 처할 수 있는 "정치적 공격"으로 간주되었다. "평화와 질서를 어지럽힌", "평화와 질서를 어지럽히려 선동한", "법외자들과 협력한" 혹은 "국가에 반하는 프로파간다 캠페인을 벌인" 자들은 사형에 처해졌다.[41]

1927년 4월 중순부터 12월 중순까지 상하이 그리고 인접한 장수성에서 5,600여 명이 체포되었고, 그 가운데 2,000명이 처형되었다.[42] 그 기간에 공산당 당원 수는 거의 5만 8,000명에서 1만 명으로 줄어들었다.[43]

모두가 자신을 숨기기 위해 최선을 다했다. 공산주의 고위 지도자 장궈타오張國燾와 리리싼은 좋은 의사를 찾아 지방에서 상하이로 온 형제로 행세하려 했다. 장은 얼굴색이 창백했기 때문에 아픈 척을 했고, 반면 리는 사람들이 있는 데서 항상 그의 건강에 대해 물었다. 그들은 공동 조계지에 있는 방 여섯 개짜리 호화 아파트에 살았다(부유한 사람들은 덜 의심받았다).[44]

덩샤오핑도 부자 행세를 했다. 공동 조계지의 중심부인 번화한 우마가街의 여러 골목 가운데 하나에서 그는 작은 상점을, 나중에는 골동품 가게를 "소유했다."[45] 사치스러운 중국식 가운을 입고, 유행하는 모자를 쓰고, 값비싼 담배를 피웠다. 사실 그즈음 이미 적어도 지하 서클에서는 어느 정도 중요한 인물이 되어 있었다. 그의 비밀 사무실은 공동 조계지 서쪽인 퉁푸가街에서 멀지 않은 작은 막다른 골목 보델리의 700번지(현재 스먼이가 골목 336의 9번지) 뒤에 있는 2층짜리 석조 건물에 있었다.[46] 이것이 중국공산당 중앙위원회의 사무실이었다. 덩이 "중앙위원회 행정 문제와 기술적 성격의 문제들을 처리"하기 위해 매일 향했던 곳이 바로 거기였다.[47] 그의 근면함과 업무처리 능력을 인정한 취추바이는 1927년 11월 중순, 덩을 임시정치국의 서기로 임명했고, 한 달 뒤에는 중앙위원회 서기처의 주임으로 승진시켰다.

덩샤오핑의 직속상관은 뤄이눙羅亦農이었는데, 덩보다 일찍, 즉 1921년부터 1924년까지 역시 모스크바에서 공부한 바 있다. 그러나 그는 1928년 4월 15일 체포되어 엿새 후에 처형당했고, 저우언라이가 그 자리를 승계했다.[48] 뤄이눙과 저우언라이의 임기 동안 덩은 모든 당 조직과 지도자급 간부들의 주소, 가명 그리고 비밀번호에 관한 파일들을 관리했고, 문서, 재정, 그리고 당 고위 조직의 회의 준비 및 실행을 책임졌다. 또한, 중앙위원회의 지방 조직 및 지부와의 연계를 유지하고 중앙위원회의 권한하에 교통편을 마련했다. 게다가 정치국 회의의 의제들을 준비했다. 다시 말해, 그는 이전에 했던 모든 것을 했지만 더 이상 단순한 서기가 아닌 서기처 전체의 수장이었다. 그뿐만 아니라 모든 지도부 회의에 참석하고 자신의 의견을 밝힐 수 있었다. 한편, 계속 임시 정치국 회기의 회의록을 작성했지만 가끔이었고, 다른 사람에게 작성 업무를 맡겼다.

1928년 봄, 덩의 삶에서 또 하나의 중요한 사건이 일어났다. 그는 모스크바에서 친구가 된 단발머리의 가늘고 검은 눈썹에 두터운 입술을 가진 바로 그 매력적인 소녀 장시위안과 결혼했다. 그녀는 1927년 가을 중국으로 돌아와 곧 우한의 서기처에 배치되었는데, 그녀의 상관인 덩은 구애를 시작했다. 그는 젊고, 장은 예뻤을 뿐만 아니라 성격도 좋고 밝았으며 순수한데다가 당에 헌신했다. 그녀는 1927년 덩과 함께 상하이로 갔고, 얼마 후 둘은 동거를 시작했다. 그들은 상하이 시내의 비싼 쓰촨 음식점에서 30여 명의 하객 속에서 호화로운 결혼식을 올렸다. 어차피 덩은 부유한 상인으로 행세하고 있었다. 조심스럽게 두건을 쓰고 우아하게 손질한 머리에 굽 높은 신발, 그리고 허벅지까지 파인 긴 비단 치파오를 입은 장은 너무도 매력적이었다. 그녀는 "보기 드문 미녀"였다고 훗날 덩은 회상했다.[49]

피로연은 돈이 꽤 많이 들었지만, 그 비용은 덩이 상하이로 온 후 연락하게 된 덩의 아버지가 냈다는 사실을 아는 사람은 거의 없었다.[50] 전통을 존중했던 아버지 원밍은 아무 쓸모도 없겠지만 여전히 사랑했던 아들의 결혼 비용을 대지 않아서 "체면을 잃을" 수는 없었다. 아들은 곧 아버지에게 아주 비열한 배은망덕으로 빚을 갚았다. 아버지가 서서히 재정 상태를 회복하고 사업을 하고 있다는 것을 알고—원밍은 몇몇 마을 사람들과 함께 파이팡에 비단 직조 공장을 열어 상하이에 비단 섬유를 공급하기 시작했다—덩은 아버지의 도시 지역 동업자들에게 아버지의 이름으로 돈을 빌려 달라고 요구했다. 그들은 그 요구에 응했다. 그들은 그 부유한 상인이, 자신들이 존경하는 사람의 맏아들이 설마 그저 평범한 사기꾼이라고는 생각지도 못했다. 상당한 액수를 받은 후, 덩은 그 돈을 당에 주었고 곧 아무런 양심의 가책도 없이 거주지를 바꿔버렸다.[51]

그는 집안에 돈이 넘쳐나는 게 아니라는 것을 잘 알고 있었음에도 그렇게 했다. 아버지 원밍은 부양할 식솔이 많았다. 1926년 덩의 모친이 사망한 후, 그는 샤오 씨를 새 아내로 맞았다. 그녀는 원밍의 네 번째 아들을 낳았고, 원밍은 아이에게 셴칭이라는 이름을 지어주었다. 몇 달 후 아내는 병이 들었고 곧 죽고 말았다. 불행했던 원밍은 네 번째 결혼을 했는데, 이번 부인은 이미 한 번 결혼한 적이 있고 그때 낳은 아홉 살 난 딸을 둔 과부였다. 이름은 샤보건으로, 짐배를 끄는 일을 업으로 하는 좀 가난한 집안 출신이었다. 그녀는 덩샤오핑보다 겨우 다섯 살 많았지만, 덩과 달리 아주 어렸을 때부터 궁핍과 고난이 어떤 것인지 잘 알고 있었다. 원밍과의 결혼은 구원이나 다름없었고, 특히 딸을 원밍이 자신의 딸처럼 키워주었기에 더욱 그랬다.

그러므로 덩원밍은 자신에다 어머니(즉, 여전히 생존해 있는 덩의 할머니), 아내, 세 아들(이중 둘은 이미 그가 교육비를 대고 있었다) 그리고 두 딸을 먹이고 입혀야 했다. 또한 돈 잘 쓰고 영원히 배은망덕한 아들도 계속 지원했다. 나이 많은 덩은 충분히 존경할 만한 시민이었다. 고향 현에서 존경을 받던 그는 1928년 광안현 평화유지군 지휘관 그리고 현 자위대대 내 600명 혹은 700명을 통솔하는 지휘관으로 임명되기도 했다.[52] 장이 서는 날이면, 덩이 다니던 베이샨학교 길 건너편에 열렸던 널찍한 그의 찻집은 항상 사람들로 꽉 찼다. 사람들은 사교를 위해, 주사위 놀이를 위해 그리고 현명한 그의 말을 듣기 위해 찻집에 왔다. 어르신 덩(훌륭한 덩)은 문제를 해결하고, 조언을 베풀고, 가끔은 불행한 사람들을 도와주기도 했다.[53] 마을 사람들의 기억에 따르면, "긴 수염을 늘어뜨린 이 사람"은 언제나 "주변 사람들에게 훌륭한 주인, 군 지휘관, 공인公人 그리고 판사로 존경"받았다.[54] 덩샤오핑은 그래서 자기 아버지를 그렇게 지독하게 대했을까? 프롤레타리아 계급 정서를 표출하고 있었던 것일까? 어쩌면 단순히 자기 아버지의 재산 일부에 대해 자신이 권리가 있다고 생각했을지도 모른다.

한편, 결혼식을 마친 젊은 부부는 활기찬 거리에서 바로 조금 떨어진 좁은 골목인 공동 조계지 서쪽 끝 준이로周邇에 저우언라이와 그의 아내 덩잉차오가 임차한 작은 이층집으로 이사했다. 저우와 그의 아내가 2층에, 덩샤오핑과 장시위안은 1층에 살았다. 시의 정치적 상황은 악화 일로였는데, 장제스의 비밀경찰에 더해 중앙위원회의 주요 사무실들이 위치한 공동 조계지와 프랑스 조계지의 경찰들도 공산주의자를 색출하고 있었기 때문이었다. 지하공작은 갈수록 위험해지고 있었다. 덩의 회상에 따르면,

상하이에서 우리는 매우 어려운 상황 속에서 비밀 업무를 수행했다. … 난 전혀 체포되지 않았다. … 드문 일이었다. 하지만 위험한 때가 꽤 있었고, 그중 두 번은 상당히 심각했었다. … 나는 뤄이농과 비밀리에 접촉하러 갔었다. 우리 이야기를 끝내자마자 나는 앞문으로 경찰들이 들어오기 직전에 뒷문으로 나갔다. 뤄이농은 체포되었다. … 1분 차이도 안 나는 사이에 벌어

진 일이었다. 뤄이농은 나중에 총살당했다. 다른 하나는 내가 저우 총리, 덩 형수 그리고 장시위안과 같은 집에서 살고 있을 때 일어났다. … 경찰들이 저우의 거주지를 알아내 수색하러 오고 있었다. … 나는 그때 집을 떠나 있었기 때문에 이 사실을 몰랐다. 나는 경찰들이 집을 수색하고 있을 때 문을 노크했다. 다행히, 적의 첩보부에 침투한 우리 (공산당) 멤버가 집 안에 있었고, 그가 안에서 문을 열어주겠다고 대답했다. 제 목소리가 아니라는 것을 알아차린 나는 그 즉시 그곳을 떠났고, 그렇게 재앙을 피했다. 그 후 여섯 달 동안 나는 그 골목길로 들어설 엄두가 나지 않았다. … 단지 몇 초의 차이가 심각한 결과를 초래할 수도 있었다.[55]

중국 각지에서 다양한 상황이 일어나는 중이었다. 상하이에서처럼 대부분의 도시에서는 국민당 경찰이 견제를 받지 않고 날뛰었지만, 후난-장시 경계, 후베이, 산시 그리고 몇몇 농촌 지역에서는 소비에트를 설립하려는 움직임이 힘을 얻었다. 1928년 6월과 7월, 제6차 중국공산당 전국대표대회가 열려 정치적 상황을 평가하고 당의 장기 노선을 마련했다. 중국에서 벌어지는 백색테러로 인해 회의는 소련에서 열렸으며, 모스크바에서 멀지 않은 곳에서 열린 대회에는 당 최고위급 관리들을 포함하여 118명의 대표가 참석했다. 덩샤오핑은 리웨이한 그리고 다른 두 명의 주요 당 간부 런비스任弼时 그리고 뤄덩셴罗登贤과 함께 상하이에 남아 중앙위원회의 일상 업무를 수행했다.[56] 이 시기에 덩은 이미 당 조직은 물론 정치 문제에서도 다소 중요한 역할을 시작한 것이 분명하다. 가장 중요한 것은 협소한 최고위급 당 지도부 서클 내에서 자신만의 입장을 갖고 있었다는 것이다. 그는 존중받았고 자문을 구하는 대상이기도 했다.

그러나 제6차 전국대표대회의 대표들이 상하이로 복귀한 뒤, 당 업무에서 덩의 역할은 다소 축소되었다. 노동운동의 중요 지도자인 48세의 샹중파가 중앙위원회의 신임 총서기로 취임하며 1927년 봉기의 패배로 인해 모스크바에서 심하게 비판당한 취추바이를 대체했다. 샹은 덩의 의견에 관심이 없었다. 대신 활기차고 유능한 리리싼에 의지했는데, 리는 재능 있고 잘 교육받은 지식인으로, 1928년 11월부터 새로운 중앙위원회의 선전부를 이끌었다. 저우언라이는 조직부장으로서 계속 상당한 영향력을 행사했다. 당을 이끈 것은 이 세 사람이었다. 덩은 저우 직속으로 다시 순수한 비서 역할을 수행했지만 정치 문제에는 더 이상 포함되지 않았다.

1929년 5월, 장제스와 지방 군벌들 간 투쟁의 결과로 좌파 성향의 장군들이 중국 남서부 광시성에서 권력을 장악했다는 소식이 상하이에 전해졌다. 이들은 장을 도와 광시 반동 파벌을 패배시킨 조카들 위쭤바이와 리밍루이였다. 이 전쟁에서 그들은 자신들의 정책을 따랐고, 비록 장제스를 도와 군벌들에 대항했지만, 공산주의자들에 반대한 그의 투쟁을 지지하지는 않았다. 게다가 사실 그들은 1927년 10월부터 중국공산당의 멤버였던 위쭤바이의 동생 쭤위를 통해 공산당과 협력하고 있었다. 조카들이 중국공산당과 연계되어 있다는 것을 몰랐던 장제스의 지지로 광시성에서 권력을 장악한 그들은 유능한 당 일꾼 대표단을 보내 달라고 샹중파에게 요청했다.

정치국은 지하투쟁으로 경험을 쌓은 군 및 정치 간부들을 포함하여 수십 명의 공산주의자를 광시로 파견키로 결정했다. 그들은 저우언라이의 조언에 따라 중앙위원회의 주요 특사로 덩샤오핑을 보냈다. 8월 27일, 덩은 서기처 지휘권을 조직부의 서기에게 넘기고 길을 떠났다. 젊고 유능한 조직형 인물이 새로운 환경에서 무엇을 할 수 있는지 보여줘야 할 때가 온 것이다. 그는 이미 광시에 있는 위쭤위 그리고 다른 공산주의자들의 도움을 받아 위쭤바이와 리밍루이의 군대 사이에서 반反

국민당 봉기를 조직하고, 그렇게 함으로써 다른 지역에서 신속하게 전개되고 있는 소비에트 운동을 촉진하기로 되어 있었다.

　새로운 임무는 만족스러웠다. 처음으로, 덩은 지역 규모의 우두머리가 되었고, 중국 남서부에서의 공산주의 운동 전체의 성패가 걸린 결정을 독립적으로 내릴 수 있었다. 물론, 그의 독립성은 1928년 6월과 7월에 열린 제6차 중국공산당 전국대표대회가 규정하고 이어서 중앙위원회와 정치국이 승인한 일정한 범위 내에서였다. 제6차 전국대표대회는 가장 중요한 신경제정책 이론가이자 코민테른 지도자의 하나이며, 스탈린에 이어 러시아 공산당과 소비에트 정부 서열 2위인 부하린의 지도하에 개최되었다. 그의 지시에 따라 대회는 중국 혁명의 현 단계는 "민족 부르주아지의 제국주의-지주 반혁명 캠프로의 변절"에도 불구하고 "부르주아-민주주의"라는 내용의 선언을 채택했다. 이는 장제스, 펑위샹, 왕징웨이 그리고 다른 국민당 지도자들의 쿠데타에 대한 마르크스-레닌주의 은어였다. 따라서 "반*봉건적" 중국에서 현재 사회주의 정책 실행은 불가능했다. 대신, 대회에서는 "지주들", 농촌의 상류계급 그리고 시골 관료들의 힘 축소, 농민들 무장, 소비에트 권력 수립, "지주들"과 씨족들 그리고 사찰들의 토지 자산에 대한 보상 없는 몰수 및 땅이 없거나 부족한 농부들에게로의 재분배, 연 단위 고리 대출, 토지 그리고 기타 부담이 되는 구두 및 서면 계약과 합의의 취소, 그리고 군벌과 행정 당국이 부과한 모든 세금과 부당한 납부금의 단일하고 누진적이며 농업 중심적 세제로의 대체 등을 목표로 해야 한다는 사실을 이해하게 되었다.[57]

　정치국은 코민테른에서 1929년 8월 중순 농민 문제에 관한 서면 지시를 받은 후에도 이 노선을 계속 따랐는데, 이 지시는 제6차 전국대표대회의 결정과는 반대로 "부농들kulaks"이 빈번히 "(혁명)운동에 있어 공개적으로 혹은 비밀리에 반혁명적 역할을 하기 때문에, 그들에 대해서도 단호하게 투쟁해야 한다"는 내용이었다.[58] 이 서신은 스탈린식 집단화가 전개되고 부하린의 "우익 친親부농적" 시각에 대한 비난이 수반되고 있던 소비에트의 정치적 상황에 있어서의 급진적 변화를 반영하고 있었다. 소련에서 소자작농을 투쟁의 주요 대상으로 정했기에 코민테른은 다른 국가들에서도 새로운 슬로건을 추진했는데, "부농을 타도하자"가 그것이었다. 이 새로운 노선은 신경제정책에 활력을 불어넣었던, 단지 "지주들의" 토지 소유 청산에 호소한다는 그 정신을 대체했다. 1929년 8월 17일, 덩이 회의록을 작성한 상태에서 정치국 멤버들은 새로운 코민테른의 정책에 대한 자신들의 견해 차이를 소심하게 밝혔고, 실제로 당분간 코민테른의 지시 이행을 연기했다.[59] 그들이 중도파였기 때문이 아니었다. 그들은 단지 무엇을 해야 할지 몰랐는데, 코민테른이 서신에서 중국 혁명의 "부르주아-민주주의적" 성격에 관한 제6차 전국대표대회의 결의를 공식적으로 취소하지 않았기 때문이었다. 그러니 그들이 어떻게 서로 판이한 이 두 문서들을 조화시킬 수 있었겠는가?

그러나 전체적으로 덩은 모든 일을 제6차 전국대표대회의 결정에 근거해 처리한다는 확고한 가이드라인을 가지고 있었기 때문에 걱정하지 않았다. 그가 걱정하는 건 임신 4개월이 된 아내였다. 저우언라이, 덩잉차오 그리고 남편과 함께 상해에 있던 장시위안의 여동생 샤오메이는 덩에게 그녀를 돌보겠다는 약속을 하며 안심시켰다. 사랑하는 사람들에게 작별 인사를 한 후, 덩은 가벼운 마음으로 홍콩행 배에 올랐다. 거기서부터 하노이를 지나 프랑스 인도차이나와 접경한 광시에 도착할 심산이었다. 동행은 뿔테 안경을 쓴 겸손한 동료로, 궁인빙이라는 후난 토박이이자 전직 당 서기처 회계부의 일꾼이었다. 궁이 맡은 일은 급사로, 차후 광시와 상하이 사이를 정기적으로 오가며 정치국에 덩과 동지들의 활동을 보고하고 정치국의 최신 지시를 그들에게 전하게 될 것이었다.[60]

거대한 배는 서서히 부두를 떠났고, 상하이의 마천루들은 점점 멀어졌다. 마침내 마천루는 덥고 습한 대기 속으로 사라졌다. 덩의 인생에서 새로운 페이지가 넘어갔다. 그러나 그는 그것이 얼마나 중요한지 아직 몰랐다.

혁명은 많은 희생을 요구했다. 덩이 짧게 흘러가버릴 가족의 행복을 그 피의 제단에 올려놓을 시간이 온 것이다. 5개월 뒤인 1930년 1월에 장시위안은 난산 끝에 채 이름도 짓지 못한 갓 난 딸아이와 함께 죽게 될 운명이었다. 당시, 덩은 당 업무차 단지 며칠 동안만 다시 상하이에 있게 된다.[61] 그는 죽어가는 아내와 아기를 보게 되지만 그들을 위해 할 수 있는 것은 아무것도 없었다.

여러 해가 지난 후, 상실의 고통은 새로운 사건들 사이에 묻혀 녹아 없어졌고, 첫 아내에 대한 이미지는 과거 속으로 희미하게 사라져 갔다. 1979년 3월 상하이시 민정국 혁명위원회 대표들이 장시위안의 사망에 대해 이야기해 달라고 요청했을 때, 덩은 단지 그녀의 사망 날짜에 대한 대략적인 기억만 갖고 있을 뿐이어서 다음처럼 말했다. "장시위안은 1929년 겨울 (11월 혹은 12월 즈음) 상하이에서 죽었습니다."[62] 기억 속에 깊게 새겨진 엄청난 혁명적 사건들의 배경에 대비되어 일반인들, 심지어 가깝고 소중한 사람들의 죽음마저 빛이 바랬다.

4
광시에서의 시험

★
★
★

1929년 9월 초 덩과 궁은 홍콩에 도착했다. 빅토리아섬에 내린 그들은 인력거를 잡아타고 섬 북쪽 끝에 자리 잡은 호텔로 이동했다. 중국공산당 광둥위원회 지도자들이자 광시의 공산주의 업무를 지휘하던 녜룽전과 허창이 근처에 살고 있었다. 덩은 그곳의 상황을 브리핑 받고자 녜와 허를 보러 갔다.

1928년 1월, 광둥위원회는 실패로 끝난 1927년 12월의 광둥 봉기에 참가했던 광시 동지들 몇몇 그룹을 그들의 고향 성으로 되돌려 보냈다.[1] 그들 대부분은 광시의 성도 난닝에 정착했다. 그들의 지도자는 1929년 천하오런陳豪人, 장윈이, 공추와 함께 광시의 지배자가 될 위쭤바이 장군의 형, 위쭤위였다. 광둥위원회는 난닝과 홍콩을 오가는 스파이를 통해 연결되어 있었다.[2]

난닝의 공산주의자들은 지역의 군 지휘자들인 위쭤바이와 리밍루이를 자신들의 편으로 끌어들여 광시성의 군사력에 대한 공산당의 통제를 확립하고, 광시의 군사정부에 침투해 권력을 잡고 최종적으로 새로운 소비에트 지역을 수립하고자 했다. 이런 야심찬 목표들은 북벌 기간에 운용된 "합작전선"이라는 깃발하에 음모적인 방식으로 추진되었다.[3] 한편, 소수민족이 압도적으로 많이 사는 광시 북서부의 둥란 고지 지역에서는 지방 토박이 아들 웨이바췬 휘하의 게릴라 분대들이 활발하게 움직이고 있었다(그 지역 인구의 80퍼센트는 좡족, 12퍼센트는 야오족이었던 데 반해 한족은 8퍼센트뿐이었다). 좡족인 웨이바췬은 광범위한 대지를 소유하고 있었으나, 쑨원, 레닌 그리고 천두슈를 읽은 후 1925년 11월 자신의 마을 근처에서 "농민 운동 과정"을 후원했다. 대부분 같은 민족인 졸업생들은 웨이를 도와 "반봉건투쟁"을 조직했다. 1926년 가을, 지역에서 바형님으로 통하던 웨이는 지역의 가난한 좡족 농부들을 무장시키고 현 직위를 장악한 후 혁명위원회를 수립했다. 그러고 나서 중국공산당 광시위원회는 웨이에게 공산주의자를 몇 명 보냈고 그는 그 중 한 명인 천몐쉬를 현의 수장으로 임명했다.[4] 1927년 4월 장제스의 쿠데타 이후, 광시의 군벌들은 웨이바췬의 군대를 산속으로 몰아넣는 데 성공했지만 위쭤바이의 조언에 따라 바 형님에게 무기와 탄약을 공급하며 돕기 시작했다.[5] 1929년 8월, 웨이는 중국공산당에 가입했다.[6]

이것이 덩이 브리핑으로 알게 된 것이었다. 다음날 덩과 궁은 허창과 함께 홍콩을 떠났다.[7]

그들은 일주일 후 난닝에 도착했다. 말끔한 흰색 정장 유니폼을 입은 살찐 중년 남성, 위쭤바이 장군은 그들을 진심으로 환영해주었다. 1929년 6월 이후부터 그는 광시정부의 주석직을 맡고 있었다. 덩빈("세련된" 덩)이라는 가명으로 자신을 소개한 덩은 자신의 사무국에서 서기직을 맡아 달라는 위의 제안을 수락했다. 덩이 그 지위에 있다면 위를 설득하여 끌어들이기 쉬울 것이었다. 그는 기억하기를, "나는 위쭤바이와 몇 차례 만났고 합작전선 업무를 좀 했다. … 한편으로, 나는 중앙위원회에서 보낸 간부들에게 위의 정부 내에서 적합한 직위를 신중하게 할당했다."[8]

9월 중순, 성에서 제1차 공산당대표대회가 열렸다. 덩의 딸 마오마오가 덩에게 직접 들었을 것으로 생각되는 말에 의하면, 대표대회에서 그는 "현재의 상황과 업무에 대해 말했다."[9] 이를 확인하기는 어렵다. 아마도 덩의 딸 혹은 덩 자신이 혼동했을 것이다. 마오마오의 주장에 따르면, "중앙위원회의 지시에 따라 그리고 지난 세월을 통해 비밀 업무에서 쌓은 경험에 따라, 아버지는 광시에서 사람들 앞에 공공연하게 모습을 드러내지 않았다. 그는 당내에서만 일했고 단지 극소수의 사람들하고만 연락을 유지했다."[10] 그렇다면 그가 어떻게 참석률이 높은 성급 대회에서 연설을 할 수 있었겠는가? 이 점에 관련해서 말하자면, 광시 특별 당위원회가 광둥위원회에 제출한 보고서에는 덩의 여하한 연설에 관한 언급도 없으며, 광둥위원회의 대표(즉, 허창)가 작성한 보고서, 광시 특별 당위원회의 업무보고서 그리고 현 대표들의 연설에 관한 언급만 있을 뿐이었다.[11] 제1차 공산당대표대회는 중앙위원회 노선을 만장일치로 승인하고, 덩과 동갑내기인 레이징톈雷经天이 이끄는 새로운 7인 특별위원회를 선출했다.[12]

자연히 레이는 훗날 덩 자신의 회고처럼 모든 일을 하면서 중앙위원회의 대표, 즉 광시 당 조직의 사실상의 지도자인 덩에게 결정을 맡겨야 했다.[13] 그러나 당시 덩은 특별위원회 지도부와 자신의 연계를 은폐하고, 가스등을 파는 작고 허름한 브라이트 라이트라는 가게 2층에 위치한 안전 가옥에서 개별 동지들을 만났다.[14] 그러한 만남 가운데에서 향후의 봉기를 조직하기 위한 목적으로 허창, 덩 그리고 궁추가 이끄는 광시행동위원회를 형성하자는 결정이 내려졌다.[15]

한편, 9월 중순 위쭤바이 장군은 장제스 자체에 대항한 전쟁을 준비하고 있었다. 이를 터무니없이 어리석은 짓이라고 생각한 덩과 다른 공산주의자들은 광시 군대에 대한 공산주의자들의 통제 수립을 위한 모든 노력이 수포로 돌아가지 않도록 하기 위해 위를 만류하려 했다. 그러나 옛 국민당 좌파 지도자이자 장제스의 경쟁자였던 왕징웨이는 자신과 같은 시각을 공유하고 공산주의자들에게 관심을 두지 않았던 위 장군을 부추겼다. 1929년 9월 27일, 위 장군은 반反장제스 전쟁을 선포했다. 10월 1일, 그와 가까운 무장 동지인 광시평화유지군 사령관 리밍루이 장군이 광둥을 침공했고 위 장군 역시 그 뒤를 따랐다. 공산주의자들에게는 위가 1926년부터 중국공산당의 멤버인 장윈이를 난닝 유격대의 지휘자로 임명했다는 것이 희소식이었다.[16]

분명히 행동위원회의 다른 멤버들과 상의를 거쳤을 덩은 이 상황에서 유일하게 남은 정확한 결정을 내렸다. 그는 위와 리의 병력이 패할 경우, 장윈이는 즉시 난닝에 잔류한 군대들, 즉 각각 장윈이와 위쭤바이 휘하의 제4경비대대와 제5경비대대 내에서 봉기하라는 명령을 내렸다. 이 부대들에는 많은 공산주의자들이 있었는데, 예를 들면 제4경비대대에는 백여 명이 넘는 공산주의자들이 지휘직을 맡고 있었다.[17] 시에 배치된 광시교도총대는 거의 전부가 "붉었다." 그 분대 역시 모반할 예정이었다. 난닝이 장제스의 군대에 위협받는 상황에서, 목표는 중국공산당에 충성하는 모든 군대를 도시에서 제거하는 것이었다. 제4경비대대 및 교도총대는 요우장(오른쪽 강)의 상류 유역을 따라 500킬로미터 북서쪽으로, 제5경비대대는 주어장(왼쪽 강)의 상류 유역을 따라 160킬로미터 남서쪽으로 재배치될 예정이었다. 이는 난닝이 광시의 지류 강인 융장강邕江을 따라 자리 잡고 있었고, 융장강은 요우장과 주어장이 합류해 형성된 강으로, 항해가 가능해서 군대와 물자를 수송하기가 용이했기 때문에 실행 가능한 계획이었다. 요우장 상류 유역에 위치한 6만여 인구의 보서현이 근거지가 될 예정이었고, 주어장 상류 유역에는 보서현보다 조금 작은 현의 중심 룽저우가 있었다.

이 도시들은 신중하게 선택되었다. 보서는 중국 최대의 아편무역 집결지였고, 룽저우는 성의 주요 세관 집결지로, 인도차이나 경계에 인접해 있었다. 보서에 있는 아편금지감찰국을 장악한다면 공산주의자들은 상당한 이익을 보장받을 수 있었다. 아편금지감찰국은 이웃 성들에서 마약을 들여오는 거래업자들에게 반*합법적 마약 세금을 징수하고, 그 마약을 무수히 많은 마약소굴과 상점들을 통해 파는 일에 공공연하게 개입하고 있었다. "공산주의자들은 이 세금을 인민들에게 미칠 해악에도 불구하고 이전 당국이 그랬던 것처럼 일정 기간 걷을 계획이었다. 그렇게 해서 우리는 우리가 겪고 있던 경제 문제를 해결할 수 있었다"고 궁추는 적고 있다.[18] 프랑스가 관리하던 룽저우의 세관 집결지를 장악하면 비슷한 이익을 보장받을 수 있었다. 그들은 또한 이 두 도시에 살고 있는 부유한 토지 소유자들(지주)에게 상당한 액수의 돈을 "빌릴" 수 있었다.

보서는 특히 부유했다. 마약을 실은 말 수백 마리가 이룬 대상들이 정기적으로 구이저우와 윈난에서 도착해서 거리를 채웠다. 홍콩, 상하이, 광둥의 대리상들은 "이곳에서 마약을 구매한다고 알려져 있었다. … 거리에는 말 수백 마리가 북적였고, 가게 안에서는 대리상들이 검은색의 납작한 케이크 모양의 아편을 엄격하게 검사했다."[19]

장원이는 명령을 받고 곧 제4경비대대와 제5경비대대에서 각각 1개 대대를 요우쟝과 주어쟝 지역으로 파견하여 퇴각에 대비토록 했으며, 그 사이 덩은 지하 라디오를 통해 중앙과 접촉하여 자신의 결정을 상하이에 알렸다. 중앙위원회는 덩의 결정을 승인했다.[20]

한편, 참담한 패배를 당한 후, 위쮀바이와 리밍루이 장군은 난닝으로 제때에 돌아와 위쮀위의 제5경비대대 잔여 부대와 함께 곧 룽저우를 향해 배로 떠났다. 그곳에서 위쮀바이 장군은 홍콩으로 떠나며 동료들에게 자신의 건강에 시급한 주의가 필요함을 설명했다. 그의 "치료"는 거의

10년간 지속되었다. 그는 1937년 항일전쟁이 시작된 이후에야 중국으로 돌아왔다.

제5경비대대가 떠난 후, 덩과 장윈이는 제4경비대대와 교도총대의 잔여 부대 약 2,000명을 난닝에서 철수시켰다. 그들은 보서를 향해 출항했고 광시 특별 당위원회의 모든 멤버들이 동행했다.[21]

8일간의 항해 동안 덩의 눈앞에는 믿을 수 없이 아름답고 야생적인 열대의 풍경이 펼쳐졌는데, 5년 전 이 장소들을 먼저 방문했던 그의 한 동년배는 그곳을 다음과 같이 묘사하고 있다.

> 신기한 각도를 이룬 지층을 가진 환상적인 암석 봉우리들로 가득한 … 경관 … 분명 화산작용으로 그리고 공기방울에 의해 생긴 동공들로 가득한 용해된 덩어리들에서 떨어져 나온 계층을 이루고 있는 이 검은 바위의 미로들은 끊임없이 변하는 형상들을 보여주었다. … 샨퉁(산둥)이 평방마일당 680명 그리고 캉수(장수)가 620명인 곳에서, 쾅시(광시)는 중국 본토의 어느 성보다도 적은 평방마일당 66명뿐인 것으로 추정된다. 같은 농업, 같은 도구, 똑같이 느리고 불확실한 수송 수단, 심지어 같은 강도들까지, 인근 프랑스령 인도차이나의 대단한 비옥함과 훌륭한 교통 그리고 이 쾅시 이웃보다 더 대조적인 것은 없을 것이다. 3000년 전처럼. … 토착 종족의 잔존자들은 여전히 남서쪽의 불모지를 차지하고 있다.[22]

이 지역에서 부유한 상업도시 보서는 우주의 중심처럼 보였다. 작은 강줄기가 요우쟝과 합류하여 흐르다가 남쪽에서 동쪽으로 급선회하는 한 산등성이 기슭에 있는 이 도시는 가난한 산악 지역 거주자들에게 상당한 인상을 남겼음에 틀림없다. 철문이 있는 요새의 벽에 둘러싸인 전형적인 중세의 중국 도시인 보서의 이름은 1723년 한때 이곳을 차지했던 쫭족 마을 보서쟈이에서 유래되었다. 쫭쪽의 언어로 이는 "옷을 세탁하기 좋은 장소"를 의미했다. 보서에는 기와지붕을 얹은 석조 가옥들이 많았는데, 지방 귀족은 물론 가족 사찰, 가게, 시장, 음식점, 그리고 앞서 언급했듯 마약 소굴에 속해 있었다.

10월 22일에 도착한 덩은 광둥인을 위한 지방의 값싼 숙소에 묵었는데, 전통적인 중국 남부 스타일로 지어진 매우 아름다운 18세기 초기 개인 가옥으로, 시내의 강둑 위에 한 폭의 그림처럼 놓여 있었다. 덩은 장원이와 함께 창이 없는 2층 방에 묵었는데, 방에 놓인 비품들은 평범한 매트가 깔린 나무의자 두 개 그리고 등유 램프가 놓인 작은 탁자 두 개가 전부로 매우 검소했다.

도착하자마자 덩은 당위원회 회의를 소집해 군대와 지방 사람들에 대한 공산주의 프로파간다를 오직 점진적으로만 추진한다는 결정을 내렸다. 그들은 또한 시급히 공산주의자들과 함께 "반혁명주의자들"에 맞설 무장 분견대를 도시 빈민과 수공업자들을 통해 조직해야 했다(보서와 광시 전역에는 근대 산업이 없었다).

난닝을 떠나자마자 상하이와 무전 연락이 끊어졌고 복구하지 못했기 때문에 달리 무엇을 해야 할지 아무도 몰랐다. 홍콩에서 지시를 받을 수 있기를 희망하며 그들은 급사 궁인빙을 파견했다. 궁은 상세한 구두 보고와 더불어 9월과 10월 사건에 관한 광시 특별 위원회의 서신을 당 지도부에 전달하기로 되어 있었다.[23] 그가 돌아오기를 기다리는 동안, 그들은 소비에트 세력임을 드러내지 않고자 자신들을 위쭤바이의 대표로 내세우며 합작전선을 유지하고, 옛 '야먼'(관청)을 유지하여 예전과 같은 세율로 세금을 걷되, 단순히 요우쟝강 상류 지역의 '두반'(관리자)을 장원이로 교체하기로 했다.[24]

이어진 군대 내 "반혁명주의 분자들"의 숙청 기간 내내 그들은 단 한 명의 장교, 제3대대 지휘관만 총살했다. 정치적으로 신뢰할 수 없는 다른 장교들은 11개 현이 있는 그 지역의 경계선 밖으로 "예를 갖춰 호송" 되었다. "반동적 성향"을 드러낸 지역 향과 현의 최고책임자들도 동일한 취급을 받았다. 그들 가운데 단 한 명만이 처형되었다.[25]

10월 말에 당 동지들이 보서에 도착했다는 소식을 들은 둥란현의 좡족 공산주의자 지도자 웨이바췬의 특별 메신저가 덩과 장 두반에게 경의를 표하러 도착했다. 그는 그들에게 "반봉건" 혁명 기간에 압류한 돈을 주었다. 답례로, 덩은 웨이바췬(바 형님)에게 합작전선의 공식 상황과 관계없이 지주에 대한 투쟁을 더욱 확대하라는 비밀 지령을 제공했다.[26] 이를 위해 그에게 소총을 2,000정 혹은 3,000정 건네주었다.[27] 덩은 웨이와 그의 특사에게 솔직했을 수도 있다. 공산주의자들은 보서에서 북동쪽으로 110여 킬로미터 거리의 옛 게릴라 지역인 둥란에서만 대중의 지지를 얻었다. 요우쟝 상류의 다른 현들에서는 공산주의 운동이 거의 없었고, 농부들은 공산주의자들을 의심스럽게 보거나 적대적으로 여겼다.

일부 차이점은 웨이가 이미 1920년대 중반에 최초로 대중을 조직했다는 것이었다. 더 중요한 것은 둥란현과 근교에서의 혁명 투쟁이 좡족과 한족 중국인 사이의 민족 간 모순에 의해 크게 영향을 받았다는 것이었다. 그곳 농부의 압도적인 다수는 좡족이었다. 그들은 기본적으로 웨이의 게릴라 운동에 참여한 사람들이며, 계급이 아니라 반중국인 정서로 인해 보조를 같이했다. 씨족과 부족 계통에 따라 나뉜 그들은 역사적으로 뿌리 깊은 한족에 대한 증오 속에서 공통점을 발견했다. 그들의 조상들은 7세기부터 시작해 10세기까지 중국인들이 등장해 정착하기 전까지 광시의 지배자들이었다. 그 새로운 정착민들은 좡족을 강제로 산악 지역으로 몰아넣었고, 비옥한 계곡들을 몰수하고, 과도한 세금을 부과했다. 그 결과, "한족과 중국화된 좡(壯)족, 그리고 부족 사람들 간의 관계는 영속적 전쟁 상태에 가까워졌다."[28] 비록 조상들의 땅은 잃었지만 좡족은 자신들의 언어와 문화를 보존하면서 세대를 거듭해 한족에 대항하여 투쟁했다. 예를 들면, 19세기 중반 많은 수의 좡족이 만주(청) 왕조의 지배를 전복하고 대체하는 것을 목표로 한 태평천국의 난(1851~1864)에 가담했다. 태평천국의 난은 중국인의 1차 이주 물결 이후 대부분 광시 동부에, 일부는 광시의 북부와 남부 지역에 재정착한 중국의 가난한 하카족(일명 객가) 사람들[29]이 이끌었다. 후발자로서 하카족은 좡족처럼 불모지에 정착하도록 강요받았다. 당연히 계곡 지역을 장악했던 부유한 중국의 씨족들(본지인들)은 참담한 조건으로 땅을 임대해줌으로써 후발자들을 착취했다. 그 결과, 하카족과 좡족처럼 재산을 빼앗긴 모든 사람들 그리고 많은 빈민과 시골 빈곤층이 함께 뭉친 엄청난 반란이 일어났다. 이어진 중국 남부와 동부를 휩쓴 전화의 결과로 당시 2000만 명 이상이 목숨을 잃었다.

1920년대 중반에, 특히 최근 그들의 삶이 지속적으로 악화된 이후 좡족으로 하여금 무기를 들게 한 것은 바로 한족에 대한 이 불타는 반감이었다. 군벌의 지배가 수립되자, 광시의 세율은 폭발적으로 증가했다. 기본 토지세 외에 수십 가지 세금이 있었다—자연재해에 대응하기 위한 관개세부터 상업, 계약, 버터, 담배, 차, 등유, 석탄, 의류 그리고 심지어 짚신 구매세, 돼지 사육과 도축세, 병사와 경찰 유지세, 군용 숙소 건설세까지. 게다가 이런 세금은 몇 년치를 앞당겨 내야 했다. 세금을 납부하지 못하는 사람들은 감옥에 갇혀 무자비하게 맞았다.[30]

분명 좡 부족과 씨족 자신들 내부에도 재산의 불평등은 상당히 존재했다. 씨족장과 둥란현의 다른 좡족 지주들은 토지의 60~70퍼센트를 소유했다. 그외 부족민들은 그들에게 밭을 임차해야 했다.[31] 그러나 씨족장 및 지주들과 가족으로 엮여 있던 평범한 일반 좡족 대다수는 자신들보다 부유한 부족민들에 대항해 폭동을 일으킬 생각은 하지 않았다. 가난한 좡족들의 눈을 휘둥그레하게 만든 "환상적인 사치품"들을 소유한 채 도심에 사는 한족들을 공격하는 것은 또 다른 문제였다. 1920년대 중반 웨이바촨의 반란 세력은 분노에 차서 부유한 한족들뿐만 아니라 그들이 증오한 한족들 모두를 죽이며 "몰수자들을 몰수하기" 시작했다. 그들은 자신들의 임무를 수행하기 전에, 열 댓 마리 닭의 목을 잘라 그 피로 그릇을 채우고, 그 피를 게걸스럽게 마시는 전통적인 상무의식을 행했다.[32]

덩과 장윈이의 군대가 도착하기 전에 활발히 행동했던, 웨이가 이끄는 수십여 명의 지역 공산주의자들[33]은 그 움직임에 계급적 성격을 불어넣고자 최선을 다했으나 대부분 실패했다.[34] 좡족 게릴라들은 바 형님을 존경했으나 그의 볼셰비키 개념을 이해하지는 못했는데, 이는 그들이 사회학에 밝지 않았을 뿐만 아니라 좡족의 언어에 자유와 평등 같은 핵심적 공산주의 개념들이 없었기 때문이기도 했다. 그래서 웨이와 그의 선동자들은 중국말을 알아듣지 못하는 문맹인 좡족들 앞에서 종종 연기를 펼치기도 했다. '평등'이라는 단어의 의미를 설명하기 위해서 공산주의자 한 명이 다른 사람의 어깨 위로 올라갔다가 내려와서 그의 옆에 나란히 서는 식이었다.[35]

광시의 야생과 산악지대로 인해 풀기 어려운 문제들은 분명히 많았다. 미숙한 외부인 공산주의자이자 대중과의 연계가 부족하고 책으로만 마르크스주의 지식을 익힌 젊은 반※지성인에게 그 문제들은 해결하기가 거의 불가능했다. 게다가 쓰촨 사람인 덩은 광시에서 쓰는 중국어 방언과 하카족의 언어를 포함해서, 좡족의 언어도, 다른 어떤 지방 언어도 몰랐다.[36]

이 모든 것에도 덩은 당황하지 않았다. 그는 자신을 광시로 보낸 중국공산당 리더들과 꼭 같았다. 그는 아마도 공산주의자들이 해야 할 모든 것은 억압받는 모든 사람들의 "형제애"라는 동일한 표어를 중국인과 장족 모두에게 이야기하는 것이라고 생각했을지 모른다. 게다가 계급적 관점에서, 최종 분석 결과 웨이의 게릴라들이 강탈하고 죽인 다수의 둥란 중국인들은 "착취자들"이었다.

한편, 지칠 줄 모르는 궁인빙은 11월 초 중앙위원회의 지령을 가지고 돌아왔는데, 제4경비대대와 교도총대를 장윈이를 사령관으로 한 홍군 제7군으로 전환한 후, 소비에트 세력을 선포하는 "공산주의 쿠데타"를 일으키라는 것이었다. 룽저우의 제5경비대대는 위쭤위의 지휘하에 홍군 제8군과 또한 그곳에 수립된 소비에트로 재편성될 예정이었다.[37] 궁은 또한 덩에게 중앙위원회의 승인을 받아 광둥 당위원회가 내린 10월 30일 지시를 전달했는데, 홍7군과 홍8군 주둔 지역에 군사 및 정치권력의 최고기관으로 전선위원회를 광시에 창설하는 데 관한 것이었다. 상하이에 직접 보고하라는 명령을 받은 덩은 그 위원회의 서기로 임명되었다.[38]

중앙위원회는 궁인빙이 보서로 회귀한 후 열흘 내로 "쿠데타"를 시작할 것을 명했다. 그러나 장윈이 및 다른 이들과 상황에 대해 토의를 거친 후, 덩은 기다리기로 결정했다.[39] 소비에트 세력을 선언하고 군대를 재편성하기 전에 신중하게 준비해야 할 필요가 있었다. 그는 광둥코뮌 2주년 기념일인 12월 11일 봉기를 제안했다. 궁은 덩의 서신을 가지고 상하이로 떠났다. 서신의 내용은 이랬다. "우리는 중앙위원회의 지시를 단호히 수행하고 모든 준비를 40일 내외로 마칠 것입니다. 그때 우리는 즉시 봉기를 공표할 것입니다."[40]

이때쯤 둥란과 인근 지역에서는 "위대한 공산주의 혁명"이 이미 시작되었다. 덩에게 무기를 받은 웨이바췬과 그의 좡족 전사들은 신속하게 둥란과 펑산의 도시들을 공격하여 장악했다. 그곳과 인근 마을들에서 그들은 모든 사람과 모든 것을 불태우고 죽이는, 말 그대로 대학살을 자행했다. 목격자에 따르면, "'토호'(흡혈귀)와 '열신劣紳'(부유한 시골 관리와 선생들, 문자 그대로 악덕 학자)에 대한 투쟁 과정에서 장악당한 모든 사람이 사는 곳에서 모든 것은 잿더미가 되었다. '토호', '열신', '지주' 그리고 그들의 굴레 속에 살고 있던 (중국인) 소농들 간에 구분은 없었다. 누군가 눈에 띄면, 그는 곧 죽임을 당했다."[41]

당연히 요우쟝 상류 쪽에 살고 있던 중국 소작농들은 공포에 질렸고, "거의 모두가 … 토호와 열신의 편을 들었다."[42] 어쨌든 그들은 지역의 지주와 민족적으로나 혈연으로 밀접하게 연계되어 있었고—다른 중국인들처럼 그들도 가부장적 씨족사회에 살았다. 그런 상황에서 "준비" 없이 보서에서 소비에트 세력을 선언하는 것은 정말로 위험했고, 그곳 시골 주민 대다수가 땅을 소유하고 있었고, 공산주의자들이 의존할 수 있는 농업 노동자들이 많지 않았기 때문에 특히 그랬다.[43]

그런데도 공산주의자들은 둥란에서 저지른 과도한 행위에도 불구하고 "부자들을 털어라!"는 단순한 슬로건만으로 가난한 중국의 소작농들을 유인할 수 있다고 믿었다. 그러나 그들은 잘못 판단하고 있었다. 대부분이 승려 혹은 소지주였던 지주들이 소작농들을 무자비하게 착취했음에도 불구하고 소작농과 "지주" 간의 사회적 유대는 계급의식을 능가했다. 덩은 요우쟝 상류의 한족 소작농들의 사회적 지위에 관해 중앙위원회에 다음과 같이 보고했다.

대부분의 땅이 중소 지주들의 손에 집중되어 있기 때문에 소자작농들은 매우 궁핍하고 스스로 먹고살 수가 없습니다. 이 지역의 지대는 6할입니다(4할은 임차 소작농에게, 6할은 지주에게). 소작농들은 노예로 전락했습니다. 그들은 매일 자신의 주인들을 위해 일하고 그 보답으로 아무것도 받지 못합니다.[44]

덩은 효과적인 선전을 통해 제대로 초점을 맞춘다면, 그런 명백한 착취에 대한 자각이 가난한 소작농들로 하여금 반란을 일으키도록 고무시킬 것이라고 믿었다. 따라서 쿠데타보다 앞서 그는 하급자들에게 "농업 혁명을 심화하고 지주, 토호 그리고 열신의 재산을 몰수하라"는 지시를 내렸다. 그와 동시에 한족 소작농들에게 확신을 심어주기 위해 "의미 없는 방화와 살인"을 금지시키고 수많은 강제징수금들을 단일 누진세로 대체시켰다. 거물들을 쥐어짜는 와중에 소상인들의 재산을 보호하는 특별 결의가 채택되었다. 덩은 아편 자금과 함께 이 자금을 향후 홍군 제7군의 충성을 유지하는 데 사용했으며, 개인당 20위안이라는 상당한 액수가 병사들에게 지급되었다. 한편, 바 형님에게 지령을 내려 지체 없이 둥란에서 소비에트 세력을 선포하도록 했다. 2~3주 전 보서에서 창간된 신문, 〈요우쟝일보〉와 〈스빙즈요우〉(병사의 벗이라는 뜻)는 강력하고 공개적인 공산주의 프로파간다를 게재했다. 11월 7일, 그는 보서에서 볼셰비키 혁명 20주년을 기념하는 성대한 시위를 조직했다.[45]

이 모든 조치는 한족 소작농들의 분위기에 간신히 영향을 미쳤을 뿐이었다. "오직 극소수만이 (투쟁에) 참가했다"고 덩의 대행 천하오런은 후일 시인했다.[46] 덩은 "처음부터 끝까지" 농민반란은 "오직 홍군에 의해서만 조직되었다"고 확인했다.[47]

홍군을 제외하면, 가족이나 집이 없고 약탈질에 끼어들려고 하는 도시와 농촌의 빈민들과 하층민 무리만이 아주 부유하거나 그저 적당히 잘 사는 사람들의 피와 재물을 필요로 했다. 허기지고 누더기를 걸친 채 살아남기 위해 필사적이었던 그들은 방랑 강도단을 형성했다. 이 사람들은 웨이의 게릴라들과 함께 공산주의자들의 주된 동맹이 되었다. 20위안이라는 보너스 소식을 듣자, 그들은 앞다투어 공산군에 입대하고자 했다.

곧, 둥란에서와 마찬가지로, 보서와 인근의 현들에서는 가난한 소작농들과 빈민들이 그들이 생각하기에 "잘사는", 즉 최소한의 재산이라도 있는 모든 사람을 공격하면서 약탈과 살인이라는 유행병이 급속히 확산되기 시작했다. 덩의 눈앞에서 부르주아 민주주의 혁명은 과격한 사회주의 혁명으로 변하고 있었다.

덩을 포함하여 공산주의자들은 복잡한 심경이었다. 한편으로는, 활동가들이 중국공산당에 가입하고자 했기 때문에 지역의 당 조직이 급속히 확장되었다. 몇 달 동안 당 세포의 수가 열 배 넘게 증가했다.[48] 다른 한편으로는, 모든 자산 소유 계급에 대한 갈등의 상승은 제6차 전국대표대회의 노선과 모순되는 것이었다.[49]

그러나 덩은 더 이상 어떤 것도 바로잡을 시간이 없었다. 11월 중순, 정치국의 명령을 따라 그와 두 명의 동지는 도시에서 탈출하는 상인으로 가장한 채 보서를 떠나 상하이로 향했다. 덩은 룽저우에 들러 광시 장군 리밍루이와 공산주의자 위쭤위에게 그들의 병력을 홍8군으로 재편성하기로 했다는 결정을 알려줄 생각이었다. 그러나 뜻밖에도 보서에서 멀지 않은 곳에서 자신에게 난닝을 공격하겠다는 생각을 알리러 오고 있던 리 장군을 만나게 되었다. 장제스와의 전쟁에서 쓰라린 패배를 맛본 이 용감한 장군은 복수를 하고자 했다. 그는 지치고, 핼쑥했고, 수척해 보였다. 리와 함께 보서로 돌아온 덩은 긴 대화 끝에 결국 그를 설득시켜 룽저우로 돌아가 홍8군과 소비에트 건설에 초점을 맞추도록 했다. 전선위원회의 이름으로, 덩은 리에게 홍7군과 홍8군 연합부대의 총사령관 지위를 제안하기까지 했다. 리는 동의했고 곧 출발했다. 그의 군대 내에서 폭동이 일어났다는 소식이 룽저우에까지 들렸기에 그는 질서를 회복하기 위해 떠나야 했다.[50]

덩은 보서에서 2주를 더 지체했고, 리 장군에게 폭동이 진압되었다는 소식을 듣고 난 후에야 다시 길을 나섰다. 12월 초에 마침내 룽저우에 도착했지만 단지 이틀 동안만 머물렀다. 그는 '간부'(당 관료)회의를 소집하여 위쭤위의 휘하에 제5경비대대를 홍8군으로 전환키로 한 중앙위원회의 결정을 공표하고, 앞으로의 봉기에 대한 세부 사항을 논의했다.

1930년 1월 그가 상하이에 도착할 때쯤, 1929년 12월 11일 보서에서 계획대로 봉기가 일어났다. 군중대회에서 장윈이는 총 병력이 5,000명인 3개의 종대(대략 연대에 해당)로 구성된 홍7군의 편성을 공표했다. 제4경비대대와 교도총대가 제1종대를 형성했다. 인근 현들 출신의 빈농과 빈민 부대가 제2종대를, 그리고 웨이바쳔의 게릴라 병력이 제3종대를 형성했다. 장 자신이 군단을 이끌었고, 한편 덩의 대행이던 천하오런은 군단의 정치 부문을 이끌며 전선위원회의 서기로서 덩을 대체했다. 궁추는 참모장이 되었다.[51]

봉기 다음 날, 핑마 인근에서 개최된 제1차 대표회의에서 11개 현과 5개 마을 출신의 소작농, 노동자 그리고 군인 대표들이 공산주의자 레이징톈을 의장으로 하는 요우쟝 상류 지역의 소비에트 정부로 선출되었다.[52] 그러고 나서 그들은 '지주'에게 속한 모든 토지와 이른바 반혁명주의자들의 재산을 몰수한다고 공표했는데, 그들이 가리킨 반혁명주의자들은 애초부터 "부농"들로, 제6차 전국대표대회의 결의와는 반대이자 빈민과 시골 하층민들의 압력에 호응한 결과였다. 훗날 덩과 천하오런은 요우쟝 상류의 비교적 소수였던 '부농'들의 땅을 몰수하라는 공산당의 공식 명령이 없었기 때문에[53] '반혁명주의자'라는 완곡어법을 도입했음[54]을 인정했다. 몰수된 토지는 국유화되었고 향후 토지가 없거나 빈약한 농촌 거주자들 사이에 매매권 없이 균등분배 하기 위해 소비에트들로 이전되었다.[55] 보서에서의 사회주의 혁명은 계속 성장했고, 날을 거듭할수록 더 과격해졌다.

모스크바에서 그리고 상하이에 소재한 코민테른 극동국에서 끊임없이 압력이 가하진 탓에 정치국도 점점 좌경화되었다. 1929년 11월, 중국공산당의 지도자들은 마침내 코민테른 집행위원회 정치사무처에서 농민 문제에 관한 서신을 발행하도록 강요받았는데, 극동국 국장 이그나치 라일스키Ignacy Rylski가 중국공산당 지도자들에게 "모든 봉건적 분자, 유력인사紳士, 지주, 부농 그리고 장군 들"을 체포하라는 지시를 지방의 공산주의자들에게 내리라고 계속 요구했기 때문이었다.[56]

그러나 12월 라일스키는 중국공산당 지도부가 "종종 볼셰비키 노선에서 이탈한다"며 다시 불만을 표했다. 그는 중국공산당 지도자들이 그가 생각하기에 연합을 용인할 수 없는 위쭤바이 장군과 그 외의 "국가 개혁가들"과 관련하여 광시위원회에 "불분명하고 정확하지 않은" 지시를 내렸다고 혹평했다. 다시 말해, 극동국은 기본적으로 덩의 광시에서의 "합작전선" 업무를 착오라고 여겼다.[57] 중국공산당 정치국은 이런 비난에 동의하지는 않았지만[58] 또 이를 무시할 수는 없었는데, 볼셰비키 공산당 내의 "우파주의자들"에 대한 격렬한 투쟁으로 인해 중국 내 농촌-농민 문제에 대한 코민테른의 노선뿐만 아니라 국가해방운동에 대한 코민테른의 전체적인 전술 노선도 과격화되었기 때문이다. 1929년 7월 모스크바에서 개최된 제10차 코민테른 집행위원회 전체회의는 이 점을 명확히 하면서, 필경 모든 공산당을 위협하는 "우파주의 위험"을 강조하고, 전세계적으로 나타나는 "새로운 혁명의 급증 징후"를 보지 못한다며 "우파주의자들"을 비난했다.

제10차 코민테른 집행위원회 전체회의 결의의 "정확성"은, 1929년 10월 말 뉴욕증권거래소가 붕괴되고 곧 대공황이 이어지면서 금방 확인되었다. 도처의 공산주의자들 사이에 세계 자본주의의 필연적 붕괴라는 마르크스-레닌주의자들의 예언은 이렇게 촉진된 새로운 희망으로 빠르게 다가오고 있었다. 마침 세계의 금융시장이 교란되기 시작했을 때인

10월 26일 초안이 작성된 모스크바의 새로운 지시가 12월 중순 코민테른 집행위원회 정치사무처에서 상하이로 도착했다. 지시는 중국이 "가장 심오한 국가적 위기의 시기"에 진입했으며, 그렇기 때문에 "현재 당내부의 주요 위험은 우파 기회주의 분위기"임을 지적했다.[59]

상하이로 가는 도중 홍콩에 도착하자마자 덩은 점점 더 이 좌파적인 분위기에 빠져들었다. 비록 일부 비판이 있기는 했지만, 전반적으로 그의 업무 보고는 긍정적 반응을 이끌어냈다. 중앙위원회의 대표들은 그에게 리밍루이가 국민당의 멤버이자 국민당 내에서 장제스의 영원한 맞수인 왕징웨이 지지자이므로 그에 대한 환상을 품지 말 것을 지시하고, "부농富農과 관련하여 반드시 단호한 입장을 취하라"고 요구했다.[60]

덩은 자신들이 광시에서 '부농'을 반혁명주의자로 취급했고, 공산주의자들은 전반적으로 국민당 멤버들에 대해 투쟁했다고 서둘러 확언했다. 그러면서도 "물론, 우리가 리밍루이에 대해서 환상을 품어서는 안 되지만, 현재 우리는 주어장에서 그를 제거할 충분한 주관적 기회가 없기 때문에 일시적으로 그와의 접촉을 이용할 필요가 있다고 생각합니다"라고 적었다.[61] 심지어 자신과 위쭤위가 리 장군을 추천하겠다며 그를 공산당 내부로 받아들일 것을 제안하기까지 했다(그의 보고에 관한 토론 회의록에는 이 제안에 대한 언급이 없지만 중앙위원회는 그 제안에 대해 토론을 거친 후 수용했고, 따라서 그 이후 총사령관 리밍루이는 더 이상 "민족 개혁가"로 간주되지 않았다[62]).

결론적으로, 중앙위원회 대표들은 덩과 홍7군 및 홍8군 지휘관들에게 바 형님의 게릴라 기지인 둥란을 "토지 혁명"의 중심지로 전환시킬 것을 명령했다. 그들은 "맹목적이고 무질서한 방화와 살인은 멈춰져야" 하지만 "필요한" 경우 계속되어야 하는데, 전반적으로 말해서, "방화와 살인은 봉건 세력들을 파괴하는 데 중요한 역할을 하기" 때문임을 명기했다. 홍8군에 대해 중앙위원회 대표들은 봉기 이후 군단 병력이 룽저우를 떠나 장윈이의 군단과 연합하여 소비에트 지역을 마오쩌둥과 주더의 병력이 운용되고 있는 장시, 광둥 그리고 푸젠성 경계를 향해 동쪽으로 확장시킬 것을 요구했다[63](덩 자신은 광시 소비에트 지역과 마오와 주의 소비에트 지역의 결합을 제안했다[64]). 마침내 중앙위원회는 홍7군 전선위원회의 멤버십을 확인하고 덩샤오핑을 서기에 더불어 홍7군의 새로운 직위이자 더 고위직인 정치위원으로 임명했다.

덩이 이미 룽저우에 있을 때쯤인 1930년 3월 초, 중앙위원회는 이런 사실을 광둥위원회에 통지했다.[65] 그는 룽저우 대중집회에서 위쭤위가 사령관으로 공표되고 다른 두 공산주의자들이 홍8군 정치부의 수장과 참모장으로 각각 임명된 후 엿새 뒤인 2월 7일 그곳에 도착했다. 제8군은 두 개 종대, 약 2,000명으로 구성되었다. 한편, 리밍루이는 홍7군 및 홍8군의 총사령관이 되었다.

룽저우에 도착한 후, 덩은 상황에 따라 행동했다. 확실치 않지만 중앙위원회가 그를 명령을 내릴 수 있는 전권과 함께 제8군의 정치위원으로도 임명했다는 소식도 있었다.[66] 그의 권한이 확대된 것은 시내에 남은 지휘관이 거의 없었기 때문이었다. 덩의 부재 시에 복수에 목이 말랐던 리밍루이 장군은 국민당 광시군이 점령하고 있던 광시성의 성도 난닝을 공격하기로 자체적으로 결정하고, 난닝의 방어가 형편없다고 설득하여 장윈이를 자신의 모험에 엮어 들였다(이때 국민당 광시군의 주력 부대가 광둥 북부의 경계선을 따라 배치되어 있었다는 것은 사실이다). 모든 공산군이 그 작전에 배치되었다는 소식을 듣고 덩은 공포에 휩싸였다. "주관적으로나 객관적으로나 난닝에 대한 공격은 실패할 수밖에 없는 운명이다"라고 그는 염려스럽게 말했다. "특히 제8군이 위험하다. 완전히 파멸될 수도 있다!"[67]

그는 곧바로 군단 지휘관들에게 회귀를 명령했지만 이미 너무 늦었다. 2월 9일, 난닝 교외에서 제7군이 궤멸되었다는 소식이 도착했다. 보서의 기지는 사라졌다. 룽저우의 상황은 곧 지극히 위태로워졌다. 위쮜위 휘하의 제8군 일부 병력만이 그곳으로 돌아왔다. 리밍루이 휘하의 다른 병력이 장원이를 구하러 출발했다.

1930년 2월 12일, 제8군의 잔여 병력이 돌아온 지 이틀 후, 덩은 보서에서 이전에 그랬던 것처럼 지주들의 모든 토지를 몰수하여 소비에트로 이전시키고, 이를 매매권 없이 균등 분배하며, 수많은 추가 분담금을 단일 누진세로 대체한다고 공표했다.[68] 또한 중국 상인들에서 기부금을 받아내고, 시 밖으로 돈과 상품을 반출하지 못하도록 금지시켰으며, "반혁명주의자들"을 돕는 부농들의 모든 토지와 재산을 압류할 것을 요구했다.[69]

옛 도시 룽저우는 격하게 전율했다. 지난 수백 년에 걸쳐 룽저우에서도 대량학살은 있었지만 상당 기간 평온했다. 1886년, 룽저우는 해외무역에 개방되었고 곧 인근의 베트남을 식민지화한 프랑스인들이 나타났다. 그들과 현지인들은 그럭저럭 평화롭게 공존했다. 그러나 이제 덩이 룽저우의 주민들을 향해 프랑스 제국주의를 맹비난하며 절절하게 호소한 후, 모든 것은 바뀌었다. 그의 전환책은 프랑스 영사가 보낸 짧은 서신에 자극받은 것으로, 편지는 새로운 당국에 광범위한 약탈, 체포 그리고 평화적인 주민들 살해에 뒤이어 "질서를 회복시킬 것"을 요구하는 내용이었다. 영사는 그렇지 않을 경우 영사관 보호를 위해 프랑스 군인 15명과 장갑차를 룽저우로 보내겠다는 인도차이나 총독의 제안을 수락하겠다고 위협했다.[70]

2월 19일, 덩의 촉구로 홍8군 병력의 지원을 받은 도시 빈민들이 영사관과 세관 건물을 장악한 뒤 세관 건물을 불태우고 은행, 상점, 심지어 가톨릭 성당까지 룽저우의 모든 프랑스 자산을 압류했다. 영사와 선교사

들을 포함하여 저항하는 프랑스 시민들은 짐을 싸든 채 인접한 인도차이나로 보내졌다.[71]

이런 행동으로 공산주의자들은 은 15만 위안이라는 순수익을 올렸으나[72] 곧 덩에게는 다른 복잡한 문제들이 생겨났다. 2월 말, 다섯 대의 프랑스 비행기가 400파운드의 독가스 폭탄을 투하하며 룽저우를 폭격했고, 비록 위쭤위의 전사들이 비행기 한 대를 격추시키고 두 명의 조종사를 사살했지만, 더 이상 룽저우시에 남아 있기는 불가능했다. 게다가 곧 덩은 광시군 제8사단이 룽저우를 향해 진군하고 있고, 500명의 프랑스 군이 이미 베트남-중국 국경을 넘어섰다는 것을 알게 되었다.[73]

덩과 위쭤위는 홍8군 병력이 요우쟝강 지역 어딘가에서 작전을 펼치고 있을 홍7군 잔여병들과 신속히 연합해야 한다고 결정했다. 다른 사람들은 잠시 룽저우에 머물기로 했지만, 룽저우에 직접적인 위협이 있을 경우 떠나기로 했다.[74] 덩은 룽저우 북동쪽 40킬로미터에 있는 제1종대를 향해 즉시 떠났고, 제1종대를 요우쟝강으로 이끌고 가려 했으나, 곧 우세한 적을 만나 긴 전투에 빠져들게 되었다. 3월 10일, 그는 "인내심을 잃었고 본대는 뒤에 남긴 채 소규모 중대를 이끌고 전진하기로 결정했다."[75] 이것이 정당화될 수 있을지 말하기는 어렵다. 덩 자신의 말에 의하면, 그는 중요한 "중국공산당 중앙위원회의 지시사항들을 제7군에… 가급적 빨리"[76] 전해야만 했다. 알려지지 않은 바로 그 부분이다. 어쨌든 덩이 버린 후 곧 제1종대는 완전히 궤멸되었다.

3월 말, 아직 룽저우에 있던 제8군 제2종대는 참담한 패배를 당했다. 덩의 말에 따르면, 위쭤위가 "세금 징수에 집착하게 되었고" 그래서 마지막 순간까지 후퇴를 미뤘다.[77] 시는 적의 손에 넘어갔고, 제8군 사령관은 도주했다. 위는 홍콩까지는 안전하게 갔지만, 행운은 거기까지였다. 영국 경찰이 그를 체포하여 국민당군에 넘겼고, 국민당군은 1930년

9월 6일 광둥에서 그를 사살했다.

한편, 3월 중순, 덩은 요우장 상류 지역에 나타났다. 홍7군 잔여병들이 리밍루이 휘하의 홍8군 부대들과 함께 둥란을 향해 떠난 지 오래됐음을 안 그는, 험난한 길을 따라 웨이바췬의 영역을 향해 출발했다. 가는 도중에 칼을 빼든 무장 강도들의 공격을 받고 "돈 아니면 목숨"을 내놓아야 했다. 현명하게 덩은 갖고 있던 20위안을 내주고 목숨을 건져 탈출했다.[78]

4월 초, 마침내 그는 웨이가 사는 고산 마을 우좐현에 도착했다. 목격자의 회상에 따르면, "부슬부슬 비가 내리고 있었다. 해 질 녘에 똑똑하고 활기찬 젊은이가 지팡이를 짚고, 대나무 모자를 쓰고, 짚으로 엮은 신발 위로 바지를 걷어 올린 채, 홍군 병사 한 명을 데리고 내 문전으로 찾아왔다."[79] 낯선 이는 자신을 덩빈이라고 소개하고 '바 형님'에게 안내해 달라고 했다.

덩은 웨이가 공산주의자 회의에 참석하기 위해 난닝에 온 1929년 가을부터 그와 알고 지냈다. 그 이후로 그들은 매우 좋은 관계를 이어왔고 서로 형제라고 부르기까지 했다.[80] 비에 젖고 제대로 먹지도 못한 덩을 보자, 웨이바췬은 근심을 감출 길이 없었다.[81] 그는 실내 화로 옆에 덩을 앉혀 물기를 말리도록 했고, 음식을 주었으며, 다음날 옛 괴성魁星 신전에 자리한 자신의 소비에트 정부 사무실 가운데 하나를 덩에게 쓰도록 제공했다.

덩은 여기서 한 달을 통째 보냈다. 사라진 홍7군은 웨이조차 그 행방을 알 수가 없었다. 우좐에서 그는 볼셰비즘과 좡족 농민 운동을 혼합하여 녹여내는 데 모든 시간을 할애했다. 웨이 그리고 레이징톈과 함께 농촌 문제에 관한 몇몇 문서들을 초안했는데, 가부장적인 좡족에게 그들의 사회가, 중국 사회와 꼭 마찬가지로, 사실은 토호, 열신, 지주, 부농, 중농, 빈농, 소작농 그리고 수공업자들 사이에서 나뉘어져 있다는 것을 설득하려는 시도에서였다. "천하에 가난한 사람들은 한 가족이며, 가난한 사람은 가난한 사람을 때리지 않는 법이다." 절도와 살인에 관해 말하자면, (그럴 만큼) 모두에게 토호, 열신, 지주 그리고 부농은 충분히 많았다.[82]

덩은 집단 농장 생활에 관한 프로파간다에 주의를 기울이기 시작했다. 그가 룽저우에 잠시 머무르는 동안, 중국-베트남 국경을 따라 자리 잡은 지역 중심지 가운데 한 곳의 주민들은 스스로의 주도로 토지를 집단 경작했다. 그들은 부자들의 토지뿐만 아니라 거의 모든 토지를 몰수했다. 이후 그들은 모든 가정에서 곡물, 가축 그리고 기구들을 거두어서 마을 소비에트에 넘겨주었다. 마을에는 "대형 외양간 한 개와, (마을 소비에트의) 소비자부서 관리하에 놓인 대형 부엌 하나가 지어졌다. 모든 가정집 건물, 농기구 그리고 일을 시킬 가축들은 공동으로 사용했다." 덩은 분명 이 실험을 좋아했고, 둥란의 좡족들이 이것을 하기로 결정할 경우를 대비해 그들을 위해 특별히 "토지의 공동 경작에 관한 조례" 초안을 작성했다.[83] 그러나 이런 유형의 운영으로 일반적이고 신속하게 전환해야 한다고 주장하지는 않았으며, 그 대신 마을 소비에트가 결정을 내리도록 제안했다. 그가 1920년대 중반 모스크바에서 읽은 마르크스주의자들은 성급하게 집단 농장으로 전환해야 한다고 조언하지 않았다. 덩이 설득에 미적지근한 태도를 보인 후, 단 두 마을만이 집단 농경에 참여하겠다고 등록했다. 소수의 다른 마을들은 "지주-부농"의 토지를 몰수하는 것에 만족했고, 나머지는 모든 토지를 몰수했지만 함께 경작하지 않았고, 그 대신 종자를 뿌린 지역을 부자와 빈자를 포함한 모든 가구 사이에 균등하게 배분했다(둥란 좡족의 대다수는 어떻게 친족, 부유한 친족에게서까지 재산을 전부 빼앗을 수 있는지 이해가 가지 않았다. 전부 빼앗는 것과 균등하게 나누는 것은 전혀 다른 문제였다).[84]

한편, 1930년 초, 덩은 마침내 군대를 이끌고 있는 리밍루이와 장원이가 둥란에서 멀지 않은, 동쪽으로 약 40킬로미터 떨어진 광시에서 다시 모습을 드러냈다는 소식을 들었다. 그는 서둘러 그들을 만나러 출발했다. 서로 우정을 과시한 후, 그들은 2개 종대로 보서로 향하기로 했다. 그들은 병사들에게 지급할 돈이 급했기 때문에, 그 도시를 포획한 다음 전 지역에 걸쳐 다시 한번 약탈을 행했다.[85] 그러나 이번에는 많은 도시인들과 인근 마을 사람들이 공산당의 침략이 있기 전에 도망을 갔다. 비교적 잘사는 상인들은 모두 배를 타고 난닝으로 가버렸고, 엄청난 양의 아편도 함께 가져갔다.[86]

덩과 동지들은 도시에 약탈할 것이 거의 없다는 것에 당황했다. 더 지체할 수도 없었다. 윈난 출신의 장군 장충이 보서로 진군해오고 있었고, 홍군은 그와 대결할 준비가 되어 있지 않았다. 후일 덩은 "윈난 군대가 싸움에 능했다"고 회고했다.[87] 홍군은 재빨리 핑마라는 작은 촌으로 피했고, 요우쟝강 하류 30킬로미터 남짓 지점에 있는 그곳에서 홍7군은 가을까지 머물렀다. 상하이와의 무선 연결이 끊겼기 때문에 덩은 자신의 업무에 대해 보고를 하거나 지시를 받을 수가 없었다.

9월 말에 홍콩에서 온 특별 대표 덩강이 핑마에 나타났는데, 중국 남부 지방 공산당 세력의 최고 기관으로서 1930년 초에 수립된 중국공산당 중앙위원회 남부국이 그를 파견한 것이었다. 덩강은 최근에 모스크바에서 중국으로 돌아왔는데, 모스크바에서는 KUTK(UTK의 후신)에서 1년간 수학한 바 있다(소련에 있을 때 그는 돈 스틸이라는 이상한 별명을 갖고 있었다[88]). 이제 그는 덩과 제7군 사령관들에게 1930년 6월 11일, 정치국이 "새로운 혁명의 고조와 하나 혹은 몇 개 성에서의 선도적 승리에 관한" 비상 결의를 채택했다고 알렸다. 중국공산당을 이끄는 사실상의 지도자 리리싼이 기초한 결의의 핵심은 공산주의자들에게 혁명적 권력 투쟁에 즉시 착수하라는 명령이었다. 그 결의에는 "중국에서 먼저 불타오를 그 혁명은 위대한 전 세계 혁명을 촉발할 것"이라고 쓰여 있었다.[89] 1929년부터 코민테른은 중국이 "가장 심오한 국가적 위기의 시기"에 들어섰다고 말함으로써 그런 무모한 모험주의를 감행하도록 정치국에 압력을 가했음이 확실하다.

홍7군은 광시 북동부로 진군하여 세 도시를 공격 및 장악하는 임무를 부여받았다. 세 도시는 류저우, 구이린 그리고 광둥 자체였다.[90] 당시 홍7군의 병력은 7,000명을 겨우 넘었고, 방대한 수의 국민당 및 지방 군벌의 병력과 직면하고 있었기 때문에 계획은 비상식적인 것이었다. 그러나 중국공산당 정치국의 압력하에, 1930년 여름과 가을, 소비에트 지역에 있는 사실상 모든 공산주의 병력은 비슷한 그리고 똑같이 황당한 계획들을 실행에 옮기려 했다. 예를 들어, 마오쩌둥과 주더는 난창과 창사를 공격했으나 실패했고, 또 다른 공산주의 게릴라 허룽의 병력은 우한을 위협했다.

덩과 장윈이는 덩강에게 계획 실행의 어려움을 설명하려 했지만 그는 들으려고 하지 않았다.[91] 남부국이 그에게 제7군 지휘 임무를 할당했기 때문에 어떠한 논의도 겉돌았다. 10월 2일, 전선위원회 확대회의는 작전에 관한 결의를 채택하고, 이틀 뒤 총 대형에서 군대는 싸우다 죽는다는 장엄한 맹세를 했다.[92]

요우쟝 상류 지역(둥란)에는 바 형님의 군대만이 남아 있었다. 미래를 미리 보자면, 2년 후 1932년 10월, 둥란의 소비에트 세력은 적의 맹공격으로 붕괴되었다. 웨이바췬은 사랑하는 조카의 손에 숨을 거두었는데, 조카는 1,400위안의 보상을 약속한 국민당의 꾀임에 넘어가 어느 어두운 날 밤 자고 있는 삼촌을 창으로 찔러 죽인 것이었다. 이후 그는 삼촌의 머리를 광시 당국에 넘겼고, 당국은 그 머리를 알코올을 담은 단지 속에 넣어 보존했다. 이후 몇 달 동안 그들은 향후 있을지도 모를 반란 세력에 대한 경고 차원에서 단지를 성 전체 읍내와 마을로 끌고 다녔다. 광시 동부의 우저우 마을에 묻힌 그 머리는 1961년에야 발견된다. 옛 매장지 자리에는 기념비가 세워졌다.[93] 바 형님의 사망 직후 둥란의 농민들은 시신을 아름다운 터야(큰 이빨)산의 기슭에 묻었다. 1951년, 새 공산당 당국은 웨이의 유해를 시립 전몰영웅 공원으로 이장했다.

이 모든 것은 미래의 일이다. 현재로서 홍7군의 주 병력은 류저우 또는 구이린으로 뚫고 나아가기 위해 광시 북동부와 후난 남서부 주위를 맴돌기 시작했지만 허사였다. 도중에 그들은 작은 마을들을 장악하고 약탈한 뒤 수적으로 우세한 적들의 압박하에 도주했다. 마침내, 1931년 1월 초, 병력의 3분의 2를 잃은 그들은 후난 경계의 눈 덮인 산들 사이에 긴, 구이린 북쪽으로 약 140킬로미터 떨어진 먼 광시 마을 취안저우에 도착했다. 더 이상 견딜 수 없던 덩과 장윈이는 이제 그 모험을 지속하는 것에 반대한다는 의사를 날카롭게 밝혔다. 대담한 조치였지만 많은 병사들이 그들의 지휘관을 지지했다. 다수에 반대할 수 없던 덩강은 중앙위원회에 항의하기 위해 떠났다.[94]

한 달 뒤 상하이에 도착했을 때, 그는 중앙위원회가 리리싼의 노선을 그 후 오랫동안 거부해왔다는 것을 알고는 틀림없이 매우 실망스러워했을 것이다. 모스크바는, 중국공산당의 정신나간 계획들에 경악했지만, 그것이 자신들의 과격한 수사가 유발한 것이었기 때문에 노선을 뒤집었다. 코민테른은 중국공산당이 즉시 대도시들을 공격하고, 홍군을 고갈시키고, 전 세계 혁명을 촉발했다고 주장할 것이라고는 예상하지 못했음이 틀림없다. 얄궂게도, 1930년 9월 말 덩강이 덩샤오핑에게 갔던 바로 그때, 코민테른 집행위원회는 리리싼을 비난하고 있었다. 11월 16일, "리리싼주의에 관한 코민테른 집행위원회의 서신"이 중국에 도착했고, 그 서신은 리의 정치 노선을 "반反마르크스주의", "반反레닌주의",

"기회주의적" 그리고 "본질적으로" 트로츠키적이라고 비난하는 내용이었다.[95] 1931년 1월 초 상하이에서 열린 중앙위원회 전체 확대회의에서 옛 KUTK 총장인 크렘린의 특사 파블 미프Pavel Mif는 중국공산당의 지휘조직들을 재편하면서 이전에 자신의 학생이었던 천샤오위에 힘을 실어 정치국 상무위원회에 넣었다. 이후, 천은 다른 몇몇 KUTK 졸업생들의 지원을 받으며 당의 리더십을 지배하기 시작했다. 신임 공산주의청년단 단장 보구(본명 친방셴)를 포함한 이들은 광적인 반리리싼 캠페인을 벌였다. 당의 옛 지도자들은 "미프의 풋내기들"을 경멸했지만 새로운 노선을 채택해야 했다.

홍7군의 영웅적인 노력은 헛수고였다. 1931년 3월 말, 새로운 정치국 지도자들은 광둥에서 변변찮은 직위를 맡기며 덩강을 강등시켰는데, 거기서 그는 1년 반 후 국민당군과의 전투에서 싸우다 29세의 나이로 사망했다.[96]

대도시들을 공격할 수 없었으며 리리싼 노선이 거부되었다는 것을 몰랐던 덩, 리밍루이 그리고 장원이는 1월 내내 중앙의 지시를 기다리고 있었다. 그러다가 한참을 헤맨 뒤 광둥 북부의 작은 마을 메이화에 2월 1일에 그곳의 공산주의자를 통해 리리싼이 면직되었다는 것을 알게 되었다. 그들의 반응이 어땠을지 상상해보라!

덩과 그의 동지들은 이제 정확한 행동노선에 대해 결정을 내렸는데, 이는 곧 무슨 수를 쓰든지 돌파하고 나아가 장시 남부에 있는 마오쩌둥 그리고 주더의 군대와 결합하는 것이었다. 그때쯤, 1930년 10월 17일, 마오의 소비에트 지역은 중앙 소비에트 지역CSA이라고 불렸고 공산주의자들의 주요 근거지였다. 위치는 메이화 북동쪽으로 약 110킬로미터 떨어진 곳이었다. 그러나 그곳으로 가는 길은 폭이 넓고 급류가 흐르는 러창허Lechanghe(현재의 우장)강에 의해 막혀 있었다. 군대는 나뉘었다. 일부는 덩과 리의 휘하에 맞은편으로 건너갔지만, 장윈이 휘하의 나머지 병력이 도강을 강행하기 시작하자마자 적군의 포격을 받았다. 결과적으로 덩과 리는 자신들의 군대만 이끌고 장시로 갔고, 곧 며칠 뒤인 2월 8일 중앙 소비에트 지역의 경계에 도착했다. 장윈이와 그의 전사들은 수많은 시련에서 살아남은 뒤 1931년 4월에야 장시에 도착했다.[97]

그때쯤 덩은 상하이로 돌아와 있었다. 그는 1931년 3월 10일 중앙위원회 보고를 위해 상하이로 출발했다. 그의 말에 따르면, 그는 천샤오위의 승진에 대해 들었을 때 "매우 동요"했는데, "그에 대해 그다지 우호적이지 않았기" 때문이었다(덩과 천은 모스크바에서 함께 공부했다). 출발하기 전에 덩은 리밍루이와 전선위원회의 또 다른 멤버인 쉬주어와 이야기를 나눴는데, 이들은 덩을 이해한다는 뜻을 표했고 상하이로 가겠다는 결정을 승인했다. 게다가 덩이 분명히 말했듯 "지금 이 시기에는 (우리 군대에 대한) 적의 심각한 위협이 없었다."[98] 쉬주어가 덩을 대신해 전선위원회 서기를 맡았고, 덩은 약용 식물 상인으로 변장한 채 군 캠프를 떠났다.

아마도 이것이 실제 있었던 상황이겠지만 몇몇 사실들은 덩의 말에 얼마나 신빙성이 있는지 의문을 제기한다. 예를 들면, 덩이 상하이로 떠나던 그날, 적군이 리밍루이의 군대를 공격했고, 그가 서둘러 퇴각해야 했다는 것은 믿을 만하다. 가까운 병원에서 군대를 위문 중이던 덩은 총성을 듣고 즉석에서 리밍루이에게 짧은 서신을 썼는데, 서신에서 "적과 방금 교전을 시작했고 현재 퇴각하고 있는 것으로 압니다. 제가 따라잡는 것은 불가능하니, 징강산까지 스스로 싸워 뚫고 나아가 거기서 홍군을 만나십시오. 저는 이 기회를 빌려 당 중앙에 제7군(홍7군) 문제에 관해 보고하려 합니다"라고 말했다.[99] 그는 이 편지를 쉬주어에게 건넨 후 곧바로 길을 떠났다.

이는 "심각한 위협"이 실제로 존재했음을 가리키는 것이 아닌가?

그렇다면 그처럼 어려운 순간에 왜 오랜 동료들을 버리고 그런 이상한 서신을 썼을까? 만일 덩 자신이 홍7군을 따라잡을 수 없을까봐 두려웠다면, 왜 쉬주어는 따라잡을 수 있을 거라고 생각했을까? 아마도 1930년 2월처럼, 덩은 단순히 "참을성을 잃"고 도주하기로 결정했는지도 모른다. 단언하기는 어렵다. 미래에 인민해방군 장군이 된 그의 전우 모원화Mo Wenhua는 덩이 전선위원회에서 승인을 받은 후에 자신의 군대를 떠났다고 믿지 않았다.[100] 문화대혁명 기간에 홍위병들은 "위험을 피해 숨기 위해 상하이로 도망"침으로써 "한심한 겁쟁이의 진수"임을 보여줬다며 죽자 사자 덩을 비판했다.[101] 덩은 당시 스스로를 정당화해야 했다. 그는 1968년 6~7월에 쓴 "자서전 노트" 그리고 1972년 8월 3일 마오 주석에게 보낸 서신에서 고도의 기교를 보여주는 연기를 선보였다. 그는 1931년 초 어떠한 상황에서도 "홍7군을 포기해서는 안 됐습니다. (제가 한 짓은) 제 생애 최악의 실수들 가운데 하나였습니다… 정치적 의미에서"라고 인정했다. 그러나 자신의 행위가 "조직적 의미에서 적법"했다고 주장했다(이는 덩이 전선위원회의 승인을 받았음을 가리킨다).[102] 리밍루이도 쉬주어도 이때까지는 살아 있지 않았으므로, 사건 전체는 덩 자신의 양심에 남아 있어야 했다.

광시에서의 시험은 이렇게 해서 총체적인 실패로 끝이 났다. 리리싼의 모험주의는 단지 부분적인 원인일 뿐이었다. 중국 볼셰비키의 과격한 정책들은 광시성 주민 대다수의 마음속에서 반응을 불러일으키지 못했다. 그 결과 토지개혁은 홍군의 적극적인 뒷받침을 받은 빈자들, 농촌 하층민들 그리고 둥란 쫭족들의 집단적 무장 강도질과 강도, 살인의 형태를 띠었다. 소농들의 대중 운동은 없었다. 덩은 곧 스스로 이를 인정해야만 했다.[103]

2
마오주의자

5

'5불파'의 정신

★
★
★

1931년 3월 말 덩샤오핑은 상하이에서 냉랭한 환영을 받았다. 새로운 지도자들은 한 달 동안 그를 무시했다. 그는 한 비밀 아파트에 격리되었는데, 거기서 광시에서의 소비에트 운동을 실패로 이끈 자신의 "중대한 과오"에 대해 숙고해야 했을 것이다. 중앙위원회는 이미 덩강은 물론 1931년 1월 군 캠프를 버린 후 덩샤오핑보다 두 달 앞서 상하이에 도착한 제7군 정치부 수장 천하오런에게서 제7군이 떠돌고 있다는 것을 알았다.[1] 3월 9일 덩과 친분이 전혀 없는 천은 "대중 작업에 필요한 주의를 기울이지 않고" "적과의 대결을 회피하며" "공격적 충동이 결여되어 있다"고 홍7군 전선위원회(즉, 덩을 가리킴)를 비난하는 보고서를 중앙위원회에 제출했다.[2] 한 달 뒤인 4월 4일이 되자 2월 말에 이미 상하이에 도착한 야전 사령관 가운데 한 명이 제7군 사령관들에 대한 새로운 비난을 제기했다.[3] 이것 모두 심각한 고발이었다.

이 문제가 어떻게 해결되었는지는 알려지지 않았지만, 최고 지도자들 누구도 덩을 비난하지 않은 데다가 덩도 자백을 강요받지 않았으므로, 정치국 내에서 투쟁이 있었다고 추측할 수 있을 것이다. 분명, 천샤오위의 행위가 불만스러웠던, 샹중파와 장궈타오의 지지를 업은 저우언라이가 부정적 결의의 통과를 막았을 것이다. 천샤오위는 자신에게 "그다지 우호적이지 않았던" 덩을 싫어했다. 3월 27일, 저우, 장궈타오 그리고 샹중파는 코민테른 집행위원회 극동국을 덩의 케이스에 관여시키려 했는데, 이는 덩 쪽의 이야기를 들을 필요성을 정당화하기 위한 시도였다.[4] 그러나 덩이 4월 29일 중앙위원회에 자신의 보고서를 제출하기까지 또 한 달의 시간이 흘렀다. 그는 자신을 정당화하려는 시도를 하지 않았다. 광시에서의 투쟁사를 상세히 밝힌 후, 그는 "좌파-모험주의자 리리싼 노선"을 따른 것 그리고 "우파 기회주의적 부농의 일탈"을 저지른 것을 포함하여 수많은 과오에 대해 자백했다. 자신의 "가장 중요한" 실수가 "모든 문제를 결정하는 데 있어" "오직 군사력에만" 의존한 것이라고 썼다.[5] 간단히 말해, 자기를 비판한 사람들의 의견에 근본적으로 동의했다.

그런 행동이 바로 천샤오위와 몇몇 정치국 위원들이 그가 체면을 잃게 만드는 중국의 전통에 따라 요구했던 무자비한 자아비판이었다. 그들은 덩을 "계급의 적"이라고 낙인찍을 수 없었는데, 덩과 혁명의 과거를 함께함으로써 서로 연결되어 있던 저우언라이나 다른 베테랑 당원들이 그것을 허용하지 않을 것이기 때문이었다. 저우와 다른 베테랑들은 덩과 '꽌시', 즉 중국 사회에서 필수적인 비공식적 연줄을 갖고 있었다. 덩은 꽌시가 어떻게 작용하는지 잘 알고 있었고 그것을 자신에게 유리하게 사용했다. 이후, 당 내부에서 위험한 충돌이 발생할 때마다, 덩은 대담하게 자신의 죄를 인정하는 검증된 전술을 따랐고, 그렇게 체면을 잃었지만, 자신의 연줄에 의지함으로써 지도부에서 자신의 자리를 유지했다.

천샤오위와 동지들은 대체로 덩의 자아비판을 받아들였다. 덩은 상하이에서 회개하는 동안 추가로 두 달 반 동안 일이 주어지지 않았고 그 후에야 갱생의 기회가 주어졌다. 7월 중순 중앙 소비에트 지역에서 임무를 맡은 그는 광둥 북부 산터우로 향하는 증기선을 타고 가서 거기서 다시 장시 남부로 갈 예정이었다.

상하이에서 아무것도 하지 않는 동안 덩은 우울해했는데, "자신의 정치 경력에서 … 좌절을 겪었기 때문이기도 했고, 상하이의 모든 것이 사망한 아내 장시위안을 생각나게 만들었기 때문이기도 했다." 지난해 1월, 그는 아내를 땅에 묻지도 못했다. 그를 대신해 당의 다른 사람들이 덩의 아내를 묻었는데, 보안상의 이유로 묘비에는 장저우스라는 가명을 새겼다.[7]

덩은 아내의 묘지를 몇 차례 방문할 수 있었고, 11년 만에 다시 만나게 된 동생 셴수도 데리고 갔었다.[8]

배가 상하이를 벗어나자 덩은 마침내 쉴 수 있었다. 아름답고 젊은 여성이 그와 동행했다. 그녀와 갑판을 거닐면서 그는 장시위안의 얼굴처럼 부드럽고 계란형으로 생긴 얼굴, 보기 좋은 입술 그리고 단발머리에 감탄하지 않을 수 없었다. 그러나 무엇보다도 검은 눈썹으로 인해 돋보이는, 따스하고 부드럽게 덩을 바라보던 크고 아름다운 그 눈! 1904년 가을에 태어난 그녀는 덩보다 겨우 두 달 어렸다. 그녀의 이름은 진즈청 金志诚("의지력이 강한" 진)으로, 혁명 때문에 쓰는 가명이었지만, 그녀를 아는 사람들은 모두 그녀를 정감 있게 "금"이라는 뜻의 아진阿金이라고 불렀다. 저장성의 한 마을에서 소상인의 집안에 태어나 교육을 잘 받은 아진은 1922년 닝보시의 한 교육기관을 졸업하고 여자소학교에서 교편을 잡기 시작했다. 곧 공산주의 이념에 매료되었고 1926년 10월 공산당에 가입했다. 1925년부터 1927년까지 국민혁명 기간 중국공산당의 패배 이후, 그녀는 상하이로 가서 여성들과 함께 당 그리고 노동조합 업무에 관여했다. 1931년 1월, 그녀는 체포되어 한 달간 수감생활을 했으나 공산당 첩보원들에게 뇌물을 받은 부패 경찰들에 의해 "증거 불충분"으로 석방되었다. 상하이에 남아 있을 수 없게 된 그녀를 중앙위원회는 소비에트 지역으로 보냈다. 이것이 그녀가 덩과 같은 증기선을 타게 된 경위다.[9]

위험한 여정에서 출발한 두 청춘 간의 이끌림은 곧 불타는 열정으로 커졌다. 어느 날 저녁 덩과 아진은 서로를 안고 말았다. 그 이후, 서로 자기 아내라고, 자기 남편이라고 불렀다.

8월 초, 그들은 중앙 소비에트 지역 남동쪽에 있는 루이진현瑞金縣의 중심, 고산 마을 루이진에 도착했다. 기쁘게도 그들의 비밀생활은 끝이 났다. 홍기가 곳곳에 휘날렸고, 국민당의 비밀경찰을 두려워할 필요가 없었다. 루이진은 그들에게 눈부신 희망을 고취시켰다. 처음으로, 그들은 자신들의 나라에서 자유 시민이 된 것 같았다.

아진은 행복하게 덩에게 말을 걸었다. "이제부터는 저를 진웨이잉金維映이라고 부르세요. 그리고 다른 동지들도 그렇게 부르게 하세요."

그들은 작은 산 냇가 기슭에 앉아 있었고, 아진은 차가운 물에 비친 자신의 모습에 감탄하고 있었다. 잉映은 그림자를 의미하며, 웨이維는 소비에트를 음차한 단어 쑤웨이아이蘇維埃 중의 한 글자이다.

덩은 웃었다. "좋아요. 이 이름은 정말 사랑스럽게 들리네요. 그러니 당신을 진웨이잉이라고 부르겠습니다(진 '소비에트 그림자'). 아진이라고 부르는 것도 좋긴 하지만."[10]

이곳 루이진에서 그들은 결혼을 공식화했다.

행복감은 곧 사라졌다. 덩은 다시 정치적 투쟁의 한복판에 놓여 있었다. 현 당위원회 서기가 과도하게 열성적으로 덩의 부하들 사이에서 사회민주주의자들, 국민당 당원들, 그리고 한참 전인 1925년과 1926년에 국민당이 공산주의자들을 근절하기 위해 장시에 설립한 비밀 "AB단"

의 단원들 등 "숨겨진 적들"을 추적해왔다(A와 B는 단원들의 다른 수준의 입회, 즉 성급과 현급을 가리켰다). 그 현 서기는 광분한 것 같았다. 권력을 갖고 있던 6개월 동안 (1931년 2월부터 8월 초까지) 그는 사회민주주의자들과 이른바 연계가 있다는 이유로 435명의 공산주의자들을 체포 및 처형했는데, 여기에는 현 당위원회의 예전 서기, 지역 소비에트 정부 의장, 노동조합 리더 그리고 그 외 지도자급 간부 80퍼센트 이상이 포함되었다.[11] 물론, AB단의 리더들, 사회민주주의자들, 그리고 다른 반(反)공산주의자들은 공산주의 운동을 방해하기 위해 앞잡이와 스파이들을 중국공산당 조직 내로 침투시켰다. 그들은 1930년대 초에 특히 활발히 움직였는데, 이때는 장제스가 장시 소비에트 지역에 대한 토벌에 나선 시기로, 첫 번째 토벌은 1930년 말과 1931년 초에 있었고, 두 번째와 세 번째 토벌은 각각 1931년 4~5월 그리고 7~9월에 있었다.

그러나 루이진 당위원회 서기는 과도한 열의를 보였다. 그가 이끈 숙청위원회는 무고한 사람들과 죄인들을 모두 잡아들였고 그들의 죄에 대한 신빙성 있는 증거를 찾는 데 걱정이 없었다. 당시 다른 많은 사람들 역시 그렇게 행동했다. 예를 들면, 푸젠 서부의 소비에트 지역에서는 같은 기간 6,352명이 무고로 처형되었다.[12] 그리고 1930년 12월, 마오쩌둥 지지자들은 장시 남서부와 중부의 당 조직 및 군부대 내에서 푸톈 사변富田事変으로 알려진 무력 분쟁을 선동했다. 마오의 특사들은 너무나 잔혹한 숙청을 계획해서, 그 계획의 희생자들이 들고 일어나 자신들을 괴롭히는 자들을 죽이기도 했다. 그럼에도 마오는 이 분쟁의 승리자로 등극했다. 푸톈 반군들은 무장해제당하고 파멸당했으며, 숙청은 계속되었다. 장시 남서부의 당 간부 90퍼센트 이상이 살해, 투옥되거나 면직되었다.[13]

덩은 1930년 말과 1931년 초 푸톈 사변에 대해 알게 되었다. 이후,

1931년 4월 29일자 중앙위원회 보고서에서 마오의 행동에 대해 반대를 표했는데, 덩은 그런 행동이 "실제로는 AB단을 강화시켰다"고 믿었다. 그러나 그는 반란 세력들도 비난했다.[14]

덩이 루이진에 도착했을 때, 마오쩌둥, 주더 그리고 다른 지도자급 간부들은 시에서 멀리 떨어진 전선에 있었다. 루이진의 배후지에는 지도자가 겨우 몇 명밖에 없었는데, 이 중에는 덩과 완전히 시각이 일치하는 세 사람, 위저홍, 셰웨이쥔 그리고 훠부칭이 있었다. 덩의 아내 역시 적극적으로 그를 지지했다. 1931년 8월 중순, 위, 셰 그리고 훠는 루이진 현 서기직 후보로 덩을 내세웠다. 10월 초, 현 소비에트 정부 전 서기 및 의장이 실재의 그리고 상상의 적을 쫓는 데 과도한 열성을 보였다는 이유로 체포되어 총살을 당했다. 덩은 정치적 탄압의 희생자들을 복권시키기 위한 업무를 진행했다. 무고를 당한 공산주의자들 가운데 300여 명의 생존자들이 자유를 찾았다. 훗날 덩은 다음과 같이 회고했다. "우리는 신속하게 반혁명주의자들을 처벌하고, 부당하게 체포당한 간부들을 복권시켰으며, 소비에트 대표자 회의를 소집했다. 지역 소작농들이 거의 전부였던 간부들 그리고 대중은 행동에 돌입했고, 현 전체의 상황은 즉시 호전되었다."[15]

9월 말, 마오쩌둥, 주더 그리고 제1방면군 본부 스태프들은 공산주의자들이 장제스의 세 번째 토벌을 타파한 뒤 루이진 교외의 마을 예핑으로 장소를 옮겼다. 현의 중심부 그리고 새로운 현 서기의 중요성이 급속히 커졌다.

그럼에도 덩은 여전히 권한이 제한된 차상위 간부에 머물러 있었다. 그러나 그는 이제 마오쩌둥, 주더 그리고 중앙위원회 소비에트 지역국의 다른 멤버 등 지도자급들과 자주 만나게 되었다.

10월 초, 그는 장제스의 세 번째 토벌 타파를 기념하기 위한 대규모

도시 집회를 주재하고, 마오쩌둥의 뒤를 이어 발언을 했다.[16] 그 이후 여러 마을과 부락에서 소비에트를 건립하는 데 투신했고, 소작농들 사이에서 공산주의 프로파간다를 수행했으며 ─이를 위해 현 신문사까지 설립해 〈루이진 훙치〉(루이진의 붉은 기) 신문을 발행─토지개혁을 실행하는 데 엄청난 노력을 쏟아부었다.[17]

토지 분배에 있어 덩은 마오가 1년 전 인상적인 공식으로 밝혔던 균등화 원칙을 따랐다. "풍족한 이들을 이용하여 부족한 이들을 보충하고, 살찐 사람들을 이용하여 마른 사람들을 보충한다."[18] 장시 남부의 공산주의자들에게는 이것만이 실행 가능한 농업 정책이었다. 이것이 수많은 빈자들 그리고 수 세기 전 이곳에 먼저 재정착했지만 경제를 장악한 지역 씨족들(중심 주민들)과 동화되지 못한 가난한 이주민 하카족들을 자신들의 편으로 끌어들일 수 있는 유일한 방법이었다. 장시 남부에는 광시보다 하카족이 더 많았다. 루이진이 있는 산악 지대는 보통 '하카 지방 Hakka country'으로 알려져 있었다. 이주자들이 나타나기 전에 이 지역에는 본지 씨족들이 언제나 거의 없었고, 공산주의자들이 도착한 후에는 하나도 남아 있지 않았다. 그들과 끊임없이 싸웠던 하카족은 그들을 철저하게 말살했다. 그러나 본지인들에게서 몰수한 토지는 모두를 만족시키기에는 충분하지 않았다. 의지할 것이라고는 모든 것을 나누거나 아무것도 나누지 않기를 원했던 빈곤계층을 적어도 어느 정도는 만족시켜주기 위해 모든 토지를 재분배하는 것이었다.

그러나 1930년 10월 중순 상하이 중앙위원회 리더들이 보낸 서신이 루이진에 도착했는데, 그 내용은 이 농업 정책을 혹독하게 비난하고 동 정책의 핵심 지지자였던 마오쩌둥을 "우파주의자, 부농 일탈", 즉 마오가 빈자들, "부농들" 그리고 "지주들"에게 토지에 대한 동등한 권리를 부여했다고 비난하는 것이었다. 상하이 리더들은 부농들에게 최악의 몫을 주고 빈자들에게 최상의 몫을 주는 한편 지주들은 보통 아무것도 주지 말아야 한다고 말했다.[19] 이에 응하여 11월 초 중앙위원회 소비에트 지역국은 루이진에서 당 회의를 소집하고 마오에게 비난을 쏟아부었다. 마오는 지역 상황을 언급하면서 자신을 정당화하려 했지만 허사였다.[20] 그는 동 지역국 서기 대리직에서 밀려났고 그의 "평등주의"로 인해 "극우 기회주의자"로 분류되었다.[21]

이후 같은 달, 분명 모스크바의 압력하에, 마오는 중화소비에트공화국 중앙집행위원회CEC 그리고 인민위원회의 주석으로 임명되었다.[22] 그러나 이것으로 지위가 강화된 것은 아니었는데, 정부 관리가 아닌 당의 관리들이 모든 결정을 내렸기 때문이다. 모든 공산주의 체제에서처럼 당 관리는 정부 관리보다 직위가 높기 때문에 정부 관리는 당의 상급자들에게 지시를 받았다. 따라서 평등주의 옹호자들의 정체를 드러내기 위한 캠페인은 계속 가속화되었다.

덩도 곧 그 대상이 되었다. 1932년 3월, 중앙집행위원회의 위원이 그의 현을 조사한 후 강력한 결의를 채택했다. "루이진에서, 이전처럼, 그들은 '지주들에게는 어떤 토지도 주지 않고, 부농들에게는 나쁜 토지만을 준다'는 원칙을 따르지 않고 있다… 지금까지 부농들에게 좋은 토지가 할당되고 있는 곳들도 있다… 이 상황은 아직 바로잡히지 않았다."[23]

특히 루이진은 그때 이미 중화소비에트공화국의 수도가 되어 있었기 때문에 이 비난은 위험했다. 중앙 당국은 그곳의 모든 상황을 면밀히 조사하기 시작했다. 신변에 위협이 다시 드리워졌지만 덩은 다시 한번 옛 지인의 도움으로 위험을 피할 수 있었다. 이번에는 파리 시절 알고 지낸 동지이자 이제는 장시성 당위원회 서기가 된 리푸춘이었다. 리는 루이진에서 남서쪽으로 50킬로미터쯤 떨어진, 홍군이 최근에서야 정복한 후이창이라는 먼 현으로 덩을 전근시킴으로써 그를 위험에서 구해주었다. 이는 덩의 수호천사이자 현재 중앙위원회 소비에트 지역국을 이끄는 저우언라이의 동의로 가능했을 것이다.

덩은 1932년 5월 후이창으로 이동한 후 1933년 3월까지 그곳에 머물렀다. 작은 옛 마을인 후이창은 가파른 산들로 둘러싸인 협곡에 자리 잡고 있어 너무나도 그림 같은 곳이었다. 덩은 아마도 이곳의 아름다움을 잘 알아채지 못했을 것이다. 도착하자마자 그는 일에 파묻혔고 일도 늘어났다. 1932년 6월 장시 당위원회는 그를 후이창에 더해 쉰우와 안위안 세 개의 현 연합 당위원회 서기로 임명했다. 7월에 그는 푸젠성 우핑현을 포함하는 신설 장시군구 제3작전분 정치위원으로 동시에 임명되었다. 업무량은 믿기 어려울 정도로 많았다. 빈농들도 불쾌하지 않고 지도부도 거슬리지 않도록 토지개혁을 처리해야 했고[24], 당 조직, 소비에트 그리고 자위 병력도 확립해야 했다. 그는 몇 달 만에 1만 3,528명을 민병대에 입대시키는 데 성공했는데, 인상적인 결과였다.

그러나 덩은 또다시 불행과 맞닥뜨렸다. 1933년 초 새로운 당내 투쟁에 휘말렸는데, 이번에는 국민당의 토벌에 맞서 전쟁을 어떻게 수행할 것인가라는 전술적인 문제를 두고 중국공산당 중앙위원회 지도부와 마오쩌둥 사이에서 벌어진 것이었다. 1928년부터 1929년까지 징강산에서 게릴라 전투를 펼칠 때부터 마오와 주더는 인민게릴라 전투 전술을 따랐는데, 마오에 따르면 그 기본 원칙은 다음과 같았다.

(1) 힘을 분산시켜 군중을 일깨우고, 힘을 집중시켜 적을 상대한다. (2) 적이 전진하면, 우리는 후퇴한다. 적이 진을 치면, 우리는 괴롭힌다. 적이 지치면, 우리는 공격한다. 적이 후퇴하면, 우리는 추격한다. (3) 안정적 진지의 확장을 위해 파상 전진책을 쓴다. 강력한 적이 추격하면, 순환책을 취한다. (4) 최단기간 내에 최상의 방법으로 최대의 군중을 일깨운다.[25]

그러나 코민테른 관리들은 마오의 전술을 "위험하고" "수동적이며" "일탈적"이라고 생각했다.[26] 그들은 공격적 전투의 마술적인 힘을 굳게 믿는 지휘관들이 이끄는 소비에트 홍군의 전술이 유일하게 정확한 전술이라고 확신했다. 모스크바의 권위 앞에 굽실거렸던 천샤오위와 그의 동지들은 장시에서 게릴라들이 마오의 전술로 적의 공격을 세 차례 격퇴할 수 있었음에도 반드시 마오를 불신임해야 한다고 생각했다. 그 최전방에는 천이 코민테른 집행위원회에서 중국공산당을 대표하기 위해 소비에트연방으로 떠난 뒤 1931년 말 중국공산당의 우두머리가 된 보구가 있었다. 사실 마오의 성공은 그들 자신의 권위를 약화시켰다.

1931년 11월 초, 루이진의 당 회의에서 마오는 "부농 일탈"뿐만 아니라 "군사적 과오"를 저질렀다고 비난받았다. 토론에 참여했던 덩은 비록 자신의 관점을 전개하지는 않았지만 마오를 지지하는 발언을 몇 마디 했다. 그를 제외하면, 마오의 군사전술을 옹호한 다른 사람들은 마오의 동생이자 장시의 현 서기 가운데 한 명이며 제5독립사단 사령관인 쩌탄, 장시 동부 서기 셰웨이쥔, 그리고 마오의 비서 구보어 정도였다. 그들은 모두 "커팅된 다이아몬드"와는 달리 아직 광택이 나지 않는다는 의미에서 "커팅이 안 된 네 개의 다이아몬드"라고 조롱을 당했다.[27]

반反마오쩌둥 투쟁은 1932년 가을 정점에 달했다. 중앙위원회 소비에트 지역국 전체회의에서 마오는 "우파 기회주의"를 이유로 또다시 통렬한 비판을 받고 제1방면군 총정치위원 직위에서 해제되었다. 격분한 마오는 분노에 차서 중앙위원회에 전보를 두 번 보냈으나 소용없었다.[28]

얼마 지나지 않은 1933년 초, 상하이 당 조직에서의 대실패의 결과로, 중앙위원회의 우두머리인 보구, 프로파간다 총책인 그의 친구 뤄푸가 중앙 소비에트 지역으로 강제 전송되었다.[29] 두 사람 모두 마오를 증오했기 때문에 격렬한 충돌은 불가피했다.

충돌의 계기는 푸젠 남서부 소비에트 지역과 관련된 중앙위원회의 군사 전술의 유효성에 대해 푸젠 당위원회가 매우 조심스럽게 의문을 표한 세 개의 문건이었다.[30] 당 지도부는 당연히 불만이었는데, 두 개의 문서를 작성하기 전에 푸젠 당위원회 서기 뤄밍羅明이 마오를 만나 푸젠 남서부 소비에트 지역에서 온전히 게릴라 방어전만을 채택할 필요성에 대해 논의했기 때문에 특히 더 그랬다. 그 후 뤄밍은 회의를 소집하여 마오의 군사 전술을 공개적으로 지지했을 뿐만 아니라 마오가 옳다고 전체 푸젠 당위원회를 설득시켰다. 마르고 수줍어 보이는 이 젊은이는 강한 성격을 보여주었고 중앙위원회의 군사 전술에 동의하지 않음으로써 자신에게 가해질지도 모를 "배신"의 비난을 두려워하지 않는 것이 분명했다.[31]

1933년 2월 중순, 보구와 뤄푸는 당내에서 반反"뤄밍 노선" 투쟁을 시작했다. 완고한 푸젠인 뤄밍과 그의 지지자들은 직위에서 해제되었고,[32] 뤄밍과 생각이 같았던 사람들은 도처에서 추적을 당했다. 2월 23일, 당 지도부 기관지인 〈투쟁鬪爭〉에 "도대체 공격적 노선이란 무엇인가"라는 제목을 단 기사가 실렸고, 이 기사에서 덩샤오핑은 처음으로 공격을 당했는데 그 이유인즉슨 그가 자신의 분구에서 "온전히 방어적인" 전술을 따르고 있었다는 것이었다. 덩이 공격 대상이 된 것은 단지 11월 당 회의에서 마오쩌둥을 옹호하려 했기 때문만은 아니었다. 가장 중요한 이유는 그가 사실상 게릴라전을 전개했고, 기사가 발표되기 3개월 전인 1932년 11월, 광둥군의 타격하에 그와 그의 게릴라들이 중화소비에트공화국 경계 근처에 있는 작은 마을 쉰우를 포기하고 적에게 넘겨줄 수밖에 없었기 때문이었다. 보구와 뤄푸가 보기에, 이런 포기 행위는 자신들이 옳다고 확인시켜주는 것이었다. 패배의 이유가 게릴라전 말고 무엇이란 말인가?

기사가 나온 지 닷새 후, 장시 당위원회는 덩에게 보고된, 덩의 "방어 노선"과 "뤄밍 노선"이 하나의 원천에서 나온 것임을 공표하는 서면 지시를 세 개 현 위원회에 보냈다. 장시 당위원회 서기 리푸춘은 다시 한 번 옛 친구인 덩을 구하기 위해 곧바로 그를 후이창에서 빼내 장시 위원회 프로파간다 부서의 책임자 직위로 전근시킴으로써 자신의 보호 아래 두었다.[33]

한편, 덩을 비난하는 캠페인은 계속 늘어났다. 3월 중순, 그는 중국 공산당 지도부 회의에 소환되어 질책을 당했다. 그 후, 실천에 충실한 인물인 덩은 자신의 "실수"를 인정하는 자아비판을 작성했다. 그는 한 번 목을 잃는 것보다 몇 번 "체면을 잃는" 것이 낫다는 것을 이해하고 있었다. 그러나 자아비판은 도움이 되지 않았다. 곧 뤄푸가 직접 후이창에 도착해 그의 "실수"를 이번에는 "후이창, 쉰우 그리고 안위안현에서의 뤄밍 노선"의 표현이라 규정하여 덩을 비판하는 결의를 채택하도록 당 활동가들을 압박했다.[34] 다른 세 명의 "커팅이 안 된 다이아몬드", 즉 마오의 동생 쩌탄, 셰웨이쥔 그리고 보구 역시 투쟁 대상으로 지목되었다. 당 지도자들과 그 부하들은 공격을 강화했지만 그들이 쫓는 것은 이 네 명이 아니라 마오쩌둥 그 자신이라는 것은 모두가 알고 있었다. 마오는 게릴라전의 주요 옹호자일 뿐만 아니라 당내에서 보구와 뤄푸의 가장 권위 있는 반대자였다.

이 투쟁은 봄 내내 계속되었다. 4월 중순 이후, 장시 당위원회 확대회의에서 상하이 시절부터 알고 지낸 덩의 오랜 지인 리웨이한은 "커팅이 안 된 다이아몬드" 모두를 공격하는 악랄한 보고를 했는데, 그들이 "장시의 뤄밍 노선 입안자들"일 뿐만 아니라 "반反코민테른" 정책을 지휘한 "반反당 파벌"의 지도자들이라는 것이 그 이유였다.[35]

덩은 두 번째 자아비판을 쓰도록 강요당했고, 세 번째도 써야 했다. 그는 "내가 실수했음을 나 스스로 느끼고 이해한다. 그것에 대해서는 의

문이 없다. 가능한 한 빨리 실용적인 업무에 임하는 것이 내가 원하는 전부다"라고 자백했다.[36] 그러나 그는 특히 광적인 보구 옹호자들이 덮어씌우려던 "우파 일탈"과 "기회주의"라는 혐의는 거부했다.

5월 초, 덩은 "최후의 엄중한 경고"를 받았고 잠시 당위원회 프로파간다 부서 책임자의 직위에서 해제되었다. 다른 세 사람도 처벌을 당했고, 넷 모두 무기를 소지할 권리를 박탈당했다. 한 회의에서 그들은, 사람들이 조용히 지켜보는 가운데, 보란 듯이 권총을 압수당했다.[37]

그러나 전체적으로 그들은 다소 쉽게 상황을 모면했다. 그들은 아무도 체포되지 않았고 당에서 제적되지도 않았다. 5월, 덩은 점검 업무를 수행하기 위해 중앙 소비에트 지역의 변경에 있는 현 가운데 하나로 파견되었으나 열흘 후 다시 송환되었다. 고위층의 누군가가 그가 "도망"갈지도 모른다고 크게 우려했기 때문이었다.[38] 한동안 그들은 그를 어떻게 해야 할지 모르는 것 같았으나, 바로 그때 당 지도부의 영향력 있는 멤버인 제1방면군 총정치부 주임 왕쟈샹이 개입했다. 왕은 1929년부터 덩을 알고 지낸 자신의 부국장의 추천으로 덩을 총정치부 비서장으로 채용했다. 그리고 7월 그는 자신의 조수로서 업무를 만족스럽게 해낸 덩을 중앙혁명위원회CRC의 기관지인 《홍성紅星》의 편집장으로 임명했다.

덩에게 가장 심각한 결과는 개인사에서 나타났다. 5월 초, 진웨이잉은 당시 덩에게 퍼부어진 혐의를 근거로 남편이 유죄라고 믿었고 결국 그를 버렸다.

마오쩌둥이 예전에 한 말은 분명 옳았다. "(진실을 수호할 때) '5개 불파不怕의 정신'이 있어야 한다. 첫째, 직위를 잃는 것을 두려워해서는 안 되고, 둘째, 당에서 제적되는 것을 두려워해서는 안 되고, 셋째, 부인이 이혼하자고 할 것을 두려워해서는 안 되고 (마오는 구어체인 마누라老婆라는 표현을 사용했다), 넷째, 투옥될 것을 두려워해서는 안 되고, 그리고 다섯째, 죽음을 두려워해서는 안 된다.”[39]

당시 덩은 이 정신을 충분히 갖고 있었을까? 아마도 그렇지 않았을 것이다. 가장 가까웠던 사람의 배신은 그에게 깊은 인상을 남겼기 때문이다. 가장 고통스러웠던 것은 당 지도부 총부의 조직부로 배정받아 전근을 간 진웨이잉이 몇 달 뒤 최악의 적수인 조직부 부장 리웨이한과 공공연하게 동거를 시작한 것이었다. 1934년 1월, 진과 리는 결혼을 했다. 죽을 때까지 덩은 한때 “아진”이라고 다정스럽게 불렀던 그 사람을 용서할 수 없었다. 만일 누군가 그가 있는 데서 그녀의 이름을 우연히 언급했다면, 그는 곧바로 화제를 돌렸을 것이다.

그러나 그의 아내가 혹독한 비난을 받을 이유는 없다. 두 사람에게는 사랑보다 혁명이 우선이었다. 1931년 11월부터 그들은 떨어져 살았는데, 아진 자신이 덩과 멀리 떨어진 지역에서 현 당위원회 서기라는 요직을 맡았기 때문이었다. 남편과 아내가 서로 만나는 일은 드물었다. 그의 “엄청난 범죄”, 자아비판 그리고 그녀 자신도 참석했던 장시 당위원회 확대회의의 결의에 대해 알게 되었을 때, 그녀는 당연히 유죄라고 믿었다. 달리 믿는다면 그것은 당을 반대한다는 의미였을 것이다.

그 후로, 아진의 삶은 비극적으로 전개되었다. 1936년 9월, 그녀는 리웨이한의 아들을 임신했지만 오로지 당의 업무에 헌신했기 때문에 아들을 돌볼 시간이 없었다. 1938년 3월, 중앙위원회는 그녀를 모스크바로 유학 보냈다. 두 달 뒤 그녀는 모스크바 외곽 쿠치노Kuchino 마을에 있는 비밀 중국 당교로 전학을 갔다. 1940년 초, 그녀는 명백한 정신착란 증세를 보이기 시작했고 정신병원에 입원된 이후 반나치 소비에트 전쟁이 시작될 때까지 그곳에 머물렀다.[40] 1940년 3월 저우언라이와 그의 아내 덩잉차오는 그녀를 방문했다가 송장 같은 모습에 충격을 받았다. “그녀는 완전히 비정상이었다. 무표정한 모습이었고, 헐겁게 실내복을 걸치고 있었으며, 우리는 그녀가 무슨 말을 하는지 전혀 알아들을 수 없었다."[41] 전쟁 초기, 모스크바에 친척이 없는 병원 환자들은 모두 좀 더 안전한 곳으로 수송되기 위해 차량에 실렸지만, 그 후 무슨 일이 일어났는지는 알려지지 않았다. 그때의 피난 관련 서류는 전혀 남아 있지 않다. 아마도 아진은 차량 행렬에 가해진 독일의 공습으로 사망했을 가능성이 높다.[42]

덩은 자신의 불명예로 인해 많은 것을 잃었지만 이후의 시간이 말해 주듯 얻은 것도 많았다. 그를 향한 비난 그리고 마오쩌탄과의 연줄은 마오쩌둥의 직접적인 주의를 끌었다. 마오의 군사 전술에 헌신했다는 이유로 고초를 겪은 작고 다혈질적인 쓰촨 사람 덩샤오핑의 투쟁 정신은, 당시 실질적인 모든 권력을 빼앗긴 중화소비에트공화국의 지도자 마오쩌둥에게 깊은 인상을 남겼다. 마오는 덩샤오핑이 "중앙 소비에트 지역에서 덩, 마오(쩌탄), 셰 그리고 구 이렇게 네 명의 범죄자 가운데 하나로 비판을 받았다. 그는 이른바 마오주의자들의 우두머리였다"는 사실을 항상 기억했을 것이다. 덩은 또한 중앙 소비에트 지역에서 자신이 어떻게 "마오주의자들의 우두머리"로 여겨졌는지에 대해서도 이야기했다.[43] 그러나 그는 "나는 타격을 받은 후에 내 입장을 고수할 수 있었다. 어려운 위치에 놓여 있음에도 그럴 수 있었다. 거기에 비결은 없다. 결국 나는 공산주의자이고, 그래서 낙관주의자다"라고 덧붙였다.[44]

한편, 1933년 10월, 중요한 역할을 할 운명을 지닌 사람이 중앙 소비에트 지역에 등장했다. 그는 오토 브라운Otto Braun으로, 중국에서는 리더와 화푸라는 이름으로 알려졌으며, 코민테른과 소비에트 홍군 총참모부 제4국, 즉 정보과에 의해 중국공산당 중앙위원회 군사고문으로 일 년 반 전 중국에 파견되었다. 루이진으로 오기 전, 그는 상하이에서 1년을 살았고 1933년 1월까지 보구와 긴밀한 연락을 유지했다. 둘 모두 모스크바에 지극히 충성하려 했고—부수적인 목표였다—러시아어를 매우 잘 구사했다. 브라운도 모스크바에서 공부했는데, 프룬제M. V. Frunze 군사학교였다. 두 사람은 곧 친한 친구가 되었다. 브라운은 중국 홍군의 군사전략과 전술문제에 관한 한 자신이 최고의 권위자라고 생각했고, 반대를 견디지 못했으며, 오만할 정도로 자신감에 차 있었다. 한참 뒤 그는 스스로 "나는 극도로 완고했고 융통성도 없었으며… 어떠한 자아비판도 없이 나의 관점을 옹호했다"고 인정했다.[45]

브라운은 마오의 군사전술을 멸시했다. 군사학교에서 그는 다른 무엇보다도 공격작전을 배웠다. 보구의 지지를 업은 그는 "한 치의 땅도 양보하지 말라!"라는 슬로건하에 홍군에 무분별한 진지전 전술을 강요했다. 이는 곧 1933년 9월부터 국민당군의 5차 토벌대를 격퇴하려 한 중국 공산당 군대가 전개한 군사작전의 암울한 결과에 반영되었다.

출판 업무로 분주했던 덩은 군사에 대한 개입을 삼갔다. 그는 프로파간다 기사를 준비하고, 들어오는 자료들을 편집하고, 조판과 교정도 자신이 직접 하면서 모든 시간을 썼다. 《홍성》지는 매주 한 판 1만 7,300부가 나왔다. 덩은 과중한 업무를 맡고 있었다. 1933년 8월 6일과 1934년 9월 25일 사이에 그가 발행한 《홍성》지 호수는 67개였다.[46]

한편, 전선의 사정은 악화되었다. 국민당군이 도처에서 전진하며 중화소비에트공화국의 경계를 따라 요새 사슬, 즉 1.5~3킬로미터 간격으로 강력한 돌 요새들을 세웠다. 그들은 봉쇄의 고리를 바짝 조였다. 마침내 보구, 오토 브라운, 그리고 마오를 대신하여 총정치위원직을 수행하고 있던 저우언라이는 중앙 소비에트 지역을 포기하기로 결정을 내렸다. 이 결정은 1934년 5월 중앙위원회 서기처에 의해 채택되었고 6월 초 코민테른의 비준을 받았다.[47]

이때쯤 중앙위원회 지배그룹 내에서 새로운 의견의 불일치가 나타났다. 1934년 1월 왕쟈샹 그리고 인민위원회의 주석으로서 마오를 대체한 뤄푸는 보구와 오토 브라운의 전제적인 방법론에 불만을 표출하기 시작했다. 마오는 야전 사령관들 그리고, 계속된 패배에 불만을 품고 있던 총사령관 주더와 함께 왕과 뤄 측에 가담함으로써 그 둘을 타도할 기회를 감지했다. 마오는 왕쟈샹과는 이미 양호한 업무 관계를 구축하고 있었고, 이제 뤄푸를 설득해냈다.[48]

공모자들은 1934년 10월 홍군의 주력부대가 중앙 소비에트 지역에서 서쪽으로 그 유명한 장정을 시작한 지 3개월 후 보구와 브라운을 결정적 전투에 참여시켰다.[49] 장정 기간에 마오, 뤄푸 그리고 왕은 당 지도부 대다수를 자기편으로 끌어들이는 데 성공했다. 홍군 지휘관들 거의 모두가 그들을 지지했다.

편집 스태프들과 "홍쟝"이라는 비밀 암호명을 가진 수송 야전 종대에 속해 장정에 나선 덩은 당연히 전적으로 그들의 편이었다.

세월이 흐른 후, 장정 기간에 어떤 업무를 수행했는지 묻는 딸의 질문에 덩은 "그냥 따라갔다"고 익살맞게 대답했다.[50] 사실 장정 기간 그는 복사기 스텐실로 부수를 찍어내며 계속해서 《홍성》을 편집하고 발간했다. 그는 퇴각하는 전사들의 사기를 높이고 미래의 승리에 대한 믿음을 고취시키고자 했다. 1934년 10월 20일부터 12월 중순까지 잡지를 여섯 호나 발간해냈다.

그러나 1934년 12월 중순, 그는 갑작스럽게 서기처 책임자로서 중앙위원회 스태프에서 중요한 업무를 다시 맡게 되었다. 이는 필시 마오, 뤄푸 그리고 왕쟈샹이 보구와 브라운에 가할 결정적 타격을 막 준비하기 시작했다는 사실과 연관이 있었다. 덩이 임명되던 날 저녁, 보구는 제5차 토벌에 대한 투쟁의 경험과 교훈을 논의하기 위한 지도부 확대회의를 소집하는 데 동의했다. 회의는 홍군이 신속하게 향하고 있는 구이저우의 도시

쭌이에서 개최하기로 했다. 비서장으로서 덩이 그 역사적인 회의의 회의록 작성자가 될 것이었다.

쭌이는 1935년 1월 7일 접수되었고, 이틀 후, 오토 브라운과 동행한 보구가 쭌이 교외에 머문 마오, 뤄푸 그리고 왕쟈샹을 제외한 주더, 저우언라이, 덩 그리고 다른 많은 당원 및 군 지도자들과 함께 시로 들어왔다. 다른 사람들은 모두 시 중심에 있는 매우 아름다운 가톨릭 성당에서 멀지 않은 여러 가정집에서 야숙했다. 백색과 회색 돌로 지어진 성당의 반원형 창문은 놀라운 스테인드글라스로 장식되어 있었고, 지붕은 붉은 벽돌의 곡선형이었다. 전통 중국식과 유럽식 고딕 양식이 결합된 건축물이었다. 여담이지만, 공산주의자들은 이 성당을 총정치부용으로 징발해 대중 선전 활동에 사용했다.[51]

스무 명이 참석한 회의는 1월 15일 시작되어 사흘간 지속되었다. 그들은 최근 지어진 주택 2층의 작은 방에 모였는데 비좁고 시끄러웠다. 뤄푸, 마오 그리고 왕쟈샹은, 보고와 추가 보고에서 모든 것을 객관적 상황 탓으로 돌린 보구와 저우언라이의 모든 주장을 무너뜨렸다. 그러고 나서 세 사람은 중앙 소비에트 지역에서 퇴각한 것을 두고 보구와 저우 그리고 브라운을 비난했다. 마오는 그들의 군사전술에 "유치한 전쟁놀이"라는 꼬리표를 붙였다. "마침내" 그는 보구와 오토 브라운의 "지도 역량으로 공격의 화살을 돌렸다."[52] 덩은 구석에 앉아 열심히 회의록을 작성했다. 발언을 하지 않았고 그럴 필요도 전혀 없었다. 회의의 결과는 예정되어 있었다. 오토 브라운 역시 발언을 하지 않았다. 그는 절차가 엉터리라고 생각했고, 게다가 말라리아 발작에 시달리고 있었다. 저우언라이는 돌아가는 상황을 파악하자마자 자신의 입장을 뒤집고, 두 번째 발언 기회를 빌려 마오와 그의 동료들이 한 말이 사실임을 전적으로 인정했다.[53] 분명히 저우는 많은 사람이 보는 앞에서 "체면을 잃었다." 결과는 마오, 뤄푸 그리고 왕의 승리였다. 뤄는 보구의 보고가 "근본적으로 부정확"하며, 군 지도부와 전술 노선에서의 실수들이 중앙 소비에트 지역 상실의 주요 원인임을 밝히는 결의 초안을 작성했고, 이 결의는 채택되었다.[54]

회의 이후, 정치국 위원들은 별도의 조직 회의를 열고 마오를 정치국 상무위원회 위원으로 선출했다. 다음으로 마오는 더 이상 위협이 되지 않게 된 총정치위원 저우언라이의 조수로 임명되었다.[55] 2월 초, 상임위원회 회의에서 뤄푸는 갑작스럽게 자신에게 총서기 직위를 양보하라고 보구에게 요구했다. 마오는 즉시 그를 지지했다. 혼란에 빠진 보구는 결국 항복하고 말았다. 한 달 뒤인 3월 4일, 신임 당 지도자는 마오를 전선 정치위원으로 임명했다.[56] 이렇게 해서, 마오는 군의 주요 인물이 되었고, 모든 정치국 위원들이 그의 의견에 주의를 기울이기 시작했다.

그 이후로, 주석(마오처럼 중화소비에트공화국 중앙집행위원회 주석에게는 성을 붙이지 않은 존칭을 사용하기도 했음)은 저우언라이 대신 덩의 주된 교사 그리고 보호자가 되었다. 오랫동안 덩은 마오의 무한한 권위를 전적으로 인정하면서 밑에서 그를 우러러보게 되었다. "체면을 잃은" 저우는 많은 지도자, 즉 존중하지 않을 수는 없지만 숭배할 필요는 없는 단순한 고위급 동지 가운데 하나로 남게 되었다.

한편, 장정은 계속되었다. 1935년 6월 말 마오의 동의로, 그리고 아마도 그의 주도로, 덩은 마오의 최측근 가운데 하나인 린뱌오가 이끄는 홍1방면군 정치부 선전부 주임 업무를 부여받고 군으로 전근 배치되었다.[57] 중국에서 정치권력은, 마오가 말했듯, 공산당도 포함하여, 총구에서 나온다는 사실을 감안했을 때, 이는 진급이었다. 자주 있는 일이지만, 훗날 딸이 홍1군 선전부로 전근 조치된 이유에 대해 물었을 때, 덩은 이렇게 대답했다. "그 당시에 그들은 (중앙위원회에서) 할 일 없이 매일 행군

했단다." 마오쩌둥의 말에 따르면, 덩은 "전선에 필요했다."⁵⁸

덩은 새로운 임무에 기뻐했다. 이 당시 그는 대체로 낙관주의적인 성향을 보였다. 며칠 전, 기쁘게도 그는 파리에서 같이 살고 이후 UTK에서 함께 공부했던 또 한 명의 옛 친구 푸종을 다시 만났다. 그동안 푸종은 직업군인이 되었고 1930년 봄 상하이로 온 뒤 중앙위원회의 군사위원회에서 일을 시작했다. 1931년 여름, 푸는 우한 북쪽 후베이-허난-안후이 경계의 소비에트 지역으로 갔다. 1931년 4월부터 그곳의 모든 업무는 당 지도자의 한 명인 장궈타오가 지시하고 있었고, 푸는 장의 제4방면군 정치부의 부서장직을 맡았다. 1932년 10월, 제4방면군은 국민당군의 손에 패배를 당했고 후베이-허난-안후이 지역을 포기해야 했다. 한 달 후, 제4방면군은 쓰촨 북서부에 새로운 소비에트를 건설했고, 이곳에서 1935년 6월 중순 장정 1단계를 마친 후, 덩은 이제는 너무나도 마르고 또 성숙해진 오랜 친구와 조우하게 된 것이다.

덩은 매우 기뻤는데, 특히 자신의 군대에서 상당한 권위를 지닌 푸종이 덩에게 "세 가지 귀중한 선물, 즉 말, 여우털 외투, 말린 쇠고기 한 봉지"를 선물했기 때문이었다. 마침 말을 잃은 덩은 "이 세 개는 실제로 정말 유용했다!"고 회고했다. 혹독한 행군을 견디지 못하고 말이 도중에 쓰러지고 말았기 때문이다.⁵⁹

장시부터 쓰촨까지의 여정은 덩을 포함하여 모두에게 힘의 한계를 시험할 정도로 무거운 부담을 지웠다. 중앙 소비에트 지역에서 행군을 시작한 8만 6,000명 가운데 겨우 2만이 조금 넘는 수만이 쓰촨에 도착했다.

그러나 최대의 고난은 여전히 앞에 놓여 있었다. 장궈타오와 합류한 후 이제 통합된 홍군은, 쓰촨 북서부에 머물 수 없었기에 행군을 계속했고, 이번에는 쓰촨-간쑤-산시 경계로 향했다. 이 고산 지대에는 거칠고 시대에 뒤떨어진 거주민들이 살고 있었는데 공산주의자들을 향해 적나라한 증오를 드러냈고, 주기적으로 돌발하는 분쟁들은 장기전으로 이어질 위험이 있었다.

통합 홍군은 7월에 재조직되었고 덩의 집단군은 제1방면군 제1군이 되었다. 그러나 그때 마오와 뤄를 한 측으로, 장궈타오를 다른 측으로 한 권력 분쟁이 촉발되었다. 8월 초, 군대는 두 개 종대로 갈라져 좌종대는 장이, 우종대는 마오가 이끌었다. 그들은 별도의 종대에 속해 북쪽으로 행군했다. 덩과 푸종도 갈라져야 했다. 그들은 각자 자신의 군대와 함께 떠났다.

공산주의자들 앞에는 우회로가 없는 거대한 습지 고원이 펼쳐졌다. 장궈타오의 종대는 습지의 왼쪽 가장자리를 따라 행군했고 마오의 종대는 오른쪽을 따라 행군했는데, 간쑤 남부 경계에서 135킬로미터 남짓 떨어진 고원 너머에서 합류한다는 의도였다.

그러나 좌종대는 악취가 나는 습지대에 갇혔고 진로를 따라 범람한 폭넓은 산 하천 하나를 건널 수 없었다. 좌종대는 남쪽으로 물러났다. 덩이 속한 마오의 종대는 9월 중순 간쑤에 도착했다. 장궈타오는 그들에게 회군을 요구했으나 마오와 뤄푸는 거절했다. 공산당과 홍군 지도부의 분열은 국민당군과의 전투에서 자신의 군대를 잃은 장궈타오가 결국 화해를 위해 마오의 본부에 나타난 1936년 11월 말까지 극복되지 않았다. 1년 반 후, 장은 공산주의자들이 장악한 영역에서 도망쳤고 중국공산당 탈퇴를 공표했다.[60]

그때쯤 마오 주석은 산시-간쑤-닝샤 경계의 새로운 소비에트 지역으로 들어가 정착했다. 1935년 10월 22일, 산시 북부의 우치전 마을에서 그는 장정의 종료를 선언하며, 홍군이 2만 5,000리, 즉 8000마일(실제로는 2만 5,000리는 6100마일 정도—옮긴이) 이상을 횡단했다고 공표했다. 실제로 장정은 1만 2,000리였으며 그 자체로 인상적인 성과지만, 2만 5,000리가 좀 더 영웅적으로 들렸다.[61] 그곳에 도착할 수 있던, 채 5,000명이 안 되는 장교와 병사들만이 이 사건을 기념할 수 있었다. 덩도 그중 하나였다. 1935년 11월, 그는 다시 홍1군단 정치부 선전부장이 되었고, 곧이어 소비에트 지역을 공격하고 있던 국민당군과의 확대 전투에 참가했다. 한 전투에서 그는 간신히 부상을 모면했다. 푸중이 선물한 여우털 외투는 "총알 구멍을 수차례 받아"냈지만,[62] 그 자신은 운이 좋았다.

1월, 덩은 홍군의 주력 부대와 함께 동쪽 산시山西, Shanxi성으로 갔으나 공세가 급히 잦아들자 소비에트 지역으로 회귀했다. 1936년 5월 그곳에서 홍1군단 정치부 부주임으로 승진하여 당 조직과 선전 업무를 책임지게 되었다. 며칠 후, 간쑤 북서부에서 새로운 군사작전에 투입되었는데, 이번에는 장제스의 동맹인 간쑤 군벌들이 상대였다. 거기서 끝없는 전투와 작전 속에서 몇 달을 보내며 부하들의 존경과 지휘관들의 호의를 얻게 되었다.

그러나 11월 그는 갑자기 장티푸스에 걸려 열이 치솟고 의식이 희미해져 "아무것도 먹을 수 없었다. … 그래서 그에게 미음을 먹여야 했다."[63] 행군 및 철수 시에 덩은 이제 들것에 실려 다녔다. 그가 의식을 완전히 회복한 것은 1937년 1월 초가 되어서였는데, 이때쯤 그의 군단은 이미 산시陝西, Shaanxi로 회귀해 있었다. 그는 1936년 12월 중순에 자신이 또다시 승진된 것을 알고 놀랐는데, 이번에는 홍1군단 정치부 주임이었다.

그곳 산시陝西에서 또 하나의 소식을 받았는데, 이번에는 슬픈 것으로, 1년 전 여동생을 또 하나 낳은 아버지 덩원밍의 비극적인 죽음에 관한 소식이었다. 원밍은 쓰촨의 성도에서 돌아오는 도중 집을 채 3킬로미터도 남기지 않은 좁은 길에서 숨어서 기다리던 한 강도의 손에 죽고 말았다. 덩의 둘째 동생이자 집안에 남은 가족 가운데 장자인 덩셴즈가 전통에 따라 가장의 시신을 묻었다.

덩에게 전해진 마을 사람들의 이야기에 따르면, 장례를 치르는 동안 뭔가 특별한 일이 있었다. 장지의 구덩이가 이미 파진 상태에서, 갑자기 전에 보지 못한 붉은 빛을 띤 금색의 긴 뱀 한 마리가 구덩이에서 기어 나왔다. 똬리를 틀고 조용히 바스락거리며, 뱀은 초록색 풀 속에 자신을 숨겼다. 현장에 있던 사람들은 그것을 길조라고 해석했다. 다이아몬드 모양의 머리, 금빛 피부 그리고 눈 위에 네 개의 붉은 반점을 가진 뱀의 모습은 황허대왕(황허강의 왕)의 정령을 지닌다는 것을 모두 알고 있었다. 따라서 이것이 덩 집안에서 위대한 인물, 천지를 뒤엎고 위대한 혁명을 수행할 인물이 날 것임을 의미한다는 것을 아무도 의심치 않았다.[64] 어쩌면 그들이 옳았을 것이다.

6

타이항산맥의 지배자

★
★
★

덩이 병을 앓던 동안 중국의 정치 지형을 바꾸어 놓은 중대한 사건들이
일어나고 있었다. 1936년 12월 12일 장제스가 동북군 사령관 장쉐량張學
良(장학량) 원수의 명령으로 시안에서 체포되었다. 장 원수는 장제스에게
공산주의자들에 대한 내전을 끝내고 일제에 맞선 국가적 저항을 이끌 것
을 요구했다.

　이때쯤 일본 문제는 대다수 중국인에게 가장 중요한 문제가 되었다.
1931년 가을부터 시작해서 일본인들은 처음에는 만주를 지배하고, 다음
에는 인접한 화베이의 러허, 그리고 나서 허베이 동부도 지배하는 식으
로 중국의 영토를 잠식해 나간다는 정책을 추구했다. 1935년에는 베이
핑(1928년 6월부터 베이징은 베이핑으로 불린다¹) 바로 앞까지 밀고 들어왔
다. 장제스는 중국 소비에트에 대한 군사작전에 관여하고 있었기에 일본
의 침략에 대항하는 데 어떠한 도움도 줄 수 없었다. 그러나 중국 공산주
의자들은 애국 프로파간다와 민중 선동의 도움 그리고 대중의 반일 정서
라는 파도를 타고, 더디지만 확실하게 일본의 침략과 장개석의 수동적 태
도에 분개한 많은 중국 인민들의 지지를 획득했다. 1932년 4월 15일 마

오의 주도로 중화소비에트정부는 일본에 대한 전쟁을 공식 선포했다.[2] 물론, 공산군은 만주에서 멀리 떨어진 곳에서 작전 중이었다. 따라서 이 행위는 순전히 상징적인 것이었지만, 많은 애국자들의 눈에 공산당은 진정한 국민군으로 탈바꿈하고 있었다.

중국공산당의 정책은 모스크바의 정책과 동일 선상에 있었다. 1935년 여름, 소련에 대한 독일과 일본의 습격을 두려워한 스탈린은 코민테른과 그 구성 정당들의 전술을 급격히 변경했다. 그 이후 모든 공산주의자들은 서쪽에서 반反파시스트 그리고 동쪽에서는 반일을 위해 새로운 통일전선을 조직하는 데에 노력을 경주하게 되었다. 곧 중국공산당 중앙위원회 정치국은 중화소비에트공화국이라는 명칭을 중화소비에트인민공화국으로 변경했다.[3] 그 사이, 강력한 반일운동이 중국 전역에서 전개되었다.

노골적인 침략자에 대한 장제스 정부의 화해책에 대한 불만은 국민당군 사이에서도 표출되었는데, 옛 만주 군벌로 일본의 압력하에 만주에서 퇴각한 후 산시陝西성 남부와 중부로 이동한 장쉐량 원수의 동북군 소속 20만 장교와 병사들 사이에서 특히 그랬다. 그것이 바로 장이 반일이라는 공동 기반 위에서 공산당과 화해할 것을 요구하며 장제스를 반대하고 나선 이유였다.

물론 곧 장쉐량은 우세한 국민당군과의 전면전에 직면할 것을 예상하여 장제스를 석방했고, 장제스는 장 원수를 구금시켰다. 그렇지만 장제스는 결국 침략자에 대한 추가 양보는 용납 불가하다는 사실을 이해했다.

1937년 3월 말, 그는 저우언라이가 이끄는 중국공산당 대표들과 항저우에서 직접 협상에 나섰다. 협정 결과에 따라 중국공산당은 총 병력 4만이 갓 넘는 3개 사단으로 구성된 자신의 군대에 대한 지휘권과 함께,

자신들의 지역에 대한 통치권도 유지하게 되었다. 그러나 그들은 이제 난징의 지시에 따라야 했다.[4] 4월 초, 중국공산당 정치국은 이 결정을 승인했지만, 전적으로 실행할 의도는 없었다.[5] 공산군은 10만이 넘었고, 공산당 지도부 가운데 누구도 공산군을 반 이상 삭감하길 원치 않았다.

일본과의 전투를 준비하면서 중국공산당은 화베이 지역의 당 조직을 강화시켰다. 5월과 6월 마오와 뤄푸는 산시 북부 옌안에서 수차례 회의를 소집했는데, 이곳은 1937년 1월 중앙위원회와 홍군 본부가 이전한 곳이었다. 북부국 서기로 일하고 있던 유능한 당 관리 류샤오치가 몇 가지 보고를 했다. 덩은 1929년부터 그와 알고 지냈는데, 처음에는 상하이에서, 나중에는 루이진에서 만났다. 1935년 쭌이에서 그 둘은 모두 마오를 지지했다.

류는 1898년 11월 24일 후난에서 태어났다. 덩과 마찬가지로 모스크바에서 공부했고 1921년 12월 그곳에서 당에 가입했다. 키가 크고, 여위었으며, 안색이 창백한 그는 매우 내성적이어서, 마오쩌둥을 포함하여 덩 그리고 다른 많은 중국 공산주의자들과는 상당히 다르게, 시무룩하고 비밀스러워 보였다.[6] 그러나 그는 결단력이 있고 용감했으며, 마오와 대등한 조직책이고 볼셰비키 이론 전문가였다.[7]

류는 "화베이 방어", 특히 일본의 직접적인 공격 위협에 직면한 베이핑과 톈진의 방어에 최대한의 노력을 기울일 것을 주문했다.[8] 6월 10일, 정치국 상무위원회는 당시 홍군 총정치부 부주임으로 근무하고 있던 양상쿤으로 하여금 류를 보좌하는 임무를 맡도록 했고, 덩샤오핑을 양의 자리에 앉히는 동시에 주전선사령부의 정치부 부주임을 겸임하도록 했다(17일 후 주전선사령부 정치부는 정치교육부로 명칭이 변경되었고, 덩은 그 수장인 주임으로 승격되었다[9]).

이처럼, 지난 2년간 덩은 커리어에서 대단한 약진을 보였다. 1935년

6월부터 1937년 6월까지 그는 권력의 사다리를 빠르게 타고 올라, 비교적 중요성이 낮은 홍1방면군 정치부 선전부 주임에서 중국공산군 전체의 총정치부 부주임 그리고 그 전투부대의 정치교육부 주임이 되었다. 분명 그는 계속해서 마오를 기쁘게 했을 것인데, 그의 지지 없이 그런 경로가 불가능했을 것이기 때문이다.

그리고 마오가 덩의 가치를 인정하지 않을 이유가 있는가? 덩은 효율적이고 기댈 만한 정치위원으로 어떤 작전에서도 심장과 영혼이 되었으며, 리더가 되고자 투쟁하거나 공론을 일삼는 데 끼어들지 않았다. 그는 겸손하게 행동했고 특별한 헌신을 보여주었으며, 주석을 논쟁의 여지가 없는 리더로 공공연하게 인정했다. 마오보다 열 한 살 연하이자 몸집이 작은 덩은, 어린아이 같은 얼굴에 반짝이는 눈을 가졌고, 친구들 사이에서는 쉴 새 없이 농담을 해대고, 많은 이야기를 들려주는 수다쟁이로 알려져 있었다. 주석은 또한 덩이 농부 출신이라는 점, 느긋한 태도, 열정과 당의 신조에 대한 헌신도 좋아했음이 틀림없다. 마오 자신도 그랬다. 자신의 지성, 의지력 그리고 공산주의에 대한 헌신으로 세상에 나와 인정받은 오지 출신의 신랄한 농촌 청년. 두 사람은 심지어 붉은 고추가 듬뿍 들어간 매운 음식을 좋아하는 공통점도 있었다! 국내에서 성장한 혁명가 마오와 달리 덩이 한때 프랑스와 소련의 대학에서 공부한 적이 있다는 사실은 어떨까? 중국 내 극소수의 공산주의자들만이 해외에서 공부했다. 무엇보다 가장 중요한 것은 덩이 중국인로서의 근원을 유지했다는 것이었다. 그는 보구 같은 교조주의자가 되지 않았다. 그래서 그는 주석의 사상을 이해할 수 있었다.

결국 1937년 6월 마오는 덩을 옌안 지도부로 끌어들였다. 얼마 지나지 않아, 7월 7일, 일본군이 화베이에서 대규모 군사작전에 착수했다. 7월 29일, 베이핑을, 다음 날에는 톈진을 접수했다. 2주 후 8월 13일, 그들은 장제스 그리고 앵글로-아메리칸 투자자들의 경제적 이익 중심지인 상하이를 폭격하기 시작했다.

그 당시, 덩은 난징에서 중국공산당 대표들과 함께 국민당정부 군사평의회가 조직한 한 회의에 참석하고 있었다. 후에 그가 말한 바와 같이, 기초 문건들의 초안을 작성하며 "무대 뒤에서" 일했다.[10]

옌안으로 돌아온 그는 8월 22일, 일본에 의해 더 이상 참을 수 없는 한계점까지 몰린 (장제스) 총통이 소련과 불가침조약을 마무리지었다는 것을 알게 되었는데, 조약에 따르면 소련이 일본의 침략에 맞선 중국의 투쟁을 돕기로 되어 있었다. 같은 날, 장제스는 자신이 지휘하는 국민혁명군으로 중국 홍군이 흡수될 것을 명령했다. 사흘 뒤, 산시陝西-간쑤-닝샤 지역의 공산군은 8로군으로 불리게 되었고[11], 린뱌오의 제115사단, 허룽의 제120사단 그리고 류보청의 제129사단으로 구성되고 사단 휘하에는 각각 두 개 여단이 있었다. 주더는 홍군 총사령관으로 임명되고 그러고 나서 다시 펑더화이를 보좌관으로 그리고 런비스를 정치부 주임으로 한 집단군 사령관으로 임명되었다.[12]

덩은 제8군 (제18집단군) 정치부 부주임으로 임명되었다. 본질적으로 이전에 맡았던 임무를 계속 수행했다. 게다가, 9월 말 그는 제2전구 지휘관인 산시성山西省 성장 옌시산의 본부에서 동원위원회 제18집단군의 대표로 일하기 시작했다.[13] 9월 21일, 그는 주더, 런비스 그리고 제18집단군 부참모장 줘취안과 함께 산시의 성도인 타이위안으로 길을 떠났다. 9월 23일 그곳에서 중국의 모든 정당이 항일 통일전선을 구축했음을 알게 되었다. 스탈린은 이를 축하했을 것이다. 공식적이기만 했다면, 중국은 이제 항일투쟁에 참여한 것이고, 그럼으로써 일본의 소련에 대한 공격 가능성을 현저히 낮춘 것이다.

나흘 뒤 주, 런, 줘 그리고 덩 네 명 모두는 이미 타이위안에서 90킬로미터가량 북동쪽에 있는 우타이현에 도착했는데, 전선에 매우 근접한 이곳의 상황은 비극적으로 악화 일로에 있었다. 인구 중심지를 하나씩 장악하면서, 일제의 군대는 세 개의 선을 따라 난징, 우한 그리고 타이위안을 향해 남쪽으로 빠르게 움직이고 있었다.

바로 그때, 산시 북부와 북동부 지역에서 제18집단군 세 개 사단의 모든 주력군이 행군 중에 있었다.[14] 8월 말, 정치국은 난징정부의 신뢰와 여론의 찬성을 얻기 위해 그들에게 제2전구의 다른 중국 부대들과 함께 이동 게릴라전에 착수할 것을 명령했다. 일본이 전선을 따라 돌파할 경우, 중국공산당군은 독립적인, 게릴라 행동으로 전환하고(마오는 이를 '참새전술'이라고 불렀다), 일본이 점령한 화베이의 모든 지역으로 군사 작전의 범위를 확장하라는 명령을 받았다.[15] 마오쩌둥은 적진의 후방에서 게릴라전을 펼칠 것을 주장했는데, 이 방식으로 공산당은 장제스가 운명의 자비에 맡겨버린 인민의 신뢰를 얻을 수 있을 뿐만 아니라 공산군을 유지하고, 또 어쩌면 확대시킬 수도 있을 것이라는 계산 때문이었다. 그는, 당연히 그가 믿지 않았던, 국민당과의 통일전선에도 불구하고 공산군이 일제에 대항하여 산악 지형에서 "독립적이고 자율적인" 군사작전을 수행하고, 전력을 아끼며, 어떠한 상황하에서도 공산주의자들의 옛 불구대천의 적인 장제스의 손 안의 꼭두각시가 되지 말 것을 요구했다. 그는 항일전쟁은 장기전이 될 것이므로 일본군이 군사력을 소진할 때까지 인내심을 가지고 기다려야 한다고 설명했다.[16] "적이 전진하면, 우리는 후퇴한다. 적이 진을 치면, 우리는 괴롭힌다. 적이 지치면, 우리는 공격한다. 적이 후퇴하면, 우리는 추격한다"고 그는 동지들에게 지속적으로 조언했고, 이전 홍군 주력부대의 75퍼센트 이하로만 일본군과 싸우는 데 헌신하고, 나머지 25퍼센트는 장제스의 옌안에 대한 공격 가능성을 대비해 옌안에 남을 것을 주장했다.[17] 뤄푸는 전적으로 마오와 시각을 같

이했다.[18]

마오의 입장은 일리가 있었다. 다른 전략가들처럼 그는 자신의 힘 그리고 자신의 존재까지도 오로지 그의 군대의 힘에 달려 있다는 것을 완벽하게 이해했다. 따라서 통일전선에 대해 진지하지 않았고 장제스의 명령에 따르기를 원치 않았다. 그는 "(국민당과) 일본에 공동으로 저항하는 것, 그것을 우리는 국민적 그리고 사회적 혁명으로 통일할 필요가 있다"고 말했다.

> 통일전선이 장기화된 동안, 국민당은 공산당과 홍군을 자신의 편으로 만들기 위해 체계적이고 전 방위적인 압력을 행사할 것이다. 우리는 정치적 경계를 강화해야 한다. … 국민당 내에는 국민당과 공산당 사이에서 동요하고 있는 분자들이 일부 존재한다. 이는 국민당을 우리 쪽으로 끌어들이는 데 우호적인 조건을 창출한다. 누가 누구를 자신의 편으로 끌어들이느냐의 문제는 두 정당 간의 분쟁 속에서 해결될 것이다.

마오의 궁극적 목표는 여전히 사회주의 혁명이었다. 따라서 그는 당내 주요 위험이 "우파 기회주의", 즉 국민당에 대한 "굴복"과 사회주의 혁명을 위한 투쟁의 거부라고 보았다.[19]

장기화된 게릴라전의 전개는 일본의 배후에 기지 지역을 만들어내지 않고는 생각할 수 없는 것이었다. 그것이 바로 10월 말 제18집단군이 착수한 것이었다. 1937년 10월 23일, 일본이 산시 북동부 전선을 돌파한 뒤, 제115사단 부사령관 녜룽전은 중앙위원회에서 산시-차하르-허베이 경계를 따라 북쪽에서 남쪽으로 일련의 높은 능선을 따라 300킬로미터가량 펼쳐진 우타이산맥에서 일본군의 전선 배후에서 약 2,000명의 병력으로 구성된 소규모 군사력의 전면에 남아 있으라는 명령을 받았다.

일본이 타이위안을 접수하기 하루 전인 11월 7일, 녜룽전이 이끌고 적의 점령 지구가 상당수 포함된, 군구 지휘부가 그곳에 설립되었다. 그 중심지는 허베이 북서쪽 고산 지대에 있는 작은 현 푸핑阜平으로, 산시山西와 가까웠다.[20]

11월 초, 마오쩌둥은 화베이에서 국민당이 이끄는 정규 군사 행동은 종식되었고, 공산당이 이끄는 게릴라전이 이제는 가장 중요하다고 반복적으로 공표했다.[21] 이런 맥락에서 제18집단군은 새로운 하위부대와 부대들을 전선 후방에 재배치하기 시작했다. 허룽이 이끄는 제120사단은 산시 북서부에서 게릴라전을 펼치도록 명령을 받았고, 류보청이 이끄는 제129사단은 개별 대대와 중대를 산시 남동부, 타이항산맥 지역으로 침투시키도록 명령 받았다.

이때, 덩은 산시 남서부에서 선전 업무를 수행하고 있었다. 12월 말, 그는 제18집단군 본부로 돌아왔는데, 제18집단군은 타이항산맥의 연장인 타이위에산맥의 서쪽 지선에 위치한 남동쪽의 훙둥현으로 재배치되어 있었다. 거기서 새로운 임무가 자신을 기다리고 있다는 것을 모른 채 새해를 맞이했다.

1938년 1월 5일, 중국혁명군사위원회는 덩을 정치위원 및 정치부 주임의 자격으로 제129사단으로 전근시키기로 결정했다.[22] 이때가 덩의 전성기였다. 중국공산군 세 개 사단 가운데 하나에서 정치권력을 부여받은 덩은 공산당 통제하의 영역에서 가장 힘 있는 인물 가운데 하나가 되었다. 본질적으로 그는 이제 막대한 군사력을 손에 쥔 지역의 군사 전문가였다. 향후 그의 출세는 이 권력을 얼마나 능숙하게 이용할 수 있느냐에 달려 있었다.

1938년 1월 18일, 그는 타이항 지역 랴오셴현 시허터우 마을에 도착했다. 높은 산들로 둘러싸인 그곳에는 류보청의 본부가 위치해 있었다. 소나무, 가문비나무, 전나무로 뒤덮인 산들의 양 측면은 하얀 눈에 덮여 햇빛 속에서 반짝거렸다. 북쪽의 우타이산맥에서 남쪽의 황허강까지 산시, 허베이 그리고 허난의 경계를 따라 펼쳐진 타이항 대산괴는 중국 북부의 평원과 산시고원 사이의 자연 요새였다. 1,000미터가 넘게 치솟은 가파른 산들이 끝없는 등선을 이루며 지평선 끝까지 펼쳐졌다. 지역 거주민들의 말에 따르면, "문 뒤에 문, 대문 뒤에 대문, 밖에도 산, 안에도 산"이다.[23]

덩은 극심한 추위에 주의를 기울이지 않았다. 들떠 있었다. 직접 본 사람의 회고에 의하면, "덩샤오핑이 본부에 도착했다. 그는 키가 크지 않고, 우릴 볼 때면, 이따금 미소를 지었다."[24]

그는 곧 사단 사령관 류보청과 공통 언어를 찾았다. 그들은 서로를 1932년 1월부터 오랫동안 알고 지냈다. 덩과 마찬가지로, 류는 쓰촨 사람이었고 이웃에 가까웠다. 카이셴현의 광안에서 현 중심지 이룽까지의 중간지점에서 태어난 류는 덩보다 열두 살 위였고, 두 사람 모두 용의 해에 출생했다. 그러나 유사점은 여기까지였다. 덩에 의하면, "우리의 성격과 열정적 관심사가 전적으로 일치하는 것은 아니었다."[25]

직업군인인 류는 1911년 신해혁명 기간에 학도군으로 복무한 뒤에 충칭의 사관학교에서 공부했다. 그는 1914년 쑨원의 정당에 가입해 여러 전투에서 싸웠고, 아홉 차례 부상당했으며, 한 전투에서 오른쪽 눈을 잃었다. 1924년 공산주의자들과 처음 접촉했으며, 불과 2년 만에 공산당이 중국을 구할 수 있다고 확신한 후 공산당에 가입했다.[26] 1927년, 그는 가담했던 난창 봉기가 실패한 후 홍콩으로 도주했다. 그 후 소련으로 건너가 프룬제 군사학교에서 2년간 수학했다. 1931년 여름 상하이로 돌아온 후, 그는 저우언라이 밑에서 중앙위원회의 군사위원회에서 근무한 뒤, 중앙 소비에트 지역으로 가서 사관학교의 총장 및 정치위원으로 복무했다. 1931년 10월부터는 중앙혁명군사위원회의 참모부를 이끌었다. 1933년, 그는 덩과 마찬가지로 마오의 게릴라 전술을 지지했다는 이유로 해고되었으나, 1934년 12월, 장정 기간에 마오와 뤄푸의 지지로 이전 직위를 회복했다. 1935년 1월, 류는 쭌이회의에서 마오를 지지했고, 장궈타오의 제4방면군에서 한동안 복무한 뒤, 1936년 10월 패배한 잔여 병력들과 함께 산시陝西에 도착했다. 제129사단은 장궈타오의 생존 병력으로 1937년 편성되었다. 마오는 제4방면군 전임 사령관 쉬샹첸徐向前을 사단의 부사령관으로 임명했다. 주석은 나이든 이 베테랑을 장궈타오의 실수와 연결시키지 않았다. 마오는 쉬가 단지 자신의 정치 지도자가 내린 명령을 수행하고 있었을 뿐임을 이해했다.

그의 부하들은 류보청을 "외눈박이 용"이라고 불렀으나, 이 별명은 어울리지 않았다. 사단 사령관 류보청은 점잖고 온화했기 때문이다. "우리가 처음 만났을 때, 나는 그의 선함, 진실함 그리고 자비로움에 깊은 인상을 받았다"고 덩은 회상했다.[27]

타이항에서 덩은 곧 사단과 주변 지역에서의 조직, 동원, 정치 업무에 착수하게 되었다. 그는 공산주의 프로파간다에 최대의 주의를 기울였다.[28] 그는 1938년 7월 타이항 지역을 방문한 프랭클린 루스벨트Franklin D. Roosevelt 대통령의 비공식 대표 에번스 칼슨Evans F. Carlson에게 깊은 인상을 남겼다. 칼슨은 "(덩샤오핑은) 키가 작고, 땅딸막한데다가 육체적으로 강인했으며, 정신적으로도 대단히 열심이었다"고 회고했다.[29]

교육 수준이 형편없던 사람들을 대상으로 프로파간다의 효과를 제고시키기 위해서 덩과 그 부하들은 애국심을 자극하는 공연들을 무대에 올렸다. 노래를 부르고, 벽과 집 그리고 사원에 대자보를 붙였으며, 대중 집회에서 열변을 토했고, 투사들 및 지역 거주민들과 흉금을 터놓고 대화했다. 그들은 쉬운 말로 "대중에게 현재의 상황과 그들이 살 방법을 설명했고, 적의 잔인함을 폭로했다."[30]

그러나 증오의 대상인 일본인들이 장악한 도시와 마을에서 많은 피난민이 떼를 지어 산속으로 피신했음에도 이런 호소가 항상 반향을 불러일으키지는 않았다. 당시 사단장은 "경제적으로 이렇다 할 어떤 조치도 취하지 않았다. … 사람들은 궁핍한 생활을 했고 군대는 보급에 극심한 어려움을 겪었다." 게다가 장교와 병사들은 "적의 점령 지역"을 "식민지"로 보았다. "적의 점령지에서 우리는 사람들과 섞여 일하지 않았고 그들에게 보급품만 요구했다(즉, 기지 지역 경계 밖에 사는 사람들을 약탈했다). … 이때가 우리에겐 (타이항 지역에서 최악의) 극심한 빈곤의 시기였다"고 덩은 적고 있다. 그렇기 때문에 공산군은 "그곳 사람들에게 아주 나쁜 인상을 남겼"고 스스로의 "정치적 위신"을 "심각하게 손상시켰다." 결과적으로 그들의 권위는 거의 존재하지 않았다.[31]

기본적으로 소지주였던 주변 마을의 가난한 주민들은 중국의 기준으로 봤을 때도 극도로 빈궁했으며 그들의 아주 작은 토지(그나마 가지고 있었다면)를 공산주의자들이 침해하지 않았다는 사실만으로도 감사해야 하는 운명이었다. 1935년 11월, 중국공산당 중앙위원회 정치국과 중국 소비에트 공화국 중앙집행위원회는 토지의 균등 분배를 폐기하면서 소농들과 관련한 전술을 변경했다.[32] 이는 항일 통일전선 정책으로의 전환뿐만 아니라 어느 정도까지는 화베이 지방에는 대지주와 부농들의 수가 손에 꼽을 수 있을 정도라는 사실을 반영한 것이었다. 즉, 화베이 지방에는 하카족이 없었고, 빈민들의 삶의 수준이 소농들과 거의 차이가 없었다. 토지 균등 분배가 실시된다 해도, 그들은 거의 받을 것이 없었을 것이다. 산시陝西 북부와 산시山西 전체에서, 농촌 지역 거주민들은 굶주림의 칼날 위에서 균형을 유지했다. 예를 들면, 산시山西에서는 1933년 공산주의자들이 도착한 날 저녁에 끔찍한 가뭄이 시작되어 7년간 계속되었고, 전쟁 직전에는 홍수가 이어졌다. 많은 사람이 기아로 숨지는 한편, 살아남은 사람들은 비참한 생존을 이어갔다. 타이항산맥에서는 특히 어려운 상황이 전개되었는데, 1938년에 겨우 150만 명만이 살아남았다.[33]

그런 사람들에게서 약탈할 것은 정말로 없었다. 제129사단이 초기에 어려움에 맞닥뜨린 것은 그 때문이었다. 농업 생산의 규제와 소작농의 부담 경감 대신 류보청은 군사력에 기대어 기본적으로 자신의 지역을 확장시키고 산시山西, 허베이, 허난 그리고 산둥에서 새로운 기지를 수립하는 데 주력한 반면, 덩은 프로파간다 노력을 강화하고 있었다. 1938년 봄이 한창일 때쯤, 제129사단은 적의 배후에 몇 개의 기지를 수립하는 데 성공했다. 이러한 노력에 있어 그들은 1936년 9월 옌시산의 주도로 형성된 지역의 이른바 산시신군 제1종대 및 제3종대 그리고 산시희생구국동맹회의 도움을 받았다.[34] 1938년 4월 하순 마오쩌둥과 류샤오치의 명을 받아 덩이 소집한 제129사단 군-정 회의에서는 산시-허베이-허난 군구 설립이 결정되었다.[35]

넉 달 뒤 덩은 중앙위원회 전체회의에 참석하기 위해 옌안으로 돌아왔다. 중앙위원회의 위원이 아님에도 그처럼 중요한 당 비밀회의에 실질적 참석자로 초대된 것은 이번이 처음이었다. 9월 29일부터 11월 6일까지 진행된 그 회의는 확대 전체회의였다. 56명의 참석자 중에서 단지 18명만이 중앙위원회의 위원 혹은 후보 위원들이었다.[36] 나머지 사람들은 중요한 군 장교들이거나, 덩처럼 중요한 당 직원들이었다. 이 전체회의는 당에도 덩 개인에게도 모두 매우 중요했다. 중국공산당을 완전히 장악한 마오는 사흘에 걸쳐 광범위한 보고를 전했다. 그는 이제 중국공산당이 자신을 중심으로 단결했으므로 당의 역사를 재검토하고, "진실"을 "허위"와 분리하고, 올바른 노선을 지지했는지의 여부에 따라 모두를 평가할 필요가 있음을 청중에게 분명히 했다. 교조주의를 단호히 거부하

고 마르크스, 엥겔스, 레닌 그리고 스탈린의 가르침을 "중국화"할 필요가 있었다.[37]

전체회의 마지막의 마무리 발언에서 마오는 중국공산당의 역사로 돌아갔다. 갑자기, 마치 지나가듯, 이렇게 말했다. "우리는 1933년 중앙 소비에트 지역에서 (교조주의자들이) 덩샤오핑 동지를 향해 가한 타격을 거부할 필요가 있다."[38] 마오의 발언은 환영받았고, 전체회의 종료 직후 덩은 정치국의 결정으로 중앙위원회 북방국에 입성했다.[39] 10월 6일 전체회의에서 그에게 발언권이 주어졌으나, 그는 대중에 의존함으로써 모든 수단을 동원하여 "아래에서부터 위로" 화베이 군구를 강화할 필요가 있음을 언급하는 정도로 짧게 발언했다.[40] 그러나 덩 자신과 류보청이 본격적으로 이를 실행하기 시작한 것은 상당한 시간이 흐른 뒤였다. 1939년 10월 이후에야 그들은 허베이 남부 기지 지역에 은행을 설립하고 화베이의 모든 공산주의 지역에 광범위하게 유통된 지폐를 발행하면서 이 방향으로 움직였다.[41]

그러나 이는 덩이 류보청과 함께 1939년 7월 3일부터 8월 25일 사이에 열린 일련의 고위급 회의에 참석하기 위해 옌안으로 돌아온 이후의 일이었다. 회의의 초점은, 다른 문제들보다 쑨원의 삼민주의(민족, 민권, 민생)에 대한 공산당의 시각에 맞춰졌다. 마오는 쑨원주의에 관한 새로운 가이드라인들을 제시했다.

삼민주의에 대한 중국공산당의 시각은… 첫째, 이론적 차원에서, 우리는 삼민주의를 인정한다. 둘째, 실천적 차원에서, 우리는 삼민주의를 실행한다. 8로군, 신4군,[42] 변경 지역과 당은 모두 업무에 있어 삼민주의의 일반 계획을 따른다. 우리는 공개적으로 삼민주의를 선전하고 설명할 필요가 있으며, 그렇게 하지 않으면 (국민당 내의) 좌파들과 연합을 형성하거나 대중을 설득할 수 없을 것이다. 이 모든 정책에서 출발점은 다음과 같다. 우리는 국민당의 다수에게 반감을 사지 말아야 한다.[43]

이때쯤 마오는, 스탈린의 주도로, 중국 혁명운동의 새로운 구상을 전개하기 시작했다. 이 이론으로 무장한 공산당은 향후, 장제스에 대한 전후 권력투쟁에서 승리할 수 있어야 했다.[44] 중국공산당은 이제 급진적인 좌파, 사회주의의 길 대신에 이른바 신민주주의를 옹호해야 했다. 신민주주의는 "구舊서구 민주주의"와 달랐는데, 그 이유는 신민주주의는 공산당의 지도하에 시행되는 것이기 때문이었다. 공산당은 이제 노동자계급의 정치적 화신에서 "혁명적 잠재력으로 모든 계급과 계층"의 연합을 추구하는 혁명적 통일전선 조직으로 스스로를 재창조했다. 이런 이유로 마오는 쑨원의 삼민주의 정신에 입각한 사회개혁을 지지했고, 공산당은 계급 이익 대신에 민족감정을 새롭게 강조하며 중국 동포들에게 호소했다. 마오는 혁명 후 사유재산권의 보장, 민족 기업의 독려 그리고 보호무역주의 정책, 즉 국가의 엄격한 통제하에 해외 투자자들을 유인하기 위한 정책의 추구를 약속했다. 그는 세금 인하, 복수정당제 개발, 연합정부 수립, 민주주의적 자유의 실행, 그리고 과거 공산주의자들이 범했던 모든 "좌파의 과오"를 신속히 교정할 것을 요구했다.[45] 그런 전술적 움직임은 공산당으로 하여금 공산주의자든 국민당이든 모든 종류의 독재에 반대했던 온건한 중국인들을 포섭함으로써 대중적 기반을 상당한 정도로 확대할 수 있게 해주었다.

마오 주석의 새로운 아이디어를 품고, 덩과 류는 1939년 9월 초 타이항 지역으로 돌아와 그 아이디어들을 실행할 준비를 했다. 1940년 은행을 연 후, 그들은 적이 점령한 지역을 "자신들의 식민지"로 간주하는 이전의 정책을 버리고, 점차 생산 개발에 주의를 기울였다. 1941년 3월, 북방국의 명령으로 그들은 산시-허베이-허난 경계 지역의 입법회의를 소집하고, 7월에 관할 지역을 산둥성까지 확대시켰다. 한 달 후, 그들은 새롭게 통합된 2300만 인구의 산시-허베이-산둥-허난 게릴라 지역에 정부를 세우고 행정권력의 최고 기관으로 삼았다.

당연히 공산당이 모든 것을 계속 운영했다. 1942년 초, 정치국은 제129사단이 배치된 지역에 북방국 소속 타이항분국을 설립했다. 마오는 덩으로 하여금 타이항분국을 이끌도록 했다. 덩은 이미 사단 정치위원으로서 지역 당 조직의 업무를 지시하고 있었다.[46]

1943년 봄, 제129사단 지역 전역에 걸쳐 30퍼센트에서 35퍼센트 사이로 세금이 인하되었고, 임대료는 25퍼센트가, 이자율은 15퍼센트 이하로 낮춰졌다.[47] 중국공산당 기관지 〈해방일보〉에 실린 덩샤오핑의 글에 따르면, 이런 정책들은 모두 봉건적 착취를 금하는 동시에 경제발전을 촉진하기 위한 것이었다.

> 이것이 쑨원 선생이 우리에게 지적해준 길이다. … 정부가 산업에 부과한 세금은… 최소(이다). … 우리는 … 지주와 소작농 그리고 고용자와 피고용자를 중재한다. … 정부는 매년 수백만에서 1000만 위안에 이르는 저금리 및 무이자 대출을 실시해왔다. … 농번기에는 군인들이 도처에서 민간인들과 함께 땀 흘려 일한다.

그리고 더 나아가, "올바른 정책 없이 경제발전을 논할 수 없다. 이 정책은 인민들의 복지를 고려하여 수립되어야만 한다."[48]

합리적인 이 아이디어들은 전략이 아니라 단순히 전술적인 성격의 것이었다. 중국 전역에서 권력을 장악한 후, 공산주의자들은 곧 삼민주의를 버렸다. 그러나 당분간 타이항과 제129사단이 작전 중인 산시-허베이-산둥-허난 지역에서, 1930년대 말부터 1940년대 중반까지 실행된 마오의 새로운 아이디어는 지역 경제뿐만 아니라 급속히 인기가 증가했던 공산당의 이미지에도 긍정적인 영향을 미쳤다. 이는 1941년부터 1943년까지 산시山西와 그 주변 지역에 닥쳤던 끔찍한 가뭄과 메뚜기 떼의 습격에도 불구하고 나타난 현상이었다. 역설적이게도, 메뚜기 떼의 게걸스러운 식욕에도 불구하고, 사실 메뚜기들이 기아에서 사람들을 구했다. 군인과 농부 할 것 없이 메뚜기를 잡아 손으로 마구 친 다음 구워서 걸신들린 듯 먹어치웠다.[49]

1939년 초가을, 덩은 옌안에서 새로운 아이디어와 함께 새로운 아내도 얻어 왔다. 그녀는 줘린卓琳(줘는 작고 소중한 것이라는 의미)으로, 윈난云南 북동 지역 쉬안웨이宣威 출신이었다. 그들은 1939년 8월 신장에서 옌안으로 온 덩의 친구 덩파邓发의 소개로 만나게 되었다. 옌안에서 덩파는 당교 교장이 되었고, 덩샤오핑처럼 미혼인데다가 말하는 것과 즐거운 시간을 갖는 것을 좋아했기 때문에, 두 명의 덩은 곧 친해졌고 심지어 한 지붕 아래에서 살기 시작했다. 뤄푸의 부인 류잉은 "당시에 덩파와 네 부친은 옌안에서 매일 행복하게 여기저기 돌아다녔다"고 덩샤오핑의 딸에게 말했다. "그리고 사람들은 두 사람이 마치 방랑하는 신들roving gods 같다고 말하곤 했다."[50]

"한 지붕 아래에서"는 다소 잘못된 표현인데, 옌안에서 대부분의 당 및 군 관료들은 도심 외곽의 황토 산 가파른 경사지에 동굴을 파고 그 안에서 살고 있었기 때문이다. 이런 동굴은 수심이 얕고 돌이 많은 옌강을 따라 시 북쪽으로 수 킬로미터에 걸쳐 줄지어 있었고, 멀리서 보면 제비나 박쥐의 둥지처럼 보였다.[51] 덩샤오핑과 덩파가 산 곳은 그런 "둥지" 가운데 하나였다.

소박한 환경은 그들에게 문제가 되지 않았다. 특히 대부분의 한가한 시간을 동굴 밖에서 보냈고, 옌안 자체가 비교적 대도시여서 상점들과 음식점들, 시끌벅적한 시장과 붐비는 거리들이 있어 충분히 기분전환 거리가 많았다. 비록 시 경계 전체를 따라 세워진 대규모 성벽과 많은 집들이 파괴되는 등, 일본 비행기로 인한 피해가 많긴 했지만, 옌안시는 여전히 활기가 넘쳤고 즐길 것이 많았다. 항일전쟁이 시작된 이후 많은 애국적인 젊은이들이 그곳에 모여들었고, 그중에는 공산당의 신조에 헌신적인 매력적인 여성들도 많았다. 덩보다 두 살 아래인 덩파는 여성에게 친절하고 그들과 교제를 즐기는 그런 인물이었다.

그는 자신과 친분이 있는 몇몇 젊은 여성 동지들이 있는 옌안보안처에 함께 가자고 덩샤오핑을 설득했다. 관대한 남성 덩파는 미혼인 친구들에게 중매를 서기 좋아했다. 그는 덩샤오핑을 장가보내려고 애썼는데, 덩은 당시 좀 원기가 있었다(중국 게릴라에게 이 표현이 적절하다면). 마르고, 35살이라는 나이에도 불구하고 매우 젊어 보이는, 가늘지만 남자다운 인상을 주는 얼굴이었다. 덩샤오핑은 빡빡머리였는데, 그 때문에 더욱 남자다워 보였다.

덩은 보안처에 근무하고 있던 줘린에게 금세 이끌렸다. 그녀는 몸집이 작았는데, 덩샤오핑보다 키가 더 작았고, 동그란 얼굴에 짙은 눈썹과 장난기 어린 눈을 가지고 있었다. 덩은 활기차고 활동적이며 독립적인 그녀의 성격에도 매력을 느꼈다. 그들은 서로 만나기 시작해서 서로의 친구 집에 들르고, 가끔은 덩파와 줘린의 친구들이 함께하며 많은 이야기를 나눴다. 덩은 그녀가 1916년 4월생이고, 자신보다 열두 살 어리며, 그래서 자신과 류보청처럼 그녀도 용의 해에 태어났다는 사실을 알게 되었다. 또 그녀의 본명이 푸충잉浦琼英(푸 "매화")이며 보안처 과정에 등록한 1938년에 스스로 줘린이라는 가명을 선택했다는 것도 알게 되었다. 모든 학생은 일본 또는 국민당 배후 지역에서 자신들이 맡게 될지 모를 비밀 업무를 준비하고 있었기 때문에 성과 이름을 바꿨다. 그녀의 아버지는 중국 전역에 "훈제 햄 대왕"으로 알려져 있었는데, 1920년 그가 햄 보존법을 발견하고 쉬안허宣和라는 자신의 회사를 설립했기 때문이었다. 그에게 소장 계급을 수여하기까지 했던 쑨원을 오랫동안 지지해온 자유주의자였던 그는, 결국 혁명에 흥미를 잃고 사업도 망했으며 철저하게 환멸을 느끼게 되었다. 그럼에도 그는 줘린과 여섯 명의 자식들을 훌륭하게 교육시켰다. 줘린은 중학교를 남다른 성적으로 졸업했고, 베이징 대학의 물리학과에 입학했다. 1935년 12월 베이핑에서 그녀는 공산주의 사상에 이끌렸고 반일학생운동에 참여했다. 일본이 베이핑을 점령한 후, 학업을 포기하고 자신의 언니 그리고 여자 친구와 함께 옌안으로 떠났다. 1937년 옌안에서 그녀는 간부훈련학교에 등록했고, 1938년 초에 공산당에 가입했으며, 보안처에서 단기과정을 이수하고, 졸업 이후에 그곳에서 일을 했다. 지적이고 교양 있는 여성이었던 그녀는 세련되지 않은 마을 청년들이 대부분이던 제18집단군의 군인과 장교 들의 구애에 별 관심이 없었다.

그녀는 처음에는 덩에 대해 적극적이지 않았다. 훗날 다음과 같이 회고했다.

그가 내게 어떤 의도를 가지고 있었는지는 몰랐다. 그가 옌안으로 함께 왔던 내 여자 친구에게 나와 얘기 좀 해보라고 부탁하기 전까지. 그 친구는 내게 그가 나와 결혼하고 싶고, 내가 동의할지 어떨지 물어봤다고 말했다. 나는 아직 어리고 일찍 결혼할 생각이 없다고 대답했다. 그동안 나는 거절해왔다. 대장정 이후 옌안에 도착한 옛 간부들은 전부 노동자와 농민들이었기 때문에 우리(지적인 여성들)는 그들과 결혼하는 것이 두려웠다. 우리가 그들을 무시해서가 아니고 그들이 교육을 받지 않아 우리가 그들과 이야기할 거리가 없을 것이기 때문에…. 그 후 그는 나와 이야기하러 두 번 찾아왔다. 첫 번째 그는 자기 자신과 자신의 야망에 대해 이야기했다. 나는 귀 기울여 그의 이야기에 계속 들었고 갑자기 그가 평범하지 않은, 교육을 좀 받은 지적인 사람이라고 느꼈다. 두 번째 찾아왔을 때 나는 "조만간 결혼할 것이고, 난, 벌써 스물셋이잖아"라는 생각이 들었다. 그래서 나는 "충분해, 결혼하겠어!"라고 생각했다. 그래서 … 나는 동의했다.

그녀는 친구들이 "촌놈"하고 결혼한 자신을 비웃을 것 같아 겁이 났고 "한 가지 조건을 내걸었다. 결혼 후 곧 옌안을 떠날 것"을 요구했다.

덩샤오핑은 그녀의 불안을 이해하는 것처럼 행동했으나, "나한테 결점이 하나 있는데, 당신보다 나이가 몇 살 많다는 거예요. 다른 점에서는 당신을 따라잡을 수 있으면 좋겠소"라고 말했다.[52]

8월 말 결혼식이 열렸다. 마오쩌둥과 그의 연인 장칭江青이 축제를 준비했다. 결혼식 테이블들이 동굴 앞에 설치되었다. 석 달 후 11월 19일, 마오와 장칭도 결혼했다. 스물한 살이라는 더 큰 나이 차에도 불구하고!

뤄푸, 보구, 류사오치, 리푸춘 등을 포함하여 거의 모든 당 지도자들이 그들을 축하하러 왔다. 소련에 있던 저우언라이와 그의 부인만이 참석하지 못했다. 하객들은 밤새도록 먹고 마시며 즐겼다. 중국 관습에 따라 그들은 신랑을 술에 취하게 만들려고 했다. 그러나 저녁이 늦도록 덩은 여전히 말짱해 보였다.

"샤오핑은 술을 정말 잘 마시네요"라고 뤄푸의 아내는 남편에게 말했다.

그는 미소 지었다.

"방법이 있었지."

진정한 친구로서 덩파와 뭐푸는 다른 사람들 모르게 물을 담은 병을 덩에게 주었고, 덩은 저녁 내내 그 병에 담긴 물을 마셨다.[53]

한 이틀 후, 덩은 아내를 데리고 타이항산맥으로 떠났는데, 자신의 기지가 아니라 그때쯤 이미 이 지역으로 이전해온 제18집단군 본부로 향했다. 그들을 만나자마자 펑더화이는 외쳤다. "이것 보게! 덩샤오핑! 정말 마지막까지 함께할 아내를 찾았군. 둘이 정말 닮았네, 오빠하고 여동생처럼!"[54]

펑과 일하는 동안 덩은 줘린이 결혼한 여성으로서 할 일에 집중하도록 혼자 내버려 두었다. 그러나 그녀는 슬퍼지기 시작했다. 덩이 얼마 후에 그녀에게 찾아갔을 때, 그녀는 외롭다고 불평했다.

"편지라도 쓸 수 있잖아요." 그녀는 상처받은 듯 말했다.

"편지를 써? 뭐에 대해서?" 덩은 놀라서 말했다.

"뭐, 당신이 매일 하는 일에 대해서요."

덩은 어깨를 으쓱했다.

"좋아. 비서에게 편지 몇 통 준비시키고 매달 한 통씩 당신에게 보낼게."

그러자 줘린은 더 이상 참을 수 없었다.

"됐어요! 됐다구요! 편지 안 보내도 돼요! 서로 이해하기 위해서 우리 같이 살아야 하겠어요."

그 후로 그들은 떨어지지 않았다. 58년 동안. 그 긴 세월 동안. 줘린은 자신과 덩이 타이항으로 떠나기 전에 자신을 사무실로 부른 중앙위원회 관리(그녀는 그의 신분을 밝힌 적이 없다)의 말을 기억했다. 그가 말하길, "당신의 임무는 덩샤오핑을 잘 보살피는 것이오."[55] 그 말은 당이 부여한 임무처럼 들렸다.

1941년 9월 11일, 쥐린은 덩에게 딸을 선물했고, 딸에게 린林이라는 자신의 이름을 붙였다(표기가 다른 이 글자는 "숲"이라는 뜻이며, 덩린邓林은 이후에 그렇게 쓰게 되었다). 유감스럽게도, 이 젊은 엄마는 아이에게 젖을 먹일 수 있는 시간이 많지 않았다. 겨우 일주일 후 덩과 류의 병력은 아기가 태어난 마을에서 철수해야 했고, 쥐린은 아기를 어느 농가에 맡겨야 했다. 그녀는 훗날 자신과 자신의 아기를 보호하느라 군대가 주의를 빼앗기지 않기를 바랐다고 말했다.[56] 눈물을 참으며 뒤를 돌아보지 않고, 쥐린은 남편과 함께 떠났다. "린아, 린. 이 불쌍한 것." 그녀는 이 말을 계속 반복했다.

다행히 아이는 잃어버리지 않았다. 1943년 10월, 쥐린은 어린 딸을 되찾았고 옌안에서 남편과 함께 공부한 중국공산당 중앙위원회 타이항 분국 멤버인 차이수판의 아내에게 딸을 보살펴 달라고 맡겼다. 차이와 그의 아내는 덩린을 맹목적으로 사랑했고, 덩샤오핑과 쥐린의 허락을 받아 덩린을 입양했다. 그러나 그들도 덩린을 계속 키울 수 없었고 그래서 덩린을 옌안에 있는, 황토 동굴에 있는 아동보호시설로 보냈다. 이곳은 당연히 유아를 위한 이상적인 보호소가 아니었다. 한번은 아무도 보고 있지 않을 때 린이 거의 죽을 뻔했다. 린이 동굴 안에서 불타고 있던 노변에 너무 가까이 간 바람에 화로에서 튄 불꽃이 무명 자켓 소매에 옮겨 붙어 불이 났다. 밖에서 아이들과 함께 있던 여교사는 아이의 울음소리를 바로 듣지 못했고, 뛰어 들어왔을 때쯤, 두 살짜리의 팔은 벌써 화염에 싸여 있었다. 목숨을 구한 것은 기적이었지만, 린은 화상으로 큰 흉터를 갖게 되었다.[57]

일로 바빴던 린의 부모는 이에 대해 전혀 몰랐다. 1944년 4월 16일, 쥐린은 아들을 낳았다. 덩과 쥐는 너무 기뻤다. 먼저 쥐가, 그리고 나서 덩이 애정 어리게 그리고 장난스럽게 아들을 팡팡("통통이")이라고 불렀다. 아이가 꽤 포동포동한 모습으로 태어나서 그런 별명이 어울렸다. 그러나 쥐린은 이 아이를 곁에 둘 수 없었다. 이번에는 젖이 전혀 나오지 않았기 때문이었고, 그래서 그들은 또 아들을 한 농가로 보냈지만, 당분간이었다.

1945년 10월, 또 아이가 태어났고, 두 번째 딸이었다. 쥐린은 난楠이라는 시적인 이름을 붙여주었다(쥐린이 아이들 이름을 모두 지었으며 덩은 관여하지 않았다). 집에서 둘째 딸은 난난이라고 불렸는데, 난난은 난의 오빠가 난을 보자마자 작은 팔을 내밀고는 "난난, 난난"이라고 종알종알해서 붙여진 이름이었다. 팡팡이 무슨 말을 하려고 했는지는 아무도 몰랐다. 팡팡은 갓 말을 시작했지만, 덩과 쥐는 그 이름이 마음에 들었다.[58] 불행하게도 그들은 난난도 다른 사람들에게 맡기며 얼마동안 이별해야 했다.

그때쯤 항일전쟁은 끝이 났다. 1945년 8월 15일, 일본은 항복했지만, 중국공산당 군대는 새로운 전투를 준비하기 시작했다. 이번에는 중국 내 권력을 두고 국민당과 벌이는 전투였다. 덩난邓楠이 태어나던 날 저녁, 제129사단 부대들은 그들의 영역을 침범하는 국민당군을 상대로 몇몇 작전을 이미 성공적으로 수행했지만, 주요한, 결정적인 전투들은 여전히 앞에 놓여 있었다.

두 달 전인 6월, 옌안에서 열린 제7차 중국공산당 전국대표대회에서 덩은 주요 지역 당 지도자 가운데 한 명의 자격으로 중앙위원회에 선출되었다. 투표 작성표에 의하면, 그는 44명의 중앙위원회 위원 가운데 28번째였다[59](덧붙이자면, 이미 1940년 봄에 모스크바는 제7차 대표대회에서 당 지휘 조직에 덩을 포함시키도록 마오에게 조언했다[60]).

덩 자신은 대표대회에 참석하지 않았는데, 마오의 지시로 1943년 10월부터 1945년 7월까지 중앙위원회 북방국과 함께 타이항의 제18집단군 전선사령부를 책임지고 있었기 때문이었다. 이때 그는 자신의 영역 내 모든 당 조직에서 이른바 정풍운동을 실시했다. 이는 지도자, 즉 마오 주석 숭배를 강화하기 위해 당 역사의 재검토를 목표로 하는 광범위한 당내 "숙청"이었다. 뤄푸, 보구, 주더, 펑더화이 그리고 류보청 등 다른 모든 북방국 및 군 주요 간부들은 옌안에 있었는데, 이들은 그곳에서 마오의 사적 통제와 그가 설립하고 당 정보부장 캉성康生이 이끄는 특별 위원회하에서 유사한 교화를 거쳤다. 마오가 덩으로 하여금 타이항을 관리하고 산시-허베이-산둥-허난 지역에서의 정풍운동을 지휘하도록 한 것은 덩에 대한 마오 주석의 막대한 신뢰를 증명한다.

이는 덩이 중앙위원회에 선출된 데 대해 마오가 직접 축하한 것과 대표대회 종료에 즈음하여 제7기 중앙위원회 1차 전체회의에 참석하도록 덩을 옌안으로 초청한 것에서 확인된다.[61]

덩이 보기에 마오는 위대한 전략가, 전술가, 이론가 그리고 당을 연전연승으로 이끌고 있는 현명한 지도자이자 스승이었다.[62] 당에서 마오의 성공은 완전하고 결정적이었다. 그에 대한 숭배는 진정 모든 것을 망라하게 되었다. 마오가 당 지도부 2인자로 앉힌 류샤오치가 제출하고 제7차 대표대회에서 채택된 당장(당헌)은 "중국공산당은 당의 모든 업무를 … 마오쩌둥 사상에 의해 지도한다"고 규정하고 있다.[63]

아마도 덩은 중앙위원회 위원 명단에 자신의 이름을 포함시킨 것이 마오였다는 것을 잘 알고 있었을 것이다.[64] 마르크스, 레닌, 스탈린, 마오쩌둥 그리고 주더의 초상화로 장식된 전체회의 개최 장소의 홀에 앉아서 덩은 다른 사람들처럼 전체회의에서 중앙위원회, 정치국 그리고 중앙위원회 서기처의 주석으로 선출된 "위대한 지도자"에게 갈채를 보냈다. 덩은 마오와 중국 혁명은 떼어놓을 수 없다고 믿었다.

7

신민주주의 혁명의 선봉에서

★
★
★

1945년 8월 25일, 덩은 류보청을 포함한 정치간부들 및 제18집단군 사령관들과 함께 옌안에서 타이항으로 다시 날아왔다. 비행기와 승무원들은 1944년 7월 말부터 중국공산당 본부에 배속되어 연락 임무를 맡은 미국인들이 제공했다.[1]

중국의 동맹들은 항일전쟁의 종료로 매우 기뻐했다. 1941년 12월 7일, 일본을 상대로 전쟁에 뛰어든 미국과 1945년 8월 8일 일본에 전쟁을 선포하고 만주에서 일본의 관동군을 쫓은 러시아 모두. 미국도 소련도 트루먼과 스탈린이 준비가 안 된, 3차 세계대전으로 확대될지도 모르는 새로운 충돌이 중국에서 나타나기를 원치 않았다.[2] 트루먼은 미국 여론을 달래기 위해 미군을 귀국시키고 싶어 했고, 스탈린은 미국의 핵무기 독점을 고려하여 중국에서 타협을 추구했다. 1945년 2월 11일과 8월 14일 각각 체결된 얄타회담 비밀의정서와 중소우호동맹조약도 스탈린의 주도권을 제한했다. 둘 모두 극동에서 소련이 경제적, 정치적 그리고 영토적으로 중요한 양보를 얻을 수 있는 것으로서 소련에 유리했다. 전쟁 직후, 스탈린은 중국공산당의 집권 능력에 의심을 표명하기 시작했다. 그는 중국공산당을 조건 없이 지지함으로써 미국과 중국에서 이미 얻은 것을 위험에 빠트리고 싶지 않았다. 그래서 스탈린은 마오쩌둥에게 조언을 건넸다. 충칭으로 가서 철천지원수인 장제스와 직접 만나 "임시 합의를 하라"는 조언이었다. 스탈린이 내놓은 부실한 구실은 내전이 또 일어나면 중화민족의 파멸로 이어질 수 있다는 것이었다.[3] 항일전쟁이 끝난 직후, 소련공산당 중앙위원회는 마오에게 전보를 보냈다. "우리는 내전이 일어나도록 방조하는 정책은 중화의 부흥이라는 명분에 반하는 것이라고 생각한다…. 우리는 당신이 장제스를 만나 합의하는 것이 상책이라고 본다."[4]

그러나 마오와 장은 합의에 실패했다. 두 정당 간의 깊은 적대감으로 또 다른 내전이 불가피했다. 중국공산당과 국민당 군대 간의 무력 충돌은 공식 합작전선이 존재함에도 불구하고 항일전쟁 도중 일본 전선의 배후에서까지 발생했다.

두 군대 간 새로운 "마찰"은 어느 쪽이 일본의 항복을 받을 것인가 그리고 어디에서 언제 받을 것인가를 두고 이미 1945년 8월에 시작되었다. 히로히토 천황이 일본의 항복을 선언하기 나흘 전인 8월 11일, 주더는 중국공산당 군대에게 "항복을 받을 준비를 갖추도록" 모든 전선에 총공세를 시작하라고 명령했다.[5] 총사령관 장은 공산주의자들에게 "추가 명령이 있을 때까지 현재 위치에 머물라"고 지시함으로써 응수했다.[6] 태평양 전선 미군 총사령관 더글러스 맥아더 장군은 중국 내, 그리고 인도차이나 16선 이북 지역의 일본군에게 장제스의 군대에만 항복할 것을 명령했다.[7] 8월 16일, 마오와 주더는 장에게 명령을 "취소"하고 "잘못을 인정하라"고 요구했다.[8] 제18집단군은 곧 베이핑 북서쪽 190킬로미터에 있는 주요 도시 칼간(장자커우의 몽골어명)을 점령했다. 이에 대한 대응으로, 일본 항복의 감독 책임을 맡고 있던 중국 정부 육군 총사령관 허잉친

何应钦은 일본군에게 칼간을 다시 차지하고 국민당군이 도착할 때까지 버티라고 요구했다.[9] 결국 새로운 피의 학살의 씨앗이 뿌려졌고, 적대자들은 대규모 전쟁을 위한 열광적인 준비를 시작했다.

덩의 정치적 리더십하에 있는 군대가 이 충돌에서 막대한 역할을 해야 할 운명이었다. 류보청의 말에 따르면, 그 군대가 주둔한 지역은 "화베이 해방구로 가는 정문으로, 적(국민당 군대)이 우선 통과해야 할 문이다."[10] (공산주의자들은 일본 배후 지역에 있는 자신들의 기지를 "해방구"라 불렀다.)

1945년 9월과 10월, 제129사단은 산시-허베이-산둥-허난 군구 야전군으로 개칭되기 직전에 일본의 항복을 받기 위해 타이항으로 들어가는 국민당 군대를 상대로 한 작전을 성공적으로 수행했다. 이 작전이 사실 내전을 촉발했다.[11] 훗날 덩은 자부심을 느끼며 이렇게 회고했다. "우리에겐 3만이 조금 넘는 군대밖에 없었고, 편제로 말하자면 완전 편성된 연대도 없었다. 무기는 형편없었다. 포탄도 거의 없었다. … 그런 조건하에서… 적을 완전히 괴멸시키기는 쉽지 않았다."[12]

한편, 마오쩌둥과 장제스는 충칭에서 모든 정치 조직들에 평등한 기반 위에서 어떻게 평화 재건을 촉진할 것인가에 관해 협상을 진행 중이었다. 두 사람 모두 협상이 성공할 것이라고 믿지 않았다. 후일 마오는 "나는 스탈린이 요구했기 때문에 억지로 (장을 만나러) 갔다"고 말했다.[13] 한편, 장제스는 미국의 압력으로 협상에 나서긴 했지만, 장의 전기 작가 가운데 한 명이 평한 것처럼, "국민당이 정당 간 느슨한 연합으로 후퇴하려 할 리는 만무했다."[14] 그래서 류와 덩의 군대가 1945년 10월 국민당에게 거둔 승리는 매우 의미심장했다. 마오는 "우리 정책은 … 오래전에 정해졌다. 다시 말해 받은 만큼 되돌려줄 것, 한 치의 땅을 위해서라도 싸울 것. 이번에 우리는 받은 만큼 되돌려줬고, 싸워서 승리했다"고 기쁨에 겨워 말했다.[15] 결국, 그런 승리가 많아질수록 스탈린은 더 일찍 중국 문제에 대한 신중한 태도를 버리고 마오에게 전쟁을 하도록 청신호를 보낼 것이다.

그러나 스탈린은 서둘러 그렇게 할 이유가 없었다. 그는 소련군이 철수하기 전까지 중국공산당 군대가 화베이의 도시들을 점령하지 못하도록 딱 잘라 금지시켰다. 심지어 국민당 정부가 만주에 정권을 수립하기 바란다는 희망을 반복적으로 표명하기까지 했다. 그럼에도, 모스크바는 공산주의자들이 만주의 농촌 지역으로 은밀하게 침투하여 비밀리에 중국공산당 중앙위원회 동북국을 조직하고, 심지어 린뱌오의 휘하에 동북인민자치군을 설립하는 것까지도 반대하지 않았다.[16]

마오는 성공을 공고화하기 위해 류보청과 덩샤오핑에게 북향하는 국민당 군대에 대해 또 다른 작전을 펴도록 지시했다.[17] 류와 덩의 군대가 또다시 승리했다. 전반적으로, 후일 덩 스스로가 인정했듯, "항일전쟁에서 승리한 후, 우리 야전군은 하루도 쉬지 않고 싸웠다. 우리는 기껏해야 일주일동안만 훈련을 받을 수 있었고, 열흘을 여유로 두기가 어려웠다."[18]

마침내 스탈린도 흔들리기 시작했다. 1945년 10월, 그는 소련군이 몰수한 약간의 일본 무기를 만주에 있는 중국공산당 군대에 넘겨주기로 결정했다. 그는 자신이 중국 내전에 참여했다고 광고하고 싶지는 않았지만, 그것이 현실임을 인정했다. 이때 그는 부하들에게 "우리의 모든 연락장교들과 기타 인원들을 가능한 한 신속히 옌안과 기타 마오쩌둥 군대의 작전 지역에서 철수시켜야 한다"고 말했다. "중국의 내전은 중대한 국면으로 접어들었고, 우리는 적들이 이 지역에서 아무것도 통제할 수 없는 위치에 있는 우리 사람들이 중국 내전을 계획했다고 비난할까 두렵다. 그곳에서 우리 사람들을 더 빨리 빼낼수록 더 좋다."[19]

1946년 2월과 3월, 우파들의 압력하에 역설적이게도 장제스 자신이 조건 없이 중국공산당을 지원하도록 스탈린을 몰아붙였다. 국민당과 중국 인민들은 동북 지역에서 소련군이 하는 행위에 대해 불만을 표하기 시작했다. 소련의 점령군이 변명의 여지가 없는 약탈 행위에 관여했다는 것은 확실했다. 그들은 주요 산업체와 기타 자산들을 해체해서 소련으로 보냈다. 만주의 산업은 8억 5800만 달러의 손실을 입었다.[20] 3월 6일, 중국 외교부는 이와 관련하여 소련군의 신속한 철수를 요구하며 항의했다.[21] 장제스는 그때 중국 공산주의자들이 러시아인들을 대체할 것이라는 것을 알았을까? 아마 몰랐을 것이다. 그는 미국의 도움에 기대어 소련군이 빠져나간 도시들을 점령할 것이라고 기대했다. 오산이었다.

3월 13일, 스탈린은 군대를 철수시키기 시작했고, 1946년 5월 3일 철수를 끝냈다. 한편, 장제스에게 분노한 스탈린은 중국 동지들에게 단호히 행동할 것을 주문했고 심지어 그들이 미국에 너무 정중하다고 비난하기까지 했다. 그래서 그는 중국공산당 군대가 만주의 도시들로 들어오도록 허용했고 린뱌오의 군대가 그 도시들을 가능한 한 빠르게 점령할 것을 요구했다. 그는 중국 공산주의자들이 통신선을 신속히 장악할 수 있도록 하라고 붉은 군대에 명령을 내렸다.[22]

그 이후 마오는 국민당에 세 번째 타격을 가했다. 1946년 3월, 그는 린뱌오에게 지린성의 성도 창춘으로 향하고 있는 만주의 국민당 군대를 공격하라는 명령을 내렸다. 또다시 승리한 그들은 창춘과 하얼빈을 점령했고 철과 석탄이 풍부한 만주를 자신들의 군사기지로 탈바꿈시키기 시작했다.[23]

이러한 초반의 승리와 중국에서 시행되는 새로운 소련의 정책은 마오, 덩 그리고 중국공산당 지도부 전체를 고무시켰다. 1946년 4월 말, 마오는 린뱌오에게 보낸 편지에 이렇게 적었다. "모든 것은 전장에서의 승패로 결정됩니다. 협상에 어떠한 희망도 걸지 마시오."[24] 두 달 후, 그는 전보에서 같은 메시지를, 다른 단어로, 류보청과 덩에게 보냈다. "전쟁이 시작된 후 우리가 몇 차례 군사적 승리를 거둘 수 있다면, 우리는 평화를 얻을 수 있게 될 것이오. 우리가 승리하는 수가 패배하는 수와 같아진다면, 우리는 여전히 평화를 얻는 상황에 있을 것이오. 하지만 그들(국민당)이 승리하면, 평화의 희망은 없을 것이오."[25]

중국 공산주의자들에게는 불행하게도, 1946년 봄에 공식 개시된 전쟁 첫 해는 대체로 성공적이지 않았다. 430만의 국민당 군대는 간신히 120만에 불과한 공산군을 수적으로 크게 압도했다. 공산주의자들은 105개 도시와 마을을 포기해야만 했다. 장제스는 서쪽의 산시陝西성부터 동쪽의 해안까지 광범위한 공세를 펼쳤다. 그는 만주에서도 싸웠다. 그러나 미국은 장의 행위가 "지나치게 야망에 찬" 것으로, 경제적 혼란과 장제스 정부의 생존 자체를 위협한다고 생각했다. 장은 전선을 연장시킴으로써 자신의 "정보망을 공산주의자 게릴라들이 공격"하게 만들고 있었고, 그의 병사들이 "후퇴하거나 미국이 제공해준 군수품과 함께 항복"하도록 밀어붙이고 있었다.[26] 하지만 당장은 공산주의자들이 패하고 있었다.

덩은 다른 사람들과 마찬가지로 힘든 시기를 보내고 있었다. 그의 야전군은 시간이 증명한 오래된 원칙에 따라 집중적인 게릴라 전투에 임했다. "적이 전진하면, 우리는 후퇴한다. 적이 멈추면, 우리는 괴롭힌다. 적이 지치면, 우리는 공격한다. 적이 후퇴하면, 우리는 추격한다." 그의 군대는 후방과 양 측면에서 수많은 공격을 퍼부으며 적을 괴롭히고 있었다. 류보청은 이렇게 설명하기도 했다. "우리의 전투 방법은 낯선 것이다. 우리는 뻗어오는 적의 수중에 신경쓰지 않고, 적과 거리를 유지하며,

적의 소규모 근거지들을 지나 단번에 그 허리를 쥐고, 심장부를 끌어내 그 취약점을 친다."[27]

그런 전술들은 효과가 있었다. 수적 우세를 제외하고 다른 측면, 특히 사기 측면에서 장제스의 군대는 마오의 병력에 비해 열세였기 때문에 특히 그랬다. 중국공산당 장교와 병사들과 달리, 국민당의 군대는 싸울 의지가 거의 없었다. 사실 내전이 다시 발생하기 한참 전에, 국민당은 "국민당을 있게 한 역동성과 혁명의 열정을 잃기 시작했다."[28] 이것이 장제스의 재앙의 근원이었다. 수적 우세에도 불구하고, 그의 장군들은 자신들의 정치적 영향력과 부유함의 근원인 자신들의 부대를 위험에 빠트리지 않으려고 종종 교전을 회피하곤 했다. 부패와 지역 배타주의가 성행했고, 군벌주의의 흔적도 강했다. 중국의 상황을 면밀하게 관찰하고 있던 트루먼은 자신의 각료들에게 이렇게 선언했다. "장제스(의 군대)는 끝까지 싸우지 않을 것이오. (중국) 공산주의자들은 끝까지 싸울 것이오—그들은 열광적입니다. 현재 상황에서 (원조는) 밑 빠진 독에 물붓기가 될 것입니다."[29] 국무부장관 조지 마셜George Marshall이 트루먼의 의견에 전적으로 찬성했다. "그(장제스)는 40퍼센트 정도의 보급품을 적에게 잃었습니다. 만일 그 비율이 50퍼센트에 달한다면 그는 그 자신의 군대에게 물자를 보급하는 것이 현명한 것인지를 결정해야만 할 것입니다."[30] 그럼에도, 냉전을 감안해 미국은 장제스를 계속 지원했다. 1949년 말까지 미국은 대략 20억 달러(제2차 세계대전 이후 서유럽의 어느 국가에 대해서보다 많은) 상당의 신용과 융자를 그에게 제공했고, 12억 달러어치의 무기를 그에게 팔았다.[31]

1946년 3월부터, 산시-허베이-산둥-허난 지역의 참모본부는 허베이성 남부 타이항산맥의 동쪽 지맥에 있는 한단시에 자리 잡고 있었다. 덩, 쥐린 그리고 그들의 아이들은 좁은 포장도로와 한적한 사찰들이 있는 이 오래된 도시에 살았다. 덩의 가족들은 한단에 도착하기 전 1945년 12월에 다시 모였다. 덩은 매우 기뻤지만 줘린은 극도로 불안했다. 이때 큰딸은 쇠약해 보였고 전혀 말을 하지 못했으며 음식을 겨우 먹었다. 아들은 설사로 힘들어했고, 줘린은 젖먹이 막내에게 먹일 젖이 나오지 않았다. 그러나 모든 것이 점차 해결되었고 1946년 봄에 이르러 아이들은 더 튼튼해졌다. 덩의 딸 마오마오는 이렇게 적고 있다.

> 아이들에게 한단은 처음 겪어보는 대도시였다. 모든 것이 시골과는 달랐고 아이들에게는 모든 것이 낯설었다. 그 집 화장실에는 수세식 변기가 있었다. 오빠는 그때 세 살이 갓 넘었다(사실, 오빠는 두 살이 조금 넘었지만 중국은 뱃속에서 보낸 9개월을 생애 첫 1년으로 친다). 오빠는 전에 그런 것을 본 적이 없어서 그것이 이상하다고 생각했고, 그래서 종종 화장실에 가서 장난삼아 물을 내리곤 했다.

최고 사령관들의 가족들은 서로 가까이 살았고, 여성들은 번갈아 음식을 준비했다. 줘린에게는 요리를 시키지 않았는데, 그녀가 만든 요리를 아무도 먹을 수 없었기 때문이다. "엄마는 아직도 요리하는 법을 배우지 않았어요." 마오마오는 자신의 글을 그렇게 끝맺었다[32](덧붙이자면, 덩은 프랑스에서 요리법을 배웠다. 평생토록 그는 시간이 나면 쓰촨 요리와 만두를 준비하기를 즐겼다[33]).

덩은 회의를 하고, 류보청을 도와 정교한 군사작전 계획을 짜고, 공산주의자들을 동원하고, 내전이 시작되면서 극히 격렬해진 농업개혁을 지휘하면서 세월을 보냈다. 1946년 5월 4일 중앙위원회 결의에 따라, 1946년 6월 중순부터 덩과 그의 간부들은, 예전처럼, 가난한 소작농들, 농촌 지역의 하층민과 빈민들을 부추겨 부유한 지주들과 대립시키고, 마을회의를 조직하여 이들이 "착취자들"과 "셈을 치르"게 만들었으며, 지주로 불리는 이들에게서 토지를 몰수하고 이를 다시 균등하게 분배하기 시작했다.[34] 그들은 타이항 지역에서는, 화베이 지역에서 일반적으로 그렇듯, 소작농 소유가 보통이고 지주들 소유는 적다는 사실을 무시했다. 그들은 투쟁 대상을 임의로 선정했다.

덩은 가족들과 보낼 시간이 거의 없었고, 있다 해도 너무 지쳐서 아내와 함께하거나 아이들과 놀아주기가 어려웠다. 가정에서 그는 별로 말을 하지 않았다. 쥐린은 이 상황을 감수해야 했다. "나이든 간부들과 집안일에 대해서 얘기하는 것은 거의 불가능했다"고 그녀는 적고 있다. "그들은 그런 문제들에 대한 견해가 없었다. … 우리는 조금씩 서로에게 익숙해졌고, 관계를 맞춰나갔다."[35]

시간이 날 때, 류보청과 가족들은 덩의 집을 방문했다. 류보청의 아내 왕룽화는 쥐린과 잘 맞았다. 그들은 보통 큰 탁자에 둘러앉아 차를 마시며 얘기를 나눴고 그 사이 아이들은 바닥에서 놀았다. 한번은 쥐린이 덩에게 아들에게 "성인" 이름을 지어주라고 청했다.

"계속 통통이라고 부를 셈이에요?"

덩은 잠시 생각한 후 말했다. "타이항이라고 부릅시다. 덩타이항."

그러나 쥐린은 반대했다. 류보청과 왕룽화의 맏아들이 이미 이 영광스러운 이름을 갖고 있었다.

쥐린은 류보청 쪽으로 몸을 돌렸다. "사령관님! 사령관님이 우리 이름을 벌써 가져갔으니 통통이 이름 좀 생각해주세요!"

류는 웃으며 "그런 일이라면 정치위원에게 맡기셔야죠. 이건 사령관하고는 아무 관계가 없어요"라고 말했다.

하지만 덩은 반대하며 말했다. "류와 덩이 갈라질 수 없다는 건 모두가 압니다. 그러니 뭔가 생각해보세요!"

그래서 류는 휴지 조각에 '소박하고 올바르다'라는 뜻의 "박실방정朴实方正"이라는 표현을 쓴 뒤, '朴'와 '方' 두 글자를 선택하고는 "됐어요. 이 아이는 소박하고 반듯하게 태어났어요. 푸팡朴方이라고 합시다. 어떠세요?"라고 말했다.

다들 이 이름이 매우 마음에 들었다. 쥐린은 팡팡에게 말했다. "어서 가서 보보 아저씨께 감사드려라."(아이들은 류보청을 보보 아저씨라고 불렀다.)

이 말을 듣고 류보청과 왕룽화의 아들 타이항이 팡팡에게 걸어가서는 자기 아빠 앞에 팡팡이의 머리를 숙이며 인사하게 했다. 이 모습에 다들 웃음이 터졌다.[36] 가정의 평범함은 내전의 극적 국면과 선명한 대조를 이뤘다.

한편, 전쟁은 계속되었다. 1946년 모든 "해방구"를 상대로 광범위한 공세를 펼쳤던 장제스는 1947년 봄, 두 방향으로 공격의 초점을 맞췄다. 바로 북서쪽의 옌안과 북동쪽 산둥의 중국공산당 기지였다. 3월 중순, 마오는 옌안을 포기해야 했고, 그해 내내 지친 옌안 수비대들과 친위대를 이끌고 산시陝西성 북부의 산길을 따라갔다. 천이가 이끄는 산둥의 공산군도 패배를 당하기 시작했다. 그때 마오는 뛰어난 계획을 수행했다. 적의 "발톱" 사이에서 잠시 동원되지 않고 있던 류와 덩의 군대를 이용해 황허를 지나 남쪽 깊숙이 침투하여 장제스의 후방으로 들어간 후, 중원의 다비에大別 고산지대에 새로운 기지 지역을 수립한다. 이 양동책의 목적은 장제스가 중원의 주요 도시들, 즉 우한, 주장, 난창, 상하이 그리고 수도 난징 자체를 수비하기 위해 북서와 북동 전선에서 군대를 이동시키게끔 만드는 것이었다. 이 책략은 장제스의 전략 계획들을 망쳐놓았다.

마오는 이 작전을 1946년 여름에 처음 생각했고 이를 류보청과 덩에게 꺼내놓았으며, 둘은 당연히 주석을 열렬히 지지했다. 덩의 표현에 따르면, "중원의 위치는 전략적으로 매우 중요하다. 그것은 마치 적 맞은편에 있는 대문과 같으며 다비에산맥은 바로 그 대문에 있다."[37] 류와 덩은 4만 5,000명에서 5만 명의 병력을 남쪽으로 이동시켜 열흘 안에 "소장정"을 끝낼 수 있다고 주석에게 장담했다. 마오는 먼저 모든 것을 신중하게 고려해야 한다고 말했다.[38]

1947년 5월 중순, 마오는 전선의 상황이 극히 심각하다고 보고 그 발상을 다시 떠올렸다.[39] 5월 15일, 그의 주도로 덩을 서기로 한 중앙위원회 중원국이 설립되었다.[40] 6월 말, 류보청과 덩의 군대는 황허를 건넜다. "내전 중 가장 장관을 이뤘던 군사작전"이라고 불릴 만한, 강을 건너던 날 저녁,[41] 덩은 병사들에게 열정적인 연설을 했다.

> 장제스가 통제하고 있는 지역으로 전쟁을 끌고 들어가야 한다. … 적이 우리 재산을 박살내지 못하게 해야 한다. … 산시-허베이-산둥-허난 해방구는 북부 산시陝西와 산둥 두 전장을 짊어진 멜대와 같았다. … 적이 점령한 지역으로 싸워 들어간 후 그 짐이 더 무거워질수록, 전반적 상황은 더 좋아질 것이다.[42]

하룻밤에 완수된 그 작전은 중국공산군의 반격의 시작을 의미했으며,[43] 1947년 3월 말, 중국공산군은 중국 인민해방군PLA으로 개명되었다. 폭이 140킬로미터 남짓한 전선에서 수많은 장교와 사병들이 강을 건너 남측에서 작전을 개시했다. 류와 덩의 군대는 다비에산맥으로 향할 준비가 되어 있었다. 마오는 7월 말에 명령을 내렸고, 8월 7일 그들은 500킬로미터 가까이 되는 강행군을 시작했다.[44]

행군은 어려웠다. 병사들은 최근의 홍수로 황허 남쪽의 수 킬로미터에 생긴 습지대를 지나가야 했다. 동력 차량도 대포도 끌고 건널 수 없어서 중장비를 부숴야만 했다. 그러나 전사들은 여전히 또 다른 큰 강이라는 주요 장애물과 맞닥뜨렸다. 화이강은 중국의 남과 북을 가르고 있었고 그들이 산으로 가는 길도 막고 있었다. 걸어서 강을 건너는 것은 불가능해 보였고, 당장 이렇다 할 방법도 없었다. 불평이 터져 나오기 시작했지만, 8월 27일 새벽, 강의 수위가 갑자기 낮아지기 시작했다. 정말 기적이었다! 류는 강을 건너기 시작하라는 명령을 내렸고, 병사들은 침울하게 강으로 들어섰다. 걸어서 강을 건넌 후 그들은 뒤를 돌아봤다. 너무나 놀랍게도 방금 건넌 곳의 물이 순식간에 불어나고 있었다!

이때 떠오르는 것은,

> 모세가 바다 위로 손을 내어민대 여호와께서 큰 동풍으로 밤새도록 바닷물을 물러가게 하시니 물이 갈라져 바다가 마른 땅이 된지라 … 여호와께서 모세에게 이르시되 네 손을 바다 위로 내어밀어 … 모세가 곧 손을 바다 위로 내어밀매 새벽에 미쳐 바다의 그 세력이 회복된지라.[45]

이 경우 류보청 또는 덩 중에서 누가 모세 역할을 했는지 말하기는 어렵지만, 하늘이 중국 공산주의자들에게 우호적이었다는 것은 사실인 것 같다. 무신론자인 덩조차 인정하며 말했다. "화이강을 건널 때 우리는 천주에게 큰 도움을 받았다."[46]

20일의 행군은 끝이 났다. 군대는 다비에 산악 지역에 도착했고, 8월 27일 덩은 주석과 중앙위원회에 "영웅적 임무"의 완수를 알렸다. 그는 "중앙위원회와 마오 주석의 현명한 리더십"을 성공의 열쇠로 여겼고, 6개월여 만에 새 영토에 안정적인 "해방구"를 수립할 수 있을 것으

로 기대했다.[47]

그러나 류보청, 덩 그리고 전사들은 새로운 문제에 봉착했다. 덩의 회고에 의하면, "북방 사람들은 남쪽에서 아주 힘든 시간을 보냈다. 화이 강을 건널 때, 많은 사람이 설사에 걸렸다."[48] 북방 사람들은 남방 요리에 익숙하지 않았고, 쌀보다는 국수를 선호했다. 매운 음식에는 위가 탈이 났다. 그들은 남방 사투리를 알아듣지 못했고, 남방의 방식과 습관에 대해 무지했으며, 환경에 익숙해지는 데 어려움을 겪었다.

게다가, 덩이 초기에 그 새로운 영토에서 추구한 좌파적 토지개혁이 사람들의 신뢰를 잠식했다. 당연히 덩은 당의 노선을 엄격하게 따랐고, 이는 1947년 가을에 더욱 과격화되었다. 9월 13일, 베이핑 남서쪽으로 약 300킬로미터쯤 떨어진 시바이포西柏坡에서 소집된 전국토지회의에서 "중국토지법대강"이 채택되었는데, 다음과 같은 내용을 공개적으로 선 포하고 있다. "지주의 토지소유권을 무효로 하고 … 전체 인구에게 … 균 등하게 분배 … 소규모 토지 구획은 대규모 토지 구획의 비용으로 보상 될 것이며, 열악한 토지 구획은 더 좋은 토지 구획의 비용으로 보상될 것 이다."[49] 다시 말해, 공산주의자들은 장시 소비에트 운동 시기에 입증된 마오의 옛 공식으로 회귀했다. "넉넉한 사람에 기대어 없는 사람을 벌충 시키고, 살찐 사람에 기대어 야윈 사람을 벌충시킨다."

이 "지그재그"에 대한 설명은, 내전이 다시 시작된 이후 "장제스를 몰아내자"라는 슬로건의 홍보가 당내에 "'소비에트 운동'의 정치 슬로건 과 관행으로의 복귀"라는 감정을 불러일으켰다는 것이다.[50] 평상시 냉철 한 류샤오치조차 사회문제의 해결 속도에 대해 인내심을 잃게 되었다. 1946년 5월 4일 비밀 결의 초안을 작성하고, 전국토지회의를 이끈 책임 도 류샤오치에게 있었다.

그러나 마오는 곧 좌파적 토지개혁이 전술적 신민주주의 정책과 모순됨을 깨달았다. 1947년 12월 초, 그는 측근들과 협의했고, 중앙위원회의 몇몇 위원들은 그에게 좌파 정책에 대한 의구심을 표명했다.[51] 류샤오치 자신도 노선이 잘못되었다고 말하기 시작했다.[52]

1948년 1월 14일, 마오는 덩을 토론에 끌어들였다. 덩은 공산 게릴라들이 수년 전 활동했던 새로 획득한 영토에서 군사기지를 설립하는 데 관여한 유일한 당 지도자였다. 지역주민들은 공산주의자들의 토지정책의 우여곡절에 매우 비호의적인 반응을 보이고 있었다. 덩의 견해를 면밀히 살피며, 마오는 덩에게 여섯 개의 질문 목록을 보냈는데, 그중에 이런 질문이 있었다. "새 해방구의 토지는 균등하게 분할되어야 하는가, 아니면 일단은 부농들을 중소지주들과 함께 그냥 놔두어야 하는가?"[53] 주석이 사회경제적 문제에 관해 처음으로 상의를 요청한 것이었지만, 덩은 처음에는 당황스러웠다. 1월 22일, 그는 마오에게 이렇게 써 보냈다. "만일 토지개혁에서, 우리가 부농들을 건드리지 않으면, 빈농들과 노동자들의 요구를 만족시킬 수 없을 것입니다." 그러나 곧이어 다비에산맥에서 자신의 군대는 약 600만 명이 사는 안정적인 기지 지역의 영토에 있는 지주와 부농들의 토지와 재산만을 몰수하고 있다고 유보적으로 적었다. 다른 지역들, 즉 게릴라전이 전개되고 있는 지역과 또 다른 600만 인구가 살고 있는 지역에서 그들은 "임시적으로 소지주들이든 부농들이든 건드리지 않고 있었다."[54] 그러나 마오는 만족스럽지 않았다. 마오는 "반격이 시작된 이후에 수립된 새로운 영토에서의 투쟁전략과 조직 형태는, 그에 걸맞게 일본의 항복 이전에 수립된 예전 지역 그리고 일본의 항복과 반격 사이 시기에 수립된 준-예전 지역에서의 투쟁전략과 조직 형태와는 달라야 한다"는 내용의 서신을 2월 6일 덩에게 보냈다.[55] 마오의 뜻을 이해한 덩은 서둘러 동의를 표했다. "당분간 부농들의 재산을 뺏지 않겠습니다. … 지주들, 특히 소지주들도 건드리지 않을 것입니다. 그들을 철저하게 파괴하지 않겠습니다."[56] 주석은 이 신속한 반응을 높이 평가했다. 2월 17일에 그가 덩이 보내온 마지막 무선 전보 뒷면에 이렇게 적었기 때문이다. "샤오핑이 서술한 다비에산맥에서의 (투쟁) 경험은 특히 풍부하다. 모든 군대가 적용하기 바란다."[57]

그 후 1948년 4월 말, 덩은 토지개혁에 관한 좌파 노선을 처음으로 신랄하게 비판했다. "'좌파' 성향은 토지개혁에서 계급을 구분하는 과정 속에 나타나는데, 부농이 지주와 동일하게 취급되고, 중농의 이익이 침해되며 중농이 거부된다."[58]

6월 초, 덩은 한 달 전 자신이 초대 서기로 임명된 중앙위원회 중원국의 이름으로 농업개혁에 관한 지시의 초안을 작성했고, 마오는 이를 칭찬했다. 길게 인용할 가치가 있는 글이니 한번 살펴보자.

우리는 그동안 너무 성급하게 … 대중에게서 우리 스스로를 소원하게 만들고, 격리시키고, 적에 대한 투쟁과 기지 지역 수립 노력에서 많은 문제를 만든 죄가 있다… 우리의 가이드라인과 계획 들은 새로운 해방구의 현실에 기반하지 않고, 우리의 희망사항에서 형성되었다. 새로운 해방구에 도착했을 때, 우리는 상황을 조사하고 연구하지 않고, 단순하게 6개월 후에 토지개혁을 완성하겠다는 계획을 세웠다. … 대부분의 경우, 진정한 토지 재분배는 없었다. 일부의 경우, 토지 재분배는 지주와 부농들이 통제했다. 다시 말하면, 토지를 얻었던 대중은 그 토지를 다시 지주와 부농들에게 몰래 되돌려준 뒤에 그들에게서 임차를 했다. … 또 다른 경우, 소수 무분별한 사람들(상당수가 하층민 또는 지주들과 끈이 있는 사람들)이 토지개혁의 열매를 장악했다. … 또 어떤 경우, 농민들은 힘 있는 지주와 부농들의 토지는 피한 채, 소규모의, 약한 지주와 부농들 그리고 중농들의 토지를 빼앗을 용기를 보이기도 했다. 이런 일들이 거의 모든 곳에서 발생했다. … 우리는 총과 토지개혁으로 모든 문제를 해결할 수 있다고 믿으면서 심각한 "좌파"의 과오들을 저질렀고 … 우리는 (또) … 산업과 상업 … 관련 정책을 추구하는 데서도 실수했으며 … 무차별적으로 사람들을 때리고 체포하고 처형하는 실수들을 저질렀다. … 중농들은 우리가 저지른 모든 실수로 인해 희생되었고 … 우리는 심지어 빈농의 이익에도 해를 끼쳤다. … 불안정한 사회질서와 무정부 상태로 인해 경제는 그 기반이 엄중하게 약화되었고 이후에는 멈춰 서고 말았다. 시장의 불황과 산업 및 상업 기업들의 폐쇄가 만연했다. … 수많은 사람이 … 생계수단을 잃었다. 소도시와 시골 모두에서 우리는 거의 모든 공공건물, 공장, 가게, 학교, 문화사업, 교회와 사찰, 그리고 지주와 부농들 소유의 가옥, 가구와 나무들을 심각하게 훼손시켰다. 특히 우리 군대가 가장 심각한 피해를 입혀 대중에 강한 반감을 일으켰다. 사람들이 말하길, "공산당은 군사 문제는 잘 다루지만, 정치 문제는 그렇지 못하다!" 지금까지, 이런 종류의 농업사회주의가 파괴적, 반동적이고 사악하며 인민들의 이익과 당의 정치적 영향력에 헤아릴 수 없는 손실을 야기한다는 것을 우리 지도자 동지 가운데 소수만이 진정으로 인식하고 있다.[59]

과오와 실패에 대한 놀라운 인정이다!

6월 28일, 주석은 덩의 글에 그의 군대가 "많은 수의 적군을 끌어냄으로써, 해방구로 전쟁을 끌어들이려는 적의 반혁명 계획을 완전히 파괴시킨" 데 대해 칭찬하는 두 개의 단락만을 추가했다. 그리고 그는 중앙위원회의 이름으로 이 문서를 모든 중앙위원회 소속국과 하부국 그리고 전선위원회에 보냈다.[60]

한편, 1948년 국민당의 상황은 매우 위중해졌는데, 류와 덩 군대의 움직임 때문만은 아니었다. 국민당의 군대는 서둘러 퇴각하기 시작했고, 장제스는 상황을 뒤집기에는 역부족이었다. 1949년 1월 초 조지 마셜을 대신하여 미 국무부장관으로 부임한 딘 애치슨Dean Acheson은 이렇게 적었다.

긴 투쟁으로 중국 정부는 군사적 그리고 경제적으로뿐만 아니라 정치적 그리고 의욕적으로도 심히 약화되었다. (항일전쟁 동안) 그들은 (이미) 부패해졌고, 자리와 권력 다툼에 빠졌으며, 미국에 기대어 미국이 자신들을 위해 전쟁을 이기고 국내에서 자신들의 우위를 지켜주길 기대했다. … 많은 중국 인민들이 점점 더 정부에 대한 신뢰를 잃게 되었다. … (1947년 그리고 1948년 전반기) 동안 … 중국 정부의 외견상의 힘은 허상이었고 그들의 승리는 사상누각이었음이 밝혀졌다.[61]

경제발전을 촉진하거나 경제를 관리하지 못하는 중국 정부의 무능은 확실해졌다. 1946년에 인플레이션이 시작되었다. 1945년 9월부터 1947년 2월까지 위안화의 가치는 폭락했다. 1947년에, 월별 인플레이션은 26퍼센트였다. 깊어지는 위기에 직면한 국민당 지도자들은 절망적이었다.[62] 파업의 움직임은 급격히 상승했다. 1946년에 상하이에서만 1,716건의 파업이 있었다. 1948년 봄, 정부는 모든 주요 도시에서 기본식량 배급 카드의 도입과 함께, 곡물 보유고를 증가시키기 위해 인위적으로 낮은 가격으로 곡물을 강제 수용했다.[63] 재정 강제의 한 형태인 낮은 가격으로 정부는 시장가격으로 살 수 있는 양보다 더 많은 곡물을 수매할 수 있었다. 그러나 후자의 이 조치는 국민당의 당연한 동지인 부농들과의 사이를 소원하게 만들었다.

요컨대, 장제스의 "군대는 전투 의지를 잃었고, 정부는 대중의 지지를 잃었다"고 결론지은 애치슨은 "반면에 공산주의자들은 냉혹한 규율과 광적인 열정을 통해 자신들을 인민의 수호자 그리고 해방자로 선전하고자 했다. 국민당의 군대는 패배시킬 필요가 없었다. 스스로 붕괴했으니 말이다. 스스로에 대한 믿음이 없는 정권과 사기가 없는 군대는 전쟁의 시험에서 살아남을 수 없다는 것을 역사는 반복적으로 증명해왔다"고 강조했다.[64]

1948년 4월 25일, 공산주의자들은 옌안을 수복했다. 1948년 6월에 이르기까지 중국공산당의 병력은 280만으로 늘어난 반면, 국민당의 군대는 365만으로 줄어들었다.[65]

이때쯤, 1948년 2월 말, 덩과 그의 군대는 임무를 완수하고 다비에 산맥을 떠나 화이강 북쪽으로 회귀했다. 인민해방군은 이제 장제스의 군대를 상대로 대규모 공세를 시작할 준비가 되어 있었다.

1948년 가을쯤에는 중국공산당의 농지 정책에도 분명한 변화가 보였다. 도처에서 신민주주의는 인민들의 동정과 지지를 얻었다. 국민당에 환멸을 느낀 부유한 농민들은 중국공산당이 좌익주의를 거부하는 데 대해 긍정적인 반응을 보였다. 공산당은 자신의 주위로 다양한 정치세력들을 규합하는 데 성공했다. 그것이 결정적인 역할을 했다.

1948년 9월 8일부터 13일까지, 덩은 시바이포에서 열린 정치국 확대회의에 참석했는데, 이곳은 1948년 5월 마오의 병력이 도착한 후 중국 공산주의 정권의 새로운 수도가 되었다. 비밀회의는 약 3년 이내에 국민당 정권을 근본적으로 파멸시키기로 결의했다.[66] 1948년 9월부터 1949년 1월까지 공산당 군대는 세 개의 주요 전략 작전을 수행했는데, 첫 번째는 만주에서, 두 번째는 화둥 지역에서, 그리고 세 번째는 베이핑-톈진 지역에서였다. 적의 장교와 병사 150만 이상이 사망했고, 베이핑을 포함하여 몇 개의 주요 도시들이 탈취되었다.

덩은 류보청 그리고 천이(덩의 야전군에 인접한 화둥군의 사령관이자 정치위원)와 함께 1948년 11월부터 1949년 1월까지 수행된 두 번째 작전인 화이하이(화이강과 황해 연안의 소도시 하이저우의 이름을 딴) 작전의 계획과 실행에 지대한 공헌을 했다. 전투 전야에 중앙군사위원회는 이 전선의 지휘를 통합하기 위해 5인으로 구성된 총전선위원회를 설립했는데, 덩, 류보청, 천이 그리고 천이의 대리인 쑤위와 탄전린이 그들이었다. 덩은 위원회의 서기였다.[67]

덩, 류 그리고 천 등 트로이카는 주요 결정들을 내렸다. 그들은 서로 오랫동안 알아왔고 잘 어울렸다. 게다가 세 사람 모두 쓰촨 출신이어서 같은 방언을 사용했고, 식탁에 앉아 이야기와 농담을 즐겼지만, 중대한 사항들에 대해서는 단호하고 과단성이 있었다. 그들은 외모에서만 차이가 났다―류보청은 마르고 호리호리했고, 천이는 몸집이 크고 억셌으며, 군대가 아주 잘 이해했듯, 삼인조 중에서 주요한 역할을 한 덩은 아주 작았다. 덩을 전선위원회의 서기로 임명한 후, 마오가 직접 덩에게 "그대에게 지휘권을 부여한다"고 말한 것을 모두 알고 있었다.[68] 대부분의 병사들과 사령관들은 트로이카의 세 위원 모두를 정중하게 대했지만, 그들은 덩을 두려워했다. 주석의 지원으로 막대한 권력을 손에 쥔 그는 그 권력을 사용하는 데 거리낌이 없었다. 그는 모든 부하에게 극도로 요구사항이 많았고 규율을 어긴 사람들에게 무자비했다. 게다가 강력한 당 조직자일 뿐만 아니라 능숙한 군사 전략가이기도 했다. 류보청과의 오랜 교제를 통해 그는 이미 군사과학의 세밀한 부분들을 분석하는 데 능숙해져 있었다. 참모 장교들은 모든 작전상의 문제들에 관해 덩의 지시를 구했다.[69]

화이하이 작전에서 거둔 승리는 국민당 정권의 붕괴를 미리 운명지었다. 1949년 3월, 덩은 시바이포에서 열린 중국공산당 중앙위원회 2차 전체회의에 참석했다.[70] 마오는 혁명의 승리를 기대하며 계급으로서의 민족자산계급을 파멸시키기로 정했다. 덩은 이 변화에 대해 개의치 않았다. 주석에 대해 매우 강한 믿음을 갖고 있었기 때문에 우익적이든 좌익적이든 그의 정책을 지지할 준비가 되어 있었다. 그 당시 마오는 실제로 오락가락하고 있었다. 1948년 9월 정치국 확대회의에서 덩은 얼마 전까지 스스로 농지 문제에 대한 과도한 좌익주의를 비난했던 주석이, 혁명 이후에 관료자본과 대규모 독립 산업, 상업 그리고 은행업 들이 국유자산이 될 것이므로, 신민주주의 기간에 중국의 국가경제에서 사회주의 부문이 선도 부문이 될 것이라고 주장했다고 기록할 수밖에 없었다. 마오는 "우리는 (국가경제가) 전반적으로 신민주주의적이 될 것이라는 사실에도 불구하고, (국가경제의) 사회주의적 성격에 대해서 이야기해야만 한다"고 말했다.[71] 분명히, 그는 신민주주의를 초월하려고 했으며, 오직 류샤오치만이 중국공산당은 "너무 일찍 사회주의 정책을 추구해서는 안 된다"는 점을 조심스럽게 마오와 그의 동지들에게 상기시키고자 했다.[72] 덩을 포함하여 다른 사람들은 모두 침묵을 지켰다.

모두의 침묵은 우연이 아니었다. 1942년부터 1945년까지 일어난 정풍운동은 중국공산당을 꼭 스탈린의 소련공산당처럼 지도자가 지배하는 정당으로 바꾸어 놓았다. 덩은 이 변형을 전적으로 지지했다. 그는 확신하길,

우리는 당을 강화시켜야 한다. 그렇지 않으면, 당은 쇠퇴할 것이다. … 당의 모든 동지들은 예외 없이 당의 통합에 따라야 한다. … 진정 교정이 불가한 사람들은 당에서 축출되어야 한다. … 당의 리더십이 좋은지 아닌지 그리고 중앙위원회의 노선과 정책이 잘 수행되는지의 여부는 당원들이 당원의 자격에 달하는지의 여부에 달려 있다. 마오 주석은 우리에게 올바른 지시들을 내리지만, 만일 우리가 자유주의를 행하며 항상 그 지시들을 반대한다면,

우리는 마찬가지로 실패할 것이다. 만일, 당의 통합을 통해, 우리의 의지를 결속시킬 수 있다면 … 우리는 인민의 해방이라는 대의명분에서 성공할 것이다. … 우리는 당내에서 사상과 조직의 통합을 이뤄야 한다.[73]

2차 전체회의에서는 양쯔강을 건너는 것을 포함한 인민해방군의 추가적 남진南進에 대한 논의도 있었다. 그 임무는 류보청과 덩샤오핑 그리고 천이의 군대에 할당되었는데, 1949년 1월 15일, 이들은 각각 제2야전군과 제3야전군으로 신규 지정되었다.[74]

전체회의 이후 소집된 서기처 회의에서 마오는 사전 동의한 대로 덩에게 첫 명령을 내렸다. 마오의 요청에 따라, 덩은 임박한 승리 이후에 공산당이 설립하려는 새로운 군-당 행정지역의 요직을 맡을 후보들의 명단을 발표했다. "덩샤오핑은 명단을 꺼냈다. 그는 명단을 읽으며 설명을 덧붙였다"고 그의 딸 마오마오는 적었다.

중국공산당 중앙위원회 화동국은 … 덩샤오핑, 류보청 그리고 천이로 구성되며, 덩이 제1서기로 복무한다. 화동 지역은 … 산둥, 장쑤, 저장, 안후이, 그리고 장시성을 관할한다. 화동 지역은 (인민해방군 400만 중) 200만의 군대를 갖는다. 천이는 상하이 시장으로 복무한다. 류보청은 난징의 시장으로 복무한다. … 마오쩌둥은 덩의 상세하고 포괄적인 보고에 즉시 동의했다. 그는 말하길, "이제 인사배치는 이와 같이 결정되었습니다. 향후 변화가 있다면 그렇게 할 것입니다."[75]

3월 31일, 덩은 양쯔강 돌파와 난징, 상하이, 항저우로의 진군을 포함한 군사작전 계획의 초안을 작성했다. 초안을 중앙군사위원회로 보냈고, 위원회는 4월 3일 초안을 승인했다. 4월 20일 밤, 제2야전군과 제3야전군이 폭 480킬로미터의 전선을 따라 약 1.2킬로미터 폭의 양쯔강을 건넜다. "우리는 어디에서도 강한 저항에 부딪히지 않았다"고 덩은 보고했다. "24시간 만에 30만 명이 거의 모두 강을 건너 적군을 혼돈에 빠뜨렸다. 포위 상태 탈출이라는 단 한 가지 생각만을 갖고 그들(국민당의 군대)은 허겁지겁 남쪽으로 도망쳤다. 인민해방군은 즉시 추격을 시작했고, 광범위한 정면공격을 지속적으로 퍼붓는 과정에서 4월 23일 난징을 수중에 넣었다."[76]

국민당정부는 광둥으로 이동했다. 1949년 5월, 제2야전군과 제3야전군은 상하이를 공격했다. 20만의 적 방위군을 일주일 만에 진압한 후, 그들은 5월 27일 중국 최대의 대도시를 점령했다. 3주 전에는 저장성의 성도 항저우가 함락되었다.

국민당은 구제불능이었다. 인민해방군은 엄청난 기세로 남하했다. 9월 초, 국민당정부는 항일전쟁 기간에 그랬던 것처럼 다시 충칭으로 퇴각했다.

다른 모든 공산주의자들처럼 덩은 이 대담한 나날 동안 비할 바 없는 기쁨을 맛보았다. 의기양양했고 승리의 맛에 도취되었다. 4월 27일 난징에 입성한 그는 천이와 함께 장제스의 궁전에 들렀다. 후일, 딸이 "장제스 총통의 자리에 앉아보셨어요?"라고 물었다. 덩은 "응, 우리 둘 다 앉아봤단다"라고 웃으며 말했다.[77]

5월 초, 줘린과 아이들은 난징에서 덩과 재회했다. 그들은 함께 상하이로 갔고, 그곳에서 천이와 그의 가족과 함께 한 집에 정착했다(신임 시장도 아내와 세 아이가 있었다). 덩은 곧 첫 아내 장시위안의 유골을 이 집으로 가져왔다. 덩과 줘린은 묘를 찾는 데 매우 어려움을 겪었는데, 일본의 점령기 동안에 유골이 묻힌 공동묘지가 파괴되었기 때문이었다. 이제 그녀의 유골은 단지에 담겨 1층에 놓였다. 덩은 유골을 다시 묻으려고

했지만, 그럴 기회가 없었고 결국 잊어버리고 말았다. 상하이를 떠날 때는 기억조차 하지 못했다. 쥐린도 남편 전처의 유골을 기억하지 못했다. 1990년 86세의 노인이 되어서 상하이를 방문했을 때에야 비로소 덩은 그 기억이 났다. 그는 지역 당 간부에게 그 유골이 어떻게 되었는지 물었고, 이제 베이징에 있는 혁명영웅 묘지에 그 유골을 묻고 싶었다. 그러나 상하이 관리는 "고아가 된" 그 유골이 상하이에 있는 혁명영웅 묘지에 묻힌 지 오래라고 기쁘게 그에게 알려주었다. 그날 저녁 그 관리는 덩에게 그 묘지의 사진을 가져다주었다. 며칠 후, 덩의 지시가 분명할 텐데, 그 관리는 덩의 딸 마오마오와 덩의 비서 왕루이린과 함께 장시위안의 묘지에 헌화했다. 덩 자신은 묘지를 방문하지 않았다.[78]

1949년 여름, 상하이에 제대로 정착하기도 전에 덩은 마오에게서 베이핑으로 보고하라는 명령을 받았다. 7월 중순, 베이핑 북서쪽의 그림 같은 향산에 자리 잡은 마오쩌둥의 별장 슈안칭에서, 그는 주석과 두 차례 이야기를 나눈 후 중앙위원회에 보고를 했다. 베이핑에서 그는 중앙위원회 화동국 위원들에게 중요한 소식이 담긴 서신을 보냈다.

> 마오 주석은 광둥, 광시, 윈난, 구이저우, 쓰촨, 시캉(동티베트), 칭하이 그리고 닝샤 성을 군사적으로 신속히 점령하고, 연안의 섬들과 타이완을 조속히 점령할 필요가 있다고 강조했다. 동시에, 우리가 일변도 (즉, 소련) 외교정책을 더 일찍 실행할수록 우리에게 더 유리할 것이다. … 국내 정책에 관해서, 우리는 성실하게 우리 스스로의 노력에 의지할 필요성을 강조해야 한다.[79]

8월 4일, 덩은 공산당이 통제하는 통일전선의 최고기관인 중국인민정치협상회의CPPCC의 준비 회의에서 연설했다. 그는 난징–상하이–항저우 작전의 완수에 대해서 설명했다. "정치적으로 우리의 승리는 반동적인 난 징정부의 종말을 의미합니다"라고 결론지었다.[80] 그 후, 그는 상하이로 가지 않고, 자신이 모두 지휘한 중앙위원회 화동국의 소재지이자 제2야 전군 참모본부 소재지인 난징으로 갔다.

9월 말, 그는 새로 명명되며 다시 중국의 수도가 된 베이징으로 돌 아왔다. 최근 과로로 인한 심한 두통으로 고생했기 때문에, 이번에는 충 분히 쉬고 건강을 회복하는 데 우선순위를 두었다.[81] 베이징에서는 중국 인민정치협상회의가 열리고 있었다. 9월 30일, 이 회의는 덩을 중앙인민 정부CPG의 위원으로 선출했다. 마오는 중앙인민정부의 주석이 되었고, 부주석으로는 류샤오치, 주더 그리고 중국공산당에 열광적으로 헌신한 고故 쑨원의 부인 쑹칭링이 되었다.[82]

1949년 10월 1일에 그곳 베이징 톈안먼 광장에서 덩은 같이 투쟁 했던 류보청 그리고 다른 동지들과 함께 중화인민공화국 수립을 위한 의식에 참가했다. 그는 자금성 정문 위로 솟은 궁전 탑 아치 아래 마오 에게서 멀지 않은 곳에 섰고, 주석의 말 한마디 한마디를 열성적으로 받 아들였다. 마오는 "오늘 중화인민공화국 중앙인민정부가 수립되었다" 고 선포했다.[83] 덩은 확성기에서 나오는 영웅적 노래이자 새로운 국가 의 찬가인 〈의용군 행진곡〉에 귀 기울였고, 왼쪽 윗부분에 다섯 개의 노 란 별이 있는 오성홍기를 마오가 천천히 들어올리는 모습을 지켜보았 다. 그는 중앙의 큰 별이 공산당을 상징하고, 큰 별을 둘러싸며 우측으 로 반원을 그리는 작은 별들은 신민주주의 중국의 네 개의 주요 계급, 즉 노동자, 농민, 도시소자산계급 그리고 민족자산계급을 나타낸다는 것을 알고 있었다. 광장에 빽빽이 들어찬 사람들은 열광했다. 광장 위 로 천둥처럼 포성이 울렸다. 중국공산당 28년의 투쟁을 의미하는 28발 의 일제사격이었다.

혁명은 중국 대부분의 지역에서 승리를 거두었다. 덩은 이 승리에
결정적인 기여를 한 사람들의 선두에 서 있었다.

8

서남 지역의 책임자

★
★
★

10월 21일, 덩과 류보청은 그들의 고향 쓰촨성에서 새로운 작전을 앞둔 제2군으로 복귀했다. 공산주의자에 맞서 결사적인 일전을 벌일 각오로 수십만의 국민당 군대가 그 지역을 지키고 있었다. 제2군 역시 서남 지역의 구이저우, 광시, 윈난, 시캉 그리고 티베트국state of Tibet을 공산당이 지배할 수 있도록 하라는 임무를 부여받았다. 청 왕조의 몰락 이후 티베트는 1913년 7월 중국에서 독립했다고 선언했지만, 티베트를 국가로 인정하는 나라는 없었다. 1922년 7월, 중국공산당은 연방 원칙에 기반하여 "몽골, 티베트, 투르키스탄(신장)을 중화연방공화국으로 재통일"하는 것을 주요 임무의 하나로 선포하는 결의안을 통과시켰다.[1]

중앙군사위원회는 다가오는 1949년 5월 작전의 윤곽을 그렸고, 마오는 7월 중순 이 작전에 대해 덩과 직접 논의했다.[2] 8월 1일, 중앙위원회는 서남국을 설치하고 덩을 제1서기, 류보청을 제2서기, 허룽을 제3서기로 임명했다. 군사작전의 세부 사항을 완성하는 데에는 거의 석 달이 걸렸다.[3] 마침내 10월 22일, 제2군은 작전을 개시하고 충칭에서부터 장제스를 추격했는데, 충칭은 11월 말 공산당의 수중에 떨어졌다. 12월

8일, 덩은 빛나는 영광 속에 충칭으로 입성했다. 환영 인파 속의 누구도, 강한 의지를 가진 그 사령관에게서 오래전 머나먼 프랑스를 향해 충칭을 떠났던 그 지역 예비학교 졸업생, 수줍은 16세 청년의 모습을 알아보지는 못했을 것이다.

쥐린과 아이들은 충칭에서 덩과 만났다. 그녀의 회상에 따르면, "그들(덩과 류보청)은 서남쪽으로 작전을 수행하러 갈 때 가족들을 데리고 갈 생각이 없었어요. … 하지만 나는 (덩에게) '당신은 항상 우리를 '잊고', 관심도 갖지 않는데, 그러면 안 돼요! 이번엔 분명히 당신과 함께 가겠어요. 저는 공산당 당원이에요. 내 목을 걸고서라도 당신과 함께 가겠어요.' (이런 일이 있은 후) 그는 별 수 없이 우리가 따라가도록 해주었어요."[4] 쥐린과는 말싸움을 해봐야 소용이 없었고, 그녀는 임신 근 7개월임에도 길을 나섰다. 똑같이 의지가 강고한 여성으로서, 그녀는 원하는 것은 무엇이든 얻어냈다.

류보청의 아내는 네 아이를 데리고 쥐린은 세 아이를 데리고 함께 서남쪽으로 길을 떠났다. 그들은 두 대의 미제 지프차를 타고 울퉁불퉁하고 먼지 많은 길을 달렸다. 애들은 말을 안 들었고 계속 화장실에 가야 한다고 보챘다. "음, 남자애들은 차가 달리는 도중에도 그냥 볼 수 있겠지만, 여자애들은 어쩌죠?" 쥐린이 말했다. "어디 사원에서 요강 하나 찾아오면, 여자애들도 어떻게든 해결할 수 있겠죠."[5]

한편, 제2군은 다른 부대의 지원을 받아 장제스가 옮겨 간 청두를 포위했고, 12월 10일 장제스는 무너진 자신의 정부 잔여 세력과 함께 타이완으로 도망쳐야 했다. 대륙에서 패한 장과 그의 무장 세력들은 타이완에서 공산주의에 대한 투쟁을 이어나가기로 결심했다.

12월 27일, 청두가 함락되었다. 중국의 내전은 거의 끝이 났다. 승리한 공산주의자들은 이제 거의 모든 성들을 점령했다. 남아 있는 점령

대상은 시캉, 하이난섬, 티베트 그리고 타이완이었다. 그러나 타이완의 운명은 한국전쟁 발발 직후인 1950년 6월 말 타이완해협에 제7함대를 파견한 미국이 결정했다. 제7함대의 존재는 인민해방군 제3야전군의 타이완 침공을 막았고, 장제스로 하여금 미국의 도움으로 타이완을 반공 요새로 탈바꿈시킬 수 있게 했다.

티베트에서 미국은 무력했다. 장제스와 마오 모두 티베트를 중국의 일부라고 생각했고, 티베트의 독립을 지지하기 위한 국제사회의 개입 가능성은 없었다. 후일 달라이 라마는 이렇게 인정했다. "티베트인들은, 내 생각엔 비현실적으로, 미국에 너무 많은 것을 기대했다. … (만일 장제스가) 티베트의 독립을 지지하고 나섰다면 (그렇다면) 수백만 중국인들의 눈에 (장과 그의 정당은) 국치가 되었을 것이다."[6]

1947년, 티베트의 남쪽 인접국인 인도와 파키스탄의 독립을 승인한 영국은 1950년 1월 중화인민공화국을 승인했고, 영국의 옛 식민지들도 그 뒤를 따랐다. 이렇게 해서 마오는 자유롭게 손을 쓸 수 있게 되었다. 모스크바에서 스탈린과 협상을 벌이던 마오는 1950년 1월 10일 덩에게 전화를 걸어 이렇게 말했다. "영국, 인도 그리고 파키스탄이 우리를 인정한 바로 지금, 우리가 티베트에 들어갈 유리한 상황이 형성되었다." 그는 서남국에 "티베트를 해방하라"는 명령을 내렸다.[7]

그러나 중국의 지도자는 서둘러 무력을 쓰지 않았다. 달라이 라마는 중국 내에서 그리고 전 세계적으로 폭넓게 존경받고 있었다. 그런 이유로 마오는 신민주주의와 통일전선이라는 공식적 원칙들에 기반하여, 평화적 수단에 의한 티베트의 통일을 주장했고, 무력은 티베트 정부가 협상을 거부할 경우에 한해서 보조적 수단으로 사용한다는 입장이었다. 1949년 11월 말, 그는 "티베트 해방 문제는 내년 가을까지 그 해결이 미뤄져야 한다"고 제안했는데,[8] 이는 외교 전선에서 승리한 이후에도 그가 유지한 입장이었다.

그의 명령에 따라, 1950년 3월 말까지 류와 덩의 군대는 1949년 12월에 시작된 작전에서 쓰촨과 티베트 사이에 있는 시캉성의 동부만을 "해방시켰다." 잠시 동안 진샤강(양쯔강 상류의 이름)이 티베트와 중화인민공화국 사이의 국경이 되었다. 빈약하게 무장한 만 명 정도의 티베트 군대가 시캉 서부에 배치되었다.

마오와 저우언라이 총리의 특별대표들은 뉴델리에서 달라이 라마의 사절들과 수개월에 걸쳐 회담을 가졌다. 그러나 회담이 결론을 내지 못하자, 마오는 덩과 류에게 공격 명령을 내렸다.

1950년 10월 7일, 4만에 달하는 제2야전군 부대의 장교와 사병들이 진샤강을 건넜다. 목표는 티베트군 분쇄였는데 2주간의 혈전을 통해 쉽게 달성했다. 티베트 전사들이 5,700여 명이나 목숨을 잃었다.[9] 그 후 외교관들이 다시 문제를 넘겨받았다. 인민해방군은 라싸 동쪽 120킬로미터 지점에서 진군을 멈추고 티베트 포로들 사이에서 선전 업무에 초점을 맞췄다. 포로들은 사회주의와 그들의 "목"을 "깔고 앉아" 그들을 "모국에서 떼어"놓은, "긴 코, 둥근 파란 눈 그리고 하얀 피부의" 외국 악마들에 관해 훈계를 들었다.[10] 그러고 나서 그들은 집으로 돌아가도록 풀려났고 여비도 주어졌다. 중국군은 지역민들의 환심을 사려고 예의 바르게 행동하고 농부와 마을 사람들에게 취한 모든 것에 대해 돈을 지불했다. 누구에게도 강도질을 하지 않았고 사원을 더럽히지도 않았다. 도로를 수리하기까지 했다. "중국인들은 매우 규율이 잘 잡혀 있었다. 그들은 신중하게 계획했다"고 달라이 라마는 인정했다.[11]

한편, 티베트 정부는 중국의 침략에 저항하기 위해 국제적 지지를 얻으려 했지만 실패했다. 유엔, 미국, 영국 그리고 인도에 대한 호소는 회답을 얻지 못했다. 제5차 유엔 총회는 중국의 침략에 관한 논의를 만장일치로 거부했다. 세계는 티베트에 등을 돌렸다.

고립되고 무방비 상태에 놓인 티베트인들은 자신들이 마주한 비정한 현실을 받아들였다. 그들은 베이징에 대표단을 파견했고, 1951년 5월 23일, 중국 대표단은 그들에게 17조의 "티베트의 평화적 해방 방법에 관한 중앙인민정부와 티베트지방정부의 협의中央人民政府和西藏地方政府关于和平解放西藏办法的协议"를 제시했다. 문서에 적힌 바에 의하면, "티베트인들은 단결하여 티베트에서 제국주의 침략 세력을 축출한다. 티베트인들은 모국인 중화인민공화국의 대가정 속으로 돌아온다."[12] 협의 조건에 의하면 달라이 라마는 종교 및 대내적 문제(국방은 제외하고)에 있어 그 권위를 정식으로 유지하게 되며 인민해방군이 티베트에 들어가 협의의 이행을 돕기로 되어 있다. 중국 대표단은 티베트 대표단에 그럴 권한이 부여되지 않았음에도 불구하고 협의에 서명할 것을 요구했다. 그 후 문서는 베이징에서 장인들이 사전에 위조한 달라이 라마의 공식 직인이 찍혀 "진짜"가 되었다.

티베트를 돕기 위해 어떤 것도 하지 않던 미국은 이제 그 협의를 비준하지 말라고 달라이 라마를 설득하려 했고, 그에게 망명을 제안하기까지 했다. 당시 겨우 열다섯 살이었지만 이미 정치에 정통했던 달라이 라마는 1951년 10월 말 그 문서를 수용한다는 전보를 마오쩌둥에게 보냈다. "불에 탄 것은 불로 치유해야 한다"고 그는 현명하게 결정했다. 이 의미는 "문제는 동쪽, 중국인들에게서 생겼다. 문제를 처리하는 유일한 방법은 그곳으로 가서 이야기하는 것, 대화를 나누는 것이다."[13]

한편, 제1야전군 부대들은 티베트 서남 지역을 신속하게 점령했고, 류-덩의 병력은 총 한 방 쏘지 않고 라싸에 입성했다. 티베트의 "평화적 해방"은 완수되었다.[14] 덩은 원정에 참가하지 않았지만 류보청 그리고 허룽과 함께 전체 작전을 계획하고 직접 통제했다. 따라서 그 역시 승리를 축하할 수 있었다.

이때쯤 덩은 몇 가지 중요한 직위를 동시에 맡아 처리하고 있었다. 중앙인민정부의 위원, 제2야전군 정치위원 그리고 서남국 제1서기였을 뿐만 아니라 군 최고기관인 인민혁명군사위원회 위원 그리고 서남군구 정치위원이기도 했다. 1949년 12월부터는 충칭시의 시장직도 맡았다. 1950년 7월에는 서남 지역의 최고 정부기관인 서남군정위원회의 부주석이 되었는데, 쓰촨, 구이저우, 윈난 그리고 시캉 이렇게 네 개의 성을 포괄하는 지역이었다.[15] 이 지역 전체 면적은 90만 제곱킬로미터를 넘어, 텍사스와 오클라호마를 합한 것보다 컸다. 전체 인구는 여러 추산에 의하면 7000만에서 1억 5000만 사이였다.[16]

중화인민공화국은 당시 여섯 지역으로 나뉘었는데, 이 가운데 화둥, 중남, 서북 및 서남 등 네 지역에서 통치기구는 군정위원회라고 불렸다.[17] 이러한 구분은 1949년 9월 29일 중화인민공화국의 임시 헌법으로 채택된 중국인민정치협상회의 공동강령의 지시에 상응하는 것이었다.[18] 류샤오치는 이런 통치 형태를 "무자비하고, 직접적인 군사 독재"라고 규정했다.[19]

모든 공산주의 독재국가에서 그렇듯, 중국에서도 정부는 당에 종속되었다. 따라서 덩은 군정위원회의 부주석일 뿐이었음에도 당 지역국 제1서기라는 지위로 인해 그는 지역의 1인자였다. 게다가 지방이 너무 강력해질 것을(1912년 만주족 왕조의 붕괴 이후 그랬던 것처럼) 두려워한 마오는 당, 군-정 그리고 순수 군사력을 서남 지역의 가장 강력한 세 인물 사이에서 나누었다. 허룽은 군구를 이끌었고, 류보청은 군정위원회를, 덩은 서남국을 이끌었다. 그러나 그들 중에서도 주석에게 직접 보고를 했던 덩은 사실상 제한 없는 권력을 누렸다. 그가 나중에 회고했듯, "중화인민공화국의 수립 이후 처음 몇 년 동안, 중앙위원회는 지방의 조직들에게 독자적으로 문제를 처리하도록 광범위한 힘을 부여했다."[20]

티베트의 "해방" 이후, 덩의 서남국과 서남군정위원회는 자신들의 통제력을 티베트로도 확장시켰다.[21] 이제 220만 제곱킬로미터라는 광대한 지역이 덩의 통제하에 놓였다. 100만 티베트인들은 자신들의 전통과 믿음을 지닌 채 이미 다양한 1000만에서 3000만의 지방 소수민족 인구에 포함되었다. 정확한 숫자, 또는 얼마나 많은 뚜렷한 민족 그룹이 있는지는 아무도 몰랐다. 예를 들어, 덩은 윈난에 70개 이상의 소수민족이 있을 것으로 생각한 반면, 자료에 따르면 24개 또는 25개 소수민족이 있는 것으로 나타났다.[22] 그들 가운데 일부는 가모장제 그리고 씨족-부족 국가 단계에 있었다. 몇몇 지역에는 노예제가 존재했다. 버마와 라오스 접경 지역을 따라 정글에 살고 있는 일부 부족 사이에서는 식인 풍습이 있었다. 이들 거의 모두가 한족을 증오했다.

한족과 소수민족들의 압도적 다수가 문맹이었고 지독하게 가난했다. 사망률은 매우 높았다. 촌락과 작은 마을에는 전기가 들어오지 않았고, 도로 사정도 열악했다. 경작 가능한 토지 상당 부분이 양귀비 재배에 사용되었다. 도시에서는 실업이 만연했고, 다른 곳에서처럼 금융 시스템은 혼돈 상태였다.

한마디로 덩이 맡게 된 지역은 광대하고 인구가 과잉이며 경제적으로 낙후된 곳이었다. 중국공산당 지도자들은 프로파간다를 적당히 섞은 강압이 보다 밝은 미래를 향한 진전에 활기를 불어넣을 유일한 방법이라고 믿어 의심치 않았다.[23] "힘force은 새로운 사회를 잉태한 모든 구舊 사회의 산파다"라는 카를 마르크스의 말이 그들의 귓가에 울렸다.[24] 그들에게는 자신들이 따르고자 하는, 경의의 표시로 "큰 형님"이라 부른 사회주의 소련이라는 전례가 있었다.

그 지역 전역에 걸친 국민당 잔여 세력의 광범위한 저항도 공산주자들로 하여금 "붉은" 테러를 가할 충동을 부추겼다. 신랄한 지연전투가 서남 지역, 특히 장제스 병력의 마지막 본거지인 쓰촨과 윈난에서 벌어졌다. 무장투쟁은 공산주의자들이 지역 엘리트들을 축출하고 지방 차원에서 자신들의 권력을 확립한 이후인 1950년에 격렬해졌다. 내전을 겪는 동안 기회를 살피던 다양한 세력이 이제 공산당을 공격했다. 반란을 일으킨 자들이 정확히 얼마나 있었는지는 말하기 어렵다. 마오쩌둥의 주장에 따르면 1950년 중국 전체에 40만 이상의 "무법자들이 외딴 지역에 산재해 있었다."[25] 공안부의 공식 자료에 의하면, 서남 지역에만 수십만이 있었다.[26] 허룽과 덩은 그 지역에 수천 수만의 무법자들이 있다고 보고해 훨씬 낮은 수치를 내놓았다.[27] 그러나 허룽과 덩은 인민해방군에 대한 "광범위한" 군사작전이 일어나고 있으며, "서남의 쓰촨, 시캉, 윈난 그리고 구이저우 모든 지역을 포괄하고 있다"고도 보고했다. 후일, 덩은 9만의 국민당 정규군 장교와 병사들 그리고 9만의 완고한 "무법자들"이 공산주의자들에 대항해 싸우고 있었다고 회상했다.[28] 정확한 수치야 어찌됐든 반혁명 세력은 매우 많았고 끈질겼다.

1950년 3월, 중국공산당 중앙위원회는 "토비의 토벌과 새로운 혁명질서의 건립에 관한 지시关于剿灭土匪建立革命新秩序的指示" 그리고 "반혁명 활동 진압에 관한 지시关于镇压反革命活动的指示" 등 두 개의 결의안을 채택했다. 마오가 휴가였기 때문에 류샤오치가 당시 책임을 맡고 있었는데, 마오는 1949년 12월부터 1950년 2월까지 모스크바에서 스탈린과의 만남으로 받은 중압감에서 회복하고 있었다.[29] 마오는 돌아와서 이 결의안들이 충분히 엄하지 않다고 말하고 그의 동료들이 "과도한 관대"라는 우파의 착오를 범했다고 비난했다.[30] 그의 압력에 굴한 중앙위원회는 1950년 10월 10일에 "반혁명적 범죄"에 대한 처벌을 증가시키는 새로운 지시를 내놓았다.

서남 지역의 덩, 3만 당 간부 그리고 약 20만 지방 비非당 간부들은 중앙위원회의 그 결의들에 열렬하게 반응했다.[31] 10월 10일 이후, 그들은 미친 듯이 처형을 해댔다. 지역 보안기관들, 군부대들, 빈농-극빈자 민병대, 법원 직원들 그리고 검찰관들 모두 이 장기간에 걸친 피의 숙청에 참여했다.[32] 1950년 말과 1951년 초 사이에 쓰촨 서부에서 벌어진 처형의 규모가 그들이 행했던 극단을 보여준다. 1950년 11월, 1,188명이 그곳에서 처형되었다. 12월에는 942명, 1951년 1월에 1,309명, 2월에 3,030명, 3월에 1,076명, 4월에 844명이 처형되었다.[33] 6개월 만에 총 8,389명이 처형되었는데, 이는 하루 평균 46명이다(같은 기간 베이징에서는 총 700명만이 처형당했다[34]). 1951년 2월, 덩은 화난의 덩쯔후이邓子恢와 함께, 모든 반혁명주의자들의 반에서 3분의 2를 처형하는 것이 좋을 것이라고 주장했고, 3월 13일 마오에게 보고서를 보내 윈난 일부 지역의 지방 간부들 거의 90퍼센트가 "스파이들, 지주들 또는 기타 불순분자들"이라고 주석에게 알렸다. 쓰촨의 상황도 그를 괴롭혔다.[35]

덩의 지역을 집어삼킨 공개 처형의 물결은 너무 거대해서 주석은 직접 개입할 필요성을 느꼈다. 1951년 4월 30일 그는 덩에게 서신을 보냈다. "우리는 너무 많은 사람들을 죽여서는 안 된다. 너무 많이 죽이면, 우리는 대중의 공감을 잃게 될 것이고 노동력의 부족이 발생할 것이다." 주석은 새로운 지시를 내렸다. 시골에서는 천 명에 한 명 이상 처형하지 말고, 도시에서는 더 적게 처형할 것.[36]

일단 주석의 말이 떨어지자, 모두가 방침에 따랐다. 마오의 처형 제한제에 따라 덩과 그의 부하들은 점차 처형을 줄였다. 예를 들면, 쓰촨 서부 동일 지역에서 5월과 6월 초 10일 동안, 403명이 처형되었다.[37] '일 평균'이 9~10명으로 축소되었는데, 4분의 3 이상이 감소한 것이다.

반혁명분자들을 진압하기 위한 대중 캠페인 기간 내내 보수적인 공식 통계에 의하면 1951년 말까지 중국 전체에서 200만 명 이상이 처형되었다. 또 다른 200만 명은 투옥되거나 노동수용소로 이송되었다.[38] 희생자 가운데 많은 이들은 중국공산당을 반대하지 않았음에도 허위 고소로 인해 처형되었다.[39]

서남 지역과 중국 전역에 걸쳐, 1950년 6월 28일의 새로운 토지개혁법 공포에 따른 토지개혁의 실행은 엄청난 과잉이 특징이었다. 이후 2년 반에 걸쳐, 서남국은 열심히 이 조치를 실행했는데, 마오의 표현에 따르면, 이는 "지주계급 전체를 전복하기 위한 것"이었다.[40] 동 개혁은 위로부터의 농지 혁명이었다. 대부분의 농부들은 여전히 소극적이었기 때문에, 당 특별행동단체가 시골로 파견되어 대부분 극빈자 그리고 토지 없는 농촌 노동자들로 구성된 "공농연맹"을 조직했다. 그들의 임무는 그들이 지주로 본 모든 사람들을 폭력적으로 다루는 것이었다. 새로운 법은 부농의 토지에 대한 몰수를 공식적으로 금지했는데, 마오가 "반*봉건적 부농 문제의 해결을 몇 년간 유예하는 것"이 필요하다고 생각했기 때문이다.[41] 그러나 지주의 재산만으로 모든 빈농들의 토지 수요를 충족시키지 못할 경우에는 최소 자산 소유자들도 강탈당했다. 이런 일은 지주 재산이 전체의 60퍼센트를 차지한 쓰촨을 포함하여 거의 모든 곳에서 발생했다.[42] 토지를 수용당한 부농들은 편리하게 "반혁명주의자들"로 불렸는데, 법이 그들의 재산은 몰수할 수 있도록 했기 때문이다. 공산주의자들의 행위는 그들 스스로 발표한 정책과 명백히 모순되는 것이었다. 부농들의 숫자는 실제로 줄어들었다. 씨족 사원을 포함한 사원, 수도원, 교회, 학교 그리고 문중에 속한 토지와 산업가 그리고 상인들에게 속한 토지도 몰수되었다. 사형 선고 권한이 승인된 졸속적 "인민 재판소"가 마을에 설치되었다. 공산주의자들의 탈취에 저항했던 많은 사람이 총살당하거나 강제수용소로 유배되었다.

일찍이 1951년 5월에 덩은 1단계 개혁이 완수되었다고 마오에게 보고했다. 그때쯤 서남 지역의 공산주의자들은 토지가 없는 1,350만 농민과 극빈자들에게 토지를 분배했고, "법을 어기는 지주들을 벌하고, 빈농들과 농장 노동자들을 (투쟁하도록) 일깨우고 … 반혁명주의자들을 진압했다."[43] "매우 극심한, 역사상 유례없는 투쟁" (마오가 중국의 토지 분배를 특징지은 바에 따르면[44]) 속에서, 전환점이 생겼고 마오는 도취되었다. 마오는 덩의 보고서에 다음과 같은 논평을 휘갈겨 썼다. "모든 것이 아주 좋다! 축하할 만하다! 실행되지 않은 곳에서는 이렇게 실행되어야 한다. … 모든 것이 제대로 됐고, 우리는 모든 곳에서 이렇게 해야 한다." 그는 "샤오핑 동지의 보고는 매우 훌륭하다!"라고 동료들에게 알렸다.[45] 지역 리더들 모두 그런 평가를 받지는 않았다. 예를 들어, 마오는 화난의 최고위자 예젠잉이 지역 지주들에게 "너무 관대하다"며 비판했다.[46]

마오쩌둥은 또한 소수민족들 사이에서 농지 문제를 해결하기 위한 접근법에 대해서도 덩을 칭찬했다. 소수민족에 관해서 신중하게 추진하라는 마오의 지시를 따라, 덩은 일부 당 간부들의 불만에도 불구하고 소수민족 지역에서 점진적인 전환 과정을 감독했다. 티베트에서 토지개혁은 중단되어 있었다. 그는 "일부 동지들은 계급적 입장이 그곳에서는 다르게 나타난다는 것을 이해하지 못한 채, 이렇게 하면 자신들의 계급적 입장을 잃을지 모른다고 걱정한다"고 말했다. "올바른 계급적 입장은 무엇인가? 그것은 현 시점에서 계급투쟁에 착수하지 않는 것이며, 대신에 민족의 통합을 이루는 것이다."[47] 덩과 서남국은 신설 민족학원을 포함하여 서남에 있는 교육기관들에 대량의 소수민족들이 와서 교육받는 것을 환영했다. 1952년 10월까지 2만 5,000명의 소수민족 간부들이 볼셰비키식 교육을 받았다.[48]

1951년 6월에 시작된 토지개혁 제2 단계에서는 추가적으로 2500만의 농장 노동자들에게 토지가 주어졌고, 1952년 여름까지 4500만의 토지 없는 농민들이 제3 단계에서 추가적으로 토지를 배분받았다. 덩은 베이징에 "서남에서의 토지개혁은 기본적으로 완료되었다고 할 수 있다"고 보고했다.[49] 4단계 토지개혁이 끝난 1953년 봄까지는 나머지 1600만 가운데 1000만의 농민이 자기 땅을 가진 이른바 중농이 되었다.[50] 모두 소수민족인 나머지 600만은 1950년대 중반까지 토지개혁을 겪지 않았다.

다음 차례는 혁명의 숫돌의 골간이 될 도시 소자산계급이었다. 중화인민공화국 수립 첫해에, 그들은 이성적이고 온건한 신민주주의 정책 덕분에 자신들의 생산 가치를 1.5배 증가시켰고 기록적인 이득을 얻었다.[51] 도약적인 생산에 기뻐하는 대신, 마오는 자산계급이 번창하고 있다는 것이 불안했다. 그래서 그는 그들에게 심각한 타격을 입히기로 결정했다. 계급충돌의 논리는 이런 것이었다. "지주계급과 관료-자산계급을 전복시킨 이후, 노동계급과 민족자산계급 사이의 모순이 중국의 주요 모순이 되었다."[52] 항상 지도자의 "현명한 지시"에 확실히 따르려 했던 덩은 동의했다.

1951년 말과 1952년 초, 덩은 서남 지역에서 "자산계급 분자들"에 대한 탄압운동을 전개했다.[53] "3반反"운동은 자산계급에 의한 관료주의의 부패를 겨냥했으며, "5반反"은 사유 기업을 겨냥한 것이었다.[54] 공산주의자들은 자산계급에게서 막대한 기부금을 강탈함으로써 그들의 경제적 지위를 잠식시켰다. 표적이 된 개인들은 적대적인 군중 앞으로 끌려나가 공개적으로 모욕을 당했으며, 그중 많은 이들이 정의를 조롱하는 재판 이후 총살당했다.

다른 지역의 지도자들도 덩과 똑같이 행동했다. 결국 마오 자신도 노선 변경을 지시해야 한다고 느꼈다. 1952년 봄 정치국회의에서 마오는 이렇게 주장했다.

우리는 아직 사회주의가 아니라 신민주주의(그는 오랫동안 이 용어를 잊고 있었던 것 같지만, 이제는 갑자기 그것을 기억했다) 체제다. 우리는 자산계급의 약화에 찬성하지만, 숙청에 찬성하지는 않는다. 몇 달 동안 두들겨 패고, 양지로 다시 끌어낼 필요는 있지만, 그들을 공공연히 계속 때리고, 파멸시켜서는 안 된다.[55]

그럼에도 1952년 9월까지 국가 자본의 산업 내 비중은 67.3퍼센트로, 통상 내 비중은 40퍼센트로 증가했다. 사회주의 부문이 이미 중국 경제를 장악했다.[56]

마오의 지도에 따라 덩도 금융-경제 영역에서 성공을 거두었다. 리처드 에번스에 따르면, "지역 인플레율은 전국 인플레율과 함께 떨어졌는데, 1951년 수십만의 1에서 20퍼센트로 그리고 1952년 10퍼센트 한참 밑으로 하락했다."[57]

덩은 또한 1950년 5월 마오가 공산당 당원들에 대한 검증과 재등록을 지시했을 때, 마오를 중심으로 지지했다. 당에 침투한 추정상의 "이질" 분자들을 제거하는 것이 그 목적이었다. 덩은 충칭의 공산주의자들에게 그 운동이 "주로 사상과 업무 기풍에 대한 확인, 우리 동지들이 당의 혁명적 대의에 대해 어떤 태도를 갖고 있는가 그리고 … 업무를 잘 수행했고 마오쩌둥 사상에 부합되게 행동했는가의 여부를 본다는 것을 의미한다. 그 목적은 사상과 정치에 관해서 혼란을 극복하고 통일을 성취하기 위함이다"라고 설명했다.[58] 1953년까지 전국의 당원 가운데 10퍼센트가 제명되었다. 덩은 이 인상적인 결과를 성취하는 데에 관여했다.

당의 활동가들에게 그가 한 연설에는 공산주의자들은 스스로 도덕적 본보기를 보임으로써 높은 기준을 설정해야 한다고 강조하는 내용을 담고 있다. "당원은 검소하게 행동하고 생활하는 … 올바른 업무 기풍을 가져야 한다."⁵⁹ 그러나 이런 그의 말은 자신이 아닌 다른 사람들을 향한 것이었다. 충칭에 살던 2년 반 동안 덩은 다른 당 지도자들처럼 게릴라 금욕주의를 도시의 안락함과 맞바꾸었다. 그와 그의 가족은 처음에 이전에 국민당에 속해 있던 2층 건물의 한 층 전체를 사용했다. 다른 층은 처음에는 류보청의 가족들이, 그리고 나중에는 허룽과 그의 가족들이 썼다. 덩과 줘린은 유쾌한 성격의 허룽 그리고 그의 가족들과 금세 아주 친한 관계가 되었다. 그러나 덩과 그의 가족들은 곧 서남국의 널찍한 신축 사무실로 이사했는데, 사무실에는 당시에는 희귀한 사치품이던 에어컨이 갖춰져 있었다. 덩은 잘 먹기를 좋아했지만 줘린의 요리 솜씨는 그저 그런 수준이었다. 그래서 특별 요리사가 덩 가족의 식사를 준비했다. 덩은 시간이 나면 당구를 즐겼는데, 이 게임의 미묘한 부분들을 가르쳐 주는 강사를 고용하기까지 했다. 여러 해 뒤, 1960년대 후반의 문화대혁명 당시에 덩을 혐오했던 홍위병들은 이렇게 고발했다. "그는 특별한 음식을 먹고, 특별한 숙소에서 살고, 가장 좋은 것들을 즐겼다."⁶⁰

물론, 물질적 측면에서라면 이것은 과장이었다. 스위스 롤렉스 시계와 고급 갈색 울 스웨터를 제외하면, 덩은 사치품을 소유하지 않았다. 내전 기간에 그는 일종의 전리품으로 파커 만년필을 갖게 되었지만, 1949년 여름 상하이에서 소매치기를 당했다. 덩은 생을 마감할 때까지 그 만년필을 잃게 된 것을 후회했고, 상하이를 방문할 때마다 이렇게 중얼거리곤 했다. "상하이의 소매치기는 끔찍했다."⁶¹

덩은 사실상 당복을 수수하게 입었다. 마오와 다른 모든 고위 지도자들처럼, 그는 칙칙한 색깔의 자켓(여름에는 면, 겨울에는 패딩을 한)을 입었는데, 목까지 단추를 채웠고, 주머니 네 개가 달린 헐렁한 바지를 입었다. 덩의 모자는 노동자들이 쓰는 평범한 부드러운 모자였다.

그의 가족들도 전부 같은 방식으로 옷을 입었는데, 아이들도 평범한 또래들과 다르지 않았다. 쥐린 역시 아무런 장식이 없는 당 스타일을 선호했다. 충칭에 정착한 이후 그녀는 자신이 설립한 기숙학교의 여교장으로 일했다. 표면상으로는 모두에게 열려 있었지만, 사실상 그 학교는 서남국과 군정위원회 고위 간부들의 자녀들만을 위한 것이었다. 쥐린은 교육과정, 훈련, 90명 학생들의 휴식 시간, 복장 규정, 영양 등 모든 것을 감독했다. 교사가 부족했기 때문에 쥐린도 몇 과목을 가르쳤다. 중국어, 산수 그리고 자신이 음치임에도 불구하고 음악까지. 학생들 중에는 자신의 아이들, 즉 덩린, 푸팡, 심지어 다섯 살배기 덩난까지 있었다.

덩과 쥐는 충칭에 더 많은 아이들이 있었다. 1950년 1월 25일, 그들의 셋째 딸이 세상에 나왔는데, 머리에 난 담색의, 솜털 머리카락 때문에 마오마오毛毛(털복숭이)라고 불렸다. 많은 중국 부모들은 이 이름으로 다정하게 그들의 갓난아기를 불렀다. 아름다운 나무의 이름을 따서 딸의 이름을 짓는 가족의 전통에 따라 쥐린은 셋째 딸에게 덩룽邓榕(덩 "용수나무")이라는 정식 이름을 지어주었다. 이 이름에는 심오한 뜻이 있었다. 싯다르타 고타마는 용수나무 아래에 앉아 있는 동안 부처가 되었다. 따라서 불교에서 용수나무는 보리(깨달음)수다. 비록 덩과 쥐린은 불자라고 하기는 어렵지만, 불교의 상징은 중국인인 그들에게 무엇인가 의미가 있었다. 일 년 반 뒤인 1951년 8월, 둘째 아들 즈팡质方이 태어났다. 하지만 그의 어린 시절에 가족들 모두는 좀 활기찬 성격 때문에 그를 페이페이飞飞(가만히 있지 못하는)라고 불렀다.[62]

쥐린은 부담이 매우 컸기 때문에 이 마지막 아이를 원치 않았다. 그녀는 덩룽을 낳고 한 달 만에 학교에서 일을 시작했다. 그녀는 제2군 의무수석에게 유산을 요청했다. 그러나 의무수석은 "아들일 수도 있어요!"라고 말했다. 중국에서는 아들을 항상 딸보다 선호했다는 사실이 기억날 것이다. 그래서 마오마오의 기록에 따르면, "그의 말 덕분에 나의 남동생 페이페이는 이 세상에 나왔다."[62]

덩샤오핑의 계모이자 이미 세상을 떠난 부친의 부인인 샤보건도 당시에 그녀의 막내딸 셴췬과 함께 덩의 집에 살고 있었다. 셴췬은 호감이 가고 얌전한 여자아이였으며 덩이 중학교에 보내주었다. 샤보건은 덩보다 겨우 다섯 살 위였다. 나긋나긋한 말씨에 친절하고 근면한 샤보건은 처음부터 줘린과 잘 맞았고, 줘는 마음 편히 샤보건에게 집과 아이들을 맡기고 일터로 갔다.

1950년, 다른 몇몇 친척들이 "덩의 날개 밑에서" 쉴 자리를 찾았다. 덩 자신이 파이팡에 살고 있던 그들을 초대했다.[63] 다른 친척들은 스스로 찾아왔다. 덩은 그들 모두를 잘 돌보았다. 그는 중국공산당을 위해 일하던 자신의 동생 셴수(덩컨)를 충칭시 부시장으로 채용했다. 의붓누이 셴푸를 동남군정 대학에 보내 공부시키고, 이후 당 기관에 일자리를 마련해주었다.[64] 그는 처음에 오랫동안 집안의 재정을 맡았던 아편 중독자인 동생 셴즈를 약물치료소로 보냈다. 그 후 셴즈를 구이저우의 한 현의 관리로 취직시켜주었다. 또한 의붓형제인 셴칭을 돌봐 주고 좋은 일자리를 찾아주었다.

요컨대, 그는 가족들 전부를 따뜻하게 대했는데, 아마도 그들에게 관심을 갖지 못했던 긴 세월을 보상하려 했던 것인지 모른다. 그러나 그뿐만이 아니었다. 그는 잠재적 위험에서 자기 가족을 구하고 있었다. 1950년에 시작된 토지개혁 기간에 파이팡의 빈농들은 덩셴즈가 서남국 지도자인 덩의 동생이었음에도 지주였던 그와 확실히 "셈을 치르"고자 했을 것이다. 그들은 또한 "옛 영지"에 살고 있던 샤보건과 덩 집안의 나머지 가족들도 목표로 삼으려 했을 것이다. 덩샤오핑까지 그 피해를 볼 가능성도 없지 않았다. 누군가 마오에게 귀띔하겠다는 생각도 했을지 모른다(여담이지만, 셴즈를 약물치료소에 보낼 때, 덩은 셴즈에게 성과 이름을 바꾸라고 했다. 셴즈는 파이팡에서 대지주로 간주되었을 뿐만 아니라 국민당 밑에서 지역 사무실 주임으로도 일했기 때문이다).

물론, 수 년 뒤 문화대혁명 기간에 홍위병들이 덩의 모든 행위를 폭로했다. 그들은 "덩샤오핑은 지주인 자신의 계모 그리고 그의 지주 친척들을 충칭에 있는 새로운 숙소들로 이주시켰다"며 분개했다. "덩샤오핑은 수치심이라고는 조금도 없는 지주계급의 진정한 효자다."[65]

그러나 중국 농촌을 휩쓴 무시무시한 대학살의 물결은 덩의 친척들을 해치지 않았다. 그는 솜씨 좋게 가족의 문제를 해결했다.

한편, 중국공산당 창립 31주년인 1952년 7월 1일, 덩은 그가 착수한 충칭과 청두 사이의 철도연결 개시식에 참석했다. 그는 작고한 아버지 원밍이 꿈꿨던 이 프로젝트를 지극히 자랑스러워했다. 플랫폼에 선 덩은 커다란 검정색 기관차가 칙칙폭폭 소리를 내며 충칭 기차역으로 들어오자 활짝 미소 지었다. 산업화하는 중국이 엄청난 변화의 길에 오른 것이다.

곡물 다발로 테를 두른 마오의 초상이 기관차의 맨 앞을 장식했다. 마치 충실한 자신의 제자를 축하하기 위해 지도자 자신이 충칭에 온 것 같았다. 사실 당과 국가 지도자인 마오는 지금까지 충실히 자신의 길을 따라 온 덩에게 확실히 만족스러워했다.

9
베이징 경마장

1952년 7월 말, 마오는 덩을 베이징으로 이동시키고 점진적으로 그를 자신의 내부자 서클로 끌어들였다. 주석은 활동적이고 여전히 다소 젊은 그 쓰촨인을 점점 좋아하게 되었다(당시 덩은 마흔여덟 세였다). 8월 7일, 마오는 그를 정무원 총리 저우언라이의 부총리 다섯 명 가운데 하나로 임명했다. 그때까지 부총리 네 명 가운데 두 명은 공산주의자가 아니었다. 또 한 명의 공산주의자인 덩을 임명함으로써, 마오는 신민주주의의 시기가 끝날 것이라는 신호를 보내고 있었다. 곧 중국은 사회주의 건설이라는 새로운 단계로 접어들 것이었다. 마오는 또한 소비에트 백과사전 신판에 전기傳記가 실리게 될 중국 최고 지도자 21인의 명단에 덩을 포함시켰는데, 이는 공산주의 세계에서는 상당한 영광이었다.[1]

덩은 쥐린과 아이들, 할머니 샤보건 그리고 이복동생 덩셴천과 함께 수도 베이징으로 떠났다. 그들은 최고 지도자들의 주거지인 중난하이에서 멀지 않은 아늑한 집에 자리 잡았다. 오직 정치국 위원들만이 청 제국의 자금성 근처에 있는 옛 황궁 단지의 일부인 중난하이에서 살았는데, 덩은 아직 정치국 위원이 아니었다.

덩의 새로운 이웃은 같은 성 출신이자 옛 전우인 녜룽전으로, 당시 인민해방군 총참모부 부참모장이자 화베이 군구 사령관이었다. 녜룽전은 매우 대접을 잘해주었고, 그의 요리사는 훌륭한 쓰촨 요리를 준비했다. 그래서 덩과 그의 가족은 "거기서 '공짜' 음식을 즐기"고 그가 즐기는 독주도 한 잔 하러 자주 들렀다. 녜는 알콜중독자는 아니었지만, 저녁식사 전에 꼭 한 잔씩을 즐겼다.[2]

많은 옛 친구들, 특히 저우언라이가 이제 베이징에 모였기 때문에 덩은 자기 본령에 있게 되었다. 축제의 분위기가 혁명의 수도를 지배했다. 붉은 깃발들이 펄럭였고, 확성기에서는 군악이 울려퍼졌으며, 슬로건과 포스터들이 집 벽에 내걸렸다. 그러나 도로에는 자동차가 거의 없었는데, 중국은 아직 자동차 산업이 없었고 소련에서 비교적 극소수의 차와 트럭만이 수입되고 있었기 때문이었다.

1952년 하반기와 1953년 상반기에, 마오는 다른 몇몇의 지역 리더들을 베이징으로 이동시켜 국가와 당 조직의 고위직으로 임명했다. 동북국 주석인 정치국 위원 까오강은 국가계획위원회 주석이 되었고, 라오수스는 중앙위원회 조직부 부장, 덩쯔후이鄧子恢는 농촌공작부 부장이 되었다. 그 이전인 1950년 9월, 마오는 시중쉰習仲勛을 베이징으로 이동시켰는데, 처음에는 선전부 부장으로, 나중에는 정무원 비서장으로 그를 임명했다. 시중쉰을 제외하고 덩은 이들 모두를 아주 잘 알았다. 권력의 회랑에서 덩, 까오, 라오, 덩쯔후이 그리고 시중쉰 등 다섯 명은 "수도로 질주하는 다섯 마리의 말"로 불렸다. 까오는 "1등으로 달리는 말"이라 불렸는데, 다섯 명 가운데 가장 큰 권력을 부여받았기 때문이었다.[3]

중국 역사를 통해 익숙한 현상인 과도한 지역주의를 두려워한 마오 주석은 곧 모든 군정위원회와 당 지역국을 철폐시켰다. 그는 옛 지역 리더들로 중앙의 리더십을 강화했는데, 분명히 그들을 가까이 두고자 했다.

이때쯤 중국공산당 지도부 내부에서 사회주의 건설로의 신속한 전환을 선호한 신임 당 대리 까오강과, 점진주의를 선호한 마오의 현임 당 대리인 류샤오치 사이에 균열이 나타났다. 경제발전을 책임진 저우 총리는 류 쪽으로 기운 반면, 마오는 까오를 한편에, 류와 저우를 다른 한편에 두고 그 사이에서 저울질을 했다.

마오는 물론 좌파였고, 그래서 류샤오치의 시각보다는 까오강의 시각에 가까웠다. 그러나 마오가 관심이 있던 물질적·정치적 원조를 제공할 스탈린은 마오로 하여금 신민주주의를 버리고 사회주의로 신속하게 전환하도록 허락하지 않으려 했다. 스탈린의 신중함은 본능적이었다. 그는 산업화된 공산주의 중국이 공산주의 세계에서 자신의 리더십에 위협을 가할 수 있다는 것을 직관적으로 인식했다. 그런 이유로, 자신의 동맹에게 필수적인 원조를 제한적으로나마 제공하고 있던 크렘린의 독재자는 마오를 자신에게 묶어두었다. 중국공산당의 전술적 경로는 스탈린의 정치적 노선에 종속되었다.[4] 1940년대 말과 1950년대 초, 마오는 자신의 선천적인 좌파주의와 모스크바에서 부과된 온건주의 사이에서 오락가락하며 일관되지 않게 행동했다.

따라서 마오는 까오, 류, 저우를 번갈아가며 비난했다. 그래서 1949년 5월 까오강의 좌파 모험주의를 신랄하게 비난하며 류샤오치를 지지했다.[5] 그러나 2년 반 후, 까오는 중국 내의 자본주의자들에 대한 투쟁을 전개하도록 마오를 설득했다.[6] 마오는 또한 만주에서의 농업조합운동 촉진을 옹호하는 까오강의 좌파주의 보고를 지지하고 반대 노선을 취한 류샤오치를 통렬하게 비난했다.[7] 그 후 1952년 봄, 마오는 생각을 바꾼 듯 "경제발전과 인민의 복지를 위해 민간자본을 더욱 활용"할 필요성을 재확인했다.[8]

마오는 항상 연기에 능했다. 이제 그는 인민의 황제 역할을 하면서 그의 심기를 헤아리기 어려워하는 부하들을 갖고 노는 것을 즐겼다. 불가해한 철학적 금언들을 주기적으로 내뱉는 도교 현자의 스타일을 가장했고 고전을 인용해 자신의 말에 양념을 더했다. 고의로 문제를 애매하게 만들고 종종 자신이 물러날 시간이 왔다고 주장했다. 은퇴를 언급할 때 마오는 스탈린의 예를 따르고 있었다. 소비에트의 독재자는 다시 조신들의 반응을 알아보기 위한 수단으로 은퇴를 가장한 이반 4세를 자신의 모델로 삼았다.[9] 물론, 그들의 동료들 가운데 누구도 스탈린 또는 마오쩌둥의 은퇴를 허락하려 하지 않을 것이다. 그 "위대한 지도자들"의 측근들은 고양이가 쥐를 놀리는 게임(마지막까지 공격의 수를 늦추지 않는 전술)을 재빠르게 파악했지만 그 늙은 독재자들이 다음에 무엇을 들고 나올지 예상할 수가 없었다.

베이징에서 덩은 그렇게 고조된 분위기에서 일했다. 그는 이제 거의 매일같이, 좀 더 정확히는 매일 저녁 혹은 매일 밤 마오와 만났는데, 주석이 보통 오후 4시나 5시쯤 일어나서 아침까지 일했기 때문이다. 마오는 대개 중난하이에서 덩과 그 밖의 "당 동지들"을 맞이했다. 그는 자신의 개인 가옥에서 책더미가 쌓인 거대한 침대에 앉아 그들의 보고를 듣고, 문서 작업을 하고, 주기적으로 불길한 조짐이 보이는 말들을 했다. 가끔은 인접한 부속 건물에서 회의를 열었는데, 그곳에서 보고를 들으며 아침을 먹거나 식사를 하곤 했다. 에티켓 그리고 언어적 명확성을 비웃으며, 다양한 주제에 대해 수수께끼 같은 의견을 표명하곤 했다.

덩의 주된 업무는 따라서 언제 어느 특정한 때라도 보스가 진정으로 원하는 것이 무엇인지를 추측해서 알아내는 것이었다. 그런 것이 전체주의 국가 중국, 소련, 그리고 강력한 성격의 인물들이 국가를 지배하는 모든 곳에서의 정치술이었다. 덩은 경합하는 지도자들 중에서 마오 이외의 어떤 지도자에게도 속할 수 없었지만—까오강 또는 류사오치, 저우언라이에게도―그들 모두와 좋은 관계를 유지해야만 했다. 그는 바람이 부는 방향을 알아내고 위대한 조타수가 가리키는 방향으로 침로를 고정시켜야 했다. 이 당시 덩은 이 점을 매우 잘 이해했다. 청두에서 베이징으로 가는 길에 딸 덩난이 던진 "아빠, 쓰촨에서 모두가 아빠를 '머리'라고 불렀는데, 베이징에서는 사람들이 아빠를 뭐라고 부를까요?"라는 질문에 그가 "발"이라고 대답한 것은 우연이 아니었다.[10] 그것이 바로 주석이 이제 그에게 영원히 되라고 요구한 것이었다. 그의 튼튼한 발.

이 생각은 1952년 가을과 겨울에 덩에게 각인되었다. 9월에 마오는 제19차 소련공산당 대표대회에 류샤오치가 이끄는 대표단을 보냈다. 임무는 스탈린이 중국에서 자본주의가 수명을 다해 가고 있으므로, 사회주의 건설을 시작할 시기라고 생각하는지 결정하는 것이었다. 10월에 류가 가지고 온 대답은 마오를 만족시키지 못했다. 비록 스탈린은 중국에서 사회주의 건설이 시작될 수 있다고 최종적으로 동의했지만, "점진적으로" 행동할 필요가 있다고 주장했다. 그는 마오에게 "중국은 집단화 시기에 있어 소련보다 더 유리한 위치에 있으므로, 농업의 협동 조합화와 집단화를 서두르지 말도록" 조언했다.[11]

그 권고의 애매함으로 인해 류샤오치와 저우언라이는 "점진적으로" 그리고 "서두르지 말도록"이라는 단어들을 강조하며 자신들의 입맛에 맞게 그 권고를 해석할 수 있었다. 마오는 그때 좌파 까오강을 국가계획위원회 주석으로 베이징으로 전근시키고, 류와 저우의 "보수주의"에 관해 까오에게 불만을 토로하며 그를 부추겨 당 내부의 "우파 기회주의"에 대항한 운동을 전개하도록 했다.[12]

후자의 계기가 된 것은 1952년 12월 31일 당 핵심 기관지인 〈인민일보〉에 실린 새로운 세제 초안으로, 재정부장 보이보가 준비하고 정무원 회의에서 닷새 전 채택되었다.[13] 이 법은 모든 형태의 재산에 일률적인 세금을 부과함으로써 국유 및 협동조합 기업들에게서 세금 혜택을 박탈하고, 민간자본 부문에 경쟁에 유리한 조건을 제공했다. 신민주주의 원칙에 따른 개편이었다.

재정부장 보이보를 잘 알던 덩은, 마오 역시 이 온건한 접근법을 지지했다고 믿을 만한 이유가 있었다. 최근에 덩은 자본계급을 겨누어온 3반 및 5반 운동이 중지되어야 한다고 마오 주석에게 직접 제안했고, 마오는 전적인 지지를 표한 적이 있었다.[14] 그러나 세제 초안을 읽던 중에 마오는 갑자기 분노했다. 그 문서는 중앙위원회 주요 인사의 허가를 거치지 않았고, 자신은 개인적으로 그것에 대해 전혀 알지 못했다. 1953년 1월 15일, 마오는 저우언라이, 덩, 천윈, 보이보에게 격분에 찬 서신을 보내 사유기업의 부활에 반대한다는 의견을 표명했다.[15] 그는 그 문서의 초안자가 "자본계급 의식"을 드러냈고, "우파 기회주의의 착오"를 범하고 있다고 믿었다.[16]

주석의 그런 반응을 예상하지 못한 저우, 덩, 천, 보는 당황했다. 마오의 기분이 그렇게 급작스럽게 바뀌리라고 누가 생각했겠는가? 총리로서 저우는 마오에게 충성을 확언하고 상황을 처리하겠다고 약속했다.[17] 그러나 마오는 계속 화가 나 있었다. 1953년 2월 16일, 그는 〈인민일보〉에 "우파적 일탈"에 대한 비판을 담은 까오강에게 보내는 개인 서신을 실었다.[18] 3월에 마오는 저우의 통제에서 여덟 개 주요 산업 부처를 빼앗아 까오강에게 배정하며 정부를 개편했는데, 결과적으로 까오강의 주가가 치솟게 되었다. 비록 중요성에 있어 부차적이기는 하지만, 인민감찰위원회, 민족사무위원회, 철도부, 우정국, 통신부 그리고 조직부 등 몇몇 부서도 덩의 휘하에 들어갔다.[19] 1953년 여름, 마오는 재정 및 경제 업무에 관한 전국 회의를 계획하기 시작했는데, 여기서 그는 모든 "우파주의자", 특히 그중에서도 가장 강력한 류샤오치의 정체를 폭로할 작정이었다.

마오는 까오강으로 하여금 저우, 덩과 함께 회의를 주재하도록 했다.[20] 1953년 6월 15일 정치국 회의에서 위대한 조타수는 류샤오치와 그외의 당 관리들이 "신민주주의 사회질서"를 "굳건하게" 수립하려고 했다고 비판함으로써 회의의 전반적인 사상적 분위기를 정했다.[21] (6월 13일부터 8월 13일까지 열린) 비공개회의 그 자체에서 세제뿐만 아니라 중국공산당의 전반적 정치 전략에 대해서도 대격론이 벌어졌다. 까오강의 주요 보고를 포함한 몇몇 보고를 들은 후, 모두 보이보 비판에 동참했다.

마오가 지도부 "2선"으로 물러난 후 공산당의 리더가 되기를 갈망했던 까오강이 가장 적극적이었다. 그때쯤 그는 류샤오치와 저우언라이에 대한 비방과 함께 자신이 스탈린에게 직접 지지를 받는다고 암시하기 시작했다.[22] 보이보를 신랄하게 공격한 그의 실제 목표는 류샤오치였다(그러나 마오는 까오가 류를 직접 비난하지 못하도록 했다). 그러나 류 자신을 포함한 모두 까오강이 무슨 짓을 하고 있는지 알고 있었다. 류는 보가 "원칙의 오류", 즉 사실상 중국 공산주의 운동에 있어 사형에 해당하는 범죄인 당의 노선에 반하는 투쟁이라는 오류를 저질렀다고 비난했다.[23]

까오강이 마오의 지시로 움직였는지 아무도 몰랐기 때문에, "온건주의자들"에게 위협적인 상황이었다. 7월 7일, 저우는 마오쩌둥에게 지시를 요청하는 서신을 보냈다. 류와 저우를 직위에서 해제할 생각이 없던 마오는 그들이 몹시 두려워하고 있다는 것을 알고 중재자로 나섰다. 그는 단지 그들에게 집에서 주인이 누구인지 상기시켜주고 싶을 뿐이었다. 자신의 뜻을 알린 그는 이제 자신의 승리를 음미할 수 있었다. 까오강의 행동을 전해 들은 마오는 저우에게 대답했다. "투쟁을 공개적으로 행해 문제를 해결해야 한다. … 앞에서 입을 다물고 뒤에서 지껄이며, 빈정대고, 직접 지적하지 않고 은밀하게 암시하는 것은 적절하지 않다."[24]

저우는 이 "계시"를 보, 류 그리고 덩에게 즉시 전달했고, 이들은 무엇을 해야 할지 알았다. 그들은 회의 발언에 나서서 공개적으로 자신들의 과오를 시인했다.[25] 자신의 몫으로 저우는 토론을 요약하고 스스로의 "정치적 그리고 조직적 과오"를 인정하면서도, 혹독하게 그리고 광범위하게 보이보를 비난했다.[26]

다른 사람들보다 "죄"가 적었기 때문에 사죄하지 않을 수도 있던 덩은 상당히 계략적으로 발언했다. 8월 6일, 그는 이렇게 선언했다.

> 모두가 보이보 동지의 과오를 비난하고 있다. 나는 이를 인정한다. (그러나) 누구나 실수할 수 있다. 나 자신도 적지 않은 실수를 저질렀고, 참석한 다른 동지들도 자신은 죄가 없다고 말할 수는 없다. 보이보는 한두 근(1.1파운드 상당의 무게 척도. 실제로는 1근은 1.3파운드에 해당함.—옮긴이)이 아니라 1~2톤이나 될 많은 과오를 범했다. 그러나 얼마나 많은가에 관계없이, 이 과오들이 노선(즉, 정치적 과오들)의 과오라고 말할 수 없다. 수년 동안의 업무 기간에 걸쳐 그가 범해온 이런저런 과오들이 노선의 과오라고 말한다면, 나는 동의하지 않을 것이다.[27]

요컨대, 덩은 보이보를 날카롭게 비판했고, 자아비판을 했으며, 결정적 순간에는 참회하는 그의 동지를 지지했다. 마오는 자신을 정확히 이해한 덩에게 만족했다. 8월 9일 정치국 회기 중에, 마오는 까오강마저도 비판했다.[28] 8월 12일, 마오는 회의에서 연설을 한 뒤 동 회의가 "성공"적이었다고 말했다. "일부 과오"를 인정한 데 대해 류와 덩을 칭찬했고, 확실하게 저우를 지지했다. 그는 분명 그 회의를 류샤오치와 저우언라이를 전복시키기 위한 회의로 보기보다는 중국공산당의 이념적-정치적 발전의 전환점이라고 보았다. 보이보에 대한 단호하고 일관된 비판을 요구하는 한편, 까오강처럼 지나치게 열성적인 비판자들에게는 경고를 보냈다. "의견은 환영하지만, 당의 통합을 잠식시키는 것은 부끄럽기 그지없는 일일 것이다." 보이보의 "과오"를 사실상 "노선의 과오"로 분류한 그는 "새로운 세제는 … 만일 전개되도록 허용되었다면, 마르크스-레닌주의에 위반하여 필연적으로 자본주의로 이어졌을 것이다"라고 말했다. 결국 마오의 시각에서 볼 때, 그 회의는 중국에서 이 위협이 비켜가도록 하는 데 도움이 되었고 그가 신민주주의의 환상이라고 생각한 것을 벗겨냈다. 사회주의 발전으로 가는 길은 이제 열려 있었다. 그 후, 주석은 사회주의 건설을 위한 새로운 총노선을 기반으로 15년 혹은 좀 더 긴 시간 내에 농업 집단화를 가속화했다.[29]

비록 이 기회에 마오가 자신의 관점을 매우 명확하게 표명했음에도 까오강은 천윈, 린뱌오, 펑더화이 그리고 황커청黄克诚 등 중요한 당 지도자 몇몇을 자신의 편으로 끌어들이려는 노력을 끈질기게 지속했다. 그는 심지어 그들 몇몇에게 개편된 당 지도부의 고위직을 제의하기도 했다.[30] 한편으로 류샤오치와 저우언라이에 대한 비방을 이어갔다.

까오는 덩샤오핑의 지지를 얻으려고도 했는데, 후일 덩이 회상한 바에 따르면

그(까오강)는 나를 설득하려고 했는데 … 그는 류샤오치 동지가 미숙하다고 말했다. 그는 류샤오치 동지를 전복시키려는 자신의 노력에 동참하라고 나를 설득하려 하고 있었다. … 까오강은 또한 천윈 동지에게도 접근해서 부주석 자리가 몇 개 더 설치되어 자신과 천이 하나씩 가져야 한다고 말했다. 이 시점에서, 천윈 동지와 나는 문제의 심각성을 깨닫고 이를 즉시 마오쩌둥 동지에게 알렸다.[31]

덩은 진실을 살짝 왜곡하고 있었다. 까오강이 9월에 덩과 이야기를 하긴 했지만, 덩이 마오에게 말한 것은 12월이 되어서였다.[32] 그것은 미묘한 문제였고 서둘러서는 안 되는 것이었다. 어쩌면 마오가 마음이 또 바뀌었고 까오강은 실제로 마오의 이름으로 말하고 있었을지도 모를 일이었다. 덩의 "회상"의 한 측면은 상당히 의심스러운데, 즉 그가 까오강에게 "당내에서 류 동지의 위치는 역사적 발전의 결과"라고 단호하게 말하고, 덧붙여 류는 전체적으로 좋은 동지이고, 그를 그런 위치에서 축출하려 하는 것은 적절치 않다고 말했을지 의문이다.[33] 덩이 위대한 조타수의 변덕스러운 기분을 헤아리면서 그 문제에 대해 심사숙고할 시간을 가졌을 가능성이 좀 더 크다.

그 모든 일에도 불구하고, 마오는 류샤오치, 저우언라이 그리고 심지어 보이보와도 정상적인 업무 관계를 유지했다. 비록 재정부장직에서 해임되었지만, 보는 천원이 주임으로 있는 재정경제위원회 부주임 가운데 한 명으로 남아 있었다. 한편, 덩의 주가는 지속적으로 상승했다. 회의 나흘 뒤, 부총리직에 더해, 마오는 덩을 재정경제위원회 제1부주임 그리고 보이보를 대신해 재정부장에 임명했다. 주석은 9월 내내 다양한 공식적 문제에 대해 덩과 상의했다.[34]

10월에 마오는 아무도 탄압당하기를 원치 않는다는 것을 다시 한번 분명히했다. 이 확언은 전국조직공작회의의 맥락 속에서 나온 것으로, 이 회의에서 신임 조직부 부장 라오수스는 이전에 조직부의 일상 업무를 지휘하던 자신의 부부장 안쯔원安子文을 맹비난했다. 까오강처럼 라오수스는 실제로는 류샤오치를 공격하고 있었다. 중앙위원회 서기로서 류는 조직부를 감독했다. 안쯔원의 친구인 류는 안과 라오 사이의 수많은 갈등에서 예외 없이 안의 편을 들었는데, 라오는 류가 자신의 권한을 약화시키고 있다고 믿었다. 게다가 1953년 봄에 까오강이 마오쩌둥의 후계

자가 될지도 모른다는 생각에, 라오수스는 그와 긴밀한 관계를 맺었다.[35]

류샤오치는 불쾌했다. 그는 즉시 마오쩌둥에게 이를 알렸고, 마오는 폭발했다. 라오는, 까오강과는 확연히 다르게, 주석의 지시하에 행동하고 있지 않았다. 마오는 회의에서 라오의 정체를 폭로하려 했지만, 저우언라이가 이를 만류했다. 위대한 조타수는 자신이 이전 지휘부하에서의 조직부 업무를 승인했음을 알렸다. 이에 따라 분명히 마오의 승인을 받아 행동하고 있던 주더와 덩은 회의에서 조직부의 업무를 칭찬했다. 덩은 참석자들에게 "(조직부의 성과는) 마오 주석의 리더십, 특히 (류)샤오치 동지의 리더십과 분리될 수 없다"고 단언했다.[36]

라오수스와 까오강은 경고를 받았음에도 고집스럽게 당파적 행위를 계속했다. 심지어 자신들 사이에서 미래 지도부의 직위를 나누기 시작했다. 천원이 먼저, 이후에는 덩이 결국 그들의 음모를 마오에게 알렸다. 마오는 격노했다. 마오는 덩을 만나 견해를 묻고 자문을 구했다. 주석이 고전 경구를 좋아한다는 것을 알고 있던 덩은 공자의 말을 인용했다. "군자가 인仁을 버린다면, 어찌 이름을 이룰 수 있겠는가?"[37] 마오는 동의했다.

1953년 12월 24일 정치국 회기 중, 마오는 까오와 라오의 "분리주의" 행위를 고발하며 그들을 공격했다. 까오강은 얼굴이 새빨개진 채 그곳에 앉아 있었고, 마오가 그를 향해 평결에 동의하는지 물었을 때, 까오는 "동의합니다"라는 한 마디만 간신히 뱉어냈다.[38] 마오는 그 후 휴가를 떠난다고 선언하며, 류샤오치를 주석 대리로 임명하고 그에게 "당의 단결 증강에 관한 결의"안이 채택될 2월의 차기 중앙위원회 전체 확대회의를 감독할 것을 지시했다. 류는 사적 대화 중에 나온 마오의 제안, 즉 류가 중앙위원회 리더십을 맡으라는 제안에 대해 이의를 제기했다. 그 대신 세 번째로 덩샤오핑을 중앙위원회 서기처 서기장으로 두어 중앙위원회의 일상 업무를 처리하도록 하자고 제안했다. 아마도 덩이 가장 중대한 시기에 자신을 지지해준 데 대한 감사 방식이었을 것이다.[39]

마오는 그 생각이 마음에 들었지만 항저우에서 휴가를 보내고 돌아올 때까지 임명을 연기했다. 아름다운 서호의 호숫가에서 휴식하는 동안, 그는 까오강과 라오수스가 류, 저우 그리고 덩에 의해 만신창이가 되도록 내버려두었다.

중앙위원회 전체회의(1954년 2월 6일~10일)의 주요 보고는 류샤오치가 했는데, 그는 당의 단결을 저해하고 자만해지고 자신들이 "최고이며 가장 똑똑하다"고 생각한 "동지들"을 비난했다. 분명 마오와의 합의에 따른 것으로, 그는 까오강과 라오수스의 이름을 언급하지 않았다.[40] 자아비판까지 했던 덩을 포함한 다른 사람들 모두는 류의 리드를 따랐다. 그러나 까오강과 라오수스는 상황을 파악하지 못한 것이 분명했고, 자아비판을 하지 않았다.

그 후 전체회의는 두 개의 위원회를 설치했는데, 하나는 (저우언라이가 이끈) "까오강 사건"에 관한 것이었고, 다른 하나는 (덩, 천이 그리고 탄전린이 이끈) "라오수스 사건"에 관한 것이었다. 수 주일 후, 두 위원회는 자신의 지역에 "독립적 왕국"을 세우고 권력 장악을 모의한 "파벌주의", "분파주의"의 죄목으로 까오와 라오를 고발하는 보고서를 정치국에 제출했다. 그들의 혐의는 겨울의 눈더미처럼 쌓였다. 저우언라이는 까오강이 "자본계급 개인주의 출세지상주의자", "우리 당내 자본계급의 사실상의 대리인", "표절자", "종파주의자", "무도덕 퇴폐자", "타인들을 공격하고 자신들을 미화시키며 많은 거짓과 소문"을 확산시킨 자일 뿐만 아니라 조국에 대한 배신자라고 보고했다.[41] 중국공산당 최고 지도자들은 아연실색한 것 같았다.

사실은 추악했다. 까오가 파렴치하게 만주에서 러시아인들의 비위를 맞추고 큰 형님 소련에 아부하면서 반복적으로 중국의 국익을 희생시켰다는 것을 모두들 알게 되었다. 예를 들어, 내전 기간에 중국공산당 지도자들의 사진보다 소련 지도자들의 초상을 그 지역 전역에 배포했다. 1949년 여름 모스크바 방문 기간에는 스탈린과 얘기하던 중 갑자기 다롄大连의 소련군 숫자를 늘릴 것을 제안하고, 소련 해군을 칭다오에 들일 것, 그리고 가장 중요하게는, 만주를 17번째 공화국으로 소련에 편입시킬 것을 제안했다. 게다가 까오강은 "우파주의 일탈", "중국 자본계급에 대한 과대평가" 그리고 그 밖의 "죄악"을 저질렀다며 류샤오치, 저우언라이, 펑전, 리푸춘, 보이보 등을 포함한 중국공산당 지도자들을 스탈린과 스탈린의 중국 대표 이반 코발레프Ivan Kovalev에게 거듭 고발했다. 그는 심지어 마오 자신이 반-소비에트, "우파 트로츠키적" 행위를 저지른 죄가 있다고도 스탈린에게 알렸다. 그러나 스탈린은 이런 혐의를 믿지 않았고, 모스크바에서 가진 한 차례의 만남 중, 1949년 12월 24일 코발레프에게 받은 보고서를 마오쩌둥에게 건넸다. 보고서에는 혐의 내용과 함께[42] 코발레프와 까오강이 보내온 한 무더기의 비밀 전보도 요약되어 있었다.

당시 마오는 스탈린이 국제공산주의운동의 수장으로 남아 있었기 때문에 분노를 삼켰다. 그는 과하게 친-소비에트적이라는 이유로 까오강을 처벌할 엄두를 내기 어려웠다. 그건 그때였다. 그러나 저우, 덩 그리고 다른 이들이 분리주의자 문제를 다룰 때쯤, 스탈린의 유해는 모스크바 붉은 광장의 묘지 내 레닌의 유해 옆에 누워 있었다. 까오는 홀로 그 폭풍에 직면했다.

라오수스도 마찬가지였다. 덩이 이끄는 위원회의 보고서는 라오가 많은 "범죄"를 저질렀다고 고발했다. "까오강과의 반反당 연합", "극단적인 개인적 자산계급 출세 제일주의", "일부 … 중앙(즉, 류샤오치)의 지도자 동지"에 대한 투쟁 등등. 누락된 혐의는 "조국 배신" 그리고 "부도덕" 뿐이었다. 여자를 잘 호리는 까오와 달리, 라오수스는 유난히 겸손하고 모범이 될 만큼 가정적인 사람이었다는 것은 모두 알고 있었다. 그는 또한 큰 형님들(소련인)을 포함하여 외국인들과 접촉하는 데 신중했다.[43] 그럼에도 덩의 위원회가 캐낸 것은 라오를 심하게 문책시킬 만큼 충분히 그의 유죄를 강력 시사했다.

저우의 위원회가 적발해낸 것들은 문자 그대로 치명적이었다. 그것은 비극으로 이어졌다. 위원회가 여전히 정보를 수집하고 있는 동안, 까오강은 먼저 움직였다. 1954년 2월 17일, 그는 총으로 자살을 시도했지만, 그의 경호원들이 끼어들었다. 몇 달 뒤인 8월 17일, 그는 대량의 수면제를 삼켜 자살 시도에 성공했다.[44] 까오강은 자신을 암암리에 지지하고 있다고 믿던 마오가 자신을 배신했다고 느꼈다.[45]

한편, 1954년 4월, 휴가에서 돌아온 후, 마오는 덩을 중앙위원회 서기처 비서장과 라오의 옛 직위인 조직부 부장으로 동시에 임명했다. 분명 덩은 까오강-라오수스 사건의 주요 수혜자였다. 그는 "수도로 달려들어가는" 말 중에서 진정한 첫째였다.

1954년 9월, 신규 소집된 국회, 즉 전국인민대표대회NPC 개정 회기에서 덩은 저우언라이가 이끄는 행정 권력의 새로운 조직인 국무원의 부총리로 확정되었다. 마오는 중국 내에 신설된 최고위직—중화인민공화국 주석—을 차지했고, 류샤오치는 전국인민대표대회 상무위원회의 주석이 되었다. 덩은 또한 15명의 국방위원회 부주석 가운데 한 명이자 12명의 당 중앙군사위원회 위원 가운데 한 명이 되었다. 후자의 임명은 커다란 영광이었는데, 마오와 덩은 이 조직들 내에서 유일한 민간인 리더였고, 이들이 아니었다면 최고의 군 사령관들이 배치됐을 것이기 때문이었다. 1년 뒤, 이 중요한 인물들에게 중화인민공화국 원수

계급이 수여되었다. 마오는 덩에게도 원수 계급을 제의했지만 그는 겸허하게 사양했다.[46]

전국인민대표대회 첫 회기에서 중화인민공화국 헌법이 채택되었는데, 이에 의하면 중국은 이제 "노동계급이 이끌고 노동자-농민 연합에 기반을 둔 인민민주주의국가"였다.[47] 그러나 그때쯤 중국 전역에서는 이미 사회주의가 건설 중이었고, 농민들은 강제로 집단화되고 있었으며, 도시의 사유재산은 국가에 의해 인수되었다. 신민주주의는 이미 만기가 지났다.

부총리로서 덩은 당연히 사회주의 건설에 참여했지만, 그의 주요 의무는 중앙위원회 서기처를 이끄는 것이었다. 1955년 3월, 마오는 덩에게 중국공산당 전국대표대회에서 까오강과 라오수스의 "범죄"에 대해 보고해 그 "사건"을 마무리짓도록 했다. 덩은 까오와 라오를 혹독하게 비판함으로써 자신에 대한 주석의 크나큰 믿음을 충분히 확인시켰다. 대회를 통해 그 분리주의자들은 당에서 축출되었고, 마오쩌둥의 정치 노선이 지지되면서, 그의 모든 적에 대한 근절이 요구되었다.[48] 머지않은 1955년 4월 1일, 라오수스는 체포되었고,[49] 1975년 3월에 감방에서 폐렴으로 사망했다.

한편, 덩은 빠른 승진을 이어갔다. 1955년 4월 초, 중앙위원회 정기 전체회의에서 마오의 또 다른 총아, 린뱌오와 함께 정치국 위원으로 선출되었다. 그는 이제 권력의 정점, 즉 덩이 없으면 안 되는 주석 가까이에 서게 되었다. 마오는 덩의 특별한 업무 능력과 조직적 재능 그리고 에너지에 탄복했다. 주석은 1950년대 초 언젠가 "정치든 군사든, 덩샤오핑은 모든 것에 능하다"고 메모했다.[50] 그 뒤로 그는 이 평가를 바꾸지 않았다.

10
'개인숭배 비판' 그리고 그 결과

★
★★
★

1956년 2월 초, 마오는 제20차 소련공산당 대표대회^{CPSU}에서 중국공산당을 대표할 대표단의 부단장으로 덩을 임명했다. 주더를 단장으로 했고, 탄전린(1954년 12월부터 중앙위원회 서기처에서 덩의 대리), 왕쟈샹(중앙위원회 대외연락부 부장) 그리고 류샤오^{쳬嗛}(중화인민공화국 소련 대사)를 대표단에 포함시켰다.

스탈린 사망 후 처음 열린 소련 공산당의 이 회의는 스탈린의 후계자 니키타 흐루쇼프가 소집했는데, 그는 마오, 덩 그리고 그 밖의 중국 지도자들에게 복잡한 감정을 불러일으킨 인물이었다. 중화인민공화국 수립 5주년인 1954년 가을 중국 방문 기간에 흐루쇼프는 그들 모두를 즐겁게 해주면서 동시에 당혹스럽게도 만들었다.

흐루쇼프는 외교관은 아니었고, 이성이 필요할 때 감정에 이끌렸다. 중국에 있는 내내 그는 행복감에 도취되어 있었다. 의전을 무시한 채 마오를 끌어안고 입맞춤해서 중국인들을 아연실색케 했다. 또한 익살을 떨고 많은 약속을 했으며 상인처럼 물건을 배포했다. 그는 덩샤오핑이 참가한 정상급 회담에서 수많은 합의문에 서명했고 이에 따라 소련 측은 중국에 5억 2000만 루블의 장기차관을 주었으며 많은 산업 프로젝트 건설을 원조하기로 약속했다. 핵 전문가 양성을 돕기로 약속하기까지 했다.[1] 중국 지도자들의 환심을 사려던 흐루쇼프의 시도는 역효과를 냈다. 마오, 류, 저우, 덩, 그리고 다른 모든 스탈린의 중국 제자들은 흐루쇼프의 행동을 관대함보다는 나약함의 신호로 간주했다. 덩은 이제 자신의 본거지에서 이 특이한 소련의 지도자와 맞닥뜨리게 될 것이었다.

덩은 붉은 성지인 모스크바를 다시 방문할 준비를 하면서 자신의 생각을 기록으로 남기지 않았다. 모스크바는 그가 청년기를 보낸 도시로, 첫 사랑 장시위안을 처음 만난 곳이자 마르크스-레닌주의 학습에 빠지고 혁명의 희망을 키운 곳이었다. 그는 21살 젊은이로서 30년 전에 이곳에 처음 왔다. 시간은 빠르게도 흘렀다! 중산중국노동자 대학교는 이제 어디 있는가? 코민테른 집행위원회는? 동방노동자공산주의 대학이 있던 스트라스트나이아 광장의 옛 수녀원은? 덩이 감상적인 사람이 아니긴 했지만, 이번 방문을 앞두고 생각이 과거로 거슬러 갔을 게 틀림없다.

이번에는 비행기를 타고 모스크바로 갔다. 급유를 위해 몇 차례 착륙을 하면서 모스크바까지는 사흘이 걸렸다. 탄전린과 왕쟈샹의 수행과 함께 2월 9일 출발한 덩은 2월 11일 소련의 수도에 도착했다. 출발 전 그는 마오, 류샤오치, 저우언라이 그리고 천원과 함께 대표단이 대회에서 어떻게 행동할지에 대해 두 차례 논의했다. 중국 공산주의자들은 큰 형님에게 과도한 경의를 표하지 않기로 결정했는데, 작고한 스탈린과 달리 흐루쇼프와 그의 무리들은 "지도자 겸 스승"의 역할에 적합하지 않았기 때문이었다.

덩은 모스크바에 도착한 지 얼마 되지 않아, 동유럽 순방을 마친 후 며칠 먼저 모스크바에 도착해 있던 당시 나이 70세의 원로 주더 그리고 류샤오 대사에게도 이러한 접근법을 설명했다. 덩은 곧 있을 제20차 대표회의에서 주더가 할 환영사의 초안을 요청하고, 새로운 당 노선의 정신에 입각하여 두 가지를 말했다. "첫째, 중국에 대한 소련의 지지와 원조만을 이야기해서는 안 된다. 지지와 원조는 상호적이었다. 둘째, 소련의 원조에 관해 이야기할 때, 언제 멈추고 과장하지 않을지 알아야 한다."[2] 당 지도부의 지시를 수용하는 데 익숙한 원로 주더는 즉시 이런 사항들을 정정했다.

이후, 2월 14일 시작 예정인 회의 며칠 전, 덩, 주, 탄, 왕쟈샹 그리고 류샤오는 모스크바 주변을 여행하며 즐거운 시간을 보냈다. 그들 가운데 세 명, 즉 덩과 주, 왕은 과거의 추억이 있었다. 덩과 왕처럼 주더 역시 1925년 여름부터 1926년 여름까지 덩과 비슷한 시기에 그곳에서 유학했는데, 중산중국노동자 대학교가 아니라 동방노동자공산주의 대학에서 공부했다. 왕쟈샹은 1925년부터 1930년까지 중산중국노동자 대학교(1928년에 KUTK로 개칭)에서 공부했을 뿐만 아니라, 1937년부터 1938년까지 코민테른 집행위원회에서도 근무했고 1949년 10월부터 1951년 1월까지 중화인민공화국의 초대 소련 대사를 역임하기도 했다. 탄전린만 모스크바에 처음 왔기 때문에, 동료들은 기꺼이 그에게 시내를 안내해주었다. 덩과 주더는 국가경제발전 전시, 지하철, 평화의 원자 전시, 그리고 레닌 언덕의 모스크바 대학교 등 많은 새로운 볼거리들을 흡수했다. 모두 매우 낙관적인 기분이었다.

2월 15일, 주더는 중국공산당의 명의로 대회를 환영하고 마오쩌둥의 서신을 낭독하며 작고한 스탈린을 칭송했다. 마오는 서신에서 "레닌이 만들어내고 스탈린이 그의 전우들과 함께 발전시킨 소련공산당"의 불패에 대해 말했다.[3] 대표단은 기립하여 중국공산당의 메시지를 우레와 같은 박수로 환영했다. 모든 것이 순조로운 것 같았다.

그 이후, 예기치 않게, 2월 19일 크렘린에서의 환영회 도중 흐루쇼프는 주더에게 회의 후에 중국대표단과 단 둘이서 만나고 싶다는 뜻을 전했다. "스탈린에 대한 이야기를 하기 위해"라고 그는 수수께끼처럼 말했다.[4] 주더는 당연히 동의했지만 그 소련공산당 지도자가 무슨 생각을 하고 있었는지는 이해하지 못했다. 허, 덩 그리고 그 외 중국 대표단은 이튿날, 소련공산당 지도자의 한 명이자 소련 각료회의 부주석인 아나스타스 미코얀Anastas I. Mikoyan의 연설을 듣고서야 무슨 일이 벌어지고 있는지 깨닫기 시작했다. 몹시 놀랍게도, 그는 집단지도의 원칙을 위반한 데 대해 스탈린을 비판했다. 그때 그들은 다른 발언자들도 "연설에서 레닌주의에 대해서만 이야기했고 단 한 차례도 스탈린을 인용하지 않은 채, 레닌만을 인용했다"는 점을 상기했다. 그들은 이를 즉시 베이징에 알리고 다음과 같은 입장을 취할 것을 제안했다. "스탈린의 장점과 과오에 관한 의견을 표명하지 않고, 개인숭배에 대한 투쟁에 있어 집단지도의 중요성을 강조할 것."[5] 마오는 반대하지 않았다.

그때 갑자기 주더는 덩과 다른 중국 동지들이 도착하기 닷새 전인 2월 6일, 흐루쇼프가 크렘린에서 자신을 맞이하며 당시 중국에서 거의 완성되어가고 있던 농업 집단화에 대해서 이야기하고, 협동조합화가 달성된 이후 소련에서는 식품 생산이 한참 동안 1913년 수준 이하에 머물렀다고 말한 것이 생각났다. "잘못은 소농을 이해하지 못한 지도부에 있다"고 그는 설명했다. "1928년 시베리아의 마을을 돌아본 후, 스탈린은 농촌을 다시 방문한 적이 없다. 그는 영상을 통해서만 농촌을 알고 있었다. 다른 정치국 위원들의 (농촌문제에 대한) 이해도 나을 것이 없었다."[6] 순진한 주더는 이런 말에 주의를 기울이지 않았으나, 회의에서 돌아가는 상황에 비춰보자, 이런 말들은 갑자기 특별한 의미를 띄었다. 대표단은 이를 급히 마오에게 알렸다.

그러나 그 중국인들은 회의가 끝난 뒤에야 그 주요한 사건에 대해 알게 되었다. 2월 27일 저녁, 크렘린의 특별 사자使者가 2월 24일과 25일 밤 흐루쇼프가 "개인숭배와 그 결과에 관하여" 행한 비밀 보고를 주더에게 알리는 것이 소련공산당 중앙위원회 지시에 따른 자신의 의무라고 주더에게 말했다. 그 보고는 작고한 독재자가 많은 정직한 소비에트 시민들을 파멸시킨 것 등을 포함해 무수한 범죄를 저질렀다고 고발했다.[7] 덩샤오핑은 다음과 같이 지적했다.

> 회의 동안 우리는 스탈린에 반하는 비밀 보고를 듣지 못했다. 회의가 종료된 후 둘째 날 저녁에, (소련공산당) 중앙위원회 (해외 공산당과의) 연락부는 그 보고서를 지참한 사람을 보냈다. … 대표단 단원들은 상의를 거친 후 주더 사령관은 연로했으니, 내가 그 메시지를 들어야 한다고 결정했다. 사실 그것은 어떤 종류의 메시지도 아닌, 통역 전달자가 언명한 (완전한) 비밀 보고였다. 우리 통역이 부분적으로 (그 보고서를) 읽고 부분적으로 요약했다. 그가 끝마친 후, 전달자는 보고서를 즉시 회수해 떠났다. (전달자는) 그것을 단 한 번 읽었다.[8]

그 전달자가 문자 그대로 덩샤오핑과 탄전린이 중국공산당의 이름으로 레닌-스탈린 능묘에 헌화한 다음 날 왔다는 것은 아마도 기이한 우연의 일치 그 이상이었을 것이다.

덩은 이 "지축을 흔드는 뉴스"를 대표단의 주더와 다른 단원들에게 알리며 "그 보고서는 혼란스럽고 비논리적이었다"고 말했지만 그가 흐루쇼프 때문에 무척 놀랐다는 것은 알 수 있었다. 주더는 이렇게 대답했다. "그들이 말한 모든 것은 그들 문제다. 우리는 손님으로 여기에 왔다." 그러나 덩은 동의하지 않았다. "스탈린은 국제적인 인물이다. 그에 대해 이렇게 말하는 것은 수치스러운 것이다. 스탈린과 같은 혁명의 리더를 이런 식으로 모욕하는 것은 용인할 수 없다." 탄전린은 주더와 덩을 화해시키려 했다. "우리는 그들의 시각에 순순히 동의해서는 안 된다. 우리만의 입장을 가져야 하기 때문이다. 그러나 이것은 그들의 국내 정치이고, 우리가 그것에 영향을 미칠 수 있는 방법은 없다." 왕쟈샹과 류샤오는 침묵을 지켰다. 그러자 덩이 논의를 정리했다. "이것은 엄청나게 중대한 사건이다. 우리는 중앙위원회에 알릴 필요가 있고 우리 자신의 입장은 표명하지 말아야 한다." 그들은 그 후 함께 국제 전보를 작성하여 베이징으로 발송했다.[9]

일찍이 1954년 4월 당시 소련 대사를 맡고 있던 뤄푸에게 소련 내 스탈린에 대한 분명한 태도 변화에 관해 전해 들었음에도, 모스크바에서 온 그 소식은 당연히 마오를 충격에 빠뜨렸다.[10] 그러나 어조의 변화는 그렇다 하더라도, 노골적인 비난은 상당히 다른 문제였다. 비난의 정도는 믿기 어려웠다!

마오가 모스크바에서 만날 때 자신을 무시하듯 대했던 스탈린을 특별히 좋아했던 것은 아니었으나, 그를 상당히 존경했고 또한 위대한 스승 그리고 훌륭한 마르크스주의자라고 생각했다. 그래서 덩의 초기 반응은 충격이었다. 그러나 곰곰이 생각해 본 후, 그는 초기의 이 불쾌한 감정을 억제했다. 어쨌든 크렘린의 전 독재자에 대한 비난은 마오를 이념적으로 해방시켜주었다.[11] 마오는 이제 소련의 경험을 살피지 않고 자기 마음대로 마르크스 이론에 수정을 가할 수 있게 되었다.

그와 동시에, 마오와 그 밖의 중국 지도자들은 소비에트 지도자들이 그 보고서 내용의 통지를 처리하는 황당한 방식에 대해서도 당연히 분노했다. 중국공산당 대표들이 그 텍스트를 베이징으로 가져가는 것도 허용되지 않았다. 흐루쇼프는 다른 12개 주요 공산당에 대해서도 똑같이 행동했는데, 그 가운데에는 중국공산당 말고도 사회주의 국가의 공산당과 프랑스 그리고 이탈리아의 정당들이 있었다. 그들 대표단의 지도자들에게도 역시 그 보고서는 한 번밖에 보여주지 않았고, 급하게 내용을 숙지시킨 다음, 다시 가져갔다. 다른 "형제" 정당의 대표단들은 대개 아무런 말도 듣지 못했다. 그런 부주의함은 용서할 수 없는 것이었다.[12]

같은 날 2월 27일 저녁, 소련공산당은 흐루쇼프가 자신의 보고에 대해 설명하는 소규모 선택적 공산당 대표회의에 중국 대표단을 초대했다. 이튿날, 흐루쇼프는 중국 대표단이 머물고 있던 모스크바 교외의 국가 영빈관으로 직접 그들을 찾아갔다. 또다시 그는 스탈린을 비난하며 중국 대표단의 지지를 요청했다.[13]

3월 3일 베이징으로 돌아온 덩은 도착 후 세 시간 만에 마오, 류샤오치 그리고 저우언라이에게 그간 있던 일을 보고했다. 중난하이에서 긴급 소집된 회의에는 중화인민공화국의 다른 지도자 몇몇도 참가했다. 덩은 기억을 더듬어 흐루쇼프의 보고서 텍스트를 요약해야 했다.

3월, 마오는 중앙위원회 정치국과 서기처 위원 및 비위원들과 네 차례 회의를 했는데, 회의에서는 스탈린의 정체를 드러내는 토론이 반복되었다. 그 사건이 그의 폐부를 찔렀다는 것은 누구나 알 수 있었을 것이다. 어떻게 그렇지 않을 수 있었겠는가? 결국 그것은 단순히 작고한 "국부國父"의 문제일 뿐만 아니라, 중화인민공화국에서 건설이 거의 완성되고 있는 스탈린식 사회주의 그 자체의 문제이기도 했다. 흐루쇼프의 무모한 발언은 그 모델의 기초를 파괴했고, 중화인민공화국을 포함한 모든 사회주의 국가의 공산당의 권위에 심각한 타격을 가했다. 개인숭배 없이는 이들 가운데 어떠한 조직도 존재할 수 없었을 것이기 때문이다. 그들 모두는 전체주의 체제의 구조적 기반을 특징짓는 극단적 중앙집권제라는 레닌주의 원칙에 기반하여 건설된 리더 형태의 정당들이었다. 흐루쇼프의 보고서는 위대한 조타수 숭배의 기반을 직접적으로 손상시켰는데,

중국에서 그에 대한 숭배는 적어도 소련에서의 스탈린 숭배만큼은 부풀려져 있었다.

마오는 이 마지막 상황이 특히 우려스러웠다. 분명 생각할수록 더 혼란스러운 갖가지 생각들로 신경이 쓰였을 것이다. 류샤오치, 저우언라이 그리고 다른 동료들이 개인숭배 비평을 어떻게 받아들일 것인가? 그들이 주석에 대한 존경심을 떨어뜨리기 위해 흐루쇼프의 보고서를 이용하지는 않을까? 그들 가운데 하나는 흐루쇼프처럼 자신의 지도자이자 스승을 배신하는 신뢰할 수 없는 인물로 드러날 것인가?

겉으로는 최고 지도자들 모두 확실히 마오쩌둥을 지지했지만, 그들이 무슨 생각을 하고 있는지 누가 알겠는가? 흐루쇼프도 스탈린이 살아 있을 때는 그의 한 마디 한 마디에 귀를 기울였다. 모스크바에서 주더가 흐루쇼프 보고서의 핵심을 파악하지 못했다는 것을 알고, 마오는 분노했다. 그는 "주더는 무지한 사람이다. … 흐루쇼프와 주더 둘 다 믿을 수 없다"고 말했다.[14]

3월 17일 저녁, 마오는 서기처 확대회의를 소집하고 덩으로 하여금 다시 한번 제20차 회의에 관해 보고하도록 했다. 이번에는 지도부 전원과 함께 다른 몇몇 중요 관리들도 보고 대상에 포함되었다.[15] 이때쯤 중국공산당의 지도자들은 그 보고서의 텍스트에 대해 숙지할 수 있었는데, 특별히 그들을 위해 신화통신사의 직원들이 3월 10일자 〈뉴욕타임스〉에 실린 영어 번역본을 번역, 출력해 제공했기 때문이었다. 그 번역본은 CIA 요원들이 바르샤바 채널을 통해 입수한 러시아 텍스트에 기반을 둔 것이었다. 흐루쇼프는 벌집을 건드렸다. 전 세계가 그의 보고서를 탐냈다.

서기처 확대회의에서 마오는 선언했다.

한편으로, 스탈린을 비난하는 비밀 보고서를 작성함으로써, 흐루쇼프는 (증기가 나오도록) 뚜껑을 열었다. 이것은 좋다. 그러나 다른 한편으로, 그는 전 세계가 흔들리도록 많은 문젯거리를 만들었다. … 그처럼 중요한 국제적 인물에 관한 그토록 중요한 문제에 대해 모든 정당들과 논의하지 않은 것은 잘못이다. 전 세계의 공산당 내에서 혼란이 일어났다는 것은 사실이 증명한다. … 일찍이 나는 흐루쇼프가 보통 사람이 아니며, 좀 영리하다고 생각했다. … 그러나 이제 나는 그가 경험주의로 좀 시달린다는 것을 알았다. 권력을 잡는 과정에서, 그는 우리의 지지가 필요했고, (그런 이유로) 그는 중−소 관계를 개선시켰다.

참석한 모두가 동의했고, 덩은 이에 덧붙였다. "소련공산당은 본질적으로 강대국 콤플렉스를 포기하지 않았다. 그들은 비밀 보고서를 만들었지만, 그 이전에 아무에게도 (자문을 구하기 위해) 의지하지 않았고, 그러고 나서 그것을 (모두에게) 한 차례만 알리고 그것으로 끝이라고 생각했다." 왕쟈샹 그리고 이제는 중화인민공화국의 초대 외교부 부부장이 된 뤄푸 역시 흐루쇼프가 강대국 콤플렉스를 가졌다고 고발했다.

회의 말미에 마오는 모두에게 개인숭배 비평과 같은 중요한 문제를 어떻게 처리할지 다시 한번 숙고해볼 것을 요구했다.[16] 그는 다음 회의를 3월 19일에 이런 말과 함께 시작했다. "전반적으로 내 생각은 좀 혼란스럽고, 여러분들은 어떻게 생각하는지 나는 모르겠다." 그러고 나서 아직 아침을 먹지 않았기 때문에 자기 컵에 담긴 쌀죽을 소리 내어 마시며 발언자들의 말을 주의깊게 듣기 시작했다. 그는 "나는 흐루쇼프의 비밀 보고서를 '처음부터 끝까지' 읽었지만 입맛을 잃지는 않았다"고 농담을 했다.[17]

덩이 발언에 나섰다. "그 보고서는 기본적으로 스탈린의 특질에 초점을 맞췄지만, 그렇게 큰 국가에서, 그렇게 큰 정당에서, 그렇게 오랜 기간 일련의 실수가 한 사람의 특질 때문에 발생했다고 단언하는 것은 불가능하다."[18] 확실히 덩은 교묘하게 스탈린을 공격에서 구해내고 있었다. 마오쩌둥도 함께. 덩의 말에 따르면, 일반적으로 지도자는 그가 범한 과오와 범죄에 대해 개인적 책임을 지지 않았다. 당 전체와 당 지도부가 책임을 졌다. 당연히, 마오는 자기 부하의 노력에 주목하지 않을 수 없었다. 덩의 접근법이 그에게 깊은 인상을 주었음에 틀림없다.

왕쟈샹, 뤄푸, 특히 저우언라이의 발언도 마오에겐 결과적으로는 도움이 되었다. 그들은 다시 한번 소련공산당의 강대국 콤플렉스를 신랄하게 비판했다. 덩과 달리 그들은 분명 스탈린에 대한 불만의 상당수를 개인적으로 토해냈는데, 대부분 그가 모스크바에서 중국 혁명을 지시하는 데 있어 저지른 실수에 관한 것이었다. 예를 들어, 왕은 "리리싼 노선과 왕밍의 정책",[19] 각각 이른바 "모험주의"와 "투항주의"가 스탈린에게서 온 것이라고 말했고, 저우는 주장하기를 일찍이

당의 수많은 잘못에 대해 이야기할 때, 우리는 소련을 언급하지 않고, 단지 우리 스스로를 비난했을 뿐이었다. 그러나 현실적으로, 이전에 중국 공산당이 독립적이지 않았다는 점을 고려하면, 많은 과오들은 우리가 저지른 것이 아니라 소련공산당이 이끄는 소비에트 공산주의자들 또는 코민테른이 저지른 것이었다. 이제 스탈린의 과오에 대해 말한다면, 소련공산당이 중국 혁명의 실패에 대해 분명한 책임을 진다는 점이 반드시 언명되어야 한다.[20]

마오는 이 모든 것에 동의하며 스탈린의 업적과 실수가 70 대 30이라고 말했다. 그 후 그는 "6년의 과정 동안 그가 마음속에 담고 있었던" 것에 대한 회상의 형식으로 긴 연설을 했다. 1949년 말 그리고 1950년 초 모

스크바 방문 기간에 스탈린이 자신에게 가했던 신랄한 모욕에 대해 이야기했다. 스탈린은 그를 오랫동안 영접하지 않고 마치 거의 죄수처럼 별장(다차)에 머물게 했으며, 협상 중에 마오의 신경이 완전히 망가질 정도로 무시했다. 그러고는 마오는 이렇게 말했다. "하늘에서는 비가 내릴 것이고, 여자아이들은 결혼할 것이다. 우리는 무엇을 할 수 있는가?" 그는 덧붙였다.

> 스탈린에 대한 흐루쇼프의 비난에는 좋은 것도 있다. 흐루쇼프는 굳은 질곡을 잘라냈고, 의식을 해방시켰으며, 우리가 문제를 심사숙고하도록 도움을 주었다. 전적으로 소비에트 모델에 기대어 사회주의를 건설할 필요는 없다. 우리는 우리나라 자체의 구체적인 상황에서 시작하고, 중국의 국가적 특징에 상응하는 방침과 정책을 정할 수 있다.[21]

모든 것이 잘 되어가고 있는 듯했다. 그러나 다음 발언자는 류샤오치였고, 아마도 마오는 그를 경계했을 것이다. 류는 자신의 시각으로 볼 때, 다른 과오들 중에서 집단화 기간에 스탈린이 협동조합화의 속도를 강제한 것을 짚었다.[22] 류가 숨은 동기 없이 이렇게 했을 것 같지는 않다. 사회주의 변환 문제에 관해 "보수주의" 그리고 "온건"적이라고 마오 스스로가 최근 얼마나 류샤오치를 날카롭게 비판했는지는 모두가 알고 있었다. 그래서 이제 류샤오치가 주석에게 혐의를 두려고 하는 것일까?

이때쯤 1954년부터 1956년 전반기까지 단 2년 반이라는 시간 동안에 1억 1000만 농가, 즉 약 92퍼센트가 중국공산당의 폭력에 굴복하여 생산협동조합에 가입했다. 확실히 농촌 저항의 규모는 볼셰비키 집단화 기간에 발생했던 것과는 비교도 할 수 없었다. 부농들은 재산을 잃은 후 물리적으로 제거되기보다는 집단농장에 들어갔다.[23] 그럼에도 집단화는 빠른 속도로 일어났고, 그 경제적 결과 또한 중국에 해로웠다.

위대한 조타수는 쉽게 기분이 상했지만, 그때 류샤오치는 분명히 이에 대해 생각하고 있지 않았다. 어쩌면 마음속으로는 보증되지 않은 빠른 속도의 사회주의 건설을 반대했기 때문에 단지 원칙적 입장을 취하고 있었고, 단순히 주석의 심기에 주의를 기울이지 않았던 것뿐일 수도 있다. 어쨌든 그 발언은 명백히 류 자신과 그와 유사한 생각을 가진 동료들에 대한 마오의 의심을 명백하게 증가시켰다.

마오의 모든 수행원 중에서 분명 덩 혼자만 류샤오치가 "다른 사람들의 지지 없이 혼자 위험을 무릅썼다"고 생각했다. 그래서 덩은 회의 말미에 중국 또는 중국공산당 내에서 개인숭배는 결코 없었는데, 왜냐하면 마오 자신이 추정상 항상 그 출현에 반대해 싸웠기 때문이었다는 말을 퍼뜨리기 시작했다.[24] 거짓말 같은 느낌이 있었지만, 덩의 거짓말은 까오와 라오에 대항하여 함께 투쟁을 벌인 이후 더없이 존경하게 된 류샤오치를 구하기 위한 의도였다.

그러나 주석은 덩의 말을 무시하고 자기 비서 천보다陈伯达에게 신화통신사의 관리들 그리고 중앙위원회 선전부와 함께 소련 내에서의 개인숭배 문제에 관한 사설 초안을 작성하라고 지시했다. 초안은 4월 5일까지 완성되었고 같은 날 "무산계급 독재의 역사적 경험에 관하여关于无产阶级专政的历史经验"라는 제목하에 〈인민일보〉에 실렸다. 사설은 덩을 포함한 다른 몇몇 지도부 멤버들의 도움을 받아 마오가 직접 편집했다.[25] 사설은 광범위한 독자를 대상으로 했기 때문에 결과적으로 중국 혁명에 관한 것까지 포함하여 공산주의자들의 옛 우상에 대한 지나친 비판은 담지 않았다. 중국공산당의 지도자들은, 마오 자신부터 아무도 반反스탈린의 기치하에 자신들의 독재에 반대하기를 원치 않았다. 이후, 4월 28일 정치국 확대회의에서 마오쩌둥은 "우리는 신문에 대중을 상대로 스탈린과 제

3인터내셔널이 행한 나쁜 일들에 관한 글을 쓰려고 하지 않는다. … (만일 우리가 그런 사설에서 한 문장이라도 썼다면, 그 문장은 '건강하지 못한 관심을 일깨'울 것이다")라고 인정했다.[26] 마오가 원했던 것처럼, 사설에서 스탈린의 장점과 과오는 70 대 30의 비율로 요약되었지만, 그럼에도 소련은 "과거의 실수에 대한 … 사심 없는 비판"으로 칭송받았다.

이후, 4월 25일, 정치국 확대회의에서 마오는 "10대 관계를 논함論十大关系"이라는 연설을 했는데, 이는 광범위한 영향을 미쳤다. 본질적으로 이 연설은 당시 중국공산당 내에서 전개되고 있던 새로운 해방의 분위기를 반영한, 마오쩌둥의 세계관에 있어서 가장 중요한 전환점이 되었다. 주석은 비록 중국식 사회주의 건설을 위한 세부 계획을 제시하지는 않았지만, "더 많이, 더 빨리, 더 좋게, 더 경제적으로"라는 원칙에 따라, 러시아인들이 택했던 길보다 더 빠른 지름길을 따라 밝은 미래로 나아갈 것을 처음으로 공개적으로 요구했다.[27]

류샤오치, 저우언라이 그리고 천원을 포함한 많은 중국 지도자에게 주석의 아이디어는 모험주의 같은 인상을 주었다. 이 시기에 저우언라이, 천원 그리고 그 외의 경제 전문가들은 제2차 5개년 계획을 준비하고 있었고, 마오의 좌파적 아이디어를 반기지 않았다. 류샤오치나 덩샤오핑도 마오가 행한 연설의 혁명적 의미를 파악하지 못했다.

마오는 기분이 상했다. 그는 빈정거리는 투로 "내가 성공에 눈이 멀어 '맹목적으로 앞을 향해 돌진한' 것 같다"고 말했다. 여름이 끝나갈 무렵, 그는 자신의 "동료들"에게 "건강상의 이유"로 중국공산당 중앙위원회 주석직만 유지한 채, 중화인민공화국의 주석직을 그만두고자 한다고 말했다.[28]

한편, 1956년의 주요 행사, 즉 제8차 중국공산당 전국대표대회가 다가오고 있었다. 일찍이 1955년 3월 작성된 마오의 제안서에 따르면,

이 회의에서 류샤오치는 중앙위원회 업무에 관한 정치 보고를, 덩샤오핑은 당장黨章의 수정에 관한 보고를, 저우언라이는 제2차 5개년 계획에 관한 보고를 하기로 예정되어 있었다. 마오 자신은 더 이상 어떠한 주요 발언도 하고자 하지 않았다. 여기엔 이상할 것이 없었다. 스탈린도 1952년 제9차 볼셰비키당 대표대회에서 기본적으로 침묵을 지켰으며, 중앙위원회 서기였던 말렌코프Georgii M. Malenkov에게 주요 보고를 하도록 지시했다. 그러나 꼭 스탈린처럼, 마오는 대표대회의 수많은 문건 초안을 모두 면밀하게 검사했다.

그는 문건에 만족하는 듯했지만, 겉으로만 그랬다. 실제로는 자신의 생각을 교묘하게 숨기고 있었으며, 동료들에게 자유 재량권을 준 뒤 자신의 커져가는 의심을 키우는 한편 그들을 시험하고 있었다. 마치 "너희들이 무슨 패를 갖고 있는지 좀 보자"고 말하고 있는 것처럼.

정말로 그들은 그의 함정에 빠졌다. 덩샤오핑도 당장 그리고 당장의 수정에 관한 자신의 보고서에서 '마오쩌둥 사상'이라는 용어를 생략하는 등 일련의 실수를 저질렀다. 이는 대표대회 자체가 열리는 동안, 정치국 회의에서 바로 덩이 연설하는 날 저녁에 발생했다. 그때까지 마오쩌둥 사상은 수정된 여러 당장과 보고서에서도 중국공산당의 이데올로기적 기반으로서 보전되어왔다.[29] 분명 소련 내 개인숭배에 대한 비난의 영향 아래에 있던 옛 전사 펑더화이는 이제 갑자기 당장에서 그 용어를 "삭제"할 것을 제안할 생각을 했다. 류샤오치는 즉시 동의했다.[30] 덩 역시 반대하지 않았는데, 당시에 마오가 불만을 표명하지 않았기 때문이었을 것이다.[31] 게다가 덩은 1940년대 말부터 시작해 이 용어의 지나친 강조를 내켜하지 않는다는 점을 주석 스스로가 반복적으로 분명히했다는 것을 알고 있었다. 그래서 1949년 1월 마오쩌둥 자신이 직접 신민주주의청년단(공산주의청년단의 전신) 규정에서 그것을 제거하고,

그 대신 "마르크스-레닌주의 이론과 중국 혁명 실천 이론의 결합"으로 대체했다. 또한 1953년 4월에 나온 그 자신의 《선집選集》 제3권의 신판을 포함하여, 다른 몇몇 문헌에서도 이 용어를 삭제했다.[32] 그러나 마오 자신은 당장에서 이 표현을 삭제할 것을 제안하지 않았기에, 어떻게 덩처럼 노련한 당의 일꾼이 시기적절하게 적응하지 못했는지 이해할 수 없다. 그러나 사실은 사실이다. 덩은 실수를 범했다. 그리고 마오는, 미래가 보여주게 되듯, 이 점을 기억했다. 1967년 11월, 마오는 제8차 당 대표대회 기간 필경 자신의 의견을 무시한 덩과 류샤오치에 대한 불만을 가장 가까운 몇몇 동료들과 나누고자 했다.[33]

한편, 당장에서 중국공산당은 마오쩌둥 사상에 의거해 "모든 업무를 지도한다"는 문장을 대체한 것은 "중국공산당은 그 행동 지침으로서 마르크스-레닌주의를 취한다"였다.[34] "당장의 수정에 관하여关于修改党章的报告"라는 제목의 보고서를 제출하면서, 덩은 "개인의 신격화"에 대한 투쟁의 필요성을 특히 강조했다. 이런 맥락에서 그는 "개인의 신격화가 어떤 심각한 결과를 초래할 수 있는지" 모두에게 보여주었다는 이유로 제20차 소련공산당 대표대회를 칭송했다.[35] 그 후 그는 자신을 정당화하려 했다. "몇몇 사람이 이 보고서 초안 작성에 참여했다. 나는 이 부분을 쓰지 않았다. 내 기억으로 그것은 "무산계급 독재의 역사적 경험에 관하여"라는 글을 기반으로 작성되었다."[36]

덩의 변명은 안쓰러웠다. 그는 보고에 대한 책임을 졌는데, 지적해 둬야 할 것은, 그 보고에는 확실히 마오를 기쁘게 할 환심성 발언들도 포함되어 있었다는 것이다. 특히, 마오쩌둥 자신이 추정상 중국공산당 내의 개인숭배에 대한 투쟁에서 큰 역할을 했다는 덩의 주장은 아마도 주석에 대한 비판을 미연에 방지하려는 의도였을 것이다. 게다가 "마르크스주의는 역사상 뛰어난 개인들이 수행한 역할을 결코 부정하지 않"고 일반적으로 말해서 "지도자에 대한 애정은 본질적으로 당의 이익, 계급 그리고 인민에 대한 애정의 표현이며, 개인에 대한 신격화가 아니다"라고 주장했다.[37] 다시 말해, 덩은 양면작전을 펴면서 영웅 숭배를 피한 것으로 추정되는 마오 주석에 대한 애정이 중국 내 사회주의 건설에 기여했다는 것을 모두에게 알렸다.

마오는 물론 이 정서에 동의하지 않기가 힘들었을 것이다. 비록 남을 의심하는 그의 본성과 덩이 그의 연설 "10대 관계를 논함"의 본질을 파악하지 못한 것, 그리고 "마오쩌둥 사상"을 삭제하는 데 무심코 동의했던 것에 대한 분개로 인해 다소 영향을 받기는 했지만, 전반적으로 그와 덩의 관계는 꽤 양호한 상태로 유지되고 있었다. 1956년 9월 제8차 중국 공산당 전국대표대회일 저녁, 대표들에게 덩을 중앙위원회 총서기로 선출하자고 제안한 사람은 바로 마오 자신이었다. 제7차 대회에서 폐지된 이 직위는 비서장직보다 중요했는데, 중앙위원회 총서기는 당 조직 기능을 수행할 뿐만 아니라 정치적 결정을 내리는 데에도 중요한 역할을 담당했기 때문이다. 덩이 당 지도부의 내부 핵심 엘리트 집단, 즉 신설된 정치국 상무위원회에 입성하게 될 것이라는 암시였다. "내 생각에 덩샤오핑은 매우 정직하다"고 마오는 말했다.

그는 나와 같다. 결점이 없다는 의미는 아니지만, 상당히 올곧다. 그는 능력이 많고, 문제를 꽤 잘 처리한다. 그가 모든 것에 능하다고 보는가? 아니다. 그는 꼭 나와 같다. 많은 문제에 있어 실수를 저지르고 상당수의 판단은 정확하지 않다. 그러나 전반적으로 그는 뛰어나며 일을 해낸다. 상당히 꼼꼼하고, 정직하며 좋은 친구다. 사람들은 그를 너무 두려워하지 않는다. 오늘 나는 그를 꽤나 칭찬하고 있는 중이다. … 나는 그가 (이 일에 대한) 적임자라고 생각한다. 그가 자격이 있는지 아닌지는 모두가 결정할 일이지만, 내 생각에는 어느 정도 자격이 있다. 내게도 그렇듯, 그에게도 불만이 있는 사람들이 있다. (그렇다.) 어떤 사람들은 내게 불만이 있다. 나는 많은 사람들에게 상처를 입히는 사람이니 말이다. 그러나 오늘 이런 사람들이 나를 선출했고, 그 이유는 그들이 일반의 이익을 자신들의 사적인 이익 위에 두었기 때문이었다. 덩샤오핑이 아무도 해치지 않는다고 말할 것인가? 나는 그렇다고 믿지 않는다. 그러나 전체적으로, 이 사람은 자격이 있는 사람이고, 어느 정도 공정하게 문제를 해결하며 자신의 실수에 대해 엄격한 꽤 좋은 사람이다. … 그는 당내 투쟁 속에서 단련되어왔다.[38]

덩은 비록 자신의 이름이 나왔을 때, "나는 자격이 없습니다, 없어요, 아니오, 할 수 없어요, 가슴이 철렁 내려앉는 느낌입니다"라며 겸손하게 거절했지만, 승진에 대해 매우 기뻐했다는 것은 굳이 첨언할 필요가 없을 것이다.[39] 그러나 그는 달리 어쩔 도리가 없었다. 그런 것이 흔한 중국의 전통이었다. 어떤 임명을 즉시 수락하는 것은 겸손하지 못하다고 여겨졌다.

그 결과 덩은 거의 만장일치로 중앙위원회 위원으로 선출되었는데, 득표수에서 그를 앞선 사람은 마오, 류샤오치 그리고 베테랑 당원 린보취밖에 없었다. 그다음, 9월 28일 중앙위원회 1차 전체회의에서 그는 정치국 위원 및 총서기가 되었다. 그는 정치국 상무위원회에 들어갔고 마오, 류샤오치, 저우언라이, 주더 그리고 천윈에 이어 당내 서열 6위의 인물이 되었다(뒤의 네 명은 모두 부주석이 되었다).

이제 덩은 마오의 그늘에 있지 않았다. 그는 위대한 조타수와 나란히 섰다. 그러나 예전처럼 주석과 동등한 위치에 서는 꿈을 꾼 적이 없다. 전체주의 권력은 단 한 명의 확실한 지도자의 독재를 의미했다.

11

위대한 성장 역량

★
★
★

총서기가 된 덩은 인민들과 지도부를 가르는 높은 벽 너머 중난하이 내의 한 지도부 주택인 함수헌含秀軒에 가족과 함께 정착했다. 그 집은 중앙위원회와 정부의 의례 회기용 홀인 화인당怀仁堂과 멀리 떨어지지 않은 곳에 있었고, 사각형 안뜰을 1층 건물이 둘러싼 전통 방식으로 건축되었다. 함수헌은 중앙위원회 판공청 주임인 양상쿤이 덩에게 할당한 것으로, 덩은 48세의 중국공산당 베테랑인 그가 모스크바의 중산 대학교에서 공부하기 시작한 1926년 11월부터 그와 알고 지내왔다. 1927년 그들은 서로 다른 길을 갔지만, 1933년 중앙 소비에트 지역에서 다시 만났다. 그 후, 항일전 초기에 덩은 양상쿤과 활발히 협력했는데, 당시 그는 북방국 서기, 즉 덩의 당 직속상관이었다. 덩의 딸 마오마오의 회고에 따르면 "양상쿤의 가족과 우리 가족은 아주 가깝게 지냈다."[1]

회색 벽돌 지붕 아래의 새 집에는 우아한 사이프러스 나무를 사방에 심고 완벽하게 대칭을 이룬 안마당이 있었는데, 덩과 쥐린은 북쪽 동을 차지했다. 아이들과 샤보건은 서쪽 동에, 그리고 크고 둥근 안경을 낀 25세의 산둥 토박이로 1952년 9월부터 덩을 위해 일해온 덩의 비서 왕루이린은 동쪽 동에 살았다(왕과 함께, 덩의 비서 업무를 수행한 사람은 단한 사람뿐이었는데, 쥐린 자신이었다). 덩의 젊은 경호원인 장바오중張宝忠은 1956년 스무 살이 된 헤이룽장 출신의 농촌 고아로, 1954년부터 덩과 함께했다. 요리사 양웨이이 그리고 하인 우훙쥔은 거의 항상 집에 있었다. 덩의 이웃으로는 오랜 친구들이자 역시 부총리인 리푸춘과 천이, 그리고 또 한 명의 친구이자 이전 중앙위원회 서기처에서 덩의 비서장이었던 탄전린이 있었다. 리푸춘과 천이는 제8차 당대회에서 정치국 위원으로 선출되었고, 탄전린은 1958년에 이 최고 기관의 위원이 되고, 1년후에는 역시 부총리가 될 것이었다.[2]

마오는 문자 그대로 그들에게서 걸어서 2분 거리인 풍택원丰泽园의 국향서옥菊香书屋에 살았는데, 역시 화인당과 가까웠다. 류샤오치, 저우언라이, 주더, 천원, 그리고 그 외 당과 국가 최고 관리들의 거처는 부근에 있었다. 덩은 이제 그들 그리고 마오와 자주 만났다. 중국과 세계의 경제 사회 및 정치적 상황, 그리고 당내 사정 역시 끊임없는 주의를 요했다.

1956년 가을 제8차 당대회 직후 중국공산당 지도자들은 또다시 국제 문제에 대해 심각하게 염려하게 되었는데, 이번에는 동유럽에서 문제가 일어났다. 폴란드의 전 공산당 지도자 블라디슬라브 고물카 Wladislaw Gomulka가 스탈린의 개입으로 1948년 총서기직에서 제거되고, 3년간(1951~1954) 옥고를 치른 후 당으로 갓 복귀한 1956년 10월 초에 폴란드군 내에서 복무 중이던 소련 장교들의 철수를 요구하기 시작한 것이다. 그의 주 표적은 스탈린에 의해 폴란드 정치국 위원, 각료회의 부주석, 그리고 국방부장직에 앉게 된 콘스탄틴 로코소프스키Konstantin Rokossowski 원수였다. 흐루쇼프는 공황 상태에 빠져 10월 19일 생각도 없이 바르샤바 조약기구하에 북부 및 서부 폴란드에 주둔한 소련군에 바르샤바를 향해 서서히 움직이기 시작하라고 명령했다. 바로 같은 날,

그는 갑자기 회담을 위해 소련공산당 중앙위원회 최고 간부회의 멤버 세 명 그리고 바르샤바조약기구군 사령관 이반 코네프Ivan Konev 원수를 대동하고 바르샤바에 나타났다. 그러나 많은 폴란드 지도자들이 고물카를 지지했기 때문에 폴란드와의 대화는 아무런 성과를 보지 못했다. 그들은 자신들의 국내 치안부대를 동원하고 민병대를 조직하기 시작했다. 소련과 폴란드는 사회주의 국가 간 최초의 전쟁을 벌이기 직전에 처해 있는 듯했다. 흐루쇼프는 겁을 먹고 철수를 명령했고, 소련군은 진군을 멈췄다. 그러나 일시적인 소강 상태에 속는 사람은 없었다. 그는 여전히 가능한 모든 수단을 동원해 "바르샤바의 상황을 해결"하고자 했다.[3] 한편, 10월 21일, 폴란드 통일노동당 중앙위원회 전체회의는 고물카를 제1서기로 선출했다.[4]

폴란드에서 사회주의의 위기는, 당연히 스탈린에 대한 흐루쇼프의 연설이 유발한 것이었다. 독립국가에 대한 그의 모험적인 군사 행동은 상황을 악화시킬 뿐이었다. 이를 명확히 이해한 마오는 소련 공산당에 대한 불만을 드러내기 시작했다. 일찍이 개인숭배에 대한 흐루쇼프의 투쟁을 "수치스럽다"고 여겼던 덩샤오핑 등, 이를 보고 있던 다른 중국 지도자들도 흐루쇼프에 대한 분노를 표명하기 시작했다.

흐루쇼프가 군대를 멈추기로 결정했다는 소식이 베이징에 도착하기 전인 10월 20일 저녁, 마오는 정치국 확대회의를 소집하고, 처음으로 대국주의를 이유로 소련을 비난했다. 직전에, 그는 폴란드 지도부에서 도움을 청하는 서신을 받았고, 그래서 자신이 적법한 중재자라고 생각했다.[5] 그는 회의 참석자들에게 한 가지 사실을 상기시켰다. "옛 사회에서는 제자가 제대로 처신하지 않으면 스승이 매를 드는 것이 일반적이었다. 그러나 소련과 폴란드는 스승과 제자의 관계가 아니다. 그들은 두 개의 (독립적인) 국가와 정당의 관계다."[6] 모두가 동의했고 어떤 상황하에서도 폴란드에 대해 무력을 사용하지 말 것을 흐루쇼프에게 경고하기로 결의했다.

회의 이후, 마오는 파벨 유딘Pavel Yudin 소련 대사를 소환했는데, 모든 의전을 거스르며 속옷을 입은 채 침실에서 그를 맞았다. "우리는 당신들이 하고 있는 것을 단호히 비난합니다"라고 그는 극도로 분노하며 말했다. "당장 흐루쇼프에게 전화해서 우리의 견해를 알릴 것을 요청하는 바입니다. 만일 소련이 군대를 움직인다면, 우리는 폴란드를 지원할 것입니다." 당시 상황을 목격한 이의 보고에 의하면 "유딘은 그 만남 내내 극도로 긴장해 있었다. 그를 수행했던 대사관 고문 (니콜라이) 수다리코프Nikolai Sudarikov도 같은 느낌이었다. 유딘의 얼굴에서는 땀이 흘러내리고 있었고, 손으로 이마를 연신 훔치면서 그는 반복했다. '예, 예.'"7

흐루쇼프는 유딘에게 이 소식을 들은 후 공황에 빠졌고, 10월 21일 결정을 내렸다. "이 상황을 보아 … 무장 개입을 (전적으로) 자제하기로. 그리고 인내심을 보이기로." 그는 "논의"를 위해 중국을 포함한 몇몇 사회주의 국가들의 공산당 대표들을 모스크바로 초청했다.8

마오, 류, 저우, 천원 그리고 덩은 소련의 지도부가 상황을 관리하는 데 도움을 주기로 결정했다. 10월 23일, 오전 1시경, 운이 없는 유딘은 다시 마오의 침실로 소환되었는데, 침대에 앉아서 마오는 그에게 그렇게 결정했다고 말했다. 그리고 흐루쇼프의 반反스탈린 정책에 깊은 불만을 드러냈다. 그는 "스탈린을 비판하는 것은 적절했지만, 우리는 비판의 방법에 대해 다른 시각을 갖고 있다"고 말했다.9 위대한 조타수의 침대 가까이에 반원 모양으로 의자에 앉은 류샤오치, 저우언라이, 천원 그리고 덩샤오핑은 비굴한 침묵을 지켰다.

10월 23일 아침 일찍, 중국 대표단은 소련의 비행기를 타고 모스크바로 날아갔다. 마오는 대표단에 류샤오치, 덩샤오핑, 왕쟈샹, 그리고 후챠오무를 포함시켰다(후챠오무는 중앙위원회 서기처의 서기이자 주석의 개인 비서 가운데 한 명이었다). 같은 날 대표단이 흐루쇼프와 만난 밤 11시경, 또 다른 동유럽 국가인 헝가리에서의 상황이 급격히 악화되었다. 봄부터 헝가리 근로자당의 스탈린주의적 정책에 갈수록 불만을 표출해오던 헝가리인들이 10월 23일 본격적으로 대중 봉기를 일으켰다. 부다페스트 그리고 기타 도시들에서 수천의 시위자들이 거리로 나와 "국가 독립과 민주주의"의 구호 아래 집결하여, 독재 정치 지지 세력인 코사크 기병과 싸우다 숨진 시인이자 1848년 헝가리 혁명의 영웅인 페퇴피 샨도르Pet fi Sándor의 글귀를 낭송했다. "하느님에게 / 우리는 이제 맹세하네, / 우리는 더 이상 / 노예로 살지 않겠네."[10] 민주 혁명의 결과로, 권력은 대중적 인기가 있는 자유주의적 공산주의자 임레 너지Imre Nagy의 수중으로 넘어갔다.[11]

헝가리는 소련공산당과 중국공산당 대표들 간 논의의 핵심이었으며, 논의는 9일간 지속되었다. 류, 덩 그리고 다른 이들은 흐루쇼프와 더불어 브야체슬라프 몰로토프Vyacheslav Molotov 그리고 니콜라이 불가닌Nikolai Bulganin과 함께 모스크바 근처 리프키에 있는 스탈린의 예전 별장(다차)에서 협상을 벌였다. 때때로 흐루쇼프는 자신이 주재하는 최고 간부회의에 류샤오치, 덩 그리고 다른 대표단 단원들을 초대하기도 했다.[12]

류는 즉시 소련의 "스탈린 비난에 대한 부적절한 방법"에 관한 마오의 시각을 흐루쇼프에게 전달했고, 흐루쇼프는 그저 고개를 끄덕일 뿐이었다. 흐루쇼프는 극도로 불안했고 중국의 지지를 확보하려는 관심을 숨기지 못했다. 흐루쇼프에 대한 공격을 끝낸 후, 류는 그에게 (무력 사용을 거부한 것을 염두에 두고) 적어도 폴란드에 관한 한 중국공산당은 그의 편임을 확신시켰다. 덩도 같은 말을 했다.[13]

다음 날인 10월 24일, 흐루쇼프가 주재한 최고 간부회의에서 류샤오치는 자신이 "소련공산당 중앙위원회가 폴란드에 관해 취한 조치들이 옳다고 생각한다"는 점을 재차 강조했다.[14] 흐루쇼프는 만족했다. 그 후에 그는 "류샤오치는 인간적으로 이야기를 나눌 수 있는 유쾌한 사람이다. 그와 함께 문제를 검토하고 해결할 수 있다"고 회고했다. "나는 류샤오치가 인간적으로 가장 인상이 깊었다. … 우리가 이야기할 때, 나는 우리가 같은 생각을 하고, 모든 것을 일일이 다 이야기하지 않아도, 심지어 통역을 통해서 이야기하고 있음에도 불구하고, 서로 금방 이해한다는 생각이 들었다." 덩 역시 당시 흐루쇼프에게 "아주 강한 인상"을 남겼다.[15]

그러나 상황은 급변하고 있었고, 류샤오치는 마오와 계속해서 상의를 하고 있었다. 처음에 마오는 소비에트 군대가 신속히 부다페스트에 배치되어야 한다고 믿었던 흐루쇼프와 기타 소비에트 지도자들의 시각에 동의하지 않았다. 그 대신, 폴란드에서처럼 평화적으로 접근할 것을 권고했다.[16] 10월 30일 오후, 주헝가리 중국대사와 류샤오치가 새로운 정보를 전해왔다. 부다페스트에서 국가 공안 경찰들이 린치를 당하고 있다는 정보를 전달받은 마오는 갑자기 인내심을 잃었다. 그는 즉시 류샤오치를 불렀고, 류샤오치는 흐루쇼프와 다른 소비에트 최고 간부회의 멤버들에게 마오의 새로운 시각을 알렸다. 마오는 이제 "(소비에트) 군대가 헝가리와 부다페스트에 남아 있어야 한다"고 믿었다.[17] 이는 마오가 헝가리의 민주 운동에 대한 탄압을 승인한다는 신호였다.

같은 날, 아이러니하게도 흐루쇼프와 그 외 소비에트 최고 간부회의 멤버들은 소비에트 군대를 헝가리와 모든 사회주의 국가에서 철수시키고, 헝가리의 문제는 평화적 수단을 통해 해결되어야 한다는 결론을 내렸다. 즉, 그들은 결국 중국의 이전 시각을 받아들였다. 불가닌은 중국인들에게 그들이 이제 "부정확한 개념"을 갖고 있다고 말했지만,[18] 덩은 이렇게 받아넘겼다.

먼저 (당신들은) 정치적 상황을 파악하고 정치적 권력이 적의 수중으로 들어가지 않도록 해야 한다. 소비에트 군대는 이전의 위치로 돌아가 인민의 권력을 지켜야 한다. … 소비에트 군대는 헝가리에서 철수해서는 안 되고, 헝가리 공산주의자들이 소비에트 군대와 함께 정치적 통제와 질서를 회복하도록, 할 수 있는 모든 것을 다해 도와야 한다.

또한 덩은 소련의 군대가 "진정한 무산계급 국제주의를 입증함으로써, 모범적 역할을 해야 한다"는 점도 지적했다.[19]

덩의 발언이 다소 날카로웠기에, 류는 그런 인상을 누그러뜨리고자 농담을 섞어, "자, 어제 우리는 당신들에게 헝가리에서 군대를 철수시키라고 조언했고, 당신들은 그에 반대했는데, 오늘은 우리가 군대를 철수시키지 않는 문제를 꺼내지 말라고 조언하고 있네요"라고 말했다.[20] 참석자 일부는 웃었지만, 전체적인 분위기는 여전히 긴장되어 있었다. 류와 덩은 즉시 마오에게 소식을 전했고, 흐루쇼프가 좌에서 우로 흔들리고 있다고 생각한 마오는 물론 여전히 불만스러웠다.

그는 정확했다. 흐루쇼프는 전적으로 곤란한 상황에 처해 있었다. 10월 30일이 되어서야 최고 간부회의는 중국에 대한 양보의 일환으로, "소련과 기타 사회주의 국가들 간의 우호와 협력의 기초 및 심화발전에 관한 선언"을 채택했는데, "위대한 사회주의 국가 공동체의 소속국가들은 그 상호관계의 기초를 오직 … 상호 내정 불간섭의 원칙에만 둘 수 있다"는 것이 그 일부 내용이었다.[21] 그렇다면 이제 어쩔 것인가? 부다페스트를 공격할 것인가?

흐루쇼프는 진정이 되지 않았다. 밤새도록 많은 것들을 곰곰이 생각했고 그다음 날, 본질적으로는 중국의 주장을 수용하면서, 그는 최고 간부회의 미팅에서 "군대는 헝가리와 부다페스트에서 철수하지 않을 것이며 헝가리에서의 질서 회복에 주도적으로 나설 것이다"라고 선언했다.[22] 그날 저녁 공항에서 중국대표단을 전송하며 그는 소련공산당 중앙위원회 최고 간부회의가 "헝가리에서의 질서를 회복"하기로 결정했다고 류샤오치에게 알려주었다.[23]

11월 4일, 소비에트 군대는 부다페스트와 기타 헝가리의 도시에 진입했고, 도처에서 결사적인 저항에 부딪혔다. 자유의 투사들은 장갑차량에 화염병을 투척하고 탱크 바퀴 밑으로 돌진하기까지 했다. 흐루쇼프는 헝가리 혁명을 피로 몰아내는 데 성공했지만(2,500명 이상의 헝가리인이 사망했고 2만 명 이상이 부상당했다), 소비에트 군대의 영구적인 손실도 끔찍했다. 720명이 사망했는데, 이는 한국전쟁(1950~1953) 내내 사망한 수의 두 배 반 이상이었다. 1,500명 이상의 군인들은 부상을 당하거나 상처를 입었다.[24]

이때쯤 덩은 당분간 다시 베이징으로 돌아와 있었다. 11월 1일과 2일 한밤중에 돌아온 중국 대표단은 서둘러 중난하이로 향했고, 먼저 마오에게, 그러고 나서 정치국 전체에 상세하게 보고했다. 그들의 주장에 의하면 "소련의 대국주의는"

> 매우 뿌리 깊고 형제 정당들 입장에서 강한 불만을 자아낸다. 비록 소련공산당 지도부가 과거의 접근법은 효과가 없다고 생각하지만, "방향을 전환"할 필요성은 아직 깨닫지 못하고 있다. 동유럽 국가들의 민족주의 정서 또한 뿌리가 깊고, 현재 민족주의가 성행하고 있다. 각자가 국제주의를 대가로 자신들의 국가적 특징을 과장한다. 10월 혁명을 포함하여, 소련과 관련된 모든 것을 거부하려는 경향이 나타났다.[25]

마오는 그때 스탈린에 관한 새로운 기사를 "특히 헝가리 사태를 고려하여" 준비할 필요성에 대해 이야기했다.[26] 그런 기사는 12월 29일자 〈인민일보〉에 실리게 될 것이었다. 그 기사에서 스탈린에 대한 비판의 강도는 현저히 약해졌다.[27]

한편, 11월 6일 덩은 중앙위원회 서기처 회의에서 동유럽에서 발생한 일에 대해 이야기하고 이렇게 선언했다. "폴란드와 헝가리에서의 사건들 이후, (우리의) 젊은이들, 민주 정당 소속자들, 그리고 우리 당 간부가운데 일부에서도 사상적 혼란이 생길 수 있고, (그렇기 때문에) 의도적인 계급 및 국제 교육이 모든 곳에서 그리고 적절한 시기에 시행될 필요가 생겼다."[28] 이렇게 해서, 헝가리에서의 대중봉기 탄압을 지지한 이후, 덩은 정력을 회복하여 자신의 조국에서 사상적 반혁명을 완전히 근절하는 데 착수했다.

그는 두 방향으로 자신의 노력을 집중시켰다. 새로운 교정 운동(정풍)의 틀 내에서 또 한 번 당의 "정화"를 준비하는 것, 그리고 "백화제방, 백가쟁명"의 구호하에 전국적 운동을 준비하는 것. 후자는 과학자들과 문화계 인물들 그리고 "민주당파"의 멤버들이 자신들의 견해를 자유롭게 표현하도록 함으로써, 지식계급 내의 사상적 적대자들을 겨냥한 것이었다. 당연히 두 운동의 주요 추진자는 마오였고, 덩은 주요 집행자였다.

두 번째 운동은 그 범위가 더 넓었다. 마오는 1955년 12월에 그 운동을 생각하고 1956년 5월에 처음 공표했지만, 당시 지식계급의 지지를 받지는 못했는데, 이들은 함정에 빠질 것을 두려워했고, 그런 두려움은 옳은 것이었다.[29] 그때부터 마오는 수차례 그 테마로 돌아갔었지만, 정작 그가 이 생각을 실행하기 시작한 것은, 사회주의 국가에서의 자본주의 복구라는 실질적인 위험을 드러냈던 폴란드 그리고 헝가리 위기 동안이었다. 10월 17일 그는 류, 저우, 덩, 그리고 다른 지도부 멤버들과 그 문제에 대해 논의했고,[30] 한 달 뒤 국제청년대표단과의 미팅에서 덩은 이렇게 주장했다. "마르크스-레닌주의가 우리의 지도이념이기는 하지만, 과학의 문제에 관해서는 '백가쟁명'이 허용된다. 우리의 노선은 자유 토론의 하나이다. 우리가 논쟁을 두려워하지 않는다면 진실은 밖으로 나올 것이다. 만일 마르크스-레닌주의가 패한 것으로 끝난다면, 그것은 마르크스-레닌주의가 허위라는 의미일 것이다."[31]

그 후, 중국에는 표면상 사상적 해빙기가 찾아왔다. 교육기관에 대한 당의 통제가 다소 이완되었고, 자유주의적 사상의 표현을 담은 글들이 언론에 등장했다. 그러나 마오, 덩, 그리고 그 외 당 지도자들이 자유화를 좋아하지 않는다는 것은 곧 알아챌 수 있었다. 그들은 그것에 대해 공개적으로 반대하지는 않았지만, 가끔씩 불편한 기색을 감추지 못했다. 그래서 1957년 1월 12일, 베이징의 칭화 대학교를 방문한 자리에서 덩은 너무 자유롭게 행동하고 있던 사람들에게 만일 그들이 계속 같은 정신을 가지고 행동한다면, 그들에게 독재의 수단이 적용될 것이라고 경고했다.[32]

그럼에도 2월 말, 마오는 최고국무회의 확대회의에서 행한 "인민 내부의 모순을 정확히 처리하는 문제에 관하여关于正确处理人民内部矛盾的问题"라는 공개 연설을 통해, 백화제방 운동을 촉진할 것을 주문했다.[33] 덩은 당연히 그를 지지했다. "단지 비판에 있어 실수가 생긴다고 해서 감히 나서서 말하지 못하는 것은 맞지 않을 것이다. 이는 침묵과 낙심이라는 치명적인 영혼이 지배하던 과거로의 회귀일 것이다."[34]

1957년 5월 초, 주석은 4월 말 발표된 당내 정풍의 틀 내에서 철저한 사상적 그리고 정치적 다원주의를 요구했다. 당과 무관한 시민들 그리고 특히 "민주"당파[35] 멤버들과 그 밖의 지식인들에게 마르크스주의와 중국공산당 당원을 비판하고, 당 정책에 대한 과감하고 솔직한 평가를 내리고, "당내 3대 죄악"인 관료주의, 주관주의, 종파주의의 제거를 돕도록 촉구했다. 거의 한 달 동안 모든 중국 신문과 대중 프로파간다 수단들이 다양한 정치적 문제에 대한 비판적 견해를 표명하고자 하는 모든 사람들에게 열렸다. 5월 베이징에서는, 잘 알려진, 공산당원이 아닌 유명 인사들이 참가한 일련의 회의가 덩의 주도하에 개최되었다.

그러나 많은 자유주의 인사들은 "개인의 과오"가 아닌 공산당 독재라는 체제 전체를 비판했다. 그 후, 6월 8일 마오의 주도로 중앙위원회는 "우파 분자들"에 대한 반격에 착수하라는 지시关于组织力量准备反击右派分子进攻的指示를 내렸다. 언론의 자유는 제거되었고, 공산주의자들은 정치 및 사상적 테러라는 이전의 수단으로 회귀했다.

광범위한 정치적 도발은 성공했다. 이제 공산주의자들은 강제로 모든 잡초를 뿌리뽑고 기타 "못된 것들"을 말살할 수 있었다.[36] 덩은 중국 내 소련 고문 표트르 아브라시모프Peter Abrasimov에게 "대어는 이미 그물 안에 있습니다"라고 말했다. "중국공산당이 장려하지 않았다면, 그들(우파들)은 감히 그렇게 광범위하게 공격하고 행동하기 시작하지 않았을 것입니다. 우파들은 … 흙 밖으로 미끄러져 나와, 위험을 감지하고, 다시 흙 속으로 들어가고 싶었지만, 꼬리가 꽉 잡힌 뱀을 닮았습니다"라고 그는 냉소적으로 설명했다.[37] 아브라시모프가 놀랐을 것 같지는 않다. 중국공산당 중앙위원회는 비밀 서신을 통해 모스크바에 그 운동의 진짜 목적에 대해 사전에 통지했으니 말이다. 이는 당시 소련공산당 중앙위원회 이데올로기 담당 서기 예카테리나 푸르체바Ekaterina Furtseva가 《노보예 브레미야Novoye Vremya》(New Times)의 기자 발렌틴 베레즈코프Valentin Berezhkov에게 말한 것이다. "'백화제방' 수법은 인민의 권력을 반대하는 자들을 적발하고, 그들에게 중국 내 사회주의 발전을 지체시킬 기회를 허용치 않기 위해 계산되었다."[38]

이제 마오는 반격을 수행하고 "종기에서 고름을 짜내기" 위한 조직을 중앙위원회 내에 신설하고 그 수장으로 덩을 임명하여, 그로 하여금 지식계급에 대한 억압 운동을 주도하도록 했다.[39] 덩은 즐기며 일에 착수했다. 그의 행동 덕분에 중화인민공화국 역사상 최초로 수백만의 지식인들에게 "우파 자산계급"이라는 딱지가 붙여졌고, 이들 가운데 오십만 가량이 "노동교화"에 처해졌다. 그들 모두가 체제를 비판한 것은 아니었다. 많은 이들이 신생 정권을 지지했지만 음모와 "계급투쟁 논리"의 희생자가 되었다. 예를 들면, "미제 구두약은 정말 좋다"는 말을 했다는 것만으로도 체포되어 노동수용소로 보내지기에 충분했다.[40] 덩은 이런 것에 신경을 쓰지 않았다. 그는 자유주의자였던 적이 없었고 다원주의를 참을 수 없었다. 그가 백화제방 운동에 참여했던 것은 단지 마오가 원했기 때문이었다.

1957년 9월 말, 제8기 중앙위원회 3차 확대 전체회의에서, 덩은 "우파 분자"에 대한 투쟁 및 당 정풍운동에 관한 주요 보고를 했다. 그는 운동의 결과를 요약하면서 "독초"를 근절한 후에 마르크스-레닌주의 프로파간다와 정치교육을 강화할 것을 요구했다. 또한 위기에 처한 것은 "정치 및 이데올로기 전선에서의 사회주의 혁명", 즉 인민들과 부르주아 "우파" 지식계급 간의 적대적이며 타협 불가하고 치명적 모순들을 해결하는 것이라고 설명하며, "우파"에 대한 단호한 투쟁이 더욱 광범위하게 지속될 것임을 모두에게 확신시켰다. 그는 적을 "노출시키고, 격리시키고, 깨뜨릴—그리고 어떤 경우에는 처벌하고 진압할 수단들"을 채택할 필요성에 대해 지적했고, 지식계급이 요구하는 "이른바 '독립'과 '자유', 이른바 '언론의 자유', '출판의 자유' 그리고 '문학과 예술의 자유' 등은 절대 수용할 수 없다"고 불길하게 경고했다.[41]

비록 문화대혁명 기간(1966~1976) 그 자신과 가족들이 격렬하고 부당한 박해를 겪은 때부터, 무고한 사람들이 시련을 당한 것에 대해 유감스러워했지만, 덩은 그런 냉소적인 도발에 의한 대₩우파 투쟁이 정당했다는 것을 삶의 마지막까지 결코 의심하지 않았다. 1980년 2월, 제11기 중앙위원회 5차 전체회의에서 그는 "내가 … 실수했다. 1957년 반ʀ우파 투쟁에 참가한 행동가들 가운데에는 우리도 있었고, 나는 투쟁의 범위를 확대한 데 대해 책임을 공유한다—당시 내가 중앙위원회 총서기 아니었던가?"라고 시인했다. 한 달 후 그는 보다 균형 잡힌 평가를 내놓았다.

> 1957년 반우파 투쟁의 필요성은 재확인되어야 한다. … 나는 많은 때에, 당시 일부 사람들이 공산당의 리더십을 부정하고 우리나라의 사회주의적 방향성을 바꾸기 위해 실제로 악질적인 공격을 퍼붓고 있었다고 말했었다. 만일 우리가 그들의 시도를 좌절시키지 않았다면, 우리는 앞으로 나아가지 못했을 것이다. 우리의 실수는 그 투쟁의 범위를 확대시킨 데에 있다.[42]

덩의 후회는 때늦은 것이었다. 그의 행동으로 인해 고통을 겪은 막대한 수의 무고한 사람들은 이미 사망한 뒤였다.

덩의 노력은 보상을 받았다. 1957년 11월, 마오는 10월 혁명 40주년을 축하하기 위해 모스크바로 덩을 데리고 갔다. 그는 흐루쇼프에게 덩을 소개하며 이렇게 말했다. "저기 작은 친구 보이시죠? 아주 영리한 사람이고, 미래를 멀리 내다봅니다." 그러고 나서 그는 최대의 노력을 기울이며 덩을 "중국과 중국공산당의 미래의 지도자"라고 칭찬했다. "이 사람이 미래의 지도자입니다. 그는 나의 전우 가운데 최고입니다. 위대한 성장 역량 … 이 사람은 원칙도 있고 융통성도 있는, 드문 재능입니다."[43] 이미 1년 먼저 덩을 주목했던 흐루쇼프도 동의했다. "네. 저도 (폴란드와 헝가리에 관한 협상 기간에) 이 사람은 인상적이라고 생각했습니다."[44] 마오의 칭찬은 특히 주목할 만했는데, 그는 흐루쇼프에게 중국공산당의 다른 지도자들에 대해 이야기할 때 "비관적인 용어로 … 심지어 … 그들에게 먹칠을 했기" 때문이었다. 예를 들어, 류샤오치에 대해 그는 그의 "미덕은 숭고한 원칙을 견지한다는 데 있지만, 그의 결점은 필요한 만큼 융통성이 없다는 것입니다." 그는 주더를 두고는 "나이가 많고 비록 높은 도덕적 자질을 갖춘 데다가 잘 알려져 있지만, 주도적인 업무를 맡기기는 어렵습니다. 나이가 그에게 불리했습니다"라고 말했다. 그는 저우가 "자아비판이 가능했고 좋은 사람이다"라고 덧붙이긴 했지만, 저우언라이에 대해서도 결함을 찾았다(사실 어떤 결함도 내놓지 않았다).[45]

모스크바에서 덩과 마오는 두 국제회의에 참가했다. 바로 사회주의 국가 공산당 및 노동당 대표자 회의, 그리고 전 세계 60여 개국의 공산당 및 노동당 대표자 회의였다. 중국공산당의 이름으로 첫 번째 회의의 최종 문건 초안인 '선언'에 대응한 것은 덩이었는데, 그 선언은 "불멸의 단결"을 언명함으로써, 사회주의 진영을 뒤흔들었던 사상적-정치적 위기에 종지부를 찍을 예정이었다.

사회주의 국가 집권당 회의를 소집하자는 것은 마오의 아이디어였다. 그는 사회주의 진영에 새로운 대격변이 일어나는 것을 두려워했다. 1957년 2월, 흐루쇼프는 그 아이디어를 승인했고, 10월 28일 소비에트 초안 선언을 베이징에 보냈으나, 마오와 그 외 중국 최고 지도부 멤버들은 그 초안이 마음에 들지 않았다.[46] 그들이 주로 반대한 것은 "자본주의에서 사회주의로의 평화적 이행" 가능성에 관한 테제였다. 제20차 대표회의에서 흐루쇼프가 처음 발표한 이 테제는 즉각 중국을 자극했는데,[47] 그들은 공개적으로 반대하지는 않았으나 비공개 회의에서는 동의하지 않는다는 의견을 표명했다.[48] 1957년 10월 말, 마오는 모스크바로 향하기 전, 유딘 대사에게 이렇게 설명했다. "우리는 그 문제에 대해서 공개적으로 토론하지는 않을 것입니다. … 그렇게 하면 리더십을 강화해야할 흐루쇼프 동지에게 이롭지 않을 것이기 때문입니다. 우리가 우리의견해에 대한 토론을 자제한다고 해서 우리 견해가 사실이 아니라는 의미는 아닙니다."[49]

중국공산당 지도자들은 초안에 담긴 제20차 대표대회의 다른 테제들에 대해서도 불만이 있었다. 바로 "두 체제의 평화로운 공존에 관하여"와 "현 시대에서 전쟁 방지의 가능성에 관하여"였다.

마오는 자신들이 초안을 준비하는 것, 그리고 자신의 소비에트 동지들과 함께 로비를 할 수 있는 모스크바에서 그 초안을 준비하는 것도 나쁘지 않은 생각일 것이라고 결정을 내렸다. 그는 "평화적 이행" 문제가특히 지루하다고 생각했고, 이를 중앙위원회 선전부 주임 루딩이陸定一, 그의 서기인 천보다 그리고 후챠오무에게 설명한 후, 이들 세 명에게 초안 작성을 요구했다. 양상쿤이 그들을 도울 것이었다. 덩은 전체를 관리했다.[50]

11월 3일, 모스크바에 도착한 이튿날부터 이들은 초안 작성에 착수했다. 초안을 끝낸 후, 그들은 철저한 당 관료인 중앙위원회 이데올로기담당 서기 미하일 수슬로프Mikhail A. Suslov가 이끄는 소비에트 동지들과협력을 시작했다. 협상은 수일간 계속되었고, 덩은 솜씨 있게 협상을 수행하여 수슬로프로 하여금 중국의 텍스트를 본질적으로 수용하도록 하는 데 성공했다. 수슬로프는 "평화적 이행"에 관한 테제를 삭제하는 데동의하지 않았지만, 덩과 그 외 중국인들은 부르주아가 절대로 노동자계급에게 평화적으로 권력을 양보하려 하지 않을 것이며 무력이 필요할 것이라고 주장했다.[51] 위대한 조타수의 결정으로, 덩은 초안에 평화적 이행과 비평화적 이행 두 테제를 모두 포함시킬 것을 제안했다. 흐루쇼프는 수슬로프에게 이 버전을 수용하도록 지시했고, 덩은 마오의 승인을 받아 흐루쇼프에게 매우 중요한 한 문장을 초안에 포함시키는 데 동의했다. 그 문장은 "소련공산당과 소련에서의 공산주의 건설에 중대한 의의"를 가질 뿐만 아니라 국제 공산주의 운동에서 "마르크스-레닌주의를 기초로 그 심화발전"을 촉진하는 새로운 단계의 시작을 의미하는 제20차 대표대회의 "역사적 결정"에 관한 것이었다.[52] 이렇게 해서 타협은 이루어졌고, 덩은 베이징으로 복귀하자마자 이에 관한 정보를 정치국 상무위원회에 제공했다.[53]

11월 19일, 마오는 다른 대표단의 수장들과 함께 선언문에 서명했다. 그는 덩이 보는 앞에서 흐루쇼프에게 "이번에는 평등의 원칙을 준수하는 데 성공하셨군요."라고 거들먹거리며 말했다. "선언은 잘 됐습니다. 이전에 형제의 정당에 관한 말이 있었지만, 그건 빈말들이었습니다. 실제로 정당들은 아버지와 아들, 고양이와 쥐였지요."[54] 흐루쇼프는 억지로 미소를 지었다. 물론, 주석의 오만이 불쾌하게 만들었지만, 그는 모르는 체했다.

그 시절 흐루쇼프는 마오의 비위를 맞추려고 노력했다. 몇 달 전, 그는 스탈린의 오른손이던 몰로토프가 이끄는 "반당" 그룹을 괴멸시켰다. 마오는 불쾌했지만 이제는 흐루쇼프가 마오를 자기편으로 끌어오기를 간절히 원했다. 그래서 그는 마오와 그 외 덩을 포함한 중국인들을 크렘린에 묵게 했고, 자신의 숙소를 마오에게 할당했다(다른 공산당 대표단 대다수는 모스크바 바깥의 다차에 묵었다). 흐루쇼프는 매일 아침 마오를 찾아가고, 선물을 듬뿍 안겨주고, 문화 유적지를 구경시켜주고, 그와 "절친한 친구 같은" 대화를 나누었다.[55] 그러나 그는 마오에게 존경을 얻지 못했다. 폴란드와 헝가리 사태 이후, 마오는 흐루쇼프에 대한 모든 존경심을 잃었고, 심지어 면전에서 그를 비판하기까지 했다. 한 연회에서 마오는 흐루쇼프에게 이렇게 말하기도 했다. "당신은 성질이 나쁘군요. 당신은 사람들에게 쉽게 상처를 줍니다. 형제 정당들 사이에는 다양한 시각이 있을 수 있으니, 그런 시각들이 표출되도록 하고, 그것에 대한 토론을 서두르지 마십시오. 이것에 대해 걱정할 필요가 없습니다."[56]

덩은 당연히 모스크바에서 마오가 가르쳐준 훌륭한 외교수업에 세심한 주의를 기울였다. 일정이 끝날 무렵, "큰 형님"을 향한 덩의 존경심은 영원히 사라졌다. 한편, 위대한 조타수에 대한 존경은 절정에 달했는데, 자신에 대한 마오쩌둥의 특별한 관심을 알 수밖에 없었기에 특히 더 그랬다. 물론, 그는 당시 지도자들이 그들의 전우들과는 따로 떨어져 앉아 있었기 때문에, 마오가 흐루쇼프에게 자신에 대해 칭찬한 것을 듣지는 못했지만, 주석이 대표단에서 그를 자신의 실질적 대리인으로 대했다는 것은 분명했다. 마오가 흐루쇼프와 사적인 대화를 하러 갈 때 같이 갔던 사람은 덩이었고 가장 민감한 세부 협상사항을 논의한 사람도 덩이었다.[57]

그렇기 때문에 스스로도 놀랐듯 덩이 결국 "더 많이, 더 빨리, 더 좋게, 그리고 더 경제적으로"라는 원칙에 따른 중국식 사회주의에 관한 마오의 가장 깊숙한 생각에 접근할 수 있게 된 것은 이번 모스크바 방문에서였다. 이 아이디어들은 주석의 연설 "10대 관계를 논함"에 담긴 것으로, 덩은 전에 이를 이해하지 못했었다. 11월 18일, 공산당 및 노동당 대표자 회의에서 마오가 갑자스레 15년 내에 중국이 강철 생산량에서 영국을 추월할 것이라고 공표했을 때,[58] 덩은 열렬히 환호했다.

물론, 마오는 허풍을 치는 흐루쇼프의 영향하에서 그런 선언을 했던 것인데, 며칠 전인 11월 6일 소련 최고 소비에트 기념회의에서 흐루쇼프는 다가오는 15년 안에 소련이 미국을 따라잡을 뿐만 아니라 추월하게 될 것이라고 요란하게 선언했다.[59] 그러나 모험주의적 성향은 언제나

(마오) 주석의 특징이었다.[60]

중국으로 돌아온 후, 덩은 순수한 열정으로 그 새로운 노선을 따르기 시작했다. 그 외 사회주의로의 이행 속도에 대해 조용히 의심을 키워오던 일부를 포함한 최고 지도자들도 이때쯤에는 위대한 조타수를 믿기로 했다. 덩은 이렇게 회고했다.

> 대약진운동에 착수했을 때 마오 동지는 흥분했지만, 나머지 우리는 그와 함께 하지 않았는가? 류샤오치 동지나 저우언라이 동지나 나나 그런 측면에서 그것을 반대하지 않았고, 천윈 동지 역시 아무런 말을 하지 않았다. 우리는 이 문제에 대해 공평해야 하고 다른 사람들은 옳았는데 한 사람만이 잘못했다는 인상을 주어서는 안 된다. 그것은 사실과 부합하지 않기 때문이다. 중앙위원회가 실수를 범하면, 그 책임은 특정한 개인보다는 집단이 지는 것이다.[61]

1958년 1월, 마오는 항저우와 난닝에서 고위급 간부회의를 소집하고, "성급"하고 "맹목적으로 앞으로 돌진"한다고 반대하는 이들을 혹독하게 비판했다. 항저우에서 "이데올로기와 정치가 지휘한다"고 선언했고, 난닝에서는 저우언라이를 신랄하게 비판하며, 그와 몇몇 "동지들"에게 "그들 스스로가 우파들과 단지 50미터 떨어져 있을 뿐"이라고 경고를 보냈다.[62] 총리는 당황했고 자아비판을 했다. 나중에 그는 자신의 비서에게 자신의 주요한 실수는 "마오쩌둥 동지를 따라가지 못했던" 것이라고 설명했다. "나는 마오쩌둥 사상을 주의 깊게 학습해야 한다"고 안타깝게 말했다.[63] 그러나 마오는 저우언라이 대신, 중국공산당 중앙위원회 화동국(상하이국) 제1서기이자 잘 알려진 좌파인 커칭스柯庆施를 총리로 임명할 것을 제안했다. 그러나 얼마 후 저우언라이가 퇴직 승인을 요청했을 때,

마오는 관대하게 그를 용서했다.[64]

1월 31일, 마오는 두 회의의 결과를 '작업방법 60개 조工作方法六十条'라는 중요한 문건에 요약했는데, 여기서 "고전苦戰 3년"의 구호를 내세우며, 경제에서의 대약진 노선을 제시했다. "15년 내에 영국을 따라잡고 추월하겠다"는 결심을 다시 표명했으나, 이번에는 이를 달성하는 데 "좀 더 긴 기간"이 걸릴 수도 있다는 것을 부인하지 않았다. 그는 "우리는 최대의 노력을 기울일 필요가 있다"고 호소했다.[65]

덩은 1월 회의에 참석하지 않았으나, 진행 상황을 면밀하게 지켜보았다. 그리고 그 회의에서 영감을 얻었다. "1958년 … 나는 진정한 기쁨을 느꼈다"고 그는 회상했다.[66] 마오의 강력한 카리스마에 매혹되어, 그의 의지는 완전히 마비되고 더 이상 중국의 경제적 상황이나 지도자의 계획을 비판적으로 평가할 수 없을 것 같았다. 그는 위대한 조타수를 신처럼 믿었고 맹목적으로 마오에게 자신을 종속시켰다. 이 점에서, 그는 다른 최고 지도부 멤버들과 마찬가지였다.[67] 이를 지켜본 사람의 기록에 따르면, "모두 유토피아로 향하는 차에 올라타려고 서두르고 있었다. 류샤오치, 덩샤오핑, 저우언라이, 그리고 천이는 모두 한 목소리를 냈고, 그 목소리는 마오의 목소리였다. … 모두가 이 유토피아적 히스테리에 휘말려 시달리고 있었다."[68]

2월 중순 쓰촨에서 덩은 지방 간부들에게 다음처럼 말했다.

사회주의 건설이라는 문제에 관하여, 두 가지 방법 사이에 투쟁이 벌어지고 있다. 사회주의를 더 빨리 건설하느냐 아니면 더 천천히 하느냐. 객관적 사정에서 비롯된, 마오 주석과 당 중앙위원회의 방법은 건설을 가속화하는 것이다. 건설을 이끄는 데 있어 혁명가가 될 필요도 있으며, 가속화를 위한 상황을 적극적으로 만들 필요가 있다. … 그런 것이 우리의 옳은 접근법이다.[69]

이 당시 마오는 힘에 넘쳐 "굼벵이들"을 재촉해댔다. 끊임없이 전국을 돌아다니며, 엄청난 정력으로 당 간부들에게 자신의 모험주의적 계획을 소생시키라고 강요했다. 경제학은 잘 몰랐지만, 열정, 의지, 그리고 자신의 무과실성에 대한 신념만은 차고도 넘쳤다. 구체적인 것은 아무것도 제시하지 않았는데, 그 스스로가 기본적으로 어떻게 영국을 추월할지에 대한 생각이 없었기 때문이었다. 그는 그저 그렇게 하겠다는 강렬한 욕구밖에 없었다. 특히 강철과 곡물생산 같은 경제성장지수의 급격한 증가라는 아이디어에 집착했다. 어떤 이유에서인지 이런 것들이 근본적이라고 보았다. 그는 주요 간부들에게 실험을 하라고 요구하며, "좌파주의" 혹은 "주관주의"라는 이유를 들어 "그들을 때리지" 않겠다고 약속했다.[70] 그는 한 가지 사실을 이해하고 있었다. 다른 국가들에 비해 중국은 엄청난 우위, 즉 중국이 기대야만 하는 저렴한 노동력의 거대한 공급이 가능하다는 것.

1958년 3월, 쓰촨의 성도인 청두에서 열린 주요 당 간부회의에서 마오는 그들이 보수주의적이고 맹목적으로 소련을 모방한다고 비난했다. 그들 거의 모두가 이미 그의 뒤를 맹목적으로 따르고 있다는 사실에도 불구하고. 이번에는 참가자 가운데 하나였던 덩이 자아비판을 했다. 그는 "맹목적 전진에 반대하는 투쟁은 좋지 않다"고 시인했다.

이는 대중과 간부들의 열의에 찬물을 끼얹는다. 잠시 동안, 이 투쟁에 대한 나의 생각은 혼란스러웠다. 나는 두 노선 사이에 어떤 차이가 있다는 것을 이해하지 못했고, 수도 건설과 몇 가지에 관해서는, 좀 더 천천히 그리고 신중하게 움직이는 것이 낫다고 생각한 다른 몇몇 동지들과 몇 가지 문제에 있어서 시각을 같이했다.[71]

4월에 덩은 소련의 대사 유딘에게 말했다. "우리는 … 다음 일을 우리 인민들에게 어떤 형태로 … 제시할지에 대해서 생각 중입니다. 25년여 내에 미국을 따라잡는 일 말이지요." 그가 보기에, 그런 구호는 대중이 앞으로 돌진하는 데 도움을 줄 것이었다.[72]

마오는 동지들이 만일 자신들의 "잘못"을 인정하면 그들을 용서할 수 있었다. 그래서 그는 덩이 보수주의자에서 정력적인 대약진운동 지지자로 전환한 것이 만족스러웠다.

한편, 1958년 5월, 위대한 조타수의 주도로, 2년 전 제8차 전국대표대회에서 채택된 "국민경제발전 제2차 5개년(1958~1962) 계획의 건의에 관한 보고"를 재고하기 위한 제8차 중국공산당 전국대표대회 2차회의가 베이징에서 소집되었다. 계획안에 명기된 국민경제성장률은 더이상 주석의 마음에 들지 않았는데, 그 제안에 의하면, 1962년의 강철예정 생산량은 겨우 1050만 톤에서 1200만 톤 정도였다. 영국을 추월하려면 정말로 엄청난 분발이 필요했는데, 이때쯤 마오는 중국이 강철 생산량에서 15년이 아닌 7년 안에, 그리고 석탄 채굴량에서는 단지 2년 또는 3년 안에 영국을 추월할 수 있게 될 것이라고 결론을 내렸기 때문에 특히 그랬다.

당 지도자와 완전히 보조를 같이한 류샤오치가 주요 보고를 했다. 덩은 마오의 지시로 모스크바 회의에 관해 보고했다.[73] 당연히 2차 회의에 참석한 대표자들은 두 보고를 열렬히 지지했고 그러고 나서 "모든 노력을 기울이고, 앞서려 노력하여, 더 많이, 더 빠르게, 더 좋게, 더 경제적으로 사회주의를 건설한다"는 공식에 입각한 중국공산당의 새로운 총노선을 승인했다.[74]

이렇게 해서 그 주요 당 회의는 대약진운동에 청신호를 켜주었다. 곧마오는 다가올 해, 즉 1959년에 영국이 뒤처지게 될 것이라고 기쁨에 차서 선언했다. 이는 1958년에 중국이 생산량을 두 배로 늘리며 1070만 톤을, 그리고 1959년에는 2000만에서 2500만 톤의 강철을 생산해야 한다는 뜻이었다. 조금 뒤에 그는 그 숫자들을 검토했다. 이제 그는 1959년에 3000만 톤의 강철이 생산되길 바랐다. 15년 후, 즉 1970년대 중반까지 마오는 연간 생산량 7억 톤, 즉 영국의 일인당 강철 생산량의 두 배만큼을 숫자로 잡았다. 곡물 수확량은 비록 초기 계획에 의하면 1962년에 간신히 2억 5000만 톤이었음에도 불구하고, 1958년 그는 3억 또는 3억 5000만 톤으로 두 배를 늘리길 원했다.[75]

계획은 정해졌고 간부들과 인민들은 일에 착수했다. 덩은 유달리 적극적이어서, 마오 그리고 정치국 및 서기처의 다른 멤버들과 경제발전 문제에 대해 매일 토론을 했다.

그와 동시에, 모스크바 협상에서 "중국과 중국공산당의 미래 지도자"가 한 역할에 대해 매우 만족해했던 주석의 지시로, 덩은 국제문제에 보다 많은 시간을 바치기 시작했다―우선 먼저, 그는 갈수록 복잡해지는 중국공산당과 소련공산당 사이의 관계에 시간을 할애했다(그때까지 서기처에서, 지도부 전반에 더해, 그는 선전 및 농업 분야에서만 직접 관여하고 있었다. 소비에트 공산주의자들 그리고 기타 국제문제의 관계는 왕자샹이 감독했다[76]).

크렘린 지도부와의 새로운 회담들로 덩은 1958년 여름 그 궤도에 올랐다. 7월 21일 저녁, 마오는 덩을 불러 휴가에서 갓 복귀한 유딘 대사가 긴급회의를 요청했다고 설명했다. 덩과 함께 상무위원회의 다른 위원들이 도착했고, 곧 유딘 자신도 두 명의 대사관 관리들의 에스코트를 받으며 나타났다. 환영인사와 일반적인 얘기들을 나눈 후에, 그는 소련 지도부의 중·소 연합 태평양 해군함대 설립제안서를 마오에게 제출했다. 마오는 누가 함대를 통제하게 되는지 물었으나 유딘 대사는 흐루쇼프가 말을 하지 않았기에 알 수 없었다. 마오는 격분했는데, 특히 4개월 전 중국 지도부가 소련 국방장관 로디온 말리노프스키에게 소비에트 태평양 함대 소속 함정들을 추적할 전파 탐지 기지를 중국에 공동 건설하자는 제안이 담긴 서신을 받았기 때문이었다. 마오와 덩을 포함한 중국 지도자들은 이런 제안들을 중국의 주권에 대한 침해라고 보았다.[77]

이튿날, 덩과 그 외 중국 지도자들이 참석한 상태에서, 주석은 유딘 대사에게 다섯 시간 반 동안 설교를 했다. 그는 "어제 대사가 떠난 뒤에 나는 잠을 이룰 수가 없었고, 아무것도 먹지 못했습니다"라고 말했다. 유딘은 외교적으로 마오에게 이 문제들에 대해서 흐루쇼프와 직접 논의할 것을 제안했지만, 마오는 정상회담이 "열리지 않을 수도 있습니다"라고 말했다.[78]

유딘은 너무도 심란한 나머지 며칠 뒤 심한 뇌동맥류와 일시적인 신체 우측 마비로 침대에 앓아누워야 했다. 7월 31일, 흐루쇼프는 마오와 직접 협상을 하기로 결정하고 갑자기 베이징으로 날아왔다. 그의 의도는 고결했다. 그는 단순히 흥분했고, 후일 스스로 말했듯, "공산당과 사회주의 국가의 국제적 이익"을 "과장하고" 있었다.[79]

마오는 그를 만났고 그의 설명을 들었지만(흐루쇼프는 나중에 "나는 할 수 있는 만큼 사과했다"고 말했다),[80] 즉시 용서하려 하지 않았다. 그 대신 그는 스탈린이 자신을 모욕했던 때부터 쌓여온 온갖 모욕적 언동과 분노를 쏟아냈다.

그는 자신의 모든 전우들 중에서, 이제 중소 관계 최고 전문가인 덩 한 사람만을 흐루쇼프와의 첫 회담에 초대했다. 대화가 시작되기 전, 그는 덩을 흐루쇼프에게 이미 소개했다는 것을 잊었는지 아니면 흐루쇼프가 기억하지 못할 것이라고 생각했는지, "이 사람이 덩샤오핑으로, 우리 총서기입니다"라고 말했다. 그리고 "작게 보지 마십시오. 그는 우리 화이하이 전투의 총사령관이자, 전선위원회 서기였고, 중앙위원회 상임업무를 맡고 있으니, 오늘 그가 당신과의 대화를 주도할 것입니다"라고 덧붙였다.[81] 그러나 회담 속기록이 보여주듯, 마오가 대부분의 이야기를 했고 덩은 단지 한두 마디 시기적절한 응답만을 했다.[82] 그다음 날이 되어서부터 덩은 자신의 기질과 논쟁술에 뛰어난 자신의 능력을 증명했다. 통역을 맡았던 옌밍푸에 따르면, 어떤 시점에서 마오는 비켜서서 덩이 흐루쇼프를 공격하도록 놔두었다. 덩은 "사실에 입각해, (중국의) 주권을 … 침해하고 (중국의) 당을 … 통제하려는 소련공산당의 시도들을 폭로했다."[83]

이번 중국 방문은 흐루쇼프를 지치게 만들었다. 하루는 마오가 회담 장소를 수영장으로 변경했는데, 쉴 수 있을 것 같은 장소였지만 흐루쇼프는 쉬지 못했다. 잔잔한 물살을 가르며, 위대한 조타수는 손님들에게 자신의 능숙한 실력을 선보였던 반면, 수영에 능하지 못했던 소련공산당 수장은 무력하게 허우적거렸다. 흐루쇼프는 밤에도 느긋하게 쉴 수가 없었는데, 묵고 있던 빌라에 모기가 들끓었기 때문이었다. 그는 마오에게 "우리가 이제 중국에 있으니 모기들마저 당신을 도우려 하고 있군요"라고 말했다.[84] 소련으로 돌아가기 전, 그는 "안 좋은 게임을 좋게 해석"하기 위해, 덩을 가리키며 마오에게 농담을 건넸다. "무엇보다도 나는 키 작은 당신 친구 때문에 놀랐습니다!"[85] 아마도 그는 몸집 작은 덩을 보며 베이징의 습한 밤에 심술궂게 자신을 물어뜯던 게걸스러운 흡혈 곤충을 떠올렸을 것이다.

마오는 자신이 어떻게 흐루쇼프를 대했는지에 대해 한 수행원에게 "그의 엉덩이에 바늘을 찌르는 것" 같았다고 말했다.[86] 그는 덩에게 중국 공산당 성 당위원회 제1서기들에게 중소 관계의 현황에 대해 브리핑하도록 지시했다.[87]

그러나 마오도 덩도 흐루쇼프에 오래 집중할 수 없었다. 1958년 가을쯤, 대약진운동은 그 절정에 달했다. 노동력을 최대한 효율적으로 사용하고 다양한 관개 프로젝트의 건설에 대중을 동원하기 위해, 1만여 가구를 아우르는 대규모 협동조합인 인민공사가 농촌과 도시에 설립되었다. 가까운 날의 풍요로움이라는 전망에 고무되어, 인민들은 노동을 했을 뿐만 아니라 공산주의적 관계도 수립했다. 임금과 자류지는 제거되었고, "능력에 따라 일하고, 필요에 따라 분배받는다"는 원칙으로의 전환이 일어났다. 가금류와 심지어 가재도구도 집단화되었다. 노동생산성을 최대화하기 위한 시도로, 가정 주방 대신에 무료 급식을 하는 공동식당들이 설립되었다. 마오는 이 계획이 만족스러웠다. 그는 "농촌과 도시 모두에서 우리는 사회주의 질서 모든 곳에 공산주의 사상을 불어 넣어야 한다"고 선언했다.[88]

덩 역시 인민공사에 도취되었다. 그는 "인민공사는 엄청난 그리고 귀중한 힘을 가졌고, 농민들은 자신들이 '청천벽력이 쳐도 무너지지 않을 것'이라 말한다"고 기록했다. "우리나라에서 인민공사는 농촌 지역에서의 사회주의 건설을 촉진하는 강력한 도구이자 향후 농촌 지역이 공동 소유에서 국가 소유로, 사회주의에서 공산주의로 전환하는 데 있어 최적의 사회조직 형태이다."[89]

1958년 8월, 마오는 "먹는 문제는 해결되었다"고 생각했고, 이제는 야금에 초점을 맞춰야 할 때라고 결정했다.[90] 전국에 걸쳐 원시적인 형태의 용광로를 짓는 전염병이 발생했다. 작은 마을에서 큰 마을까지 주민들은 고철, 문 손잡이, 삽, 가정용품 등 가까이 있는 것은 무엇이든 녹여 철을 만들기 시작했다.

덩은 인민공사, 산업체, 교육기관, 그리고 그 밖의 현장을 사찰하면서 1958년 가을 거의 전부를 길 위에서 보냈다. 그 당시, 최고 지도자들은 쉼 없이 전국 각지를 돌아다녔다. 마오부터 모범을 보였다. 9월에 덩은 동북 지역의 상황을 연구했고, 10월에는 톈진시와 허베이성을 조사했으며, 10월 말 그리고 11월 초에는 고향인 서남 지역을 순찰했다. 그는 당 간부들, 인민공사 구성원들, 노동자들과 학생들, 교사들과 의사들을 만났고 연설을 했으며 여러 문제에 대해 논의를 했다. 마오의 노선을 따라 덩은 열정적으로 주장했다.

우리는 사회주의를 건설해야 할 뿐만 아니라, 공산주의로 이행해야 한다. 강철을 제련한다는 것은 … 공산주의를 달성한다는 의미다. 이것은 우리의 전략적 임무다. … 우리는 실험할 필요가 있다. … 우리는 인민공사를 조직하는 데 최대의 주의를 기울여야 한다. … 무엇보다도 우리는 대담하게 생각하고, 사상적 측면에서 혁명을 수행할 필요가 있다. 사상적 혁명 없이는 기술적 혁명도 있을 수 없다. … 인민공사 내 공동식당을 개선하여 그곳에서 농민들이 전에 집에서 먹었던 것보다 더 잘 먹을 수 있게 해야 한다. 이렇게 할 때에만 인민공사와 집단화는 비로소 그 우월성을 보여줄 수 있다.

그는 가까운 미래상을 인상적으로 그렸다. 그때가 되면 모든 시민들은 매년 약 30킬로그램의 돼지고기, 매일 2킬로그램 남짓의 곡물과 200그램 남짓의 사과를 갖게 될 것이고, 모든 여성은 하이힐을 신고 거리를 활보하고 립스틱을 사용하게 될 것이었다. "우리는 원하는 만큼 가질 수 있다!"고 그는 외쳤다.[91]

사람들은 고개를 끄덕이며 동의했다. 중국에서 2.5에이커에서 0.5톤 정도밖에 수확되지 않던 시기에, 1묘(畝, 6분의 1에이커)당 35미터톤의 쌀을 생산했다고 공표한 어떤 모범적 농민은 덩에게 특별한 인상을 주었다.[92]

그런 시대였다. 마오 자신이 최고의 허풍쟁이였기에, 모두들 자신이 이행하지 못할 의무를 짊어지는 것이 놀라운 일은 아니었다. 한 목격자의 말에 의하면, "사람들은 믿기 힘든 열정으로 넘치고 있었고, 열정을 조금만 더 보탰다면, 그들은 산도 옮길 수 있을 것처럼 보였다. 나는 피아노를 좀 칠 줄 알았기 때문에, 두 달 안에 가극 한 편을 쓰기로 했다."[93]

덩은 여정 동안 거의 어떤 의심도 품지 않았다. 그는 후베이의 지역 수장들에게 "임금을 평등하게 하기 위해서 우리는 (노동자와 농민, 도시와 농촌, 정신적 그리고 육체적 노동 사이의) 차별을 없앨 필요가 있지만, 균일화할 필요는 없다"고 말했다. 광시에서 그는 당 간부들에게 "'능력에 따라 일하고, 필요에 따라 분배받는다'는 구호를 추진하기에는 다소 시기상조다. 사람들에게 선택의 자유를 줄 필요가 있다"고 말했다. "대규모의 공동체가 있어야 하지만, 소규모의 자유도 있어야 한다."[94]

그곳 광시에서 그는 원시적인 용광로에서 제련한 철의 품질에 불만을 표출하기 시작했다. 이것은 이해할 만했다.[95] 하기야, 그 작은 원시적 용광로로는 진짜 철 같은 철을 생산할 수 없다는 것을, 비록 짧은 기간이었다 하더라도 프랑스의 슈나이더 제철소에서 일했던 덩보다 누가 더 잘 알았겠는가?

1958년 11월, 마오 자신도 걱정되기 시작했다. "강철 전투"가 중국 지도부의 주의를 곡물 문제에서 전환시켰고, 쌀 그리고 기타 곡물 수확의 과업은 여성, 노인, 아동이 짊어지게 되었다. 그들은 비록 끊임없이 일했지만, 예년과 달리 풍성한 수확물을 모두 거둘 수가 없었다. 곡물 부족이 진전되었고, 마오는 대약진운동의 속도를 늦추라는 지시를 내렸다. 후일 덩은 "그(마오)가 자신의 실수를 깨닫는 데에는 오랜 시간—단지 몇 개월—이 걸리지 않았고, 나머지 우리 앞에서 그는 실수를 인정하고 수정책을 제안했다"고 말했다.[96]

주석은 이제 덩에게 사회주의 건설 15년 계획 초안을 작성하도록 지시하고, 공산주의로의 전환과 관련하여 신중할 것을 요구했다.[97] 곧, 11월 말 소집된 중앙위원회 6차 전체회의에서 마오의 주도로 매우 온건한 "인민공사의 몇 가지 문제에 관한 결의关于人民公社若干问题的决议"가 채택되었는데, 덩도 그 초안 작성에 참여했다.[98] 덩은 그 결의안을 설명하면서 이렇게 말했다.

> 우리는 공동재산과 국유재산, 사회주의와 공산주의를 구별할 필요가 있다. 현재 인민공사의 재산은 기본적으로 공동의 자산이며, 국유재산이 존재한다고 할 수 없다. 다만 몇 안 되는 국유재산 요소들이 존재한다. 우리의 과업은 사회주의 건설이며, 점진적으로 공산주의 요소를 강화하고 공산주의로의 이행을 위한 조건들을 마련하는 것이다. … 사회주의 시기에는 노동에 따른 분배의 원칙이 적극적인 역할을 한다. 그것을 거부해서는 안 된다.[99]

그 전체회의에서 마오는 중화인민공화국 주석직 퇴임을 공식 요청하고 자신을 대신할 인물로 류샤오치를 추천했다. 전체회의는 만장일치로 그의 제안을 수용하면서, 그것은 "전적으로 적극적인 요청인데, 국가 주석직에서 물러남으로써, 마오쩌둥 동지는 당 중앙위원회 주석 업무에 전적으로 헌신할 수 있기 때문"임을 강조했다.[100]

이 당시 마오와 덩 그리고 그 외 지도자들 모두 공식적으로 실수를 인정하려 들지 않았다. 그래서 1958년에 계획된 3억~3억 5000만 톤이 아닌 단지 2억 톤의 곡물만이 수확되었음에도, 해외로(대부분 동유럽 사회주의 국가들) 곡물을 보낼 모든 의무를 이행했다. 그 결과, 세금 그리고 곡물 최저가 강제 수매를 통해 사실상 모든 것을 농민들에게서 앗아갔다. 저우는 "우리가 외국인들과 맺은 계약을 배수하는 동안은, 차라리 우리가 먹지 않거나 덜 먹고 덜 소비하는 편이 낫다"며 공개적으로 시인했고, 덩은 모두가 그저 계란 몇 개, 고기 450그램, 기름 450그램, 그리고 곡물 6킬로그램을 아낄 수 있다면, 수출 문제 전체가 간단히 사라질 것이라고 제안했다. 다른 지도자들은 반대하지 않았다.[101]

그 결과, 기근이 전국을 장악했다. 여러 수치에 의하면, 1958년부터 1959년 겨울까지 농민 2500만 명이 기아에 허덕였고, 7만에서 12만이 아사했다.[102] 돌아가는 상황을 예민하게 느낀 덩에게, 선택을 해야 할 시간이 도래했다. 주석을 반대하든지, 아니면 삶이 비참해져버린 수백만의 무고한 주민들을 무시하고 끝까지 그를 따르든지.

12

존재와 의식

★
★
★

통찰력은 단번에 얻어지지 않는다. 덩은 1959년 내내 주석을 계속 따랐는데, 주석은 여전히 일시적인 어려움이라고 생각했다. 2월 중순, 마오는 경제 상황이 명백히 악화되고 있음에도 "전반적으로 말한다면, 1958년에 우리가 성취한 것들은 엄청났던 반면, 부족함과 실수는 열 손가락 가운데 두 개 이하로, 부차적이었다"고 단언했다.[1] 그는 대약진운동의 지속 추진을 압박하기 시작했다.

봄이 다가오면서 덩도 열정으로 불탔고 열정은 그의 의구심을 가렸다. 그는 "작년 우리는 도처에서 대약진을 보았다. 모든 영역에서 급속한 발전이 있었다"는 말을 반복하며, "위대한 성공", "전체의 단결" 그리고 "총노선의 정확성"을 고집스럽게 강조했다.[2]

그러나 1958년 말, 그의 연설에서 좀 더 비판적인 또 다른 성향이 나타나기 시작했다. 1959년 1월, 그는 "산업에서 혼돈이 생겼다. 분명히 전체 국가계획은 과대선전이다"라는 사실을 시인했고, 4월에 다음처럼 덧붙이기도 했다. "이제 우리는 확실히 알게 되었다. 계획의 실현에 있어 만일 객관적 가능성을 기반으로 추진하지 않으면, 계획의 달성 과정에서 어떤 불균형을 피하기 어려울 것이다. 어떤 인위적인 어려움이 발생할 수 있다." 그는 실패의 주요 원인을 1958년 당내에 성행했던 "과시의 전염병"이라고 밝혔다.[3]

그러나 그런 발언은 당시에 주석의 불만을 유발하지 않았는데, 주석 자신도 곡물 수확에 관해 그를 현혹시켰던 지방 간부들에게 분노를 표했기 때문이다.[4] 그가 한 말을 들어보자. "지금 우리는 열정을 억제할 필요가 있다. … 우리가 소련을 능가하려고 분투한다면 국제적 실수가 되지 않겠는가? 우리는 변증법적 방법을 고수하고, 상호 이익을 고려할 필요가 있다. 변증법은 신속하게 발전하고 있으며 이 문제의 해결책에 이미 다가섰다."[5]

덩도 마찬가지로 일반적인 용어를 사용하며 말했는데, "세계기록"을 깨려고 노력할 필요는 없었다고 시인하며, 마오를 따라 노선 변경 없는 개선방법을 제시했다. "산업 분야별로 규제"를 하고, 기업과 노동임금을 관리하는 "이전의 양호한 제도"를 복구하며, 1일 8시간 노동을 엄격히 준수하고, 비판과 자아비판을 증진한다. 이런 맥락에서 그는, 주석처럼, 대약진운동은 1959년에도 계속될 것이라고 지속적으로 단언했다.[6] 이 시기에 그와 주석 사이에는 이견이 없었다.

1959년 봄, 덩은 신화통신사에 인민공사의 설립과 관련된 문제에 관한 정보를 수집하라고 지시했다. 마오도 그도 지방의 보고를 더 이상은 믿지 않았다. 그래서 그와 저우는 제련 작업의 조절을 위한 5개 사찰 그룹을 파견했다. 그들은 상황을 조사하고, 필요하면 용광로 일부를 폐쇄하고 그 인원을 농업 생산 쪽으로 전환시킬 것이었다.[7] 2월, 덩은 펑전, 리푸춘 그리고 양상쿤과 함께 상하이, 쑤저우 그리고 지난을 방문하며 화동 지역의 상황을 직접 점검했다. 상하이에서 그는 당의 경제 활동가들에게 1956년 제8차 대표대회 개막식에서 마오가 했던, 거의 묻힌 말들을 상기시켰다. "겸손하면 성공하고, 자만하면 실패할 것이다."[8]

그런 행동은 권력의 상층부에서 그의 지위를 강화하는 데 도움이 되었다. 1959년 4월 초 중앙위원회 7차 전체회의에서 마오는 이렇게 공표했다.

> 권력은, 물론, 상무위원회와 서기처에만 집중되어 있지는 않지만, 우리는 항상 문제에 끊임없이 주의를 기울일 중앙의 기구가 있어야 합니다. 나는 중앙위원회의 주석이고, 상무위원회의 주석이며, 그래서 주제넘게 나서는 마오수이처럼,[9] 나 자신을 총사령관으로서 내세웁니다. 서기처의 총서기는 덩샤오핑이며, 그래서 당신(마오는 덩에게 말했다)은 부剛총사령관입니다. 그렇지 않습니까? 마오쩌둥은 총사령관 그리고 덩샤오핑은 부총사령관입니다. 동의하십니까? (마오는 전체회의 참석자들을 쳐다보았다.) 우리가 동의한다면, 그것이 우리가 할 것입니다. 그리고 흔히 말하듯, "권력이 수중에 들어온 순간, 즉시 명령을 내리기 시작한다." 그것이 당 왕조 시기 사람들이 한 말입니다. 덩샤오핑! 당신은 사령관이 되었고, 권력이 당신 수중에 있으니, 당장 명령을 내리기 시작하시오! 당신은 그럴 만큼 충분히 대담합니까?[10]

덩은 분명 이런 말들에 내심 미소를 지었겠지만, 신중한 인물답게 당연히 서둘러 권력을 휘두르지 않았다. 그는 대내외 상황에 관해 주석이 하는 말을 계속해서 경청했다. 또한 류샤오치, 저우언라이, 천윈 등 다른 동지들의 의견에도 귀를 기울였다. 그러나 그들 역시 특별히 할 만한 현명한 말이 없었고, 마오처럼 부풀려진 통계수치를 올린 지방 간부들을 비난하고, 일시적인 고난에 대해 불평하면서, 조사를 요구하고, 가까운 미래에 경제적으로 엄청난 급증이 있을 것을 예언하기를 선호했다.

단 하나의 목소리만이 청천벽력처럼 울렸다. 국방부장이자 정치국

위원인 펑더화이 원수의 목소리였다. 7차 전체회의가 끝난 후 석 달 반이 지난 1959년 7월 14일, 펑은 용기 있게 대약진운동을 비판하는 개인 서신을 주석에게 보냈다. 서신은 당내에 만연하고 있던 "정치가 지휘한다"는 구호를 부인했고 "소자산계급 광신", "좌파적 일탈" 그리고 "주관주의라는 좌파적 경향"을 비난했다.[11] 펑 원수는 독자적으로 행동했다. 후일 그는 자신은 최고 지도부(류샤오치, 저우언라이, 천윈, 주더, 린뱌오 그리고 덩샤오핑) 내 누구에게서도 지지를 구하지 않았는데, 그들 중에 잘못된 길을 공개적으로 비난할 용기를 지닌 사람은 아무도 없었기 때문이었다고 말했다.[12]

덩은 여전히 관료로 남았고 주석을 직접 반대하는 요소가 있는 게임에는 참가하지 않았다. 그러나 그가 만일 갑자기 자신의 원칙에 불충하게 되었다 하더라도, 여전히 펑더화이에게 도움을 줄 수 없었을 것이다. 그 용감한 원수가 서신을 작성하고 있을 때, 덩은 운명의 장난인지 일을 하지 못하는 상태였다. 7월 초, 그는 중난하이에서 멀지 않은 엘리트 클럽에서 당구를 치던 중, 미끄러져 중심을 잃고 석조바닥에 넘어지는 바람에 우측 대퇴부 골절상을 입고 입원하게 되었다. 몇 년 뒤, 덩과 서양 게임인 당구를 모두 싫어했던 홍위병들은 이렇게 적었다. "이는 방탕한 덩샤오핑이 받아 마땅한 벌이었다."[13] 끔찍한 고통이었다. 그는 즉시 수술을 받았고 석 달 동안 입원해 있었다. 당시 덩의 사건을 감독하고 있던 마오의 담당의사가 넌지시 한 말로 보면, 다리와는 별도로 덩은 자신을 돌보던 젊은 간호사 생각만 하고 있었다. 그 결과 그 여성은 임신하게 되었고 면직되었으며 유산하라는 강요를 받았다.[14] 그러나 의사의 말은 다소 의심스럽다. 덩은 두 발로 걸어 다니는 동안 여자들을 쫓아 다니지 않았다. 하지만 누가 알겠는가? 대퇴부 골절이 여성에 대한 그의 청교도적 관계를 바꾸어놓은 효과가 있었을지.

병원에 갇혀 있는 동안, 덩은 1959년 7~8월 휴양도시 루산庐山(장시성 내 위치)에서 개최된 정치국 확대회의와 중앙위원회 전체회의에 참석하지 못했는데, 동 회의에서 마오는 펑더화이를 향해 맹공격을 퍼부었다. 주석은 펑 원수의 서신이 "우경 기회주의 계획"으로, 필경 "설계와 구성에 있어 고의적인" 것이라 여겼다. 전체회의 이후 펑은 정치국에서 축출되었고 국방부장 직위에서도 해제되었다(린뱌오가 신임 부장이되었다). 펑을 지지했던 사람들도 마찬가지로 징계 파면되었다. 후난성 당위원회 제1서기 저우샤오저우周小舟, 외교부 제1부부장 뤄푸, 인민해방군 총참모장 황커청, 그리고 주석의 비서 가운데 하나였던 리루이李锐가 그들이었다.[15]

병상에서 덩은 펑더화이와 그의 "공모자들"을 통렬히 비난했다. 마오의 기대대로였다. 우리가 보아왔듯 최근 마오는 덩에 대해 매우 만족스러워했다. 9월 말, 중앙군사위원회 개편과정에서 덩은 군 지휘 최고기관인 중앙군사위원회 상무위원회의 위원이 되었다.[16] 이후, 중화인민공화국 건국 10주년 기념에 바치는 글에서, 덩은 "1958년 시작된 대약진과 인민공사 설립 운동이 거둔 성공은 보지 않고, 사회주의 건설을 위한 당의 총노선을 부정하기 위해 그 대중운동에서 이미 극복된 몇몇 결점들을 과장하려고 최대한 노력"한 "소수의 우경 기회주의자들"을 가혹하게 비난했다.[17] 이 글은 소련공산당과 중국공산당의 주요 인쇄 매체, 즉 〈프라우다〉와 〈인민일보〉에 거의 동시에 실렸다.

한편, 9월 말과 10월 초, 덩은 한정된 범위에서 실제적인 업무에 복귀했다. 의사들은 무리하지 말라고(하루 4시간 이상 근무하지 말 것) 조언했고, 그래서 1959년 말까지 그는 공식 기관들을 거의 방문하지 않았다. 주로 집에 있었고, 카드 놀이를 하거나(특히 1952년 한 쓰촨 친구가 그에게 가르쳐준 브리지 게임), 가족과 함께 중난하이 안에 있는 극장에 자주 갔으며, 쥐린 그리고 자신의 경호원 장바오중과 함께 다리 운동을 하며 많이 걸었다. 이렇게 걷는 동안, 그는 평소처럼 어두운 침묵을 지켰다. 지팡이에 기대어 길을 서성이며 왔다 갔다 했다. 그러나 쥐린과 장바오중은 그가 항상 뭔가에 대해 열심히 생각하고 있다는 것을 알았다.[18]

그가 무슨 생각을 하고 있었는지는 추측할 수 있을 뿐이다. 1959년은 흉작이었는데, 부분적으로는 자연재해 때문이었다. 무자비한 노력에 의해 인민공사의 농민들은 1958년보다 15퍼센트 적은 1억 7000만 톤을 겨우 수확할 수 있었다. 그러나 농업세는 1860만 톤이 증가했다. 그 결과 전국적 재난 규모의 광범위한 기근이 있었다. 중국은 인도주의적 대재앙의 가장자리에 처해 있었다. 대약진운동은 실패했다.

이 실패와 펑더화이의 대담한 항의는 덩으로 하여금 상황에 대해 반복적으로 재고하게 만들었다. 이것이 그가 분투해왔던 "밝은 미래"였던가? 아니다. 마오의 이론적 그리고 실천적 지시들은 총서기(덩)가 모스크바에서 배웠던 마르크스주의에 부합하지 않았다. 마르크스는 "존재가 의식을 규정한다"고 주장했지만, 마오는 드러내놓고 이데올로기와 정치를 우선했다. 이 대립적인 입장을 조화시킬 방법은 없었다.

악화되고 있는 중소 관계도 덩을 괴롭혔다. 소련공산당 지도부와의 논쟁에서 개인적인 요소도 지대한 역할을 했지만, 이번 경우에 덩은 흐루쇼프에게 잘못이 있다고 확신했다. 그럴 만도 한 것이, 마오의 거만한 행동이 덩의 민족주의적 반응을 부채질한 한편, 흐루쇼프의 서툰 행동은 적의와 분노를 자아냈다. 외국인들이 너무 오랫동안 중국을 억압해왔고, 최근의 이 분쟁이 중국인들 사이에 민족주의적 불만감을 증가시켰다. 허약한 흐루쇼프는 백 년 이상의 치욕을 보상받을 편리한 표적 같았다. 그러나 어느 시점에서 흐루쇼프는 더 이상은 안 되겠다고 생각했고,

마오가 그저 자신을 존중하지 않을 뿐임을 깨달았다. 그래서 그 역시 화를 냈다. 특히 수영장 협상이 굴욕적이었는데, 그 협상은 사실상 "정치적으로 맞지 않는" 것이었다. 대체로 소련공산당 지도자에 대한 경멸을 숨길 의도가 전혀 없던 마오의 행동이 결국 반응을 불러일으켰다.

1958년 10월 30일, 소련공산당 중앙위원회 최고 간부회의에서 흐루쇼프는 "중국과의 무역을 급격하지는 않게 축소시킬 것"을 주장했고,[19] 12월 1일 크렘린에서 미 상원의원 휴버트 험프리Hubert Humphrey와의 마라톤 협상에서 중국 지도부의 국내 정책들을 명확하게 비난했다.[20] 마오는 자신만의 채널을 통해 이를 알게 되었다. 마오는 아내 장칭에게 흐루쇼프를 "대단한 바보"로 묘사한 적이 있는데, 그 대단한 바보가 그런 수를 둘 것이라고는 전혀 예상하지 못했다.[21] 그러나 소련공산당의 수장 흐루쇼프는 흥분을 가라앉히지 못했다. 1959년 1월, 제21차 소련공산당 대표대회 보고에서 그는 1918년부터 1921년까지 러시아 내전 기간에 레닌과 볼셰비키가 조직한 강경 체제인 "전쟁 공산주의"와 비교하며 "평등주의적 공산주의"를 비판했다(후일 그는 이를 "지나가면서" 했던 것이라고 주장했지만, 사실 이론 섹션 전체를 이 주제에 할애했다[22]). 비록 그가 중국을 특정해서 비난하지 않고 일반적인 용어를 사용해서 말했다고는 하더라도 대표대회에 참석한 저우, 캉성, 그리고 다른 중국 대표들은 그 의미를 이해했고 분노했다. 이것이 흐루쇼프의 의도였다. 그의 회고에 따르면, "그들이 내 말을 듣고 내 보고문을 읽은 후라서, 우리가 '대약진'에 부정적인 시각을 갖고 있다는 것을 그들에게 추가로 설명할 필요는 없었다. 이 상황은 또한, 분명히, 우리의 친선관계 심화에 도움이 되지 않았다. 오히려 냉각시켰다."[23]

6월 20일, 흐루쇼프는 보다 명백한 타격을 가했다. 1957년 10월 15일에 모스크바에서 서명한, 중국에 핵무기 생산기술 제공을 약속한 합의를 갑자기 폐기한 것이다.[24] 나중에 그는 "그들은 우리를 심하게 비난하고 있었다. … 그런 때에, 마치 우리가 분별없고 순종적인 노예인 양, 그들에게 원자탄을 제공한다?"라고 말했다.[25] 7월 18일, 폴란드의 포즈난Poznan시에서 그는 공개적으로 그리고 신랄하게 "(인민)공사"를 비판하며, 이 아이디어를 가지고 노는 사람들은 "공산주의가 무엇인지 그리고 어떻게 건설되는지에 대한 이해가 형편없다"라고 말했다.[26]

마오는 물론 이 모든 것에 대해 신경질적으로 반응했지만 당분간 흐루쇼프에게 대응하지 않았다. 심지어 정치국 확대회의에서 (지금으로서는) 아무 일도 일어나지 않았다는 인상을 주기 위한 특별결의안도 채택했다.[27] 그러나 1959년 9월 30일, 흐루쇼프는 중화인민공화국 10주년과 함께 대화를 위해 베이징으로 날아갔다. 충돌은 불가피하게 되었다.

덩은 당시 앓고 있었기 때문에, 정상회담에 참석하지 않았다. 그는 흐루쇼프 그리고 10월 1일 축제 전야에 역시 베이징에 있던 오랜 지인 수슬로프와 악수만 나눴다(골반 골절에도 불구하고 덩은 톈안먼 광장에서 진행될 행진과 전시를 재검토하기 위해 나왔다).[28] 당연히, 그는 10월 2일로 예정된 회담이 대단히 격렬하리란 것을 즉시 알아차렸다. 두 개의 문제가 논의의 중심에 있었다. 하나는 타이완 문제를 포함한 소련과 중국의 미국과의 관계이고 다른 하나는 1959년 8월 말에 불거지기 시작한 중·인 국경분쟁에 대한 모스크바의 반응이었다. 첫 번째 문제는 9월 흐루쇼프가 중국공산당 지도자들이 당연히 자신들의 주적으로 여겼던 아이젠하워 대통령과 만나기 위해 워싱턴을 방문한 것과 관련되어 발생했다. 두 번째 문제는 흐루쇼프가 아이젠하워와의 만남 전에 복잡한 문제를 피하기 위해 중국과 인도 간 충돌에서 형제인 중국을 지지하지 않았다는 사실로 인해 나타났다. 중·인 국경 상황에 대한 9월 9일 타스 통신사TASS의 성명은 소련의 중립을 분명하게 보여주고 있다. 이 문제들은 본질적으로 제20차 소련공산당 대표대회에서 공표된 평화공존의 정책을 포함하고 있었는데, 중국은 그 정책이 잘못된 것이라고 여겼다.

　이전의 어떤 사회주의 국가의 두 지도자들 간 만남도 그처럼 격정을 발한 적이 없었다. 흐루쇼프도 마오도 서로를 이해하고 싶은 생각이 없었다. 1958년부터 중국 외교부장직을 맡아 온 천이 원수는 가장 솔직한 방식으로 중국의 입장을 표명했다. 그는 소련의 정책이 "기회주의 그리고 영합주의"적인 것이라고 주장했다. 흐루쇼프는 벌컥 화를 내며 소리를 지르기 시작했다. "이보시오, 좌파 양반. 잘 보세요, 천이 동지, 만일 당신이 왼쪽으로 돌면, 오른쪽으로 가고 말 수도 있어요. 참나무도 단단하지만, 부러집니다." 마오가 천이를 지원했다. "우리는 … 당신에게 딱지를 붙였소—영합주의자. 받아들이시지요." 그러자 흐루쇼프는 작은 눈을 이글거렸다. "받아들이지 않습니다. 우리는 원칙에 입각한 공산주의 노선을 취합니다."

> 어째서 당신들은 우리를 비난하고, 손위의 형은 당신들을 비난할 수 없습니까? 유딘 동지와 만났을 때 당신 마오쩌둥 동지는 소련공산당을 아주 신랄하게 비난했고, 우리는 그 비난을 수용했습니다. … 당신들은 우리를 비난하고, 우리는 그래서는 안 된다는 것이 드러납니다. … 당신들은 반대 의견을 참지 않고, 당신들이 정통이라고 믿고, 그리고 이것이 당신들이 오만함을 드러내주는 것입니다. 천이는 우리에게 딱지를 붙였고, 그것은 정치적인 딱지입니다. 그는 무엇을 근거로 이렇게 합니까. … 당신들의 정치적 비난을 철회하시오. 그렇지 않으면 우리는 우리의 당 관계를 격하시키겠습니다.

마오는 설득하려 했지만, 흐루쇼프는 계속하며 고함을 쳤다. "만일 당신 말처럼 우리가 영합주의자라면, 천이 동지. 그렇다면 내게 손을 내밀지 마시오. 악수하지 않을 테니까!" 천이는 한 치도 물러서지 않았지만, 회유적인 어조로 마오가 말했다. "천이는 특정한 것들을 이야기한 것이고, 일반화해서는 안 됩니다." 왕쟈샹이 덧붙였다. "모든 것은 통역이 잘못되어서 그렇습니다. 천이는 편의주의를 어떤 원칙으로서 이야기하지 않았습니다."[29]

그러나 흐루쇼프를 진정시킬 수는 없었다. 그는 방문을 일찍 끝내기로 결정했고, 이튿날 비행기를 타고 베이징을 떠났다. 떠나기 전에 공항에서 그와 천이는 계속 서로 소리를 질렀으나, 마오는 더 이상 개입하지 않았다. 떠날 때가 되어서야, 마치 포즈난에서 흐루쇼프가 인민공사에 대해 한 말이 방금 생각나기라도 한 듯 마오는 말했다. "당신에게 설명을 좀 드려야 할 것이 있습니다. 우리 인민공사는 위에서 만든 것이 아닙니다. 인민공사는 대중의 자발적 행동의 결과입니다. 우리는 그들을 지지해야만 했습니다."[30] 그러나 흐루쇼프는 어떤 설명에도 관심이 없었다. 모스크바에 도착해 최고 간부회의 멤버들에게 브리핑을 마친 후, 그는 "중국 친구들과의 토론 기록은 기록 보관소에 보존시키지 말고, 폐기할 것"을 요구했다.[31] 소련공산당과 중국공산당의 지도자들 간 분열은 사실이 되었다.

마오는 인민공사를 언급함으로써 단지 체면을 살리려고 했을 뿐이었다. 이 협업체들은 실패했고 위대한 조타수는 경제 영역에서 논쟁을 하고 싶은 생각이 전혀 없었다. 소련공산당과의 논쟁에서 그는 오직 정치 영역에서만, 국제관계, 평화적 공존, 평화적 이행 등등의 문제에 대해서만 자신감이 있었다.

흐루쇼프에 반대해 공개적 대결을 벌이기로 결정한 것은 정확히 이 영역에서였는데, 10월 초부터 그는 흐루쇼프가 "수정주의로 기운" 사람이라고 말하기 시작했다. 12월 초 항저우에서 열린 정치국 확대회의에서는 심지어 이렇게 주장했다.

> 흐루쇼프는 형편없는 마르크스주의자입니다. … 그의 세계관은 경험주의적이고, 이데올로기적 수단은 형이상학이며, 대국주의자이자 부르주아 자유주의자입니다. … 여러 계기로 흐루쇼프와 만나면서, 나는 이 사람은 마르크스-레닌주의를 이해하지 못하고, 지식이 피상적이며, 계급 분석의 방법을 이해하지 못하고, 통신사 기자 같은 사람임을 알았습니다. 바람이 어느 방향으로 불든, 그는 그 방향으로 돌아서니까요.

마오는 또 가끔 흐루쇼프가 무엇이든 머릿속에 먼저 떠오르는 것을 거침없이 말한다는 것, 그리고 "극단적인 주관주의-이상주의자"라는 것도 알았다. 그러나 그는 그 소련의 지도자가 그의 방식을 개선하기 바란다는 희망도 표명했다. "만일 그렇지 않으면, 아마도 소련공산당이 힘을 모아 그를 바로잡아야 할 것이다. … 약 8년 후에 그는 완전히 파산할 것이다."[32] 1960년 1월, 상하이에서 열린 정치국 확대회의에서 마오는 소련공산당에 언론에서의 공개 논쟁을 요구했다.[33]

한편, 흐루쇼프도 한가하게 앉아 있지 않았다. 1960년 2월 초, 바르샤바조약기구 정치협상회의 모스크바 회의 연회에서 그는 술 냄새를 풍기며 중국의 참관인 캉성이 있는 데서 마오를 욕하기 시작했다. "그 늙은이가 바보라면, 찢어진 덧신 장화보다 나을 것이 없습니다. 아무짝에도 쓸모없는 불량품처럼 구석에 처박혀야 할 겁니다."[34] 캉성은 마오에게 즉시 이를 알렸고, 마오는 선전원들에게 레닌 탄생 90주년(1960년 4월 22일)에 때를 맞춰 "현대의 소비에트 수정주의자들"에 대한 글을 준비하라고 지시했다. 덩과 그 외 마오의 충신들은 위대한 조타수의 정신적 상처에 연고를 발라주려는 마음에, 이제는 잊힌 용어가 된 것 같은 '마오쩌둥 사상'을 부활시킬 것을 제안했다. 이것도 분명 흐루쇼프를 화나게 만들려는 의도였다. 3월 말 고위급 간부회의에서 덩은 "중국 내 어디서나 우리는 '마르크스-레닌주의, 마오쩌둥 사상'을 말할 수 있게 될 것이다. 그래서 이 두 용어는 두 개가 아닌 하나가 될 것이다. 우리는 둘 사이에 쉼표를 찍어, 그 둘을 결합시킬 것이다"라고 말했다. 또한, "마오쩌둥 사상은 마르크스-레닌주의의 일반적인 진실에 부합할 뿐만 아니라, 마르크스-레닌주의에 많은 새로운 것을 더한다."[35]

류샤오치 역시 마오쩌둥 사상에 대해 우호적으로 말했고, 결국 위대한 조타수는 프로파간다에 그 용어를 사용하는 데 동의했다.

한 달 뒤, 중국공산당 중앙위원회 이론 기관지인 《홍기》와 그리고 당 기관지 〈인민일보〉는 두 개의 논설, "레닌주의 만세!"와 "위대한 레닌의 길을 따라 전진!"을 각각 게재했다. 두 논설 모두 레닌, 마르크스 그리고 엥겔스를 인용하여 논지를 잘 강화했고, "두 체제의 평화적 공존"이라는 흐루쇼프의 정책과 "자본주의에서 사회주의로의 평화적 전환"의 가능성에 대한 그의 테제를 겨냥했다. 러시아인들의 반응은 무기력했다. 소련공산당의 이론가들은 그 고전들에서 제20차 대표대회의 외교정책 노선을 뒷받침할 만한 비중 있는 인용구를 찾을 수 없었다.[36] 그럼에도 공개적 논쟁의 시작을 알리는 총포는 이미 발사되었다. 1960년 늦은 여름쯤, 사태의 추이를 면밀히 주시하고 있던 미국 국가안전보장회의의 구성원들은 소련이 마오쩌둥을 제거하기 위해, 트로츠키에게 썼던 것과 같은 방법, 즉 암살에 의존하지 않을지 심각하게 고려하기 시작했다.[37]

6월 초, 베이징 세계노동조합연맹 총회 회의가 시작되기 전, 소련공산당과의 투쟁을 위해 마오가 다시 보낸 덩은, 소련 대표를 포함한 몇몇 해외 대표단을 위해 개최한 연회에서 한 시간 반이 넘는 시간 동안 "소비에트 수정주의"를 혹평했다.[38] 아이러니하게도 바로 같은 시간 소비에트 최고 간부회의 회의에서 흐루쇼프는 "긴장을 완화하기 위해 (중국을) 초청하여 일련의 문제에 관해 의견을 교환하는" 문제를 제기했다.[39] 덩의 발언은 이런 의도를 무효로 만들었다. 3주 뒤, 흐루쇼프는 부쿠레슈티에서 열린 제3차 루마니아공산당 대표회의에서 중국공산당 대표 펑전을 공격함으로써 덩에게 직접 응했다. 흐루쇼프는 그에게 소리쳤다. "만일 스탈린을 원한다면, 관 속에 있소! 특별 기차 칸에 실어 보내드리겠소!"[40] 같은 대표대회에서 러시아인들은 중국공산당의 대내외 정책들을 비난하는 68페이지 분량의 문서를 배포했고, 그에 이어 이틀간의 토론 자리를 마련했는데, 이 자리에서 알바니아, 북베트남 그리고 북한을 제외한 다수의 대표들은 중국을 공격했다.

모스크바로 돌아온 흐루쇼프는 동료들에게 악의적으로 말했다. "마오쩌둥을 보면, 스탈린이 보인다. 판박이야."[41] 7월 16일, 그는 모든 소련 전문가들을 중국에서 철수시키라는 명령을 내렸고, 중국에서 소련의 원조로 지어지고 있는 프로젝트들을 건설하기 위해 필요한 모든 기술문서들의 반환을 요구했다. 7월 28일부터 9월 1일까지 한 달에 걸쳐 소련 엔지니어와 기술자, 과학자, 디자이너 그리고 그 밖의 전문가들 1,390명이 소련으로 돌아갔다. 250여 개나 되는 중·대 규모 중국 산업체의 건설이 서서히 멈추거나 중단되었다.

그 타격은 정확히 겨냥되었고 매우 고통스러운 것이었는데, 중국 경제가 긴급한 상황에 처해 있을 때여서 특히 그랬다. 8월 초, 마오 그리고 저우와 상의한 뒤, 천이는 신임 소련 대사 스테판 체르포넨코Stepan Chervonenko를 소환하여 모든 소련 전문가들을 철수시키기로 한 결정은 "중국의 모든 것을 뒤흔든 큰 사건"이라고 주장했다. 그럼에도 그는 "우리 두 국가가 비우호적이 될 수 있다는 것은 생각할 수 없다"고 외교적으로 덧붙이고, 친구 간의 균열은 심각한 일이라고 경고했다.[42] 중재 역할을 맡겠다고 나선 베트남의 지도자 호치민의 도움으로, 중국공산당과 소련공산당의 지도자들은 새로운 회담을 갖고 9월 중순쯤에 서로 한 발짝씩 다가서는 데 성공했다. 8월 15일, 소련 측은 "11월 모스크바에서 이견을 제거하고 형제의 정당 회의를 성공적으로 개최하기 위한" 양자 관계 논의를 위해 중국 측을 초대했다. 마오는 초대를 정중히 수락하고 덩을 다시 모스크바로 보내기로 결정했다. 그러나 그는 원칙에 기초한 투쟁에서 물러서지 않았고, 9월 12일 덩에게 지시하여 체르포넨코에게 부쿠레슈티에서 받은 68페이지짜리 문건에 대한 중국의 응답을 제시하도록 했는데, 이는 두 배나 긴 것이었다.[43] 그 응답에는 이전의 비난에다 소련 전문가들의 철수에 관한 새로운 비난이 추가되었고 루마니아에서 형제 정당들이 벌인 전반적인 토론의 주제에 관한 중국과의 이견이 포함되었다 (후자는 분명히 작위적이었다. 결국 루마니아에서 그 회의가 있기 3주 전, 베이징에서 열린 세계노동조합연맹 총회 회의 전야에, 덩샤오핑 자신이 "소련의 수정주의자들"을 공개적으로 공격했다). 이견을 해결하고 단결을 이루기 위해, 마오는 1957년 모스크바 선언을 따를 필요성에 초점을 둔 다섯 개 제안을 내놓았다.

9월 16일, 덩은 펑전, 양상쿤, 캉성, 천보다, 그리고 소련 주재 중국 대사 류샤오劉曉 등 9인 대표단을 이끌고 모스크바로 날아갔다. 출발 전 덩은 대표단에게 브리핑을 했다. "우리는 전반적인 국제정세에 기반을 두어야 합니다. 국제공산주의운동의 단결과 중소 우호관계를 수호하기 위해서입니다. 하지만 원칙에 관한 문제에 있어 후퇴는 있을 수 없습니다. 반드시 우리의 입장을 설명해야 합니다. 우리는 단결된 소련공산당 가족에 관한 자신의 시각을 타인들에게 강요하고 있는 흐루쇼프의 잘못된 주장들을 반박할 필요가 있습니다."[44] 덩은 마오쩌둥의 입장을 완전히 공유하고 있었지만, 그 임무는 처음부터 불행한 운명이었다.

대표단의 숙소는 중국 대사관 부근, 레닌 언덕 지구에 있는 소련 당-국가 별장이었다. 덩을 포함하여 모두가 그곳을 마음에 들어 했다. 조용한 그곳은 나무에 둘러싸여 있었다. 그러나 대표들은 그곳에서 잠만 잤다. 일은 대사관에서 했는데, 대사관은 베이징과 전화로 연결되어 있고, 그들이 합리적으로 추측했듯이, 별장에 설치된 도청장치에서 더 멀리 떨어져 있었다. 전투적인 분위기 속에서 그들은 러시아인들과 크렘린에서 만났다. 양상쿤은 일기에 "우리는 모든 문제에 대해 입장을 가지고 있기 때문에, 두려워하지 않고 과감하게 전투에 뛰어들 것이다"라고 적었다.[45]

그 후 엿새에 걸쳐(9월 17일~22일), 중국인들은 수슬로프 그리고 그의 동지들과 다섯 차례 만났다. 현장을 지켜본 사람이 회상한 바에 따르면, "당시에 덩샤오핑은 56세였지만 매우 젊어 보였다. 작지만 어깨가 넓은 그는 강건한 체격의 소유자였고 에너지가 가득했다."[46] 덩은 68페이지 분량의 소련공산당 중앙위원회 문건에 대한 9월 답변에 제시된 주장들을 자세히 설명했고, 수슬로프는 자신이 속한 정당의 노선을 따랐다. 수슬로프는 소련의 전문가들은 대약진운동이 만든 분위기 속에서 일을 할 수 없었기 때문에 귀국했고, 따라서 그들이 떠난 것은 중국이 잘못했기 때문이라고 주장했다. 덩은 전문가들과의 관계는 매우 좋았다고 대답했지만, 결국 "전적으로 침착하지만 거친 태도로" 다시 공격을 계속했다. "당신들은 일방적으로 합의를 취소했습니다. 그래서 결국 얻은 것이 무엇입니까? 우리 국가 경제에 막대한 손해를 입혔을 뿐만 아니라 중국인들의 감정을 심각하게 꺾어놓았습니다. 이 문제와 관련해서 근시안적이어서는 안 됩니다. 당신들은 역사적 접근법을 고수할 필요가 있습니다!"[47] 덩이 발언하는 동안, 소련 대표들 모두가 요란하게 분노를 표출했다. 수슬로프는 "여하한 조건 없이" 논쟁을 종식시키자고 최종적으로 제안했다. 마오의 지시가 없던 상황에서 덩은 대답했다. "이는 가능합니다.

멈추는 것은 가능합니다만, 한 가지 조건이 있습니다. 먼저 당신들이 잘못했다고 인정해야 합니다. 당신들은 우리를 닥치는 대로 비방했고, 우리는 당신들에게 화답하지 않았습니다. 이것이 정당하다고 생각하십니까?"[48]

상호이해는 없었다. 그러나 회담 이후, 소련공산당은 크렘린의 예카테리나 홀에서 일급 환영회를 마련했다. 통역 가운데 한 명이던 리위에란은 이렇게 말했다.

제 기억으로는 … 흐루쇼프가 거기 있었고 다른 최고 간부회의 멤버들도. 흐루쇼프는 덩샤오핑 옆에 앉아 있었습니다. … 비록 흐루쇼프는 평소처럼 얼굴에 미소를 지었지만, 눈빛은 근엄했습니다. 사실, 쉬는 시간 동안, 알바니아 사건으로 시작해서(주지하다시피, 알바니아는 소련의 68페이지짜리 반중 문서를 지지하지 않은 국가에 속했다) 그는 중국공산당을 공격했습니다. 비록 직접적으로는 아니었지만. 덩샤오핑은 직설적인 사람이었기 때문에, 오른쪽에 있던 흐루쇼프를 응시하면서 말했습니다. "알바니아노동당은 작은 정당이지만, 독립과 자치권을 지킬 수 있습니다. 당신은 다른 사람들을 좀 더 존중해야 합니다. 누구에게도 압력을 행사할 필요는 없습니다." 흐루쇼프는 얼굴이 빨개지면서 목소리를 높였다. "이것은 단순히 소련공산당과 중국공산당 간의 이견 문제가 아닙니다. 그들은 우리 금과 곡물을 가져가고 그 보답으로 우리를 욕했습니다." 이에 대해 덩은 "원조를 제공하는 것은 프롤레타리아의 국제적 의무입니다. 원조는 통제하거나 내정을 간섭하기 위해서 제공하는 것이 아닙니다. 당신은 그들을 돕고, 그러면 그들은 당신을 돕습니다"라고 단호하게 대답했다.[49]

그러나 성난 흐루쇼프는 계속해서 덩을 맹렬히 공격했다. 그는 술을 연이어 들이키며, 중국인들은 스탈린 문제에 관해 일관성이 없다고 말했다. 처음에 그들은 개인숭배에 대한 투쟁을 지지했지만, 지금은 그렇지 않았다. 그는 까오강 문제를 꺼냈다. "까오강은 우리 친구였고, 당신은 그를 파멸시켰는데, 이는 우리를 향한 비우호적인 행위였습니다. 하지만 그는 여전히 우리 친구로 남아 있습니다!" 그러고 나서 몰로토프로 화제를 돌렸다. "당신은 몰로토프를 좋아하지요, 그렇지 않습니까? 자, 그러면, 데리고 가시오. 당신에게 드리리다." 결국 만취한 그는 이글거리는 눈을 돌려 캉성을 쫓았다. "우리가 보기에 중국에서 출간된 '레닌주의 만세'라는 글은 극좌주의적이었습니다. 이런 글들은 당신의 펜에서 나왔습니다! 당신이 바로 좌파적 교조주의를 밀어붙인 사람입니다!" 비열하고 화가 난 캉성은 경멸조로 능글맞게 웃으며 말했다. "당신은 저에게 좌파 교조주의자라는 딱지를 붙였습니다. 저는 당신에게 우파 기회주의자라는 딱지를 선사하겠습니다." 흐루쇼프는 깜짝 놀랐지만, 작은 술잔을 치켜들며 말했다. "좋습니다. 그러면! 우리 서로의 건강을 위해 한 잔 합시다. 건배!"[50]

9월 23일, 중국 대표단은 본국으로 돌아갔다. 덩은 마오 그리고 그 외 상무위원회 위원들에게 보고를 했다.

중소 관계 문제는 크지도 작지도 않습니다. 크지 않은 이유는 그것 때문에 하늘이 무너질 리가 없기 때문이고, 작지 않은 이유는 그것이 수많은 원칙적 요소들을 건드리기 때문입니다. … 만일 그들이 (우리를 향해) 여러 조치를 취하려 든다면, 우리도 역시 그럴 것이지만, 만일 그들이 단 하나의 조치만을 취한다면, 어떠한 상황하에서도 우리가 먼저 그다음 조치를 취하지는 않을 것입니다.[51]

9월 30일, 덩은 11월 모스크바에서 개최될 예정인, 81개 정당이 참여하는 회의용 최종 문건 초안 작성에 종사하는 26개 공산당 및 노동당 대표자로 구성된 편집위원회에 참가하기 위해 다시 모스크바로 날아갔다. 덩과 수슬로프(사실은 마오와 흐루쇼프)가 이견 차이를 극복하지 못함에 따라 편집위원회의 업무에도 차질이 생겼으며, 위원들, 특히 소련공산당과 중국공산당의 위원들은 거의 모든 단어에 이견을 보였다. 덩은 낙담하지 않았다. 그는 자신의 지도자의 지시를 정확히 따르며, 절대적으로 평정을 유지했다.[52] 심지어 농담을 하면서 대표단 멤버들의 기운을 북돋우기까지 했다.

> 덩은 류샤오 대사의 부인을 불렀다. "저기, 장이. '토끼는 어떻게 닭을 먹었나?' 이야기 아시오?"
>
> 장은 놀라며 말했다. "네? 토끼가요?"
>
> 덩이 말했다. "예. 이건 1930년대에 루딩이(중국공산당 중앙위원회 선전부 부장)한테 있었던 일이에요."
>
> "옌안에서요?" 누군가 물었다.
>
> "우리는 옌안에서 토끼를 기르지 않았어요, 옌안에서 우리는 보고서를 만들었지요. 그래서 루가 트로츠키(중국어로는 托洛茨基)에 대해서 이야기하고 있었어요, 그가 어떤 사람인가. 그런데 루가 우시无锡(장쑤성의 한 도시) 방언으로 말하고 있는 게 재앙이었지요! 항상 트로츠키가 '투즈츠지兔子吃鸡'(토끼가 닭을 먹었다)로 발음된 겁니다. 보고가 끝난 뒤에 몇몇 동지들은 그저 토끼가 닭을 먹었다는 걸 믿지 못했어요, 바로 지금 장이처럼요. 그리고 홀 밖으로 나오면서 우리는 서로 물었죠, '토끼가 닭을 먹는다는데 어떻게 된 소리지?'"[53]

이 이야기와 또 그 비슷한 이야기들을 들으면서 모두가 웃었고, 그런 대화를 나눈 뒤 그들은 참아줄 수 없는 수슬로프와 다시 싸울 준비가 되었다.

마침내 엄청난 노력 끝에 26인으로 구성된 위원회는 "모스크바 회의 선언"에 대략 합의할 수 있었고, 11월, 81개 당 대표들의 서명을 남겨두게 되었다. 10월 23일, 덩은 상황을 보고하기 위해 베이징으로 떠났고, 11월 5일 마오가 모스크바 회의 대표단을 이끌도록 임명한 류샤오치와 함께 모스크바로 돌아왔는데, 이번에 그의 자격은 류의 대리였다. 그들의 숙소는 레닌 언덕에 있는 같은 별장이었다. 몸이 좋지 않았던 류는 분명 흐루쇼프와 소모적인 논쟁을 벌일 준비가 되어 있지 않았다. 급격히 악화된 중소 관계가 그에게 직접 영향을 끼쳤다. 그의 맏아들 류윈빈 刘允斌은 다섯 살 때부터 소련에서 살고 공부하고 일해왔으며, 그 후 러시아 여자와 결혼했다. 아이들을 좋아한 류는 모스크바에 손녀가 있었고 그 손녀의 운명이 걱정되었다. 이번 출장에서 그가 별장 근처의 숲속에서 오랫동안 서성거리며 줄담배를 피운 이유는 그 때문이었다. 그는 과묵한 사람이었고, 이제 매우 우울해졌다.

그러나 덩은 분별 있는 상태를 유지했고 논쟁으로 활기를 얻은 듯했다. 그는 다시 수슬로프 그리고 흐루쇼프와 함께 얽혀 옥신각신하며 벌인 "큰 형님"과의 토론에 완전히 빠져 있었다. 류샤오치는 몇 마디 외에는 거의 끼어들지 않았다. 회의 결과 문서에 담긴 내용은 소련은 제국주의의 불변적 본질 그리고 모든 공산당의 평등에 관한 중국의 논지를 수용하고, 중국은 제20차 소련공산당 대표대회의 의미와 평화적 이행에 관한 테제를 선언에 포함시키기로 동의하는 절충적인 것이었다. 류샤오치가 서명한 후, 덩과 그 외 중국공산당 대표들은 12월 2일 떳떳한 마음으로 중국으로 돌아온 한편, 류는 공무로 일주일 정도 모스크바에 더 머

물렀다.[54]

마오는 회의 결과와 덩의 업무를 성공적이라고 생각했고, 26인 위원회가 "성과를 냈으며, 이는 잘된 일로, 논쟁과 토론이 있었다"고 평했다.[55] 모스크바에서 돌아온 후, 덩은 경제문제 처리에 뛰어들었다.

1960년 여름쯤 중국은 심각한 위기에 처해 있었다. 6월, 저우는 마오에게 농촌경제가 파괴되었다고 알렸고,[56] 이어서 7월에 국가계획위원회 수장이자 덩의 친구인 리푸춘은 "조정, 통합, 그리고 개선"과 같은 새로운 경제정책을 채택할 것을 제안했다. 저우는 "메우기"를 추가했다.[57] 그는 새로운 경로의 목적이 "대약진의 결과로 생긴 일정한 불균형을 청산하는" 것이라고 말했다.[58] 비록 "군자가 말을 함부로 하지 않았던 것은 몸소 그 말을 실천하지 못하게 되는 것을 수치스러워해서였다"라는 공자의 말에 나타난 옛 군자와 달리 대약진의 실패에 대해 개인적 책임을 느끼지는 않았지만, 마오조차 상황이 불미스럽다는 것을 깨달았다.[59]

1960년 9월, 마오는 정치국 상무위원회에 기본 회계 단위인 200명 정도로 구성된 조직, 다른 용어로 생산조를 만들 것을 요청했다. 그가 끔찍이 좋아했던 인민공사는 기본 행정 단위로, 그리고 농촌 지역의 삼각 재산 체제의 구성 요소로만 남게 될 것이었다(1959년 2월과 3월 확대 정치국 회의는 4만~5만 명을 포괄하는 인민공사를 개당 약 6,000명이 속한 '생산대'로, 그리고 그 하위 수준에서 '생산대' 혹은 '조'로 분할했다. 재산의 각 단계는 집단화의 특정 단계에 상응했다). 그는 더 이상 물러설 생각이 없었고, 1960년 11월 초가 되어서야 저우의 제안을 승인하고, 중앙위원회의 지지를 거쳐, 공사 구성원들이 작은 개인 토지를 소유하고 소규모의 부업 생산에 종사할 수 있도록 허용했다.[60]

그러나 이런 조치들로 위기를 타파하지는 못했다. 매일 수천 수만

명이 기아로 숨져가고 있었다. 베이징은 극심한 먹거리 부족에 시달렸다. 베이징의 땅콩기름 월 배급량은 330그램을 넘지 않았고(중국공산당 노동자들의 표준은 500그램이었다), 특별히 운이 좋은 경우, 1인당 450그램씩 고기도 배급되었다. 쌀 배급량은 13.6킬로그램이었다. 설탕은 3인 가정 기준으로 450그램 조금 넘게 배당되었다.[61] 덩을 포함한 많은 당 지도자들은 아내와 함께 자신들의 호화로운 사택 내 안뜰에서 채소를 재배하고, 전원 지대로 나가 야초와 식용 뿌리를 모으고, 나뭇잎으로 끓인 차를 마시기 시작했다.[62]

연말이 되자 곡물 수확량은 1억 4350만 톤으로 줄어든 한편, 인구는 1959년과 비교하여 1000만이 줄어들었다는 것이 알려졌다.[63] 나중에 전문가들의 계산에 따르면 1958년부터 1962년까지 중국에서 4500만 명에 달하는 사람들이 기아로 사망했다.[64]

1961년 1월, 마오는 중앙위원회 전체회의에서 모두에게 "실제 현황이 어떤지 조사하고 연구"할 것을 요구했고, "모든 것에서 우리는 실천으로부터 전진해야만 한다. … 우리 마르크스-레닌주의자들은 노동자들을 착취해서는 안 된다"고 덧붙였다.[65] 분명히 매우 본래의 공산주의다운 생각이었다.

1961년 3월, 덩은 베이징과 광둥에서 열린 (인민)공사 문제에 관한 두 고위급 간부회의에 참석했다. 광둥 회의에서 주석의 주도로, 그의 비서들이 작성한 문서, 이른바 농업60조农业六十条가 채택되었는데, 동 문서는 "노선 변경"의 필요성을 다시 지적했다. 마오는 당시 도처에서 "공산주의라는 전염병"은 아무런 도움이 되지 않았다고 반복해서 말하고 다녔지만, 지방 간부들을 계속해서 비난하고 지도부 간부들에게 조사를 시행할 것을 요구했다. 4월 초, 덩은 베이징 주변 지역을 향해 나섰다.[66]

쥐린이 그와 동행했다. 거의 한 달에 걸쳐 그들은 지역 당 기구 지도자와 공사 구성원들을 만나고, 현장, 산업체 그리고 공동식당을 조사했다. 그들은 자신이 보고 들은 것에 충격을 받았다. 마치 그 시골 지역은 오랫동안 적의 점령하에 놓인 것 같았다. 공사 구성원들에게는 냄비, 컵, 양동이, 접시 등 아무것도 없었다. 집에는 문도 자물쇠도 없었다. 불에 타는 모든 것은 뒤뜰의 용광로 속에서 태워졌다. 주철 제련이 가능한 모든 것은 용해되었다. 공동식당은 처참했고, 공사 구성원들은 비참한 생활을 끌어가고 있었다. 그러나 사람들은 불만을 표출하기를 두려워했다. 그들은 허기지고 지치고, 음식 외에는 아무 관심도 없어 보였다. 덩은 반복해서 묻고 또 물었다. "공동식당에서 식사는 잘하고 계십니까?" 농민들은 "네, 괜찮습니다. 좋아요"라고 대답했다. 결국 덩은 엄격하게 말했다. "공동식당은 중요한 문제입니다. 지금 사람들이 그 문제에 대해서 폭넓게 논의하고 있습니다. 우리 모두 생각을 해봅시다." 그리고 한 마을에서 막 돌아온 쥐린이 일어섰다. "상니엔上輦 마을에서는 공동식당이 제대로 운영되지 않고 있습니다. 그곳 공사 구성원들은 곡물을 나눠 집에서 요리합니다. 그게 유일한 방법입니다!" 이 말을 듣고 덩은 매우 기뻤고, 회의에 참석한 상니엔 마을 사람들에게 말했다. "여러분의 간부들이 '공산주의라는 전염병'과 '평등주의'에 반대하는 것은 올바른 행동입니다. 그들은 여러분의 냄비, 컵, 양동이, 그리고 접시를 압수하지 않았고, 자물쇠를 끊지 않았으며, 경첩에서 문을 뜯어내지 않았습니다. 이것은 좋습니다."[67] 공사 구성원들은 급격히 바뀌는 당의 노선을 따라가지 못해 어리둥절했다.

5월 초 베이징으로 돌아온 덩은 인접 지역을 조사했던 펑전과 함께 마오가 실로 기다려왔던 보고서를 제출했다.

농민들의 (생산적) 활동을 더욱 그리고 전면적으로 증가시키기 위해, 우리는 국가 비축물자, 식료품 구매 그리고 잉여곡물 분배의 체계를 지속적으로 개선해야만 한다. … 식료품 구매 문제, 그리고 잉여곡물의 분배가 … 간부들과 대중 모두에게 최대의 불안을 야기하고 있다. 기본적으로 두 가지 시각이 존재한다. 대부분의 생산대들은 계획으로 정해진 잉여곡물(과세된 분량 이상)이 국가에 10의 9 그리고 자신들에게 10의 1 비율로 분배되는 한편, 계획을 훨씬 초월한 생산분은 국가에 10의 4 그리고 자신들에게 10의 6 비율로 분배되는 (체제)를 인정한다. (단지) 일부 소수의 생산대들만이 이를 좋아하지 않는다. 현재 공사 구성원들은 마치 진주라도 되는 양 곡물에 전전긍긍한다. … 잉여곡물 대부분이 그들의 노동 그리고 공사 구성원 각자가 제공한 비료의 양에 따라 그들 사이에 분배되도록 하는 것이 필수적이다. 집단 토지를 조심스럽게 경작하고 적극적으로 비옥하게 만들기 위해서는 그들이 자신들의 개인 토지를 경작하는 것만큼 열심히 일할 마음이 내키도록 해주어야 한다.

보고서는 특히 노동의 결과에 대한 농민들의 물질적 관심을 서서히 약화시킨 평등주의의 폐해에 초점을 두었다. 그와 동시에, 보고서는 "공동식당 문제는 다소 복잡하다"는 점과 그 문제가 공사 구성원들 스스로에 의해 해결되어야 한다는 점을 지적했다.[68]

확실히 덩과 펑은 특별히 혁명적인 어떤 것도 제의하지 않았다. 그들은 공사의 청산을 요구하지 않았고 단순히 마오에게 1950년대 중반의, 더 높은 단계의 협동조합이 존재하는 사회주의로 회귀할 것을 조언했을 뿐이었다. 저우언라이와 주더 등 다른 이들은 노동에 따른 분배를 회복시킬 필요성을 강조하며 마오에게 본질적으로 동일한 조언을 했지만, 공동식당에 관해서는 좀 더 솔직했다. 저우는 "여성들 그리고 독신자들을 포함한 모든 공사 구성원들은 집에서 요리하기를 원합니다"고 단언했다. "공동식당 폐쇄 방법에 대한 문제가 결정되어야 하고 공사 구성원들을 그들의 집 부엌으로 돌아가게 할 방법도 결정되어야 합니다."[69] 저우언라이와 주더 모두 행정기관의 형태로서의 인민공사를 폐지할 것을 제의하지 않았다.

이때쯤 마오 스스로 공동식당을 폐쇄해야 한다고 결론을 내렸다.[70] 그래서 동료들의 보고는 그가 옳다는 것을 다시 한번 확인시켜주었을 뿐이었다. 그 다음 무엇을 해야 할지 몰랐던 그는 자신이 칭한 "제2선"으로의 후퇴를 결정했는데, 이는 국가와 당의 일상적 업무를 부하들에게 양도하고 자신은 보다 비중 있는 일에 집중하는 것이었다. 류, 저우 그리고 덩은 문제를 바로잡기 위한 시도를 할 수 있게 되었다.

그들은 문제를 더욱더 심층적으로 조사하기 시작했다. 단 한 달 후, 1961년 5월 말에 있었던 중앙위원회 업무회의에서 류샤오치는 예상밖으로 마오가 있는 자리에서 그에 대해 비판적으로 이야기했다. 당연히 그는 위대한 조타수의 이름을 언급하지는 않았지만, 누구를 염두에 두었는지는 모두가 알고 있었다. "후난성 농민들 사이에는 이런 말이 있습니다. '불행의 30은 하늘에서 비롯되었지만, 70은 사람에서 비롯되었다.' 전체적으로 전국에는 (어려움의) 주요 원인이 자연재해인 곳들이 있지만, 유감스럽게도 그런 곳은 많지 않습니다. 대부분의 지역에서 주요 원인은 우리 업무에 있어서의 부족과 잘못입니다." 그는 이어서, "이것이 손가락 한 개와 손가락 아홉 개의 문제라고 생각하는 동지들이 있습니다. 하지만 유감스럽게도 이미 분명해진 것은 … 만일 늘 아홉 손가락과 한 손가락 이야기만 하고 이 방정식을 바꾸지 않는다면, 이는 현실에 부합하지 않을 것입니다."[71]

대약진의 공과功過를 "아홉 개의 건강한 손가락과 하나의 병든 손가락"이라는 원칙에 따라 비유했던 사람이 마오였다는 것은 모두가 알고 있었다. 참석자들은 숨을 죽였고, 마오는 모욕감을 느꼈다. 항상 신중한 저우언라이는 침묵을 지켰으나, 갑자기 기적 같은 놀라운 일이 일어났다. 덩이 명확하게 류샤오치를 지원하고 나선 것이다.

> 과거 방식으로 현재 문제를 풀 수 있습니까? 저는 그렇다고 생각하지 않습니다. 생산관계의 영역에서 긴장은 농촌뿐만 아니라 도시에서도 존재합니다. 여기에도 재산의 문제가 있습니다. 최종 분석에서, 불행은 자연에서 비롯되었습니까 아니면 사람에서 비롯되었습니까? 샤오치 동지 역시 수많은 지역에서, 유감스럽게도, 우리 업무에 있어서의 잘못(몇몇 정치적 지시를 포함하여)이 주된 원인이고 자연재해는 부차적이라고 말했습니다.[72]

마오는 충격을 받았다. 며칠 후, 분명 자신의 분노를 감춘 채 오랫동안 "중국에서 어떻게 사회주의를 건설할지 잘 몰랐다"고 말했다.[73] 그는 주치의에게 씁쓸하게 말을 덧붙였다. "좋은 당원들은 모두 죽었네. 남아 있는 사람들이라고는 좀비 무리뿐이야."[74]

마오쩌둥에게 그토록 깊은 인상을 주던 덩의 융통성은 어디로 갔단 말인가? 공동체에 대해 조사했던 그의 경험이 위대한 조타수에게 온건한 보고서를 제출한 후에도, 그가 불행의 근원에 대해 계속 고심할 만큼 그토록 지대한 영향을 주었다고 할 수 있는가? 류샤오치처럼 그는 결국 경제 붕괴의 원인을 이해하고 자제할 수 없었던 것일까? 그랬을 가능성이 크다. 덩은 후일 "우리는 한꺼번에 경제를 활성화하려 시도하면서 객관적 법칙과 직접적으로 모순되게 행동했다"고 말했다. "우리의 주관적 소망이 객관적 법칙에 위배되었기 때문에, 손실은 불가피했다."[75]

이처럼 어려운 배움의 길을 걸은 후, 덩은 유토피아적인 마오주의 사회경제발전 모델은 개혁되어야만 한다는 결론에 이르렀다. 이에 따라, 그는 이제 새로운 문제에 직면하게 되었는데, 이는 주석이 사망하기 직전까지 계속된 문제, 즉 어떻게 하면 당내에서 자기 자신의 지위를 손상시키지 않고 지도자 마오에 반대할 것인가였다. 그는 반항적인 펑더화이의 운명을 겪고 싶지 않았지만, 더 이상 마오를 맹목적으로 추종할 수는 없었다.

13

노란 고양이, 검은 고양이

1961년 5월 류샤오치를 지원한, 마오를 그토록 화나게 했던 덩의 연설은 그의 첫 불복종 신호였다. 노련한 관료로서 자신이 불장난을 하고 있다는 것을 분명히 알았을 테지만, 그는 멈추지 않았다.

1년 후, 1962년 여름 그는 당시 농촌 지역에서 확산되고 있던 이른바 가족도급제家庭承包制인 가정 생산의 확대를 승인함으로써 주석을 더욱 분노케 했다. 그렇게 하는 과정에서 천원과 류샤오치의 예를 따랐다.

도급제로의 이행은 1960년대 말 안후이성 동부에서 자생적으로 시작되었다. 그 제도에 따르면, 농부들은 본질적으로는 그들에게 임대된 구획 토지에서 나온 수확물 가운데 지정된 양을 공동사업체(즉, 생산대, 그러나 실제로는 국가)에 넘겨주어야 했고, 일한 날의 측정 단위인 "노동일"의 대가로 음식 또는 곡물을 받았다. 계획을 초과한 모든 것은 그들이 갖거나, 같은 생산대에 별도의 대금을 받고 넘길 수 있었다. 도급제는 지역마다 달랐다. 그들은 무엇을 기를 것인가는 결정할 수 없었다. 생산대의 지도자들이 지시를 내렸는데, 그들은 일이 시작되기 전에 농민들에게 농기구, 비료 그리고 종자를 제공해주었다. 여기에 반사회주의적인 것은 없었다. 가족도급제는 볼셰비키의 신경제정책까지 가지는 않았는데, 중국 농민들은 시장에서 자신들의 잉여물을 판매할 권리가 없었기 때문이다. 그럼에도 공사 구성원들의 물질적 이기심을 자극한 가족도급제는 빠르게 결실을 맺기 시작했다. 1961년 가을까지 곡물수확량은 400만 톤이 증가했다. 모든 것이 순조로운 것 같았지만, 1961년 후반기에 사람들이 "실험을 하고 있는" 것을 처음에는 반대하지 않던 마오가 "농민 개개인의 농사"의 부활에 불만을 표명하기 시작했다. 9월, 중앙위원회는 가족도급을 비난하는 지시를 내렸다.[1] 12월 말, 마오는 안후이성 당위원회 제1서기에게 "생산이 회복되었으니, (가정)책임'체제'를 바꿀 예정입니까?"라고 물었다.[2] 그러나 1961년 봄부터 도급제를 위한 로비를 펼쳐왔던 제1서기는 마오의 질문에 질문으로 대답했다. "대중은 이제 갓 단맛을 봤습니다. 그들이 좀 더 오래 일하도록 해줘도 되지 않을까요?"[3]

마오는 분개했고 곧 감히 그에게 반박했던 그 안후이 관리를 파면시켰다. 그러면서도 도급제를 철폐하지 않았고, 도급제는 중국 전역으로 퍼져나갔다.

1962년 초 베이징에서 열린, 당의 전체 역사상 가장 규모가 컸던 중앙위원회 확대회의에서 위대한 조타수는 또 한 번 새로운 타격을 받았다. 7,000명의 지도급 간부들이 1월 11일부터 2월 7일까지 지속된 그 회의에 참석했다. 덩이 그 회의의 소집과 운영을 책임지고 있었기 때문에, 마오가 다시 한번 그에게 불만을 가질 만도 했다. 마오는 그 회의가 "과거의 경험과 교훈을 잘 분석하고 통일된 입장을 내놓을 것"이라고 생각했지만, 꽤 오랫동안 그가 받았던 가장 심각한 비판에 직면했다.

설사 뭔가 하고 싶었다 해도, 덩이 할 수 있는 것은 거의 없었다. 그저 상황이 그의 통제를 벗어나버리고 말았다. 중앙위원회 서기처에서 덩 자신의 대리인인 펑전이 처음으로 마오를 공개적으로 공격했다. 처음에 펑은 대약진 실패에 대해 정치국 상무위원회 전체를 비난했지만, 이후 자신이 기억하기로 공산주의로의 전환을 가속화할 것을 주장하고 공동식당에 대한 찬성을 강력히 주장한 마오에게로 비난의 초점을 옮겼다. 모두가 숨을 죽이며 듣고 있었다. 그리고 덩이 청중을 향해 말했다. "우리는 최근 주석의 명령에 따랐고 주석은 말씀하셨습니다. '당신들은 저를 … 성인으로 만들었지만, 성인은 없습니다. 누구나 결점은 있고 잘못을 저지릅니다. 문제는 얼마나 많은가뿐입니다. 저의 결점에 대해 말하는 것을 두려워하지 마십시오. 혁명은 천두슈와 왕밍이 한 것이 아니라 제가 다른 모두와 함께 한 것입니다.'"

덩이 긴장을 완화하길 원했던 것인지 아니면 비판을 계속하라고 펑을 격려하고 싶던 것인지 아무도 이해하지 못했다. 그러나 펑전은 대담하게 선언했다.

마오 주석의 권위가 에베레스트산만큼은 높지 않다 해도 여전히 태산은 떠올리게 할 정도여서, 만일 우리가 이 산에서 흙 몇 톤을 없앤다 하더라도 여전히 높습니다. 또한 그의 권위는 동중국해만큼 거대해서—우리가 몇 트럭 분의 물을 퍼낸다 해도 여전히 많은 물이 남습니다. 현재 당내에는 어떤 경향이 존재합니다—사람들은 감히 자신의 의견을 표명하지 못하고, 자신의 실수를 비판할 만큼 대담하지 못합니다. 만일 의견을 밝히면 재앙을 겪게 될 것이라고 생각하는 것 같습니다. 그러나 만일 마오 주석께서 1퍼센트의 잘못 혹은 1,000분의 1퍼센트의 잘못이라도 저지르고 자아비판을 하지 않는다면, 이는 우리 당에 좋지 않을 것입니다.

이튿날, 마오에게 충실한 좌파 천보다는 펑전에게 도리를 알려주려고 했지만, 펑전은 이렇게 덧붙였다. "마오 주석 문제를 명확히 합시다. 마오

주석을 비판할 수 있다는 펑전의 말은 아마도 인기가 없는 것 같습니다. 저는 (단지) 모두를 비난할 수 있지만 마오 주석은 안 된다는 생각을 반박하고 싶었습니다. 이 생각은 잘못된 것입니다."[4]

최근 펑은 반복적으로 아집을 보였다. 재앙과 같은 대약진 이후 덩보다 단 두 살 많은, 키 크고 건강한 이 중국 북부 산시山西성 토박이는 자제심을 잃어버렸다. 1960년부터 그는 지도자 마오에 대한 의심을 주기적으로 표명했고, 그가 가진 사상의 위대함을 공개적으로 의심했다. "마오쩌둥 사상이 '원칙'인가? 이는 논의해봐야 하는 것이다." 그리고 주석 그 자신에 대해서도 질문을 던졌다. "누가 1인자인가?─우리 후손이 평가하도록 해야 한다. 우리의 일은 아직 끝나지 않았다!"[5]

마오는 당장은 참았지만, 화가 쌓이고 있었다. 펑은 물론이고, 그의 상사인 덩에 대해서도. 펑전의 행위가 있은 후 며칠 뒤, 류샤오치는 마오가 불쾌하게 여긴 주제, 즉 "손가락들 간의 관계"에 대해 다시 한번 이야기했다.

이전에 우리는 언제나 단점, 잘못, 그리고 성공의 관계가 1과 9라고 생각했습니다. 이제 세 손가락과 일곱 손가락을 이야기해야 하는 것이 저는 유감입니다. (심지어) 단점과 잘못이 손가락 세 개 이상이라고 할 수 있는 지역들도 일부 있습니다. … "좌"가 우보다 낫다는 생각이 아직도 존재합니다. … 저는 이 개념이 맞지 않고, 잘못되었다고 생각합니다.[6]

이런 말을 들은 후, 마오는 감정을 나타내며 류샤오치, 펑전 그리고 그 외 사람들의 얼굴에 대고 자신의 "자아비판"을 퍼부었다. 그는 이미 많은 사람이 의심했던 바를 시인함으로써 자아비판을 했다. "저는 경제 건설의 많은 사안에 대해 이해하지 못하고 … 사회질서의 문제, 생산관계의 문제에 비교적 더 많은 신경을 썼습니다. 생산력에 관해서는, 그에 대한 저의 지식은 아주 적습니다."

마오는 이런 방식으로 스스로를 숙청한 후, 자신의 다른 "동지들"의 자아비판을 요구하며 반격에 나섰다. "여러분들 마음에 걸리는 것에 대해 공개적으로 말하시오, 한 시간, 또는 최대한으로 잡아 두 시간. 하지만 모두 다 펼쳐놓으시오."[7]

마오의 이 요구는 반응을 불러일으켰고, 당 지도자들은 서로 앞지르려 노력하면서 자신들의 죄를 자백하기 시작했으며, 그중에서, 마오가 분노로 들끓고 있다는 것을 감지한 덩은 상황을 진정시키기로 결정했다. 그의 발언은 관료주의적 예술의 본보기가 될 수 있었다. 한편 그는 대약진의 책임을 당원들 사이에서 나누었고, 가장 큰 비난의 책임은 자신과 자신이 이끈 서기처에 돌렸다. 다른 한편으로, "자아비판적인" 마오쩌둥과 그의 상승常勝의 사상을 칭송했다. 그리고 결론을 지으면서 일부 단점과 잘못에도 불구하고 전체적으로 중국에서─이데올로기, 당, "마오쩌둥 동지를 지도자로 하는" 중앙위원회, 간부들, 전통들, 업무 스타일, 그리고 일반 대중까지 모든 것이 좋았다고 말했다. 최근 몇 년 사이에 당이 "좋은 전통"에서 벗어났는데, 이는 단지 "적잖은 우리 동지들이 마오쩌둥 사상을 충분히 열심히 학습하지 않았거나 그에 대한 적절한 이해가 없었기" 때문이다.[8]

덩에 이어 발언한 저우언라이 역시 외교적으로 처신하며, 덩과 같이 대부분의 비난을 스스로에게 돌렸다. 그가 자신의 실수에 대해 너무나도 계속 떠벌리고 스스로를 비하하는 바람에 마오조차 그를 중단시키며 말했다. "충분합니다. 당신은 이미 뉘우쳤어요. 한 번이면 충분합니다."[9]

그러나 저우도 덩도 주석의 기분을 낫게 하지는 못했다. 펑전과 류샤오치의 주장이 그의 마음을 망쳐놓았다.[10] 회의 직후 감정이 상한 마오는 베이징을 떠나 항저우로 장기 휴가를 떠났다. 그가 좋아한 휴양지 가운데 하나는 매혹적이고 고요한 서호의 호숫가였다. 그는 당의 일상업무 관리를 다시 류샤오치와 덩을 포함한 그 외 정치국 상무위원회 위원들에게 맡겼지만, 더 이상 그들 아무도 믿지 않았다.[11]

전과 같이 그는 "일부러" 권력을 포기했다. 이번 경우에 구멍에 있는 "독사"를 유인해내는 전술을 따랐다. "모든 역겨운 것이 완전히 기어 나오도록 하라, 반만 나오면 다시 숨을 수 있으니"라고 그는 즐겨 말했다.[12] 그는 유효성이 증명된 백화제방 운동의 전술이 당 지도부에 대해서도 잘 작동할 것이라고 확신했다.

늘 그렇듯 그는 옳았다. 류, 덩, 저우 그리고 천윈 같이 노련한 관료들이 그를 꿰뚫어보지 못했다는 것이 그저 놀라울 뿐이다. 그들이 류샤오치의 주재하에 경제문제에 관한 업무회의를 소집했을 때 마오는 거의 자리를 뜨지 않았는데, 이 회의에서 그들은 경제 위기의 실재를 인정했다.[13] 개인 소자작농의 증가에 대한 위대한 지도자의 불만에도 불구하고, 그들은 경제위기에 대처하기 위해 가족도급제의 발전을 지원하는 것보다 나은 해법을 찾지 못했다. 1962년 여름까지 안후이에서는 농민의 80퍼센트가 이미 가족도급제하에서 일하고 있었고, 쓰촨, 저장, 깐수의 많은 지역에서는 70~74퍼센트였으며, 구이저우, 푸젠, 광시의 몇몇 현에서는 40~42.3퍼센트였다. 중국 전체로는 농민의 거의 20퍼센트가 도급제에 이름을 올렸다.[14]

게다가 3월 초부터 류샤오치와 덩은 1950년대 말의 숙청 기간에 낙마한 사람들을 본격적으로 복권시키기 시작했다. 비록 펑더화이와 그의 "공모자들"을 복권시키자는 말을 감히 입 밖에 내지는 않았지만, 3,600명 이상의 우파 평당원들이 명예를 회복했다.[15]

1962년 전반기에 중앙위원회, 정부, 그리고 성 당위원회의 많은 다른 지도급 인사들은 가족도급제의 확대를 위해 로비를 벌였는데, 국가계획위원회 주석 리푸춘李富春 그리고 농촌공작부 덩쯔후이와 왕꽌란王观澜이 두드러졌다. 덩쯔후이는 특히 고집스러웠다. 그는 5월에 열린 정치국 상무위원회 공작회의에서 "몇몇 산악 지역에서 우리는 그들(농민들)이 개인 농사를 지을 수 있도록 허용해야 합니다. 우리는 이것 역시 가족도급제라고 부를 수 있습니다. 이들이 사회주의 개인 농민이 될 것입니다. 만일 그들이 생산(의 수준) 증가의 임무를 완수한다면, 이것에 잘못된 것은 없습니다"라고 말했다.[16] 많은 참석자가 그를 지지했다.

화려한 격리생활을 하면서 마오는 계속 이 경제 운영 방식을 점점 더 불만스럽게 바라보고 있었다. 그는 주치의에게 "이제 일이 더 복잡해지고 있네요"라고 말했다.

"어떤 이들은 가족도급제에 대해 이야기하고 있지만, 사실 그것은 자본주의의 부활일 뿐이다. 우리가 지금까지 이 나라를 통치해왔는데, 우리는 아직도 사회의 3분의 2밖에 통제할 수 없다. 3분의 1은 여전히 우리의 적 또는 적에 동조하는 사람들의 수중에 있다. 적들은 지주의 딸과 결혼한 모든 동지들은 말할 것도 없이, 사람들을 매수할 수 있다."[17]

마오가 "우리의 적에 동조하는 사람들"을 언급할 때 누구를 염두에 둔 것이었는지 말하지는 않았지만, 그의 대화 상대는 분명 류샤오치의 부인 왕꽝메이王光美가 1920년대 베이징 군정부에서 중직을 맡았던 부유한 지주의 딸이라는 것을 알고 있었다. 그리고 덩의 부인 줘린 또한 가난한 집안 출신은 아니었다.

1962년 2월 25일, 마오는 자기 비서 톈자잉田家英에게 소위원회를 만들어 농촌 지역의 상황을 조사하고 최근 류샤오치가 있었던 후난의 지역들과 함께 마오 자신의 고향 샤오산충韶山冲에 가보라고 지시했다. 그는 톈이 가족도급제에 대해 자신의 부정적인 감정을 공유하고 있다는 것을

321 ____ 2부 마오주의자

알고 있었다. 그는 두 달 뒤 자신의 정직한 비서가 돌아와서는 농민들이 "위원회가 '그들에게 가정 단위로 토지를 나누는데 전면적인 도움을 줄 것'을 고집스럽게 요구했다"고 알려줬을 때 매우 놀랐다. 마오는 얼굴을 찡그리며 말했다. "우리는 군중 노선을 추구하지만, 때로는 군중이 말하는 모든 것에 귀 기울일 수는 없다. 예를 들면, 가족도급제에 대해 그들이 하는 말에 귀를 기울일 수는 없다."[18]

그러나 톈은 자신의 위험을 무릅쓰고 자신이 조사한 결과를 천윈에게, 그러고 나서 류샤오치에게 보고했고, 류샤오치는 다시 이를 덩에게 알려주었다. 세 사람은 모두 마오의 비서가 내린 결론을 열렬하게 지지했다. 덩은 위원회 보고서에 단 한 단어를 적었다. "승인!" 류는 톈에게 "우리는 가족도급제에 법적 효력을 부여할 필요가 있습니다"라고 말했다.[19] 천윈은 마오쩌둥과 정치국 상무위원회에 제출한 특별 보고서에서 이렇게 강조했다. "농업생산의 회복 촉진을 위한 농민들의 생산 활동을 자극하기 위해 (1950년대 초처럼) 많은 지역에서 토지를 분할하고 가구별로 업무 할당을 강화하는 방식을 다시 적용해볼 수 있다."[20]

1962년 6월 말, 화동국의 농촌 공작에 관한 보고를 검토하는 서기처 회의에서 덩 또한 공개적으로 "농민들의 생활이 어려운 지역에서 우리는 다양한 방법을 쓸 수 있습니다. 안후이에서 온 동지들은 '고양이가 검은지 노란지는 중요하지 않습니다. 쥐를 잡을 수 있다면 그건 좋은 고양이입니다'라고 말했습니다. 이런 말들은 매우 이치에 맞습니다. 가구 단위로 업무가 배정되는 체제는 새로운 것이며, 우리는 시도해볼 수 있고 한번 들여다볼 수 있습니다"라고 말했다.[21]

그 표현이 안후이에서 실제로 쓰였는지는 모르지만, 색이 다른 고양이들에 관한 이 날카로운 속담을 덩의 고향 쓰촨의 농민들이 좋아했다는 것은 확실하다. 아마도 덩은 그 기원을 안후이에 돌리며 그 표현을 그냥 썼을 것이다. 어찌 되었든 고양이에 대한 그 문장은 그의 가장 유명한 표현이 되었다. 구전되는 과정에서 노란 고양이는 하얀 고양이로 변했는데, 아마도 더 대조적으로 만들기 위해서였을 것이다. 그가 그때 그 표현을 사용한 이유는 화동국의 간부들이 가족도급제에 "노선의 실수"라는 꼬리표를 붙이고 그것이 개인 농민 경제를 부활시키기 위한 의도를 담고 있다고 지적하며 가족도급제를 신랄하게 비판했기 때문이었다. 회의에 참석한 천윈과 덩쯔후이는 가족도급제를 옹호했고, 서기처 위원들의 의견은 둘로 나뉘었다.[22]

무슨 이유에서인지 덩은 방어하지 않았다. 어쩌면 그는 마오가 진지하게 자신의 "잘못"을 고백했다고 생각했는지 모른다. 그는 진심으로 중국 경제를 소생시킬 다른 방법이 없다고 믿었을 가능성이 더 높을 것이다. 결국 당시에 풍차를 공격하려고 달려들었던 사람은 그 혼자만이 아니었다. 이 낭만주의자들은 자신들이 마오의 생각을 바꿀 수 있다고 진지하게 생각했던 것일까?

단언하기는 어렵다. 7월 7일 공산주의청년단 중앙위원회 전체회의에서 덩은 고양이에 관한 그의 선동적인 문장을 반복했는데, 이번에는 그 문장에 심오한 이론적 의미를 부여하고 쓰촨의 속담으로 제시했다. 그 속담에 오랜 친구 류보청 원수의 권위를 입혔다.

우리는 반드시 … 농민들의 열정을 깨워 농업 생산량을 늘려야 합니다. … 전투에 대해 말할 때, 류보청 동지는 종종 쓰촨 속담을 인용합니다—"쥐를 잡기만 하면, 노란 고양이든 검은 고양이든 상관없다." 우리가 장제스를 물리쳤던 이유는 우리가 항상 틀에 박힌 방법으로 싸우지 않았기 때문입니다. 우리의 유일한 목표는 주어진 상황을 이용해서 승리하는 것입니다. 우리가 농업 생산량을 회복하고자 한다면, 우리는 역시 실제의 상황을 이용해야만 합니다. 바꿔 말하면, 우리는 고정된 생산관계의 형태를 고수하지 말고 대중의 진취성을 동원하는 데 도움이 될 어떤 방법이라도 채택해야 합니다.[23]

베이징에서 자신보다 젊은 반항적인 동료들이 말하고 행동하는 모든 것을 면밀히 주시하고 있던 마오에게는 덩샤오핑의 말이 딱 한 가지를 의미했다. 덩처럼 자신에게 충실한 전우마저도 중국에서 자본주의를 회복시킬 준비가 되어 있다는 것이다. 결국 그 중앙위원회 총서기는 성과만 있다면 모든 형태의 생산관계가 좋다는 것을 확인한 것이다.

물론 덩은 토지의 개인 소유를 회복시킬 의도가 없었다. 그가 언급한 모든 형태의 생산관계는 사회주의적인 것이었다. 공산주의청년단 전체회의에서, 그는 심지어 "일반적으로 말해서, 우리는 중국의 집체경제를 공고히 해야만, 즉, 사회주의 체제를 공고히 해야만 합니다. 그것이 우리의 근본적인 방향입니다"라고 강조했다.[24] 그러나 마오는 이에 주의를 기울이지 않았다.

마오는 덩과 그 외 모든 도급제 지지자들에 대해 격노한 상태에서 7월 베이징으로 돌아왔다. 그가 처음 면회한 사람은 류샤오치였는데, 천원과 덩자오잉이 만나서 이야기를 나누고자 한다는 것을 마오에게 전하려고 들른 것이었다. 그러나 자신의 수영장에서 수영을 하고 있던 마오는 격분했다. 그는 물 밖으로 나오면서 류를 향해 무섭게 비난했다. "이제 그 나빴던 이전 시대에 그랬던 것처럼 토지가 다시 분할되고 있습니다. … 이를 저지하기 위해 당신은 무엇을 했습니까? 내가 죽고 나면 무슨 일이 생기겠습니까?"[25] 이후 그는 천원을 만났는데, 그는 위대한 조타수(마오)의 불쾌한 기분을 의심하지 못한 채 개인 및 공동 재산의 다소 긴 공존이라는 방편에 대해 논하기 시작했다. 마오는 격분하여 소리쳤다. "'개별 소자작농들이 토지를 분할하는 것,' 이것은 집체경제의 몰락입니다. 이것은 수정주의입니다."[26] 그는 천원의 보고서 가장자리에 이렇게 썼다. "이 사람, 천원은 소자본가 출신이다. 그는 자신의 부르주아 성향을 없애지 못한다. 그는 끊임없이 우측으로 기운다."[27]

천원은 기겁했다.[28] 그는 덩이 마오에게 전해줄 것이라는 기대를 갖고 곧 덩에게 서신을 보냈다. 건강상의 이유로 휴가를 신청한 것이다. 그는 14년 후 주석이 사망한 뒤에야 이 "휴가"에서 돌아왔다.

천원을 "제거"한 뒤에 마오는 류, 저우, 덩, 그리고 좌파 천보다의 면전에서 톈자잉과 덩쯔후이를 공격했다. 그는 당시 《홍기》의 편집장이던 천보다에게 인민공사 집체경제의 강화와 농업 생산 발전에 관한 결의안 초안을 준비하라고 요구했다. 그의 압박을 받아 중앙위원회는 가족도급제에 관한 홍보를 금지하는 회람용 안내문을 신속하게 발행했고,[29] 곧이어 광적으로 충직한 천보다는 1962년 9월 차기(제10기) 중앙위원회 전체회의가 검토하고 승인한 결의안 초안을 준비했다.[30]

정치적으로 민감한 주제에 대해 이야기하기를 항상 피하고 도급제에 대해서 찬반을 밝히지 않던 신중한 저우는 즉각 위대한 조타수를 지지했다. 천원만큼이나 겁을 먹었던 덩과 류도 자기 자신들의 이익을 위해 지도자 마오가 요구한 모든 것을 인정했다. 한 목격자의 회상에 따르면, "마오 주석의 입장이 알려진 뒤에, 누구도 자신의 입장을 주석의 입장에 맞게 재조정하지 않을 수 없었다."[31]

덩은 서둘러 공산주의청년단 제1서기 후야오방에게 전화하여 자신의 연설에 대한 속기록 보고에서 노란색과 검은색 고양이에 관한 문장을 빨리 삭제하라고 요구했다.[32] 풀뿌리 수준의 조직들에 파견될 간부들과 만난 자리에서, 류는 불행하게도 고위급 그리고 하위급 간부들 모두 "집체경제에 대한 믿음을 상실해"버렸다고 주장하며 가족도급제를 비난했다.[33]

그러나 마오는 공세를 이어갔다. 그는 분명 휴가 동안에 모든 것을 충분히 상세하게 생각했고, 이제 간부가 7,000명이나 참석한 회의에서 받은 굴욕에 복수를 했다. 가족도급제가 경제적 측면에서 얼마나 효율적이든 그는 그것을 받아들일 수 없었는데, 자본주의의 부활을 허용하고 싶지 않았기 때문이었다.

그는 다음 달, 7월과 8월에 걸쳐 톈진 인근의 휴양지 베이다이허北戴河에서 새로운 업무 회의 차 그가 소환하여 전국 각지에서 올라온 지도급 간부들을 "세뇌시켰다." 회의 전날 저녁, 성 당위원회 제1서기들과 만난 자리에서 그는 큰소리로 이렇게 말했다. "당신들은 사회주의에 찬성합니까 아니면 자본주의에 찬성합니까? … 현재 어떤 사람들은 토지 분할을 포함해서 전국에 걸친 도급제 도입을 찬성하고 있습니다. 공산당이 토지분할에 찬성합니까?"[34] 같은 회의에서 그는 좀 더 침착하게 겁먹은 동지들에게 제안했다. "개별 소자작농 소유권은 필연적으로 양극화를 초래하고, 이는 2년이 걸리지 않을 것이며, 계층화는 단 1년 만에 시작될 것입니다. … 흐루쇼프 자신도 감히 공개적으로 집단 농장을 해체하지 않았습니다."[35]

흐루쇼프에 대한 언급은 우연이 아니었다. 베이다이허 회의 무렵, 중소 관계는 완전히 어긋난 상태였다. 1960년 모스크바 회의와 이후 이어진 잠시 동안의 짧은 해빙기 이후, 1961년 봄에 극심한 반목이 재개되었는데, 이번에는 중국공산당의 동맹인 알바니아노동당APL과 소련공산당 간의 추가적 관계 악화와 관련이 있었다. 알바니아노동당의 스탈린주의 지도자인 엔버 호자Enver Hoxha는 1961년 초 당내에서 친親흐루쇼프 반대파들을 완패시킨 후 소련과 흐루쇼프 개인에 대한 공격 수위를 급격하게 높였는데, 중국이 그랬던 것처럼 흐루쇼프를 수정주의자라고 비난하기 시작했다. 그 알바니아 지도자는 흐루쇼프에 대해 긴 요구 목록을 갖고 있었다. 그는 스탈린 개인숭배에 반대한 흐루쇼프의 투쟁, 평화적 이행과 평화적 공존에 대한 이론들, 그리고 특히 루마니아공산당 대표회의 기간에 알바니아노동당 대표가 중국공산당에 대한 흐루쇼프의 공격을 지지하지 않은 이후 알바니아에 대한 경제원조를 중단한 데 대해 흐루쇼프를 비난했다. 1960년 11월 모스크바 회의에서 호자는 심지어 공개적으로 흐루쇼프에 대한 불만을 분출했다. "소련에서 쥐들은 밥을 먹을 수 있던 반면, 알바니아 사람들은 굶어 죽고 있었는데, 알바니아노동당 지도부(즉, 알바니아노동당)가 소련 지도부의 뜻에 굴복하지 않았기 때문이었다."[36] 이를 듣고, 스페인공산당의 수장 돌로레스 이바루리Dolores Ibárruri는 호자를 "자기에게 밥을 주는 사람의 손을 무는 개"에 비유했다.[37] 1961년 5월, 소련공산당 중앙위원회 최고 간부회의는 새로운 반反알바니아 조치들을 취해 알바니아에 대한 무기 공급을 종료시키고 알바니아 도시 블로러Vlorë의 해군기지에서 소련 잠수함 여덟 척을 철수시켰다.[38] 당연히 마오는 알바니아인들을 지지했고 상호 비난이 두드러진 서신의 교환이 시작되었다.

마오는 1919년 레닌이 선언했던 것을 대신하여 소련공산당을 위한 새로운 계획을 채택하겠다는 흐루쇼프의 의도에 관한 소식을 갑자기 듣게 되었다. 그 계획 초안은 1961년 7월 말 소련에서 공개되었다. 소련공산당 지도부는 프롤레타리아 독재라는 볼셰비키의 주요 개념을 분명히 포기하고 있었다. 그 계획 초안은 소련의 사회질서 그리고 심지어 공산당 자체의 질서마저도 전체 인민의 것이라고 주장했다.

위대한 조타수는 흐루쇼프의 분별 없음에 그저 목이 메었다. 정치국 상무위원회 회의에서 그는 "이 '소련의 계획 초안'은 왕씨 아주머니가 발을 묶으려고 사용하는 붕대와 같다—그만큼 길고 악취가 난다"고 말했다.[39] 그는 충실한 저우로 하여금 중국공산당 대표단을 이끌고 제

22차 소련공산당 대표대회에 참가하도록 했는데, 동 회의는 소련을 위한 새로운 계획을 채택하기 위해 1961년 10월에 소집되었다. 저우는 분노를 숨기지 않았고, 흐루쇼프가 중앙위원회의 활동과 관련된 보고서와 당의 새로운 계획을 읽고 난 후 그 분노는 중국인들 사이에서 깊어져만 갔다. 그 소련공산당 지도자는 중국인들이 수정주의적("평화적 이행"과 그 외)이라고 생각했던, 제20차 대표대회에서 자신이 제기했던 예전 주제들을 반복했을 뿐만 아니라 스탈린 숭배에 대한 새로운 비판도 제기했다. 중국인들은 항의 표시로 레닌-스탈린 능묘에 화환을 놓았다. 총사령관에게 바친 화환에는 "위대한 마르크스-레닌주의자 J. V. 스탈린에게"라고 적혀 있었다. 그 후 저우는 흐루쇼프와 만나 논쟁이 있는 모든 문제들에 관한 중국공산당의 입장을 반복했다. 그러나 흐루쇼프는 발끈하며 말했다. "우리는 과거 당신들의 도움을 아주 많이 필요로 했습니다. 당시에 중국공산당의 의견은 우리에게 영향력이 있었지요. 하지만 지금은 다릅니다."[40]

대표대회가 종료되기 전, 저우는 방문 일정을 8일 단축시키고 베이징으로 돌아와, 열 시간 넘게 마오와 그 외 지도자들에게 무슨 일이 있었는지 분개하며 보고를 했다. 그는 "중국공산당과 소련공산당 간의 이데올로기적 차이들은 원칙의 문제입니다. … 두 정당 간의 이데올로기 투쟁에는 누가 누구를 패배시킬 것인가의 문제가 있습니다"라고 주장했다.[41] 이때에, 제22차 대표대회 결의에 따라 소련은 스탈린의 시신이 담긴 관을 능묘에서 제거해 크렘린 벽 부근에 묻었다. 대표대회에서 만장일치로 채택된 그 결의안에는 "개인숭배 기간에 스탈린의 레닌의 명령에 대한 심각한 위반, 그의 권력 남용, 정직한 소련 사람들에 대한 대규모 억압과 그 밖의 행위들로 인해 그의 시신이 담긴 관을 더 이상 V. I. 레닌 능묘에 둘 수 없다"고 적혀 있었다.[42]

마오는 이것을 "반역자" 흐루쇼프가 마르크스-레닌주의를 완전히 부인한 것으로 이해했다. 마오의 명령에 따라 덩은 1961년 12월 국제정세에 관한 중앙위원회 공작회의에서 소련의 수정주의에 대한 투쟁에 관해 보고했다. 덩은 "국제공산주의 운동은 분열의 위협에 직면해 있다"고 말했다. "이는 원래 사회주의 진영 내부의 분열, 주로 중소 관계의 분열에 관한 것이다."[43]

물론 중국 측에서 그 분열의 원동력은 마오 자신이었으며, 덩은 그의 승인 없이 그처럼 광범위한 결론을 자랑스럽게 알릴 수 없었을 것이다. 저우, 천이, 펑전, 캉성, 양상쿤, 그리고 중국 중앙위원회의 압도적인 다수는 이 분열주의적 분위기를 지지했다. 류샤오치 그리고 특히 중앙위원회의 대외연락부를 이끌던 왕쟈샹만이 화해적 입장을 지지했다. 1962년 2월 류의 지지를 얻은 후, 왕은 심지어 저우, 덩, 천이에게도 서신에 이어 몇몇 보고서를 보내 모스크바와의 화해를 권고했다.[44] 그러나 그들은 그 생각에 현혹되지 않았다. 왕쟈샹의 제안과 류의 타협적 입장에 대해 듣게 된 마오는 그야말로 폭발했다. 당장은 류를 건드리지 않았으나, 왕은 직위에서 해제시키고 캉성으로 대체했다.

마오는 베이다이허 공작회의 참석자들에게 말했다. "소련은 이미 수십 년간 존재해왔습니다. 그리고 그곳에서는 아직도 수정주의가 나타납니다. 수정주의는 국제자본주의에 봉사하고 본질적으로 반혁명적인 현상입니다. … 자본가계급이 되살아날 수도 있습니다. 이것이 소련에서 발생한 일입니다."[45]

그는 자본주의적 복원이라는 동일한 위험이 중국에서도 일어날 수 있다고 믿었고, 그래서 제10기 중앙위원회 전체회의에서 당 앞에 가장 중요한 업무 하나를 배치시켰다. "우리가 이 문제에 관해 어느 정도 명확한 마르크스-레닌주의 노선을 가질 수 있도록, 오늘부터 우리는 계급투쟁에 대해 매년, 매월, 매일, 회의에서 이야기하고, 당 대표회의에서, 전체회의에서, 매 회기에 이야기해야만 한다." 중국과 세계의 경험이 보여주었듯, "계급은 사회주의 국가 내에 존재하고, 계급투쟁은 의심의 여지 없이 이로부터 일어난다." 결과적으로 영국과 프랑스에서 부르주아 혁명의 승리 이후 이 혁명들이 "역행"했을 때 발생했던 것처럼, 복원 역시 가능하다.[46]

공작회의 참석자들과 전체회의 멤버들은 자신들의 스승을 전적으로 지지했다. 덩 역시 그에게 열렬히 환호했다. 그러나 그가 진심이었는지 누가 알 수 있겠는가? 마오 자신도 더 이상 덩의 솔직함에 대해 확신하지 않았다. 이는 위험한 것이었다. 따라서 있지도 않은 적과 싸웠던 그 총서기는 위대한 조타수의 신뢰를 다시 얻어야만 했다.

바로 그때 좋은 기회가 나타났다. 경제문제를 다루는 덩의 능력을 더 이상 신뢰하지 않던 주석은 다시 한번 그를 소련의 수정주의에 맞선 투쟁에 배치하기로 결정했다. 그 전선에서 덩은 러시아인들과 재치있고 현실적이며 강인한 논쟁을 벌이는 데 있어 이례적인 에너지와 능력을 보이며 여타 마오주의 "강경파"들과 자신을 차별화시켰다. 그렇기 때문에 덩의 고양이 문제에 대한 깊은 불만에도 불구하고 마오는 다시 덩에게 외부의 적과의 투쟁을 이끌도록 위임했다.

다시 한번 반대 세력을 구석으로 몰아넣은 후, 마오는 다시 정상에 섰다고 생각했다. 이제 그가 생각하기에 "먼지와 거짓말의 물결"[47]을 계속 휘저은 흐루쇼프와 최후의 그리고 결정적인 전투를 벌이고자 했다. 이는 중국 정치국의 결정 그리고 소련공산당 중앙위원회에 보내는 새로운 서신들에 반영되었다.[48]

덩은 서둘러 마오의 믿음을 정당화하려 했다. 1963년 7월 5일, 그는 마오가 준 임무를 수행하기 위해 모스크바에 도착했는데, 이는 마지막 방문이 될 것이었다. 그가 이끈 7인 대표단에는 펑전, 양상쿤, 캉성이 있었다. 대화 상대는 수슬로프, 포노마레프Ponomarev 그리고 안드로포프Andropov였다. 한 목격자의 증언에 따르면, "협상이라고 부르기도 어려웠던" 이 "낯선" 협상은 귀머거리의 대화 같았다.[49] 이후 보름에 걸쳐 최근 건설된 소련공산당 중앙위원회 영빈관에서 회의가 열한 차례 열렸다. 그 적대자들은 번갈아가면서 더 이상 관계 정상화가 목표가 아닌 장황하고 "질질 끄는" 선언들을 발표했다.[50] 양측 모두 최종 결론을 내고, 상대가 먼저 관계를 파탄내도록 자극하기 위해 무례하게 상대를 비난하면서, 그저 세심하게 주의를 기울이고 있었다. 어느 쪽도 파탄에 대한 책임을 지려 하지 않았다.

협상 전과 협상 도중에 양국의 언론과 라디오에서는 히스테릭한 활동이 행해졌다. 6월 14일에는 중국 시민들이, 그리고 한 달 뒤에는 소련 시민들이, 두 "형제의" 정당과 나라 사이에 지대한 이데올로기 차이가 존재한다는 것을 처음으로 알게 되었다. 6월 27일, 소련은 소련공산당을 비방한 중국공산당 자료를 공개적으로 배포하고 있던 중국 외교관 세 명과 평범한 중국 시민 두 명을 추방했다. 그들은 중국에서 영웅으로 환대를 받았다.

대기, 우주 그리고 수중 핵실험 금지 조약을 위한 미-소-영 회담이 모스크바에서의 중소회담과 나란히 개최되고 있었다. 중국은 이 협상을 중국에 압력을 가하여 핵실험을 포기시키려는 의도가 있는 노골적인 반反중국 행위로 간주했는데, 중국이 자체 핵무기 개발을 추진 중이라고 알려져 있었기 때문이었다. 그래서 그들은 흐루쇼프가 제국주의자들과 친해지기 위해 또다시 자신들을 팔아넘기고 있다고 생각했다.[51]

이 모든 것은 당연히 모스크바에서의 중소 협상 분위기에 영향을 주었다. 신경전은 심신을 피곤하게 만들었다. 미심쩍어 하는 중국인들은 자신들이 끊임없이 미행당하고 자신들의 대화가 도청당하고, 심지어 자신들이 형편없는 음식을 대접받고 있다고 믿었다. 한번은 저녁식사 후 별장으로 돌아가는 차 안에서, 그 자동차도 도청당하고 있다고 확신한 펑전이 음식의 질에 대해 큰 소리로 불평하자 실제로 음식이 나아지기도 했다.[52]

덩은 7월 8일 두 번째 세션, 그리고 7월 12일 네 번째 세션에서 연설을 했다. 통역을 포함해서 첫 번째 연설은 다섯 시간, 그리고 두 번째 연설은 네 시간이 걸렸다. 또 7월 20일 마지막 세션에서 짧은 약식 연설도 했다. 그 외에, 그는 기본적으로 조용했고, 드물게 끼어들어 냉소적이거나 비꼬는 말을 했을 뿐이었다.

그는 첫 번째 연설에서 제20차 소련공산당 대표대회를 시작으로, 갈등의 역사를 연대기 순으로 개괄했다. 그는 자신의 상대자들이 전쟁과 평화의 문제에 관해서, 1956년 폴란드 위기 시에 대국주의 및 모험주의적 정책 그리고 헝가리 사태 때 투항주의적 정책을 취하고, 스탈린을 더럽히고, 중국을 자신들의 군사적 통제하에 두려고 시도하고, 중국의 대내외 정책을 공격하고, 군사 및 평화적 경제 건설을 위한 중국 인민들에 대한 원조를 중단시키고, 또 미 제국주의에 순응한 문제들에 관해서 마르크스-레닌주의에서 벗어났다고 비난했다. 또한 중국공산당과 마오에 대한 흐루쇼프의 뻔뻔스러운 발언들을 소환해냈다.

사실 그가 한 말에 새로운 것은 없었다. 그의 단정적이고 힐난하는 투의 연설은 러시아인들에게 타협의 여지를 남기지 않았다. 결론적으로, 덩은 흐루쇼프가 소련공산당과 중국공산당 간의 이견을 국제공산주의운동 멤버들에게 폭로했다는 진부한 논지를 반복했다. 그는 1960년 6월 말 루마니아공산당 대표대회에서 소련 지도자가 했던 행동을 언급하고 있었다. 덩은 "다행히 펑전 동지가 부쿠레슈티 회의에 갔습니다"라고 빈정댔다. "그는 몸무게가 80킬로그램 나가고, 그래서 굳건히 버텼습니다만, 만일 50킬로그램 정도밖에 안 되는 제가 갔다면, 버티지 못했을 겁니다." 이에 대해 포노마레프는 정당한 반박을 내놓았다.

하지만 그리신Grishin(1960년 6월 세계노동조합연맹WFTU 총회 베이징 회의에 참가했던 전소련노동조합평의회 의장. 동 회의 기간에 이견을 최초로 만방에 알린 사람은 덩이었다.) 동지는 몸무게가 70킬로그램입니다. 이것은 부쿠레슈티 이전에, 베이징에서 시작되었습니다. 이것이 부쿠레슈티 회의의 시작이자 이유였습니다.

그러나 덩은 "세부 사항"에는 신경쓰지 않았다. "이해했습니다"라며 말을 가로챘다.[53]

수슬로프는 다음날 1950년대에 소련이 중국에 제공했던 막대한 원조에 초점을 두면서 덩이 제기한 모든 비난에 대해 답했다. 덩은 그의 말을 다 듣고서 조용히 물었다. "우리 내일은 좀 쉬시지요?" 단조로운 어조로 다섯 시간을 얘기한 수슬로프가 분명 그를 지치게 만들었을 것이다.

7월 12일, 재충전한 덩은 다시 소련공산당을 비난하기 시작했는데, 이번에는 아시아, 아프리카, 그리고 라틴 아메리카에서의 민족해방운동에 관한 "비非혁명적" 노선이 그 대상이었다. 이튿날 포노마레프가 대응을 했고, 그러고 나서 하루 뒤 펑전이 발언을 했다. 하루를 또 쉰후, 안드로포프의 차례였고, 마지막으로 7월 19일은 캉성 차례였다. 캉성은 베이징에서 미리 준비해온 문장을 읽었는데, 그 내용은 스탈린 동지가 얼마나 "좋은"지 그리고 그를 반복적으로 범죄자, 강도, 도박꾼, 러시아 역사상 최악의 독재자인 이반 4세 같은 폭군, 멍청이, 쓰레기 그리고 바보라고 부른 흐루쇼프의 행동이 얼마나 "부적절한"지에 관한 것이었다. 중국인들은 이 모든 단어와 표현을 흐루쇼프 자신의 연설에서 발췌했다.[54]

수슬로프는 "우리 당 지도부와 N. S. 흐루쇼프 동지, 우리 당과 당 대표대회의 결정들을 겨냥한 왜곡, 변조 그리고 중상에 대해" 강경하게 항의했다.[55] 그러나 덩, 캉 그리고 그 외 중국인들은 그를 무시했다. 덩은 "수슬로프 동지가 어떤 항의를 했습니다"라는 점을 단호하게 지적하며 향후 회의까지 동 세션을 중단할 것을 제안했다.[56] 흐루쇼프와 상의한 후, 다음 날인 7월 20일 수슬로프는 동의를 했다. 덩은 마오의 지시에 따라 추후 정해지는 날짜에 베이징을 답방하도록 소련공산당 대표단을 초대했다. 그는 "우리 현재 회의가 좋은 출발점이 되었습니다"라고 결론지었다. "우리가 회의를 계속하는 것이 필수적입니다."[57] 그러나 수슬로프도 덩도 그들이 다시 만날 거라고는 믿지 않았다.

그 후 크렘린에서 흐루쇼프가 참석한 환송연회가 열렸다. 그는 앞으로 모든 이견이 사라지기를 제안하며 잔을 들었지만, 말에 진심이 묻어나지 않았다. 덩도 연대와 우호를 위해 노력하자고 말했지만, 마찬가지로 위선적이었다.

그날 저녁, 덩과 동지들은 모스크바를 떠났다. 러시아인들이 비행기를 폭파시킬 것을 우려한 마오는 그들에게 기차를 이용할 것을 주장했다. 그러나 덩은 용감하게 대답했다. "아닙니다. 비행기를 타겠습니다." 밤 열 시에 그를 태운 비행기는 "세계 수정주의"의 수도에서 영원히 멀어져갔다.[58]

마오는 한때 형제의 정당이었던 관계가 파열된 것에 대해 냉철했다. 그는 소설 《삼국지연의》에 나오는 유명한 도입부를 바꿔 "장기간의 단결은 파열로 이어지고, 장기간의 파열은 통합으로 이어진다"고 말했다.[59]

소련공산당에 관한 상황은 사실 그에게 유리했다. 중국에서 자본주의가 회복되는 것을 방지하려는 차원에서, 그는 1963년 초 사회주의 교육이라는 새로운 대중운동에 착수했는데, 이 기간에 반수방수反修防修(해외에서 들어오는 수정주의에 반대하고, 국내에서는 수정주의를 예방한다)라는 프로파간다 움직임이 전개되었다. 그렇게 소련의 "수정주의자들"에게 퇴짜를 놓은 덩 대표단의 용감한 행위는 마오가 목표한 바와 완벽하게 들어맞았다.

7월 21일 오후, 마오는 류, 저우 그리고 그 외의 내부 권력자들을 대동하고 직접 공항에 나와 "영웅들"을 맞이했다. 그동안 그가 해외에서 도착하는 동지들을 맞이하기 위해 공항에 나온 것은 단 두 차례뿐이었다. 1960년 11월, 모스크바 회의에서 돌아온 류샤오치를 맞이하기 위해, 그리고 1961년 10월 제22차 소련공산당 대표대회에서 돌아온 저우언라이를 맞이하기 위해. 5천여 명의 간부들과 일반인들이 승리를 축하하는 그 행사에 참석했다. 거기에는 덩의 딸 마오마오도 있었다.[60]

덩은 기뻤다. 머리 위에 드리운 구름이 걷히고 다시 한번 주석의 무한한 신뢰를 받은 것 같았다. 그러나 그렇게 보일 뿐이었다. 1961년부터 1962년까지의 투쟁 이후, 마오는 그를 쉽게 용서할 준비가 되어 있지 않았고, 특히 세월이 흐르면서 갈수록 의심이 많아졌기 때문이었다. 믿을 수 없는 흐루쇼프가 스탈린을 배신한 것처럼, 그를 배신할 준비가 되어 있는 중국판 흐루쇼프들이 도처에서 그의 머릿속을 떠나지 않았다. 덩과 그의 여러 색 고양이들도 이 역할에 걸맞았다.

그러나 마오는 서둘러 타격을 가하려고 하지 않았다. 전체적으로 그는 서두르지 않았고, 덩에게는 특히 그랬다. 비록 마오는 당연히 "우파 기회주의에 경도된" 것 같은 류샤오치, 펑전, 그리고 그 밖의 동지들에 대해서 그랬던 것처럼, 이제 끊임없이 방어적이었지만, 활동적인 총서기(덩)가 계속 복무할 것을 요구했다.

　1964년 7월 말, 덩은 마오의 지시로 국제수정주의—물론, 우선 먼저 소비에트 스타일—의 정체를 폭로하는 글 초안을 작성하는 위원회를 감독했다. 위원회의 주석은 캉성이었고, 위원회 위원으로는 신화통신 사장인 우렁시吳冷西, 그리고 그 밖의 수많은 선전원들이 포함되었다. 이 글들은 7월 14일 협상 최종 라운드 동안 소련 언론에 게재된 "소련 내 정당 조직과 모든 공산주의자들에게 보내는 소련공산당 중앙위원회의 공개 질의서"에 대한 반응으로 작성되었다.[61] 글은 중국공산당 중앙위원회 주요 매체 〈인민일보〉와 《홍기》 편집인들의 이름으로 발표되었다. 총 아홉 편이 실렸다. 열 번째 글도 계획되어 있었지만, 마오는 흐루쇼프를 처리하는 데 아홉 편이면 충분하다고 결정했다. 중국에서는 이런 말이 있었다. "그들의 비판 단 하나에 우리는 아홉 개를 담아주었다."[62]

　소련의 지도자들은 그 비판에 신경질적으로 반응했지만(소련 중앙위원회 최고 간부회의 멤버들끼리 "중국인들은 멍청이"라고 말했다[63]), 마오는 매우 만족스러웠다. 그는 가족도급제를 지지한 것에 대해서는 덩을 거의 용서했지만, 새로운 사건들이 다시 한번 그 총서기(덩)의 "우파적 일탈"을 의심하게 만들었다. 이번에는 분노가 너무나도 깊어 마오가 "어리석은" 제자를 다시 관대하게 용서하기까지는 거의 십 년이 걸렸다.

14

제2호 주자파

★
★ ★

1963년부터 주석은 국내의 "반혁명"에 대항해 정력적으로 투쟁을 전개했다. 5월, 중앙위원회는 심지어 전십조前十条라고 불리는 특별문건을 채택하기까지 했는데, 이는 농촌 지역에서의 사회주의 교육 운동의 목적, 원동력, 목표 그리고 규모를 규정한 문건으로, 이 운동은 이미 그때쯤 도급제의 확산과 관련한 자본주의의 복구에 대항하는 투쟁에서 주요 영역이 되어 있었다. 마오의 직접적인 감독하에 문건 초안이 작성되었으며, "새로운 부르주아"를 겨냥한 그는 그 대상에 주로 개조되지 않은 "지주", "부농" 그리고 기타 상습적 착취자들을 포함시켰다. 그가 보기에, 이들은 당을 향해 반격을 가하고 토지를 분할하기 위해 수많은 공사와 생산대의 지도부에 침투했다.[1] 집단화, 공사화, 기근, 그리고 가족도급제에 대한 투쟁 이후 중국에 정확히 어떤 지주들과 부농들이 있었는지는 말하기 어렵지만, 마오는 문제에 대한 그런 시각을 고집했다.

소련의 수정주의에 대한 투쟁도 새로운 전기를 맞았다. 위대한 조타수는 마침내 불운한 흐루쇼프에게 승리했는데, 소련공산당 중앙위원회 전체회의는 마오가 그 이유는 아니지만 1964년 10월 14일 흐루쇼프의 은퇴를 결정했기 때문이다. 그러나 주석은 국내의 "적들"을 궤멸시키는 데에는 아직 성공하지 못했다. (자본주의) 복구의 위험은 그로 하여금 당내 수많은 동지들이 사악한 의도를 갖고 있다고 의심하게 만들었는데, 사회주의 교육 운동으로 당 조직 내 "부르주아적 타락"에 대한 추한 사실들이 끊임없이 폭로되었기 때문에 특히 그랬다. 당 지도부 내의 믿을 만한 좌파들, 다시 말해 린뱌오, 캉성, 천보다 등은 그에게 수시로 걱정스러운 상황을 보고했다. 다수의 성급 관리들은 앞다투어 그가 듣고 싶어 하는 정보들만을 지휘 계통을 통해 올려 보냈다. 당 세포들 가운데 적어도 절반에서 "계급의 적들"이 권력을 장악했음이 분명해졌다.

총서기로서 덩도 "복구"에 대항한 투쟁에 적극적으로 참여했다. 그러나 흐루쇼프의 정체를 드러냈던 사람으로서 그의 가치를 평가했던 마오는 국내 전선에서는 그의 성과에 그다지 만족하지 않았다. 좌파와는 달리, 덩이 경제발전을 대가로 무분별하게 계급투쟁을 추구하기를 꺼린 것은 처음부터 분명했다. 이후, 1968년 여름, 덩은 스스로 이렇게 시인했다.

> 1963년에 시작된 사회주의 교육 운동 기간에, 주석의 직접 지도하에, 계급 투쟁과 이선 투쟁에 확실한 우선권을 부여한 전십조 문건의 초안이 작성되었다. … 두 번째 십조를 작성할 필요는 절대로 없었다. … 그러나 나는 항저우에서 이 문건을 작성하는 데 참여했고, 그 문건의 오류에 대해 주된 책임을 져야만 한다.[2]

덩이 말한 두 번째 십조(또는 후십조)는 1963년 11월 정치국에 의해 채택되었다. 주 작성자는 1962년에 가족도급제를 지지했던 마오의 비서, 텐자잉이었다. 이 문건은 "(사회주의 교육) 운동의 어떠한 단계에서도 생산이 영향을 받아서는 안 된다"고 강조했다.[3] 류샤오치는 물론 덩도 그것을 지지했다.

겉으로 마오는 아무런 반응을 나타내지 않았지만, 그 운동을 약화시키려는 "온건파들"의 시도에 그가 주의를 기울이지 않았을 리는 없었을 것이다. 1년 후인 1965년 1월, 그는 구멍에서 "독사들"을 유인해내는, 그가 선호하는 전술에 다시 의지함으로써, 자신이 그저 때를 기다리고 있었을 뿐이었다는 것을 모두에게 알려주게 될 것이었다.[4]

한편 그는 외국과 국내 "수정주의"의 근원에 대해 심사숙고하기 시작했고, 결국 중국 사회의 주요 모순은 더 이상 가난한 노동자계급과 개조되지 않은 착취계급 간의 모순이 아니라, 한편으로는 정치적으로 의식 있는 대중과 다른 한편으로는 자신들의 세계관을 쇄신하지 않은, 권력을 쥔 관료들 간의 모순이라고 결론지었다. 자본주의의 길을 걷고 있는 이들 탐욕스러운 당 간부가 복구의 주요 근원이었는데, 그들이 사회를 같이 데리고 가려 하고 있었기 때문이었다. 어떻게 해야 그들이 이성에 따를까? 그들을 주요 직위에서 해제하고 당에서 내쫓아야 할까? 물론이지만, 그들과 똑같은 사람들이 그들 대신 올 것이기 때문에 이것만으로는 충분치 않을 것이다. 그렇기 때문에, 바로 인민의 세계관을 바꾸고 그들에게서 모든 과거의 흔적을 제거해, 새로운 사람, 진정한 공산주의 건설자로 만드는 것이 필수적이었다. 다시 말해서, 문화대혁명, 즉 중국인들의 전통적 도덕, 관습, 사상, 그리고 그 밖의 문화적 가치들의 총체적 파괴와 새로운 공산주의적 가치로의 대체를 겨냥한 문화 영역에서의 계급투쟁이 필요했다. 경제적 토대의 혁명적 변환에 이어, 상부구조의 제반 측면도 철저하게 변환되어야만 했다(나중에 그는 이렇게 강조했다. "자본주의의 길을 가고 있던 당내 권력자들에 대한 투쟁은 주요 업무이긴 하지만, 결코 목적은 아니다. (문화대혁명의) 목적은 세계관의 문제를 해결하는 것, 수정주의의 뿌리를 뽑는 것이었다"[5]).

류샤오치도 덩도 그리고 그 외 다수의 중국 지도자들도 당연히 이 생각은 떠올리지 못했다. 그래서 사회주의 교육 문제에 관해 그들은 지도자의 오래된 개념, 즉 중국에서 "주요 모순은 빈농과 하층 중농을 한편으로 그리고 부유층을 다른 한편으로 한다"는 생각을 계속 실행에 옮겼다[6](마오 덕분에 류는 "사회주의 교육 운동의 총사령관"이라는 칭호를 갖는 행운까지 얻었다). 그러나 그들은 분명 마오를 따라가지 못했다.

1964년 여름, 6월 27일, 그는 창작협회들과 대부분의 정기간행물들이 "지난 15년 동안 … 기본적으로 당의 정책들을 실행하지 않았다"고 주장하며, 문화 전선에 대한 공격에 착수했다.[7] 만일 앞으로 상황이 후퇴하고 창작협회들에 대한 계급 청산이 수행되지 않는다면, "어느 화창한 날 … (그들은) 페퇴피 클럽Pet fi Club 형태의 조직으로 변하게 될 것"인데, 이 클럽은 헝가리에서 정치 개혁을 요구했던 지식인들의 모임을 가리켰다. 7월 2일, 그는 정치국 상무위원회 위원들에게 문화부와 모든 창작협회들 내에 새로운 정풍운동을 조직하고 이를 위해 중앙위원회에 문화혁명 5인소조文化革命五人小組를 특별히 설치할 것을 요구했다.[8] 그는 펑전을 조장으로, 중앙위원회 선전부부장 루딩이를 부조장으로 임명했고, 멤버로는 캉성, 루딩이의 대리인 저우양周揚, 그리고 신화사 사장이자 〈인민일보〉 편집장인 우렁시를 임명했다.[9]

마오는 곧 펑전 소조의 활동에 불만을 갖게 되었는데, 펑전은 문화 영역에 대한 당의 개입을 학술적 토론으로 제한시키려 노력하며 극히 신중하게 나아간 반면, 마오는 문화 전선을 계급투쟁의 불꽃으로 타오르게 하길 바랐기 때문이었다.

류샤오치와 덩도 마오의 기분을 헤아리지 않아 계속 그를 짜증나게 했다. 그들은 분명 그가 더 이상 "농촌 지역의 부유층"에 대항하도록 "빈농과 하층 중농"을 선동하는 것을 당의 첫 번째 우선순위라고 생각하지 않는다는 것을 의식하기를 완강하게 거부하고 있었다.

1964년 9월, 류샤오치의 지휘하에 중앙위원회는 사회주의 교육에 관한 새로운 지도문을 작성했다. 후십조后十条 수정 초안은 류의 아내 왕 광메이가 허베이성의 한 인민공사에 대해 5개월간 조사하는 동안 수집한 자료를 기초로 했다. 이 문서는 지주에 대한 빈농의 오래된 투쟁이라는 개념을 절대적인 것으로 격상시켰다.[10]

마오는 즉각 뭔가 잘못되었다고 의심했다. 류가 투쟁 대상을 새로운 주적—고위급 당원들("주자파들")—에서 별 볼 일 없는 사람들로 의도적으로 전환시킨 것이었다.

1964년 12월 중순, 류의 소조가 작성한 문서에 대해 논의하고 채택하기 위해 정치국 공작회의가 소집되었다. 회의 준비는 마오가 몸이 좋지 않다는 소식을 듣고 또 한 번 실수를 저지른 덩이 준비했다. 그는 마오에게 별 중대한 논의가 예상되지 않으니 회의를 건너뛰는 것이 어떻겠느냐고 제안했고, 이는 분명 마오를 걱정해서 한 행동이었다. 그러나 마오는 또다시 화를 냈고 결국 회의에 나타나 류의 보고를 들었다. 며칠 후 그는 공공연히 류와 충돌하면서 이렇게 주장했다.

지주와 부농들은 무대 뒤에 있는 지휘자들입니다. 지금 현재 부패한 간부들이 무대의 중심입니다. 그들—타락자들—이 현재 권력을 쥔 사람들을 구성하고 있습니다. 지주와 부농들만을 대상으로 투쟁을 조직한다면, 빈농과 하층 중농들에게 지지를 얻지 못할 것입니다. 가장 시급한 문제는 간부들의 문제인데, 왜냐하면 지주, 부농, 반혁명주의자, 불순분자들은 권력을 쥐고 있지 않기 때문입니다.

류샤오치는 "일부는 그런 식으로 문제를 공식화하는 데 찬성하지 않습니다"라고 말하며 이의를 제기하려 했다. 그러나 마오는 그의 말을 끊으며, "이제 우리는 어떤 종류의 계급이나 사회계층에 대해서도 유의할 필요가 없으며, '권력자들,' 공산주의자들, 권력을 쥔 '거물들' 그리고 그들을 추종하는 자들을 뒤쫓을 필요가 있습니다"라고 말했다.

저우는 당연히 즉각 주석을 지지했지만, 당내 주자파에 대한 투쟁이 감당할 수 없게 될 것을 분명 두려워한 덩은 소수의 "특히 상습적인 타락자들"에만 공격을 집중시킬 것을 제안했다. 마오는 그를 무시했고 그저 자신의 요지를 거듭 진술했다. "먼저 우리는 늑대를 잡을 필요가 있습니다. 그러고 난 후에야 여우를 잡아야 합니다. 우리는 문제를 그렇게 다루어야 합니다. 만일 권력자들부터 시작하지 않으면, 아무런 결과도 얻지 못할 것입니다." 류가 다시 반대하려고 했으나, 마오는 더 이상 그의 말을 듣지 않았다.[11]

이 언쟁은 12월 20일에 있었다. 엿새 후, 마오는 자신의 생일을 축하하기 위해 인민대회당에서 열린 연회에 자신의 옛 동지들을 초청했다. 류와 덩 등 40여 명이 참석해 축제 분위기를 즐기는 가운데, 마오가 갑자기 괴팍한 연설을 했다. 그는 "저는 사회주의 교육 운동 과정 중에 나타난, 오류가 있는 몇몇 개념과 판단에 대해 계속 비판하고자 합니다"라고 말했다. 류의 이름을 언급하지 않은 채, 갑자기 그의 시각이 마르크스적이지 않다고 주장하고 나서 중앙위원회의 일부 기관들이 "독립적인 왕국"(그는 덩의 서기처를 염두에 두었다)으로 변했다고 단언했다. 그는 "당내에 수정주의 부활의 위험이 존재한다"는 불길한 경고로 마무리를 지었다.[12] 그가 말하는 동안, 죽은 듯한 고요함이 대회당을 지배했다.

다음 날 아침, 공작회의로 돌아온 마오는 "우리 당내에는 적어도 두 파벌이 있습니다. 하나는 사회주의 파벌, 다른 하나는 자본주의 파벌입니다"라고 선언했다.[13] 다음 날 그는 모인 사람들 앞에서 두 책을 흔들기 시작했는데, 《중화인민공화국 헌법》은 자신에게 시민으로서의 권리를 부여했고, 《당장》은 자신에게 당원으로서의 권리를 부여했다고 외쳤다. 또한 "당신들 가운데 하나"(즉, 덩)는 자신이 회의에 오지 못하도록 했고, 다른 하나(류샤오치)는 자신이 발언하지 못하도록 했다고 말했다.[14]

마오는 다수의 지지를 얻었고, 이어 후십조 수정안은 기각되고, 마오의 지시하에 천보다가 초안을 작성한 23조二十三条라고 불린 새로운 문건이 1965년 1월에 채택되었다. 문서에는 "이 운동의 핵심은 당내 권위 있는 자리에 있으면서 자본주의의 길을 걷는 자들을 교정하는 것"임이 명시되어 있었다.[15]

마오가 류를 교체하기로 결정한 것은 그때, 1965년 1월이었는데, 왜냐하면 그는 "자본주의의 길을 걷고" 있는 "당내 권위 있는 자리에 있는 자들"에 대한 투쟁을 "심하게 반대했"기 때문이었으며, 그 투쟁은 사회주의 교육 운동 과정에서 전개되고 있던 투쟁을 의미했다.[16]

비록 여전히 자신의 총서기에 대해 화가 나 있었지만, 현재로서 그는 덩에 대해서는 이 결론에 이르지 않았다. 그러나 덩이 그는 물론 중국 내 누구도 거스르지 말아야 할 한 인물, 즉 복수심 강하고 믿을 수 없는, 위대한 조타수의 아내 장칭과 첨예하게 대립함에 따라 마오와 덩의 관계는 곧 파탄이 났다.

1964년, 허약하지만 유난히 의지력이 강한 이 여인은 중국 지도부 사이에서 막대한 영향력을 향유했는데, 마오가 그녀를 열정적으로 사랑했기 때문은 아니었다. 25년의 결혼 생활에 걸쳐 그녀에 대한 사랑은 식어갔고 그는 성적 욕구를 정부情夫들로 만족시켜왔는데, 그중 주요한 인물은 눈에 띄게 아름다운 20세의 열차 승무원 장위펑张玉凤이었다. 그러나 마오는 장칭의 광적인 충성심을 중시했고 문화 영역의 전문가로서 그녀를 필요로 했다. 1930년대 초, 그녀는 상하이의 무대와 영화에서 연기를 펼쳤고, 1962년 9월 말 마오는 그녀에게 문화 문제를 다루는 중앙위원회와 정부의 기관에 대한 관리 권한을 부여했다. 그의 호전적인 배우자는 계급도덕의 원칙들을 "부패한" 문학과 "타락한" 예술에 열광적으로 주입시키기 시작했다. 그녀의 선도하에, 새로운 가극과 발레, 형태상 졸렬하고 내용상 원시적이지만 믿을 수 없을 만큼 혁명적인 일종의 프로파간다가 중국 무대에 등장하기 시작했다.

그러나 정력적인 쟝칭에게 극장은 너무나 좁은 무대였다. 그녀는 정치적 권력을 갈망했다. 그래서 곧 마오쩌둥의 아내가 된 이후로 줄곧 그녀를 증오해왔던 많은 지도부 멤버들과 충돌했다. 베테랑들 대부분은 지도자의 전처, 허즈전贺子珍에 대해 따뜻한 기억을 갖고 있었는데, 주석은 그녀와 헤어진 지 2년 후 재혼했다. 심술궂은 쟝칭은 그들의 이런 점을 결코 용서할 수 없었다. 그들 가운데 그녀의 전 애인 캉성을 포함하여 소수만이 그녀와 잘 지냈는데, 캉성은 1938년 그녀를 우연히 주석에게 소개시켰다.

그러나 1962년 가을까지 쟝은 그저 가정주부이자 마오의 비서였을 뿐이었기 때문에 덩이나 정치국의 다른 누구에게도 해를 끼칠 수 없었다. 그러나 위대한 조타수가 그녀를 계급투쟁의 무대 중심에 올려놓은 후, 그녀는 정치국의 위원도 중앙위원회의 위원도 아니었음에도 자신에게 권력이 생겼다고 느꼈고 많은 중국 지도자들의 일에 간섭하기 시작했다.

당연히 이런 행동은 원로 간부들의 신경을 건드렸다. 그러나 이상하게도, 덩샤오핑을 포함한 그들 가운데 거의 어느 누구도 자신들이 감정을 숨길 필요가 있다고 생각하지 않았다. 베테랑 관료로서 용서받을 수 없는 행동이었다.

그래서 1964년 여름, 쟝칭이 승인한 "걸작들" 가운데 하나를 관람한 후, 모두가 듣는 데서 덩은 이렇게 공표했다.

> 그 (가극 개혁)운동 때문에 많은 사람들이 더는 감히 글을 쓰려 하지 않습니
> 다. 현재 신화사에는 하루에 겨우 2편 정도의 글만 접수되고 있습니다. 극장
> 에서는 군인들의 역할만 공연되고 전투 장면만 그려지고 있습니다. 그리고
> 영화를 보시지요. 이것도 묘사할 수 없고 저것도 묘사할 수 없게 하면 누가
> 완성할 수 있겠습니까?[17]

장칭이 재빨리 덩의 이름을 자신의 적들 목록에 올리고 마오의 머릿속에
덩은 신뢰할 수 없다는 생각을 주입시켰음은 의심의 여지가 없다. 마오
는 얼마 동안은 그녀의 중상모략은 무시했지만, 결국 그녀가 했던 말을
심사숙고하기 시작했다.

한편, 1965년 초, 교활한 장칭은 배우자를 설득하여 그로 하여금 덩
의 가까운 친구이자 베이징 부시장이며 중국의 선두적인 극작가 및 역사
가 가운데 하나인 우한吳晗을 그녀가 원하는 시각으로 보게 만드는 데 성
공했다. 덩은 이 자유주의적 교수가 중국공산당원이 아니었음에도 그를
매우 좋아했다. 덩은 중국 역사, 특히 명대사明代史에 대한 우한의 심오한
지식을 높이 평가했다. 덩은 거의 매주 그를 만나 엘리트 파티 클럽에서
브리지를 두곤 했다. 공산주의청년단 중앙위원회의 제1서기 후야오방도
이 서양 게임을 좋아해 그들과 함께 하기도 했다. 그들은 카드놀이를 하
면서 대화를 즐겼다.[18]

원로 우한의 명대사에 대한 지식은 그가 파멸한 원인이 되었다.
1961년 1월, 그는 죄악에 푹 빠진 명조 황제에게 감히 진실을 말한, 용감
하고 고귀한 해서海瑞라는 이름의 16세기 관리에 관한 극을 한 편 썼다.
그 주제는 이미 잘 알려진 것이었지만, 장칭은 우한이 의도적으로 해서

와 펑더화이의 케이스를 대비시키고 있다고 생각했다. 그녀는 상연되자마자 그 극의 문제를 제기했지만, 당시에 마오나 그의 추종자 가운데 누구도 그녀를 지지하지 않았다. 마오쩌둥은 해서라는 인물을 좋아했는데, 그는 하이루이에게서 "정직하고 강직한 혁명가", 부패한 계급의 모든 죄악에 대항하는 전사로서의 자기 자신을 보았다.[19]

그러나 1965년의 시작과 함께 상황은 변했다. 류샤오치에게 분노한 마오쩌둥의 눈에 도처에서 적들이 보이기 시작했다. 쟝칭은 이제 우한의 "이중 언행" 그리고 곧 이어 덩의 불충에 대해 그를 설득시키는 데 성공했다. 그녀 못지않게 비열한 옛 친구 캉성이 그녀를 도왔다. 처음에 쟝칭이 그 극에 대해 문제를 제기했을 때, 캉성 역시 그녀가 시작한 일에 회의적인 반응을 보였지만, 1964년 하반기 어느 때쯤 그는 이로부터 상당한 정치적 자본을 뽑아낼 수 있다는 것을 알게 되었다. 그는 또 마오의 귀에 대고 우한이 옛 국방부장을 복권시키려 하고 있는 "패거리" 전체의 명령을 받아 행동하는 "반혁명주의자"라고 속삭이기 시작했다. "우리가 펑더화이를 비난한 반면, 그들(캉은 류, 덩 그리고 그 밖의 인물들을 암시했다)은 펑더화이를 미화시키고 있습니다. 이것은 기회주의적인 행동이 아닙니까?"[20]

마오는 마침내 쟝칭과 캉성이 내린 결론 쪽으로 생각을 바꾸었고, 그 후 공산당 지도부 사이의 "음모"라는 생각이 그를 사로잡았으며 모든 것이 논리적이라는 인상을 주었다. 우한은 베이징 시장 펑전 직속이었고, 기억나겠지만 펑전은 류샤오치와 덩의 가장 가까운 전우 가운데 한 명이자, 마오가 이제 중앙위원회 서기처를 보는 시각인 바로 그 동일한 "독립 왕국" 내에서 덩의 대리이기도 했다. 몹시 흥분한 주석의 머릿속에서 네 사람 모두—우한, 펑전, 류샤오치, 덩샤오핑—는 "검은 패거리 黑幫" 하나로 뭉쳤고, 그가 보기에 이들은 "성 및 지방 당위원회 내, 그리고 특히 베이징시 당위원회 내에서 선전 업무에 대해 상당한 권력"을 장악했다. 그렇기 때문에 그는 "우리의 어두운 면을 공공연히, 전면적으로, 아래에서 위로 드러내"고 "반反마오 당 관료주의를 제거하도록 대중을 자극하기 위해" 개인숭배를 더욱 강화할 필요가 있겠다고 결정했다.[21]

1965년 2월, 마오는 우한의 극에 대해 언론에서 비판을 개시하기로 결정했다. 다음은 후일 그것에 대해서 그가 직접 한 말이다.

우리나라의 다수 부서들과 몇몇 지역들이 수정주의자들의 수중에 놓여 있었다. 실제로, 그들은 모든 것을 채웠고, 모든 틈 속으로 기어들었다. 그 당시에 나는 쟝칭 동지에게 극〈해서파관〉을 비판하는 글의 발행을 준비할 것을 제안했지만, 이 "붉은" 도시(베이징)에서 나는 힘이 없었다. 할 수 있는 것이 없었고, (쟝칭은) 이 일을 처리하기 위해 상하이로 갈 수밖에 없었다. 마침내 글이 완성되었다. 나는 그 글을 세 번 검토했고 적절하다고 생각했다. 쟝칭 동지에게 그것을 맡기면서, 나는 중앙위원회의 다른 주요 관리들에게 읽힐 것을 제안했지만, 쟝칭 동지는 "현재 그대로 글을 발표하는 것이 더 낫습니다. 제 생각에는, 저우언라이와 캉성 동지가 그 글을 읽지 않는 것이 차라리 낫습니다"라고 말했다. 그렇지 않으면, 쟝칭은 덧붙였다. 류샤오치와 덩샤오핑도 … 그것을 읽고 싶어 할 겁니다.[22]

마오가 말한 그 글은 1965년 11월 10일 상하이 신문 〈문회보文汇报〉에 실렸다. 저자는 지역 당 신문인 〈해방일보〉에서 근무하는 34살의 저널리스트 야오원위안姚文元이었다. 많은 공을 들인 글이었다. 11개의 초안이 준비되었고, 쟝칭과 또 다른 상하이 좌파 장춘차오张春桥는 운반원을 베이징으로 보내 이 초안들을 비밀리에 마오쩌둥에게 발송했다. 원고는 경극 녹음테이프와 함께 상자에 넣어졌다.[23] 이렇게 보안 조치가 강화된 이유는 마오가 "온건파들"에게 불시의 타격을 가하고 싶었기 때문이었다. 그는 그렇게 했다.

덩과 펑전, 그 외 "우파들"(마오는 류샤오치의 "수정주의"에 대해 의심이 없었기에 그는 대상에서 제외했다)의 충성심에 대한 최종 시험은 1965년 9월과 10월의 중앙위원회 공작회의에서였는데, 마오는 여기서 우한에 대한 비판을 제안했다. 예상대로 덩도 펑도 그 외 다른 이들도 그 시험을 통과하지 못했다. 덩은 단지 체면을 지키기 위해서 (우한) 교수의 활동에 대한 조사를 시작했고 곧 "우한은 좌파 (즉, 신뢰할 만한) 분자다"라고 공표했다.[24] 일찍이 입이 가볍다는 것을 보여주었던 펑전은 9월 말 중앙위원회 본부에서 열린 문화 관계자 회의에서 이렇게 공표했다. "사실 당 중앙위원회에 있든 아니면 주석이든, 모든 사람은 평등합니다."[25]

마오는 이를 용서할 수 없었다. 그는 공작회의 참석자들에게 문제를 제기하며 말했다. "저는, 스스로를 황제라 선언한 위안스카이에 대한 반역과 같은, 반역을 요구하는 바입니다." 그리고 덧붙였다. "저는 곧 마르크스를 보게 될 것입니다. 저는 그에게 무엇을 건네줄까요? 저는 당신들이 제게 남겨주는 수정주의자의 꼬리를 감히 (그에게 건네)줄 수 없습니다."[26] 이렇게 말한 후 야오원위안에게 우한의 극에 프롤레타리아 독재와 사회주의 혁명에 대한 부르주아지의 투쟁에서 사용하는 무기라는 딱지를 붙이는 글을 발표하라는 신호를 주었다.

당연히 베이징 지도부는 그 글이 발표되는 데 대해 부정적인 반응을 보였다. 우한은 교수이자 극작가일 뿐만 아니라 부시장이기도 했다. 마오가 그 글의 배후에 있었다는 것을 전혀 눈치채지 못한 펑전의 첫 반응은 중앙 언론에 그것이 재발행되도록 허락하지 않는 것이었다. 그는 덩에게 지지를 구했다. 덩은 아무런 의심 없이 이렇게 말했다.

저는 그 극을 봤습니다. (유명 배우) 마롄량馬連良이 하이루이 역을 맡았지요. 잘못된 것은 아무것도 없습니다. 일부 사람들은 다른 사람들의 어깨 위로 기어오르려 합니다. 그들은 어설프게 이해할 뿐이지만 하찮은 일로 트집을 잡고 시끄럽게 떠들면서 유명해지길 바라지요. 그런 것들은 참을 수 없습니다. 우한 교수에게 별 거 없다고 전하세요. 브리지 게임도 계속 같이 할 겁니다. 정치적인 일과 학술적인 일은 분리되어야 합니다. 그 둘을 섞는 것은 위험해요. 자유로운 표현을 막습니다.[27]

펑전은 용기를 얻고 우 교수와 함께 극에 대한 논의를 학술적으로 전환시킴으로써 야오원위안의 정치적 공격을 물리치고자 했다. 11월 15일, 우한은 〈문회보〉에 실린 글에 몇 가지 사실의 오류가 있다고 지적하며 상하이 저널리스트 야오원위안의 비판에 대한 응대의 글을 〈광명일보光明日報〉 증보판에 발표했다. 우한은 "나는 야오원위안의 비판이 두렵지 않다"고 적고 "그러나 그런 거짓 비판, 거기에 또 잘못된 이름표를 붙이고, 그런 행동은 내게는 잘못된 것으로 보인다. 누가 (이런 일이 있은 후에) 감히 무엇이라도 쓸 수 있겠는가, 누가 감히 역사 공부를 시작할 수 있겠는가?"라고 썼다.[28]

이 답변을 읽은 후, 마오는 밤새 잠을 이룰 수 없었다. 펑전 그리고 중앙 언론을 통제하는 베이징시 당위원회는 굴복하지 않으려 하는 것이 분명했다. 투쟁은 달아오르고 있었다. "베이징시 당위원회와는 어떤 것도 할 수 없었다"고 마오는 후일 회고했다.[29]

자신이 사실은 누구에게 싸움을 걸고 있는지 몰랐던 덩은 친구와 브리지 게임을 계속 했다. 그 가엾은 교수는 게임에 집중할 수가 없었고 내내 측은하게 한숨지었다. 그러나 덩은 그를 진정시키려 했다. "교수님, 그렇게 우울해하지 마세요. 뭐가 두렵습니까? 하늘이 무너집니까? 나는 올해 예순하나요. 혁명에 몸담은 이후부터 지금 이날까지 수많은 폭풍우를 견디고 살아남았어요. 두 가지를 배웠지요. … 낙관적일 것. 길게 볼 것. 그렇게 하면 어떤 것이든 극복할 수 있어요. 내가 돕겠습니다. 그러니 안심하세요."[30]

닷새 후, 주석은 더 강력한 타격을 입었다. 베이징의 지도자들이 반격을 한 것이었다. 〈광명일보〉의 동일한 증보판은 "야오원위안의 터무니 없는 작품은 '백화제방, 백가쟁명'(운동의 정신에) 맞지 않는다"고 공표했다.[31] 그다음 베이징시 당위원회의 선전부 부장은, 우한에 관한 자신들의 글이 베이징에서 재발표되지 않은 이유를 알고 싶어한 〈문회보〉 기자에게 어떻게 답할지를 묻는 〈베이징일보北京日报〉 편집장의 질문에 대답하며, "그에게 오늘 날씨가 어떤지나 알려주시오, 하하하"라고 웃었다.[32] 얼마나 놀라운 정치적 무지인가!

장칭은 총서기를 만나고자 했고, 한 외교대표단 환영회에서 쥐린을 보자 그녀에게 다가가 말을 걸었다. "문학계와 예술계에서 마오 주석이 지적한 노선이 무시된 지 오랜 세월이 흘렀네요. 덩샤오핑을 만나서 문학계와 예술계에 존재하는 심각한 문제들에 대해서 토론하고 싶어요." 쥐린은 덩에게 말했으나, 그는 장칭을 초대해 만날 생각을 하지 않았다. 게다가 그는 어느 대화 도중에 이렇게 말했다. "새로 나온 공연물 중에 괜찮은 것이 별로 없으니 지난 것들도 상연할 수 있습니다. 고전극 개작을 쌍수 들고 환영합니다. 나는 고전극을 좋아하지 않습니다만."[33]

결국 저우언라이가 개입했다. 11월 26일, 그는 펑전에게 전화를 걸어 야오원위안의 글이 발표되는 데 있어 마오가 어떤 역할을 했는지 그에게 알려주었다.[34] 11월 29일 〈인민일보〉는 결국 이 비열한 명예훼손의 글을 게재했다. 물론, 야오의 글이 갖는 폭발적인 정치적 함의보다는 전개 중인 학술적 논쟁에 대해 언급하는 자체 논평과 함께 그렇게 했다.

그 후, 비난을 받아 망가진 우한은 클럽에 발길을 끊었지만, 덩은 여전히 폭풍이 지나가기를 바랐다. 때때로 다른 브리지 게임 친구들과 우노인에 대해 이야기한 이유도 그 때문이었다. 그는 "그 교수의 해고가 아직 취소되지 않았어"라고 재치있는 농담을 했다. "취소되면, 고맙게도, 그가 다시 카드놀이를 할 수 있을 거야." 그리고 "우한이 꼭 펑더화이와 연계될 필요는 없어. 그건 우한 사건하고는 관계가 없어."[35] 펑전도 마찬가지로 굴복할 의사가 없었다. 1965년 12월, 그는 우한에게 말했다. "잘못한 것이 있다면 자아비판을 하고, 옳다면 계속 버티세요."[36]

그러나 마오는 흥분을 가라앉히지 않았다. 그는 사회주의 교육 운동을 새로운 수준으로 끌어올리기 위해 우한에 관한 글을 이용했다. 그의 표현에 의하면, 이 글은 "위대한 프롤레타리아 문화대혁명을 향한 이정표" 역할을 했다.[37]

글이 발표된 지 이틀 후, 그는 "검은 패거리"인 류, 덩, 펑전의 수중에 놓인 경멸의 도시 베이징을 떠나, 급진주의적 분위기가 진동하는 듯한 좌파의 본거지 상하이로 향했다. 며칠 후 기분이 좋아진 그는 아늑한 항저우를 향해 출발했는데, 여기서 평화로운 서호의 호숫가에서 마침내 휴식을 취할 수 있었다. 이제는 모든 것이 그의 계획에 따라 전개되고 있었기 때문이다.

그러나 열흘 후, 그는 다시 길을 떠났다. 가만히 앉아 있을 수 없었고 온전히 개입할 필요가 있었다. 상하이로 돌아와 새로 정치국 상무위원회 확대회의를 개최하고 나서 며칠 동안 항저우로 돌아가 천보다, 캉성, 그리고 그 외 자신을 기다리고 있던 측근들을 만나 우한에 대한 추가 작전계획을 논의했다. 그다음 새해 이후 항저우로 다시 돌아가기 전에 몇몇 곳을 방문했다. 1966년 2월 초 그는 우한에 도착했다.[38]

모두가 정치국 상무위원회 위원인 덩, 류샤오치 그리고 저우언라이 세 명은 이번에는 문화혁명5인소조가 초안을 작성한 "당면의 학술토론에 관한 보고 요강关于当前学术讨论的汇报提纲"에 대해 애매한 정치적 입장을 취했다. 그 절충안은 한편으로는 "우한 동지의 극 '해서파관'에 대한 평론은 … 사상의 영역에서 부르주아적 시각에 대한 마르크스-레닌주의와 마오쩌둥 사상의 강력한 투쟁을 나타낸다"고 했고, 다른 한편으로는,

> 학술토론에 관련된 문제들은 다소 복잡하고, 단시간 내에 처리하기가 쉽지 않다. … 우리는 실제적 사실 속에서 현상의 본질을 찾는 동안 일정한 원칙을 고수해야만 한다. 모든 사람은 진리 앞에 평등하다. 논거를 가지고 설득해야 한다. 일을 학벌 방식으로 단정적으로 결정짓고 타인들에게 자신의 의지를 따르도록 강요하는 것은 용인할 수 없다. … 파괴와 창조 모두 필요하다(창조 없이는 진정한 그리고 확정적인 파괴는 있을 수 없다).[39]

그 후, 펑전과 소조의 다른 세 멤버(캉성, 루딩이, 우렁시)는 우한에 있는 마오에게 자신들의 보고서를 가지고 갔다. 마오는 2월 8일 동호의 호숫가에 자리 잡은 동호 호텔에서 그들을 맞았다. 보고서가 만족스럽지 않았지만, 당장은 자신의 카드를 보여주고 싶지 않았다. 그는 "만들어냈군요. 내가 볼 필요는 없겠습니다"라고 말했다.[40] 잠시 침묵한 후, "우리는 3년 정도 후에 이 문제를 다시 다루게 될 겁니다"라고 덧붙였다.[41]

　　이것은 함정이었지만, 펑, 루 그리고 우는 주석이 그들의 논지를 인정한 것으로 생각했다. 주석과 대화를 마친 후, 그들은 자신들의 비서 및 경호원들의 수행을 받으며, 가벼운 마음으로 우창과 한코우에 있는 희귀본 전문 고서점을 향해 출발했는데, 이들 서점은 중국 전역에서 유명했다.[42] 며칠 뒤, 중앙위원회는 "당면의 학술토론에 관한 보고 요강"을 채택했다. 이 문건은 최고 기밀로 분류되어 한정적 배포만 승인되었다.

이제 마오는 신속하게 행동했다. 3월 중순 항저우에서 정치국 상무위원회 확대회의를 소집하고 여기에 류샤오치 그리고 저우언라이(덩은 서북 지역을 시찰 중이었다)와 함께 각 성, 자치구, 그리고 중앙정부의 감독하에 있는 성급 도시의 제1서기들을 초대했다. 다수의 중앙위원회 관리들도 회의에 참가했다. 그들 가운데 많은 이들은 자신들이 들은 것에 놀랐다. 마오는 부르주아 문화를 선전했다고 펑전, 우한 그리고 우렁시를 심하게 힐책했을 뿐만 아니라 전국의 고등, 중등, 그리고 초등학교에서 계급투쟁에 착수할 것을 요구했다. "현재 부르주아, 쁘띠 부르주아 그리고 지주-부농계급 출신의 지식계급이 고등, 중등 그리고 초등학교의 다수를 독점하고 있습니다. … 이 심각한 계급투쟁 … 우리는 젊은 사람들이 … 전면에 나서도록 … 학생들이 … 소동을 일으키도록 할 필요가 있습니다. … 우리는 학생들이 교수들을 타도하도록 할 필요가 있습니다."[43] 완전히 사기가 꺾인 우렁시는 저우언라이에게 자신이 자아비판을 할 수 있도록 허락해 달라고 요청했다. "(저에 대한) 주석의 비판은 매우 심각했습니다. 저는 스스로 완전히 무장해제해야 합니다." 낙담한 저우는 "그가 당신만 비판한 게 아닙니다. 우리도 비판했어요"라고 대답했다.[44]

회의에서 논의된 그 외의 문제 중에는 다가오는 제23차 소련공산당 대표대회에 중국공산당 대표단을 파견할 것인가가 있었다. 참석자들 중에서 펑전 혼자만이 그 생각을 지지한 반면 주석은 딱 잘라 거부했다. 그는 "우리는 가지 않을 것입니다"라고 요약하며, "우리는 (우리의) 홍기红旗를 더럽혀지지 않은 채로 유지할 것입니다. 상황을 질질 끄는 것은 의미가 없습니다"라고 말했다.[45] 펑의 "반역 행위"는 비록 놀랄 일은 아니었지만 그를 심히 짜증나게 만들었다. 그는 곧 펑전 보고서에 담긴 논지를 부인하고 문화혁명5인소조를 해산시켰다. 4월, 펑은 가택연금에 처해졌고, 루딩이 또한 곧 숙청되었다.[46] 그 후 그들은 "반反당 그룹"의 일부라는 혐의로 다른 두 관리들, 즉 일찍이 아무런 관련도 없는 이유로 숙청된 인민해방군 총참모장 뤄루이칭罗瑞卿 그리고 중앙위원회 판공청 주임 양상쿤과 함께 묶였다.[47]

1966년 5월 16일, 정치국은 5인소조의 해산과 마오쩌둥의 지시로 이를 대신할 새로운 문화혁명소조를 발표했는데, 새 소조는 정치국 상무위원회 산하에서 천보다가 이끌게 되었다(8월 말 과중한 업무로 인해, 천은 조장 직위를 부조장 가운데 한 명이자 주석의 배우자인 장칭에게 양보했다[48]). 정치국 공보는 처음으로 당 전체에 "프롤레타리아 문화대혁명의 위대한 기치를 높이 들 것"을 요구했다.[49]

이 공보의 몇몇 단락은 마오가 직접 작성했다. 가장 중요한 부분은 다음이었다.

> 당, 정부, 군 그리고 여러 문화계에 침투한 부르주아지 대표들은 일단의 반혁명적 수정주의자들이다. 일단 상황이 무르익으면, 그들은 정권을 장악하고 프롤레타리아 독재를 부르주아지 독재로 전환시킬 것이다. 우리는 그들 가운데 일부를 이미 간파했고, 나머지는 간파하지 못했다. 일부는 여전히 우리에게 신뢰를 받고 우리 후계자로 양성되고 있으며, 예를 들어, 흐루쇼프와 같은 사람들, 여전히 우리 곁에 자리를 잡고 있다. 모든 수준의 당위원회는 반드시 이 사안에 대해 충분한 주의를 기울여야만 한다.[50]

위대한 조타수가 말한 흐루쇼프와 같은 사람들이 누구를 염두에 둔 것인지 아무도 이해하지 못했다. 물론, 주석의 후계자가 류샤오치라는 것은 누구나 알고 있었지만, 마오가 염두에 둔 사람이 류일 수도 있다는 것은 아무도, 심지어 캉성이나 상하이 좌파 장춘차오도 떠올리지 못했다. 그러나 마오가 곧 캉성과 천보다에게 명확하게 알려주었듯, 그는 아직 간파되지 않은 "중국의 흐루쇼프"에 관한 자신의 논지가 그 공보의 주요 논지라고 생각했다. 그는 자신의 보고가 당뿐만 아니라 사회 전체를 "폭발시키기"를 몹시 바랐다.

이제 깨닫게 된 캉성은 이어서 설명했다.

> 문화대혁명은 사회주의체제 내에 계급과 계급투쟁이 여전히 존재한다는 생각에서 비롯되었다. … 프롤레타리아 독재 건설에 있어 지난 20년에 걸친 우리의 경험, 그리고 특히 부르주아 자유주의와 자본주의가 복구된 동유럽에서의 최근 사태들 또한 프롤레타리아 독재의 맥락 속에서 그리고 사회주의 조건하에서 어떻게 혁명을 수행할 것인가의 문제를 제기한다. 문제의 해결을 위해 마오 주석은 직접 중국에서 문화대혁명에 착수했다.

캉성의 말에 따르면, 처음부터 위대한 조타수가 혁명 수행을 위한 3개년 계획을 제안했다. 마오가 신뢰하는 전우(캉성)는 확언했다. "이 같은 위대한 혁명을 위해서 3년은 긴 시간이 아닙니다."[51]

광범위한 대중의 참여를 그 특징으로 한 문화대혁명은 이 공보와 함께 시작되었다. 주석은 "당의 거물들"을 포함한 "수정주의 당원들"을 판단할 권한을 인민들에게 부여했다. 문화대혁명의 충격력은 과잉지식에 의한 부담이 없거나 유교사회의 "잘못된" 인도주의 개념에 의해 구속받지 않는 젊은이들, 즉 고등 교육기관과 함께 기술전문대, 중학교, 그리고 심지어 초등학교의 학생들이어야 했다. 5월 25일, 베이징 대학교의 학생들이 식당 벽에 첫 번째 '대자보'를 게시함으로써 주자파에 대항한 투쟁을 벌이며 궐기했다. 학생들은 대자보에서 중앙위원회와 마오쩌둥 사상을 거스르는 수정주의 노선을 실행했다는 혐의로, 베이징시 당위원회 대학 업무부의 몇몇 지도자들과 함께 베이징 대학교 총장(베이징 대학교 당위원회의 서기를 겸임)을 고발했다.[52] 베이징 시내의 다른 대학교와 학교는 물론 다른 성에서 온 학생들이 수천 장의 대자보를 게시하고 학업을 포기하며 뒤를 따랐다. 6억 중국인의 의식 개조를 위해 주자파를 대상으로 한 서사시적 투쟁이 시작되었다.

마오는 발생하고 있는 일로 인해 심히 동요한 자신의 총서기가 가끔 수동적으로 항거한다는 정보를 들었을 것이 분명함에도 현재는 덩을 건드리지 않고 있었다. 예를 들면, 양상쿤이 끌려간 후, 덩은 양상쿤의 딸을 한동안 보호해주었고, 펑전이 체포된 후에는 펑전을 비난하지 않았을 뿐만 아니라 그에게 오렌지 반 바구니를 보내주기도 했다.[53] 어쩌면 그 이상을 했을 수도 있다. 그 자신도 수립을 도운 전체주의 체제는 지도자에 대한 어떤 종류의 공개적인 반대도 못하게 했다. 그는 그 후 "그 상황 하에서 그것이 내가 할 수 있는 최선이었다"고 인정했다.[54]

마오가 원했다면, 덩은 오렌지 반 바구니로 처벌을 당할 수도 있었다. 그러나 마오는 여전히 청신호를 주지 않았다. 그리고 덩은 아마도 고배를 들지 않아도 될 것이라고 생각하기 시작했을 것이다. 다른 최고 지도자들처럼 "끔찍한 폭풍우가 일어날 것이라고는 짐작도 못했"고 계속 실수에 실수를 이어갔다. 그는 분명 "이 갑작스러운 미친 움직임에 대해 전혀 준비가 안 되어" 있었거나, 더 이상 위대한 조타수의 "발"이 되기를 원치 않았을지도 모른다.[55] 누가 알겠는가? 어쨌든 덩의 행동은 그 자신의 몰락을 재촉할 뿐이었다. 불만을 다스려온 주석은 덩에 대해 전에 없이 점점 더 격분하고 있었다.

6월 초, 덩은 결국 마오가 이성을 잃게 만들고 말았다. 덩과 류는 "질서 회복"을 위해 당 및 공산주의청년단 현역 멤버들로 구성된 공작조를 베이징 대학교로 파견한 베이징시 당위원회를 지지함으로써 학생 시위를 금지시키는 것에 공공연히 찬성했다.

그러나 저우언라이는 류샤오치와 덩샤오핑을 언급하며 5월 29일 마오에게 전화를 걸어 공작조를 보내도 괜찮은지 물었고, 지도자(마오)는 반대의 목소리를 내지 않았다. 마오는 평소의 전술을 써서 덩과 류에게 자신들을 완전히 드러낼 또 한 번의 기회를 주며 그들을 다시 시험하고 있었다. 그들은 또다시 덫에 걸려들었고, 6월 3일 정치국 상무위원회 확대회의를 소집한 후 다른 베이징 교육 기관들에도 유사한 공작조를 파견하기로 결정했다. 덩은 "공작조 없이는 안 될 겁니다"라고 단언했다. "공작조는 당 지도부를 대표합니다. … 우리는 공작조들을 신속하게 파견할 필요가 있습니다. 화재가 난 곳에 급파되는 소방대처럼 말입니다."[56] 이런 공작조에 동원된 간부들의 수는 7,329명에 달했다.[57]

그 후 6월 9일, 덩, 류, 저우, 천보다, 캉성, 그리고 선전부 신임 장타오주는 베이징으로 돌아오도록 마오를 설득하기 위해 항저우의 서호로 떠났다. 그러나 마오는 폭소를 터뜨리며 거절했다. 그들은 그 후 전국의 모든 대학교에 공작조를 파견하도록 허가해줄 것을 탄원했다. 마오는 가타부타 대답을 하지 않았다.[58]

완전히 혼란스러워진 덩과 류는 베이징으로 돌아와 두 개의 판이한 결정을 내렸다. 한편으로 그들은 전국의 학교와 대학에서의 교육을 "잠정적으로, 6개월 동안" 정지시키고, 시험을 취소시켰다. 다른 한편으로 "질서 회복을 위해" 모든 대학에 공작조를 파견한 것은 옳다고 생각했다. 그들은 "중앙위원회는 공작조가 소동과 관련하여 베이징 대학교에서 취한 조치들이 옳고 시의적절하다고 본다"라고 단언했다.[59] "유사한 현상이 일어나는 모든 기관에서 베이다(베이징 대학교)에 적용된 것과 동일한 조치들이 취해질 수 있다." 곧 이어 베이징에서 중국의 다른 지역에 이르기까지 수천 명이 공작조로 파견되었다.[60]

그들은 저지를 수 있는 최악의 실수를 저질렀다. 마오는 이제 그들이 대중을 "진압"했다고 쉽게 비난할 수 있었다. 이제 그는 치명타를 가할 적절한 때를 기다리기만 했다. 한편, 캉성은 "류와 덩이 살아남지 못할 수도 있다"는 것을 비밀리에 저우언라이에게 알려주며, 그(저우)가 "공작조와 어떠한 관련도 없어야 하고, 그 운동(문화대혁명)의 주도권을 그 자신의 수중에 넣어야 한다"고 지적했다.[61] 캉성은 의심의 여지없이 마오의 이름으로 저우에게 말하고 있었다.

주석 자신은 아무 일도 없는 것처럼 고향 샤오산충을 방문했다. 그곳에는 몇 년 전 디쉐이둥滴水洞라는 호화로운 별장이 건축되었는데, 그는 아직 이곳을 방문한 적이 없었다. 그 후 우한을 방문하여 7월 16일 양쯔강에서 16킬로미터를 수영해서 건넘으로써, 제1호 주자파 류샤오치와 제2호 주자파 덩샤오핑을 포함한 전 세계에 자신이 여전히 강하고 건강하다는 것을 보여주었다. 7월 18일 그는 베이징으로 돌아왔고 마침내 류와 덩에게 타격을 가했다.

그는 덩샤오핑과 류샤오치가 살고 있는 중난하이로 돌아가기를 드러내놓고 거부하고, 베이징 서쪽 지구의 옛 외교 공관인 댜오위타이釣魚台에 정착했다. 류는 즉시 그를 만나러 왔으나, 마오는 만나기를 거부했다. 놀라서 말문이 막힌 류에게 위대한 조타수의 비서는 "주석께서는 여독을 풀고 계십니다"라고 알렸다. 사실, 마오는 류와 덩의 행동을 가능한 한 최악으로 해석해서 제시한 캉성 그리고 천보다와 비밀리에 대화를 나누고 있었다.

이튿날, 낙심한 류는 정치국 상무위원회 확대회의를 소집하여 공작조에 대해 논의했다. 이것은 상황을 더욱 악화시킬 뿐이었다. 마오는 회의에 참석하지 않았지만, 마오의 지시를 받은 천보다는 공작조를 즉시 소환할 것을 요구했다. 마오의 진짜 입장을 몰랐던 참석자 대다수는 천보다의 제안을 거절했다. 확실히 인내심을 잃은 덩은 유난히 날카롭게 자신의 의견을 표명했다. 그는 의자에서 벌떡 일어나 손가락으로 천보다를 가리키며 "당신들은 우리가 대중을 두려워한다고 말합니다. 가서 직접 보시오!"라고 말했다. 그리고 숨을 들이쉰 후 이어서 "공작조를 철수시키라구요? 어림도 없습니다!"라고 말했다. 류샤오치는 그를 지지했다.[62]

류는 다음 날 저녁에나 마오를 만날 수 있었는데, 마침내 마오는 자신의 카드를 보여주며 단언했다. "공작조는 아무짝에도 쓸모가 없습니다. 옛 (베이징)시 당위원회는 썩었고, 중앙위원회 선전부는 썩었고, 문화부는 썩었고, 고등교육부도 썩었고, 그리고 〈인민일보〉는 무용지물입니다."[63] 이후 8일에 걸쳐 마오는 일곱 차례 회의를 열어 "공작조를 소환할 것"을 요구했는데, 그 이유는 그들이 "제동장치로 작용하고 사실상 반혁명에 도움을 주고 있기" 때문이었다.[64] 그는 분개하여 류샤오치와 덩에게 질문했다. "학생운동을 누가 진압했습니까? 북양군벌만이 … 우리는 대중을 저지해서는 안 됩니다. … 학생운동을 진압한 사람들은 끝이 좋지 않을 것입니다."[65]

그 후, 위대한 조타수에 응하여, 덩, 류샤오치 그리고 그 밖의 중앙위원회 지도자들은 베이징 교육기관들을 방문하여 조사를 벌였다. 그러나 거기서 그들은 결정적인 공격을 당했다. 자신들을 정당화하려고 노력하는 그들의 모습은 애처로워 보였다. 그들은 "학생들에게 이야기하며 절제를 촉구했다. 그들의 목소리는 다소 나약하고 무력하게 들렸다."[66]

덩과 류는 또한 7월 말 톈안먼 광장의 인민대회당에서 열린 학생기구 활동가 회의에서도 굴욕을 당했다. 만 명이 넘는 사람들 앞에서 덩은 자아비판을 강요당했고, 덩의 자아비판은 서툴렀다. 그는 분명 언짢다고 느끼며 "베이징시 당위원회가 대학과 중학교에 공작조를 파견한 것은 중앙위원회의 결정에 따라 이루어진 것임을 분명히 해야 합니다. 어떤 동지들은 옛 혁명가들이 새로운 문제에 직면했다고 말합니다. 그것이 확실히 맞습니다"라고 말했다.[67] 류 역시 의기소침하고, "자신이 만들지 않은 상황 속에서 어리둥절하고, 당황하고, 표류하는 듯" 보였다. 그는 문화대혁명을 어떻게 수행할지 몰랐다고 인정하면서, 째지는 듯한 소리로 거의 광분하여 말했다.[68] 대회당에 울려 퍼지는 우레와 같은 박수 속에서 베이징시 당위원회 제1서기인 리슈에펑李雪峰은 정치국 결의에 따라 공작조를 시내의 모든 학교와 대학에서 철수하게 될 것임을 발표했다.[69] 회의에 참석했던 덩의 딸 마오마오는 비통하게 울었다.

5월 29일, 유수한 과학 및 기술학교인 칭화 대학교 부속 특수 중학교에 홍위병紅卫兵이라는 이름의 조직이 설립되었다. 마오는 그 이름을 매우 좋아했고 그 구성원들을 칭찬했다. 뒤이어 대량으로 홍위병 그룹들이 조직되었고, 마오는 이들에게 구체적인 임무를 부여했다. "당국 내에서 자본주의의 길을 걷는 자들을 분쇄하는 … 것."[70]

8월 5일, 위대한 조타수는 약 200자로 된 대자보를 직접 작성했다. "본부를 폭격하라!" 그는 8월 7일 이 대자보를 인쇄하고 그때 베이징에서 열릴 제11기 중앙위원회 전체회의 참석자들에게 배포할 것을 명령했다. 이제 문화대혁명이 중앙위원회의 일상 업무를 지도하고 있는 류샤오치와 덩샤오핑을 겨냥한 것이라는 사실을 모두가 이해했다. 전체회의는 의제를 변경하면서 중화인민공화국 국가주석과 당 총서기의 개인 문제를 다루었다.[71] 캉성은 "우리는 우리 가운데 숨어 있던 중국의 흐루쇼프들을 밝혀냈다"고 회고했다.[72]

전체회의 이후 총서기직은 폐지되었고, 서기처 자체는 권력을 박탈당했다. 서기처는 더 이상 모임을 갖지 않았고, 그 직무 기능은 문화혁명소조로 이전되었다. 덩과 류는 정치국 상무위원회 위원직을 유지했고,

투표에서 덩은 마오와 린뱌오처럼 만장일치로 지지를 받았지만,[73] 영향력은 급격히 축소되었다. 마오는 신임을 잃은 류샤오치 대신 린뱌오를 자신의 후계자로 지목했다. 린은 또한 단독 부주석이 되었다.[74]

전체회의 직후 8월 13일부터 23일까지 열린 중앙위원회 공작회의에서, 린뱌오는 이름을 거론하며 류와 덩을 공격했고, 덩의 딸의 표현에 의하면, 덩샤오핑이 "적으로 취급되어야 한다"고 주장했다.[75] 그는 덩과 류의 문제가 "우리 자신과 우리의 적들" 사이의 모순의 범주에 들어간다고 추정했다. 이후, 덩은 잠을 잘 못 잤고, 회의 이후에 업무를 중지했으며, 자신의 직무를 캉성에게 넘겼다.[76] 이제 그는 온 종일 집에 앉아, 아무와도 이야기하지 않고, 이따금씩 자신에게 송부되는 당 자료들을 보기만 했다.

9월 한 달이 이렇게 지나갔다. 10월, 새로운 중앙위원회 공작회의에서 덩은 또다시 잔인한 인신공격을 당했다. 천보다는 주요 보고를 하면서, 문화대혁명에 있어 두 개의 노선이 싸우고 있는데, 마오쩌둥 주석이 이끄는 당 중앙의 "프롤레타리아 혁명" 노선, 그리고 "류샤오치와 덩샤오핑 동지가 대표인 … 부르주아 반동 노선입니다. 그들이 주요한 책임을 져야만 합니다"라고 주장했다(부르주아 반동 노선이라는 바로 이 용어는 당연히 천보다의 보고서를 편집한 마오가 생각해낸 것이었다). 그 후 린뱌오는 덩과 류샤오치를 거명하며 다시 공격했고, "대중 억압과 혁명 반대의 노선"을 추구한 죄로 그들을 고소했다.[77]

그들에게 남은 것이라고는 자살뿐이었다. 그러나 류도 덩도 그렇게 하지 않았고, 마오의 요구로 그들은 다시 자아비판을 했다. 10월 23일, 그들은 차례대로 자신들에게 "주요한 책임이 있다"고 인정했다. 게다가 덩은 "당시에 제가 좀 더 겸손하고 다른 사람들의 견해에 좀 더 귀를 기울였다면, 특히 계속 보고를 하고 주석의 지시를 구했다면, 틀림없이 주석의 지시와 도움을 받아 제때에 저의 실수를 바로잡을 수 있었을 것이라고 저는 분명히 말할 수 있습니다"라고 선언했다.[78] 그는 자신의 "실수를 바로잡고 새롭게 출발"하겠다고 약속했다. 그러나 마오마오에 따르면, 그의 "자아비판도 강요된 것이었다. … 이는 절대로 그가 생각하는 바가 아니었지만, 그 상황하에서 달리 말할 수 없었다."[79]

어쨌든 그가 어떻게 생각했는지는 별로 중요하지 않았다. 류와 덩의 체면을 확실히 잃게 만든 마오는 이제 조정자 역할을 했다. 그는 전날 저녁에 받은 덩샤오핑의 자아비판문에 이렇게 써넣었다.

> 샤오핑 동지, 당신은 이 연설을 할 수 있습니다. 첫 줄 이후에 "저는 저의 실수를 바로잡고 새롭게 출발하겠습니다…."라고 말하는 부분에, "저 스스로의 마음을 다해서, 동지들의 도움을 더해, 저는 저의 잘못을 바로잡을 수 있을 것으로 확신합니다. 동지들, 제게 시간을 주시기 바랍니다. 저는 다시 일어설 것입니다. 혁명에 반평생을 바친 후 저는 비틀거렸습니다. 저는 이 한 번의 실수에서 분명히 회복할 수 있습니다"와 같은 긍정적인 말들을 좀 붙이는 게 어떻겠습니까?[80]

덩의 자아비판이 있은 지 이틀 후, 마오는 요약해서 말했다.

> 모든 것을 전적으로 (류샤오치와 덩샤오핑의 탓으로) 돌리기는 … 불가능합니다. 그들의 과오와 중앙위원회의 과오가 모두 있습니다―중앙위원회는 상황을 썩 잘 관리하지 못했습니다. 시간이 충분하지 않았고, 우리(그것이 마오가 말한 것이었다―"우리!")는 심리적으로 준비가 되어 있지 않았고, 우리가 정치적 그리고 사상적 업무를 제대로 하지 않았습니다. … 회의 후에 분명히 상황은 좋아질 것입니다.[81]

그러나 그는 불만을 터트리지 않을 수 없었다. "덩샤오핑은 귀가 어둡지만 회의 동안 항상 나에게서 멀리 떨어져 앉고, 1959년부터는 자신의 업무에 대해 보고하려고 나를 찾은 적이 없습니다."[82]

덩이 귀가 어둡다는 것은 사실이었다. 그는 가끔 오른쪽 귀에서 잡음과 윙윙거리는 소리가 들렸다. 이명으로 알려진 이 느낌은 해가 갈수록 악화되었다.[83] 마오쩌둥의 침실에서 최고 지도자 회의가 진행되는 동안 그가 일부러 마오가 누워 있는 침대 머리에 앉았던 이유는 바로 이 때문이었다. 따라서 위대한 조타수는 근거 없이 그에 대해 불평하고 있는 것이었다. 마오는 또 중앙위원회 총서기가 업무보고를 위해 자신을 찾지 않았다고 말하면서 진실을 왜곡하고 있었다. 최근 중국에서 발간된 《덩샤오핑 연보》를 보기만 하면, 마오의 말이 사실이 아니라는 것을 확신할 수 있다. 그는 단지 충실했던 자신의 옛 제자에게 또 한 번 상처를 입히고 싶었던 것이다. 결국 그는 "나의 최고의 전우" 그리고 "성장하는 위대한 역량"이라고 부르며 덩을 너무나도 믿었지만, 덩은 대약진의 실패 이후 나이 든 마오의 기분을 상하게 하고 말았다. 마오는 덩이 자신의 현명한 생각을 더는 탐구하지 않고 더 이상 자신의 말 한 마디 한 마디를 놓치지 않으려고 하지도 않는다는 것을 알았다. 그래서 현재로서는 덩이나 류샤오치를 용서할 의향이 없었다. 그는 그들의 굴욕을 실컷 음미하고 싶었다.

지도자(마오)의 기분을 파악한 문화혁명소조의 멤버들은 단김에 쇠뿔을 뺐다. 덩과 류에 대한 투쟁은 그들의 정치 경력에 도약대로 작용했다. 1966년 12월 말, 그들 가운데 한 명인 장춘차오의 주도로 칭화 대학교에서 수천 명의 학생들과 교사들이 데모를 벌였고, 이 기간에 그들은 처음으로 류샤오치와 덩샤오핑을 거명하며 공개적으로 공격했고 이들을 타도할 것을 요구했다.[84] 그들은 플래카드와 대자보에 "류샤오치 타도! 덩샤오핑 타도!"라고 썼다. 류와 덩의 이름은 검은색으로 선을 그어 지워졌다.

이제 덩에게 가장 어려운 시기가 도래했다. 그는 아마도 공자의 이 말을 한 번 이상 떠올렸을 것이다. "추운 겨울이 된 후에야 송백松柏의 푸르름을 알 수 있다."[85] 이 위풍당당한 나무들처럼, 그는 역경의 시기에 자신의 입장을 고수할 필요가 있었다. 부러지지 않고, 사그라지지 않고, 자신의 힘을 보존하고 봄이 오기를 기다려야 한다. 이를 악물고 시련을 견뎌야 한다.

15

체포 그리고 유배

★
★
★

다행히 이 끔찍한 사흘 동안 덩은 혼자가 아니었다. 헌신적인 쥐린이 곁에서 그가 고초를 이겨내도록 도왔다. 그를 배신했던 전처와는 다르게, 쥐린은 덩의 모든 시련과 역경을 함께 하며 최고의 모습을 보여주었다. 그녀와 결혼한 것은 진정 행운이었다. 그런 친구를 또 찾기란 여간 힘든 일이 아닐 것이다.

덩의 계모 샤 할머니는 정치에 대해 아무것도 몰랐지만, 의붓아들을 진심으로 사랑했다. 어느 지루한 저녁 날, 그녀는 쥐린에게 "상황을 냉정하게 바라봐야 한다. 결혼하고 얼마나 긴 세월이 흘렀는지 생각해봐라. 너는 그를 아주 잘 이해하고 있을 것이다. 만일 그와 이혼한다면, 너는 바보 같은 행동을 하는 거란다!"라고 말했다.

쥐린은 놀란 눈으로 그녀를 쳐다보았다.

"어머니! 저는 정말로 그를 아주 잘 이해하고 있어요. 진정하세요. 저는 그와 이혼하지 않을 거예요."[1]

"문화대혁명 기간에 우리 어머니는 힘닿는 데까지 아버지를 도우셨어요"라고 덩의 맏딸 덩린은 회고했다. "비록 주위의 모든 사람이 '덩샤오핑 타도! 덩샤오핑은 당내 실권을 쥔 제2호 주자파다', 그는 '이렇고 저렇다'라고 소리치고 있었지만, 어머니는 무엇보다도 아버지에 대해 걱정했고, 돌봐주었고, 행복과 슬픔을 함께 나누었어요. 그들의 심장은 함께 뛰었습니다."[2]

당연히 줘린은 매우 불안했다. 특히 아이들에 대해서. 아이들은 학교에서 이미 "제2호 주자파의 검은 가족" 구성원으로 괴롭힘을 당하고 있었다. 그러나 그녀는 아이들을 위해서라도 남편을 버릴 수 없었다. 오히려 남편의 영웅적 과거에 대해 이야기를 해주면서 아이들에게 아버지가 결백하다는 믿음을 심어주었다. 그녀는 "아이들이 아빠가 결백하고, 아무것도 잘못한 것이 없다는 것을 알기를" 바랐다.[3]

아이들은 또한 비록 홍위병의 압력 때문에 "비판과 투쟁회"에 참가해 눈물을 억지로 참으며 자기 아버지를 공식적으로 비난했지만, 대체로 품위 있게 행동했다. 덩의 딸들은 심지어 중난하이의 벽에 게시된 대자보에, 일부 작은 실수를 저지른 데 대해 집안의 가장을 비판하는 대자보를 쓰도록 강요받았다. 그러나 절대로 "우리는 주자파인 우리 아버지와 관계를 끊겠다"고 말하지 않았다.[4] 아이들은 자신의 "반혁명적" 부모들을 "인민의 적"이라고 비판한 일부 다른 아이들의 예를 따르지 않았다.

한편, 전국적으로 빠르게 퍼지고 있던 문화대혁명은 점차 유혈사태로 변해갔다. 위대한 조타수가 주자파들을 분쇄하라고 권력을 쥐어준 광적인 홍위병들은 테러에 도취되어갔다. 폭력의 물결이 베이징을, 그리고 다른 중국의 도시들을 집어삼켰다. 1966년 8월과 9월 두 달 동안 베이징에서만 1,772명이 주자파에 속한다는 혐의를 받아 분노한 젊은이들에게 죽임을 당했다. 같은 기간 상하이에서는 1,238명이 사망했고, 704명이 젊은 홍위병들이 가한 모욕을 견디지 못하고 스스로 목숨을 끊었다. 치안부대는 개입하지 않았다.[5] 마오는 당시 "중국은 인구가 많은 나라다. 우리

가 사람 조금 없다고 살 수 없다면 모를까"라고 말했다.[6]

교사들은 청소년들의 주요 표적이었다. 일부 학교에서는 학생들이 교실을 감옥으로 만들고 그곳에 "부르주아 반동 당국의 검은 패거리"에 속한 혐의로 체포한 교사들을 가둔 후 무력한 그들을 비웃었다. 교사들은 고문당하고, 폭행당하고, 굴욕을 당했으며, 상당수가 사망했다. 그런 감옥 하나가 당 지도부 거주지인 중난하이 바로 맞은편 제6중학교 음악교실에 있었다. 그곳 벽에는 한 교사의 피로 "붉은 테러 만세!"라고 쓰여 있었다.[7] 젊은이들은 1966년 5월 16일 중앙위원회 공보가 내놓은 슬로건을 이런 방식으로 이해했다. "이 위대한 문화대혁명 안에서, 우리의 학교가 부르주아 지식인들에 의해 지배당하고 있는 현상이 철저히 바뀌어야 한다."[8] 그들이 이 슬로건을 어떻게 달리 이해할 수 있었겠는가?

중국 전역에 걸쳐 홍위병들은 그들이 체포한 주자파들을 주연으로 내세운 공개 재판을 조직했다. 죽도록 겁에 질린 나이든 사람들이 팔이 묶인 채 떼를 지어 거리를 따라 이동했고 군중은 이들을 향해 낄낄대며 악의적인 고함을 질러댔다. 그 이후 인민재판이 열려 "이러이러한 반혁명 수정주의 분자" 또는 "검은 반당 패거리 멤버 아무개"를 혁명 군중 앞에 고개 숙이도록 강요했다.

1966년 12월 말, 장춘차오가 선동한 혁명 노동자들, 모반자들이 상하이시 당위원회 건물을 기습 점거했다. 왕훙원, 이른바 상하이 조반자들造反의 "참모장"이 반란을 이끌었다. 그 결과, 상하이시 당위원회는 "마비 및 전복되었다." 더 이상 아무도 그 위원회의 지시에 따르지 않았다.[9]

1월 6일, 모반자들은 상하이 인민광장에서 "비판과 투쟁" 10만인 집회를 열고 시 지도자들에게 그들의 "범죄"를 자백하도록 강요했다.[10] 상하이경비사령부의 지지를 받은 모반자들은 그 후 새로운 시 권력 기구를 조직했다.

상하이에서 시 위원회를 장악했다는 소식을 듣자마자, 마오는 "전국, 전당, 전 정부, 모든 무장세력 그리고 전 민족이 상하이의 사례에서 배울 것"을 촉구했다.[11] 그 후, 전국에 걸쳐 새로운 권력 기구들, 혁명 위원회들이 설립되었고, 삼자三者, 즉 홍위병 및 조반자, 인민해방군 장교, 그리고 "혁명 간부"의 대표들이 그 직위를 나누어 갖기로 했다. 문화대혁명은 계속 격화되었다.

1967년 1월 11일, 정치국은 류, 덩, 그리고 천원을 포함한 그 외 몇몇 고위급 주자파들에게 정치국 회의에 참석할 수 있는 권리를 박탈하기로 결의했다.[12] 4월 1일, 〈인민일보〉와 《홍기》는 류와 덩을 공격하는 글을 게재했다. 이 글에서 덩은 공개 언론에서는 처음으로 "주자파로서 당내 권력을 가진 두 번째로 가장 중요한 인물"党内第二号最大的"走资派"라는 이름으로 불렸다.

덩은 더 이상 자제할 수가 없었다. 4월 3일, 그는 위대한 조타수에게 정중한 편지를 보내 1월 12일부터 자신이 "지시"를 구하고자 주석을 만나고자 했다고 말했다. "제 과오의 본질은 이미 결정되어 있었다고 생각합니다"라고 겸손하게 지적했다.[13] 그리고 그의 생각은 적중했다. 이것이 바로 지금껏 불만을 품어왔던 마오쩌둥이 정확히 그에게 기대했던 것이었다. 사람들이 자기 앞에서 몸을 낮출 때 마오는 얼마나 좋아했던가.

덩이 한 달 더 괴로움을 겪게 한 후, 그는 믿을 만한 사람, 즉 중앙위원회 판공청 신임 주임이자 1947년부터 자신의 경호팀장으로 있던 왕둥싱 원수를 덩에게 보냈다. 침착하고 사무적인 왕둥싱은 덩에게 중요한 지시를 전달했다. "걱정 마시오." 그는 마오가 류샤오치의 문제를 덩샤오핑의 문제와 분리시키고 있고, 덩이 마오 자신에게 서신을 보내도록 허락했다고 설명했다.[14] 이는 주석이 덩을 "동지"로 생각한다는 의미일 수밖에 없었다. 왜? 누가 알겠는가? 아마도 그는 실제로 덩은 좀 정직한 사람이고 게다가 특별히 능력도 있다고 생각했을지 모른다. 어쩌면 그는 1965년 1월부터 100퍼센트 흐루쇼프주의자라고 생각했던 류샤오치와는 다르게 덩은 의도치 않게 실수를 저질렀다고 생각했을지 모른다. 그는 단순히 군대 내에서 덩이 누리는 엄청난 인기가 두려웠을지 모른다. 거의 모든 장성이 제2야전군의 전前 정치위원인 그를 그들 자신의 하나라고 생각했다. 덩은 또한 대다수 장교단 사이에서 상당한 존경을 받았고, 그들은 그와 함께한 전우애의 세월을 잊지 못했다. 이제 그가 갑작스럽게 철저히 몰락하면 인민해방군 내 상황이 악화될 수도 있지 않을까? 어쨌든 덩은 안도의 한숨을 쉴 수 있었다.

며칠 후, 마오는 덩과 직접 이야기하기를 원했고 밤중에 그를 깨워 자신에게 오도록 했다. 그들은 아침까지 이야기를 나눴다. 마오는 공작조를 파견한 데 대해 다시 덩을 비난했다. 덩은 다시 용서를 구했지만, 위대한 조타수는 그때 그에게 쉽지 않은 질문, 즉 1931년 3월에 왜 갑자기 홍7군을 버렸는지를 물었다. 덩은 항상 자신이 상하이에 있는 중앙위원회에 현 상황을 보고하기 위해 전선을 떠났다고 주장했다는 것이 기억날 것이다. 그러나 마오는 덩을 꿰뚫는 눈빛으로 가만히 응시하며 대답을 기다렸다. 확실히 이것이 그가 덩을 침대에서 깨우도록 한 이유였다. 만일 덩이 혼란스러워하고 회피하려 한다면, 지난 세월 그의 모든 "우파적 기행들"이 새로운 의미를 갖게 될 것이었다. 그는 자신의 전우들에게 "동지"에서 "배신자"가 될 것이고—이는 그와 인민해방군의 관계를 급격히 바꾸어놓게 될 것이었다. 그러나 덩은 흔들리지 않고 주석의 눈을 똑바로 바라보며, 자신은 전선위원회의 위원들에게 허가를 받은 후에 부대를 떠났다고 말했다. 그는 우리가 이미 알고 있는 것, 즉 자신은 상하이의 당 지도자들에게 보고하기 위해 떠났다는 말을 반복했다.[15] 분명 주석은 그 해명을 수용했지만, 그렇게 보일 뿐이었다.

이때쯤 홍위병의 광기는 최고 지도자들이 거주하는 지성소至聖所인 중난하이로까지 확장되었다. 류샤오치의 집 벽은 "중국의 흐루쇼프, 류샤오치 타도!"라고 적힌 글로 뒤덮혔다. 모두가 모반자의 대열에 뛰어든 중앙위원회의 젊은 고용자들은 중화인민공화국의 그 원로 주석을 반복적으로 "비판과 투쟁회"에 끌고 갔고, 그의 팔을 부러뜨리고, 발로 차고, 얼굴을 때렸다. 7월 18일, 그들은 그의 집을 수색하면서 모든 것을 뒤엎어 놓았다. 9월 중순, 그들은 그의 부인을 체포해 투옥시켰다. 비탄에 빠진 류는 고혈압 발작을 겪었고 혈당 수치는 치솟았다.

1967년 7월 19일, 중난하이 모반자들은 덩의 집을 수색하러 왔다. 그들이 일찍이 덩과 줘린을 집밖으로 끌어냈기 때문에, 무도한 행위를 목격한 사람은 샤 할머니와 아이들뿐이었다. 그들을 파견했던 사람들에게 실망스럽게도, 그들은 아무것도 찾아내지 못했다. 덩은 업무상의 문서와 기록들을 집에 보관하지 않았다.[16]

사건은 이대로 끝난 것일까? 물론 아니다. 모반자들은 아무것도 찾아내지 못해서 더욱 화가 났다. 그들은 "주자파로서 당내 권력을 가진 두 번째로 가장 중요한 인물"을 타도할 것을 요구하는 분노의 대자보를 덩 가족이 사는 길가의 모든 벽에 붙였다. 열흘 후 그들은 덩과 줘린을 "비판과 투쟁회"에 끌고 갔고, 거기서 덩과 줘린은 호되게 욕을 먹고 심지어 두들겨 맞기까지 했다. 그들은 덩에게 사흘 내에 서면 자백서를 제출할 것을 요구했고 그와 그의 부인이 집에서 떠나지 못하도록 했다. 아무도, 심지어 그들의 자식들조차 방문이 허용되지 않았다.[17] 다시 말해서, 덩과 줘는 가택연금에 처해졌다.

회의에서 집으로 돌아온 덩은 심히 동요했고, 다시 위대한 조타수에게 서신을 보냈다. 그는 모반자들이 마오의 허락을 받고 공격했다는 것을 알고 있던 게 틀림없었다. 지도자(마오)가 최근 그의 굴욕적인 해명에 대해 만족하지 못했던 것일까? "저는 정말 무엇을 해야 할지 모르겠습니다. 주석에게 직접 지시를 구할 기회를 간절히 바랍니다. 저도 이 요청이 적절치 않을 수도 있다는 것은 알지만, 제 마음 속에 있는 감정을 달리 표현할 방법이 제겐 없습니다."[18] 그렇게 낮은 데까지 덩이 떨어진 적은 이전에 없었다.

분명 그 서신을 받았음에도 마오는 이번에는 응답해주지 않았다. 그는 베이징에 없었고, 덩의 고초는 그에게 그다지 걱정거리가 아니었다. 당시에 다양한 홍위병과 반反홍위병 조직들 사이에 "소형 화기"[19]를 사용한 진짜 내전이 벌어지고 있었다. 덩의 입장에서, 마오는 고양이가 쥐를 갖고 놀 듯 자신을 갖고 놀았다. 처음에는 희망을 주고, 그 후에는 괴롭혔다. 죽이려고도 하지 않았고, 당에서 축출하려고도 하지 않았다. 7월 16일, 마오는 한 측근에게 "만일 린뱌오의 건강이 악화되면, 난 덩을 다시 부를 생각이야. 그를 적어도 정치국 상무위원회 위원으로 만들 것이네"라고 슬쩍 흘리기까지 했다.[20] 이에 이어 그는 저우언라이, 장춘차오, 왕둥싱, 그리고 그 외 전우들에게 덩과 류는 똑같지 않다고 말했다.[21] 그러나 마오는 덩이 지옥을 적어도 한 번은 맛보고 그래서 그가 생이 끝나는 날까지 그것을 기억하도록 하려했다. 덩은 자신의 여러 "과오" 그리고 "고의"에 대한 처벌을 받음으로써, 더 이상 똑똑해지려고 하지 않고, 위대한 인물 마오를 노예처럼 섬기게 될 것이었다. 마오는 덩을 용서하는 것과는 아직 거리가 멀었다. 여전히 덩이 일정 시간 동안은 고초를 겪게 만들어야 했다.

1967년 8월 1일, 덩의 충성스러운 비서와 경호원은 덩의 집에서 제거되었다. 나흘 후, 모반자들이 다시 덩의 집에 들이닥쳤다. 그들은 집 입구 위에 "주자파로서 당내 권력을 가진 두 번째로 가장 중요한 인물, 덩샤오핑에 대한 비판과 투쟁회"라고 적힌 긴 붉은 현수막을 펼쳐놓았다. 덩의 성과 이름은 검은 색으로 적힌 반면, 나머지 글자들은 흰 색으로 적혀 있었다. 덩의 딸 마오마오의 회상에 따르면,

> 그들은 아빠와 엄마를 정원으로 끌어내고 둘러쌌다. 모반자들은 그들의 머리를 눌러 숙이게 하고 허리를 굽히게 만들고는 자백을 요구했다. "그들을 타도하라!"라는 함성이 쩌렁쩌렁 울렸다. 한 줄기 비난의 고함소리가 이어졌고, 왁자지껄한 소리로 질문들이 쏟아졌다. … 집회가 진행되는 동안 모반에 참가한 한 여자애는 몹시 날카로운 목소리로 찢어질 듯 소리를 질러댔다. 엄마의 안경은 벗겨졌다. 고개가 숙여진 채로 엄마는 아빠를 보려 했지만, 제대로 볼 수가 없었다. 아빠는 귀가 좀 안 들렸다. 허리를 반으로 숙여, 거의 아무것도 들을 수 없었고, 그들의 질문에 하나도 답할 수가 없었다. 아빠는 해명을 하려고 했지만, 입 밖으로 거의 말이 나오지 않았고 그마저도 무례하게 중단당했다.[22]

덩의 안색은 죽은 사람처럼 창백했다. 집으로 돌아오자 그는 곧바로 자리에 누웠다. 그 후 수일동안 고립된 채로, 침울한 침묵을 지키고, 웃음 짓지 않았으며, 안락의자에 앉아 있는 동안에는 줄담배를 피웠다. 9월 중순 그는 중앙위원회 판공청 주임 왕둥싱에게 자신의 힘든 상황을 담은 서신을 보냈다. 왕은 그 서신을 마오에게 보여주었으나, 위대한 조타수는 그에게 답장을 못하게 했다.[23] 곧 덩은 새로운 타격을 받았다. 위에서 내려온 명령으로 그의 자식들과 샤 할머니는 중난하이에서 쫓겨나 반시간 떨어진 작은 집 1층의 방 두 개짜리 작은 아파트로 집을 옮겼다. 덩과 줘린에게는 요리사와 종복만이 남았다.

그렇게 덩과 그의 부인은 거의 완전히 고립된 상태로 2년을 보냈다. 자식들을 보거나 서신을 주고받는 것조차 금지당했다. 자식들이나

덩샤오핑 때문에 박해를 받는 친척들에 대해서 아무것도 몰랐다. 그들은 심지어 구이저우현 정부에서 일했던 덩의 남동생 셴즈先治가 박해로 사망했다는 것조차 통보받지 못했다. 덩셴즈는 1967년 3월 15일에 자살했다. 줘린의 남동생 푸더싼浦德三이 감옥에서 요절했다는 소식 역시 듣지 못했다.[24]

그러나 그들은 더 이상 폭력의 대상이 되지 않았고, 다소 상당한 액수의 월급을 받기까지 했다. 최고위급 관리로 분류되는 덩에게는 한 달에 404위안이 지급된 한편, 줘린은 120위안을 수령했으며, 반면 대다수 노동자들의 최고임금은 40위안보다 단지 조금 많았다.[25] 줘린은 중앙위원회 판공청 관리들의 교육 프로그램에 따라 아침마다 자신의 집 앞 마당을 쓸며 육체노동에 종사했다. 덩은 누가 시키지 않았음에도 그녀를 도와주었다. 나머지 시간에 그들은 독서를 하거나, 그저 방에 조용히 앉아 라디오를 들으며 줄담배를 피웠다. 줘린도 담배를 피우게 되었다. 그녀는 "아이들이 생각나서 담배를 피웁니다"라고 말했다. "아이들을 다시 볼 수 있게 되면, 끊을 거예요."[26] 두 사람 모두 불행했다.

한편, 중앙위원회와 문화혁명소조에 있는 덩의 강력한 적들, 특히 마오쩌둥의 부인인 쟝칭, 비밀정보 담당 수장 캉성 그리고 국방부장 린뱌오는 전 총서기(덩샤오핑)를 확실하게 제거하도록 주석을 설득하려 했다. 당연히 그들은 앞으로 마오가 그를 용서한 후에 그와 권력을 공유하고 싶지 않았다. 1967년 11월 5일, 그들은 위대한 조타수와 가진 한 회의에서 덩의 문제를 날카롭게 제기했다. 마오는 그들과 함께 해묵은 불만을 되풀이했다.

류와 덩은 협력을 했습니다. 제8차 당 전국대표대회 결의(류샤오치의 정치보고에 관한)는 먼저 최고 간부회의에서 통과되지 않았고 나의 의견도 묻지 않고 채택되었습니다. 그들이 그 결의를 채택하자마자 나는 즉시 반대했습니다. 1963년 그들은 십조十条(두 번째 십조) 계획을 촉진했습니다. 겨우 3개월 뒤에(사실 거의 1년임) 그들 두 사람은 또 회의를 열고 "후십조后十条"(후십조 수정안)를, 또 내 의견을 묻지 않은 채 내놓았습니다(마오는 시치미를 떼고 있었다. 그는 사실 그 문건을 읽고, 교정하고, 공식 승인했다). 나는 그 회의에 없었습니다. 덩샤오핑은 비판을 받아야 합니다. 군사위원회가 문서를 준비하도록 하시오.

문화혁명소조의 멤버들은 환영할 준비가 되어 있었지만, 마오는 잠시 멈추고 이렇게 덧붙였다. "내 생각은 그가 류샤오치와는 구별되어야 한다는 겁니다. 그들의 사건은 별도로 다루어져야만 합니다."[27]

그러나 이 대실패 이후에도 문화혁명소조의 멤버들은 그 일을 그만두지 않았다. 그들은 끈질기게 덩이 류샤오치 못지않은 '적'이고, 심지어 더 나빠서 그가 사형선고가 아니라면 적어도 당에서 제명되어 마땅한 '반역자'임을 마오에게 증명하려 했다. 이 목표를 염두에 두고 1968년 5월에 '덩샤오핑 전문안건조'를 설립하고, '제2호 주자파'의 평판을 손상시키는, 특히 제7군 '이탈'에 관한 자료 수집을 임무로 삼았다. 6월에 그들은 덩에게 비판적 전기 같은 것을 쓰도록 요구했다. 그이유를 알기는 어렵다. 덩이 무너질지도 모른다고 생각했을까? 덩샤오핑 전문안건조가 생겼다는 것을 들은 마오는 쟝칭과 그녀의 부류를 몰아대지 않을 수 없었다.

사람은 실수를 저지를 수 있어야 한다. 실수를 하면 벌을 받아야 하지만, 당신 자신들은 실수를 저지르지 않을 수 있는가? 내가 보기에 이것이 바로 우리가 덩샤오핑을 다루는 방식이어야 한다. 그가 적과 협력했다고 말하는 사람들이 있지만, 나는 이를 그다지 믿지 않는다. 당신들은 마치 덩샤오핑이 괴물인 양 그를 두려워한다.[28]

7월 5일, 덩은 거의 70페이지에 달하는 '자백서'를 제출했다. 그는 많은 '죄'를 회개했는데, 자아비판 없이는 아무도 그의 보고를 수용하지 않았을 것이기 때문이었다. 심지어 1931년 초 자신이 홍7군을 떠난 것이 "심각한 정치적 실수를 저지른" 것임을 인정하기까지 했다. 그러나 심각한 정치적 잘못조차 조직적 잘못, 즉 '배신' 그리고 '탈영'과 동일한 것은 아니었다. 덩은 다시 자신이 전선위원회의 허가를 받은 후에 상하이로 갔다고 주장했다. 게다가 1933년, 류밍 노선에 대한 투쟁 기간, 보구가 지휘하는 중앙위원회가 이미 이 안건을 조사했다는 것과 그(덩)가 서면으로 해명도 했음을 언급했다.[29] 보구에 대한 언급은 다소 투명했는데, 보구는 덩뿐만 아니라 마오 자신도 처벌했기 때문이다. 분명, 덩은 스스로를 방어하면서 교묘하게 공격도 하고 있었다.

그러나 전문안건조는 한가롭게 앉아 있지만은 않았다. 전문안건조는 중국공산당 중앙위원회 조직부에 있는 덩의 개인 문건을 포함하여, 막대한 양의 문건 자료에 접근할 수 있었다. 전문안건조는 적의 삶과 연관된 많은 목격자들을 심문하고 관련 장소를 방문했다. 1968년 7월 말, 그들은 거의 40페이지에 달하는 "'주자파로서 당내 권력을 가진 두 번째로 가장 중요한 인물─덩샤오핑의 주요 과오'에 관한 종합 보고" 초안을 작성했다. 이 보고서는 중화인민공화국이 설립된 이후 덩이 저지른 '우파 기회주의적 행위에 대한 수많은 '증거'를 제시했지만, 쟝칭과 그녀의 동지들에겐 실망스럽게도, 그의 '배신'과 관련된 설득력 있는 증거를 담고 있지는 않았다.

전문안건조의 멤버들은 더 깊게 파헤치라는 지시를 받았지만, 더 이상은 어떤 것도 파낼 수 없었다. 그 결과, 1968년 10월, 제8기 중앙위원회 12차 확대전체회의에서 쟝칭, 캉성, 그리고 그 외 좌파들은 자신들이 가진 것들로 대표들에게 보고할 수밖에 없었다. 그럼에도 그들은 덩샤오핑을 당에서 제명시킬 것을 요구했다. 그들은 감정에 휘둘려 중앙위원회 위원들에게 배포된 '종합보고서' 안에 있는 덩의 성과 이름들을 줄을 그어 지워놓기까지 했다. 그래도 이것은 주석에게 영향을 주지 않았는데, 그들이 사실을 거의 내놓지 못했기 때문이었다. 마오는 전체회의에서 말했다. "이 사람 덩샤오핑에 관해서 말하자면"

저는 항상 그를 옹호하는 발언을 몇 마디 합니다. 이는 항일 그리고 해방전쟁 시기에 그가 적들을 때려 부쉈기 때문입니다. 게다가, 그의 과거에 있어 어떤 문제도 밝혀지지 않은 게 없습니다. … 음, 지금 모두가 (그를) 쫓아내고 싶어 하지만, 저는 그러기가 좀 꺼려집니다. 제 생각에 우리는 항상 이 사람과 류샤오치를 구분해야 합니다. 그들 간에는 진정 어떤 차이가 있습니다. 제 견해가 다소 보수적이고 여러분의 입맛에 맞지 않을까 걱정입니다만, 그래도 저는 덩샤오핑에 대해 좋게 말하겠습니다.[30]

덩이 중국공산당 내에서 직위를 유지하기에는 그것으로 충분했다. 류샤오치만이 "영구" 제명을 당했고, "막대한 수의 가장 심각한 범죄를 저지른 반역자, 앞잡이 그리고 파업 파괴자, 제국주의, 당대 수정주의와 국민당 반동의 주구"로 낙인찍혔다.[31]

덩은 전체회의의 결정을 열렬히 지지했다. 여하튼 류를 옹호할 수 없었고, 그에게는 당내 잔류가 당연히 가장 중요했다. 11월 초 그는 왕둥싱에게 서신을 보내, "저는 평당원으로서 당에 (계속) 남을 수 있기를 매우 많이 바랍니다. 저에게 가장 평범한 업무의 기회가 주어지거나 저의 힘이 닿는 데까지 육체노동에 종사할 수 있도록 해주시기를 요청합니다"
라고 말했다.[32] 그는 또 회답을 받지 못했다.

1969년 봄이 되어서야 비로소 그의 삶에 변화가 생겼다. 4월 제9차
중국공산당 대표대회에서, 마오는 또다시 "우리는 덩샤오핑과 류샤오치를
구별해야 합니다"라고 공표했다.[33] 질풍노도의 문화대혁명 기간 3년을
요약한 대표대회는 당연히 그에게 동의했다. 왕둥싱에게 보낸 서신에
서 덩은 자신이 단 한 가지만을 원한다는 것을 겸손하게 반복했다. "남
은 생애 동안 당이 보내는 어디에서든 모든 힘을 다해 일하겠습니다."
그는 또 "결코 (그의) 사건에 대한 재조사를 요구하지 않겠습니다"라고
약속했다.[34]

그때서야 마오는 누그러졌고, 중앙위원회 판공청 관리들은 곧 덩과
쭤린에게 이제부터 그들이 일주일에 한 번, 토요일 오후에 자식들을 만
날 수 있다고 통보했다. 중난하이 당국이 그들을 만나도록 허용한 첫 자
식은 둘째 딸 덩난이었다. 부모는 그녀를 보면서도 보고 싶어 했다. 쭤린
은 "우리가 2년 동안이나 못 만났구나"라고 외쳤다. "그래, 그렇지, 덩난
이 다 컸구나. 얼마나 사랑스러운지! 나이가 들수록 더 아름다워지는구
나!"[35] 실제로 덩난은 더 아름다워졌다. 짧은 리본으로 묶은 많은 머리가
그녀의 얼굴에 특별한 매력을 더해주었다. 거의 24살이 된 덩의 둘째 딸
은 베이징 대학교 물리학과 학생이던 1968년, 거기서 석 달에 걸쳐 구타
와 모욕을 당했음에도 불구하고 젊음과 건강미를 발산했다. 덩난 그리고
역시 베이징 대학교 물리학과 학생이던 그녀의 오빠 "작은 뚱보" 푸팡은
1968년 5월 체포당했고, 감옥 같은 방에 감금되어 매일 수 시간 동안 아
버지를 비난하게 만들기 위한 목적으로 진행된 심문을 당했다. 그들보다
손위인 덩린은 자신이 학생으로 있던 중앙미술학원에서 고초를 겪었다.
그 아래의 자식들 마오마오와 페이페이, 그리고 샤 할머니가 있는 집에

는 일단의 모반자들이 두 차례 찾아왔다. 마오마오와 페이페이도 학교에서 괴롭힘을 당했다.

덩난은 겁에 질렸지만 아무것도 모른다고 완강하게 주장했다. 인접한 방에서는 푸팡이 울부짖었다. "집안일은 나밖에 모른다. 내 여동생과 남동생은 아무것도 모른다. 질문이 있으면, 나한테 해라!"[36]

부모님을 만나니 이제 덩난은 감정을 숨길 수 없었다. 덩이 조용히 그녀를 쳐다보며 미소 짓는 동안 쥐린은 질문을 쏟아내며 쉼 없이 이야기를 했다. "어째서 혼자 온 거니? 다른 애들은 어디 있니?" 등등. "푸팡은 어떻게 됐니?"라고 물었을 때에야 덩난은 당황해서 화장실로 달려갔고, 뒤쫓아간 어머니는 푸팡에게 뭔가 불행한 일이 생겼다는 것을 직감했다.

예감은 옳았다. 덩난은 울음을 터뜨렸고, 부모에게 모든 것을 말했다. 1968년 8월 말, 또 한 차례의 심문이 있은 후, 푸팡은 무너졌다. 그는 감시당하고 있던 건물의 4층에서 뛰어내렸고, 척추골절상을 당했다. 이 "혐오스러운 검은 패거리의 자식"을 받아주려는 병원은 단 한 곳도 없었고, 결국엔 전 총서기의 아들의 사망에 대해 책임지기를 꺼렸던 홍위병들이 입원을 알선했다. 의사들은 11번과 12번 척추 그리고 1번 요추의 압박 골절로 진단을 내렸지만, 역시 정치적 이유로 치료를 거부했다. 그래서 푸팡은 흉부 이하가 마비되었다. 수개월 뒤에야 25살 가까운 불행한 청년은 비로소 한 전문 의료원에서 적어도 최소한의 치료를 받게 되었다.[37]

부모는 원통해했다. 쥐린은 "나는 사흘 내내 울었어요"라고 회상했다.[38] 여느 때처럼, 덩은 말없이 담배를 피웠지만, 나중에 마오쩌둥에게 서신을 보내 푸팡을 더 좋은 병원으로 옮겨 달라고 요청했다. 마오는 동정심을 보였는데, 사실 놀랄 일은 아니었다. 이는 그가 덩을 완전히 자신의 의지에 굴복하게 만들 수 있는 방법이었다. 이제부터 예속된 제자는 자신에게 고통을 준 바로 그 사람에게 아들을 구해준 데 대해 영원히 감사하게 될 것이었다. 위대한 조타수는 왕둥싱에게 명령을 내렸고, 왕둥싱은 푸팡이 정예군 병원 외과수술동으로 이송되도록 신속히 조치를 취했으며, 그곳에서 푸팡은 마침내 제대로 된 치료를 받게 되었다. 덩과 줘린은 그의 치료비로 매달 25위안을 지불했다.[39]

한편 중국의 국내 상황은 악화되고 있었다. 1968년 8월 말부터 소련에 접한 국경 지역의 긴장 상황이 갈수록 고조되어왔다. 이때쯤, 소련공산당과 중국공산당의 관계는 완전히 파열되었고, 국가관계는 그 긴장감이 극에 달했다. 1968년 8월 20일과 21일 밤 소련군이 체코슬로바키아에 진입한 후, 그리고 소련 당국이 소련은 만일 사회주의가 위태롭게 될 경우 어떠한 사회주의 국가에도 개입할 권리가 있다고 정식으로 언명한 이른바 브레즈네프 독트린을 발표한 후, 중국 당국은 명확하고 현존하는 위험을 감지했다. 1968년 10월, 중국군은 경계 태세에 들어갔다. 1969년 3월, 제9차 중국공산당 대표대회 전야에, 러시아는 다만스키Damansky라고 부르고 중국은 전바오珍寶라고 부르는 우수리강의 한 섬에 대한 통제권을 두고 소련과 중국의 국경수비대가 전투를 벌이면서 중국과 소련의 극동지역 국경선을 따라 무력충돌이 발생했다. 어느 쪽이 먼저 발포했는지는 아직도 알려지지 않았다. 아마도 자연 발생적으로 일어났을 가능성이 크다. 누군가는 자제력을 잃었지만 양측에서 모두 사망자가 발생했다. 충돌 첫 날인 3월 2일에만 소련 측 29명의 병사들과 2명의 장교들 그리고 중국 측 17명의 군인들이 사망했다. 49명이 부상을 당했고 소련군 한 명은 포로로 잡혀 고문을 당하다 사망했다. 3월 2일부터 21일까지, 소련군은 54명의 병사를 잃고 4명의 장교가 살해되었으며 85명의 병사와 9명의 장교가 부상을 당했다. 중국 측의 정확한 손실은 알려지지 않았다. 중국의 통계에 따르면, 29명의 군인이 사망하고 62명이 부상을 당했으며 1명이 실종되었다. 소련 측 통계로는 800명 이상의 중국인들이 사망했다.[40]

마오는 너무나도 충격을 받아 제9차 대표대회에서 "우리는 싸울 준비가 되어 있어야 합니다. 그것도 우리 자신의 영토에서"라고 선언했다.[41] 대표대회 이후 그는, 전쟁이 일어날 경우 당 지도부가 지방에서 저항세력을 조직할 수 있도록, 베이징에서 대부분의 당 지도자들을 대피시킬 준비를 하라는 비밀지시를 내렸다.[42] 그와 동시에, 주요 주자파들은 수도 베이징 밖으로 끌려 나갔다. 10월 17일, 류샤오치는 (허난성) 카이펑으로 이송되어 지방의 한 "혁명" 당국에 속한 건물에서 거주하도록 조치되었다. 상태는 이미 매우 좋지 않아, 끊임없이 기침을 하고, 맥박수가 빨라졌으며, 폐에서는 꾸르륵 소리가 났다. 고열에 시달리고 거칠게 숨을 쉬었다. 한 달 후, 1969년 11월 12일, 그는 사망했다.[43]

그러나 덩에게는 다른 운명이 기다리고 있었다. 비록 류샤오치처럼 단독으로는 아니었지만, 그도 제거 대상으로 결정되었다. 아내 그리고 계모도 함께였다. 게다가 그의 건강은 평균 이하가 아니었고, 위대한 조타수가 왕둥싱과 저우언라이 총리에게 덩이 떠날 수 있도록 처리하고 그가 잘 있도록 확실히 책임지라고 지시를 내렸다. 중국 남동부의 장시성이 그의 거처로 선정되었다. 그곳에서 덩은 스스로를 확실히 교정하기 위해 "노동교화"를 받기로 되어 있었다. 저우언라이는 오랜 친구, 친구의 아내 그리고 계모가 확실히 선처를 받을 수 있도록 하기 위해 직접 장시성의 "혁명" 당국에 자주 전화를 했다. "물론 그(덩샤오핑)가 노동시간을 다 채워서는 안 됩니다. 그는 … 건강 상태가 썩 좋지 않아요. 임차료는 합리적이어야 할 것입니다. … 그들을 도와주시고, 그들을 돌봐줄 사람들을 임명해야 합니다." 더 나아가,

그(덩)는 60이 넘은 노인입니다. … 제 생각엔 그를 쉽게 돌볼 수 있는 난창
부근으로 보내는 게 좋겠어요. 그와 부인이 작은 이층집에 사는 것이 가장
좋겠습니다. 그들이 위층에 살고, 돕는 사람이 아래층에 살면 되겠지요. 정
원이 있는 독채여야 합니다. 그래야 그들이 안에서 돌아다닐 공간이 있고,
안전할 겁니다.[44]

그다음, 모든 것이 준비된 1969년 10월 22일 아침, 덩, 그의 부인, 그리
고 계모는 덩샤오핑 전문소조의 두 멤버가 동행한 가운데 IL-14제트기
에 올랐고, 책 몇 박스와 많은 가재도구들을 싣고[45] 베이징에서 난창으
로 날아갔다. 그들은 무엇이 기다리고 있을지 몰랐지만, 어쨌든 주변부
로 떠나는 것은 "긍정적인 발전"으로 봐야 했다.[46] 2년 동안의 완전한 고
립은 끝났다. 덩은 노동으로 "속죄"할 기회를 얻었다.

　한편, 장시 당국은 저우언라이가 요구한 모든 것을 해놓았다. 그들
은 그가 원했던 종류의 집을 찾아놓기까지 했다. 내부 뜰과 높은 울타리
가 있는 이층집. 그 집은 성도省会 북서쪽으로 10여 킬로미터 떨어진, 옛
푸저우군구 난창보병학교 부지에 위치해 있었다. 이 학교는 특별간부노
동교화소인 5.7학교五七干校로 개조되었는데, 교외의 신젠현新建县 내 왕청
강望城岗(현재는 왕청) 마을에서 멀지 않았다. 그 집은 공간이 좀 넉넉한 붉
은 벽돌집으로, 지붕은 타일을 얹었고 조각이 새겨진 긴 발코니가 있었
으며, 계수나무와 플라타너스가 둘러싸고 있었다. 그것은 원래 보병학
교장의 집이었기 때문에 장군의 집이라고 불렸다. 2층에 있는 덩과 줘
린의 침실에는 벽에 붙인 나무침대 두 개와 의자 한 개 그리고 서랍장 한
개가 전부였다. 샤 할머니의 침실도 2층에 있었는데, 책상, 소파, 책장,
그리고 독서테이블에 화장실까지 딸린 서재가 있었다. 1층에는 식당, 주
방, 그리고 현관 대기실이 있었다. 그 건물은 두 부분으로 나뉘어져 있지

만, 한 부분만 그 죄수들에게 할당되었다. 다른 부분은 밑에 사는 경호원들, 즉 장시성 혁명위원회의 스태프 멤버 한 명과 젊은 병사 한 명이 차지했다. 밖에서는 포병단 소속 병사들 12명이 지키고 있었다. 덩, 쥐린, 샤 할머니는 이 외딴 집에서 3년 반을 보냈다.

덩은 신지엔현의 트랙터 수리소에서 하루 세 시간 반의 "노동단련"를 부과받았는데(1970년이 되면서부터 두 시간 반이었다), 수리소 벽에 붙어 있던, 덩을 공격하는 모든 '대자보'들은 며칠 전에야 제거되었다. 그 작업장은 보병학교에서 약 800미터가량 떨어져 있었다. 덩 노인老頭(지도부는 노동자들에게 덩을 이렇게 부르라고 결정했다. 노동자들은 그를 "제2호 주자파" 덩샤오핑 혹은 덩 동지라고 부르지 못하게 되어 있었다)은 매일 아침 8시까지 수리소에 나와야 했다. 그와 쥐린은 보통 6시 30분에 일어났다. 덩은 아침운동을 하고, 젖은 차가운 수건으로 몸을 닦고, 쥐린 그리고 샤 할머니와 아침식사를 했다. 7시 30분에 그는 역시 그 작업장에서 일하는 쥐린(그녀는 스파크 플러그의 코일을 치웠다)과 집을 나섰다. 20분 걷는 것은 지치는 일은 아니었다. 2년의 칩거생활 후에, 그들은 마침내 깨끗한 마을 공기를 맡을 수 있었다. 그들은 논과 집 사이에 고리처럼 연결된 좁은 길을 따라 조용히 걸으며 자신들만의 생각에 잠겼다. 그들 뒤를 경호원들이 터벅터벅 걸으며 따랐다. 젊은 시절 르노공장에서 그랬던 것처럼 그 작업장에서도 정비공으로 일을 한 덩은 11시 반, 일을 해치운 후, 쥐린과 집으로 돌아왔다. 그들은 샤 할머니와 점심을 하고, 두어 시간 낮잠을 자고 나서는, 이념적 수준을 제고시키기 위해 위대한 조타수의 저작물들을 학습하고 신문을 읽었다. 정치학습은 그들의 "재교육"의 일부였다. 덩은 집에서 허드렛일도 했다. 바닥을 닦고, 장작을 패고, 석탄 덩어리를 쪼갰다. 쥐린은 빨래와 바느질, 그리고 샤 할머니는 요리를 했다. 그들은 작은 정원에서 닭을 기르고 채소를 키웠다. 저녁 6시에 모두 식사를 했고, 덩은, 습관에 따라, 독한 술이나 지역의 밀주를 조금씩 마셨다. 8시에 그들은 뉴스를 알고 지내기 위해 중앙라디오를 청취했다. 잠자기 전, 덩은 어김없이 집을 한 바퀴 돌아보았고, 10시에 잠자리에 들었다. 그는 한 시간 정도 책을 읽고 나서 수면제의 도움을 받아 잠들었다. 이렇게 시간이 흘러갔다.[47]

작업장 당위원회의 서기는 뤄펑羅朋이라는 사람으로, 그는 1950년대 말 바로 덩이 이끌던 반우파투쟁 기간에 운명의 장난으로 좌천당한, 공안부의 옛 주요 멤버였던 오랜 공산주의자였다. 마음씨 좋은 뤄는 분명 원한을 품지 않았고 덩을 매우 잘 대해주었다. 덩은 중앙위원회 판공청에 "우리는 아주 행복합니다"라고 서신을 보냈다.[48] 그는 마오의 지시에 따라 보통은 판공청 주임인 왕둥싱에게 자신의 소식을 알렸다. 1969년 11월부터 1972년 4월까지, 그는 왕둥싱에게 일곱 차례 서신을 보냈고, 딱 두 번, 즉 1971년 11월 8일과 1972년 8월 3일 감히 위대한 조타수에게 편지를 보내 귀찮게 했다.[49]

이사한 지 이틀 정도 후, 덩과 쥐린은 다시 자식들을 볼 수 있었다. 이제 자식들은 부모를 찾아와 더 오랫동안—한 번에 두 달에서 석 달까지 볼 수 있게 되었다. 그때쯤 푸팡을 제외한 사랑스러운 자식들은 시골에서 농부로 일하며 살았다. 덩린은 허베이에서 일하고 있었고, 덩난과 마오마오는 산시陝西에서, 그리고 페이페이는 산시山西에서 일하고 있었다. 1969년부터 1971년까지 그들 모두가 부모를 찾아가 보았다. 1971년 6월, 덩은 아직도 심하게 고통스러워하는 푸팡을 집으로 옮겨오는 데 성공했다. 마오마오는 "푸팡이 움직일 수 없게 되었기 때문에, 하체가 좀 쪼그라들었고, 다리와 발은 감각이 무뎌졌다"고 회고했다.[50]

한편, 중국에서는 중요한 변화가 일어나고 있었다. 1970년 가을, 지금까지 마오의 최측근 가운데 한 사람인 천보다에 대한 광적인 비난 운동이 시작되었다. 천보다는 처음에 문화혁명소조를 이끌었고, 1966년 8월 부터는 중앙위원회 상무위원회 위원이었다. 제9기 중앙위원회 2차 전체 회의 이후에 그는 갑자기 "반역과 간첩" 혐의로 비난받았다. 덩은 그 이 유를 이해할 수 없었지만, 그의 주적 가운데 하나인 천보다의 몰락에 고 무되었다.[51] 1년 후 1971년 9월에는 린뱌오가 이상하게도 정계에서 사 라졌다. 오랫동안 덩은 그에게 무슨 일이 일어났는지 몰랐다. 덩과 줘린 을 포함하여 작업장의 공산주의자들은 1971년 11월 6일까지 이에 대한 소식을 듣지 못했다. 린뱌오와 부인 그리고 그의 아들이 소련으로 탈주 를 시도했다는 소식을 듣고 덩은 당연히 충격을 받았다. 그는 제9기 대 표대회에서 마오의 후계자로 공표되었던 린뱌오에 대한 대중의 새로운 비난운동을 보면서, 위대한 조타수가 덩의 오랜 적수를 통해 마침내 상 황을 명확하게 보기 시작했다고 이해했다.[52] 그는 이에 고무되었고 스스 로의 운명에 변화가 임박했다는 희망이 높아졌다. 덩은 "린뱌오가 죽지 않았다면 하늘의 이치에 어긋나는 일이었을 것"이라고 말했다.[53]

11월 8일, 덩은 만사를 제쳐두고 왕둥싱을 건너뛰어 마오에게 직접 서신을 보냈다. 그는 적절한 때에 탈주자의 "음모"를 파헤친 "주석과 중 앙위원회의 훌륭한 리더십"을 찬양하고, 그(덩)를 "현재 정확히 2년"을 지낸 장시에 보낸 것에 대해 위대한 조타수에게 감사하고, 그가 지시에 따라 "노동과 학습"을 통해 스스로를 "교화하고" 있으며 "당에 했던" 그 의 "약속을 엄격하게 지키고" 있음을 알렸다. 그는 다음과 같은 문장으 로 편지를 마무리했다.

그저 언젠가 당을 위해서 작은 일을 할 수 있을 것이라는 것을 제외하고, 저 자신을 위한 요청은 없습니다. 당연히, 기술적인 그런 일일 것입니다. 제 건 강은 꽤 좋습니다. 은퇴하기 전에 몇 년 더 일할 수 있습니다. … 열심히 일해서 제가 진 빚을 조금이나마 갚을 기회가 있기를 갈망하고 있습니다. … 진심으로 주석의 장수를 간절히 빕니다. 주석께서 무병장수하셔야 당 전체와 우리 인민들 모두가 행복해 마지않을 것입니다![54]

당시 옆방에는 장남이 반신불수로 누워 있었고, 부인은 최근 몇 년간 주기적으로 고혈압에 시달리고 있었다. 덩은 자신의 소중한 뚱보가 지체부자유자가 되고, 자기 아내의 고혈압, 그리고 시골에서 자신의 딸들과 막내아들이 받은 정신적 그리고 육체적 고문에 책임이 있는 사람에게 자신이 감사의 편지를 쓰고 있었다는 것을 깊이 생각해보기는 한 것일까? 그는 자신, 자신의 가족, 그리고 나라 전체에 발생했던 모든 일에 대한 책임이 쟝칭과 린뱌오보다는 "위대한" 마오에게 있다는 것을 이해했을까? 뭐라 말하기는 어렵다. 그는 당시 그의 가족이나 다른 누구와도 이에 대해서 결코 이야기하지 않았다. 그가 마음속으로 무슨 생각을 했는지는 아무도 알 수 없다.

자신을 괴롭히는 사람에 대한 충성을 표현하는 데 있어 그는 오래전부터 최후의 수단을 사용해왔던 것 같다. 그러나 이 편지는 타의 추종을 불허했다. 그 이유는 쉽게 알 수 있다. 덩은 인간의 존엄, 자긍심, 그리고 원칙 같은 기본은 아랑곳없이 직위로 복귀하기 위해 상황을 이용하려 하고 있었다. 오랜 기간의 정치생활을 거치는 동안 위선적 민첩함은 그의 성격의 일부가 되어버렸다. 심지어 그가 맹목적으로 사랑하는 딸마저도 "정치적 상황과 시대의 강요 아래에서, 그의 의지와는 많이 다르게, 그는 문화대혁명의 특수 용어를 써가면서, 자신을 비난하며 글을 썼다. … 그는 말하고 싶은 것을 말할 수 없었고, 말하고 싶지 않은 것들을 말하도록 강요받았다"고 인정했다. 전반적으로, 그는 "어쩔 수 없이, 마지못해, 혐의를 받는 비행에 대해 사과해야 했다."[55]

편지는 발송되었지만, 또 회답이 없었다. 마오 역시 편치 않았다. "가까운 전우"의 배신 때문에 의기소침해져 아무것도 하지 않았고, 시무룩했으며, 며칠 동안 계속해서 자신의 침실에 틀어박혀 있었다. 그는 매우 노쇠해졌고, 늘 기침을 했으며, 머리가 아프고 다리가 무겁다고 호소했다. 그 또한 혈압이 올랐고 주기적인 심박 급속증이 있었다.

그러나 마오는 그 편지를 읽었고—비록 즉시는 아니었지만—편지가 마음에 들었다. 그는 감상적이 되었다. 린뱌오의 도주가 그를 너무나도 우울하게 만들었기에 그는 젊은 시절 함께 전쟁을 겪은 친구들에 대한 향수를 느끼기 시작했는데, 그들 가운데 많은 이들은, 덩처럼, 자신 때문에 불명예스럽게 살고 있었다. 그는 문화대혁명 초기에 역시 상당한 고통을 겪었던 천이 원수가 1972년 1월 6일 사망했다는 소식을 듣고 매우 괴로워했다. 건강이 좋지 않은 상태에서 주치의들의 만류를 무시하고, 실내복 위에 코트만 걸친 채, 마오는 이미 세상을 떠난 천이의 부인에게 위로를 표하고자 길을 나섰다. 모두가 너무 놀란 것은, 그가 그녀에게 이렇게 말한 것이었다. "만일 린뱌오가 자신의 음모를 성공시켰다면, 그는 우리 노장들 전부를 없애버렸을 겁니다." 그리고 그는 덩샤오핑에 대해 생각하며 그에 관한 문제는 "인민 내부"의 모순에 속한다고 지적했다.[56]

마오의 말은 대단히 의미심장했다. 1966년 8월 린뱌오가 어떻게 덩의 문제를 "우리와 적들 사이의 모순이라는 범주"에 위치시켰었는지 모두가 기억했다. 따라서 마오의 선언은 제2호 주자파의 사실상의 복권이라고 볼 수 있었다. 저우언라이는 즉시 천이의 친척들에게 위대한 조타수(마오)의 "계시"를 퍼뜨려 대중에 알려지도록 해줄 것을 요청했다.

그러나 덩은 공식적으로 사면을 받기 위해 일 년을 더 기다려야 했다. 마오는 그를 점진적으로 업무에 복귀시켰다. 1972년 2월, 덩은 당원으로서 그의 권리가 회복되었다는 통지를 받았는데, 이는 그가 더 이상 구금상태에 있지 않음을 의미했다. 4월에는 그의 어린 자식들인 마오마오와 페이페이가 대학에서 학업을 재개할 수 있게 되었다. 5월, 마오의 호의를 받는 노장 당원 왕전王震 장군은 마오마오에게 천이의 장례식에서 마오가 한 말을 알려주었다. "그(네 아빠)에게 그의 문제가 반드시 해결될 거라고 알려드려라. … 네 아빠는 업무에 복귀해야 한다!"[57] 덩은 위대한 조타수에게 확실하게 아부하기 위해서는 그에게 한 걸음 더 다가가야 한다는 것을 알고 있었다. 그래서 1972년 8월 3일 그에게 서신 한 통을 더 보냈다.

이번에 그는 자신이 걸어온 자책의 과정을 정리하면서, 마오에게 자신이 모든 것을 충분히 생각했고 합당한 결론을 도출했음을 확인했다. 그는 "저는 수많은 과오를 저질렀습니다"라고 썼다. "제 잘못의 근원은 인민들과 실천에서 제 스스로를 단절시켰고, 저의 소자산계급적 세계관을 근본적으로 극복하지 않은 데에 있습니다." 그는 과거 자신이 저지른 "가장 큰 (잘못)은" 자신이 "마오쩌둥 사상의 위대한 기치를 높이 들지 않은" 것이었다고 인정했다. 그 결과, "저는 … 류샤오치와 함께 반혁명적 부르주아 반동노선을 제시하기까지 했습니다. 총서기로서, 저는 일을 잘 못했고, 주석께 모든 것을 제때에 보고하지 않았으며, 독립적 왕국을 세운 잘못을 저질렀습니다." 덩은 1960년대 초 가족도급제를 지지했던 것을 또다시 후회했고, 펑전과 그 부류를 믿은 것에 대해 스스로를 용서할 수 없다고 선언했다. 그는 "위대한 프롤레타리아 문화혁명이 그의 정체를 폭로하고 비난한" 것에 대해 깊은 만족을 표명했다. "이렇게 해야 했고, 그럼으로써 그것(그 혁명)은 저와 같은 사람을 구했습니다."

전반적으로, 그는 자신이 과거에만은 나빴지만, 지금은 "개심했고" 정치적으로 의식 있는 당원으로 변했다는 것을 설명했다. 그는 이전에 마오에게 썼던 것을 되풀이했다. "현재로서 저는 건강합니다. 저는 기술적인 일 같은 것(예를 들면, (국내 상황에 대한) 조사 혹은 연구)을 할 수 있습니다. 달리 바라는 것은 없습니다. 저는 주석과 중앙위원회의 지시를 조용히 기다리고 있습니다. 충심으로 주석의 만수무강을 기원합니다!"[58]

마오는 마침내 만족했다. 그는 덩을 믿었거나 계속 감상적이었거나 했을 것이다. 11일 후, 그는 덩의 서신에 이렇게 적었다.

> 덩샤오핑 동지는 심각한 잘못을 저질렀다. 그러나 그는 류샤오치와는 구별되어야 한다. 1. 중앙소비에트 지역에서 그는 덩, 마오, 시에, 그리고 구라는 네 범죄자 가운데 하나로 비난을 받았다. 그는 이른바 마오주의자들의 우두머리였다. … 2. 그는 과거에 문제가 없었다. 그는 적에게 항복하지 않았다. 3. 그는 류보청 동지를 아주 잘 도왔고, 군사적 장점이 있다. 게다가 우리가 도시에 진입한 후에 그가 잘한 것이 없다고 말할 수는 없다. 예를 들어, 그는 모스크바에서의 회담을 위해 파견한 대표단을 이끌었고 소비에트의 수정주의자들 앞에서 굽히지 않았다. 이런 몇 가지들은 내가 이전에 말했고, 지금 나는 그것을 다시 반복한다.[59]

이후, 장칭조차 덩이 "고된 투쟁-비판-개조의 과정을 통해 '단련'되었으므로" 그에게 "그의 모든 업무와 위신"을 "제때에" 회복시켜줄 필요가 있다고 말했다.[60]

이제 덩의 복귀는 단순한 형식만 남게 되었다. 불행이 그 일을 촉진했다. 1973년 1월, 저우언라이의 건강이 급격히 악화되었다. 1972년 5월, 그는 방광암 진단을 받았고, 이제 의사들은 그의 소변에서 피를 발견했다. 저우 총리를 대신할 수 있는 사람은 아무도 없었다. 경험과 에너지, 지식과 조직 능력을 가진 덩만이 그를 대신할 수 있었다. 적어도 그는 저우언라이의 부담을 덜어줄 수 있었다. 그래서 마오는 결국 전前 주자파를 권력으로 복귀시키라는 지시를 내렸다.

1973년 2월 19일, 덩과 줘린은 자식들 그리고 가족 구성원들과 함께 장군의 집을 떠났다. 트랙터 공장의 노동자들이 그들을 배웅했다. 줘린은 그들에게 밀감과 설탕을 뿌린 말린 과일을 대접했다.[61]

덩은 이미 69세였지만, 그는 매우 활기차다고 느꼈다. 그저 어쩌다가 한 번씩 혈당수치가 떨어졌다. 그러나 그는 항상 설탕물이나 시럽을 담은 병을 곁에 두고, 몸이 편치 않을 때, 몇 모금씩 마셨다. 그러면 증세가 가시곤 했다. 그는 "난 아직도 한 20년은 거뜬해"라고 유쾌하게 되풀이했다. "난 20년은 더 갈 수 있어. 그건 틀림없어."[62]

새로운 시련들이 그를 기다리고 있었다. 정상으로 가는 길은 장미꽃이 뿌려져 있지 않았다. 그는 투쟁하고, 때를 기다리고, 견뎌내야만 할 것이었다.

3
실용주의자

16

'솜처럼 부드럽고, 바늘처럼 날카로운'

1973년 2월 22일, 덩과 그의 가족은 여전히 겨울이 한창인 베이징에 도착했다. 땅에는 눈이 쌓여 있었다. 기차역 플랫폼에서 중앙위원회 판공청 관리들이 전前 주자파와 줘린을 반갑게 맞이했고 가족 전체가 차를 타고 서쪽 교외에 마련된 주거지로 이동했다. 그 집은 새로 지은, 아주 넓은 호화 이층집이었다. "우리는 기뻤다"고 덩의 딸은 회고했다.[1]

드디어 가족 거의 전체가 함께하게 되었다. 푸팡만이 병원에 남았다. 세 딸과 막내아들에다 사위 셋이 그 집에 둥지를 틀었다. 부모가 장시에 살고 있는 동안 딸들 모두 결혼을 했다. 먼저 1971년에 둘째 딸 덩난이 장홍張宏이라는 동창과 결혼한 뒤 마을 코뮌에서 함께 일했다. 1972년 11월에 덩난은 여자아이를 낳았는데, 덩의 막내딸 마오마오의 제안에 따라 멘멘眠眠(잠꾸러기)이라고 이름붙였다. 이런 생소한 이름을 지은 이유는 그 딸아이가 할아버지의 정치적 '동면'기 동안에 세상에 나왔기 때문이었다. 당시에는 모든 사람이 정치색을 띠었다.

다시 날개를 펼치게 된 할아버지는 날아갈 듯이 기뻤다. 그는 "우리 집안에서는 그 딸아이가 딸의 자식이든 아들의 자식이든 상관이 없다.

그애는 내 손녀이고, 나는 그애 할아버지야"라고 말했다.[2]

다음으로 막내딸 마오마오가 전前 위생부 부부장의 아들과 결혼했다. 베이징에서 그를 알게 된 마오마오의 여성 친구가 중매를 섰다. 허핑賀平이라는 그 젊은이는 하얼빈군사공정학원의 학생이었다. 그의 아버지 역시 탄압을 받았었기에, 신혼부부는 공통점이 많았다.

맏딸 덩린이 제일 나중에 정착했다. 자매들과는 달리, 그녀는 전혀 매력적이지 않았다. 과체중에 평범한 외모이며 크고 두꺼운 안경을 낀 그녀는 가수와 예술가로 뛰어난 재능을 보였음에도 남자들에게 관심을 받은 적이 없었다. 그녀는 먼저 베이징음악학원 부속 중학교에서 공부한 뒤 중앙미술학원을 졸업했다. 가족 중에서 가장 창의적인 사람으로 보였고, 비단이나 종이에 묵과 수채 물감을 사용하는, 전통 민족 스타일로 작업한 작품들은 전문가들의 주목을 끌었다. 그러나 이런 것은 개인적 삶에 아무런 도움이 되지 않았다. 결국 그녀는 중매를 통해 유색금속연구총원의 기술자인 우젠창吳建常이라는 괜찮은 남성을 만나게 되었다.

이렇게 덩과 쥐린의 가족은 늘어났다. 건강한 자식들은 다 일을 하고 있었는데, 덩린은 베이징 화원畫院에서 근무했고, 덩난은 중국과학원 자동화연구소에서, 마오마오는 베이징의학원 의료학과에서 학업을, 페이페이는 베이징 대학교 물리학과에서 학업을 이었다.

베이징에 정착한 덩은 "힘든 시기" 동안 역시 장시성의 5.7학교 가운데 한 곳에서 재교육을 받은 옛 비서 왕루이린을 다시 고용했다. 옛 경호원 장바오중과 하인 우홍쥔도 덩에게 돌아왔다. 삶은 분명히 다시 정상으로 돌아왔다.

한편, 1973년 3월 9일, 저우언라이는 마오에게 덩의 복귀를 알렸고 그의 부총리 지명을 요청했다. 마오 자신도 덩이 병든 총리의 부담을 덜

어주어야 한다고 결정했기에, 이것은 그저 형식일 뿐이었다.³

3월 28일 밤 10시 덩은 베이징 북서쪽에 위치한 중앙위원회 소재지 위취안산玉泉山에서 6년여 만에 처음으로 저우와 만났다. 총리는 이 조용한 곳에서 의료검사를 받고 있었다. 부총리 리셴녠과 쟝칭이 덩을 환영하러 왔다.

저우언라이의 모습은 형편없었다―쇠약하고, 황달에, 늙어 보였다. 그러나 쟝칭은 에너지를 발산했고 59세라는 나이보다 젊어 보였다. 호리호리하고 단발머리에 뿔테 안경을 쓴 그녀는 항상 이상하게도 히스테릭한 흥분 상태였다. 이전에 다소 과장된 말투에 욱기가 있었던 저우언라이 또는 마지막 내전 기간에 한때 덩의 밑에서 일했던 리셴녠에 대해서는 그렇게 말하기 어렵다. 두 사람은 모두 침착하고 말이 많지 않고 간결했다. 64세의 리셴녠도 매우 나이가 들어 보였다. 그의 강한 두상을 덮고 있는 두발은 듬성듬성해져가고 있었고 온통 새하얀 색이었다. 그는 1954년부터 부총리로 재직해왔고, 다년간 재정부장을 지냈으며, 1970년대 초에는 저우언라이의 실질적인 오른팔이 되었다.

만남은 요식행위였다. 저우언라이와 리셴녠은 중앙위원회의 좌파 도당을 이끈 쟝칭에 반대해 마오의 호의를 얻고자 오랫동안 투쟁해왔고, 그녀가 있는 데서 덩과 이런저런 일에 대해 논할 수 없었다. 문화대혁명 기간에 노장들을 짓밟아 권력에 오른 좌파들은 경제나 외교에 대해 이해하는 것이 아무것도 없었다. 아는 것이라고는 "계급의 적들"을 폭로하는 방법과 "수정주의자들"에 대해 지껄이는 것뿐이었다. 그들은 대중매체와 중앙위원회의 사상공작 업무를 관리하고 있었고, 수시로 떠들썩한 프로파간다 운동을 조직했다. 저우언라이, 리셴녠, 그리고 중앙군사위원회 상무를 맡은 예젠잉 원수는 생산 제고와 군 현대화 노력을 경주하는 한편, 좌파가 경제에 미칠 파괴적인 영향을 제한하기 위해 분투했다.

노련한 정치가인 마오는, 쟝칭과 저우언라이 모두 최고 권위자인 자신에게 호소하게 만들고, 그렇게 해서 경합하는 양측 사이에서 의도적으로 일종의 균형을 유지하면서 당파들 사이에서 균형을 유지했다. 사실 그가 추방된 덩을 다시 불러들인 것은 저우언라이 총리의 병으로 약화된 노장 그룹을 강화하기 위해서였다. 비록 나이가 많이 들었고 1971년 가을에 주치의들이 울혈성 심부전 진단을 내렸을 정도로 육체에 기력이 떨어지긴 했지만, 마오는 여전히 권력의 고삐를 움켜쥐고 있었다. 그는 당과 국가 둘 다를 완전히 장악하고 있었다.

다음 날 아침 마오는 저우를 접견했고, 저우는 그에게 "그(덩)는 정신적으로도 육체적으로도 양호한 상태입니다"라고 알렸다. 그 후, 주석은 오후 3시에 덩을 불러들였다. 그는 손을 내밀고, 덩의 눈을 똑바로 응시하면서 물었다.

"이제껏 어떻게 지냈습니까?"

"기다리고 있었습니다"라고 옛 제2호 주자파는 대답했다.

위대한 조타수는 말했다. "좋습니다. 열심히 일하고 건강하세요."[4]

같은 날 저녁, 주석의 제안에 따라 덩은 정치국 회의에 참석했고, 여기서 외교를 담당하는 부총리로 공식 승인되었다. 중앙위원회 위원이 아님에도 당의 이 최고 기관의 업무에 참석할 권한도 부여받았다. 마오가 바라는 바였다.

이 시기 중국의 국제적 지위는 꾸준히 개선되고 있었다. 1970년대 초, 마오와 저우언라이는 중소 관계의 악화와 베트남에서 미국의 군사적 지위의 파멸적 악화로 인해 나타난 새로운 지정학적 상황을 이용했다. 그들은 자신들의 열렬한 반反소비에트주의 그리고 미국의 베트콩(남베트남 공산 게릴라) 및 중국의 우방인 북베트남과의 협상에 있어 중국이 가진 중재자의 가능성을 이용해 미국의 마음을 끌어들였다.

1971년 10월, 미국은 UN 내에서 중화인민공화국이 중국 대표권을 차지하도록 허용했고, 1972년 2월에는 미 대통령 리처드 닉슨Richard M. Nixon이 베이징을 방문하여 마오 그리고 저우언라이와 회담을 가졌다. 방문이 끝날 무렵인 2월 28일, 닉슨이 상하이를 돌아보고 있을 때, "중미 관계의 정상화를 향한 진전은 모든 국가에 이익이 된다"고 강조한 공동 성명이 발표되었다.[5] 16개국이 곧 중화인민공화국과 대사급 외교관계를 수립했고, 그중에는 영국, 일본, 서독 그리고 호주 등 주요국도 있었다. 타이완 문제로 인해 미국과의 공식 외교관계 수립은 지연됐지만, 중화인 민공화국의 국제적 권위는 극적으로 상승했다.

덩이 실각 이후 대중에 처음 공개적으로 모습을 드러낸 것은 베이징 에서 열린 한 외교 만찬회에서였다. 이는 1973년 4월 12일에 일어난 일 이었다. 참석자들에 따르면, 덩은 자신이 없어 보였고 방관자로 머무르 려 했다. 마오의 외가 조카딸이자 외교부 부부장인 왕하이룽王海容이 그 를 모임의 가운데로 에스코트해준 뒤에서야 덩은 비로소 미소를 지었고, 하객 모두는 그를 박수로 환영했다.[6]

덩의 신중한 행동이 설명 가능한 이유는 그가 다년간 격리되어 살다 가 이번에 처음으로 사교의 장에 나왔기 때문만은 아니다. 베이징에서 한 달 반을 보낸 후, 그는 자신이 이제 얼마나 위험한 상황에 처해 있는 지 깨달았을지도 모른다. 쟝칭은 물론, 중앙위원회 비밀정보 담당 수장 캉성, 상하이 "영웅들"인 왕훙원, 장춘차오 그리고 야오원위안을 포함한 그녀의 지지자들은 조금의 실수로도 덩을 용서하지 않으려 들 것이었다. 자신들의 본심을 드러낼 수 없었을지는 몰라도, 그들이 보기에 그는 여 전히 타락한 부르주아이자 주자파였다.

저우는 덩을 다시 위취안산으로, 이번에는 그의 부인과 함께 불러, 쟝칭과 그녀의 전우들에 대해 알려주었다. 그들은 수 시간 동안 비밀리에 대화를 나눴고, 저우는 덩에게 잘 모르는 의사들을 믿지 말라고까지 충고했다(좌파들은 무엇이든 할 수 있었다).[7]

저우의 전반적인 상태는 계속 악화되었다. 그러나 현재로서 그는 병원에 머무를 수가 없었는데, 그가 없는 상태를 우려한 마오가 의사들에게 입원과 수술은 생각지도 말라고 했기 때문이었다. 아마도 저우가 수술을 견뎌내지 못할 것이라고 생각했던 것 같다. 그 생각은 옳지 않았다. 의사들은 1972년에 저우언라이가 회복될 가능성이 높았다고 생각했지만, 마오는 의사들을 절대 믿지 않았다. 그래서 저우는 대부분 외래로 진단과 치료를 받았고, 충실한 아내인 덩잉차오와 함께 주기적으로 위취안산으로 휴양을 떠나 그곳에서 의사들과 다른 직원들의 보살핌을 받았다.[8]

한편, 마오가 1973년 8월 24일부터 28일까지로 정한 제10차 중국 공산당 전국대표대회의 소집 시기가 다가오고 있었다. 새로운 지도부가 선출될 것이기 때문에, 이 대회는 저우언라이와 덩 그리고 좌파들 모두에게 아주 중요했다. 중국처럼 온정주의적인 사회에서 중앙위원회, 정치국, 그리고 정치국 상무위원회의 구성은 한 사람, 마오쩌둥에 의해서 결정될 것이었다. 따라서 주석에게 영향을 미치기 위한 당내 투쟁이 극에 달했다.

5월, 쟝칭 파벌은 주목할 만한 승리를 쟁취했다. 그들은 위대한 조타수를 설득해서 전前 상하이 모반자들의 "참모장"인 젊은(38세) 급진적 인물 왕훙원과 함께, 또 다른 좌파이자 마오의 호의를 얻고 있던 60세의 베이징 시장 우더를 정치국 업무에 참여시켰다.

위대한 조타수의 고향 현 당위원회의 전前 서기로, 마오의 고향에 웅장한 기념관을 만들었던 화궈펑이라는 사람도 이 권리를 받았다. 52세인 그 역시 비교적 젊은 편이었다. 그는 1938년 중국공산당에 가입했고 커리어를 쌓아왔다. 문화대혁명이 시작되었을 때, 마오는 그를 후난성 당위원회 제1서기로 임명했고, 그 후에는 후난 혁명위원회 주석 대리로 임명했다. 1969년 제9차 대표대회에서, 그는 중앙위원회에 들어갔고, 1971년에 국무원으로 자리를 옮겼으며, 1972년 3월에는 공안부장으로 임명되었다.[9] 그러나 마오는 물론, 말할 것도 없이 덩도, 키 크고 비대하지만 겸손해 보이는 데다 예의 바르고 수줍은 미소를 띠는 이 사람이 머지않아 덩의 삶에 결정적인 역할을 할 운명이라는 것은 상상하지 못했다. 물론, 화궈펑도 이를 생각하지 못했다.

한편, 저우언라이에 대한 장칭파의 투쟁은 계속되었다. 1973년 한여름에 좌파들은 또 한 번의 행운을 맞게 되었다. 6월 말과 7월 초, 몸이 아파 기분이 좋지 않았던 주석은, 미국인들에 관련해서 필경 "단호함이 부족"했다는 이유로 저우에 대해 비판적인 발언들을 많이 했다. "그(저우)는 (나와) 중요한 일들을 논의하지 않고, 사소한 일들을 매일 질질 끈다. 만일 상황이 바뀌지 않는다면, 결국 수정주의가 나타날 것이다"라고 불평했다.[10] 심지어 자신의 지시로 제10차 중국공산당 대표대회 정치보고서 초안을 준비하고 있던 장춘차오에게 저우에 대한 비판의 내용을 보고서에 포함시키라는 요구도 했다.[11] 마오는 왕훙원 그리고 장춘차오와 대화를 나누던 중, "음모의 실을 짰"을 뿐만 아니라 시간이 날 때 유교에도 끌렸던 린뱌오에 대해 언급했다. "음모"가 적발된 이후, 그 전前 국방부장의 집에서는 공자의 인용구들을 적어놓은 카드 파일 전체가 발견되었다. 마오는 린뱌오를, 그와 마찬가지로 그 고대 철학자를 존경했던 국민당 지도자들에 비유했다.[12] 마오가 떠나자, 왕과 장은 만족해했다. 얼마 후 곧, 그들과 장칭은 공자를 겨냥한 새로운 프로파간다 운동에 착수했고, 이를 린뱌오에 반대하는 기존의 운동과 연결시켰다. 사실 그 운동은 아무것도 모르는 총리, 저우언라이를 겨냥한 것이었다.

새로운 운동 뒤에는 위대한 중국 철학자인 공자(기원전 551~기원전 479)가 고대 주周 왕조 시대에 살았다는 게 숨겨져 있었다. 주 왕조에 사용되는 한자는 저우언라이 총리의 성에 쓰이는 한자와 같았다. 공자의 시대에 고대 중국은 지대한 사회경제적 위기의 중심에 놓여 있었고, 주 왕조는 권력을 상실했으며, 전통적인 공동체 관계가 급속히 붕괴되고 있었고, 많은 이들이 조상 숭배에 대해 의문을 표출하고 있었다. 인본주의 철학자였던 공자는 퇴보하는 질서를 두둔했고, 쟝칭과 그 공모 세력은 이를 "반동적"인 것으로 간주했다. 주 왕조의 이름이 저우 총리의 이름과 일치한 것은 좌파들에게는 행운이었다. 그의 성姓에 쓰이는 글자를 부정적인 맥락 속에서 지속적으로 반복한 것은 저우 총리에 대한 제대로 위장된 공격인 듯 보였다. 1970년대 대부분의 중국인들에게, 신문과 잡지에 등장하는 "주周"라는 글자는 국무원의 수장을 떠올리게 만들었다.

그러나 8월, 쟝칭과 그 공모 세력은 깊은 실망을 맛보게 되었다. 마오의 기분이 바뀌었고, 그는 저우 총리에게 제10차 대표대회에서 주요 보고를 하라고 요청했다. 이렇게 해서 저우의 파벌은 상당한 영향력을 유지하게 되었다. 동시에, 왕훙원은 당규黨規의 추가 및 변경사항에 관한 보고를 하고 저우, 캉성, 예젠잉 그리고 인민해방군 총정치부 주임인 리더성李德生 장군과 함께 부주석으로 선출되었다. 주요 선출기관인 정치국 내에서 두 파벌의 세력은 대략 동등했다. 상무위원회 위원 아홉 명 가운데 다수는 저우의 편이었다.[13] 그러나 중요한 결정은 여전히 한 사람이 했기 때문에 이는 아무런 의미가 없었다.

덩은 대표대회에 참석했고, 마오의 지시로 중앙위원회에 선출되기까지 했다.[14] 그러나 왕훙원 및 화궈펑과는 달리, 그가 공식적인 정치국 위원이 된 것은 아니었다. 저우 파벌의 주요 멤버 가운데 하나인 예젠잉 원수는 마오에게 덩이 군의 일부 주요 직위를 겸임하도록 임명해줄 것을 요청했으나, 위대한 조타수는 여전히 덩의 건전성을 시험하고 있는 듯이, "이는 고려해볼 수 있을 것"이라고만 말했다.[15]

1973년 11월 말과 12월 초, 마오는 다시 더 강하게 저우언라이를 공격하면서 덩을 결정적인 시험에 들게 했다. 11월 10일 저녁, 미 국무부 장관에 갓 임명된 헨리 키신저Henry Kissinger가 공식 방문차 베이징에 도착했다. 저우와 예젠잉이 그를 맞이했다. 마오 역시 그를 11월 12일에 한 차례 만났으나 기본적으로는 속기록을 통해 협상을 지켜보았다. 협상이 마무리된 뒤, 마오는 갑자기 총리가 자신에게 뭔가를, 키신저와의 대화에서 일부 세부 내용을 숨겼다고 의심했다. 이 비난은 억지였는데, 저우가 마오에게 보고하러 왔을 때(다른 소식통에 의하면, 그는 마오에게 전화를 하려고 했다), 몸이 좋지 않았던 주석은 이미 자고 있었고 그의 정인情人이자 비서인 장위펑은 그를 방해하고 싶어 하지 않았다. 잠에서 깬 후, 마오는 매우 불만이었고 즉시 총리의 "음모"를 의심했다. 잠시 뒤 속기록을 읽은 후에 또다시 저우가 제국주의자들을 대하는 데 있어 충분히 단호하지 못했다고 생각했다.

키신저는 중국을 대러시아 군사동맹으로 끌어들이기 위해 가능한 모든 방법을 시도했고, 저우는 사실 중국의 독립적인 정책을 정당화하기 위한 노력을 충분히 힘껏 기울이지 않았다.[16] 저우 총리는 지나치게 외교적이었고 극도로 끈질긴 국무부 장관을 자신의 입장 쪽으로 끌어들이는 대신, "아무도 우리가 동맹이라고 생각하지 않는다"는 조건이라면 그의 제안이 수용 가능할 수도 있음을 암시했다.[17] 마오는 자신과 가장 가까운 협력자인 외가 조카딸 왕하이룽과 외교부 한 부서의 장으로, 그와 지도부 사이에서 중개자 역할을 하고 있던 낸시 탕Nancy Tang, 唐闻生을 통해, 즉시 정치국에 자신이 보기에 저우가 미국이 중국을 "핵 우산"으로 보호하도록 하는 데 동의함으로써 미국과 군사협력을 하는 방향으로 기울었다고 알렸다. 물론, 저우는 이런 유의 어떤 행동도 한 적이 없지만, 마오는 격분했고 불평을 늘어놓았다. "어떤 사람들이 우리에게 우산을 빌려주고 싶어 하지. 하지만 우리는 그것을 원치 않는다."[18]

마오는 전에도 의심스러워했지만, 이제는 몸이 좋지 않아 아무도 믿지 않았다. 그의 요구로 저우는 물론 예젠잉의 행위도 정치국에서 몇 번이나 조사를 했고, 여기서 쟝칭과 그녀의 추종자들은 가엾은 그 총리를 "반역"과 "우파 기회주의" 혐의로 고발했다. 쟝칭은 심지어 당내에서 차기 "두 개 노선의 투쟁", 옳고 그름 간 원칙에 기초한 투쟁이 현재 진행 중이라고 말했다. 그녀의 말은 사형선고와 같았다.

참석자들 모두는 그 박해에 참여해야 했다. 아무도 조용히 있을 수는 없었다. 그들 가운데 많은 이들이 저우언라이와 예젠잉의 지지자였지만 모두 속속 일어나 저우와 예를 비난했다. 덩의 차례가 왔다. 눈 하나 깜빡하지 않고, 그도 합창에 동참했다. 달리 무엇을 할 수 있었겠는가? 그런 것이 당의 예절 규칙이었다. 그는 완곡하게 시작했는데, 거의 저우를 옹호하고 있는 것 같았다. 그는 "국제 그리고 국가 간 관계를 한 차례 협상이나 한 문장을 기초로 판단할 수는 없습니다. 전반적인 상황에서 출발해야 합니다"라고 말했다. 그러나 그러고 나서, 숨도 쉬지 않고 덧붙였다.

현재 상황에 관해 말하자면, 우리는 커다란 싸움에 대해 이야기해야 합니다. 그러나 현재 어느 쪽도, 특히 미국이나 소련 어느 쪽도 그것에 대해 준비가 되지 않았습니다. 그럼에도, 만일 누군가 진짜 전쟁을 벌인다면, 두려워할 것은 없습니다. 과거, 우리는 "수수와 소총"만 가지고 일본 침략자들을 물리쳤고, 지금 우리는 똑같은 "수수와 소총"을 갖고 (모두를) 무찌를 수 있습니다.

그러고 나서 저우언라이 문제로 돌아와 말했다. "당신은 주석에서 단지 한 발짝 떨어진 거리에 있습니다. 나머지 우리에게, 주석은 비록 우리도 볼 수는 있지만 닿을 수는 없습니다. 하지만 당신은 그를 볼 수 있을 뿐만 아니라 그와 이야기를 나눌 수도 있습니다. 앞으로는 이 점을 기억하기 바랍니다."[19]

이처럼 덩 역시 독립적이고 자주적인 외교정책을 "거부"한 데 대해 저우를 비난하고 있었다. 저우는 필경 제국주의자들을 두려워했기에, 한쪽으로, 소련에 대항한 미국과의 동맹쪽으로 "기울었"고, 위대한 조타수에게 협상 결과를 제때에 알리지도 않았다.

덩이 조용히 있지 않고, 당의 원칙을 고수한다는 것을 보여주었다는 소식을 듣고, 마오는 열광했다. 그는 흥분해서 "나는 그가 말을 잘한다는 것을 알고 있었다"고 말했다. "그는 내 도움을 전혀 받을 필요가 없어."[20]

이렇게 덩은 가장 중요한 이 시험을 통과했다. 그 시련은 저우에게 끔찍한 영향을 끼쳤다. 그의 전기 작가 가운데 한 사람은 "그는 산산이 부서졌다, 몸도 그리고 마음도. 그는 더 이상 먹지도 자지도 못했다"고 적고 있다.[21] 2년 후, 격정이 가라앉은 뒤에 그리고 저우가 살날이 얼마 남지 않게 되었을 때, 외교부 부부장 챠오꽌화乔冠华가 1973년 11월 저우를 괴롭히는 대열에 자신이 참가했던 것에 대해 유감을 표하러 병원에 있는 그를 방문했다. 경험을 통해 현명해진, 그리고 죽음의 문턱에 한 발을 디딘 저우는 조용히 대답했다. "당신이 통제할 수 있는 상황이 아니었습니다. 당신이 그 상황을 통제할 수 없었어요. 모두가 목소리를 높였지요. 당신은 나와 함께 수십 년간 일을 해왔어요, 특히 미국 문제에 대해서. 목소리를 높이지 않고서 어떻게 곤경을 면할 수 있었겠습니까? 게다가 아무도 완벽하지 않아요. 내가 흠 잡히지 않아야 할 이유가 있나요?"[22]

저우는 모든 것을 정확하게 이해했다. 그 역시 "자신이 바라지 않던 많은 것을 말하고 또 행했다."[23] 챠오꽌화에게 했던 말을, 저우는 덩도 용서를 구하러 찾아왔다면 덩에게도 했을지 모른다. 그러나 덩은 나타나지 않았다. 그는, 저우 못지않게, 중국공산당에는 단 한 명의 우두머리만 존재할 수 있고 다른 모든 사람들은 그의 뜻에 복종해야 한다는 것을 알고 있었다. 주석에 대한 확실한 충성이 성실, 우정, 사랑 그리고 품위와 같은 다른 모든 감정보다 위였다. 그러니 왜 용서를 구하는가?

게다가, 12월 초에 저우를 다시 공격한 것에 만족한 마오는 이제 총리에게 너무 가혹했다는 이유로 쟝칭을 공격하며, 당내에 "두 노선의 투쟁"이 벌어지고 있다고 주장한 것은 잘못이었다고 말했다. 그는 "그렇게 말해서는 안 된다"고 보고, 쟝칭이 아마도 권력을 장악하기 위해 "안달이 나" 있었을 것이라고 덧붙였다. 그는 또 자신과 야오원위안을 정치국 상무위원회에 포함시켜 달라는 아내의 요청도 거절했다.[24]

당내에서 덩의 위치는 곧 철저하게 변했다. 1973년 12월 12일, 저우의 문제가 매듭지어진 지 단 사흘 만에, 마오는 다시 정치국회의를 소집하고 덩을 그 최고기관으로 끌어들일 것을 정식 제안했다. 게다가 참석자들에게 덩을 중앙군사위원회 위원으로 확정할 것을 요청했다. 그는 덩을 향해 몸을 돌려 장난조로 말했다. "당신에 대해 말하자면, 내가 좋아하는 사람이오. 우리 사이에는 모순도 있지만, 십중팔구는 없고, 단 하나만 있소. (다시 말해), 아홉 손가락은 건강하고, 하나는 아픈 거요."

잠시 후, 마오는 정치국 위원들에게 덩을 이미 그들의 비공식 "참모"장으로서 소개했다(서기처의 총서기직이 정치국 내에 더 이상 존재하지 않았기 때문에, 덩은 다시 이런 일들을 수행하게 될 것이었다). "어떤 사람들은 그를 두려워하지만, 그는 다소 단호하게 행동합니다. 만일 그의 삶을 전체적으로 평가한다면, 단점과 장점이 30 대 70입니다. 그는 여러분들의 오랜 수장首長이고, 나는 그에게 돌아오라고 요청했습니다." 덩을 쳐다보며, 그는 다시 농담을 했다. "어이 당신! 사람들이 당신을 두려워해요. (하지만) 당신에게 내 의견을 말해주겠소. '외유내강, 면리장침外柔內剛, 绵里藏针' 겉으로는 좀 더 상냥하되, 안으로는 강철처럼 단단하라. 과거의 잘못을 점진적으로 극복하시오. 아무것도 하지 않는 자는 아무 실수도 하지 않습니다. 일을 하면, 항상 실수를 하지요. 그러나 아무 일도 하지 않는다면, 그것 자체가 실수입니다."[25]

당연히 그의 두 제안, 즉 덩을 정치국과 군사위원회에 포함시키는 것은 만장일치로 채택되었다. 12월 말, 마오는 군사위원회 위원들에게 덩을 이렇게 소개했다.

> 우리 당내에는 아무것도 하지 않으면서도 실수를 범하는 사람이 있었지만, 덩샤오핑은 실제로 일을 하면서 실수를 했습니다. 그러나 그는 자신의 행동에 대해 생각해볼 기회가 있을 때, 그 기간 동안 자아비판적 분석을 매우 잘 수행해왔고, 이는 그가 실수를 저지르면서도 그것을 인정하고 고칠 만큼 충분히 대담했다는 것을 증명합니다.

더 나아가 "그에 관해서 말하자면, 난 그를 좋아합니다. 그는 싸우기에 여전히 훌륭한 사람입니다." 끝으로, 마오는 좋아하는 농담을 반복했다. "내 생각에, 그는 솜처럼 부드러워 보이지만, 사실은 바늘처럼 날카롭습니다."[26]

마오의 신뢰는 당연히 덩을 고무시켰는데, 주석이 쟝칭은 물론 저우의 지위도 함께 약화시켰기 때문에 특히 그랬다. 이 모든 것이 새롭고 급격한 경력 경로로 이어질 것이라는 희망을 고취시켰다. 우리는 아마도 덩은 항상 마오의 사람이었고, 사정을 잘 알고 있는 사람들의 증언으로 판단하건대, 그는 좌파 파벌에 속한 적이 없을 뿐만 아니라 "엄격히 말하면 … 저우의 파벌에도 (속한 적이 없다)"고 확신할 수 있을 것이다. 사실 덩이 저우를 필요로 했던 것보다 저우가 그를 더 필요로 했다.[27] 덩이 가장 밀접한 관계를 맺어온 사람들은 여전히 항일전쟁과 내전 기간에 그가 함께했던 인민해방군 사령관들, 예젠잉 그리고 그 밖의 장군들과 장교들이었다.[28] 그는 저우 그리고 그의 국무원 출신 관료들과 사무적인 관계를 유지했으며, 그들 편을 든 것은 기본적으로 그도 그들도 장칭 그리고 그녀의 좌파들과 견해가 맞지 않았기 때문이었다. 덩과 저우 둘 다 위대한 조타수를 숭배했지만, 그들은 중화인민공화국을 선도 국가의 반열로 이끌기 위해 문화대혁명의 혼란을 종식시키고자 하는 바람에서 손을 잡았다. 중국 내에서의 파벌 전쟁은 계속해서 가열되었다.

한편, 덩은 마오의 지시로 중요한 외교적 임무를 준비하고 있었다. 1974년 3월 20일, 주석은 4월에 개최될 유엔총회의 한 세션에 참석토록 덩을 뉴욕에 보내기로 결정했다.[29]

1971년 중국이 유엔에 가입한 이후로 세계적 기구인 유엔의 높은 연단에 서서 연설을 한 중국의 고위직 대표가 단 한 명도 없었기 때문에 이는 대단한 영광이었다. 총회 참석은 대내외적으로 저우의 예정된 후계자로서 덩의 권위를 강화시켜줄 것이었다. 그것은 "그(덩)의 시대가 왔다"는 의미일 것이었다.[30] 그것은 또한 11월과 12월 저우와 예에 대한 공격으로 심하게 흔들린 병든 저우 총리 파벌의 지위를 강화시켜줄 것이기도 했다.

좌파들은 물론 이런 일이 일어나지 않기를 바랐다. 장칭은 덩이 "국내 업무로 부담을 안고 있고" 따라서 갈 수 없다고 주장했다. 그러나 마오는 단호했다. 그는 누구의 어떤 반대도, 심지어 아내의 반대까지도 들으려 하지 않았는데, 그녀는 당내 투쟁에 너무 깊이 연루된 나머지 더 이상 남편의 기분을 이해하지 못하는 듯했다. "쟝칭!" 마오는 결국 격분하여 소리를 질렀다. "덩샤오핑 동지의 출장은 나의 생각이오. 당신이 반대하지 않으면 좋겠소. 신중하고 자제하시오, 내 계획에 반대하지 마시오."[31]

쟝칭은 굴복해야 했고, 1974년 4월 6일 덩은 뉴욕으로 떠났다. 그의 환송은 그가 맡은 임무의 중요성에 걸맞게 거창했다. 마오를 제외한 당 지도부 전체가 공항에 집결했다. 또한 4,000명이 넘는 노동자 대표들도 운집했다. 최고 수준의 환송이었다. 최고위급 지도자들은 덩이 특별 임무를 수행하기 위해 미국으로 가고 있다는 것을 알았다. 그것은 인류가 세 개의 세계로 나뉘어졌다고 보는 위대한 조타수의 새로운 외교정책 독트린을 유엔의 연단에서 전 세계에 제시하는 것이었다. 마오는 초강대국, 즉 미국과 소련을 제1세계로 지정했다. 일본, 유럽 국가들, 호주 그리고 캐나다는 제2세계로, 다른 모든 국가들은 제3세계로 지정했다. 마오에 따르면, 중국이 속한 제3세계는 패권 국가들, 즉 미국과 소련에 대항한 투쟁 안에서 단결해야만 한다. 1974년 2월 말 마오가 잠비아 대통령 케네스 카운다Kenneth Kaunda와의 대화에서 처음 윤곽을 제시한 이 독트린[32]은, 중국은 외교정책에 있어 자주의 원칙을 견지하고 두 초강대국 가운데 어느 한 쪽으로 기울어서는 안 된다는 그의 시각을 가장 분명하게 드러낸 것이었다.

4월 10일, 덩은 총회의 한 세션에서 훌륭하게 프레젠테이션을 했다. 이를 직접 지켜본 사람의 회고에 따르면,

내 친구들과 나는 게스트용 발코니에 앉았다. 아래의 홀은 꽉 들어차 있었다. … 발코니에 있던 우리에게 특히 작게 보였던 덩이 그 모습을 드러냈을 때 … 사람들은 우레와 같은 박수로 그를 맞았다. 모두가 그를 환영하기 위

해 기립했다. 나는 통역 없이 그의 연설을 들으려고 했다. … 비록 쓰촨 어조가 아주 강하긴 했지만 … 그의 연설은 매우 잘되었던 것으로 기억한다. 덩은 축하를 받았고 (그날) 그가 중심인물이었다는 것은 분명해 보였다. 물론, 중화인민공화국은 여전히 유엔의 비교적 새 멤버였고, 이 사실 또한 덩의 연설에 관심을 불러일으켰다.[33]

물론, 덩이 연설문을 직접 작성하지는 않았다. 특별조가 작업을 했지만, 그와 저우가 일부를 수정했다. 당 지도부는 텍스트를 오랫동안 논의하고 반복적으로 다시 작성했고, 마오는 결국 여섯 번째 초안을 승인했다.[34] 그 초안은 제1세계의 두 국가가 "오늘날 최대의 국제적 착취자이자 억압자들"이고 심지어 "또 다른 세계대전의 근원"이라고까지 주장하며, 미국과 소련 둘 모두의 국제적 행위에 대해 매우 부정적으로 평가했다. 그러나 그 초안은 "사회주의의 라벨을 과시하는 초강대국은 특히 사악하다"고 강조했다.[35]

총회에 참석해 있던 소련의 외무부 장관 안드레이 그로미코Andrei Gromyko는 화를 숨기지 못했고, 분명 "노동계급의 대의명분에 대한 반역자"라고 여긴 덩을 개인적으로 대하고 싶지 않아, 그의 미국 동료인 헨리 키신저에게 "우리 둘을 대신해" 응수할 것을 요청하기까지 했다.[36]

4일 후, 자신을 축하하기 위해 월도프-아스토리아 호텔에서 열린 만찬에서 키신저와 만난 덩은 자신의 인상을 부드럽게 만들고자 했다. 그는 농담을 하고 편안해지려고 했다. 키신저와 덩은 저녁 8시경부터 밤 11시까지 저녁 내내 이야기를 나눴다. 덩은 담배를 많이 피웠고, 키신저와 마오타이(고가의 도수 높은 중국식 보드카)를 마셨고, 그가 "결코 합의에 이를 수 없었던" 소련 공산주의자들을 비방하고, 심지어 갑자기 의도치 않은 "솔직함"으로 "당신들과 함께 북쪽에 있는 (러시아) 곰의 버릇을 고쳐놓기 위해 (즉, 소련의 패권주의를 억제하기 위해) 당신들과 함께하는 것입니다"라고 말했다. 그러나 키신저는 유엔에서 덩의 연설이 남긴 불쾌한 뒷맛을 금할 수가 없었다. 비록 덩은 역사문제와 외교에 충분히 정통한 것으로 보이지도 않았지만, 키신저에게 대화 상대인 덩의 "개인적 스타일"은 "다소 정면적"이고 심지어 "조금 신랄한" 것 같아 보였다. 게다가 키신저는 최근에야 추방에서 복귀한 덩이 완전히 확신을 갖지 못하고 있음을 간파했다. 그는 자신의 수행원들에게 계속 지원을 구하고 있었고 자주 그들을 쳐다보았다[37](키신저는 덩에 대해 더 잘 알게 된 후 덩에 대한 견해를 급격하게 바꿨고, 결국 "엄청난 우여곡절에 직면하여 자신의 대의명분을 고수했던 우울한 눈빛의 이 용감하고 작은 인물에 대해 지대한 관심"을 갖게 될 것이었다[38]).

뉴욕에 머무른 9일 동안, 덩은 이 멋진 도시에 대해 잘 알 기회를 누리지 못했다. 회의와 리셉션이 꼬리를 물고 이어졌다. 덩이 본 뉴욕은 리무진에 앉아서 브로드웨이, 5번가, 그리고 월스트리트를 지나면서 창밖으로 본 것이 대부분이었다. 4월 14일 일요일, 그는 시내를 여기저기 조금 거닐어볼 수 있었다. 워싱턴 어빙Washington Irving의 고담Gotham에 대한 러시아 작가 막심 고리키Maxim Gorky의 명칭인 노란 악마의 도시City of the Yellow Devil가 그에게 감명을 주었는지는 모른다. 아마 그는 같이 여행한 사람들과 이에 대해 이야기를 나누지 않았을 것이다. 우리는 그저 그가 울고, 젖을 먹이고, 심지어 소변도 볼 수 있는 인형을 포함하여 울워스에서 파는 아이들 장난감을 매우 좋아했다는 것만 안다. 덩을 수행하고 있던, 마오의 통역사인 낸시 탕의 아버지가 덩의 손녀를 위해 그 인형을 구입했다.[39]

귀국 길에 덩은 하루 반나절 동안 파리에 잠시 들렀다. 이곳은 그가 정말 사랑한 도시였다. 젊은 시절을 보낸 여기에서 낯익은 장소들을 찾기를 바라며 중국대사관 관리들에게 파리의 거리들을 돌아볼 수 있도록 차에 태워줄 것을 요청했다. 그러나 모든 것이 변했다. 심지어 저우언라이가 살았고 자신이 잡지 《소년》과 《홍광》을 인쇄했던 고드프루아가의 호텔조차 알아보지 못했다. 시간은 아주 빠르게 흘렀다. 그는 곧 70세에 접어들 것이었다. 거의 모든 삶이 지나갔으나, 여전히 자유로운 몸이 되지 못했다. 공자는 "70세에, 나는 내 마음이 원하는 모든 바를 따라도 어떠한 법도에도 어긋남이 없었다"고 말했다.[40] 그러나 덩은 아직도 다른 사람들에게 자신을 맞춰야 했다.

출발하기 전, 그는 대사에게 한 가지를 더 요청했다. 크루아상과 치즈를 사줄 것. 그는 이것을 베이징으로 가져가 프랑스에서 같이 일했던 전우들에게 선물로 주고 싶었다. 중국은행에 그가 용돈으로 쓸 약간의 경화(미화 16달러)가 지급되어 있었지만, 그는 그 돈을 아껴두었었고 지금에야 쓰기로 결정했다. 대사관 관리들은 즉석에서 그에게 크루아상 200개와 빅 사이즈 치즈 모음을 사주었다(그들이 자신들의 돈을 슬그머니 덩의 16달러에 보탰음이 분명했다[41]).

만족한 빛이 역력한 덩이 이 부르주아 진미를 선물했을 때, 저우언라이, 녜룽전과 젊은 시절 친구들은 얼마나 기뻐했던가! 아마도 그들은 적어도 미국 인형을 선물받은 덩의 손녀만큼은 기뻤을 것이다.

이 많은 양의 프랑스 음식은 가차 없이 삶의 종착역을 향해 가고 있는 저우를 위한 것이었고, 유년시절로부터의 작별인사는 그를 감동시킬 수밖에 없었다. 6월 1일, 마오의 동의로 저우는 마침내 엘리트 인민해방군 305호 병원에 입원했고, 같은 날 그곳에서 수술이 시행되었다. 상태가 다소 호전되었으나, 두 달 후 병세는 다시 악화되었고, 8월 10일 담당 의사들은 다시 수술을 했다.[42] 그러나 그들은 더 이상 그를 도울 수 없었다. 가끔씩 그는 특별히 중요한 당 회의에 나갔다. 생산을 둔화시키겠다고 위협하는 좌파에 대항한 투쟁은 그의 지속적인 주의를 요했다.

마오쩌둥은 비록 덩샤오핑에 대한 애정을 공표하긴 했지만, 계속 당파들 사이에서 입장을 고수했다. 그 또한 치명적 질병을 앓고 있었다. 1974년 여름 그는 루게릭병, 즉 근위축성 측색 경화증^ASL^ 증세를 보였는데, 첫 증세는 오른쪽 팔과 오른쪽 다리가 점차 마비되는 것으로 나타났고, 얼마 후 마비 증세가 목, 후두, 혀, 늑간 근육으로 퍼졌다. 주석이 살 수 있는 시간이 2년을 넘지 않는다는 사실은 의사들에게는 분명해졌다.[43] 그러나 마오는 완고하게 삶에 매달렸고 계속해서 국내와 당의 상황을 예의 주시했다.

마오는 간헐적으로 저우에 대해 그랬던 것 못지않게 쟝칭과 그 외 "천하대란"의 지도자들을 비난하기는 했지만, 그들을 권력에서 쫓아낼 의도는 없었다. 가끔 쟝칭, 왕훙원, 장춘차오 그리고 야오원위안을 향해 그들의 적이 있는 자리에서 "4인방을 만들지 말라"고 짜증스럽게 투덜대기까지 했다. 또 "쟝칭은 성품이 탐욕스럽다!"고 말하기도 했다. 그러나 그는 자신의 전우들에게 "그녀(쟝칭)에게는 하나는 둘로 나뉜다는 원칙을 적용해야 한다. 그녀의 한 부분은 좋고, 다른 한 부분은 그다지 좋지 않다"고 암시하기도 했다.[44] 그와 동시에, 그는 젊은 왕훙원을 꾸준히 진급시켰다. 저우언라이가 입원한 이후, 마오가 정치국의 일상업무를 완전히 책임지고 이끌도록 맡긴 인물은 왕훙원이었다.

자신들을 향한 마오의 비판이 심각한 위험을 제기하지 않는다고 느낀 좌파들은 1974년 9월 초, 노장들을 향해 새로운 공세를 가하기 시작했다. 그러나 이것은 정치국 회의에서 격렬한 갈등을 불러일으켰다. 이번에 주요 적대자는 쟝칭과 덩샤오핑이었다. 그 갈등은 중국을 위해서 현대적인 선박을 해외에서 구입하는 것이 나은지 아니면 중국이 직접 건조하는 것이 나은지를 두고 일어났다. 1974년 9월 말, 중국이 원양 정기선을 성공적으로 건조할 수 있다는 것을 보여주기로 되어 있던 중국 선박 펑칭風慶호가 루마니아로의 항해에서 돌아왔다. 그러나 그럼에도 저우에게 직접 보고한 교통부의 몇몇 관리들은 중국의 조선업이 아직 충분히 발전되지 않았고, 그래서 펑칭호가 얼마나 훌륭할지는 몰라도, 함대 전체를 해외에서 급히 구매하거나 임대해야 할 필요가 있다, 그렇지 않으면, 중국은 펑칭호에 비견할 만한 다른 배가 없을 것이라고 주장했다. 이 말을 들은 쟝칭은 중국의 국력을 모욕한 것에 대해 노여워했고 "조국을 팔아넘기고" 또 "외국 것에 대한 노예근성"이 있다고 교통부와 국무원 전체를 비난했다. 그녀는 차기 정치국 회의에서 직접 덩을 공격했고(저우는 부재중이었다), 그를 사실상 심문했다. "펑칭 문제에 관한 당신의 입장은 무엇입니까? '외국인들에게 비굴하게 행동하는 것'에 대해 어떻게 생각하십니까?" 덩은 폭발했다. 성마른 조사관 역할을 하면서 쟝칭은 덩을 정말로 화나게 만들었다. 덩은 "정치국에서 문제를 논의할 때, 우리는 평등의 원칙에서 나아가야 합니다"라고 받아넘겼다. "다른 사람들을 그렇게 대하는 것은 허용할 수 없습니다! 일이 이런 식으로 계속 진행되면 어떻게 정치국이 협력 정신으로 일을 할 수가 있겠습니까?" 분노로 얼굴이 달아오른 그는 자리에서 일어나 걸어나간 뒤 문을 쾅 닫았다.[45]

쟝칭은 덩이 문화대혁명을 부인했다고 즉시 비난했고, 다음날 왕훙원을 보내 창사에서 휴식을 취하고 있던 위대한 조타수에게 보고하도록 했다. 왕은 마오의 귀에 대고 저우언라이, 예젠잉 원수, 덩샤오핑이 린뱌오의 길을 가기 위한 준비를 하고 있다고 속삭이기 시작했다. 왕은 마오에게 "정치국 회의에서 … 쟝칭과 덩샤오핑 동지 사이에 언쟁이, 매우, 매우 심각한 언쟁이 폭발했습니다"라고 알렸다.[46] 그러나 마비가 진행되고 있는 것 때문에 기분이 아주 좋지 않던 마오는 불끈

성을 내며, 겁먹은 왕에게 "의견이 있으면 그 사람들 면전에 대고 직접 말해야지 이런 방식은 좋지 않다. 샤오핑 동지와 함께 협력해야 한다"고 씨근거리며 말했다. 그러고는 "돌아가서 총리 그리고 예젠잉 동지와 시간을 더 갖도록 하라. 쟝칭과 일치협력하지 말라. 그녀 주변에서 조심하라"고 덧붙였다.[47]

왕은 쟝칭과 자신의 파벌 멤버들에게 마오의 말을 전했다. 그러나 멸시당한 쟝칭은 계속 분노했다. 그녀는 위대한 조타수와 가까운 왕하이룽과 탕원성(낸시 탕)을 불러냈고, 분노로 끓어오르며, 덩은 신뢰할 수 없다고 넌지시 암시했다. 이 상황에서 덩은 적절한 일을 했다. 어느 날 저녁, 그는 쟝칭에게 "마음을 터놓고" 이야기하기 위해 쟝칭의 집으로 직접 찾아갔다. 그러나 나중에 그가 마오쩌둥에게 말한 것처럼, 대화는 아무런 성과가 없었다. "저는 쟝칭을 찾아갔고 이야기를 나눴지만, '철'과 '철'이 부딪친 것이었습니다." 마오는 웃으며 답했다. "그거 좋네요."[48]

위대한 조타수는 그러고 나서 덩과 저우의 파벌에 더 큰 지지를 보냈다. 최근 그는 자신이 추진했던 문화대혁명으로 인해 심각한 타격을 받은 국가경제에 대해 걱정이 깊어지고 있었다. 그는 산업생산량이 하락하고 있다는 것을 잘 알고 있었다. 1974년 채탄과 철강 제련량은 전년도에 비해 각각 9.4퍼센트와 3.07퍼센트 하락했다. 식품과 의류를 포함한 모든 기본 소비재는 배급이 되었다. 그리고 실업률도 있었다. 2억 5000만 농민이 기아에 시달리고 있는 농촌 지역의 상황은 특히 어려웠다. 열차 50퍼센트가 스케줄에 맞게 운행되지 않고 수많은 심각한 사고가 발생하는 등, 운송체계에는 엄청난 문제들이 있었다. 막대한 양의 원자재와 상품들이 소비자들에게 전달되지 않고 있었다. 노동자들, 엔지니어들, 그리고 기술자들은 빈번하게 정치운동에 가담했고, 공장의 지도부는 당파 논쟁으로 분열되었으며, 좌파들은 박식한 경제 전문가들을 "계급 소외자"로 취급해, 전문가보다는 차라리 "공산주의자"인 편이 나은 게 분명했다. 30퍼센트 이상의 기업이 수익을 내지 못했고, 고질적인 재정 적자 문제도 있었다.[49]

마오는 병든 총리를 대체하기 위해 저우 못지않게 실용주의적인 사람이 필요했고, 충성심을 입증한 바 있는 덩이 바로 그런 인물이었다. 1974년 10월 4일, 마오는 왕훙원에게 덩을 총리의 임무를 면하게 해줄 제1부총리로 삼겠다는 그의 바람을 알렸다. 며칠 후, 그는 각각 외가 조카딸 그리고 영어 통역이자, 서로 뗄 수 없는 사이인 왕하이룽과 탕원성에게 덩을 중앙군사위원회 부주석 및 인민해방군 총참모장으로 임명하기로 결정했음을 정치국에 알리라고 지시했다(마오가 행한 세 건의 임명은 사실 모두 예젠잉 원수의 요청에 따른 것이었다[50]). 그는 덩이 프랑스에서 중국공산당에 가입했다는 것을 갑자기 기억하고는, "프랑스 파벌은 훌륭해"라고 지적했다.[51]

장칭은 제정신이 아니었지만 아무것도 할 수 없었다. 마오는 다시한번 경쟁 파벌들을 대등하게 만들었고 그들 사이에서 계속 균형을 유지했다.

1974년 10월 11일, 중앙위원회는 주석이 내놓은 새로운 결의안을 공표했다. "위대한 프롤레타리아 문화대혁명이 벌써 8년째 이어지고 있습니다. 이제는 안정安定해야 할 때입니다. 전당全黨 그리고 전군全軍은 단결해야 합니다."[52](마오는 이 이례적인 생각을 1974년 8월에 처음 말로 꺼냈지만, 이제야 공개되었다.) 11월 초 창사로 찾아온 리셴녠과 왕훙원에게 위대한 조타수는 "우리는 경제를 발전시켜야만 합니다"라고 선언했다.[53] 며칠 후, 역시 그를 찾아온 덩에게 "다른 출구가 없으니, 당신이 이 짐을 짊어져야만 합니다"라고 말했다.[54] 12월 말에, 그는 왕훙원에게 덩샤오핑은 "사상적으로 강하고, 재주가 많은 사람입니다. 당신보다 훨씬 훌륭해요"라고 차분히 설명했다. 즉석에서 덩을 중앙위원회 부주석 그리고 정치국 상무위원회 위원으로도 만들 것을 제안했다.[55] 그러나 자본주의의 길로 기울던 덩의 이전 성향을 기억한 것으로 보인 마오는 경제를 발전시키면서도 수정주의의 심각한 위험을 잊어서는 안 된다고 말했다. 그는 모두에게 프롤레타리아 독재론을 학습할 것을 요구했는데, 그 이유는 "현재 우리나라에 상품제도가 존재하고, 임금체계에 여전히 불평등이 존재하고 … 등등. 이는 오직 프롤레타리아 독재하에서만 제한될 수 있"기 때문이었다.[56]

당연히 마오가 원한 모든 것은 실행되었다. 1975년 1월의 제10기 중앙위원회 2차 전체회의에서, 덩은 만장일치로 중앙위원회 부주석 및 정치국 상무위원회 위원으로 선출되었다. 그리고 같은 달 열린 전국인민대표대회에서 제1부총리로 공식 확정되었다. 이와 함께, 그는 총참모부를 이끌었다. 동시에, 전국에 걸쳐 프롤레타리아 독재론을 학습하기 위한 대중운동이 펼쳐졌다. 이 운동은 마오의 요구에 따라 좌파인 장춘차오와 야오원위안이 이끌었다.

그때 이후 덩의 관심 한가운데에는, 외교정책 문제에 더해, 경제발전의 문제가 자리를 잡았다. 1975년에 그는 1964년 12월 저우언라이가 처음 제시한 4개 현대화—농업, 공업, 국방, 과학기술—라는 장기 계획을 실행하기 위해 분투하며, 군과 경제를 추스르기 위해 적극적으로 일하기 시작했다.

이 계획에 의하면, 1980년까지 중국은 독립적이고 비교적 완전한 공업체계와 전반적인 경제를 만들어낼 수 있어야 했다. 20세기 말까지는 주요 국가들의 현대적 발전 수준에 도달해야 했다. 저우 총리는 이 계획을 1975년 1월의 전국인민대표대회 회의 정부공작보고에서 재차 공표했다. 그러나 당시에 그는 그 계획의 입안자가 아니었다. 계획의 기본 특징은 리푸춘 그리고 재능 있는 경제 전문가인 위치우리余秋里 두 주요 인물이 속해 있던 국가계획위원회에서 1974년에 이미 그려놓은 상태였다.[57] 덩 역시 그 계획의 작성에 관여했다. 저우언라이의 보고서를 작성했기 때문이다. 그는 "내가 그 연설문을 작성했다"면서 "우리는 5,000자를 넘기지 않았다. 저우는 육체적으로 너무 허약했다. 연설문이 길었다면 그가 다 읽지 못했을 것이다"라고 회고했다.[58]

1월에, 덩은 (1975년) 전국인민대표대회 1월 회의 이후 국방부장이 된 예젠잉 원수와 함께 참모총부 군단장급 이상의 군관 회의를 소집하고, 파벌주의, 무엇보다도 간부들 사이에서의 파벌주의에 대한 투쟁을 공표했다. 그는 모호하지 않은 명확한 용어를 사용하여, 끝없는 "비판과 투쟁" 운동으로 군의 규율을 혼란에 빠뜨린 좌파들의 파괴적인 행위에 대해 언급했다.[59]

곧 이어 덩은 철도 수송을 정돈하는 문제를 다루었다. 그러고 나서 철강 생산 문제로 전환했고, 이어서 국방산업, 그리고 마지막으로 교육, 문화, 과학 문제로 방향을 돌렸다. 그는 거듭해서 회담, 집회, 회의를 소집하여 파벌주의, 즉 좌익주의를 근절하기 위한 자신의 캠페인이 좌파들의 비림비공批林批孔 캠페인과 균형을 이루도록 했다. 그는 모든 당 간부들에게 혁명에서 생산으로 전환할 때가 도래했다고 주의를 환기시키는 데에 모든 노력을 쏟았다. 그는 경제를 염두에 두고, "전당全黨은 이제 우리나라의 전체적인 국가 이익에 대해 심각하게 생각해봐야만 합니다"라고 설명했다. "제가 듣기로 요즘 어떤 동지들은 혁명을 하는 데에만 대담하고 생산을 촉진하는 데에는 그렇지 않다고 합니다. 그들 말로는 전자는 안전하지만 후자는 위험하다고 합니다. 이는 철저히 잘못되었습니다."[60] 그는 좋은 전통을 부활시키고 "당의 신조에 혼란을 야기했던" "사람들"의 이성이 회복될 때까지 기다리지 말 것을 요구했다. 그는 "지도부는 파벌주의에 대한 반대에 있어 분명하고 확고해야 합니다"라고 주장했다. "파벌주의를 고수하는 사람들은 언제든 필요한 때에 다른 직으로 전환되고, 비판받거나 투쟁의 대상이 되어야 합니다. 우리는 일을 질질 끌거나 영원히 기다려서는 안 됩니다."[61]

1975년 5월 말, 그는 지도자의 3항 "중요" 지시에 기대어 자신의 정책을 이론적으로 안착시켰다. "이론(즉, 프롤레타리아 독재의) 문제에 관해서, 우리는 외부의 수정주의에 반대해 투쟁하고 내부의 수정주의를 허용하지 않아야 합니다." "우리는 안정하고 단결해야 합니다." 그리고 "우리는 경제를 발전시켜야만 합니다." 그는 "이 3항 중요 지시가 이제부터 우리 업무의 모든 범위에 있어서의 계획입니다"라고 선언했다.[62] 우리가 보았듯이 그는 후자의 두 지시를 특히 강조했다.

덩은 상황의 정돈과 관련된 학문적 문제를 해결하기 위해, 국무원에 정치연구실을 만들었다. 연구실을 이끌 인물로 덩에게 충성하는 63세의 지식인 후챠오무를 앉혔는데, 그는 예전에 마오의 개인 비서 가운데 한 명으로 일한 바 있었고 덩의 서기처 멤버로도 근무한 적이 있었다. 문화대혁명 초기에, 후는 덩처럼 주자파 목록에 올랐다. 그 역시 두들겨 맞았고 이런저런 미팅에 끌려나갔지만 결국은 복권되었다. 그는 잘 알려진 저널리스트인 우렁시, 후셩胡繩 그리고 덩리췬과 함께 철학자 겸 경제 전문가인 위광위안于光远을 포함하여 6명으로 구성된 소조를 꾸렸다. 덩은 이 소조를 중앙위원회보다는 국무원에 소속시켰는데, 당시 중앙위원회의 일상 업무가 좌파인 왕홍원에 의해 처리되고 있었기 때문이었다.[63]

장칭과 그녀의 전우들은 반격을 시도했다. 비림비공 운동이 지지부진해진 이후, 그들은 소설 《수호지》에 담겨 있다는 실증주의와 "투항주의"에 반대하는 새로운 이념운동에 착수했다.[64] 이는 모두, 그들이 보기에, "류샤오치 없는 류샤오치 노선"을 따르려 하는 저우언라이, 덩샤오

핑, 그리고 그 밖의 "수정주의자들"을 겨냥한 것이었다.[65]

그러나 1975년 7월부터 덩은, 예젠잉의 제안과 마오쩌둥의 승인으로, 정치국에서 지도적인 역할을 하기 시작했다. 왕훙원보다는 덩이 이 최고 당 기관의 회의를 지휘했다. 그러고는 중앙위원회의 일상 업무를 지시하기 시작했다(마오는 왕훙원을 잠시 저장과 상하이로 보내 지방 좌파들에게 "도움"을 주도록 했다[66]). 덩에게는 주석을 치료하고 있던 주치의들에 대한 감독의 책임도 주어졌다. 이렇게 그는 마오 자신과 저우언라이에 이어 당내 서열 3위를 차지했다. 그러나 주석과 총리 둘 다 건강이 몹시 좋지 않았고, 덩은 언제나 그렇듯 건강 상태가 양호했다.[67]

일찍이 1975년 4월 18일, 창사에서 베이징으로 돌아온 후, 마오쩌둥은 중국을 방문한 북한의 지도자 김일성에게 이미 이렇게 말한 바 있다.

> 둥비우董必武(전국인민대표대회 상무위원회 부위원장) 동지는 사망했습니다. 총리는 아프고요. 캉성과 류보청 동지도 아픕니다. 저도 건강이 좋지 않습니다. 올해 제 나이가 82입니다. 저는 그다지 오래 견디지 못할 겁니다. … 제가 (당신과) 정치에 대해 논의하지 않겠지만, 저 사람이 할 겁니다(마오는 미팅에 참석 중인 덩샤오핑을 가리켰다). 이름은 덩샤오핑입니다. 그는 어떻게 전투를 치를지 알고 있습니다. 수정주의에 맞서 싸울 줄도 압니다. 홍위병들이 그를 숙청했지만, 그는 지금은 괜찮습니다. 그 시절에 (우리 지도자들) 몇몇이 숙청을 당했고, 지금은 복권되었습니다. 우리는 그들이 필요합니다.[68]

그리고 1975년 9월 24일 마오는 북베트남 공산주의 지도자인 레두안Le Duan에게 이렇게 말했다. "우리 지도부는 현재 위기를 맞고 있습니다. 총리가 … 건강이 좋지 않아, 1년 사이에 네 차례 수술을 받았고 (상태가) 위험합니다. 캉성과 예젠잉도 건강이 좋지 않습니다. 저는 82살입니다. 몸이 아주 안 좋습니다. 저 사람만 젊고 강해요"라고 그는 덩샤오핑을 가리키며 말했다.[69]

그러나 덩에 대한 마오의 열의는 곧 사라졌다. 쟝칭과 그 외 좌파들이 심하게 앓고 있는 그 노인의 태도를 바꾸는 데 성공한 것이다. 마오의 조카로, 마오의 남동생 쩌민澤民의 아들인 위안신远新, 그리고 쟝칭에게 가장 헌신적인 사람 가운데 한 명이 이 일에서 결정적인 역할을 수행했다. 10월 초, 무슨 이유에서인지 그 노쇠한 독재자는 왕하이룽과 탕원성 대신에 위안신을 정치국과의 접촉에 있어 자신의 중개자로 삼기로 결정했다. 그는 그저 자신이 항상 따뜻하게 대했던 조카를 그리워했던 것 같았다. 위안신은 고아였다. 그의 아버지는 1943년 위안신이 겨우 두 살이었을 때 살해당했다. 그의 어머니는 재혼했고 그녀는 마오와 쟝칭의 요청을 받아들여 자신의 아들이 그들과 함께 중난하이에서 살도록 허락했다. 기본적으로, 그를 키운 것은 쟝칭이었기에, 위안신이 그녀에게 애착을 가졌다는 것이 놀랄 일은 아니다.

마오와 가까운 사람이 되자, 영리하고 교활한 위안신은 좌파들의 지위를 강화하기 위해 상황을 교묘하게 이용할 수 있었다. 그는 삼촌에게 "제가 (덩)샤오핑 동지의 연설을 주의 깊게 들어 보았습니다"라며 속삭였다.

그리고 그가 위대한 문화대혁명의 성과에 대해서는 거의 언급하지 않고, 류샤오치의 수정주의 노선에 대해 거의 비판을 하지 않는다는 생각이 들었습니다. "3항 지시가 가장 중요한 부분이다三项指示为纲"라는 슬로건 중에서 사실상 하나의 지시, 생산 발전만 남았습니다. 올해 저는 그(덩)가 어떻게 이

론을 학습할 것인가, 어떻게 소설 《수호지》를 비판할 것인가, 어떻게 수정
주의를 비판할 것인가라는 문제를 제기했다는 말을 들은 적이 없습니다.[70]

그는 한 달 동안 꼬박 이런 식으로 나갔고, 결국 마오는 견뎌내지 못했
다. 그는 자신이 들은 말을 믿었다. 그는 낮고 우르릉거리는 목소리로,
"도대체 '3항 지시가 가장 중요한 부분이다'라는 것이 무엇인가?"라고 분
명 불만스럽게 위안신에게 물었다.

> 질서와 단결이 계급투쟁을 부정하는가? 가장 주요한 부분은 계급투쟁이
> 고, 다른 모든 것은 목표이다. … 어떤 동지들, 주로 오랜 동지들은 여전히
> 부르주아 민주혁명 단계에 빠져 있다. 그들은 사회주의 혁명을 이해하지
> 못한 채, 불평을 하고 심지어 거부하기까지 한다. 위대한 문화대혁명에 관
> 해 말하자면, 한편으로 그들은 (그것에 대해) 불만이 있고, 다른 한편으로
> 는 (그것으로) 보복을 하고 있다. 그들은 위대한 문화대혁명으로 보복을 하
> 고 있다.[71]

바로 이때, 덩은 큰 실수를 저질렀다. 그는 칭화 대학교 당위원회 부서기
류빙劉冰이라는 사람에게 온 편지를 마오에게 전송했는데, 편지에서 류는
잘 알려진 좌파들인 대학교의 다른 당 지도자들이 저지른 과도한 행위에
대해 불평하고 있었다. 마오는 류빙의 서신이 정직한 사람들을 겨냥한
중상이고, 나아가 "칭화대와 관련된 일은 분리된 것이 아니라 당대의 두
노선의 투쟁을 반영한 것"이기 때문에 그 서신은 자신을 겨냥한 것이라
고 보았다.[72] 이렇게 해서 덩은 결국 마오의 눈 밖에 나게 되었다.

마오의 요구로 정치국 위원들은 "도를 넘은" 쟝칭의 적수를 비판하
기 시작했으며, 곧 그를 대부분의 직무에서 해임시키고, 그에게 정치국

회의의 개회와 폐회 그리고 대외정책 문제의 처리만을 허용했다. 덩을 겨냥한 새로운 움직임이 중국 전역에 걸쳐 가속화되었다.

　　마치 장칭의 파벌이 승리한 것처럼 보였다. 중국은 "옳은 평결을 뒤집으려는 우경의 바람"右傾翻案风에 반대하는 투쟁이라는 기치하에 1976년 새해를 맞았다. 그러나 덩은 희망을 잃지 않았다. 그는 생애 세 번째인 또 한 번의 위신 추락이 곧 끝나리라는 것을 예감한 듯했다. 다가오는 1976년 새해, 용의 해―즉, 그의 해는 새롭고 더 높은 상승을 위한 서곡이 될 것이었다.

17

새로운 시험

★
★
★

언제나 그랬듯 마오는 딱 한 가지만 원했다. 덩이 뉘우치는 것. 철저히 그리고 돌이킬 수 없게. 그러나 뜻밖에도 덩은 성질을 보였다. 어떤 자세를 취한 것은 아니었지만, 그는 낯설게 대응하기 시작했다. 위대한 조타수의 요구로 그를 비판하고 있던 정치국 위원들과의 대화에서 그는 질서회복 정책이 옳았다고 주장하며 자신의 정책을 지지했던 주석의 말을 직접 인용하면서 방어하려고 했다. 심지어 문화대혁명의 전면적 성공을 선언하는 결의안 작성 임무가 부과된 중앙위원회 대책 위원회를 이끄는 것을 거부하기까지 했다. 마오는 공과 과의 비율을 70 대 30으로 하기를 원했다.[1] 그러나 덩은 자신이 "한 왕조도 그리고 위와 진 왕조에 대해서도 모르는 도원향에 살고 있던 사람이었다"고 대답했다.[2] 그는 이 이미지를 유명한 이상향인 도원향의 작가 도연명(356~427)에서 차용했는데, 이 작품은 진시황(공교롭게도 그는 위대한 조타수가 좋아하는 역사적 인물 가운데 하나였다) 통치 시기에 땅끝으로 도망쳤던 어떤 부족에 대한 이야기를 담고 있다. 따라서 그 부족은 이후 왕조들의 역사에 대해 잘 알지 못했다. 마오는 그를 매우 잘 이해하고 있었는데, 그 자신이 농담조로 문화대혁명 기간에 억압을 당했던 노장들을 "도원향에 사는 사람들"이라고 불렀기 때문에 특히 그랬다. "6년 혹은 7년 동안 사건들에서 떨어져 있다 보니 그들이 모르는 게 많아."³ 그러나 마오의 이런 평가에 대해 덩은 전혀 농담을 하고 있지 않은 것 같았다. 그는 퉁명스럽게, 추방된 사람으로서 자신은 문화대혁명에 대해 어떤 것도 좋게 말할 수 없다고 단언했다. 마오가 그것에 대해 어떻게 화를 내지 '않을' 수 있었겠는가?

물론, 옛 제2호 주자파는 시류에 역행하고 있었다. 그는 더 이상 마오와 예전처럼 티격태격할 수 없었다. 어쩌면 단지 부당한 박해에 지쳤을지도 모른다. 아니면 주석이 그리 오래 살지 못할 것임을 알고, 더 이상 아무것도 두렵지 않았을 것이다. 베이징으로 돌아온 후 2년 동안, 덩은 당내에서, 국가 기구 내에서 그리고 가장 중요한 것으로, 군대 내에서 자신의 지위를 크게 강화시켰다. 그는 중국공산당과 인민해방군 원로들에게 오랫동안 존중받아왔고, 경제를 성공적으로 잘 다룬 덕분에 지금은 대다수 간부들의 공감도 얻었다. 그는 국방부장 예젠잉은 물론, 좌파들의 과도한 행위에 지친 압도적 다수의 장성들에게도 존경을 받았다. 그러나 그들 가운데 누구도 덩을 지지하기 위해 마오를 거스르려고 하지는 않을 것이었다. 당내에서, 군대에서, 그리고 인민들 사이에서 위대한 조타수의 권위는 덩의 권위보다 너무도 훨씬 강력했기 때문에, 지도자이자 스승인 마오가 원하기만 했다면, 예젠잉과 모든 장성들은 주저하지 않고 덩을 희생시켰을 것이다. 그러므로 덩은 주석과 직접 충돌할 수 없었다. 곧 자신이 자제해야만 한다는 것을 알았다.

12월 20일 정치국 회의에서 그는 결국 자아비판을 했고, 뒤이은 1976년 1월 2일과 3일 회의에서는 자아비판을 더욱 확대했다. 게다가 수많은 "과오"를 자백한 서면 자아분석을 당 지도부에 제출했다. 그는 마오에게 비슷한 내용의 서신을 보냈다.[4] 그러나 주석은 그 완고한 사람을 용서하려 하지 않았다. 1975년 11월에 시작된, 기본적으로 덩을 겨냥한 "옳은 평결을 뒤집으려는 우경의 바람"에 반대하는 전국적인 운동은 지속적으로 힘을 얻었다.

이제 덩은 가족과 많은 시간을 보냈다. 덩, 쥐린 그리고 나머지 가족들은 이제 톈안먼 광장에서 멀지 않은 도심의 대저택에 살았다. 그곳에 친구 허룽 원수가 살았는데, 문화대혁명이 고조에 달했던 1969년 6월 9일, 끊임없는 박해와 굴욕에 지친 그는 자살을 했다. 그가 사망한 후 그 집은 오랫동안 빈 채로 남아 있었다.

덩은 그곳에 사는 것이 좋았다. 흔히 밤에 테라스에 앉고, 안뜰을 거닐고, 장난감을 갖고 노는 손주들을 보는 것이 좋았다. 이제 손주가 둘이었다. 손녀 몐몐에다 이제 맏딸 덩린이 낳은 손자 멍멍^{萌萌}(어린 싹이라는 뜻)이 있었다. 멍멍은 조산으로, 태어날 당시 몸무게가 1.5킬로그램을 겨우 넘겼지만 꽤 건강하게 자랐다.[5] 1976년이 시작될 때 멍멍은 1년 반을 갓 넘겼고, 그의 할아버지는 당연히 멍멍을 사랑했다.

손주들은 위안을 주었지만, 덩은 자신의 불행을 완전히 잊을 수가 없었다. 그의 아내와 자식들은 그가 가끔 "눈을 감고 공상에 빠졌다"고 말했다. 매일 밤 "어둡고 둘러막힌 현관에서 램프 하나가 탔다. 아빠는 거기 혼자 앉아 있었다. 종종 오래, 오랫동안."[6]

자신의 운명에 대한 반성과 뒤섞인 것은 저우언라이에 관한 쓰라린 생각들로, 저우는 1976년 1월 초까지 벌써 몇 차례나 성공적이지 못한 수술을 받았다. 저우는 자신이 죽어간다는 것을 알았다. 병원 침상에 누워서 그는 가는 목소리로 '인터내셔널가'를 불렀다. 곁에 있던 부인 덩잉차오가 눈물을 삼키며 노래를 같이 따라 불렀다. 덩은 1975년 9월 20일, 저우언라이의 수술이 예정된 날 저녁 총리를 방문했을 때, 저우가 그의 손을 꼭 잡으며 "올해 일을 잘 하셨습니다. 저보다 훨씬 나아요!" 그러더니 갑자기 무리하게 "나는 당에 충실합니다. 나는 인민들에게 충실합니다!"라며 울부짖은 것이 기억났다.[7] 모두 얼어붙었지만, 덩은 오랜 동지를 아주 잘 이해했다. 바로 그 시기에 소설 《수호지》에 추정상 나타난 "항복" 옹호자들에 반대하는 캠페인이 벌어지고 있었고, 좌파들은, 우리가 익히 아는 대로, 저우, 덩 그리고 그 밖의 수정주의 지지자들을 겨냥하고 있었다. 12월 말, 저우는 예젠잉 원수를 불러 약해진 목소리로 어떠한 상황하에서도 권력이 4인방, 즉 쟝칭, 왕훙원, 장춘차오, 야오원위안의 수중에 들어가도록 놔두어서는 안 된다고 부탁했다. 기억나겠지만, 그것은 마오 자신이 한때 그들에게 언급했던 것이었다.[8]

1월 5일, 총리에게 또 한 차례 수술이 행해졌지만, 이틀 후 저우언라이는 혼수상태에 빠졌다. 다음 날 아침, 1월 8일 오전 9시 57분에 그는 숨을 거두었다.

같은 날, 덩은 정치국 회의를 소집했다. 저우의 장례를 조직할 위원회를 구성하고, 위원회를 공식적으로 마오가 직접 이끄는 데에 의견이 일치되었다. 1월 9일 아침 일찍, 저우의 서거 소식이 대중에 공식적으로 알려졌다.[9]

많은 사람이 총리를 애도했다. 대부분의 중국인들의 기억 속에 그는 현명하고, 정직하며, 공감하는 사람, 문화대혁명의 야만을 제지하려 했던 "두려움 혹은 비난을 넘어선 기사騎士"로 남았다. 이 이미지는 대중의 의식 속에 뿌리를 내렸다. 장례식 당일인 1월 11일, 100만여 명의 베이징 시민이 마지막 여정에 오른 저우언라이를 배웅했다.

1월 12일 정치국은 총리를 위한 추모회에서 덩이 장례식 연설을 하는 것으로 결정했다. 이는 당연한 것이었다. 공식적으로만이라면, 중앙위원회의 일상 업무를 지휘한 것은 그였다. 장춘차오는 예젠잉을 제안했으나, 변함없이 덩을 지지한 예젠잉 원수는 확고하게 반대했다.[10] 그리하여 1월 15일 인민대회당에서 덩은 정치국이 채택한 장례식 연설의 공식 문구를 읽었다. 중국인들의 눈에, 이는 즉시 그를 친애하는 저우언라이의 후계자로 만들었다. 일반 중국인들 사이에서 덩의 권위는 급격히 상승했다.

1월 15일 늦은 저녁, 저우언라이의 유언에 따라 유골이 중국의 강, 산, 계곡에 뿌려졌다.

닷새 후, 덩은 정치국 회의에서 또다시 자아비판의 발언을 했다. 사람들은 그가 인내의 한계에 달했다는 것을 알 수 있었다. 짧은 발언을 마친 후, 그는 당 지도부 멤버들에게 "모든 중요한, 책임 있는 업무에서" 자신을 해제시켜줄 것을 요청했다. 남아서 좌파들의 비판을 듣지 않은 채, 그는 일어서서, 용변을 봐야 한다고 말하고는 걸어나갔다.[11] 장칭, 장춘차오와 급진주의자들은 그저 분노로 목이 메었다.

다음 날, 1월 21일, 마오위안신은 점잖지 못한 덩의 행위를 마오에게 알렸다. 그러나 마오는 그저 활짝 웃을 뿐이었다. "덩샤오핑 문제는 여전히 인민 내부의 문제야(덩은 적이 아니라는 뜻). 그(덩)는 잘 처신하고 있고 류샤오치와 린뱌오처럼 대립하지 않는 능력이 있어." 잠깐 침묵한 뒤 이렇게 덧붙였다.

덩샤오핑 그리고 류샤오치와 린뱌오 사이에는 여전히 차이가 있어. 덩샤오핑은 자아비판을 할 준비가 되어 있지만, 류샤오치와 린뱌오는 그런 적이 없어…. 샤오핑의 일 문제는 나중에 다시 논의하게 될 거야. 내 생각에 우리가 그의 부담을 덜어줄 수는 있겠지만 그에게서 업무를 박탈할 수는 없어, 다시 말해서, 일거에 그와 헤어질 필요는 없어. … 나는 화궈펑에게 국무원을 이끌도록 요청할 거야. 그는 정치적인 문제에 있어 자신이 충분히 유능

하다고 생각하지 않아. 샤오핑이 외교정책 문제를 처리하도록 해.[12]

일주일 후, 마오는 화궈펑에게 덩 대신 중앙위원회의 일상 업무를 지휘하도록 지시했고, 2월 2일, 정치국은 만장일치로 화궈펑의 임명을 승인했다.

이렇게 해서 덩은 여하한 권력도 갖지 않게 되었다. 하지만 조용해 보이는 화궈펑이라는 별은 급격히 상승했다. 1975년 1월 이후, 그 공안 부장은 저우를 보좌한 12명의 부총리 가운데 서열 6위일 뿐이었다. 갑자기 무덤에 한 발을 들여놓은 마오가 갑자기 화궈펑에게 축복을 내려 그를 부총리로 만들고 중앙위원회를 맡도록 했다. 분명히 화궈펑 자신도 이를 예상하지 못했다. 그러나 마오의 생각은 이해할 만했다. 화궈펑은 덩의 파벌에도 좌파 파벌에도 속하지 않았다. 그는 항상 거리를 두었고, 바로 그것이 그가 파벌들 사이에서 계속 균형을 유지하고 있던 위대한 조타수의 마음에 든 이유였다. 주석에게 혼신을 다해 헌신적인, 그렇지만 무채색에 너무 야심적이지 않은 그는, 서로 싸우는 파벌들 사이에서 중재자 역할을 맡도록 하기에 완벽했다. 좌파와 우파 모두 그를 받아들여야 할 것이었다. 마오는 "사람들은 그의 태도가 두드러지지 않는다고 말한다"고 판단했다. "그것이 내가 태도가 두드러지지 않는 그 사람을 택하는 이유다."[13]

그 후, 중앙위원회는 덩샤오핑의 비판과 관련하여 책임이 있는 관리들에게 새로운 "마오쩌둥의 중요 지시"를 배포했다. 지시의 내용은 다음과 같았다.

덩샤오핑은 "3항 지시가 가장 중요한 부분이다"라는 구호를 주창했다. (그러나) 그는 이 문제를 정치국과 검토하지 않았고, 국무원에서 논의하지 않앉고, 내게 알리지 않은 채, 그저 혼자서 이야기했다. 이 사람은 계급투쟁에 제대로 관심을 기울인 적이 없다. 그것은 그에게 가장 중요한 부분이었던 적이 없다. 그리고 "백묘", "흑묘", 다시 말해 제국주의든 마르크스주의든 상관이 없다는 문제가 있다. 그는 마르크스-레닌주의를 이해하지 못하고 부르주아지를 대표한다. … (그러나) 우리는 그를 도울 필요가 있다. 그의 잘못을 비판하는 것은 그를 돕는다는 의미다. 일이 되는 대로 내버려두는 것은 좋지 않다.[14]

주석의 지시에 따라, 1976년 2월 25일, 화귀펑은 "잘못된 수정주의 노선"에 대해 성, 자치구, 중점도시 그리고 군구의 당 지도자들이 덩샤오핑을 실명으로 비판하기 시작할 수 있도록 했다. 물론, '대자보'를 게시하는 것과 라디오와 언론에서 덩을 비난하는 것은 금지되었다. 그 수정주의자에 대한 비판은 회의에서만 가능했다.[15]

좌파들은 상황을 즉시 이용했다. 쟝칭이 특히 적극적이었다. 며칠에 걸쳐 그녀는 열두 개 성과 자치구의 지도자급 관리자 회의를 소집했고, 여기서 덩을 "반혁명적 표리부동자", "파시스트", "매판, 지주, 부르주아지의 대표"라고 불렀다. 심지어 "중국 내 국제 자본주의의 대리인"이라고 부르며 "조국을 배반"했다는 혐의를 제기하기까지 했다.[16]

이는 물론 지나친 것이었다. 쟝칭은 분명 덩의 문제를 "인민 내부"의 문제로 생각하는 위대한 조타수를 반박하고 있었다. 화귀펑에게 그녀의 연설에 대해 들은 마오는 격분했다. 그는 화귀펑의 보고서에 "쟝칭은 많은 일에 지나치게 간섭하고 있다. 그녀는 열두 개 성 (지도자들의) 회의를 별도로 소집하고 연설을 했다"고 적었다.[17]

그러나 마오쩌둥조차 쟝칭을 복종시키는 데 애를 먹었다. 언론에서 덩의 이름을 언급하지 말도록 금지했음에도, 좌파들은 그녀의 리더십하에 신속하게 반反덩 모음집을 편찬했다. 이에는《덩샤오핑 연설 발췌》 《덩샤오핑 연설과 마르크스, 레닌, 마오 주석의 가르침 비교》《덩샤오핑 연설과 공맹 도덕 교리 비교》그리고《덩샤오핑 연설과 기회주의 지도자들 비교》등이 있었다. 그들은 심지어 '덩샤오핑에 단호히 반대한다'라는 제목의 다큐멘터리도 제작하기 시작했다. 3월, 덩과 가족은 현재 살던 고급 주택에서 보다 소박한 주택으로 강제 이주를 당했다.

"옳은 평결을 뒤집으려는 우경의 바람"에 반대한 캠페인은 덩에 대한 비판과 함께 하나의 프로파간다 운동으로 통합되었다. 공장, 기관 그리고 인민공사에서 대중 집회가 열려 그 연로한 주자파에게 다시 새롭게 비판이 가해졌다. 그러나 이번에 쇼에 참가한 사람들 상당수는 입으로만 틀에 박힌 상용 문구들을 뱉어내며 그럭저럭 해나갔다. 사람들이 새로운 운동을 지지하지 않고 있다는 것을 알 수 있었다. 결국 덩은 저우언라이의 정당한 후계자로 간주되었던 것이다. 그는 화궈펑 같은 사람들로 대체될 수 없었다. 갓 세상을 뜬, 친애하는 총리의 은혜로 보호를 받아온 사람을 어떻게 욕할 수 있겠는가? 보통 중국인들은 덩의 이름을 경제 회복 그리고 좌파 파벌주의의 그 모든 넌더리나는 현상에 반대하는 투쟁과 연결 지었기 때문에 특히 그랬다. 그러므로 덩에 대한 비판은 실패할 운명이었다.

곧 많은 사람들이 더 이상 참가하지 않았다. 베이징과 그 밖의 도시들에서는 총리 자신이 그를 경멸하는 좌파들의 희생양으로 사망했다는 취지의 소문이 확산되었다. 3월, 많은 곳에서 4인방에 반대하는 '대자보'가 등장했다. 상하이의 〈문회보〉에 저우가, 덩처럼, 주자파였고, 저우가 자신의 추락 이후 덩을 "끌어올리는 데 도움을 주었다"는 것을 암시하는 글이 게재된 이후 불만이 폭발했다. 난징에서는 곧 인민들에게 항의에 나설 것을 촉구하는 전단지가 나타났다. 거의 4만에 가까운 지방의 학생들이 시위에 나섰다. 그러나 경찰은 시위를 해산시켰다. 이 소식은 즉시 베이징에 알려졌다. 그리고 사람들은 톈안먼 광장 위에 높이 솟은 인민영웅기념비에 저우언라이를 기리는 꽃다발과 화환을 놓고 광장 주변 전체를 둘러싼 나무들을 흰색 종이꽃으로 장식하기 시작했다(중국에서는 흰색이 애도의 색이다). 사람들은 인디라 간디Indira Gandhi 그리고 서태후와 같은 여성 통치자들을 비난하는 대자보도 가져왔다(쟝칭의 이름이 언급되지는 않았지만, 대자보 작성자들이 정확히 누구를 염두에 두었는지는 모두가 알고 있었다).

이 움직임은 두 주에 걸쳐 자발적으로 전개되었고 결국 4월 4일, 전통 절기인 청명절에, 톈안먼 광장은 사람들로 꽉 들어찼다. 모두가 매우 흥분되어 있었다. 여기저기서 외치는 소리가 들렸다. "우리는 목숨을 걸고 저우 총리를 지킬 것이다!" "위대한 마르크스-레닌주의자 저우언라이 만세!" "저우 총리를 반대하는 모든 사람들을 타도하자!" 많은 사람들이 인터내셔널가를 불렀다.[18]

쟝칭과 그녀의 측근들은 대규모의, 통제되지 않은 움직임에 겁을 먹었다. 4월 4일 저녁에 열린 긴급 정치국 회의에서 그들은 모든 화환과 꽃을 치우고 승인받지 않은 집회는 진압하기로 결정했다. 화궈펑은 그들을 지지했다(예젠잉과 리셴녠은 "병으로" 회의에 불참했다). 여전히 공안부장이던 화궈펑은 "일군의 나쁜 사람들이 기어 나왔다"고 선언했다. 베이징 시장 우더는 이렇게 덧붙였다. "이것은 사전에 계획된 행동으로 보인다. 1974년부터 1975년까지 덩샤오핑은 대부분의 여론을 조성하는 데 참여했다. … 덩샤오핑은 장기간에 걸쳐 현재의 사건들을 준비했다. … (사건들의) 본질은 분명하다. 이것은 반혁명적 사변이다."[19]

4월 5일, 시위자들에 대처하기 위해 경찰이 파견되어 행동에 나섰으나, 경찰은 저항에 부딪혔다. 경찰이 화환을 수거하고 훼손하기 시작하자 사람들은 화가 났다. 수천 명의 사람들이 소리쳤다. "우리 화환을 돌려 달라!" 싸움이 일어났고, 일부 사람들은 광장의 한 건물에 불을 붙이고 경찰차에 불을 질렀다. 엄청난 노력을 들이고 나서야 폭동은 진압되었다. 수십 명이 체포되었다.

위안신은 마오쩌둥에게 "반혁명적 폭동"에 대해 알렸다─물론, "객관적으로." 그는 대중의 시위에 대한 모든 책임을 덩에게 돌리며, 그를 헝가리 혁명 시기 헝가리 총리였던 임레 너지에 비유했고, 시위자들을 1956년 부다페스트에서 있었던 반反공산주의 봉기의 참가자들에 비유했다. 위대한 지도자는 반란 진압을 승인했다. "대담한 투쟁 정신. 좋아, 좋아, 좋아."[20]

4월 6일 아침, 쟝칭은 전소된 차량들, 대량 학살, 기타 등등 끔찍한 세부 사항들을 알리기 위해 마오에게 들렀다. 그리고 선언했다. "그들(반란 세력)의 주요 배후 조종자는 덩샤오핑이었어요. 나는 그를 고발합니다. 덩샤오핑을 당에서 제명할 것을 제의합니다."[21] 마오는 눈을 치켜뜨고 한참동안 그녀를 쳐다보았지만, 아무 대답도 하지 않았다.

다음 날, 조카에게 새로운 보고를 받고 난 후, 그는 씨근거리는 목소리로 지시를 내렸다. "이에 기초해서 덩샤오핑의 모든 업무를 박탈하라. 그를 당에 남겨두고, 이것이 어떤 영향을 미칠지 지켜보라." 잠시 침묵을 지킨 후에 말을 계속했다. "이번에 (우리는) 첫째, 수도首都, 둘째, 톈안먼, 그리고 셋째, 방화와 싸움이 있었다. 이 세 가지로 좋다. 성격이 바뀌었다. 이에 기초해서 (그를) 축출하라."[22]

같은 날, 그는 화궈펑을 중앙위원회 제1부주석 그리고 공식적으로 국무원 총리에 임명했다. 3주 후, 더 이상 말을 할 수 없게 되자, 그는 자신의 마지막 후계자에게 글을 썼다. "천천히 가라, 불안해하지 말라. 경로를 유지하라. 당신이 일을 맡고 있으니, 내 마음이 놓인다." 두 달 후,

그는 덧붙였다. "국내 문제에 주로 관심을 기울이라."[23]

당연히 쟝칭과 그 외의 좌파 급진주의자들은 화궈펑의 임명이 못마땅했지만, 덩이 해임된 것이 너무 기쁜 나머지 한동안 이 "사소한" 불쾌함은 간과했다. 화궈펑 같은 시골뜨기를 상대하는 것은 쉬울 것으로 보였다.

쟝과 다른 급진주의자들은 기뻐했고, 대부분의 베이징 사람들은 한탄했다. 침묵시위의 표시로 사람들은 자기 집 창문에 작은 병을 놓아두기 시작했다. 덩샤오핑의 이름에서 글자 핑甁은 "작은 병"을 의미하고, 단어 챵타이窗台(창턱)에 있는 글자 타이台는 "꼭대기" 또는 "정상"으로 번역된다. 4인방을 반대하는 사람들은 자기 집 창문에 작은 병을 놓아둠으로써, "덩샤오핑은 여전히 정상에 있다!"라고 말하고 싶었다. 동시에 남자들 사이에서 "고슴도치" 머리 모양小平头이 인기를 얻었는데, 이 이름은 "샤오핑은 우두머리다"라고 번역될 수 있기 때문이었다(글자 두头는 "머리"를 뜻한다).

덩은 적어도 겉으로는 평정심을 유지했다. 1월 말부터—즉, 마오가 그를 해임시키기로 결정한 이후—자택에서 하루하루를 보냈다. 당연히 그는 톈안먼 광장에서 일어난 사건들에 대해 알고 있었지만, 십중팔구 그 사건들과 어떤 연관도 없었을 것이다. 이전처럼 그는 대부분의 시간을 자신의 집무실에서 보냈고, 줄담배를 피우며 생각에 잠겼다. 자신의 문제에 식솔들을 연루시키지 않기 위해, 그들과 거의 이야기를 하지 않았다. 4월 7일 오전 8시, 그는 중앙인민라디오방송을 통해 자신이 당 내외의 모든 직책에서 해임되었다는 것을 알게 되었다. 그 발표는 앞뒤가 맞지 않았다. 한편으로 그 방송은 "톈안먼 광장에서의 반혁명적 사태와 덩샤오핑의 최근 행위에 대해 논의한 후, 중국공산당 중앙위원회 정치국은 덩샤오핑 문제의 본질이 변했으며, (이제 그것은) 적대적 모순(의 문제)

라고 믿는다"고 강조했다. 다른 한편으로 그 방송은 덩이 당내에 남았다고 공표했다.[24] 이전처럼, 혼란의 시기에, 마오는 "현명하지 못한" 덩에게 유혈 보복을 가하고 싶지 않았고, 비록 그를 끌어내리고는 있지만, 4인방에게 힘을 실어주기 위해 서두르지는 않는 것 같았다. 이것은 희망을 가질 이유가 되었다. 덩은 즉시 주석에게 감사의 편지를 보냈다.[25]

한편, 쟝칭은 "반혁명적 봉기"를 이끈 것이 덩이었기 때문에 "대중"은 "덩샤오핑에게 타격을 가하고 그를 붙잡을" 준비가 되어 있다는 소문을 당 지도부 사이에 퍼뜨리고 있었다. 심지어 당 지도자들에게 덩이 대중 집회를 이끌기 위해 직접 차를 타고 톈안먼 광장에 왔었다고 단언하기까지 했다.[26] 이를 듣고, 쟝칭을 좋아하지 않는, 중앙위원회 판공청 주임 왕둥싱은 즉시 주석에게 덩과 그의 부인을 보호하기 더 쉬운 안전한 곳으로 옮기도록 허락해 달라고 요청했다. 마오는 이에 찬성했다. 이렇게 해서 덩과 줘린은 자식들과 떨어져 베이징 중심에 있는 그들의 옛 대저택에 가택 연금되었다. 그곳에서 그들은 석 달 반 동안 (가사와 요리를 돕기 위해 찾아온 친척과 경호원을 제외하면) 완전히 격리된 삶을 살았다.

덩의 자식들은 자신의 아버지를 공개 규탄하는 데 참여하도록 강요당했고, 이후 다른 곳으로 이사했다. 가족 모두는 덩의 불명예로 인해 심한 고초를 겪었다. "우리 같은 집안은 아예 애를 낳지 말아야 해!" 덩린과 덩난은 자신을 억제하지 못하고 일제히 소리를 질렀다. 여동생 마오마오와 함께 그들은 최악의 사태에 대비하기 시작했다.[27]

한편, 수정주의자 덩을 실명으로 비판하는 요란한 캠페인이 중국에서 전개되었다. 신문과 잡지들은 매일 폭로전을 이어갔고, 라디오와 텔레비전은 그의 "범죄"에 관한 뉴스를 끝없이 방송했다. 그러나 대중에게 그 캠페인은 견인력이 계속 부족했다. 이는 정부 관리들과 법 집행기관 인사들 사이에서조차도 마찬가지였다. 반(反)덩샤오핑 출판물들,

특히 1975년 덩이 준비했던 질서 회복에 관한 문서는 지금 쟝칭과 그 공모자들이 덩이 얼마나 "부르주아적"인가를 보여주기 위해 출판하고 있는데, 오히려 대부분의 독자들에게 정반대의 반응, 즉 그 주자파를 향한 증오가 아니라 인민의 삶을 개선하고자 했던 한 사람에 대한 동정을 자아냈다.[28]

감옥에 수감되었던 한 옛 재소자는 이렇게 회고했다.

> 오후 2시경, 그들은 나를 취조실로 데려갔다. … 거기서 나는 나이가 더 든 세 명의 간부들과 마주했는데, 분명히 공안부 소속인 것 같았다.
> "오늘 신문 읽어봤습니까?" 그들은 내게 물었다.
> "네. 읽어봤습니다."
> "그들이 하고 있는 말에 대해 어떻게 생각합니까?"
> "제가 읽기로는 나쁜 사람들이 광장에서 소란을 일으키고 있고 그 사람들이 혁명군 군인들을 공격했다고 합니다. 하지만 … 이 배후에 있는 사람이 어떻게 덩샤오핑일 수 있는지 이해가 되지 않습니다. … 저 개인적으로는 덩이 불량배들을 선동해서 인민해방군을 공격하려고 했다는 것을 믿을 수가 없습니다. 그는 거기서 성장했어요. 인민해방군을 이끌었고요. 그는 인민해방군으로 살고 있습니다."
> 나는 처벌을 받을 거라고 생각했다. 하지만 그렇기는커녕 그들 모두 활짝 웃음을 지었다. 도대체 뭐가 어떻게 된 거지 라고 나는 생각했다. 그들은 나를 꾐에 빠트리려고 하는 것 같지 않았다. 그들은 만족한 듯 보였다. … 나는 정말로 어리둥절해진 채 내 방으로 돌아갔다.[29]

7월에 덩과 줘린은 자식들과 다시 모이도록 허락을 받았다. 모두 그들이 살던 옛 집에 다시 모였다. 마오마오는 "(아버지와 어머니는) 자식들은 물

론, 사랑스러운 손주들과도 재회했다"고 기록했다.[30]

7월 27일과 28일 밤 이곳 작은 단층집에서, 그들은 가장 끔찍한 지진의 충격을 경험했다. 베이징 서쪽으로 약 145킬로미터 떨어진 진앙지인 탕산시에서 그 위력은 리히터 규모 7.8을 기록했다. 인구 100만의 도시 탕산은 완전히 파괴되었다. 공식 기록에 의하면, 24만 명 이상이 폐허 속에서 사망했고 16만 명 이상이 부상을 당했다.

마오마오는 이렇게 회고했다.

> 나는 현관으로 뛰쳐나가며 외쳤다. "지진이야! 지진이야!" 쾅 소리가 났다! 내 몸은 빙글 돌았다. 현관 위로 천장 일부분이 크게 떨어져 내렸다. … 그때쯤 덩린과 덩난이 나타났다. 우리는 서로 쳐다보았다. "아빠! 엄마!" 우리는 울부짖었고 … 우리는 … (덩과 줘린의 침실에 달린) 자물쇠를 부쉈다. 두 분 모두 진정제를 먹고 깊이 잠들어 있었다. 우리는 두 분을 깨웠고 비틀거리며 밖으로 걸어 나가도록 도왔다. 천지가 움직였다. 깊고 무서운 으르렁거림 소리가 땅속에서 솟아나왔다. … 덩린이 갑자기 소리쳤다. "아이들!" 우리는 흥분해서 아이들을 완전히 잊고 있었다. 우리는 아이들 방으로 뛰어가 곤히 잠들어 있는 아이들을 데리고 나왔다.[31]

그 후 덩과 가족은 집 근처에 급조한 텐트에서 장기간 피난생활을 했다. 대부분의 베이징 거주자들은 길거리와 마당에서 살고 있었다. 사람들은 기적처럼 지진을 견뎌낸, 반은 폐허가 된 집으로 돌아가는 것이 두려웠다.

이런 상황하에서 수도 베이징과 중국 기타 지역의 주민들은 덩을 비판할 기분이 아니었다. 유일한 대화 주제는 지진이었다. 이렇게 해서 대대적인 프로파간다 캠페인은 실패로 돌아갔다.

이내 중국은 또 하나의 뉴스로 흔들렸다. 9월 9일 오전 12시 10분, 마오쩌둥이 사망했다. 나라 전체가 비탄에 빠졌다. 9월 18일, 100만이 넘는 인파가 톈안먼 광장에 운집해 마오의 추모회에 참가했다. 모든 도시와 인민공사에서 추모회가 열렸다. 오후 3시, 비통한 침묵 속에 온 나라가 3분 동안 멈췄다. 들리는 소리라고는 공장에서 나오는 계속된 사이렌의 통곡소리뿐이었다. 화궈펑이 톈안먼 광장에서 추모 연설을 했다. 그는 "마오 주석은 우리 마음속에 영원히 살아 있을 것"이라고 선언하고 당과 군, 중국 인민들이 "슬픔을 강인함으로 전환"시키고, 위대한 조타수의 유언을 실행할 것을 주문했다. "수정주의가 아닌 마르크스주의를 실천하고, 단결하며 분열하지 말라. 정직하고 솔직하며 음모에 가담하지 말라."(마오는 이 유언을 1971년 8월에 당과 군 지도자들에게 남겼다[32]). 화궈펑은 프롤레타리아 독재하에서 혁명을 지속할 필요성을 강조하면서 일련의 대내외 정책 임무를 제시했다. 사람들은 "덩에 대한 비판 그리고 옳은 평결을 뒤집으려는 우경의 바람에 맞선 투쟁을 심화, 발전"시켜야 했다.[33]

마오의 죽음은 덩 자신을 당혹케 했다. 위대한 조타수는 그를 종종 부당하게 대하기는 했지만, 4인방이 덩을 파멸시키도록 놔두지 않았다. 또한 그는 덩이 류샤오치의 길을 걷게 할 수도 있었다. 9월 18일, 덩과 가족은 집에서 그들만의 추모식을 치렀다. 검은 상장喪章을 두르고 반원半圓으로 서서, 덩과 가족들은 망자의 초상 앞에 조용히 고개를 숙였다.[34] 나중에 덩은 마오에 대해 이렇게 말했다. "중국 혁명의 전체 역사 속에서 우리는 마오쩌둥 동지의 영광스러운 이미지를 절대로 훼손해서는 안 된다. … 마오 동지가 자신에게 불복하는 자는 누구라도 '교정'시키고자 했다는 사실에도 불구하고, 어느 선까지 가야 할지에 대해 그래도 일정 정도 고려를 했다."[35]

마오의 후계자 화궈펑 그리고 4인방은 덩에 대한 대대적인 비판 캠페인을 되살리고 그를 계속 가택 연금 상태에 묶어두면서, 덩에게 여론의 압박을 계속 가했다. 그러나 감금 요법은 가벼운 정도였다. 그와 줘린은 그저 길가에 나가지 못할 뿐이었다. 그 밖의 식구들은 언제든 드나들 수 있었기 때문에, 그들은 자기 아버지와 바깥세상 사이에서 중간다리 역할을 할 수 있었다. 실제로 덩에게 신문도 가져다주고 소문도 전달해주면서 이 중간다리 역할을 수행했다.

10월 7일, 덩은 마오마오의 남편 허핑에게 충격적인 소식을 들었는데, 공식적으로 나온 것은 아니었지만 그 내용은, 전전날 화궈펑이 마오쩌둥의 부인인 장칭은 물론 위대한 조타수의 조카인 마오위안신을 포함한 4인방을 중난하이에서 체포했다는 것이었다. 허핑의 부모는 비밀 정보에 접근 가능한 옛 전우에게 몰래 이 소식을 들었다. 그들은 즉시 그 기쁜 소식을 아들과 함께 나누었다.

"이리 와보세요. 이리요. 어서!" 허핑은 장인의 집으로 뛰어 들어가면서 소리쳤다. "그는 땀을 흘리고 있었다"고 그의 부인은 기록했다.

우리는 뭔가 일이 났다는 것을 알았다. … 우리는 도청장치를 조심했기 때문에, 무엇이든 중요한 것에 대해 이야기하고 싶을 때면 모두 욕실로 들어가 말소리가 안 들리도록 욕조에 물을 최대로 틀어놓곤 했다. 그래서 우리는 욕실로 들어갔다—아빠, 엄마, 덩린, 덩난 그리고 나. 우리는 문을 닫고 수도꼭지를 최대로 열어놓았다. 우리는 허핑 주변에 몰려들어 4인방의 파멸에 대해 그가 하는 이야기에 귀를 기울였다.

아빠는 상당히 귀가 먼 데다가 욕조에 물이 쏟아지고 있었기 때문에 잘 들을 수가 없었다. 그 소식을 다시 말해주어야 했다.[36]

덩린, 덩난, 마오마오는 뛸듯이 기뻤고, 덩 역시 너무 흥분해서 피우려고 했던 것도 잊은 채 손에 쥐고 있던 담배를 구기고 말았다.

그야말로 놀라운 소식이었다. 덩은 "조용한" 화궈펑이 4인방을 체포하기로 결심한 것은, 틀림없이 군 최고위급 인사들, 즉 현재까지 덩 자신의 편에 속해온 사람들과 연합을 결성했기 때문일 것으로 이해했다. 물론, 그 쿠데타의 세부 내막에 대해 아는 것은 없었지만, 정치에 관한 한 그는 풋내기가 아니었다. 그는 황홀해했다.

10월 10일, 그는 사흘 전 정치국 회의에서 만장일치로 중앙위원회 및 중앙군사위원회 주석으로 선출된 화궈펑에게 서신을 보내 자신의 기쁨을 표했다.

> 궈펑 동지의 영도하에, 당 중앙위원회는 이 만무방에 철퇴를 가하고 위대한 승리를 성취했습니다. 이는 프롤레타리아 독재를 강화하고 자본주의 복원을 방지하는, 자본주의에 대한 사회주의의 승리입니다. 이는 마오쩌둥 사상과 마오 주석의 혁명노선을 위한 승리입니다. 모든 인민과 함께, 저는 진심으로 크나큰 기쁨을 느끼며, 감정을 금할 길 없어, 크게 외칩니다. "만세! 만만세!" 화 주석의 영도하에 당 중앙위원회 만세! 당의 위대한 승리 그리고 사회주의 대의 만세![37]

그는 나중에 쿠데타의 세부 내막에 대해 알게 되었고, 중국에서 가장 중요한 역할을 하는 것은 군이라는 사실을 다시 한번 확신하게 되었다. 바꿔 말하면, 1927년 마오 자신이 말했듯이 "정권은 총구에서 나온다."

간단히 말해, 내막은 이랬다. 위대한 조타수가 사망한 후, 장칭과 그녀의 지지자들은 화궈펑을 고립시키기 위해 그들이 할 수 있는 모든 것을 했다. 그들은 노장들에게 타격을 가할 준비도 했다. 장칭은 당에서 덩을 축출할 것을 계속 요구했고, 왕훙원은 중앙위원회에 등장한 "수정주의"를 전복시킬 것을 요구했다. 그는 "투쟁은 아직 끝나지 않았다"고 주장했다. 장춘차오도 같은 맥락에서 말을 했다.[38] 군 안팎의 노장 간부들이 동요한 것은 당연하다. 화궈펑도 자신이 안전하다고 느끼지 않았다. 이것이 그들이 협력하게 된 기초였다.

저우 총리가 유언을 통해 4인방을 끝장내라는 임무를 맡긴 국방부장 예젠잉 원수가 그 음모에서 중추적인 역할을 수행했다. 마오의 사망후, 그는 쉬샹첸과 녜룽전을 위시하여, 영향력 있는 베테랑인 리셴녠, 천윈, 덩잉차오, 왕전, 그리고 전 인민해방군 총참모장 양청우杨成武 등 생존해 있는 원수 가운데 두 명의 도움을 추가로 얻었다. 일찍이 9월 12일, 그는 중앙위원회 중앙판공청 주임이자 중앙위원회 경비연대인 8341부대의 사령관인 왕둥싱 장군과 4인방 문제를 논의했다. 왕이 어떻게 대답했는지는 알려지지 않았지만(아마도 자신의 의도를 드러내지 않았을 것이다), 완고한 예젠잉 원수는 물러서지 않았고 이삼일 후에 화궈펑과 직접 이야기를 나눴다. 분명 그는 매우 대담하게 행동했다. 왕둥싱이나 화궈펑 모두 고인이 된 저우언라이 파벌에 속하지 않았다. 그들은 덩의 지지자도 아니었다. 다른 노장들과 허물없이 지내는 사이도 아니었다. 그러나 예젠잉은 전부를 걸었다. 그는 화궈펑에게 "그들은 사퇴를 거부합니다"라고 말했다. "그들은 권력을 잡기 위해 안달이 나 있습니다. 주석은 이제 안 계십니다. 그들과의 싸움은 당신에게 달려 있습니다."[39]

화궈펑은 심사숙고할 시간을 좀 가졌고 만일 시간을 끈다면 당, 국가, 그리고 그들 모두에게 재앙이 닥칠 것임을 깨닫고 불과 일주일 후 리셴녠에게 예젠잉 원수와 만나 언제 그리고 어떻게 4인방 문제를 해결할 것인지 물어볼 것을 요청했다.[40] 예젠잉은 다시 화궈펑을 찾아가 그 문제를 상세하게 논의했다. 10월 초, 예젠잉 원수는 왕둥싱 장군을 다시 만났는데, 그가 없이는 아무것도 안 될 것이기 때문이었다. 원수는 "상황이 긴급하고, 4인방을 제거하는 것 외에는 당과 국가가 달리 선택할 것이 없습니다"라고 선언했다. 그의 말을 다 듣고 난 후, 왕둥싱은 마침내 상황이 어떻게 돌아가고 있는지를 감지하고 동의했다.[41]

예졘잉, 화궈펑, 왕둥싱은 4인방을 체포하기 위한 구체적인 계획에 대해 논의했다. 계획은 단순했다. 출간을 준비 중인 《마오쩌둥 선집》 5권의 교정 논의를 구실로, 화궈펑이 왕홍원, 장춘차오, 야오원위안을 10월 6일 저녁 8시에 중앙위원회 및 정부의 공식 미팅을 위한 홀, 즉 중난하이의 화이런탕에서 열릴 정치국 상무위원회 의사疑似 회의에 초청할 것이었다. 거기서 군 분견대 8341부대 소속 경호원들이 그들을 체포할 예정이었다. 장칭은 집에서 체포할 계획이었다(장칭은 근처 중난하이 내의 같은 거주지, 201번지에 살았다). 마오위안신 그리고 그 외 가장 적극적인 4인방 지지자 가운데 몇몇 사람에 대한 체포도 함께 결정되었다.

10월 5일, 최후의 순간에 만약을 대비해서 예졘잉은 자신에게 충성하는 최고위급 장교들에게 경계 태세를 취하도록 했다.[42] 다음 날 저녁 음모자들은 자신들의 계획을 실행에 옮겼다. 가장 신뢰할 수 있는 29명의 경호장교들이 선발되어 네 그룹으로 나뉘었다. 왕둥싱의 대리인 장야오츠張耀祠 장군 휘하의 그룹이 위안신과 장칭의 체포를 맡았다. 다른 세 그룹은 왕홍원, 장춘차오, 야오원위안을 구속하기로 되어있었다.

경호원 열다섯 명가량이 육중하고 거대한 화이런탕 홀의 차양 뒤에 몸을 숨겼고, 아무 의심 없이 첫 번째로 도착한 왕홍원이 빈 홀에 들어서서 주변을 둘러보기 시작했을 때, 그들은 갑자기 불을 끄고 매복에서 뛰쳐나와 그를 포박했다. 두 번째로 도착한 장춘차오 그리고 늦게 도착한 야오원위안도 같은 방식으로 잡았다. 야오원위안은 정신적으로 너무 동요한 나머지 바닥에 쿵하고 주저앉아 움직이지 않았다. 죄수들은 화궈펑과 예젠잉이 일의 결과를 기다리고 있던 근처의 한 방으로 한 명씩 끌려 갔다. 화궈펑은 억류자들에게 그들이 "당과 사회주의에 반하는 범죄"를 저지른 이유로 체포되었다고 말했다. 그와 동시에, 열 명 정도의 그룹을 이끈 장야오츠 장군은 저녁 8시에 위안신을 구금시키고, 30분 후에는 쟝칭의 집 앞에 도착해 있었다. 용감한 장군은 이렇게 회고했다.

> 우리가 서재에 들어섰을 때, 그녀는 소파에 앉아 있었다. 나는 그녀에게 말했다. "쟝칭, 저는 화궈펑 총리에게 전화 지시를 받았습니다. 중국공산당 중앙위원회는 당신을 격리시키고 중앙위원회의 분열을 겨냥한 당신의 현재 활동들과 관련하여 당신에 대한 조사를 시행하기로 결정했습니다. … 당신은 솔직하고 성실하게 당신의 범죄를 자백하고 징계에 따라야 합니다. … " 내가 이렇게 말했을 때, 쟝칭의 눈은 적의로 불타올랐지만, 조금의 움직임도 없었고 한 마디 말도 하지 않았다. … 그녀는 강하게 항의하지도 않았고 바닥을 서성이지도 않았다. 나는 할 말을 끝냈고 쟝칭은 일어섰다. … 도로에서 공안부의 승용차가 그녀를 기다리고 있었고, 차는 쟝칭이 조용히 들어앉자, 그녀를 태우고 떠났다.[43]

관 속에서 주석의 시신이 채 차가워지기도 전에 부인과 조카를 포함한 그의 최측근 전우들은 체포당했다. 한 시간 반 뒤, 화궈펑과 예젠잉은 베이징 교외에 자리 잡은 예젠잉의 집에서 긴급 정치국 회의를 소집하고 당 최고 기관의 멤버들에게 "위대한 승리"의 소식을 알렸다. 예젠잉 원수는 자신들이 단지 "주석이 살아생전에 하고자 했지만 하지 못했던" 것을 했을 뿐이라고 설명했다.[44] 아무도 분노를 표하지 않았고, 여태껏 쟝칭을 지지해왔던 사람들조차 박수갈채를 보냈다. 간부들 모두 오래전부터 무력에 굴복하는 데 익숙해져 있었다.

그들은 다음 단계로 무엇을 할지 결정하기 위해 밤새도록 만남을 가졌다. 한편, 예젠잉에게 충성스러운 군대는 중앙인민라디오방송국, 신화통신사, 베이징 신문과 잡지의 편집실 등 대중매체를 장악했다. 아침이 다가오는 새벽 4시, 화궈펑은 회의를 마무리하며 예젠잉을 중앙위원회 및 군사위원회 주석으로, 즉 새로운 지도자로 지명했다. 그러나 원수는 정중하게 거절했다. 그는 6개월 후 80세에 접어들어 지도자가 되기에는 너무 늦었고, 게다가 모두 아는 바와 같이, 사망하기 전에 마오가 화궈펑을 후계자로 선택했다. 따라서 예젠잉은 지도자 자리를 화궈펑에게 내놓았고, 이렇게 해서 화궈펑이 새로운 위대한 조타수가 되었다.[45]

당시 화궈펑은 결코 개혁가가 아니었다. 경제학에 대해 아는 것이 거의 없는 당원으로서 그는 마오를 숭배했고 그에게 복종할 줄은 알았지만, 새로운 환경 속에서 망자에 대한 충성으로는 충분하지 않았으며, 화궈펑은 문화대혁명을 지속할 열망이 거의 없는 군 지도자 및 당 원로들과의 동맹을 통해서 권좌에 올랐기 때문에 특히 그랬다.

당연히 쿠데타 직후 그와 원로들 사이에 날카로운 모순이 발생했다. 그 중심에는 덩을 어떻게 할 것인가의 문제가 있었다. 예젠잉 원수, 리셴녠 그리고 그 밖의 원로들은 자신들의 오랜 동지를 정치적으로 복권시킬 것을 화궈펑에게 명백하게 요구했다. 그러나 화궈펑은 반대했다. 두 가지 프로파간다 캠페인이 그의 영도하에 전국에 걸쳐 시행되고 있었다. 바로 4인방의 정체를 드러내기 위한 캠페인과 덩샤오핑을 비판하기 위한 캠페인이었다. 화궈펑은 후자의 캠페인을 중지할 만큼 충분히 대담하지 못했는데, 이 캠페인의 중지는 그것을 시작한 마오쩌둥에 대한 배신을 의미할 것이었다. 그는 "중국의 흐루쇼프"로 역사에 기록되고 싶지 않았다. 화궈펑은 "덩에 대한 비판 그리고 옳은 평결을 뒤집으려는 우경의 바람에 맞선 투쟁"은 마오 주석에 의해서 시작되었다고 단언했다. "(이) 비판은 꼭 필요하다."[46] 그는 왕둥싱 그리고 사상적으로 그와 가까운 베이징 시장 우더에게 전폭적인 지지를 받았다. 그들이 덩을 반대할 사적인 이유는 아무것도 없었지만, 그 누구도 마오를 "배신"할 생각은 없었다. 예를 들면, 마오에게 맹목적으로 헌신한 왕둥싱은 당 사상 간부들에게, "덩샤오핑은 4인방과 똑같이 마오(주석), 그의 사상과 혁명 노선을 반대했다. 우리는 4인방의 정체를 드러내는 한편, 덩에 대한 비판을 늦춰서는 안 된다. … 덩은 … 나을 게 없다. 지금까지 그는 문화대혁명을 이해하지 못하고 있다"고 말했다.[47]

자주 있는 일이지만, 1976년 10월, 화궈펑의 주도로, 4인방은 "극좌주의"가 아닌 "극우 기회주의"를 이유로 비판을 받기 시작했다. 10월 8일, 화궈펑은 베이징의 중심 톈안먼 광장에 마오를 위한 기념관, 능묘를 웅장하게 짓기로 결정했는데—사후에 화장되기를 원했던 망자의 유언과는 상반되게—그 안에 방부 처리된 그의 시신이 안치될 예정이었다. 10월 말, 그는 중앙위원회 선전부 관리들에게 "마오 주석이 말한 모든 것과 (심지어) 그가 단순히 고개를 끄덕여 동의의 의미를 나타낸 모든 것을, 우리는 비판의 대상으로 삼지 않을 것이다"라고 말했다.[48]

마오의 언행에 대한 그 같은 태도는 화궈펑에게 있어 그 자신의 권력을 정당화하기 위해 중요했다. 위대한 조타수는 사망하기 몇 개월 전, 이미 병세가 심각할 때 화궈펑을 임명했다. 그가 잘못을 저지를 수 있다면, 특히 병든 상태에서, 그렇다면 그가 새로운 지도자로 화궈펑을 선택한 것은 논쟁의 여지가 없다고 할 수 없었다.

그러나 1976년 12월 중순, 화궈펑은 조금 후퇴했다. 덩이 갑자기 몸이 아파 급히 입원을 해야 했다. 전립선염이 발생해서 수술을 받지 않으면 안 되는 상태였다. 의료진의 작업을 감독하는 일을 직접 맡은 예젠잉 원수, 그리고 동정심을 보여 달라고 화궈펑과 왕둥싱에게 요구한 노장들의 압력하에, 그들은 덩의 전립선 부분 절제를 허락했다. 수술은 실력이 출중한 의사들이 맡아 진행했는데, 이 병원은 덩의 아들 푸팡이 한때 환자로 있던 바로 그 군 병원이었다. 덩은 곧 회복의 길로 들어섰다.

한편, 12월 12일, 예젠잉은 지난 4월 톈안먼에서 일어난 사태에 관한 사실을 4인방이 극도로 왜곡했다는 것을 보여주는 반박할 수 없는 증거를 화궈펑에게 제시했다. 그는 관련 문서들을 바로 동시에 입수했다. 이것은 정체를 해소시키고 덩의 정치적 복권을 위한 길을 열어주었다. 이틀 후, 12월 14일, 예젠잉과 그 외 베테랑들의 주장으로, 중앙위원회는 동 위원회의 비밀 문건에 접근할 수 있는 권한을 덩에게 다시 부여했다. 덩에게 즉시 첫 번째 자료집이 주어졌는데, 《장칭, 왕훙원, 장춘차오, 야오원위안 반당 집단의 죄증에 관하여关于王洪文、张春桥、江青、姚文元反党集团罪证(材料之一)的通知》가 그것이었다. 덩은 그 문건을 숙지하고는 "충분합니다. 두 번째와 세 번째 자료집은 읽지 않겠습니다. 그들의 범죄를 입증하는 데 이것으로 충분합니다"라고 말했다.[49]

며칠 후, 덩이 여전히 공식적으로 가택 연금 상태였음에도 불구하고, 오랜 동지들은 잇따라 그를 만나러 왔다. 부총리 위치우리, 쉬샹첸과 녜룽전 원수, 예젠잉의 아들 등. 그들은 모두 덩이 곧 자유의 몸이 될 것이라는 희망을 표명했다.

1976년이 저물어감에 따라, 덩은 자신이 이내 복귀하게 되리라는 것을 더 이상 의심치 않았다. 그는 병원에서 가족과 함께, 밝은 희망과 기대로 가득 찬 새해를 맞이했다.

18

'실천이 진리 검증의 기준'

★
★ ★

1977년 1월, 저우언라이 사망 1주기에, 베이징에는 톈안먼 광장 사건에 대한 재평가 그리고 덩의 완전한 복권을 요구하는 전단지와 대자보가 등장했다. 이에는 왕둥싱, 베이징 시장 우더, (1975년 말 사망한) 캉성에 심지어 마오 자신에 대한 비판의 내용이 담겨 있었다. 누구의 책임인지 결정하기는 어려웠다.[1]

한편, 덩은 2월 초에 퇴원을 했다. 예젠잉의 지시로, 그와 그의 가족은 베이징 교외의 서산西山에 있는 군사위원회 소유의 주택 단지 내 엘리트 주택에 정착했다. 예젠잉 원수 자신이 근처에 살고 있었다. 결국 그들은 다시 만나 많은 이야기를 했다. 권력투쟁은 새로운 단계로 접어들었고, 이번에는 화궈펑과 그 외 독단적인 마오주의자들이 투쟁 대상이었다.

화궈펑과 왕둥싱은 2월 7일 이 투쟁에 있어 중요한 조치를 취했다. 그들의 지시로, 주요 신문 그리고 잡지《홍기》는 중앙위원회 선전부의 관리들에게 전달된 화궈펑의 기본 사상을 보여주는 사설을 게재했다. "우리는 마오 주석이 내린 정치적 결정이라면 무엇이든 결연히 옹호할 것이다. 우리는 마오주석이 지시한 것이라면 무엇이든 확고히 따를 것이다."[2] 이 노선은 "양개범시"两个凡是로 알려지게 되었다.

이 사설을 읽고 난 후, 덩은 자신이 행동에 나설 필요가 있다고 생각했다. 그는 왕전 부총리와 만나 화궈펑과 왕둥싱의 노선에 대한 자신의 심대한 이견을 표명했다. 덩은 "그것은 마르크스-레닌주의 그리고 마오쩌둥 사상과 일치하지 않습니다"라고 주장했다.[3] 왕전은 전적으로 동의했다. 덩은 나중에 "만일 이 원칙(양개범시)이 옳다면, 저의 복권이 정당화될 길은 없습니다"라고 합리적으로 설명할 것이었다. "1976년 톈안먼 광장에서 군중이 한 행위가 합리적이었다는 성명도 정당화될 길이 없습니다."[4]

최고위급 장성들도 양개범시를 둘러싼 투쟁에 개입했다. 가장 중요한 군 지도자 가운데 한 명으로, 덩과 가까운 전우이자 친구이며, 광둥군구 사령원이자 동 군구의 당위원회 제1서기인 쉬스유许世友 장군은 화궈펑에게 비판적 서신 한 통을 보냈다. 자신의 장교들과 정치 간부들의 이름으로, 그는 화궈펑에게 마오가 문화대혁명에서 저지른 과오들을 인정하고 덩샤오핑을 위시하여 류샤오치, 펑더화이 그리고 린뱌오를 복권시킬 것을 요구했다. 이러한 요구는 화궈펑에게 위협이 되었다.[5]

4인방 비판에 전념한 1977년 3월 중앙위원회 공작회의에서, 마오의 사망 후 갓 정치에 복귀한, 1962년 류샤오치 그리고 덩과 함께 도급제를 지지했던 천윈이 뜻밖에도 발언에 나섰다. 그는 삼가지 않고 직설적으로 말했다.

덩샤오핑 동지는 톈안먼 사변과는 무관했습니다. 제가 듣기로 중앙위원회 몇몇 동지들은, 중국 혁명과 중국공산당의 필요를 고려하여, 덩샤오핑 동지가 중앙위원회의 지도 업무에 참여하도록 다시 허용해야 한다고 생각하고

있습니다. (제 생각에) 이는 절대적으로 옳고 필요하며, 저는 그것을 전적으로 지지합니다.[6]

그 밖의 많은 베테랑이 — 한때 덩을 "보기 드문 인재"라고 칭한 마오 주석의 말을 직접 인용한 왕전을 포함하여 — 천원과 입장을 같이했다. 그러나 몹시 격분한 화궈펑은, "만일, 서둘러 행동해서, 덩을 업무에 복귀시키면, 우리는 계급의 적이라는 함정에 빠질 것입니다. … 우리는 흐루쇼프(라는 부정적 사례)에서 배울 필요가 있습니다"라고 대답했다.[7]

그럼에도 덩 옹호자들은 공작회의 참석자들에게 강한 인상을 남겼다. 그들은 복도에서 그 얘기만 했다. 화궈펑은 버틸 수가 없었다. 심사숙고 끝에 그는 타협안을 제시했다. 그의 요구에 따라, 반대자 가운데 한 명인 왕전이 자아비판을 했다. 이에 상응해 화궈펑은 이렇게 선언했다.

조사 결과, 덩샤오핑 동지는 톈안먼 사태에 전혀 관련되지 않았다는 것이 드러났다. 우리는 덩샤오핑 동지의 문제를 해결할 필요가 있다. 그러나 우리는 단계적으로 진행해야만 한다. 절차가 있어야 하고, 그래야만 적절한 시기에 덩샤오핑 동지를 업무에 복귀시킬 수 있다. 정치국의 요점은 다음과 같다. 우리는 (1977년 7월로 예정된) 당 (제10기 중앙위원회) 3차 전체회의 그리고 (1977년 8월) 제11차 전국대표대회에서 공식 결정을 내릴 것이다. 우리는 덩샤오핑을 업무로 복귀시킬 것이다. 이 방향이 옳을 것이다.

화궈펑은 또한 저우언라이의 서거에 즈음하여 톈안먼에서 있었던 대중의 슬픔의 발로는 "정당한" 것이었다고 말했다.[8]

4월 10일, 이에 대해 알게 된 덩은, "상당히 많은 생각을 한 후에" 화궈펑, 예젠잉 그리고 중앙위원회에 서신을 보냈다. 노장들의 압력에 굴복한 화궈평은 항복해야 했다. 덩은 중앙위원회가 자신이 톈안먼 사태에 관련되었다는 혐의를 철회한 데 대해 감사의 뜻을 표했다. 그러고 나서 그는 "저는 화 주석께서 말씀 가운데 톈안먼에서의 광범위한 대중의 행위가 … 합리적이라고 단언하신 것이 특히 기쁩니다"라고 선언했다. 동시에, 그는, 사실상 양개범시론을 비판하면서, "우리는 대대로 우리의 당, 군 그리고 인민들을 영도하는 데 있어 완정체로 간주되는 순수한 마오쩌둥 사상을 이용하여 당의 대의와 중국의 사회주의 그리고 국제공산주의운동의 대의를 진전시켜야 합니다"라고 강조했다.[9] 그는 또한 이 서신을 1976년 10월 10일 자신이 화궈평에게 보냈던 축하의 서신과 함께 당내에 배포할 것을 중앙위원회에 요청하는 중요한 전략적 움직임을 보였다.

화궈평은 왕둥싱 그리고 최근까지 캉성의 비서였으며 현재는 그 새 지도자들을 충성스럽게 모시고 있는 리신李鑫이라는 사람을 보내 덩과 이야기를 해보도록 했다. 그들은 덩에게 양개범시론에 대한 비판을 멈출 것을 요구했다. 그러나 덩은 단호히 거절하며, "마오쩌둥 동지 본인께서 일부 자신의 말은 틀렸다고 반복해서 말씀하셨습니다. … 이것은 중요한 이론적 문제, 우리가 사적 유물론을 고수하고 있는가의 문제입니다"라고 설명했다[10](얼마 후, 그의 최측근인 왕전 그리고 덩리췬과의 대화에서, 그는 간결한 공식으로 자신의 시각을 표명할 것이었다. "우리는 마오쩌둥 사상을 이념 체계로서 학습하고 적용해야 합니다."[11]).

이를 반박하기는 어려웠다. 덩 자신이 "화 주석에 대항"하면서 "양개범시"를 겨냥해 "대포알을 쐈다"고 생각했다.[12] 그리고 승리했다. 나흘 후인 4월 14일, 화궈평은 덩의 서신이 배포되도록 승인해야 한다는 압박을 느꼈다. 비록 그 서신들은 4월 15일 《마오쩌둥 선집》 5권의 발간에 즈음하여 화궈평이 쓴 중요한 글이 〈인민일보〉에 게재된 이틀 후인 5월 3일에야 현 및 단급 이상의 당 및 군 간부들의 주의를 끌게 되었지만.[13] 화궈펑은 글에서 "프롤레타리아 독재하에서 혁명을 계속해야 한다는" 마오의 노선을 확고히 따를 것을 다시 호소했다.[14]

한편, 화궈펑이 막기에는 역부족이던 덩의 완전한 복권까지는 단지 몇 주만을 남겨두고 있었다. 7월 1일, 덩은 베이징으로 돌아와 유명한 인공호수인 베이하이北海에서 멀지 않은, 황궁인 고궁故宮 바로 뒤쪽의 아늑한 길에 정착했다. 15일 후, 7월 16일, 정정한 모습으로, 그는 제10기 중앙위원회 3차 전체회의의 참석자로 당 최고 지도부 사이에 모습을 드러냈다.

다음 날 7월 17일, 전체회의는, 화궈펑이 이전과 마찬가지로 그의 보고서에서 양개범시를 강력히 주장한 사실에도 불구하고, "덩샤오핑 동지의 직무 회복 결의"를 만장일치로 승인했다. 덩은 다시 중앙위원회 위원, 정치국 및 정치국 상무위원회 위원, 중앙위원회 및 군사위원회 부주석 겸 국무원 부총리 그리고 인민해방군 총참모장이 되었다.

그의 삶에서 마지막 소외의 시기가 끝났다.

7월 21일 전체회의에서 덩은 짧지만 매우 의미심장한 연설을 했다. 복권 후의 이 첫 연설에서 그는 오랜 망명 세월 동안 생각해왔던 새로운 현대화 계획의 핵심적인 요점들을 체계적으로 공식화했다. 신중국을 위한 투쟁 기간에 마오가 그랬던 것처럼, 그는 당내 자신의 동지들에게 교조주의에 대한 투쟁을 새롭게 할 것을 요구했다. 이번에는 마르크스주의의 "중국화"가 아닌 주석 자신의 가르침에 대한 창조적 접근을 요구했다. 모두 덩의 몰락을 초래했던 1962년의 개혁 그리고 1975년 정돈整頓의 쓰라린 경험은 그에게 마오주의식 공산주의의 극복과 중화인민공화국의 현대화는 "정신적 속박을 타파함"으로써만, 즉 간부들의, 그리고 사실은 국가 전체의 의식을 완전히 해방시킴으로써만 가능하다는 확신을 주었다. 그래서 그는 작고한 지도자의 권위로 교묘하게 자신을 가린 채, 모인 사람들에게 마오쩌둥의 오랜 슬로건인 "실사구시"를 상기시켰다.

덩의 표현으로 "마오쩌둥 사상의 정수"가 담긴 이 구호는 1943년 12월 마오쩌둥이 중앙위원회 소속 당교黨校를 위해 옌안에서 만든 것이었다. 이제 덩은 그것을 양개범시와 균형을 이루게 만들었다. 확실히 그는 무엇이 진리인지 누가 결정할 것인지는 말하지 않았지만, 그가 가식 없이 자기 자신, 예젠잉, 그리고 그 밖의 베테랑들을, 화궈펑과 그 외 "젊은 이들"을 올바른 길로 이끌고 갈 멘토로 제시했다는 것에는 의심의 여지가 있을 수 없었다.[15]

동시에, 20년 전 "백화제방, 백가쟁명" 운동 시기처럼, 덩은 중국의 모든 인민에게 민주주의를 "충분히" 발양시킬 것을 요구했다. "우리는 반드시 … '통일된 의지 그리고 개인의 심적 편안함과 활기찬 생동감'이 공존하는 정치적 상황을, 어떤 문제든 모두 테이블 위에 올려놓고 토론할 수 있고, 필요하다고 생각하면 영도자들을 비판할 수도 있는 상황을 창조해야 합니다."[16]

그는 분명 민주주의가 고조되면 범시파들을 완전히 극복하고, 문화대혁명의 정체를 드러내고, 그렇게 함으로써 당에서 자신의 지도적 위치를 분명히 하는 데 도움이 될 것이라고 계산했다. 그는 아무 새로운 것 없이, 마오가 당내 적들을 약화시키고자 할 때 마오가 했던 그대로 행동했다. 민주주의의 이름으로 대중에 호소한다. 뜻밖이라고 할 이유라고는, 그 자신과 마오, 그리고 그 외의 공산주의 지도자들이 과거에 허위 자유주의 구호들을 동원하며 반복적으로 사람들을 속였다는 사실에도 불구하고, 덩이 또다시 대중에 그들의 의견을 공공연히 표현하라고 호소하기로 결정했다는 것이다. 더 당혹스러운 것은 많은 인민이 또 그의 말을 열렬히 환영했고, 한 번 더 덫에 빠질 준비가 되었다는 것이다.

7월 30일, 덩은 대중 앞에 처음으로 모습을 드러냈다. 열혈 축구팬으로서, 그는 중국과 홍콩 팀의 경기를 관람하기 위해 축구경기장을 찾았다. 그의 모습을 본 관중은 박수갈채를 보냈다. 경기장에 있는 모든 사람들이 일어서서 그 새로운 "자유주의자"를 따뜻하게 환영했다. 덩은 웃으며 일어서서 박수를 쳤다. 카리스마 있는 지도자가 권좌에 복귀한 것이었다.

8월 7일, 그는 처음으로 외국 대표, 북한 대사를 맞이했다. 그는 "저는 세 번을 넘어지고 세 번을 다시 일어섰습니다"라고 익살스럽게 말했다. "올해 저는 73세가 됐습니다. 자연의 법칙 앞에서는 모두가 무력하지만, 저는 기분이 좋고, 좀 더 오랫동안 일을 하고 싶습니다."[17]

1977년 8월 12일부터 18일까지, 덩은 제11차 중국공산당 전국대표대회에 참석했다. 그는 이미 당과 국가 내에서 화궈펑과 예젠잉에 이어서열 3위로 간주되었다. 리셴녠이 4위 그리고 왕둥싱이 5위였다. 이 다섯 명이 새로운 정치국 상무위원회를 구성했는데, 이는 집단지도였다. 그 안에서 덩은 예젠잉에게 의존할 수 있던 반면 화궈펑은 왕둥싱에게 기댈 것이었다. 리셴녠은 당시 자신만의 게임을 하고 있었고, 덩과 가깝게 지낸 것으로 보이긴 했지만, 이를 공공연히 드러내 보이지는 않고 있었다. 중국공산당 권력의 중심지인 중난하이의 직원들에게 그는 "약삭빠른" 것 같아 보였다. 덩의 연설문 작성자 가운데 한 명은 심지어 리셴녠은 "분명 덩을 싫어했다"고까지 생각했다.[18] 그러나 누가 확실히 알겠는가? 그 두 노장들은 저우언라이 리더십하에서의 4인방에 대한 투쟁뿐만 아니라, 그들의 혁명적 과거에 의해서도 서로 연결되어 있었다. 필시리셴녠은 단지 안전을 위해서 그렇게 하고 있었을 것이다.

전국대표대회 바로 그곳에서, 1,500여 명의 대표자들 앞에서, 덩은세 번째 가장 중요한 연설, 마무리 발언을 했다. 화궈펑은 정치보고를,

그리고 예젠잉은 당규의 수정에 관한 보고를 했다. 덩은 모두에게 사상 해방과 실사구시를 다시 호소했다. 그는 또 "언행은 일치해야 하고 이론 과 실제는 긴밀히 통합되어야 합니다"라고 주장했다.[19]

그의 연설은 화궈펑의 보고와 대조를 이루었다. 비록 화궈펑은 문화대혁명의 종식을 선언했지만―그가 노장들에게 양보한 것― 계속해서 문화대혁명을 옹호하고 마오의 무류성無謬性을 확언했다. 그는 이 문화대혁명이 앞으로 있을 일련의 수많은 문화대혁명 가운데 단지 첫 번째일 뿐이며, 그 "성공적인 종료가 … 계급투쟁의 끝을 의미하지는 않는다"고 말했다. 그의 표현에 의하면, "이 투쟁은 길고 우여곡절이 있을 것이며 때로는 격렬하기까지 할 것입니다. 앞으로 문화대혁명과 같은 종류의 정치적 혁명이 여러 차례 일어날 것입니다." 또한 "중국을 위대하고, 강력하며 현대적인 사회주의 국가"로 만들 것을 요구했지만, 마오주의식 경제발전 모델에서 물러서지 않았다. 더 나아가 "부르주아지와 그 밖의 모든 착취계급들을 제거"할 것을 약속하면서, 새로운 "전면적 약진"의 달성"을 요구하기까지 했다.[20] 이것이 화궈펑이 의도했던 중국의 현대화 방식인 듯했다.

대표대회가 끝난 후, 덩은 현대화를 향한 실질적인 노력을 기울이는 데 집중했다. 부총리로서 그는 우선사항이라고 생각한 과학과 교육 분야의 지휘를 맡았다. 그의 주도로, 당은 마오의 시대 동안 "부르주아 오합지졸" 취급을 받았던 지식계급과의 관계를 바꾸기 시작했다. 문화대혁명의 시작과 함께 중단되었던 대학 입시가 재개되었고, 과학과 기술의 발전은 보다 많은 주목을 받았다. 덩은 "저는 후방의 지도자 역할을 합니다. 저의 일은 능력 있는 사람들을 발굴해내고, 학자와 교사들을 지원하고, 돈과 장비를 대는 것입니다"라고 말했다.[21]

한편, 4인방에 대한 비판 운동은 계속되었다. 중국의 언론들은 온갖 노력을 쏟아냈다. 마오의 부인과 충직한 제자들은 심지어 파시스트 그리고 주자파라는 혐의에 비열한 국민당과 몰래 협력했다는 혐의까지 받았다. 비판적 자료들과 캐리커처 컬렉션이 언론에서 쏟아져 나왔다. 도처에서 분개한 시민들의 집회와 시위가 일어났고 언론은 이를 보도했다. 당 저널리스트들은 "위대한 승리"에 도취되었다. 〈인민일보〉 기자들은 "베이징은 기쁨으로 들끓고 있다! 중국 전체가 흥분으로 떠들썩하다!"라고 보도했다.

> 만리장성 양쪽에서, 양쯔강 양쪽에서 … 인민의 마음은 기쁘고, 그들의 투지는 치솟는다. 화궈펑 주석을 필두로, 당 중앙위원회는 "4인방"을 한 방에 부숴버렸다. … 우리는 "4인방"과 끝까지 싸우고 문화대혁명의 수확을 굳히고 확장시켜야 한다.[22]

그러나 캠페인이 진행될수록 그것이 얼마나 허위적인지가 갈수록 분명해졌다. 만일 장칭과 그녀의 부류에 어떤 죄가 있다면, 그것은 화궈펑이 자신의 헌신을 광적으로 맹세했던 바로 그 문화대혁명을 조장한 것이었다. 만일 그들이 나쁜 사람들이라면, 그들에게 희생당한 사람들은 좋은 사람들이라는 얘기였다. 그렇다면 어떻게 4인방의 정체를 드러내면서 "천하대란"을 비판하지 않을 수가 있단 말인가? 4인방에 대한 투쟁의 논리 바로 그것이 화궈펑을 무너뜨렸다.

덩과 예젠잉 원수는 이것을 이용할 기회를 놓치지 않았다. 1977년 12월, 그들은 화궈펑으로 하여금 전 공청단 서기이자, 덩과 가까운 협력자인 후야오방을 중앙위원회 조직부장으로 임명토록 했다. 그 자신이 문화대혁명의 희생자였던 후야오방은 신속하게 홍위병의 테러에 희생당한 사람들의 명예를 회복시키는 데 집중했다.

작고 허약해 보이는, 심지어 덩보다 조금 작은 이 당 관료는 사실은 유난히 활동적이고 능률적인 사람이었다. 후야오방은 임명되기 2주 전에 62세가 되었는데, 그래서 74세인 덩, 그리고 81세인 예졘잉의 눈으로 볼 때, 꽤나 젊었다. 그는 후난의 한 가난한 농부 집안에서 태어나 중학교를 마치지 못했지만, 공부와 독서에 열정적이었다. 그는 중국공산당 내에서 가장 학식 있는 간부 가운데 하나로 성장했다.

후야오방은 1933년 루이진에서 입당했고, 그곳에서 공산주의청년단(공청단)의 한 부서에 소속되어 일을 했다. 그는 장정에 참가했고 홍군의 총정치부에서 일련의 직무를 담당했다. 1937년 말과 1938년 초, 그는 옌안에 소재한 항일군정 대학의 강좌를 들었다. 그곳에서 간부훈련학교에서 공부하고 있던, 미래에 덩의 아내가 될 줘린과 친구가 되었다. 1940년대 내전 시기에는 그는 녜룽전과 펑더화이의 군대에서 정치업무를 담당했고, 중화인민공화국 수립부터 1952년까지는 덩샤오핑 휘하에서 중국공산당 북쓰촨위원회 서기로 일했다. 당시, 덩의 고향 마을은 그의 관할 범위 내에 있었다. 그를 1949년 이후 공산주의청년단에서 이름이 바뀐 신민주주의청년단의 중앙위원회 서기로서 베이징으로 전근토록 촉진한 사람은 덩이었다. 1957년, 후야오방은 다시 이름이 바뀐 중국공산주의청년단의 제1서기로 선출되었다. 그러나 1966년 12월, 덩처럼, 그는 억압당하고 끝없는 지옥을 겪었으며, "비판과 투쟁회"에서 고문을 당하고, 허난성의 5.7학교에서 "재교육"을 받았다. 1973년 3월 복권된 후, 그는 덩샤오핑이 시행한 정돈整頓을 가장 열렬히 지지하는 사람 가운데 하나가 되었다. 덩은 중국과학원 당위원회에 그를 보내 학술 간부들을 재조직하도록 했고, 그는 이 업무를 훌륭히 수행해냈다. 그러고 나서 1976년, 덩이 다시 권력을 잃음과 동시에, 후야오방은 면직을 당하고 비판을 받았다. 1977년 3월에서야 그는 새로운 환경하에서 예졘잉의 도움

으로 권력의 회랑으로 돌아올 수 있었다.[23]

원래는 수년간의 문화대혁명이 끝난 후 이제 갓 다시 문을 연 중앙당교 부교장으로 그가 임명되었다. 당교의 교장은 화궈펑 자신이었고, 첫 부교장은 왕둥싱이었으나, 이는 단지 형식일 뿐이었고 후야오방이 사실상 당교를 지휘했다.[24] 그는 즉시 양개범시에 대한 공개 투쟁에 착수했다. 이를 위해 그는 1977년 7월에 신랄한 토론 위주의 잡지《이론동태 理论动态》를 발간하기 시작했는데, 동 잡지는 마오식 공산주의의 질곡에서 사상을 해방시키는 것에 관한 덩의 사상을 보급시켰다.

후야오방을 아는 사람들은 그를 "당내 최후의 지적 이상주의자 가운데 하나"라고 불렀는데, 이는 정당한 호칭이었다.[25] 1977년 10월, 그의 촉구로 〈인민일보〉는 모든 문화대혁명 희생자들의 케이스들을 재조사하는 문제를 처음으로 제기하는 글을 게재했다.[26]

이제 후야오방이 중앙위원회 조직부를 이끌고 있었기 때문에, 간부 문제는 그의 담당이었다. 일찍이 1978년 1월, 그는 26개 부처의 수장들을 복권시키는 문제에 관한 중요한 회의를 소집했다.[27] 문화대혁명에 대한 부인否認이 시작된 것이었다.

그 과업의 규모는 놀랄 만큼 충격적이었다. 가급적 최단시간에 수천만에 이르는 사람들에 대한 직간접적 기소 내용을 재검토해야 했다. 후야오방은 "모든 근거 없는 고발과 부당한 판결은, 누가 관련되었든지 그리고 어느 선에서 이행되었든지에 상관없이, 반드시 뒤집혀야만 합니다"라고 선언했다.[28] 심지어 마오가 직접 판결을 내린 케이스들을 재검토하기 위한 전문소조를 구성하기까지 했다. 그는 진정 특출한 인물이었다.

덩은 비록 자신의 부하인 후야오방이 덩샤오핑 자신이 주도한 억압운동의 과정에서 1957년에 비난의 대상이던 "우경분자들" 사건들도 곧 다시 심리하기 시작했지만, 전적으로 후야오방을 지지했다. 덩에게 줘야 할 것은 줘야 한다. 이번에 그는 자신의 죄를 인정할 수 있었다. 그와 동시에, 덩은 국무원 산하에 정치연구실을 다시 설립했다. 그는 후챠오무의 휘하에 주요 마르크스-레닌주의 이론가 그룹을 만들고 이들로 하여금 현대화 이론을 연구하도록 했다. 1975년 말과 1976년, 덩이 비판을 받고 있던 시기, 이들 모두는 좌파들의 압력에 굴복했고, 후챠오무를 포함한 그들 대부분은 저항을 그만두고, 심지어 그들의 전임 상사를 박해하는 데 참여하기까지 했다. 그러나 덩은 저우언라이가 한때 자신을 용서했던 것처럼 그들을 용서했다.[29] 불만을 품고 있는 것은 의미가 없었다. 해야 할 일은 범시파에 대한 투쟁을 전개하는 것이었다.

1978년 봄에는 성공적인 일들이 생겼다. 3월 초, 덩은 비록 명예직이긴 했지만, 직위를 하나 더 갖게 되었다. 그는 공산당과, 중국 내에서 협의 기능을 가진 8개의 소규모 민주정당들 간의 공식 연합 전선 조직인 중국인민정치협상회의 전국위원회의 주석이 되었다.[30] 동시에 개최된, 제5차 전국인민대표대회 1차 회의에서 13명의 부총리 가운데 1순위인 제1부총리로 확정되었다.

3월 5일, 덩 주석의 지휘하에 전국인민대표대회는 중화인민공화국 신헌법을 채택했는데, 많은 수정사항에도 불구하고 이 헌법은 이전의 1975년 헌법과 같이 "공민은 언론, 통신, 출판, 집회, 결사, 행진, 시위, 파업의 자유를 누리며, '자유롭게 말하고, 자신들의 의견을 충분히 밝히고, 대규모 토론을 개최하고, 대자보를 쓸' 권리를 가진다"고 확언했다.[31] 헌법의 수정사항에 관한 보고를 한 예졘잉은 중국의 새로운 지도자들은 이러한 권리들을 보호하고 있다는 사실에 특히 주목을 끌면서, "우리는 우리의 민주주의적 전통을 정력적으로 부활시키고 진전시키며, 인민들의 민주적 삶에 대한 어떠한 침해나 공민권 위반에 대해서도 맞서 싸워

야 한다"고 강조했다.[32]

대표들은 예젠잉 원수를 전국인민대표대회 상무위원회 주석으로 선출했다. 쉬샹첸 원수는 신임 국방부장이 되었다. 그러나 화궈펑은 현직을 유지했기에, 덩은 그에 대한 투쟁을 계속했다.

3월과 4월, 전국 과학 및 교육 업무 좌담회에서 덩은 교조주의에 대한 비판의 강도를 높였다. 5월 10일 《이론동태》 저널은 "실천이 진리 검증의 유일한 기준實踐是檢驗真理的唯一標準이다"라는 제목으로 신랄한 격론이 벌어질 글 한 편을 게재했다. 이 글은, 덩의 생각을 전개하면서, 모든 이론은 실천을 통해 검증되어야만 한다고 말했다. 난징 대학교의 한 젊은 철학 교수와 당교 직원 두 명이 쓴 그 글을 편집한 후야오방은, 중국 사회에서 이성의 숭배가 신앙의 숭배를 대체했다고 단언했다.

보수파들의 저항에도 불구하고, 이후 중앙 언론에서 이틀에 걸쳐 다시 게재된 그 글은 당내는 물론 중국 사회에서도 매우 날카로운 토론을 촉발했으며, 토론은 여름과 가을 내내 수그러들지 않았다. 화궈펑 자신은 토론에 참여하지 않았지만, 중국공산당 내에서 사상과 선전 업무를 감독하고 있던 왕둥싱은 격분했다. "당의 간행물은 성격상 당을 반영해야 한다. … 우리는 그 글 '실천이 진리 검증의 유일한 기준이다'를 발표 전에 읽어보지 못했다. … 그 글은 본질적으로 마오쩌둥 사상을 겨냥한 것이다. 그 글은 무슨 중앙위원회가 발간한 것인가? 우리 임무는 마오쩌둥 사상을 옹호하고 지키는 것이다. 우리는 조사를 벌여야만 한다."[33]

왕둥싱의 압력하에, 중앙위원회의 이론 잡지인 《홍기》는 그 글의 재게재를 거부했다. 그러나 예젠잉과 덩샤오핑은, 비록 그들도 사전에 그 글에 대해 모르고 있었지만, 그 글이 마음에 들었다. 둘 다 그 글에 담긴 사상을 확고히 지지하는 입장에 서 있었다. 예젠잉 원수는 심지어 정치국 상무위원회 위원들에게 그 글이 제기한 문제들을 토론하기 위한 이론

회의를 소집할 것을 제안하기까지 했는데, 회의 소집 전에 그 글의 텍스트를 전국에 배포할 것을 제의했다.[34] 이론적인 문제에 관해서는 후퇴가 있을 수 없다고 주장한 덩은 예젠잉의 생각을 지지했다. 그는 "굴복은 원칙의 상실로 이어질 것이다"라고 설명했다.[35]

6월 2일, 덩은 정치공작에 관한 인민해방군회의에서 왕둥싱을 질책하며, 공개적으로 그 글을 변호했다. 비록 덩은 왕둥싱의 이름을 언급하지 않았지만, 무슨 일이 일어나고 있는지는 모두가 알고 있었다. 덩은 "이런 동지들이 … 있습니다"라며 공표했다.

> 마오쩌둥 사상에 대해 매일 이야기하지만, 마오 동지의 근본적인 마르크스적 관점과 실사구시, 언제나 실제에서 출발하는 그리고 이론을 실천과 통합하는 그의 방법은 종종 잊어버리고, 폐기하거나 반대하기까지 하는 동지들입니다. 어떤 사람들은 심지어 더 나아갑니다. 그들은 실사구시, 실제에서의 출발 그리고 이론과 실천의 통합을 고집하는 사람들이 악랄한 범죄자라고 주장합니다. … 실사구시의 원칙은 마오쩌둥 사상의 출발점이자 기본점입니다.[36]

덩은 마오의 말과 글을 대량 발췌하고 인용하여 자신의 결론을 강화했다.

이를 따라 다른 많은 베테랑들을 위시한 중국공산당 중앙기구, 국무원, 지방 권력기구, 인민해방군의 지도급 간부들 압도적 다수가 그 글을 지지하고 나섰다.[37] 가을이 한창일 쯤에는 덩, 예젠잉, 후야오방이 "평지풍파를 일으키는" 데 성공했음이 분명해졌다. 간부들은 마오주의식 공산주의 이데올로기를 극복하기 시작했다. 이제 많은 사람들이 저우언라이와 덩샤오핑이 제시한 농업, 공업, 국방, 과학기술, 즉 4개 현대화라는 장기계획 실행 정책을 의식적으로 받아들일 준비가 되어 있었다.

덩은 단김에 쇠뿔을 뺐다. 1978년 봄부터 가을 내내, 그는 더 이상 사상해방에 대해서만 말하지는 않았다. 정돈整頓을 금융, 대외무역, 노동 고용 및 해고 영역에서의 기업 권리 확대와 결합시킬 필요성에 관심의 초점을 맞추면서, 현대화 계획에 중요한 추가사항도 도입하기 시작했다. 이는 행정-경제 리더들의 역할을 강화하고 그들에 대한 당위원회의 통제를 약화시키는 경제채산제로의 전환을 의미했다. 그것은 또한 해외 경제 및 기술교류; 해외 기법, 기술 그리고 경제 관리 경험의 차용; 합작 기업 설립을 위한 해외자본의 유치를 포함한 대외개방정책의 채택을 의미했다. 그는 "세계는 발전하고 있습니다"라며 "그러므로 만일 우리가 기술적으로 발전하는 데 성공하지 못하면, 남들을 추월하는 것 같은 그런 것은 말할 것도 없이, 우리는 그저 남들을 따라잡을 수 없을 것이며 실제로 뒤쳐질 수밖에 없게 될 것입니다"라고 말했다.[38]

그는 "문을 걸어 잠그고, 머리 쓰기를 거부하고 영원히 낙후된 채로 있기"는 불가능하다고 생각했지만, 분명 사회주의를 해체할 생각은 하지 않고 있었는데, 그는 "우리는 … 사회주의 질서를 보존해야만 한다. … 이는 확고부동하다. 우리는 신新부르주아의 등장을 허용하지 않을 것이다"라고 확신했기 때문이었다.[39]

그런 현대화는 1861년부터 1894년까지 청 왕조가 실시한 "자강"自强 정책을 다소 연상시켰다. 그들도 중국의 낙후성을 인식해, 외국의 기술을 차용하고 급속한 산업화를 추구하며 국가를 근대화하려고 했다. 그들도 기존의 사회 경제 체제를 바꾸지 않았다.

이때쯤 화궈펑의 세계관에도 중대한 변화가 발생했다. 카리스마 없는 이 사람은 지도자감은 아니었다. 그는 당과 국가를 이끈 경험이 부족하고 따라서 쉽게 자신보다 강력한 인물들의 영향을 받았다. 양개범시 운동을 전개하면서 왕둥싱의 주도를 따랐지만, 예젠잉 원수의 영향.하에 덩을 복권시켰다. 경제문제에 관해서는 1978년 초쯤부터는 리셴녠과 그 외 과거 저우언라이와 함께 일했던 위치우리와 구무 같은 주요 경제 전문가들에게 의존하기 시작했다.[40] 그들은 결국 그에게 마오주의식 지시 중에서 가장 끔찍한 것들은 재검토할 필요가 있다고 설득했다.

1978년 2월, 제5차 전국인민대표대회 1차 회의에서 화궈펑은 제11차 전국 대표대회에서 했던 연설과는 확연히 다른 혁명적인 보고를 했다. 그는 4개 현대화 계획을 열렬히 지지했다—본질적으로, 덩샤오핑의 대열에 합류한 것이었다. 그는 경제 개혁, 서구와의 무역 확대, 해외 기법과 기술의 차용, 심지어 물질적 노동 인센티브 증대의 중요성을 긍정했다. 그러나 그는 새로운 대약진을 계속해서 강력하게 주장했다. 비록 이제는 서구와 일본의 신용을 끌어들이고 해외장비를 수입함으로써 새로운 대약진을 보장하려고 했지만 말이다. 화궈펑은 1985년까지 120개의 대규모 산업체를 건설하고 철 생산을 2000만 톤에서 6000만 톤으로 세 배, 산유량은 1억 톤에서 3억 5000만 톤으로 3.5배 증가시킨다는 말을 했다. 비록 이는, 적어도 중화인민공화국의 이전 30년 동안 투입되었던 만큼이나 되는 막대한 자본의 투자를 필요로 할 것이었지만, 그는 성공을 확신했다.[41]

시간이 흐름에 따라, 화궈펑은 급속한 현대화의 필요성을 점차 확신하게 되었다. 1978년 8월 중순 이후 보름간 있던 첫 해외 순방은 그에게 엄청난 인상을 남겼다(1949년부터 1950년까지 그리고 1957년 마오가 두 차례 소련을 방문한 이후, 중화인민공화국 전체 역사에서 중국 지도자의 해외 여정은 이번이 겨우 세 번째였다). 루마니아, 유고슬라비아, 이란을 방문했는데 외화 환전이 자유롭고, 서양의 기법과 기술을 성공적으로 흡수하고, 심지어 서양 투자자들과 함께 일하는 유고슬라비아에서 특히 충격을 받았다. 그런데도 유고슬라비아는 사회주의 국가로 완전한 독립을 유지하고 있었다. 사람들은 여전히 배급제가 시행 중인 중국보다 훨씬 잘살았다.[42]

화궈펑에 이어 다른 당 지도자들도 개혁의 필요성을 인정했다. 그들 가운데 많은 이들이 1978년에 역시 첫 해외 방문에 나서, 세계에서 중국이 차지하고 있는 위치에 대한 이해를 넓혔다. 그해 부총리직에 있는 13명을 위시하여 수백 명의 고위 간부들이 해외로 나갔다. 마오는 그들의 해외여행을 허락하지 않았는데, 이제 그들은 눈을 뜨게 되었다. 그들 가운데 한 명은 "우리는 사회주의 국가들은 낙후되고 쇠퇴했다고 생각했다"고 회고했다. "우리나라를 떠나 봤을 때, 우리는 상황이 완전히 다르다는 것을 깨달았다." 1978년 10월, 덩 자신은 일주일 동안 일본을 돌아보며 일본과의 경제적 관계 확대 가능성을 분석하는 데 대부분의 시간을 보냈다. 그는 자신의 방문 결과를 "우리는 (세상을) 더 볼수록, 우리가 얼마나 낙후되어 있는지를 깨닫게 된다"고 요약했다.[43]

화궈펑의 말에 따르면, 덩을 포함한 모든 정치국 위원은 그때 현대화의 가속화를 이야기하기 시작했는데, 수천 수만의 젊은 농민과 노동자들이 광둥성을 떠나 인접한 홍콩과 마카오로 도망간다는 보고가 국가안보기관에서 정기적으로 올라왔기 때문에 특히 그랬다. 사람들이 왜 도망가는가? "홍콩과 마카오는 부유하고 중국은 가난"하기 때문이었다고 화궈펑은 회고했다. "그리고 우리는 상황을 변화시켜 중화인민공화국을 부유하게 만들기로 결정했다."[44]

1978년 7월부터 9월, 해외를 방문 중인 고위 간부들에게 첫 보고가 온 후, 국무원은 현대화에 관한 특별 이론 회의를 소집했고, 여기서 리셴녠과 그 외의 지도자들은 중국에 외자를 유치하고 서구의 기술, 장비, 관리 전문지식을 차용할 필요성을 확인했다. 동 회의에서는 홍콩과의 접경 지역에 중국의 노동자들이 수출용 제품의 제조를 통해 서양의 기법과 기술을 흡수할 수 있는 수출가공지대를 설립하자는 제안에 대한 논의도 이루어졌다.[45] 9월 중순, 동 회의의 업무를 주시하고 있던 덩은 "경제는 경제법칙의 작용에 따라야만 한다"고 지적했다.[46]

11월 6일, 화궈펑은 정치국 회의를 소집했고, 동 회의는 1979년 1월을 기해 모든 당 업무의 무게중심을 현대화로 이동시키기로 결정했다. 나흘 후, 중앙위원회는 공작회의를 열어 경제문제를 논의하고 12월 말에 열릴 제11기 중앙위원회 3차 전체회의 결의안의 초안을 작성했다. 공작회의에서는 어떻게 이 전환을 이룰 것인지 결정하고, "농업 발전 가속화의 몇 가지 문제에 관한 결의", "농촌인민공사 업무조례 시행초안", "1979~1980년 경제계획", "국무원 주최 현대화에 관한 이론 회의에서 리셴녠의 연설문" 등 네 개의 문건에 대해 논의하기로 되어 있었다.[47]

덩은 9일간 태국, 말레이시아, 싱가포르를 방문하기 위해 11월 5일 출국했기 때문에, 정치국 회의에 참석하지 않았다. 물론, 곧 있을 결정에 대해 알고 있었고, 그 결정에는 분명 그의 시각이 반영되었다. 게다가 1979년 1월을 기해 당 업무의 무게중심을 현대화로 전환시킬 것을 정치국에 제의한 사람이 바로 그였다.[48]

덩과 그의 지지자들은 업무회의를 본격적으로 준비했고, 200여 명의 주요 당 관리들이 동 회의에 참석했다. 이 관리들 가운데 63퍼센트만이 제11기 중앙위원회 위원 또는 후보위원이었고, 그 밖의 대부분은 후야오방 덕분에 최근 복권된 베테랑들이었다. 이것이 12월 15일까지 36일에 걸쳐 진행된 그 회의의 성격을 규정했다. 회의 분위기는 "활기"찼다.[49] 회의는 시작부터 화궈펑이 의도한 것과는 다른 방향으로 갔는데, 처음에 과거와 단절, 즉 마오쩌둥 그 자신이 저지른 좌파적 과오들을 수정하는 것부터 시작하기로 결정한 후에 토론은 경제문제보다는 정치문제 쪽으로 기울었다.

당연히 대립을 촉발한 것은 베테랑들이었다. 11월 11일, 덩의 친구이자 전 중앙위원회 서기처 부비서장이었던 탄전린이 톈안먼 광장 사건의 재평가를 옹호하는 발언을 했다. 천짜이다오陈再道와 뤼쩡차오吕正操를 포함한 노장 일곱 명이 그를 지지했다.[50] 예젠잉 원수는 즉시 화궈펑을 만나 회의에서 벌어지고 있는 상황에 주의하라고 조언했다. 그렇지 않으면 직위를 잃을 수도 있었다.[51]

11월 12일, 1962년에 가족도급제를 지지했다는 이유로 마오에게 공격을 받은 이래 "겪은" "병"에서 완전히 회복한 게 분명한 천윈이 싸움에 뛰어들었다. 그는 중앙위원회가 무게중심을 현대화로 이동시킬 방법을 논의하기 전에 먼저 당 역사의 여섯 가지 문제를 해결해야 한다고 주장했다. 이 문제 가운데 넷은 펑더화이 등 문화대혁명 기간뿐만 아니라 그 이전에도 억압당한 당의 저명한 인물들을 복권시키는 것과 관련된 것이었다. 다섯 번째 문제는 그가 "위대한 대중 운동"이라고 부른 톈안먼 광장 사건에 관한 것이었고, 여섯 번째는 그가 "극악무도한 범죄"를 저질렀다고 고발한 문화혁명소조의 고문, 캉성의 활동에 대한 평가였다.[52]

베테랑들의 연설은 폭발하는 폭탄과도 같았다. 화궈펑, 왕둥싱과 그 밖의 범시론자들은 혹독한 공격을 당했고, 의제는 잊혔으며, 발언자들은 연이어 사상해방의 필요성, 그리고 좌파의 과오를 수정하기 위해 문화대혁명과 중국공산당 역사 속의 다른 사건들에 대한 객관적인 평가를 내릴 필요성에 대해 이야기했다.

상황은 곧 회의 내에서뿐만 아니라 밖에서도 달아올랐다. 천윈의 연설이 있은 다음 날, 신임 베이징 시장 린후자林乎加는 베이징시 당위원회 확대회의를 소집하고, 존경받는 천윈을 따라 자신의 책임하에 정치국의 동의 없이 톈안먼에서의 시위는 "혁명적"이었다고 주장했다.[53] 11월 14일,

시 발행 〈베이징일보〉는 이를 보도했고, 11월 15일, 그 뉴스는 〈인민일보〉, 신화통신, 〈광명일보〉에 의해 확산되었다. 화궈펑과 왕둥싱은 상황을 통제할 수 없게 되었다.

11월 14일 저녁, 덩이 동남아 순방에서 돌아왔을 때, 예젠잉 원수는 그에게 상황을 간략하게 보고하고 덩이 당과 국가의 수반이 되어야 할 때라고 말했다. 그의 제안은 화궈펑은 중앙위원회, 중앙군사위원회의 주석, 국무원의 총리로 남아 있되, 덩이 집단지도체제에 의지해서 실질적인 지도자가 되라는 것이었다.[54] 예젠잉 원수는 자신은 마오를 배신할 수 없다며 화궈펑을 권력에서 완전히 몰아내는 것에 반대했는데, 마오는 사망하기 전 아마도 예젠잉에게 자신의 후계자를 "지지"해 달라는 부탁을 했던 것 같다. 그러나 그것보다는 그는 진짜 의도를 숨기고 있었고, 마오는 전혀 그런 말을 하지 않았을 가능성이 높다. 적어도 마오가 예젠잉을 마지막으로 만날 때 그 자리에 함께 있던 마오위안신은 이런 일이 있었다는 것을 부인했다. 예젠잉 원수는 자신의 힘을 강화하기 위해 책략을 쓰고 있는 것 같았다. 화궈펑을 유지시키면서 덩을 강화시킴으로써, 그는 화궈펑과 덩 모두 빚을 지게 될 중재자이자 당과 국가 내에서 보다 상위의 권위자로서 스스로 자리매김하고 있었다.

덩은 이 절충안을 받아들여야 한다는 것을 깨닫고 동의했다. 곧 이어 예젠잉은 화궈펑에게 정보를 제공했고, 그 역시 동의해야 했다. 분열 그리고 자신이 권력에서 강제로 제거될지 모른다는 두려움에 이 나약한 인물은, 주요 장성들과도 중앙과 지방의 당 지도부와도 개인적인 연줄이 없었기에, 저항을 그만두었다. 11월 25일, 그는 회의에서 천원과 그 외 베테랑들의 모든 제안을 수용하면서 다시 연설을 했다. 이렇게 해서 톈안먼의 시위는 "혁명적"이었다고 공식 인정되었고, 1976년의 "무질서"에 참가했던 모든 사람은 복권되었다.[55] 물론, 그때까지 그 사람들 가운데 열

명은 이미 처형되었다. 이는 마오의 사망과 4인방의 체포 후인 1977년에 있었다.[56]

전임 베이징 시장 우더는 그때 자아비판을 했다. 왕둥싱 혼자만이 어떠한 양보도 하지 않으려 했기에, 회의 참석자들부터 공개적으로 비판당했다.[57]

왕둥싱 문제는 1978년 11월 하반기에 그의 완고한 범시론 입장이 유발시킨 대중의 불만이 다시 폭발하면서 악화되었다. 회의가 있기 두 달 전, 사상과 선전 문제를 감독하던 왕둥싱은, 편집인들이 마오쩌둥의 기억에 무례했다는 이유로, 공청단의 잡지 《중국청년中国青年》 창간호 전체를 배포 금지시켰다. 그들은 새롭게 발견된 위대한 조타수의 운문을 다시 찍어내지 않았고, 당시에는 마오를 인용하는 것으로 간행물을 시작하는 것이 하나의 의무였음에도 그렇게 하지 않았으며, 심지어 어떤 글에서는 "새로운 미신", 즉 작고한 주석의 신격화에 종지부를 찍을 것을 요구하기까지 했다. 주석의 전 경호원이었던 왕둥싱은 이를 그냥 지나칠 수 없었다. 〈베이징일보〉에 톈안먼 사건에 대한 재평가가 실린 지 닷새 뒤인 11월 19일, 《중국청년》의 편집자들은, 금지령에도 불구하고, 창안가长安街와 시단로西单路의 교차로에서 두 발 떨어진 베이징 시가지의 한 벽에 창간호 내용 전체를 내다 붙였다. 이곳은 시내와 가까운 매우 활기찬 곳이어서 수백 수천의 베이징 시민과 방문객들이 그 새로운 '대자보'를 읽을 수 있었다.

《중국청년》편집자들이 취한 조치는 자발적인 신민주주의운동의 전개로 이어졌는데, 당시 누군가의 표현에 따르면 일종의 "대자보 반란"이었다.[58] 당시에는 인터넷이 존재하지 않았기에, 높이 3.5미터, 너비 61미터의 회색 벽돌 벽이 진정한 "민주의 벽"이 되었다. 사람들은 그렇게 불렀다. 곧 사람들은 대자보를 붙이면서 가장 내면에 있는 자신들의 생각을 공유하기 시작했다. 베이징은 긴 테러의 세월 이후 복권의 희망을 품고 전국 각지에서 올라온 사람들로 붐볐다. 중앙위원회 조직부는 간부들이 연루된 사건들을 다루었고 일반 시민들은 대할 시간도 에너지도 없었다. 그래서 정의를 찾아 수도로 올라왔던 사람들은 자신들의 이야기를 벽에 붙이고 문화대혁명을 공격하기 시작했다. 이내 벽에는 화궈펑과 그 외 범시론자들의 하야를 요구하고 덩을 지지하는 다른 대자보들이 등장하기 시작했다.[59] 11월 26일, 덩이 일본의 민주사회당 당수와 만나 "우리 헌법은 대자보의 작성을 허용하고 있습니다. 우리는 대중이 민주주의를 지지하고 대자보를 게시하는 것에 대해 반박하거나 비난할 권리가 없습니다. 우리는 불만이 쌓여왔다면 대중이 자신들의 불만을 표현하도록 허용할 필요가 있습니다. 그 비판들 전부가 심사숙고된 것은 아니지만, 우리가 완벽을 요구할 수는 없습니다. 그리고 두려워할 것은 없습니다"라고 선언했다는 것이 알려진 이후, 친親덩 전단지들은 특히 인기가 높아졌다.[60]

덩의 말에 고무된 사람들은 자유화의 추가 진전을 요구하며, 더욱더 비판적인 대자보를 게시하기 시작했다. 베이징 동물원에서 전기기사로 일하는 28세의 전기기사 웨이징성이 쓴 한 대자보가 열광을 자아냈다. 12월 5일 밤, 그의 친구 가운데 하나가 "다섯 번째 현대화: 민주주의"를 게시했다. 이것은 진정 흔치 않은 벽보, 본격적인 정치 에세이로, 베이징 출신의 청년으로서는 친숙할 수 없었을 저작들을 쓴 브루노 리치Bruno Rizzi 그리고 밀로반 질라스Milovan Djilas와 같은 서구의 많은 전체주의적 공산주의 비평가들의 시각을 놀라운 방식으로 반영하고 있었다. 웨이는 4인방과 범시론자들에 대한 반대의사를 분명히하고 동시에 중국 내 지배 관료 계급 전체를 통렬하게 비판하면서, 중화인민공화국의 정치 체제 전체의 개혁을 요구하며, 중국공산당의 독재를 히틀러의 전체주의에 비유하기까지 했다. 그는 "우리는 우리 자신의 운명의 주인이고자 한다"고 썼다. "우리는 개인적 야망을 가진 독재자들의 현대화 실행을 위한 단순한 도구로 쓰이고 싶지 않다. … '안정과 단결'을 말하는 독재자들에게 또다시 속지 말라. 파시스트 전체주의가 우리에게 가져다줄 수 있는 것은 재앙뿐이다. … 현대화를 달성함에 있어, 중국인들은 먼저 민주주의를 실행하고 중국의 사회 제도를 현대화해야 한다."[61]

중국의 젊은 전기기사가 어떻게 그런 대자보를 쓸 수 있었는지는 알려지지 않았지만, 웨이징성은 순식간에 민주의 벽의 영웅이 되었다.

중앙위원회 공작회의의 참석자들 다수는 인민의 뜻을 숙지하는 데 관심을 갖고 시단 교차로를 몇 차례 방문했고, 예젠잉 원수과 후야오방은, 덩처럼, 웨이징성의 대자보에도 불구하고 민주의 벽을 공개적으로 지지하는 발언을 했다. 예를 들어, 예젠잉은 회의 참석자들에게 "시단 민주의 벽은 대중 민주주의의 모델인 반면, 당 3차 전체회의는 당내 민주주의를 위한 모델(이 될 것입니다)"라고 말했다.[62] 중국에 개방의 시대가 도래하고, 당내 영향력 있는 세력들은 자유주의적 지식계급 및 청년들과 함께 중국의 민주적 전환이라는 대의를 진전시키기 시작한 것 같았다.

당 안팎의 압력에 응하여, 왕둥싱은 퇴임을 결정했다. 12월 13일, 그는 서면 진술서를 제출했다.

회의에서 동지들은 저의 과오에 대해 많은 좋은 비판을 했습니다. … 실제로 저는 문화대혁명 기간 그리고 "4인방"의 몰락 이후 언행에 있어 과오를 저질렀습니다. … 제가 맡았던 직책들이 저의 능력 밖이었고, 제가 이런 직책에 걸맞지 않는다고 심히 확신합니다. 이로 인해, 저는 당 중앙위원회가 저를 이 직책들에서 면직시킬 것을 충심으로 요청하는 바입니다.[63]

공작회의는 왕둥싱의 건을 제11기 중앙위원회 3차 전체회의가 맡아 고려하도록 넘겼다.

이렇게 해서 1978년 11월과 12월에 열린 중앙위원회 공작회의는 덩이 중국 공산주의운동의 지도자로 보편적으로 인정받게 된 시점인 것으로 판가름 났다. 비록 그는 공식 계층 내에서 최고의 자리를 차지하지는 않았지만, 당, 군, 국가의 모든 업무에 있어 그의 우위를 의심하는 사람은 아무도 없었다.

12월 13일, 덩은 마무리 연설을 했다. 후챠오무가 회의 수주일 전부터 원고를 준비했으나, 11월 14일 동남아에서 돌아와 사정을 듣고 난후, 그는 원고 내용을 바꾸기로 결정했다. 덩은 후야오방에게 의지했고, 후야오방은 일단의 연설 원고 작성자들을 소집했다. 덩은 그들에게 민주주의를 강조하라고 지시했다. "경제를 발전시키기 위해 우리에게는 민주적 선거, 민주적 관리, 그리고 민주적 감시가 있어야만 합니다. … 민주주의의 현실은 법적 형태로 안정화되어야만 합니다."[64] 모두가 열성을 보였고 이들이 작성한 문장을 덩은 결국 승인했다.

회의 참석자들은 숨을 죽이고 그의 말에 귀를 기울였다. 이는 그의 "칙어勅語"였다. 그는 "오늘, 저는 주로 한 문제에 대해 논의하고자 합니다"라고 말했다.

즉, 사상을 해방시키고, 머리를 쓰고, 실사구시 그리고 일치단결하여 미래를 향하는 방법 … 당내 그리고 인민들 사이에서의 정치적 삶에서 우리는 민주적인 방식을 사용해야 하며 강요나 공격에 의지해서는 안 됩니다. 공민, 당원과 당위원회 위원의 권리는 각각 인민공화국 헌법과 공산당 헌법 (당장)에 의해 규정되어 있습니다. … 대중이 비판을 할 수 있도록 격려해야 마땅합니다.

그는 "심지어 소수의 불평 분자들이 민주주의를 이용하여 문제를 일으킨다 해도 걱정할 것은 없습니다. … 혁명정당이 걱정해야 할 필요가 있는 한 가지는 인민들의 목소리를 듣지 못하는 무능함입니다. 가장 두려워해야 할 것은 침묵입니다"라고까지 선언했다.

그는 경제 영역에서 민주주의의 확대를 요구하며, 과도한 중앙집권주의에 거듭 반대하고, 기업과 노동활동 그리고 물질적 유인의 원칙 회복을 옹호하는 발언을 했다. 심지어 경제정책의 시각에서 일부 지역과 기업, 그리고 일부 노동자와 농민들이, 다른 사람들에 앞서 자신들의 생활수준 향상을 주도하는 것(즉, 부유해지는 것)을 수용할 수 있다고 선언했다. 이는 "국민경제 전체를 파상적으로 발전"시킬 수 있을 것이었다. 우리는 "세 가지 주제: 경제학, 과학기술, 그리고 관리"에 전념해야 한다고 그는 지적했다.

또한, 덩은 "모든 잘못된 것은 응당 바로잡을" 수 있도록 과거가 남긴 문제들을 계속해서 해결해 나아갈 것을 요구했다. 그는 "장기간의 혁명 투쟁 과정에 마오 동지가 보여준 위대한 공헌은 영원히 사라지지 않을 것"임을 지적하며, 마오쩌둥과 문화대혁명 모두를 "과학적으로 그리고 역사적 시각에서" 평가할 필요성을 강조했다.[65]

시대의 모든 혁명적 인물들이 그렇듯 당연하게도 덩은 화궈펑처럼 "중국의 흐루쇼프"로 알려지기를 원치 않았다. 회의가 끝난 직후, 덩난은 "흐루쇼프처럼 지목되는 것이 두려웠던 게 사실 아닌가요?"라고 직접 물었다. 그러나 덩은 그저 미소만 지었을 뿐 딸에게 아무런 대답도 하지 않았다.[66]

연설은 회의 참석자들에게 강한 인상을 남겼다. 기본 문건으로 인식된 것은 화궈펑의 개막연설보다는 덩의 연설이었다. 연설문은 3차 전체회의 멤버들에게 전송하기로 결정되었는데, 12월 18일부터 22일까지로 예정된 동 회의는, 순전히 공식적인 차원에서 말하자면, 덩이 제시한 노선을 이미 채택한 상태였다. 전체회의는 비공개 회의인 공작회의의 결정을 중국 그리고 전 세계의 대중에 전송했다.

이렇게 하여 1978년 12월 중국공산당은 무게중심을 계급투쟁 선전과 정치운동 조직에서 경제건설로 이동시켰고, 그렇게 함으로써 프롤레타리아 독재하의 혁명을 폐기했다.

3차 전체회의는 가장 혐오스러운 범시론자인 왕둥싱을 사상-선전업무의 리더십에서 해고하고 천윈, 후야오방, 고故 저우언라이의 부인 덩잉차오, 그리고 왕전과 같은 확고한 덩의 지지자들을 정치국에, 그리고 그와 동시에 천윈을 정치국 상무위원회에 추가시켰다. 전체회의는 중앙기율검사위원회를 설치하여, 덩과 그의 지지자들이 보기에, 당파주의를 포기하지 않으려는 당원들, 즉 중앙위원회가 채택한 새로운 노선을 수용하지 않으려는 당원들에 대한 숙청을 단행했다. 천윈이 제1서기, 덩잉차오가 제2서기, 후야오방이 제3서기로 임명되었다. 동 위원회의 서기처에는 1959년 펑더화이를 지지한 이유로 고초를 겪은 전 인민해방군 총참모장 황커청도 포함되어 있었다.

가장 중요한 것은, 이 전체회의에서 덩샤오핑이 당과 국가의 실질적인 최고 권력자로 확정되었다는 것이다. 중국은 경제개혁과 민주주의의 기치하에, 새로운 발전의 시기로 접어들었다.

중화인민공화국의 변화는 전 세계적으로 고조된 관심을 불러일으켰다. 당연히 덩샤오핑 자신이 가장 많은 관심을 끌었다. 작지만 두드러지게 강인한, 세 번의 불명예를 당한 후 병에서 나온 지니처럼 튀어나온 이 사람은, 수많은 사람에게 중국이 결국 문명의 길에 들어설 것이라는 희망의 영감을 주었다. 1978년 11월 말, 덩과 꼬박 두 시간 동안 인터뷰를 했던 미국의 유명 저널리스트 로버트 노박Robert D. Novak은 "중국의 지배적인 당대 인물이 … 진정으로 언론의 자유를 보증하다"라고 전 세계에 알렸다.[67] 1979년 1월 1일,《타임》지는 덩샤오핑을 올해의 인물로 공표했다. 덩의 모습은 잡지의 전면 표지에 산, 숲, 구름 등 전통적인 중국을 배경으로 묘사되어 등장했다. 덩은 침착한 모습에, 약간 비꼬는 듯한 표정을 띠고 있었다. 그러나 동시에 불가해한 표정이었다. 세상이 아직 풀지 못한 수수께끼를 가진 중국의 스핑크스처럼.

19

기본 원칙

★
★
★

1978년 12월 말, 덩은 펑더화이의 유골을 혁명영웅묘지로 이장하는 추모식에서 발언을 했다. 펑 원수와 마오쩌둥 사이의 갈등에 대해서 언급하지 않고, "펑더화이 동지는 … 용감했습니다. … 그는 정직함과 진실함으로 알려졌습니다. 인민들을 걱정했고, 사심이 없었으며, (그리고) 곤경을 문제시하지 않았습니다"라고 지적했다.[1] 덩은 1959년 펑더화이 박해에 참여했던 것에 대해 사죄하는 것 같았다.

그 후 곧 열린 한 중요한 정치국 회의에서 왕둥싱은, 중앙위원회 판공청 주임직을 포함하여 맡고 있던 나머지 직위 대부분에서 해임되었다. 신임 주임 야오이린姚依林은 경제와 재정 문제에 전 생애를 바쳐왔고 후야오방보다는 두 살 아래였다. 동시에, 후야오방에게는 복원된 중앙위원회 서기직이 주어졌다. 부서기는 덩의 주요 연설 원고 작성자인 후챠오무, 그리고 바로 같은 인물 야오이린이었다. 후야오방은 중앙위원회의 일상 업무와 함께 선전부를 동시에 이끌었다. 덩의 오랜 벗인 쑹런충宋任窮은 후야오방을 대체하여 조직부 부장이 되었다.[2]

한편, 민주주의를 위한 움직임은 힘을 얻어갔고, 1979년 1월에는,

베이징에서 다른 대도시들로 확산되어, 그 도시들에서도 민주의 벽이 등장했다. 동시에, 공산당이나 공청단의 통제를 받지 않는 자율적 조직들이 형성되었다. 활동가들은 수백부의 수기手記 저널을 발행하기 시작했다. 자칭 계몽사회Enlightenment Society라는 한 집단은 마오쩌둥을 비난하는 대자보를 바로 그의 능묘 벽 한 면에 게시했다. 그러나 정치 생명의 중심점은 여전히 시단에 있는 민주의 벽이었고, 전국 각지에서 올라온 사람들은 "베이징의 민주주의의 공기를 들이마시기 위해" 이곳으로 줄을 이었다.[3]

중국에서의 자유주의적 변화들은, 자신을 전 세계 인권의 수호자로 선언했던 미 대통령 지미 카터Jimmy Carter에게 필연적으로 깊은 인상을 주었다. 국무부의 중국 전문가 스태플턴 로이J. Stapleton Roy는 카터에게 덩이 "관료에 대한 통제를 강화하기 위해 정부 내 강경파들을 비난하는 벽보 운동을 허용했을 뿐만 아니라 격려했다"고 알렸다.[4] 카터는 덩이 보수적 칼럼니스트 로버트 노박과 가진 인터뷰를 통해 "현명하고 역동적인" 덩이 "합리적인 경제 및 정치 체제"의 창조와 모스크바에 대항한 미국과의 동맹 수립을 서두르고 있다는 것을 알았다. 카터는 또한 〈타임〉지 게재용으로 미국 저널리스트 헤들리 도노반Hedley Donovan과 마시 클라크Marsh Clark가 덩과 가진 인터뷰에서 덩이 더 강력한 미중 관계와 모스크바에 대항한 연합전선을 요구한 것도 읽었다.[5] 후자의 고려 사항은 의미심장한 것이었다. 카터 대통령은 소련을 주적으로 생각했다. 이 모든 것이 중미 화해를 촉진했다.

1978년 12월 중순쯤, 미국과 중국은 외교관계를 수립할 준비가 되어 있었다. 카터와 덩 모두 그 과정을 촉진하기 위해 노력했다. 세계 최대 산업국가와의 관계 정상화는 4개 현대화의 달성과 관련하여 중국에 명백한 이득을 가져다 줄 수 있을 것이었다.[6] 1978년 5월 말부터 베이징에서 열린 몇 차례의 극비 협상에서 양측은 마침내 타이완 문제에 관한 상호 이해에 도달했다. 미국은 1954년 타이완과 맺은 상호방위조약 무효화, 타이완에서 모든 미군 인원의 철수, 국민당 정권과의 외교관계 단절에 동의했다. 중국은 타이완에 대한 미국의 지속적인 무기 공급을 마지못해 용인했고, 타이완 문제는 평화적인 방법으로 해결해야 한다는 미국의 성명에 대해 비록 "중국의 내정에 대한 간섭"이라고 생각했음에도 이의를 제기하지 않았다.[7]

1978년 12월 15일(베이징 현지에서는 12월 16일), 카터와 화궈펑은 1979년 1월 1일 현재로 상호 인정과 외교관계의 수립에 관한 공동성명을 발표했다.

이는 전 세계에, 특히 타이완에 천만뜻밖의 일이었다. 의회에서 타이완의 로비가 조심스러웠던 카터는, 중화민국 총통이자 (1975년 사망한) 장제스의 아들인 장징궈에게 공산주의자들과의 협상을 알리지 않았다. 성명 발표가 있기 단 일곱 시간 전, 타이베이 시간 새벽 두 시에, 미 대사는 크게 놀란 장을 침대에서 깨워 소식을 전달했다. 장은 울었다.[8] 덩이 이를 알았다면, 아주 행복했을 것이다.

미국과의 관계 정상화로 덩은 미국 방문이라는 오랜 소망을 이룰 수 있었다. 1978년 5월, 덩은 카터 대통령의 국가안보자문 즈비그뉴 브레진스키Zbigniew Brzezinski를 환영하면서, 미국을 보고 싶다고 말했었다. 브레진스키는 즉시 응답하면서, 워싱턴에 있는 자신의 집을 방문해 달라고 덩을 초대했다. 덩은 미소를 지으며 동의했다.[9] 12월, 대통령이 보낸 공식 초대장이 도착했고 1979년 1월 28일, 덩은 쥐린 그리고 몇몇 수행원들과 함께 대양을 건너 해외로 출발했다. 미 국무장관 사이러스 밴스Cyrus Vance는 대통령에게 보낸 글에서 "그의 방문은 그의 영도하에 있는 중국의 두 가지 정책의 주요 취지—현대화와 소련에 대한 반대를 생생하게

상징합니다"라고 적었다.[10]

　부통령 월터 먼데일Walter Mondale과 밴스 장관이 앤드루 공군기지에
나와 따뜻하게 덩을 맞이했다. 그들은 펜실베이니아 애비뉴에 있는 블레
어 하우스로 호위했는데, 이 호화 저택은 화려한 내부 비품들, 우아한 가
구, 고가의 카펫, 멋진 그림들로 유명했다. 넓고 곧게 뻗은 도로들, 높고
육중한 빌딩들, 국회 의사당, 가로수 길, 톈안먼 광장의 인민영웅기념비
를 연상시키지만 더 높은, 하늘로 높게 솟은 워싱턴 기념비 등 덩은 보이
는 모든 것에서 강한 인상을 받았다.

　도착한 지 몇 시간이 지난 후, 그들의 "오랜 친구" 브레진스키가 자
신의 집에 그들을 위해 마련한 작은 환영회장으로 그들을 안내했다. 기
본적으로 개인적 차원의 만찬인 그 환영회에 참석한 사람들은 주최자들
과 그들의 십 대 자녀 세 명 그리고 덩 부부 외에 밴스, 외무장관 황화黃华,
그리고 소수의 사람들뿐이었다.[11] 다음날부터 2월 5일 덩이 미국을 떠날
때까지 공식 미팅, 여정, 연설 등 숨 가쁜 일정이 계속 이어졌다. 감탄,
미소, 눈물까지 많은 감정을 자아내는 순간들이 있었다. 덩은 정치인, 사
업가, 운동선수 들과 악수했고, 자신을 위해 중국어로 노래를 부른 아이
들에게 키스했으며, 상원, 하원, 휴스턴 우주센터 등 과학센터, 포드와
보잉 공장, 텍사스 로데오, 그리고 당연히 백악관을 방문했다. 대통령은
열광했다. 그는 1월 29일 자신의 일기장에 "나는 덩에게 좋은 인상을 받
았다"고 썼다. "그는 작고, 강하고, 지적이고, 솔직하고, 용감하고, 인간
적이고, 자신감 있고, 우호적이며, 그와의 협상은 즐겁다."[12] 덩 역시 만
족한 듯했다.[13]

　양국은 과학기술 및 문화협력, 학생교환, 중화인민공화국에 대한
최혜국 무역지위 부여 등에 관한 조약에 서명했다. 덩은 필라델피아 소
재 템플 대학교에서 명예박사 학위를 수여받았고 텍사스 시먼튼에서 열

린 로데오 경기 중에 카우보이모자를 선물로 받기도 했다. 후일 밴스가 말했듯 "덩의 방문은 화려한 행사였고, 충분히 그럴 만했다."[14]

이렇게 해서 덩은 자신의 미국 방문을 두 강대국 간 역사적 화해의 시작으로 묘사할 수 있었다. 물론, 현실적으로 중국과 미국은 여전히 화해불가한 적대국이었지만, 당시 덩은 "소비에트 패권주의"에 대한 투쟁과 관련된 중대한 지정학적 문제들을 해결하기 위해 중미 간의 "동맹"을 실증적으로 보여주는 것이 극히 중요했다. 그 첫 무대는 소련이 중국에 대항하여 한때 중국의 충실한 친구에서 그때쯤 강렬한 적수로 변한 베트남과 동맹을 맺은 동남아였다.

덩은 브레진스키의 집에 도착한 지 얼마 되지 않아 소련과 베트남에 대해 이야기했는데, 대화에서 소련이 언급되자 분노로 끓어올랐다. 소련의 공격을 당한다면 중국은 어떻게 할 것인가라는 질문에, 그는 중국은 브라츠크 댐, 노보시비르스크, 어쩌면 모스크바 자체까지도 가루와 잿더미로 만들어버릴 충분한 핵무기를 보유하고 있으므로, 그에 대응해 강력한 일격을 가할 수 있을 것이라고 대답했다. 아이러니하게도, 그 대화가 진행될 때 하객들은 러시아 보드카를 마시고 있었는데, 이 보드카는 소련 대사 아나톨리 도브리닌Anatolii Dobrynin이 브레진스키에게 선물한 것이었다. 덩이 얼굴에 홍조를 많이 띤 것은 아마도 그것 때문이었을 것이다. 이별에 즈음하여, 그는 대통령 그리고 대통령이 가장 신뢰하는 보좌관들과 베트남에 대해 극비리에 이야기하고 싶다고 브레진스키에게 진지하게 알렸다.[15]

그는 다음날 백악관 회담 도중 이 요청을 카터에게 직접 반복했다. 백악관 대통령 집무실에서 덩은 카터, 부통령 먼데일, 밴스, 브레진스키와 만나—엄숙하지만 확고한 목소리로 그들에게 베트남을 공격하겠다는 자신의 결심을 알렸다.[16] 마음속으로 미국인들은 그들의 오랜 적이 이제는, 전에 베트남에 무기와 심지어 군대까지 보내면서 북베트남 편에 섰던 바로 그 중국에 의해 벌을 받게 될 것이라는 데 대해 기뻐했을 것이다.[17] 이제 공산주의자들은 서로 싸우고 있었을 뿐만 아니라, 그들의 전쟁 계획을 제국주의자들과 논의하고 있었다.

그러나 겉으로 카터는 냉정을 유지하면서 심지어 덩을 만류하기까지 했다. 비록 명시적인 반대를 표명하지는 않았지만, 그는 세계 여론과 미 의회의 다수 의원들이 중국을 침략자로 낙인찍을 수 있다는 우려를 나타냈다. 다음날 아침, 통역 지차오주만 배석한 상태에서, 덩과 단 둘이 만난 카터는, 덩이 계획하고 있는 무력 분쟁이 "중국의 전체적인 성격 그리고 향후 타이완 문제의 평화적인 해결과 관련하여 미국 내에서 심각한 우려를 초래할 것"임을 덩에게 경고하는 특별 진술서를 읽어주기까지 했다. 또한 중국-베트남 분쟁에 대해 소련이 강력하게 반발할 가능성에 대해서도 우려했다. 전반적으로, 카터는 그 침략이 "중대한 실수가 될 것"이라고 말했다.[18]

그러나 연거푸 담배를 피우던 덩은, 만일 중국이 베트남에게 단기적인 교훈을 가르쳐주지 않으면, 베트남에서 자신의 입지를 굳힌 소련이 이웃한 아프가니스탄을 침공함으로써 중국을 포위하려 할 것이라고 설명하면서 자신의 결심을 고수했다[19](그는 소련의 개입이 있기 단 11개월 전에 이 말을 했다). 카터는 아무런 대답을 하지 않았지만, 할 말을 한 덩은 곧 냉정을 되찾았다.[20] 그는 정확히 미국인들에게 베트남에서 전쟁이 임박했음을 알려주기 위해 미국에 온 것 같았다.

"타락한" 소련에 대항해서뿐만 아니라, 미국의 개입으로 악화된 16년간 이어진 내전을 치른 후 1975년 4월 말 최근에서야 공산주의하에 통일된 "영웅적인" 베트남에 대항해서도 덩이 이제 미국과 본질적으로 동맹을 형성한 것은 어떻게 된 일일까? 그는 정말로 소련이 북, 남, 서쪽 방향에서 중국의 국경 전체를 따라 군사 기지를 설치해 중국을 포위하고, 그 후 핵 타격을 가할까봐 두려웠을까? 그럴 수도 있다. 어차피 중소 국경분쟁은 상당히 최근에야 발생한 것이었다. 아마도 그는 또 1960년대 말까지 소련과 중국 사이에서 교묘하게 움직이다가 문화대혁명 기간 중국이 소련과는 달리 자신들에게 실질적인 원조를 제공하지 못했다는 것을 주된 이유로 점차 소련 "패권주의자들" 쪽으로 넘어간 베트남 지도자들을 용서할 수 없던 것일 수도 있다.

베트남과의 상황은 특히 골칫거리였다. 1970년대 초, 베트남을 잃고 있다는 생각에, 마오, 저우 그리고 덩은—이들 모두 심히 감정이 상했다—인도차이나의 다른 파트너, 즉 캄보디아의 공산주의자들(크메르루주)쪽으로 방향을 바꿨는데, 이들은 베트남이 필요로 한 막대한 투자를 요구하지 않았다.[21] 1975년 4월 크메르루주가 권력을 쥔 지 얼마 안 되어, 캄보디아와 베트남의 관계 역시 빠르게 악화되었다. 인도차이나에서의 전쟁이 끝난 후, 베트남은 라오스를 쉽게 자신의 영향력하에 두었고 캄보디아(당시에는 캄푸치아로 불림)를 자신의 세력권으로 끌어들이기 위해 최대한의 노력을 기울였다. 그러나 캄보디아 지도부는 베트남의 지역 패권주의에 과민반응을 보였는데, 특히 1977년 베트남이 두 개의 해군기지를 소련이 사용하도록 했기 때문으로, 이 조치는 중국과 캄보디아 모두를 분노케 했다. 중국-베트남 그리고 베트남-캄보디아 국경을 따라 무력 충돌이 발생했고, 영토 분쟁이 점화되었다. 1977년 12월 31일, 크메르루주는 베트남과의 외교관계를 단절했다.

1978년, 상황은 악화 일로를 걸었다. 1978년 봄, 베트남 공산주의자들은 사회주의 개혁의 일환으로 지역 화교 다수의 재산을 대규모로 몰수하기 시작했다. 남베트남에 살고 있던 약 150만의 화교는 대부분 소규모 사업가였는데, 개혁이 시작되자마자 이들 가운데 다수가 자신들의 역사적 고향으로 피난을 시도했다. 1978년 4월 초부터 5월 중순까지 6주 만에 5만 명 넘는 난민이 국경을 넘어 베트남에서 중국으로 갔는데, 국경에서 이들은 "무고하게 고통받는" 동포들을 보호하기 위한 애국운동을 선동한 중국의 지도자들에게 순교자로 환영받았다. 1978년 7월까지 베트남을 떠난 화교의 수는 17만에 달했고, 대부분은 남쪽도 아닌 베트남 북부에서 도망쳐왔다.[22]

가을쯤에는 베트남의 의도가 캄보디아를 장악하는 것이고 베트남은 단지 군대를 들여보내기 위해 건기가 시작되기를 기다리고 있었을 뿐이라는 것이 분명해졌다. 11월, 베트남은 소련과 우호협력조약을 체결했는데, 중국의 반발이 있을 경우 자신을 보호하기 위한 하나의 방편이었다.

중국 지도부는 분노했다. 그러나 지도부 전부가, 설령 베트남이 캄보디아를 침공한다 하더라도 베트남을 공격하는 것이 현명하다고 생각한 것은 아니었다. 옛 친구의 행동이 분명 씁쓸한 감정을 자아내긴 했지만, 한때 형제 관계였던 국가를 상대로 전면전에 착수하는 것은 지나친 것 같았다. 게다가 중국군과 군 장비는 결함이 있었다. 인민해방군의 규모가 훨씬 크기는 했지만, 무기와 전장 경험에 있어 베트남 군대보다 현저히 열등했다.[23] 또한 소련의 반발 가능성에 대한 우려도 있었다. 소련의 지도자 레오니트 브레즈네프Leonid Brezhnev가 갑자기 베트남 원조를 결정하고 화베이 지방에 로켓을 쏟아부을 것인가?

덩의 오랜 멘토 예젠잉 원수는 공개적으로 그 전쟁에 반대했다. 그는 소련이 베트남의 도움으로 중국을 포위할 위험이 있다고 생각하지 않았다. 그보다 소련 측의 공격 가능성에 대비해 먼저 중국의 북쪽 국경을 강화할 필요가 있다고 생각했다.[24] 그러나 덩은 그 의견을 무시했다. 베트남과의 전쟁을 갈구했기 때문이다. 마치 중국이 베트남을 공격할 것인가의 여부에 그의 개인적 운명이 걸리기라도 할 것 같았다. 그리고 이것은 우연이 아니었다. 중국 내 일부 전문가들은 당시 인민해방군 총참모장이던 덩이 무한권력을 획득하기 위해 군에 대한 자신만의 완전한 통제권을 수립할 수 있도록 전쟁을 주장하고 전체 작전을 지휘해야 했다고 생각했다.[25]

1978년 9월, 즉 전쟁 준비가 시작된 순간부터 덩은 사실상 군 최고 사령관이 되었다. 그는 작전계획 수립을 지휘했고 계획의 직접 집행자로는 정력적인 자신의 친구 쉬스유 장군을 임명했다. 12월 21일쯤에는 군의 재배치가 완료되었다. 여러 추산에 따르면, 33만에서 60만의 중국군 장교와 군인들이 베트남과의 접경 1300킬로미터를 따라 집중되었다.[26] 그와 동시에, 소련과의 접경지역에 배치된 인민해방군에게는 완전전투 태세가 내려졌다.

한편, 1978년 12월 25일, 소련의 지원을 등에 업은 베트남군은 캄푸치아를 침공했고, 1979년 1월 7일쯤에는 수도 프놈펜을 함락시켰다. 크메르루주 정권은 무너졌고, 친베트남 세력이 대신 들어서 신정부를 수립했다. 그러나 정글로 후퇴한 크메르루주는 1989년까지 계속 싸움을 이어갔다.[27]

프놈펜의 함락은 중국에 체면의 상실을 의미했다. 베트남과 소련은 캄푸치아와 중국보다 강한 것으로 판명되었다. 이제 베트남에 대한 공격은 덩에게 "명예의 문제"가 되었다.

그러나 그는 자신이 치를 전쟁에 대한 외교적 지지를 확보해야 했다. 9월에 그는 버마, 네팔, 북한을 방문했고, 11월에는 태국, 말레이시아, 싱가포르를 방문했다. 그러나 단지 태국의 지도자들만이 —캄푸치아에 이어 자신들이 베트남의 다음 공격 대상이 될 것이라는 심각한 우려에서— 그를 지지했다. 하지만 다른 국가의 지도자들이 강한 반대의 목소리를 내지는 않았고, 덩은 이에 만족했다. 이제 덩은 미국에 통보하고, 카터에게 미국의 "도의적 지지"가 필요하다고 설명할 예정이었다.[28] 카터가 강하게 만류하려고 하지 않았다는 것이 덩에게는 매우 중요했다. 본질적으로, 카터는 묵시적으로 동의한 것이었다. 외적으로는 적어도 그렇게 보였고,[29] 이것이 덩이 필요로 한 것이었다.[30] 미국 방문 직후 전쟁을 개시함으로써, 덩은 자신이 미국과 협력하여 움직이고 있다는 것을 브레즈네프에게 확신시키고, 그렇게 해서 분쟁에 개입하려는 소련의 유혹을 감소시킬 수 있을지도 몰랐다.

덩이 옳았다. 1979년 2월 17일 새벽, 덩의 명령으로 중국군 20만이 베트남 국경을 넘었을 때, 브레즈네프는 정말 어찌할 바를 몰랐다. 그는 핫라인으로 카터에게 전화를 걸어 중국이 미국의 묵인하에 행동하고 있는 것인지 확인했다. 카터는 그렇지 않다고 설득하려 했다. 그러고 나서 소련 대사 도브리닌을 통해 자신은 덩에게 그런 행동을 하지 말 것을 경고했다고 브레즈네프에게 알렸으나, 소련의 지도자는 이 말을 믿지 않았다.[31] 결국 브레즈네프는 무력 대응을 하지 않았다.

전쟁은 29일 동안 지속되었는데, 기본적으로 중국-베트남 접경 지역에서 치러졌다. 중국군은 32킬로미터 이상을 침투하지 못했다. 3월 16일, 덩은 파괴된 도시와 불타버린 마을을 뒤에 남긴 채, 군대를 철수시켰다.[32] 다양한 추산에 의하면, 이 충돌로 중국군 약 2만 5,000명 그리고 군인과 비폭력적인 주민들 모두 합해 베트남인 만 명 정도가 사망했다.[33] 덩은 베트남에 교훈을 가르쳐주지 못했다. 중국의 손실은 베트남이 입은 손실의 두 배 반이었다. 이것은 결코 제대로 겨냥된 타격이 아니었다.

그러나 대내적으로 덩에게는 엄청난 승리였다. 전쟁이 진행되는 동안 그는 자신을 당과 국가의 진정한, 권위 있는 지도자로 내세웠다. 예젠잉 원수는 약화되었고 화궈펑은 위협이 되지 않은 지 오래였다. 단지 천원만이 지도부 내에서 계속 강력한 인물로 남았는데, 덩은 항상 그와 의견의 일치를 볼 수 있었다. 비록 천원은 덩을 시기했지만, 본질적으로 당내 위계질서 속에서 2인자 역할에 만족했다. 게다가 천원은 화궈펑에 대항한 권력투쟁에서 전적으로 덩을 지지했다.

1978년 말부터 덩은 자신이 잘 모르는 분야인 경제문제에 관해 조언을 얻기 위해 존경받는 당 원로인 천원에게 의지하기 시작하기까지 했다. 확실히 그는 정치적 음모의 매듭을 푸는 데는 노련했지만, 경제문제를 체계적으로 해결하는데 필요한 인내심은 부족했다. 그는 "저는 경제학 분야에서는 문외한입니다"라고 말했다. "저는 정말로 아는 것이 거의 없습니다."[34] 이와 반대로, 천은 경제문제에 관해 일하는 것을 좋아했고 당 원로들 사이에서 주요 경제 전문가라는 정당한 평가를 받았다.

1905년 6월 13일생인 천원은 네 살에 고아가 되었고 1925년에 중국공산당에 입당했다. 그는 비록 마르크스, 엥겔스, 레닌, 스탈린의 저작들만을 통해서지만, 1935년부터 1936년까지 모스크바 소재 국제레닌학교에서 진지하게 경제학을 공부했다.[35] 중화인민공화국이 수립된 이후에는 실제에서의 사회주의 경제학에 집중했다.[36] 1978년 12월 초, 장기간의 "정치적 병"에 이어 정계로 복귀한 후 중앙위원회 공작회의에서 경제발전 문제에 관한 일련의 제안을 내놓았다. 그는 화궈펑의 새로운 대약진 노선을 명백하게 비난하고, 그 대신 "점진적 진전"을 요구했다. 농업, 경공업, 주택건설, 관광의 발전에 최대한 주의를 기울이고, 그다음에나 중공업에 관심을 가져야 한다고 말했다.[37]

덩은, 새로운 대약진의 주요 제안자인 화궈펑을 불신임시키려고 노력하면서, 현대화의 가속화에 관한 자신의 이전 시각을 버리고 재빨리 방향을 틀어 천원을 지지했다. 아마 정치적인 이유 때문에 이렇게 행동했을 것이다.[38] 1979년 1월부터 덩은 천윈을 따라 전처럼 공식적으로 화궈펑이 이끌던 정치국과 국무원의 잘못된 경제정책들을 비판하기 시작했다. "천윈 동지는 … 지표들을 축소시키고 건설 프로젝트의 수를 감소시킬 수 있다고 생각합니다. 이것은 매우 중요합니다"라고 선언했다.[39]

1979년 3월, 이제 중앙위원회 부주석 가운데 한 명인 천윈은 화궈펑의 경제정책들에 대해 총공격을 시작했다. 3월 21일 정치국 회의에서 그는 "해외일정을 마치고 돌아와서는, 몇억 달러를 투자하기만 하면 우리가 현대화를 가속화할 수 있을 것이라는 소식을 확산"시킨 "동지들"을 맹공격했다. 분명 화궈펑을 암시하듯 이 "동지들은 우리나라의 실제(특색)를 고려"하지 않는다고 주장했다. 그러나 현재 중국의 "많은 곳에서 인민들에게 음식을 제공하는 문제가 아직 해결되지 않았고" 많은 농민들이 기아의 끝에서 비틀거렸다. 맞는 말이었다. 약 500만 명 규모의 생산대에 속한 이들 가운데 거의 150만 명이 1년에 50위안, 즉 미화 30달러 정도를 받았고, 일부는 그보다 적게 받았으며, 250만 규모의 또 다른 생산대에 속한 사람들은 50에서 100위안을 받았다. 전체적으로 2억 5000만 명 이상의 농부들이 굶주림에 시달렸다.[40] 천윈은 중공업 분야에서는 "점진적 진전"이 있도록 하고, 농업에 우선순위가 주어지도록 경제의 기초 부문들을 균형 있게 할 것을 촉구했다. 이렇게 해야만 경제적 생산성이 증가하고 경제 전체에서 점진적 고조가 가능할 것이었다.[41] 천윈은 중앙위원회 공작회의 폐막 연설 때 "파상적" 발전을 이야기했던 덩과 입장을 같이했다.

천윈은 인민들의 기본적 수요를 충족시키기 위해 심지어 사회주의의 계획과 시장에 대한 의존이 결합된 경제체제를 숙고하기 시작했다. "사회주의 기간 내내" 계획경제와 함께 시장 규제를 동시에 발전시키는 것을 고려했다. 그는 "농업에서 비非계획경제의 몫이 여전히 너무 적다"고 한탄했다.[42] 당시에는 아무도 감히 그런 말을 한 적이 없었다. 3월 23일, 정치국은 천윈이 제안한 공식에 따라 "재조정" 정책을 승인했다. "마르크스주의를 중국 혁명의 실천과 통합시키기 위해, 우리는 경제 부문들을 다음 순서로 배치해야 합니다. 농업을 첫째로 하고, 그다음은 경공업 그리고 그다음에야 중공업."[43] 혁신적인 정책을 만들고 시행할 특별 재정경제위원회가 천윈의 주도하에 국무원 내에 새롭게 설치되었다.[44]

같은 정치국 회의에서 덩은 발언을 통해 재조정 정책을 전적으로 지지했다. 비록 시장경제를 발전시키는 것에 대해 아무런 말도 하지 않았지만, 중국은 "중국적 특색을 가진 현대화"가 필요하다고 강조했다. 그는 "세기말까지 우리는 1970년대의 선진국 수준은 어느 정도 달성할 수 있을 것입니다. 인민들의 평균소득이 대폭 향상될 수는 없습니다"라고 단언했다.[45] 그때부터 그는 현대화 가속화 지지자들에게 "우리는 2보 전진을 위해 1보 후퇴를 해야 합니다"라고 설명하면서 이에 대해 좀 자주 언급하곤 했다.[46]

덩이 자신의 관점을 얼마나 빨리 바꿨는지를 보면 꽤 인상적이다. 1975년부터 그는 중국이 20세기 말까지는 선진국들을 따라잡아야 한다고 일관되게 주장해왔다. 그러나 능숙한 정치인만이 그렇게 행동할 수 있었다. 덩은 과거에는 틀렸을지 모르지만, 현재 화궈펑의 권위는 붕괴되고 있었다.

마침내 덩은 당 지도부의 재편을 끝낼 수 있었다. 이제 화궈펑이 권력구조 내부에 얼마나 더 오래 머무를 것인가는 완전히 덩에게 달려 있었다. 그는 이제 또 다른 문제, 베이징 중심부의 민주의 벽 문제도 해결할 수 있었다. 더 이상 어떤 자유주의도 필요하지 않았다. 자신이 권력을 차지하게 된 이상, 더는 어떤 비판도 허용할 생각이 없었다.

1979년 3월 30일, 덩은 중앙위원회 선전부와 중국사회과학원 후원 하에 베이징에서 열린 전국이론학습회全國理論務虛會에서 의미심장한 연설을 했다.

이 회의는 "실천이 진리 검증의 유일한 판단 기준"이라는 글에 대해 토론하자는 예젠잉 원수의 제안에 응하여 1월에 소집되었다.[47] 1월 18일부터 2월 15일까지 회의 초기 단계에는, 후야오방을 중심으로 한 당내 자유주의자들이 회의의 기조를 정했다. 처음에 후야오방은 160명의 참가자 모두에게 "사상을 해방시키고 … 자유롭게 자신의 생각을 표현하고, 당내 민주주의를 완전히 복구 및 발전시키고 … 거짓과 진실을 구별하고 이데올로기 연구자들과 선전가들 모두의 단결을 강화"할 것을 촉구했다.[48] 그의 말에는 반체제적인 기미라고는 없었다. 덩 자신도 당시 민주주의를 긍정하고 있었다.

많은 참가자들이 날카로운 질문들을 내놓기 시작했다. 진정한 민주주의에 대해, 낙후된 중국의 사회주의로의 전환의 본질에 대해, 대약진과 문화대혁명에 대한 마오의 개인적 책임에 대해, 개인숭배의 청산에 대해 등등. 어떤 사람들은 심지어 4인방이 아닌 5인방을 이야기해야 한다며, 마오가 장칭보다 더 나쁜 범죄자라고 주장하기까지 했다. 자유주의자들의 압력하에 잘 알려진 보수주의자 가운데 하나인 우렁시는 두 차례나 자아비판을 강요당하기까지 했다.[49] 다른 보수주의자들은 눈에 띄지 않으려고 노력했다.

2월 8일 덩이 미국 방문을 마치고 귀국했을 때, 전반적으로 온건한 보수주의자인 후차오무는 자유주의자들의 "자의성恣意性"에 대해 불평했다. 그 자신도 양개범시론을 강하게 반대했지만 과도한 자유주의화에 진저리가 났다. 주의 깊게 청취한 후, 덩은 갑자기 정권에 복귀한 후 처음으로, 후야오방의 행동에 반대를 표했다. 그는 당 안팎의 민주적 움직임을 1957년의 "우경 기회주의 위협"과 비교했고, 심지어 "더 위험하다"고 까지 했다.[50] 그는 후챠오무에게 회의 연설문을 준비시켰다.

베트남에서 전쟁이 서서히 끝나가자, 덩은 자유주의 문제로 관심을 되돌렸다. 3월 16일, 중국공산당 중앙위원회 특별회의에서 전쟁결과에 대해 보고하던 중, 돌연 표현의 자유를 신봉하는 자들을 향해 장황한 열변을 토해내기 시작했다. 그는 "우리는 민주주의를 발전시키고 있습니다"라고 단언했다. "그러나 우리에게는 새로운 문제들이 생겼습니다. … 우리는 마오 주석의 위대한 기치를 옹호해야만 하고, 누구도 여하한 방식으로라도 그것을 더럽혀서는 안 됩니다. … 현재 중요한 것은 안정입니다. … 문화대혁명을 어떻게 평가할 것인가의 문제는 당분간 미뤄둘 수 있습니다."[51]

덩은 나사를 조일 때라고 결론지었다. 3월 27일, 그는 후야오방과 후챠오무를 불러, 반대를 용인하지 않고 "우리는 사회주의의 길, 무산계급의 독재, 공산당의 영도, 마르크스-레닌주의와 마오쩌둥 사상이라는 4항 기본원칙을 굳건히 지켜야 합니다"라고 선언했다.[52]

이것이 회의의 두 번째 단계(3월 28일부터 4월 3일까지)가 시작되고 이틀 뒤 그가 했던 3월 30일 중요 연설의 요지였다.[53] 천윈과 리셴녠을 포함한 대다수 노장들은 열렬히 그를 지지했다. 예젠잉 원수만이 그 연설을 좋아하지 않았지만, 그는 이미 정계에서 떠나기 시작했다.[54] 당연히 자유주의자들이 실망했는데, 덩이 그들로 하여금 통렬한 비판을 받게 했기 때문에 특히 그러했다. "사회 전반에서 소수의 사람들이 그것(4항 기본원칙)에 반하는 사상을 퍼뜨리고 있습니다. … 그들은 우리의 대의에 커다란 해를 끼칠 수 있고 이미 끼쳤다는 것을 많은 사실들이 보여줍니다. … 우리는 반드시 … 4항 기본원칙에 의문을 던지는 사상 조류에 대항해 부단히 투쟁해야 합니다."

덩은 중국 사회가 어떤 종류의 민주주의를 필요로 하는지에 대해서도 설명했다. "그것은 오직 사회주의민주, 인민민주일 뿐이며, 부르주아의 민주, 개인주의적 민주가 아닙니다. 인민의 민주는 적敵에 대한 독재 그리고 민주에 기초한 중앙집권과 분리될 수 없습니다."[55]

짧았던 중국의 개방의 시기가 끝나가고 있었다. 그것은 "인민민주"와 양립할 수 없었다. 회의 막바지에, 후야오방은 할 수 없이 덩에 동의했다. 그는 "중앙위원회 명의로 행한 덩샤오핑 동지의 중요 연설로 회의 업무의 다소 성공적인 마무리가 수월했습니다"라고 말했다.[56]

민주주의의 축소를 촉구한 덩의 3월 16일 보고 이후 정치 상황은 이미 변하기 시작했다. 회의에서 덩의 중요 연설이 있기 하루 전인 3월 29일, 베이징 당국은 4항 기본원칙, 즉 "사회주의, 무산계급 독재, 공산당 영도, 마르크스-레닌주의와 마오쩌둥 사상을 반대하는 슬로건, 포스터, 서적, 잡지, 사진 및 기타 자료"의 전파를 금지하는 지시를 내렸다.[57] 시 당국도 덩도 베트남전쟁이 시작된 후부터 베트남인들에 대한 동정을 표명하고 "반동적 파벌" 중국공산당 지도자들을 비난하는 반전反戰 인쇄물들이 민주의 벽에 게시되었다는 사실에 불쾌해했다.[58] 그 지시가 공표된 지 몇 시간 후, 경찰은 웨이징성을 체포했다. 빌미가 된 것은 그가 마지막 쓴 "우리가 원하는 것은 민주인가 아니면 또 다른 독재인가?"라는 제목의 대자보였다. 그것은 개인적으로 덩샤오핑을 겨냥한 것이었다. 대자보에서 웨이징성은 덩을 "파시스트 독재자"라고 부르고 그를 마오쩌둥 및 4인방과 비교하며, 베트남전쟁 결과에 대한 덩의 보고를 거세게 비난했다.[59] 다양한 출처에 의하면, 덩이 직접 웨이징성을 체포하라는 명령을 내렸다.[60]

1979년 10월, 웨이징성은 15년형을 선고받았다. 그의 가족도 변호사도 법정에 들어갈 수 없었다.[61] 구금된 사람은 최소 100명이었다.[62] 덩은 그 반체제 인사들이 방해 공작을 도모하고 국민당 비밀 정보기관 그리고 타이완 내부 및 해외의 정치세력들과 비밀리에 결탁했다고 단호하게 비난했다.[63] 민주의 벽에서 '대자보'가 제거되었고 어떤 것도 게시할 수 없도록 금지되었다.

덩에게 직접적인 책임이 있던 최근의 이 도발은 분명 마오 주석의 특징과 가장 유사한 것이었다. 중국의 지식인들은 또다시 상위 정치를 위해 파렴치하고 냉소적으로 조종을 당했다. 민주주의가 고조되는 상황 속에서 화궈펑과 왕둥싱은 타도되었고, 덩은 미국에서 중국 본토의 자유의 선지자로 환영받았다. 카터는 베트남에서 덩의 공격을 묵인했고, 이제 인민의 목소리는 침묵을 강요당할 수 있었다.

덩은 자신이 권력을 잡는 과정에서 내쳐진 수많은 희생자들을 무시하고 자신이 원한 모든 것을 성취했다. 그에게 목적이란 항상 수단을 정당화하는 것이었다. 혁명의 세월 동안, 토지 개혁, 사회주의를 위한 투쟁, 그리고 마오가 사망한 후 덩 자신의 권위를 세우기 위한 투쟁에서 늘 똑같았다. 사람들은 그에게 단지 목적을 달성하기 위한 도구로만 중요했다.

심지어 자신이 보기에 대의를 위해 필요했다면, 자신의 가족들을 희생시키기까지 했다. 애초부터 그는 정치적 투쟁에 전적으로 투신했다. 부모를 버렸고, 유년시절 자신이 자라난 고향으로 돌아간 적이 없으며, 조직의 이익만을 위해 살았다. 일에 몰두하기만 하면 자신이 물 만난 고기처럼 느껴졌다. 그는 농담을 하고, 다른 사람들과 허물없이 섞이고, 쉽게 우정을 맺었다. 그는 "성질 좋은 사람"이라는 인상을 주었다. 그러나 집에 있으면 지친 채 줄곧 몇 시간을 아무 말 없이 앉아 있었다. 그는 억척스럽고 강인한 남자, 뛰어난 정치인이자 조직자였다. 그러나 그의 사전에 휴머니즘 그리고 도덕성 같은 개념은 없었다. 덩에게 동정적인 작가 에즈라 보걸조차 "덩은 사람들을 쓸모 있는 도구처럼 대했습니다. … 그는 전체의 대의를 위하는 동지였지, 조직의 필요를 넘어서는 의리를 지닌 친구는 아니었습니다"라고 인정할 수밖에 없었다.[64]

자신의 권력을 공고히한 덩은 승리를 축하할 수 있었다. 그는 이를 위대한 조타수가 써온 것과 가장 비슷한 방식으로 행했다. 기억나겠지만, 마오는 부하들을 놀라게 만드는 것을 즐겼다. 덩은 수영으로 강을 건너지는 않았지만, 1979년 7월 중순에, 75세라는 나이에도 불구하고, 예부터 "하늘 아래 가장 아름답다"고 여겨져온 안후이성 소재의 명산, 황산黄山을 올랐다. 정상(해발고도 1873미터)까지 오르지는 않았으나, 거의 해발 1524미터까지 올라갔다. 그는 사방으로 숨이 멎을 듯한 경치가 펼쳐진 가운데, 절벽을 깎아낸 어려운 오솔길을 따라 걷고 산을 따라 늘어진 곧 부서질 듯한 나무다리들을 건넜다. 동행들이 덩에게 조심할 것을 간청했지만, 그는 손을 내저어 그들을 물리쳤다. "아직도 내게 지시를 하려고 하고 있네요! 내가 경험이 더 많습니다. 대장정 동안 많은 사람이 서두르다가 도중에 실패했지만, 나는 멀리 갈수록 더 강해졌어요." 그는 사흘을 산에서 보내며, 가능한 한 많이 둘러보고 구경했다. 산에서 내려온 후, 안후이성 당위원회 제1서기 완리万里에게 이렇게 말했다. "황산의 교훈은 내가 완전히 합격이라는 것입니다."[65]

그의 등반은, 말할 필요도 없이, 엄청난 의미를 갖는 것이었다. 그는 진짜로 정상에 도달했지만 여전히 건강하고 에너지가 넘쳤다. 이것이 그가 세상을 향해 알리고 싶었던 것이었다.

그러나 그의 앞에는 아직도 해야 할 일이 많이 놓여 있었다. 개혁을 지속해야 했고, 화궈펑과 그의 지지자들을 권력구조 내 모든 직위에서 해임시켜야 했으며, 1949년 정권을 잡은 이래 당 역사의 경험을 요약해야 했다. 이 작업 없이 덩이 권좌에 오르는 것은 역사적 근거가 없을 것이었다. 1945년 당시의 마오처럼 그는 미래에 자신의 위치를 확보하기 위해 과거와의 대차를 청산해야만 했다.

20

'일부 사람들이 먼저 부유해지도록 하라'

정상에 오른 덩은, 여느 권위주의 지도자들과 마찬가지로, 즉시 그 자신의 관료 엘리트들을 확대하고 강화하기 시작했다. 바꿔 말하면, 도처에 자신이 의지할 수 있는 사람들을 심기 시작했다. 그는 마오 주석이 스탈린에게 차용한 생각을 항상 기억했다. "일단 정치적 노선이 정해지면, 간부가 결정적인 요소다."[1]

1979년 7월 29일, 그는 인민해방군의 해군기지인 칭다오에 도착해, 해군 당위원회 환영연회에서 간부의 적절한 선택과 배치에 관한 연설을 했다. 그는 "국가를 전체적으로 보고 주요 문제들을 고려할 때, 실천─'양개범시'에 대립하는 것으로서─이 진리 검증의 유일한 기준이라는 테제에 관한 논쟁으로 우리의 사상노선이 어떤 것이어야 하는가라는 문제가 상당히 확실하게 해결됐다고 말할 수 있을 것입니다"라고 말했다. "당의 이념노선과 정치노선은 수립되었습니다. 그러면 해결되어야 할 남은 문제는 무엇입니까? 지극히 중요한 조직 노선의 문제입니다." 그는 현대화 방안을 지지한 모든 노장에게 "우리가 퇴장한 이후에는 다른 사람들이 그렇게 하기 어려울 것이기 때문에, 우리가 아직 남아 있는 동안" 즉시 "우리에게서 이어받을 건강한 젊은이들을 선발할 것"을 촉구했다. "만일 이 문제를 잘 해결하지 못하면, 우리는 마르크스를 볼 면목이 없을 것입니다"라고 덧붙였다. 여담이지만, 화궈펑과의 기능 분담에 대해 예젠잉 원수와 의견의 일치를 본 후 처음으로, 그는 자신이 린뱌오 그리고 4인방과 비교하기까지 한 범시론자들을 다시 혹독하게 비판했다.[2] 분명 덩은 이미 패배한 적수들을 향해 결정타를 가할 심산이었다.

덩 자신은 1985년 은퇴할 생각이었고, 후계자로 이미 후야오방을 낙점해 두었지만, 그가 보기에 후야오방은 너무 자유주의적이기는 했다. 그럼에도 후야오방에게 당-정치 업무의 일상적 관리를 맡겼다. 재택근무를 선호한 그는 어쩌다 한 번씩 중난하이를 방문했다.

덩은 천원의 전문 분야인 경제영역의 관리를 다른 두 "젊은 지도자들" 사이에 분담시킬 계획을 세우고, 연장자인 천원이 다행히 승락하기를 바랐다. 덩이 선발한 두 사람은 안후이 당위원회 서기인 63세의 완리, 그리고 쓰촨 당위원회 서기인 60세의 자오쯔양趙紫陽이었다. 두 사람은 이미 1975년부터 현대화를 적극적으로 지지하면서 스스로를 구별지어 왔다. 1977년, 그들은 자신들이 관할하는 성에 실험적 정책들을 도입하기 시작했다.

먼저 탁월한 성과를 보인 것은 완리였다. 훤칠하고 위풍당당한 이 산둥 토박이는 날카롭고 욱기가 있는 성격이었다. 일찍이 1977년 11월, 안후이 농민들의 믿기 어려운 빈곤함에 충격을 받은 그는, 최소한 극빈 지역에서라도 1960년대 초 실행되던 가족도급제로 회귀할 것을 공개적으로 제안했다. 그때쯤 안후이성 구쩐현固鎮县의 빈농들은 1977년 봄에 이미 가족 농사로 실험을 시작했다.[3] 그러한 계약하에서 농민들은 생산대에서 토지를 임대한 후, 노동일수로 대가를 지급받는 대신 수확물 전체를 국가에 넘기든지, 아니면 더 큰 몫을 넘기고 나머지는, 비록 시장에 내다 팔 수 있는 권리는 없지만, 자신들이 갖든지 했다는 것이 기억날 것이다. 그들은 무엇을 심을지 결정한 권한이 없었다. 그 대신에 농기구, 비료, 종자를 공급해주는 생산대 지도부에서 지시를 받았다. 분명 토지 공동재산은 이로 인해 전혀 손상을 입지 않았지만, 농민들의 물적 유인은 증가했다.

그러나 당시 완리의 방안은 거의 어떠한 지지도 이끌어내지 못했다. 당내 많은 사람은 1962년 7월 마오가 가족도급제 지지자들에게 보여주었던 냉담한 태도를 기억하고 있었고, 비록 중국공산당 내에서 "사상해방" 운동이 일어나고는 있었지만, 사람들은 철두철미한 주자파로 알려지기를 원치 않았다. 심지어 잘 알려진 1978년 11~12월 중앙위원회 공작회의에서조차도 가족도급제는 전면적으로 비난을 받았다. 완리는 이렇게 회상한다.

1978년 11월 중앙위원회 공작회의에서, ("농업발전 가속화의 몇 가지 문제에 관한") 문건 초안을 토론하던 중, 나는 이견을 표했다. 그 초안은 "양개 불허"(개인 농사를 위한 토지분할을 허용하지 않으며 농가 세대별 생산 책임제를 허용하지 않는다)를 언급했다. … 나는 동의하지 않았다. … (하지만) 이 문건의 준비를 담당한 지도자들은 나의 시각을 받아들이지 않았다.[4]

공작회의는 매우 온건한 문건을 3차 전체회의에서 고려하도록 제출했고, 전체회의는 이 문건을 "농촌인민공사공작조례(시행초안)"와 함께 초안으로 승인했다. 두 문건 모두 생산대 수준에서의 재정자립 강화에 대해서만 이야기했고 기껏해야 생산소조 단위 계약을 허용했다. 1979년 1월, 문건들은 "토론 및 시험 차원의 시행을 위해" 지역에 배포되었다.[5]

그 후 1978년 12월 말, 안후이성 펑양현风阳县의 샤오깡촌小岗村에서 진정한 농민 반란이 일어났다. 반란이라는 호칭이 다소 과장일 수는 있겠으나, 내막은 이렇다. 어느 날 밤, 18개 가구(21명) 대표들이 건초 창고에 모여 자신들이 속한 생산소조의 토지를 자신들 사이에서 완전히 개인적인 기준으로 분할하기로 결정했다. 이 계약은 그들이 더 이상 작업일수에 따라 대가를 지급받으며 일하지 않겠다는 것을 시사했다. 인민공사의 표준 지급 방식은 작업일수로, 즉 여러 범주의 노동자들이 공동농장에서 일한 날 수로 산정되었는데, 이 숫자를 기준으로 계산을 해서 곡물로 전환 지급하는 식이었다. 샤오깡의 농민들은 그 대신에 생산대의 자산인 토지의 실제 임대를 제안했다. 농민들은 잉여생산물을 자신들이 보유하기로 결정했고 시장에서의 판매 가능성도 배제하지 않았다. 계획을 넘어 어떤 작물이 재배에 가장 유리한가를 자신들이 정하기로 결정했다. 그들은 간략한 문서 초안을 작성하고 서명뿐만 아니라 개인 도장이나 붉은색 지장으로 봉인도 했다.

그들은 그저 더 이상 참을 수 없을 뿐이었다. 공산정권 시절 내내 이 가난한 마을의 주민들은 빈곤에서 벗어나지 못했다. 대기근 시절(1958~1962), 당시 샤오깡촌에 살고 있던 120명 가운데 67명이 사망했고, 살아남은 사람들은 계속해서 아사 직전에 놓여 있었다. 이것이 수세기 동안 화동 지역 전체에서 가장 가난한 펑양현에서 살고 있던 모든 사람의 상황이었다. 이 사람들은 인근 도시에서 대부분 구걸로 연명했다.[6] 이제 그들은 극단적인 수단을 취했다.

그들은 모든 것을 비밀에 부치기로 맹세했다. 그러나 봄이 되자 그들의 "수정주의" 행위가 누설되었고, 샤오깡촌의 생산대장은 상부의 호출을 맞닥뜨렸다. 놀랍게도 현 당위원회 서기는 생산대장에게 화를 내지 않았다. 분명 서기는 "빈 터를 볼" 줄 알았는데, 당 관료들의 언어로 말하자면 상사의 기분을 감지했다는 의미였다. 그는 직속 상관인 완리가 가족도급제를 강하게 추진하고 있다는 것을 알았다. 이미 1977년 말 완리는 모든 현 서기들에게 그렇게 통지했다. 따라서 그 서기는 생산대장이 향후 3년 동안 그 계약제를 채택하도록 허용했다.[7] 샤오깡 농민들의 제안에 대해 알게 된 완리는 1979년 6월 그들의 마을을 방문했고, 수확량이 괜찮을 것이라는 전망에 고무되어 그 농민들을 지지했다.[8]

그는 또한 페이시현肥西县의 한 생산대 소속 농민들의 행동에 찬성했다. 그곳에서는 샤오깡보다 두 달 빠른 1978년 10월에 농가 단위로 생산업무가 부과되었다. 그러나 그들은 1960년 초에 승인된 잘 다져진 길을 따라갔는데, 이는 샤오깡의 농민들보다 용기가 없던 완리 자신이 투쟁했던 것이었다. 농민들은 간단히 생산대의 토지를 자신들 사이에서 나누고, 개별적으로 경작하기로 결정했으며, 노동일수에 따른 대가를 받고 수확물 전체를 국가에 인도했다. 완리는 또한 구쩐현의 실험에도 찬성했다.[9]

그 후 완리는 천윈을 찾아가 그러한 실험들에 대해 알렸다. 천윈은 분명 쌍수를 들어 찬성했지만, 사적으로만 그렇게 했다. 마찬가지로, 덩 역시 완리에게 그가 스스로의 책임하에 그리고 스스로가 위험부담을 안고 행동하고 있음을 알려주긴 했지만, 가족도급제를 공개적으로 승인하지는 않기로 결정했다.[10] 덧붙여 말하자면, 서남 지역에서 함께 일할 때부터 오랫동안 완리를 알아왔던 덩은, 1978년 시작부터 가족도급제를 위한 완리의 투쟁을 지켜봐왔다. 당시 그는 완리가 쓰촨 당 서기 자오쯔양과 함께 착수하고 있던 조치들에 대해 논의했는데, 덩은 비밀리에 자오쯔양에게 이렇게 말했다. "우리는 사상을 해방시키고, 농업 (발전)의 길을 다소 확대해야만 합니다. 이전의 방식으로 문제가 해결되지 않으면, 우리는 새로운 방식으로 해결할 필요가 있습니다. … 만일 (현재의) 재산체계가 작동하고 있지 않다면, 두려워할 것은 아무것도 없습니다! 공업과 농업 분야 모두에서—모든 곳에서 우리는 이렇게 행동해야 합니다."[11]

한편, 천원과 덩에 의해 고무된 완리는 3차 전체회의에서 채택된 농업에 관한 초안 문건을 수정할 것을 국무원 관리들에게 설득하기 시작했다. 최소한 그는 국무원 관리들이 "농업발전 가속화의 몇 가지 문제에 관한 결의"에서 "양개불허"를 삭제하기를 바랐다. 동 결의는 4차 전체회의에서 공식 채택될 예정이었지만, 베이징의 관료들은 주저했다. 성마른 완리는 발끈했고 농업부 부부장을 돼지라고 불렀다. "당신은 먹을 게 많습니다. 농민들은 먹을 것이 충분하지 않아 야위었습니다. 어떻게 농민들에게 충분히 먹을 것을 가질 방법을 찾아서는 안 된다고 말할 수가 있습니까?"[12]

1979년 9월, 4차 전체회의 전야에 완리는 후야오방과 이야기를 나누었다. 후야오방은 돕겠다고 약속했지만, 별로 할 수 있는 것이 없었고, 어쩌면 그럴 생각이 없었는지도 모른다. 덩과 천원처럼 그 역시 이런 문제들에 대해 아직도 조심스러웠다. 전체회의가 승인한 문건에는 자오쯔양이 제안한 절충안이 담겼다.[13] 두 번째의 단정적인 "허용하지 않는다" 대신에 다소 부드러운 "해서는 안 된다"는 표현이 쓰였다. "개인 농사를 위한 토지분할을 허용하지 않는다. 마찬가지로 특히 중요한 부산품의 생산에 종사하는 특정 마을들 또는 통신수단이 열악한 먼 산악지역에 위치한 마을들을 제외하고 농가별 생산 책임제를 실시해서는 안 된다."[14]

1979년 초쯤 국무원은 정치국의 결정에 따라, 계획에 맞게 생산된 농산품의 수매가는 거의 25퍼센트 가까이 인상했고 계획을 초과한 농산품의 수매가는 50퍼센트를 인상했다.[15] 세금은 인하되었고 보조금과 신용은 증가했는데, 이 역시 농업발전을 자극하는 데 도움이 되었다. 전체적으로 1979년의 곡물 생산은 1978년 대비 2,700만 톤 이상이 증가하여 8퍼센트 상승했다.[16] 그러나 현재까지 빈곤한 중에서도 가장 빈곤했던 샤오깡촌에서, 같은 기간 가족도급제는 곡물 생산량을 6배로 늘렸고 농민들의 평균소득은 22위안에서 400위안으로 18배 증가했다. 집단화가 실행된 이후 처음으로, 샤오깡의 농민들은 1만 5,000톤의 곡물을 국가에 인도할 수 있었다.[17]

가족도급제의 우월함은 널리 명백해졌다. 가족도급제는 형태를 달리하며 농민과 지방 간부들의 노력을 통해 점차 확산되기 시작했다. 도처에서 가족도급제는 좋은 성과를 냈다. 그러나 덩과 베이징의 그의 지지자들은 당분간 신중한 태도를 유지했는데, 화궈펑과 그의 지지자들에게 공격 무기를 주지 않기 위해서였다. 이처럼 1979년 내내 그리고 1980년 초까지 급진적 농촌개혁이 아래에서 진행되었다. 1992년 덩은 "생산량과 연계하여 보수를 지급하는 가족도급 책임제를 고안해낸 것은 농민들이었다. 농촌 개혁의 많은 좋은 방안이 민초들에서 나왔다"고 회고했다.[18]

1979년 봄, 쓰촨 당위원회 제1서기인 자오쯔양은 개혁 조치들을 적극 지지했다. 1977년 봄부터 생산조 수준에서 계약제를 실험해왔고, 인민공사 구성원들이 세대별로 계획을 전개하고 시장에서 판매도 할 수 있게 허용했지만, 이후에 그는 공동토지의 분할과 세대별 생산량 할당을 승인했다. 1980년까지 자오쯔양 역시 곡물 생산에 있어 상당한 성공을 거두었다.[19] 그 후, 중국에는 운이 맞는 시구가 하나 만들어졌다.

쌀을 먹고 싶다면 완리를 찾고,	要吃米, 找万里
식량을 먹고 싶다면 쯔양을 찾아라.	要吃粮, 找紫阳.

(쌀 미의 미와 완리의 '리'가, 식량의 량과 쯔양의 '양'이 비슷하게 발음됨. ― 옮긴이)

완리처럼 똑같이 정력적이고, 사무적이며 대담한 조직가인 자오쯔양은 책임지는 것을 두려워하지 않았다. 덩은 1945년 봄부터 그를 알고 지냈는데, 당시 자오쯔양은 허베이-산둥-허난 경계 지역에서 지방 당위원회 서기로, 덩의 리더십하에서 신민주주의 토지개혁을 수행했다.

이때쯤 젊은 시절 저우언라이를 놀라울 만큼 닮은 허난성 부농집안 출신의 키 큰 이 젊은이는 어려운 길을 걷고 있었다. 그는 1932년 13세에 공청단에 가입했고, 1937년 일본이 중국을 공격했을 때 고등학교 학업을 포기했다. 이듬해, 그는 중국공산당에 가입했다. 당의 추천으로, 그는 류보청과 덩이 통제하고 있던 타이항산맥에 있는 중국공산당 북방국의 당교에 입학했다. 그곳에서 1년 간 공부한 후, 당에서 일하며 적극적으로 항일전쟁에 임했다. 덩은 곧 그가 마음에 들었고, 그들은 두터운 친분을 쌓아갔다. 자오쯔양은 중화인민공화국이 건국될 때까지 계속 덩 밑에서 복무했다. 그 후 마오는 그를 광둥으로 전근시켰는데, 거기서 자오쯔양은 화난 지역의 당무를 책임지고 있던 예젠잉 휘하로 들어가게 되었다. 자오쯔양은 미래에 원수가 될 예젠잉에게도 좋은 인상을 심어주었다. 그곳 광둥에서 자오쯔양은 대약진운동 이후에 류샤오치, 천윈, 덩처럼 잠시 동안 광둥에서 "생산책임제"로 불린 가족도급제를 지지했음에도 꽤 성공적인 경력을 쌓았다. 1965년, 마오는 그를 광둥 당위원회 제1서기로 임명했다. 그러나 자오쯔양은 그 직위에 오래 머물지 못했다. 1966년 9월, 홍위병들이 그를 비난하기 시작했고, 1967년 1월 홍위병들은 그를 납치해 광저우에 있는 중산 대학 캠퍼스에 억류했다. 자오쯔양은 1971년 4월까지 죄수 신분으로 덩, 후야오방 그리고 다른 문화대혁명의 희생자들과 마찬가지로 굴욕과 모욕을 당했다. 1971년, 마오는 그를 내몽고로 보내 당무를 보게 했지만 1년 후 광둥으로 복귀시켜 혁명위원회 서기로 일하도록 했다. 1973년 자오쯔양은 중앙위원회 위원이 되었고 1974년에는 광둥 당위원회 제1서기로 재임명되었다. 1975년 말, 마오의 허락하에, 저우언라이와 덩은 그를 쓰촨으로 보냈는데, 그곳은 인구밀도가 가장 높고 특별히 면밀한 주의를 요하는 곳 가운데 하나였다. 그곳에서 자오쯔양은 단지 농업뿐만 아니라 많은 분야에서 성공을 거두었다. 노련한 조직가로서 사람들에게 강한 인상을 남긴 그는, 산아제한을 통해 성 인구성장률을 전국 최저인 0.67퍼센트로 감소시킬 수 있었다. 이는 식량공급 압력을 줄이는 데 도움이 되었다. 1977년 8월 제11기 중앙위원회 1차 전체회의에서, 자오쯔양은 정치국 후보위원으로 선출되었다.

1979년 1월, 천원과 덩에 이어 자오쯔양은 경제의 "심각한 불균형"을 지적하며, "재조정"의 필요성을 강력하게 변호하기 시작했다. 산업 개혁의 가속화를 주장하며, 기업가들에게 이윤의 일부 보유를 허용하는 것을 포함하여 더 많은 자율을 부여할 것을 요구하고, 존경받는 원로 천원처럼, 계획과 시장 결합의 유용성에 대해 논했다. 그는 덩 못지않게 "개방"정책, 즉 중국의 세계 경제체제로의 완전한 통합에 열렬히 찬성했던 것이다.[20]

덩은 자오쯔양이 총리가 되고 완리가 부총리로 농업개혁을 담당하도록 할 생각이었다. 노동력의 80퍼센트 이상이 경제의 주요 부문인 농업에 고용되어 있었다. 1979년 9월 28일, 제11기 중앙위원회 4차 전체회의에서, 그는 자오쯔양을 정치국 정위원으로 만들었고, 7개월 후인 1980년 4월, 자오쯔양과 완리는 화궈펑의 부총리로서 국무원에 선출되었다. 고집 센 자오쯔양은 곧 사실상의 총리로 행동했다. 사기가 저하된 화궈펑은 굴복했다.

후야오방처럼 자오쯔양과 완리 모두 자유주의적 시각을 가진 사람들이었으나, 일정한 한도 내에서였다. 그들은 4항 기본원칙을 반대하지 않았다. 후야오방도 공산주의자로 남았고, 그의 이상은 기껏해야 인간의 얼굴을 한 사회주의였다. 동시에, 보수주의자도 덩의 팀에 합류했는데, 이들 중에는 후챠오무 그리고 또 다른 덩의 연설문 작성자인 중국사회과학원 부원장 덩리췬이 있었다. 비록 개혁에 반대하지는 않았지만, 이들은 모든 면에서 마르크스-레닌주의의 순수성을 유지하려고 노력했다. 또한 비교적 젊은 편이었다.

자신의 팀을 규합한 후, 덩은 마오 못지않게 파벌들 사이에서 교묘하게 균형을 유지했다. 그러나 비록 성장속도에 관해서는 천원을 지지하긴 했지만, 개혁과 외부세계에 대한 개방이라는 전략적 방침을 버리지 않았다. 그는 "우리는 금세기 말까지 4개 현대화를 달성할 것을 소리 높여 선언합니다. 그 다음에 우리는 열기를 가라앉히고 중국식 현대화, 즉 기대치를 낮추는 데 대해 이야기하기 시작할 것입니다"라고 선언하고, 동시에 해외자본의 유치와 해외교류의 확대라는 아이디어를 계속해서 촉진했다.[21] 또한 사회주의 단계 내내 계획과 시장을 효과적으로 결합하는 것을 지지하는 발언을 했다. 그는 미국과 캐나다에서 온 외빈들에게 "자본주의 시장경제만 존재한다고 단언하는 것은 잘못입니다"라고 말했다. "왜 사회주의하에서는 시장경제가 발전할 수 없습니까? 시장경제는 자본주의의 동의어가 아닙니다. 계획경제는 우리의 토대이고 시장과 결합되어 존재하지만, 이것은 사회주의 시장경제입니다."[22] 손님들은 놀랐을지도 모르지만, 어떤 이의도 제기하지 않았다.

1979년 시장경제의 발전은 농촌뿐만 아니라 도시에도 영향을 주었다. 1980년대 초쯤에는 소기업가들이 중국의 모든 대도시와 소도시에서 활발하게 움직였다. 이때쯤 문화대혁명 기간에 인민공사로 하방되었던 수많은 청년이 농촌에서 도시로 문자 그대로 홍수처럼 몰려들었다. 1978년과 1979년 사이 도시 인구는 650만 명이 증가했고, 1980년대 초에는 2000만 명이 추가로 늘었다. 국영기업들이 이들 모두에게 일자리를 제공하지 못한다면 이 노동력으로 무엇을 할 수 있을 것인가? 소규모 도시 사업체들을 허용해야만 했다—개체호들이 시장에서 경영을 하도록. 덩의 지지자들은 당내에서 그런 갈지자형 조치에 대해 아무도 이의를 제기하지 않도록, 마르크스의 《자본론》 제4권에서 8명의 노동자들을 착취한 자본가의 이야기를 끄집어냈다. 그들은 "마르크스가 정확히 8명에 대해 이야기했다면, 그것은 7명을 고용하는 것은 자본가가 아니게 됨을 의미한다"고 논리적으로 결론지었다. "그리고 사장 자신이 일을 한다면, 이것이 대체 어떤 종류의 자본주의가 될 수 있을 것인가?" 덩은 이 "학술적인" 논쟁이 마음에 들었고, 그래서 그의 주도로 중앙위원회와 국무원의 지도자들은 7인 이하의 개체호를 허용했다. 일상 서비스 사업 분야에서 즉시 폭발적인 반응이 나타났다. 소규모 개인 음식점, 신발수선과 양복점, 이발소, 그리고 기타 그런 비슷한 사업체들이 우후죽순처럼 늘어났다. 고용문제는 잠시 완화되었다.[23]

덩은 곧 이 새로운 접근법을 중국적 특색이 잘 나타나는 형식으로 포장했다. 그는 20세기 말까지 중국은 여전히 '복리국가福利國家'(보편적 번영이 실현된 국가)가 되지는 못할 것이지만, 샤오캉小康(소강. 중간 정도의 번영 혹은 비교적 잘사는) 상태는 달성할 수 있을 것이라고 말했다. 그는 이것을 "중국 특색의 현대화"라고 보았다. 그는 일본 수상 오히라 마사요시大平正芳에게 "우리의 4개 현대화 개념은 당신들의 개념과 일치하지 않습니다"라고 설명했다. "그것은 '소강지가小康之家'(즉, 중간 정도 부유한 가정)의 개념입니다." 그는 중국이 앞을 향해 돌진한다고 해도 20세기 말까지 1인당 소득은 "서구에 비해 여전히 낮을 것"이고 "이전과 같이 여전히 낙후되어 있을 것입니다"라고 설명했다.[24] 중국식 현대화, 즉 샤오캉을 제기하는 데 있어 덩은 현명하게 행동했다. 그는 중국의 후진적인 사회주의를 "전통적인 민족적 가치" 체계에 입각하도록 했는데, 샤오캉이라는 관념이 공자의 가르침에 뿌리를 두고 있기 때문이었다. 그 때문에 그는 많은 해외 동포(화교)들이 중국의 산업화에 공헌하도록 유인할 수 있었다.

정확히 그런 사람들과 함께, 1950년대에 부를 빼앗겼던 예전의 상인들과 실업가들이 바로 덩이 중국에 기업을 설립할 수 있도록 허용할 것을 제안한 대상들이었다. 그는 '화교' 자본을 유치하는 것이 중국의 사회주의에 위협을 덜 가하게 될 텐데, 이는 "우리 해외동포의 압도적인 다수는 그들의 사회주의 조국의 안녕에 대한 관심과 조국의 발전에 협조하고자 하는 욕구로 동기부여가 되어 있고, 이것은 해외투자라는 이 단어 글자 그대로의 의미와는 상당히 다르기" 때문임을 나중에서야 설명했다. 그러나 그는 "해외자본의 활용은 매우 중요한 정책으로, 내 생각에, 우리가 계속 추구해야 할 것"이라고 강조하며, 진짜 외국인들과 합자회사를 설립하는 것을 선호했다.[25]

1979년 7월 15일, 중앙위원회와 국무원은 선전(홍콩과의 접경), 주하이(마카오 옆), 광둥성 산터우, 푸젠성 샤먼 등 도시에 실험적 차원의 특별지역 혹은 특별구역을 설립한다는 결의를 채택하기까지 했다. 이 네개 구역은 중국 내에 산업 기업을 신규로 설립하거나 기존의 중국 기업에 투자를 원하는 해외의 중국인들과 외국인들에게 투자를 유치하기 위해 설립되었다.[26] 외국 기업이나 합자기업들은 처음에 수출용 제품만을 생산하도록 제한을 받았고 시장의 법칙에 따라 운영해야만 했다. 대략적으로 말해서, 특구特區는 여전히 사회주의적인 중국 경제 내에 고립된 시장 구역으로 설립되었다. 특구는 잘 경비되는 경계선에 의해 중국의 다른 지역들과 분리되어 있었는데, 이 경계선들은 다른 나라들에게서 중국 자체가 안전한 만큼 안전했다.[27]

덩은 이 새로운 특구의 열렬한 지지자였고, 항일전쟁 기간에 공산주의자들이 운영했던 산시-깐수-닝샤 특구를 연상시키는 그 이름을 제안한 것도 덩이었다. 하지만 전시戰時 구역과 특별구역은 공통점이, 만약 있다 해도, 거의 없기 때문에 그런 비유에는 큰 결함이 있었다. 특구는 1979년 8월 26일 공식 출범했고, 1980년 5월, 천윈의 제안으로, 경제특구SEZ, 즉 특별 '경제' 구역Special Economic Zones으로 재명명되었다. 천윈은 일부 사람들이 중국의 공산주의자들이 중국의 몇몇 지역에 특별한 '정치'적 제도를 도입하려 한다는 의문을 가질 수도 있다는 점을 우려했다. 덩은 명명법에서의 변화에 반대하지 않았는데, 그 역시 중국에서의 정치적 변화를 지지하지 않았기 때문이었다.

경제특구 영역(선전 내)에 설립된 첫 기업은 선박 재활용에 종사하는 한 홍콩회사의 지사였다. 그러나 이는 단지 시작일 뿐이었다. 덩은 경제특구를 담당할 신설 국가수출입관리위원회와 국가외국투자관리위원회를 감독하도록, 잘 알려진 개혁 지지자인 구무를 임명했다. 그는 광둥과 푸젠성 당 지도자들에서 전폭적인 지원도 받았다. 상황은 최대한으로 돌아가기 시작했다. 경제특구 네 곳 모두 화교뿐만 아니라, 비록 그들의 돈이 자본투자의 대부분을 차지하긴 했지만, 일본인들의 효율적인 활동과 "털 난 외국 악마들", 즉 서양 투자자들 덕분에 빠른 속도로 발전하기 시작했다. 후자가 이들 구역의 주민들을 착취하기 시작했다는 사실이 전혀 덩을 괴롭히는 것 같지는 않았다. 오히려 그는 공공연하게 그리고 다소 냉소적으로 중국의 "이점은 우리의 노동력이 비교적 저렴하다는 데 있다"고 말했다.[28]

후자의 이 문제에 대해 덧붙여 말하자면, 덩은 극도로 신중한 천윈보다 훨씬 급진적이었다.[29] 그러나 여전히 매우 영향력 있고 실제로 경제를 잘 파악하는 존경받는 원로 천윈과 논쟁을 벌이지는 않았다. 화궈펑에 대한 투쟁에는 아직 천윈이 필요했다.

화궈펑을 권력에서 몰아내기 위한 압박의 다음 단계는 그의 네 명의 주요 전우들을 정치국에서 축출하고 당 안팎에서 그들이 갖고 있는 모든 직위를 박탈하는 것이었다. 이는 1980년 2월 중앙위원회 5차 전체회의에서 왕둥싱과 우더 그리고 베이징군구 사령원 천시롄陳錫联 장군, 그리고 부총리 지덩쿠이紀登奎의 커리어가 끝나면서 달성되었다. 덩은 1979년 10월 후야오방, 야오이린, 덩리췬과 가진 사적인 회의에서 원칙적으로 이 결정을 내렸다.[30]

이 전체회의에서 후야오방과 자오쯔양은 상무위원회 위원이 되었다. 또한, 11명을 서기로 하는 중앙위원회 서기처가 다시 설치되었고— 완리는 농업서기가 되었다—덩이 1966년까지 보유했던 총서기직이 복원되었다. 후야오방이 신임 총서기가 되었다. 전체회의는 또 류샤오치를 복권시키는 역사적인 결정도 내렸다.[31]

류샤오치의 문제는 당연히 문화대혁명 그리고 마오쩌둥 그 자신의 평가와 직접적으로 연결되어 있었다. 불완전한 자료에 따르면, 이때까지 정치적 탄압의 희생자 290만 명 이상이 복권되었다(이들은 범죄자로 기소된 사람들일 뿐이었다[32]). 당분간 류샤오치는 '환영받지 못하는 사람'으로 남아 있었다. 1979년 9월 29일, 예젠잉 원수는 중화인민공화국 30주년 기념일에 중앙위원회, 전국인민대표대회 상무위원회, 국무원의 이름으로 행한 연설에서, 류샤오치에 대해 좋게 말할 것이 없었다. 그러나 나쁘게 말할 것도 없었다는 것은 그 자체로 주목할 만했다. 게다가 처음으로 1957년의 반反우파 운동, 대약진 그리고 문화대혁명 시기에 저질러졌던 과오에 대한 책임이 린뱌오나 4인방 같은 "반당 분자들"이 아닌, 본질적으로, 마오 주석을 포함한 당 지도부 전체에 놓였다.[33] 거기서부터 류샤오치의 복권 그리고 중화인민공화국 수립 이후의 중국공산당 역사의 수정판 제공까지는 머지않았다.

예젠잉 원수의 연설 직후, 덩은 후야오방, 후챠오무, 덩리췬이 이끄는 소조를 만들어 과거 30년에 걸친 신판 공식 당 역사, "건국 이래 당의 몇 가지 역사 문제에 관한 결의"关于建国以来党的若干历史问题的决议를 준비하도록 했다. 1979년 11월, 천원, 저우언라이의 부인 덩잉차오, 후야오방과 관련 자료에 대해 논의한 후, 그는 류샤오치 문제에 관한 결정을 내렸다.[34] 5차 전체회의를 한 달 앞 둔 1980년 1월 중순, 그는 당 관리들에게 제1호 주자파의 복권이 임박했음을 알렸다. 그는 준비 중인 결의에 대해서도 이야기했다.[35] 그러나 과거에 대한 여하한 자유주의적 해석도 방지하기 위해, 그는 중앙위원회의 명의로 헌법에서 공민들이 "자유롭게 말하고, 자신들의 의견을 충분히 밝히고, 대규모 토론을 개최하고 대자보를 쓸" 권리를 갖는다는 조항을 삭제할 것을 제안했다.[36] 다음 달 5차 전체회의에서 중앙위원회는 전적으로 그를 지지했고, 이후, 9월 개최된 제5차 전국인민대표대회 3차 회의에서, 헌법은 "민주民主의 발양"이라는 이름으로 수정되었다.[37]

한편, 이미 세상을 떠난 류샤오치의 부인 왕광메이는 1978년 교도소에서 풀려난 후 사랑하는 남편의 유골을 수령했다. 1980년 5월 17일, "위대한 프롤레타리아 혁명가"를 추모하기 위한 의식이 베이징에서 열렸다. 덩이 직접 장례식 연설을 했다. 그 후, 그는 왕광메이의 두 손을 꼭 쥐며 감정이 격해져 "이건 좋은 일입니다! 이건 승리입니다!"라고 말했다.[38]

변화하는 정치적 상황 속에서 덩은 이제 가족도급제에 대한 자신의 생각을 공개리에 표명할 수 있었다. 1980년 5월 5일, 기니 대통령 세쿠투레Sekou Touré를 영접한 자리에서, 그는 투레 대통령에게 이렇게 알렸다. "지난 1~2년 동안 우리는 시골 지역이 구체적 상황에서 나아가고 생산책임제를 작업조와 개별 농가에 고정시킬 필요성을 강조하기 시작했습니다. 이것은 주목할 만한 성과를 냈고 생산량을 몇 배 증가시키는 데 도움이 되었습니다."[39] 5월 31일, 그는 가족도급제로 전환한 안후이성의 페이시현과 펑양현 농민들을 치하했다. 그는 후챠오무와 덩리췬에게 이런 말을 했다. "일부 동지들은 이런 관행이 공동경제에 부작용을 끼치지 않을까 우려하고 있습니다. 제 생각에 그런 두려움은 정당화되지 않습니다. … 세대별로 농업생산 할당량이 고정된 곳에서, 생산소조는 여전히 주요 경제 단위를 구성합니다. … 핵심 과업은 생산력의 확대입니다."[40]

덩의 발언들은 당시 발표되지 않았지만, 당 내부 채널을 거쳐 광범위한 간부들에게 빠르게 퍼졌고 가족도급제의 증가를 크게 자극했다. 상급자들의 눈에 자의적이라고 비춰질까 두려워한 지방 관리들은 덩의 말을 행동하라는 주문으로 받아들였다. 토지는 도처에서 가족 구성원 수에 따라, 일인당 양은 필지의 질에 따라, 중국에서의 표현처럼 "단칼에" 분할되기 시작했다. 1981년 말까지는 생산대의 거의 98퍼센트가 이런저런 형태의 가족도급제로 전환되었다. 반 년 후, 그 수치는 100퍼센트에 근접하고 있었다. 1982년 6월, 생산대의 67퍼센트가 "완전도급"제로 운영되었는데, 1980년 12월에 이는 불과 5퍼센트였다. 1978년부터 1982년까지 전체 농민 수입은 두 배로 늘어났다.[41]

한편, 몇몇 경제학자들은 중국이 "실제 생산력 상태에 따라, 이전에 달성된 집단화의 수준"을 낮추는 방향으로 움직여야 한다고 생각하기 시작했다.[42] 다시 말해, 공동 재산을 갖는 인민공사와 생산대에서 도급제가 아닌 개별 농가에 기초한 혼합경제의 신민주주의 모델로 돌아갈 것을 제안하기 시작했다. 그들은 신경제정책에 대한 레닌주의적 개념을 재검토할 필요가 있다고 주장하면서, 소련 및 기타 사회주의 국가들의 사회주의 건설의 역사적 경험에 주의를 기울일 것을 중국공산당 지도부에 요구했다.

지난 1979년 7월, 덩 그리고 후야오방과 가까운 가장 자유주의적인 성향의 철학가 가운데 하나이자 경제학자이며, 중국사회과학원 부원장인 위광위안이 중국사회과학원 산하에 마르크스-레닌주의 및 마오쩌둥 사상 연구소를 설립했다. 연구소의 연구원들은 유고슬라비아와 헝가리의 사회주의 건설 경험 그리고 유럽코뮤니즘에 대해 진지하게 연구하기 시작했지만, 그들의 주요 관심은 볼셰비키의 신경제정책NEP과 그에 관한 최고의 이론가인 니콜라이 부하린의 저작에 있었다. 부하린이 스탈린의 탄압을 받았다는 것은 그들에게 전혀 문제가 되지 않았다. 오히려 그것이 그의 작품과 그 인물에 대한 관심을 높여줄 뿐이었다. 문화대혁명을 겪고 살아남았기에, 지식계급은 스탈린식 변종을 포함하여 일체의 테러를 증오했다.

부하린에 대한 관심은, 잘 알려진 역사가이자 경제 전문가인 전 〈인민일보〉 이론부 편집자 수샤오즈苏绍智가 그람시연구소Gramsci Institute의 주최와 이탈리아 공산당의 재정지원으로 이탈리아에서 열린 부하린 국제회의에 위광위안의 대리인으로 참석함으로써 촉진되었다. 수샤오즈는 로마에서 서양 및 동유럽 학자들에게 들은 바에 그저 정신이 멍할 따름이었다. 중국으로 돌아오자마자, 그는 지도부에 부하린이 정말 얼마나 경탄할 만한 이론가였는지 알렸다.[43] 수샤오즈의 보고는 매우 활기찬 반응을 촉발했다. 위광위안은 부하린에 관한 전국 학술 심포지엄을 열기로 결정했다. 준비에 반년이 소요되었지만, 마침내 1980년 9월 베이징 교외에서 포럼이 개최되었다. 약 60명의 사회과학자들이 모여 수주에 걸쳐 신경제정책 이론에 대해 토론을 벌이고, 그것이 소련에서 충분히 실행되지 못했던 원인과 중국에 어떻게 적용할 수 있을 것인가를 이해하고자 했다. 회의가 마무리되면서, 위광위안의 제안으로 수샤오즈가 이끄는 전국부하린저작연구학술위원회All-China Scholarly Council to Study the Works of Bukharin가 설립되었다.

이 위원회에는 소련 이바노보Ivanovo시 소재 국제고아원 원생이었던 린잉林英을 포함하여, 외국어를 할 줄 아는 사회과학자 30명이 포함되었다. 1937년 모스크바에서 태어난 린잉은 코민테른에서 근무한 중국인 직원 가운데 한 명의 딸이었는데, 이후 17년 동안 스탈린 캠프를 거치게 되었다. 1938년 그녀의 아버지가 의사疑似 첩보 혐의로 체포되었을 때, 그녀는 한 살이었고 국제고아원으로 보내졌다. 그녀는 1949년 혁명 이후 중국으로 왔다.[44] 린잉은 소련과 동유럽 연구소 부소장인 자오쉰赵洵과 함께, 스탈린주의를 강력하고 비판적으로 분석한 반체제 소련 역사가 로이 메드베데프Roy Medvedev의 저서 《역사가 심판케 하라Let History Judge》를 공동 번역하여 중국으로 들어오기 일 년 전에 이미 지식계에 알려져 있었다. 린잉은 수샤오즈의 대리인 가운데 한 명으로 선택되었다. 후야오방은 베이징 당교 건물 위층 전체를 이 위원회에 할당했다.

위원회 멤버들은 뛰어난 활동력을 보이며 곧바로 《부하린과 부하린의 사상》 그리고 《부하린사상연구》라는 독특한 제목하에 번역된 외국저작 37편으로 구성된 두 권의 책을 준비하는 데 착수했다. 또한 미국의 소련학자 스티븐 코언Stephen F. Cohen이 1973년 출판한 부하린의 주요 전기도 번역하기 시작했다.[45] 그들은 그 전기를 원본으로도 그리고 1980년 소련 이민자가 작업한 러시아 번역판으로도 알게 되었다.

중국의 몇몇 부하린 전문가들은 중앙당교에 신설된 외국사회주의연구부에서 강의를 시작했고, 린잉은 부하린 강의를 하면서 전국을 순회하기도 했다. 그녀의 강의는 지식계 내에서 엄청난 관심을 끌었다. 존경받는 린잉은 "강당은 빽빽하게 들어찼어요. 사람들은 창문턱에 걸터앉았고, 모두가 뭔가 새로운 것을 듣고 싶어 했어요"라고 회고한다.[46]

그와 동시에, 중앙위원회 마르크스, 엥겔스, 레닌, 스탈린 저작 편역국의 국제노동자운동사 부서 직원들도 부하린의 저작을 연구하고 있었다. 1981년, 그들은 300페이지에 육박하는 자신들의 '국제공산주의운동사 문헌사료' 특별판을 전적으로 부하린에게 헌정했다.[47]

게다가 1981년, 중국 학자들은 부하린에 관한 자신들의 글을 발표하기 시작했다. 2년에 걸쳐 부하린의 생애와 저작에 관한 글들이 다양한 중국 잡지에 적어도 36편 이상 등장했다.[48] 처음 등장한 글들 중에서, 1959년 레닌그라드 대학을 졸업한 역사학자 정이판鄭异凡이 《세계역사世界历史》 첫 호에 발표한 글은 상당한 논란을 불러일으켰다. 정이판은 부하린이 마르크스주의 이론가이자 경제학자였고, 스탈린이 그에 대해 했던 말들은 모두 거짓이라고 단정했다. 이와 관련해서, 그는 러시아 농민들을 향했던 부하린의 구호의 진실성에 특히 주목했다. "부자가 되고, 축적하고, 농장을 발전시켜라." 그는 이 구호를, 부유한 것은 좋은 것이라는 덩의 잘 알려진 아이디어와 비교하지는 않았지만, 그가 하고 싶은 말이 무엇인지는 모두가 알았다.

자연스럽게 대다수의 글들이 경제에 대한 부하린의 시각을 다루었다. 중국의 사회과학자들은 그런 시각이 "현재와 관련이 있다"고 인정했다. 그들은 부하린이 소련에서의 사회주의가 "형태적으로 후진적"이었음을 인정한 것, 부유한 농민을 옹호한 것, 산업의 발전은 농업발전에 직접 의존한다고 주장한 것, 계획과 시장 규제의 조화로운 결합을 지지한 것, 사회주의하의 상품-금융 관계에 있어서 가치법칙의 중요한 역할을 인정한 것을 평가했다.[49]

한편, 중국사회과학원의 또 다른 부원장이자, 1933년부터 1938년까지 코민테른 중국공산당 대표로 근무했고, 천원과 마찬가지로 국제레닌학교에서 수학했던 원로 공산주의자 쑹이핑宋一平[50]은, 1930년대 소련에 거주하고 있던 중국인들에 대한 스탈린주의자들의 탄압의 역사에 바친 회의를 중국 내에서 최초로 개최했다. 경제연구소 명예소장으로, 역시 모스크바에서 유학하고 근무했던(1925~1930) 저명한 경제학자인 쑨예팡孫冶方은 스탈린주의에 희생된 사람들을 기리는 훌륭한 연설을 했다. 그 후, 중국사회과학원은 소련의 반체제 역사가인 압두라흐만 아프토르하노프Abdurakhman Avtorkhanov의 저작들을 번역하고 스탈린의 강제 노동 수용소에서 살아남은 중국인 희생자들의 회고록을 출판하기 시작했다.[51] 수샤오즈는 프랑스의 역사가 쟝 엘렝슈타인Jean Elleinstein의 저서 《스탈린 현상The Stalin Phenomenon》에 대한 긴 서평을 발표했는데, 여기서 저자의 말을 풀어쓰며 마오쩌둥의 스승이 얼마나 끔찍한 독재자였는지 중국 독자들에게 알렸다. 수샤오즈는 "스탈린 현상은 폐기되어야만 한다"고 결론 지으면서 "엘렝슈타인은 … 깊이 숙고할 만한 가치가 있는 문제를 제기했다"고 썼다.[52]

덩은 이 모든 것을 면밀히 주시했고, 후야오방처럼 지지를 보냈다. 웨이징성과 그의 친구들과는 달리, 중국사회과학원과 중앙당교의 직원들은 4항 기본 원칙을 침해하지 않았다. 그들이 쓰고 번역한 책들은 대중에 큰 영향을 미치지 않도록 "공무용"이라는 스탬프가 찍혀 축쇄판으로 출간되었다. 덩은 이것이 유용하다고 생각했다. 덩 스스로가 마르크스주의를 신경제정책을 제안했던 볼셰비키 지도자들의 저작들에서 배웠다는 것이 기억날 것이다. 그가 자신의 개혁에 대해 이야기했을 때, 신경제정책에서 나온 아이디어를 이용했음이 분명하다. 1985년, 그는 "아마도" 가장 올바른 사회주의 모델은 소련의 신경제정책임을 공개적으로 인정했다.[53]

이처럼 덩은 신경제정책의 주요 이론가의 부활을 자연스럽게 지지했고, 어쩌면 촉진하기도 했을 것이다. 이는, 만일 그의 아이디어 그리고 천원의 생각들의 철학적 뿌리를 조사해보면, 레닌보다는 부하린으로 거슬러 올라가기 때문에 특히 그러했다. 비록 레닌은 신경제정책으로의 전환을 승인하기는 했지만, 시장을 자본주의와 연결지어 생각했다. 시장에 의한 규제의 필요성을 인정하는 한편, 그는 국가 자본주의, 즉 국가 통제하의 자본주의가 국가 자본주의 소비에트 러시아의 경제에 존재해야 한다고 이야기했다.[54] 부하린은, 이와 반대로 "자본주의의 본질은 … '자본가의 자산'이지, 시장 관계만이 아니다"라고 생각했다. 그는 레닌에게 직접 이렇게 말하기도 했다. "제 생각에 당신은 '자본주의'라는 단어를 오용하고 있습니다."[55] 부하린의 접근법은 분명히 "시장경제는 자본주의의 동의어가 아닙니다"라고 말한 천윈과 덩의 접근법과 맞물려 있었다. "건국 이래 당의 몇 가지 역사 문제에 관한 결의" 초안을 논의하는 데 있어, 덩은 특히 자신의 동지들로 하여금 "소규모 생산은 자본주의와 부르주아지를 매일, 매시간, 그리고 대규모로 발생시킨다는 레닌의 말을 오해하고, 교조적으로 해석하고 잘못 적용하는 것"을 비판할 필요성에 주의를 돌리도록 했다.[56]

부하린과 중국의 개혁가들 간의 유일한 차이는, 결정적인 차이이긴 해도, 부하린이 레닌 그리고 다른 모든 볼셰비키들과 마찬가지로, 신경제정책을 사회주의를 향한 과도기로 정의했던 데 반해, 덩샤오핑과 천윈은 사회주의 자체의 조건 하에서 계획과 시장의 결합을 말했다는 것이었다. 동시에, 그들은 도급제의 완전한 승리에도 불구하고, 농촌 지역에서 공동 재산이 보존되었다고 주장했다. 그렇지 않으면 그들은 1955년부터, 즉 집단화가 시작된 때부터 자신들이 했던 모든 정치적 행위를 부인해야만 했을 것이다.

한편, 1980년 9월, 덩샤오핑의 압력하에, 화궈펑이 총리직에서 사임했고 자오쯔양이 그 자리를 대신했다. 덩은 이를 기회로 삼아 지도부를 쇄신했다. 덩 자신도 부총리직을 내려놓았고 다른 몇몇 "노인들"도 그의 예를 따랐는데, 여기에는 리셴녠, 천윈, 왕전 등이 있었다. 이러한 변신은 "젊은이들에게 길을 열어준다!"는 것으로서 제시되었다(물론, 덩, 천윈, 리셴녠 그리고 왕전은 당 위계 내에서 계속 주요 직책을 차지하고 있었기 때문에, 정부에서 맡고 있던 직책에서 은퇴하는 것은 아무런 의미가 없었다.).

그 후, 11월과 12월, 정치국은 중앙위원회 그리고 중앙군사위원회 주석 등 여타 직책에서 화귀펑을 은퇴시키는 문제를 6차 전체회의에서 다룰 것을 결의했다. 예젠잉과 다른 몇몇 지도자들이 화귀펑을 옹호하려고 했지만, 소용없었다. 덩의 압력에 굴복한 정치국은 화귀펑을 제거하는 것뿐만 아니라 "건국 이래 당의 몇 가지 역사 문제에 관한 결의"에서 양개범시와 함께 신약진新跃进 계획을 추진한 데 대해 그를 비판하는 것에도 동의했다.[57]

패배를 받아들인 예젠잉 원수는 중국공산당의 전통에 따라 자아비판을 강요당했다.[58] 그 후, 그는 업무를 중지하고, 자기 아들이 시장으로 일하는 광저우로 가서 베이징을 거의 방문하지 않았다. 1981년 6월, 그는 6차 전체회의 개회식에 참석하고도 곧 떠났는데, 화귀펑을 제거하는 데 가담하기를 원치 않았기 때문인 듯했다.[59] 그러나 화귀펑은 그가 없는 상태에서 해고되었고 후야오방이 만장일치로 중앙위원회 주석으로 선출되었다(총서기직은 일시적으로 폐지되었다). 덩은 중앙군사위원회의 주석이 되었다.[60] 후자의 이 지위는 결정적으로 중요했다. 중국에서 정치적 권력은 계속 총구에서 나왔기 때문이다.

6차 전체회의는 또한 준비에 1년 반이 소요된 "건국 이래 당의 몇 가지 역사 문제에 관한 결의"도 채택했다. 덩이 직접 실무그룹을 감독했는데, 이들과 16차례 미팅을 갖고, 이들이 작성한 모든 초안을 주의 깊게 읽고, 거듭 수정을 가하고, 다른 베테랑들과도 상의를 했다. 그는 한편으로는 모든 "좌경적" 과오들을 부인하고, 다른 한편으로는 사회를 분열이 아닌 통합으로 이끌고 마오주의적 정서가 강하게 남아 있도록 해줄, 그런 균형 잡힌 문건을 만들고자 했다. 핵심 문제는, 물론 마오쩌둥에 대한 평가였다.[61] 흐루쇼프의 유령이 덩의 뇌리에서 떠나질 않았다. 1980년 8월, 덩은, 아무도 의심하지 않게끔, 저명한 이탈리아 언론인 오리아나 팔라치 Oriana Fallaci와의 인터뷰에서, 마오 주석의 과오에 대한 철저한 폭로를 허용하지 않을 것이라고 말했다. 그의 시각에서, 마오로부터의 완전한 탈피는, 중국 내 사회주의 질서의 기반을 약화시키고 (덩) 자신을 포함한 모든 나이든 세대 혁명가들에게 그림자를 드리울 수도 있는 일이었는데, 이는 마오뿐만 아니라 그들 역시 모두 과오를 저질렀기 때문이다.[62]

1980년 10월, 덩은 광범위한 고위급 간부들이 논의를 하도록 그 결의 초안을 공개하기로 결정했다. 모두 합해서, 중앙당교의 학생 1,500명을 포함하여 5,600명이 토론에 참여했다. 어떤 사람들은 마오를 독재자로 여긴 반면, 다른 사람들은 그를 전적으로 옹호했다. 그러나 결국 덩은 합의를 이뤄낼 수 있었다. 마오쩌둥은 "위대한 마르크스주의자이자 위대한 프롤레타리아 혁명가, 전략가 그리고 이론가"였고 그의 사상은 "당의 소중한 정신적 자산"이라고 평가되었다. 마오는 1950년대 후반, 특히 문화대혁명 기간에 많은 착오를 범했지만, 이는 그의 삶과 활동에 있어서 그 중요성이 "부차적"이었다고 인정되었다.[63] 마오의 공과는 그 비율이 70 대 30이었다.

결의를 준비하는 동안, 1980년 11월부터 1981년 1월까지 베이징에서는 덩과 그 외 지도자들이 문화대혁명의 주된 범죄자라고 간주한 사람들, 즉 마오의 부인 쟝칭, 그리고 장춘차오, 왕훙원, 야오원위안, 천보다, 그리고 린뱌오의 가까운 전우였던 5인의 전직 장성들에 대한 공개 재판이 있었다. 피고석에 앉은 10명 가운데 8명이 마오하에서 정치국 위원을 지냈다. 그들은 프롤레타리아 독재를 전복시킬 목적으로 당과 국가 지도자들을 박해하고 대중을 탄압한 것을 포함하여 수많은 반혁명적 범죄를 저지른 혐의로 기소되었다. 린뱌오의 지지자들은 게다가 마오 주석의 목숨을 위협하려 기도한 혐의로, 그리고 4인방은 위대한 조타수가 사망한 후 상하이에서 무장 봉기를 계획한 혐의로 기소되었다. 쟝칭이 "나를 체포하고 심판하는 것은 마오 주석에 대한 모독이다!"라고 외쳤지만, 그들은 모두 유죄판결을 받았다. 꾸민 듯한 태도는 없었지만, 장춘차오 역시 혐의를 부인했다. 야오원위안과 전 인민해방군 총참모장 황용성黄永胜은 혐의 전부를 인정하지 않았다. 그러나 왕홍원, 천보다, 그리고 압도적 다수의 장성들은 "굴복했다." 1월 25일, 그들은 왕홍원이 받은 종신형부터 전 부총참모장 취후이쭈어邱会作가 받은 16년형까지 모두 상이한 형기를 선고받았다. 쟝칭과 장춘차오는 2년의 집행유예와 함께 사형을 선고받았다.[64] 그러나 1983년, 이들에게 선고된 사형은 종신형으로 감형되었다.

전형적으로, 덩은 쟝칭이 유죄라는 자신의 확신을 재판에 앞서 공개적으로 표명했다. 1980년 8월 팔라치의 질문("쟝칭을 어떻게 평가하시겠습니까? 그녀에게 몇 점 주시겠습니까?")에 대해 그는 여하한 반대도 허락하지 않는 어조로 이렇게 대답했다. "0점 이하. 마이너스 1000점입니다. 쟝칭은 사악한 일들을 했어요. … 쟝칭은 속속들이 부패했습니다. 4인방에게 어떤 선고가 내려진다 해도 지나치지 않을 겁니다. 그들은 수백만 명의 사람들에게 해를 끼쳤습니다"라고 설명했다.[65] 그의 세계에 무죄 추정은 없었고, 그는 이를 숨기지 않았다.

쟝칭, 린뱌오 그리고 (캉성을 포함하여) 나머지 사람들이 저지른 범죄들은 "건국 이래 당의 몇 가지 역사 문제에 관한 결의"에서 비난을 받았다. 다른 한편으로, 이 문건은 "건국 이래 당의 역사에서 심원한 의의를 갖는 관건적인 전환점"이 "1978년 12월에 개최된 11기 중앙위원회 3차 전체회의"였음을 강조했다.[66] 이렇게 해서, 덩의 역할은 역사에 뿌리를 내리게 되었는데, 이 "관건적인 전환점"을 만들어낸 사람이 그였다는 것을 모두가 알고 있었기 때문이었다.

　덩을 위해 아주 많은 일을 했던 고령의 원수, 예젠잉에 대해 말하자면, 중국의 새로운 통치자는 그와 더 이상 긴밀한 관계를 유지하지 않았다. 1984년 4월 원수의 건강이 매우 안 좋아졌다는 것을 알았음에도, 1986년 10월 22일 사망하기 직전까지 단 한 차례도 찾아가지 않았다. 예젠잉은 뇌혈전증과 만성 폐렴 진단을 받았다.[67] 덩은 더 이상 그가 필요하지 않았다. 이제 카리스마 있는 그 지도자를 동하게 하는 것은 큰일들뿐이었다.

21

하나의 국가, 두 개의 체제

덩이 1980년대 초쯤에 이미 정치적 시체가 되어버린 화궈펑을 상대로 한 복수를 즐겼는지는 의문이다. 중앙위원회 6차 전체회의에서, 덩은 후야오방의 대리로 화궈펑을 임명했다. 이는, 물론, 1982년 9월 개최가 예정된, 다가오는 제12차 중국공산당 전국대표대회까지, 그저 형식일 뿐이었다. 화궈펑은 중앙위원회 6명의 부주석 가운데 맨 마지막에 이름을 올렸다.

덩의 삶에는 거의 변화가 없었다. 그는 중난하이에서의 장황한 당 "말잔치(간담회)"를 피해 거의 모든 시간을 집에서 보냈다. 당과 정부의 공문서들을 읽고, 후야오방과 자오쯔양 총리 등 방문객들을 만나고, 하루 세 끼를 먹고, 자고, 텔레비전을 보고, 하루에 적어도 열다섯 개 신문을 훑어보고, 일주일에 한 번 친구들과 브리지 게임을 하고, 매일 정원에서 오랫동안 산책을 했다. 중앙위원회 건물을 거의 찾아가지 않았고, 한 번은 자오쯔양이 왜 한 번도 상무위원회 미팅을 소집하지 않느냐고 물었을 때, 덩은 "귀머거리 둘이서 무슨 얘기를 하겠나?"라고 대답했다(덩처럼 천원도 난청이었다). 그는 이렇게 덧붙였다. "난 말일세, 천원의 집에 일

년에 한 번만 간다네."[1]

그의 생활은 전통적인 도교–유교의 '무위無爲'(자연의 질서에 간섭하지
않음)의 원리를 따르는 현명한 중국황제의 생활 같았다. 장시에서의 하방
기간 그랬던 것처럼, 정확히 아침 6시 30분에 일어나, 운동을 하고, 차가
운, 젖은 수건으로 몸을 씻었다. 8시에 아침식사를 하고, 9시부터는 서재
에 앉아 문건을 읽었다. 쥐린은 헌신적인 왕루이린과 함께, 계속해서 덩
의 개인 비서 가운데 한 명으로 활동했다. 왕은 덩을 도와 자료와 결의 초
안들을 준비했다. 한 시간 반 동안 일한 후, 덩은 보통 밖에 나가 신선한
바람을 쐬고 사무실로 돌아왔다. 정오에 점심을 먹고, 휴식을 취한 후, 공
식 회의가 없으면 다시 문건들을 읽었다.[2] 그는 자신이 겨우 일을 하고 있
다고 생각했다. 그는 당 동지들에게 "내가 전보다 힘이 훨씬 많이 떨어졌
네"라고 말했다. "하루에 두 가지 일은 할 수 있지만—오전에 하나 그리
고 오후에 하나—저녁에 일이 하나 더 있으면 그건 무리야."[3]

충직한 왕루이린이 정치국 회의를 포함하여, 다양한 당 회의에서 덩
을 대신했는데, 천원 그리고 다른 몇몇 당 원로들의 비서들도 마찬가지
였다. 실제로는 후야오방과 자오쯔양 둘이 덩의 보좌 역할을 수행했다.
그러나 왕루이린과는 달리, 그들은 훨씬 많은 자유재량을 누렸는데, 덩
의지의 주요 집행자였기 때문이었다. 일단 자리를 잡자, 이 권력 메카니
즘은 꼼꼼하게 작동했다.

덩은 하루가 끝날 때쯤 지치긴 했지만, 여전히 몸이 가뿐했다. 그는
하루에 담배를 두 갑씩 피웠음에도 자신의 건강에 대해 불평하지 않았
다. 확실히, 그는 니코틴 함량이 더 낮은 특별 판다Panda 브랜드 담배를
피웠다. 나쁜 습관 때문에 쥐린이 덩보다 더 고생을 했는데, 덩은 바지
나 재킷 위에 계속 담뱃재를 떨어뜨려 불이 붙기도 했고, 그녀는 그가 말
끔해 보이도록 신경을 써야 했다.[4] 그들은 서로 너무 익숙해져서 서로가

없이는 단 하루도 살 수 없을 것 같아 보였다. 자녀와 손주들은 노부부의 애정에 감동을 받았다. 노부부에게 경의를 표하는 의미에서 그들은 뜰에서 서로 가깝게 자라고 있는 두 그루의 작은 소나무에 "쌍용수双龙树"라는 이름을 붙였다(우리가 기억하듯, 비록 12년 차이가 나긴 하지만, 덩과 줘린 모두 용의 해에 태어났다).

그들이 사는 집은 유리를 끼운 반원형 테라스와 대형 발코니가 있는 격리된 이층집으로, 푸른 나무들에 둘러싸여 있었다. 집은 높은 벽 뒤쪽 조용한 길에 있었다. 도시의 소음은 그곳까지 거의 들어오지 않았다. 덩과 가족은 마치 시골과 같은 환경에 살고 있었다. 회색 벽돌 지붕 아래 회색 벽돌 건물이 아직도 같은 장소에 서 있다. 그 건물은 다소 크기는 하지만, 덩의 가족 자체가 결코 작지 않았던 데다가 심지어 더 커졌다. 손녀로 열 살이 다 된 덩난의 딸 멘멘, 그리고 손자인 덩린의 여덟 살 난 아들 멍멍에다 이제 또 하나의 손녀, 덩룽이 낳은 양양이 있었다. 양양은 세 살이었다. 건물 한 측의 이웃에는 오래 전부터 가족의 일부처럼 되어버린 왕루이린과 가족들, 경호원, 운전기사 그리고 기타 직원들이 살았다.[5]

덩은 마지막 20년을 소나무 그늘 아래 이 집에서 살았다. 여기서 국가, 당 그리고 공민들의 운명을 결정했다. 1982년 첫 6개월 동안, 그는 그에게 엄청난 의미를 지닌 제12차 전국대표대회를 준비하는 데 주로 얽매여 있었다. 이는 그의 지도하에서 개최될 첫 번째 중국공산당 전국대표대회였다.

1981년 가을부터 천원이 그의 심기를 자극하기 시작한 것 같았다. 예젠잉 원수처럼 그는 자신의 역할을 수행했고 덩은 더 이상 그가 필요하지 않았다. 화궈펑과 그 외 범시론자들은 타도되었다. 덩은 보편적으로 인정받은 지도자였고, 그는 자신만의, 젊은 팀을 가졌다. 결과적으로, 천원이 이제 무슨 소용인가? 그러나 똑똑한 체하는 그 경제학자는 자신이 언제나 조언을 하고 덩의 개혁에 개입할 권리가 있다고 믿었다. 이렇게 해서 1981년 12월 말 끝에 가족도급제가 완전한 형태로 급속히 전개되는 것을 보고 공황 상태에 빠진 천원은 "이른바 800만 농민들의 자유가 국가 계획을 뒤엎을 것"이라는 두려움을 표명했다. 결국 "우리는 800만 농민들을 먹여 살려야 하고"(그뿐만 아니라) "사회주의 건설을 달성할 필요도 있습니다"라고 그는 성, 자치구, 그리고 중앙의 감독하에 있는 도시의 제1서기들에게 설명했다.[6] 덩은 사회주의 건설에 어떠한 반대도 없었지만, 보편적인 도급제에서 아무런 위협도 인지하지 못했다.

경제특구에 대한 천원과 덩샤오핑 사이의 이견 역시 같은 제1서기 회의에서 떠올랐다. 천원은 "현재 우리는 이것들(네 개의 특구)만 허용할 수 있습니다"라고 말했다. "우리는 그 특구 숫자를 늘릴 수 없습니다. … 우리는 (예를 들면) 장쑤 같은 성에 특구를 설치할 수 없습니다."[7] 그 이유는? 이것이 국가 통화를 약화시키고 "나쁜 사람들"을 고무시킬 것이기 때문에(후자에 대해 천원이 염두에 두었던 것은 자신들의 부를 쌓기 위해 경제특구의 설립을 이용하고 있던 부패한 당 관리들이었다).

1982년 1월 5일, 천원은 중앙기율검사위원회 제1서기의 자격으로, 덩, 후야오방, 자오쯔양, 리셴녠에게 광둥에서 일어난 불미스러운 사건들에 대한 짧은 보고서를 보냈다. 보고서 첫 페이지에 그는 이렇게 썼다. "저는 가장 중대한 경제 범죄를 저지른 사람들 몇몇이 엄벌에 처해져야 하고, 특히 극악무도한 행위에 대해서는 사형선고를 단행하고 공표해야 한다고 생각합니다. 그렇지 않으면, 당풍을 바로잡을 수 없을 것입니다."[8]

갈등이 공개되는 것을 원치 않은 덩은 "그 문제에 신속하고 단호하게 우선순위를 부여하고 우리의 결의를 약화시키지 않도록" 결의를 상정했다.[9] 1월 11일, 덩과 협력하여, 후야오방은 전적으로 광둥 관리들의 부패 문제를 논의할 중앙위원회 서기처 특별회의를 소집했다. 덩의 주도로, 정치국 위원 네 명이 문제를 조사하기 위해 중국 남부로 향했다.[10]

그러나 단 사흘 후에, 서기처의 또 다른 회의에서, 후야오방은 중앙위원회의 대외경제정책을 옹호하는 방대한 보고서를 제출했다. 그는 "몇몇 구체적인 문제들에 관해 어느 정도의 문제들이 발생했지만"이라며, "이로부터 우리는 대담하게 심지어 더 적극적으로 외부 세계와 경제관계를 발전시키기보다는 물러서야 한다는 잘못된 결론을 도출해서는 안 된다. … 경제범죄들이 개방정책과 직접적으로 연계되어 있다고 생각할 수는 없다. 그 둘 사이에는 명백한 인과관계가 없다"고 보았다.[11] 그 후 덩은 직접 광둥으로 내려가 성 관리들에게 경제특구를 개발하면서 두려워할 것은 아무것도 없다고 알렸다(천윈을 자극하지 않기 위해 그는 광둥 당위원회 제1서기와 사적으로 만나서 대화를 했다[12]).

한편, 천윈은 광둥 현대화 업무에 계속해서 개입했고 제1서기와 성장을 불러 질책하기도 했지만, 아무 소득이 없었다. 그는 덩의 사람들 중에서 보수적인 인물들만―후챠오무와 덩리췬―자신의 편으로 끌어올 수 있었는데, 이들은 경제특구가 중국의 저주받은 과거에 존재했었던 외국인 거주 지역처럼 변해가고 있다는 생각을 덩의 마음속에 심기 시작했다. 그러나 덩은, 중국사회과학원 소속 연구원들의 도움으로 경제특구에 마르크스-레닌주의적 기반을 제공한 후야오방을 단호하게 지지했다. 후야오방은 "우리에게 이는 새로운 어떤 것이지만" "소련에서는 (레닌의 신경제정책 시기 동안) 반세기 전에 … 영업허가 시스템이 발달했습니다. … 영업권 소유 기업에서, 이런 기업은 200개 이상이 오랫동안 존재했는데, 외국인들은 허가를 받아 수천만 루블을 투자할 수 있었습니다. 과감한 조치 아니었습니까!"[13]

천윈, 후챠오무, 덩리췬은 레닌과 언쟁을 벌일 수는 없었지만, 그들은 중국 내 "자본주의의 건설"을 환영하지 않았다. 천윈은 "모든 성省이 특구를 설치하고 싶어 하고, 모두가 제방堤防을 열고 싶어 한다"고 불평했다. "일이 그런 방향으로 가면, 외국 자본가들과 국내 투자자들이 새장에서 벗어날 것이다. 늘어날 것이라고는 투기뿐이다. 그러므로 그렇게 되어서는 안 된다."[14]

국민경제 성장률 역시 심각한 불일치를 야기했다. 1979년, 기본적으로 정치적 고려에서 천윈의 "규제" 계획을 지지한 이후, 덩은 그 계획을 평생토록 따를 의도는 없었다. 그는 객관적인 이유들로 인해 중국에서 보편적 풍요를 달성하는 것이 불가능하다는 것을 이해했다. 그러나 그는 '샤오캉'이라는 아이디어에서 후퇴하지 않았고, 21세기 초까지는 중국의 일인당 소득이 약 미화 1,000달러에 달하도록 할 생각이었다(이후에 그는 이를 800달러로 낮췄다[15]). 이는, 예를 들면, 스위스(약 1만 8,000달러), 홍콩(약 6,000달러), 싱가포르(약 5,000달러) 혹은 타이완(4,500달러)보다 훨씬 낮을 것이었다. 그러나 중국에는 충분할 것이었다. 1980년대 초, 인구 10억 선을 넘어선 중국의 일인당 소득은 260달러에 상당했다.[16] 결과적으로, 일인당 1,000달러 또는 심지어 800달러라도 달성하려면 생산량이 네 배 이상 증가해야 했고, 당연히 출생률을 엄격히 통제한다는 가정하에서 그랬다. 천윈의 규제는 이 꿈과는 전혀 부합하지 않았다.

한 전기 작가가 묘사했듯 이 의심 많은 사람[17], 천윈은 인민들의 삶을 개선하는 데 반대했다고 말할 수는 없지만, 서두르는 것을 정말 싫어했다. 그는 인플레이션, 부문 간 불균형, 경제의 과열에 대해 항상 걱정했다.

그와 동시에, 덩과 천윈은 출생률 제한에 완전한 의견의 일치를 보였다. 덩의 샤오캉 개념과 천윈의 규제는 모두 인구증가율을 낮추는

데 의존했다. 중국공산당 지도부 모두 동의했다. 1979년 3월 23일, 덩은 정치국회의에서 이 문제를 제기하며, 인구증가율을 1퍼센트로 낮출 것 그리고 이 새로운 인구정책을 법으로 성문화할 것을 요구했다. 석 달 뒤, 화궈펑은 제5차 전국인민대표대회 2차 회의에서 이 아이디어에 대해 상세히 설명하고, 1985년까지 인구증가율이 매년 0.5퍼센트씩 낮춰질 것임을 시사했다. 1980년 9월, 전국인민대표대회 3차 회의에서 계획생육정책으로의 즉각적 이행이라는 국무원의 제안이 검토되었는데, 이 정책에 따르면 20세기 말까지 중국인구가 12억을 넘지 않도록 한 가정에 한 자녀 이상을 낳을 수 없었다. 9월 25일, 중앙위원회는 당원들과 공산주의청년단 단원들에게 공개서한을 보내 한 가정에 한 명의 아이라는 원칙에 따른 산아제한정책의 선전을 도울 것을 요청했다. 1981년 1월 4일, 당과 행정기관들이 "부부에게 한 자녀를 갖도록 격려하기 위한" 모든 조치를 취할 것을 의무화하는 결의가 이어졌다.[18] 이 모든 문건은 한족 중국인의 수 증가를 낮추는 것을 목표로 했고 소수민족들에게는 적용되지 않았다.

가족 수에 따라 토지가 분할되는 시골 지역에서는 이 정책에 적대적으로 반응했다. 한 자녀 정책은 농민들의 이익에 부합되지 않았는데, 그 한 아이가 여자아이일 경우 특히 그랬다. 모두 혈통을 이을 후손을 원했고, 농사에는 남자들의 손이 많은 것이 좋았다. 따라서 그 새로운 정책의 성공은 처음부터 도시 인구에 달려 있었다(그럼에도 그 정책은 성공할 것이었다. 비록 사적 자유의 희생 그리고 침해적이며 적지 않은 경우 강제적인 방법에 의한 집행이라는 측면에서 상당한 대가를 치렀지만. 2000년도에, 중국의 인구는 단지 근소한 차이로 12억을 넘어서게 되었다).

한편, 3900만 공산당원을 대표하는 1,600명의 의결권 대표와 149명의 무의결권 대표들이 참석한 가운데, 제12차 중국공산당 전국대표대회가 1982년 9월 1일부터 12일까지 베이징에서 개최되었다. 덩이 책임자였다. 그는 개회를 하고 1980년대 중국인이 직면한 주요 전략목표들을 공식화했다. "사회주의 현대화를 가속화하고, 중국의 재통일, 특히 타이완의 조국으로의 복귀를 위해 분투하며, 패권주의를 반대하고 세계평화를 수호하기 위해 노력한다." 그는 또 중국공산당과 중국인들이 그저 아무런 사회주의가 아닌 "중국적 특색이 있는 사회주의"를 건설하고 있음을 처음으로 언급하며, 현대화라는 목표에 간략한 이론적 토대를 제공했다. 그는 이것이 무엇인지 설명하지 않았지만, "우리의 현대화 계획을 수행하는 데 있어, 우리는 중국의 현실로부터 나아가야 합니다. … 우리는 마르크스주의의 보편적 진리를 우리나라의 구체적 현실과 결합시키고, (그리고) 우리 자신만의 길을 개척해야 합니다"라고 강조했다.[19]

대표들 그리고 다른 많은 중국인들 모두 지도자 덩샤오핑이 무엇을 염두에 두었는지 아마 이해했을 것이다. 개혁의 아이디어와 목적은 여러 차례 설명되었다. 단지 "중국 특색 사회주의"라는 라벨만 없었다. 중국의 엄청난 경제적 그리고 문화적 후진성, 대부분 농촌지역에 살고 있는 막대한 인구, 그리고 한정된 양의 경작지에 대해서는 모두가 알고 있었다. '샤오캉'이라는 개념, 사회주의 기간 내내 계획과 시장을 결합하고 4항 기본 원칙을 엄격히 준수할 필요성에 대해서도 모두가 들어본 적이 있었다. 이런 것들이 중국 사회주의의 특색이었다.

덩은 중국의 표현처럼, "돌다리도 두들겨 보고 건너"듯, 점진적으로, 단계적으로 자신의 이론을 만들었다. 그 아이디어 모두가 그에게서 비롯된 것은 아니었지만, 그는 그 아이디어들을 받아들이고 창조적으로 재가공했다. 1975년 말 짧은 중국 방문 기간에 덩과 만난 제럴드 포드 미 대통령이 그를 "이론적이기보다는 보다 실용적인 행동가"로 규정한 것을 주목하면 흥미롭다.[20] 그는 확실히 덩을 과소평가했다.

후야오방은 주요 보고에서 덩의 아이디어들에 대해 기본적인 설명을 했다. 그중 주요한 것은 향후 20년에 걸쳐 공업과 농업의 생산량을 네 배 증가시킨다는 것이었다. 후야오방은 또 장기간에 걸쳐 다양한 형태의 관리기법을 개발할 것을 요구했고, 비록 협동조합이 계속 주된 형태가 될 것이라고 말하기는 했지만 그는 생산책임제, 즉 가족도급제를 칭송했다. 그는 일부 물품들은 "계획이 아니라 시장에 의해" 생산되고 분배될 수 있을 것이라고 강조하며, 농촌지역에서 도급제 형태로뿐만 아니라 도시에서도 개인의, 즉 사적, 경제 기업의 발전을 격려할 필요가 있다고까지 말했다. 외국과의 기술-경제 교류에 대해 말하면서, 그는 "우리는 건설수요를 위해 최대한 해외자본을 유치해야만 합니다. … 우리는 다른 나라들에서 선진기술 성과를 차용하여, 특히 기업의 기술적 재건에 도움이 될 기술들을, 우리 형편에 맞게 고치고, 성실히 소화해야 하며, 이렇게 해서 여기 중국에서 생산과 건설을 향상 및 촉진해야 합니다"라고 구체적으로 지적했다. "중국 특색 사회주의" 건설이라는 덩의 이론에서 시작하여, 후야오방은 "우리나라의 사회주의 사회는 아직 그 발전의 초기 단계에 있습니다"라고 결론지었다.[21] 그것은 진보적인 보고였고 덩은 그에 만족했는데, 자신이 직접 그 보고서를 편집했기에 특히 그랬다.

제12차 전국대표대회에서 덩은 중앙위원회 위원으로 재선되었고 신설된 중앙고문위원회 위원으로도 선출되었다. 대회에서 채택된 새 당장에 따르면, 이 위원회는 중앙위원회에 대한 정치적 보좌 및 상담자로 규정되어 있지만,[22] 덩은 이 위원회를 은퇴를 원치 않는 원로세대 지도자들에게 체면을 살리면서 명예롭게 물러날 기회를 제공하는 과도적 조직구조로 생각했다. 덩 자신은 서둘러 은퇴할 것은 없었지만, 직책에 매달리고 있는 노장들에게 예를 제시하기라도 하듯, 위원회를 이끌었다.[23]

9월 2일 중앙위원회 전체회의에서, 그는 다시 정치국 그리고 상무위원회에 선출되었고, 군사위원회 주석으로 확정되었다. 당 최고 기관에는 덩 이외에 후야오방, 예젠잉, 자오쯔양, 리셴녠 그리고 천윈 이렇게 다섯 명이 더 있었다. 중앙위원회 주석직은 폐지된 반면, 총서기직은 재설치되었는데, 후야오방에게 이 총서기직이 다시 배정되었고, 천윈은 중앙기율검사위원회 제1서기직에 유임되었다.[24] 화궈펑은 상무위원회와 정치국에서 모두 직위 해제되었지만 중앙위원회 위원직은 유지했다.

천윈은 대표대회에서 아무와도 티격태격하지 않았지만, 회의가 끝난 후 계속해서 개혁 과정에 개입했다. 자오쯔양의 표현에 따르면, "일을 진전시키는 과정에서 새로운 문제들이 등장했지만, 천윈의 생각은 변하지 않은 채로 남아 있었다. ··· 시각을 바꾸도록 그를 설득하는 것은 불가능(했다)."[25] 1982년 11월 초부터, 그는 끊임없이 계획을 새장과 그리고 시장을 새와 비교했다. 1982년 1월 경제특구의 모든 투자자들을 새장에 가둘 것을 제안하면서 처음 새장에 대해 이야기하기 시작했지만, 당시 그는 그런 사람들을 새라고 부르지는 않았다. 비록 자신이 창시자가 아니라고 말하기는 했지만, 이제 그는 그 개념을 비교적 명확하게 제시했다. 1982년 8월, 제12차 전국대표대회 전야에, 중앙기율검사위원회 서기인 황커청이 천윈과 대화를 나누던 가운데 경제건설에 있어 질서의 필요성을 강조하기 위해 그 이미지를 떠올렸다. 천윈은 그 이미지가 마음에 들었고 그래서 사용하기 시작했다. 이렇게 해서, 12월 2일, 제5차 전국인민대표대회 대표였던 동향同郷 상하이 사람들과 이야기를 나누던 중, 그는 이렇게 말했다.

우리는 시장 규제의 역할을 보여주면서, 경제회복정책을 계속해야 합니다.
하지만 국가계획을 거부하는 경향은 멈춰야 합니다. ··· 계획이 거부될 때가 아니라, 계획에 의해 인도될 때, 경제는 되살아날 것입니다. 이는 새와 새장이 있는 상황과 같습니다. 새를 손에 쥐고 있는 것은 새가 곧 죽을 것이기 때문에 불가능하지만, 새를 놓아주면, 날아가버릴 것입니다. 그 대신에, 새를 새장 속에서 날게 해줄 수 있습니다. … 새는 번창하는 활기찬 경제이고, 계획은 새장입니다. 물론, '새장'은 더 크게 혹은 더 작게 만들 수도 있고, 커지도록 놔둡시다. … 하지만 어떤 상황에서도 '새장'은 필요합니다.[26]

그러나 이때쯤 덩과 그의 최측근들, 후야오방, 자오쯔양, 완리, 구무는 그 우월함이 명백히 인식된 시장규제의 영역을 적극적으로 확장시키고 있었다. 그러나 그들은 아직도 완전히 계획을 폐기하거나 국영 부문을 민영화할 생각은 하지 않았다. 그것은 단지 검증된 시장 메카니즘의 도움으로 국가를 현대화하는 과정에서 강력한 돌파구를 마련하기 위해 경제에서 계획이 규제하는 부분을 공산주의 이데올로기가 허용하는 최대한도로 축소하는 문제일 뿐이었다.

새장 속의 새 비유는 적절하지 않았다. 덩과 그의 동료들은 산업생산량의 일정 부분이 상부의 지시에 따라 생산되어야 하는 것처럼, 농민들이 국가계획에 따라 수확물의 일부를 재배해야 한다는 것을 인정했다. 그렇지 않을 경우, 모두가 두려워하듯, 식량과 함께 기타 물품들이 부족해질 수도 있었다. 그러나 그들은, 새장이 얼마나 크든 상관없이, 경제 전체를 새장에 가둘 생각이 없었다. 제12차 전국대표대회는 "계획과 시장기제 사이의 부분적 결합"을 지지했다.[27] 바꿔 말하면, 경제는 한 마리가 아니라 한 무리의 새를 닮아, 그중 가장 큰 새는 정말로 새장 속에 앉을 수 있고 나머지 새들은 날려 보내야만 하는 것이었다. 개혁가들은 자국 내에 두 개의 경제체제, 계획경제와 시장경제 모두를 구축하고자 했다. 그들에게 가장 중요한 문제는 어떻게 이 두 체제를 최적으로 결합시킬 것인가였다. "계획과 시장의 관계를 우리는 어떻게 처리해야 하는가?" 덩은 젊은 경제학자들 앞에 질문을 던졌다. "만일 우리가 제대로 처리하면 경제발전을 촉진하는 데 큰 도움이 될 것이고, 제대로 처리하지 못하면 상황은 나빠질 것입니다."[28]

덩이 "파상적 발전의 움직임"을 달성하여 일부 사람들과 지역이 먼저 부유해지도록 하려한 방법은 시장규제의 영역을 확장시키는 것이었다. 그는 "열심히 일하는 사람들이 성공해야 한다는 것은 당연합니다"라고 가르쳤다. "일부 사람들과 지역이 먼저 부유해지도록 하는 것이 모두의 지지를 받는 새로운 정책입니다."[29]

한편, 개혁파의 지배적인 영향하에 개최된 제5차 전국인민대표대회 5차 회의는 인민공사에 마지막 종지부를 찍었다. 회의에서 채택된 새로운 중화인민공화국 헌법 제30조는 현县과 자치현自治县을 차후부터 공사와 진鎮이 아닌 향乡, 민족향民族乡, 진鎮으로 나누도록 규정했다. 바꿔 말하면, 공사는 기본 행정 단위로서 더 이상 존재하지 않게 되었다.[30] 공사는 협동경제의 한 형태로서 여전히 헌법에서 언급되었지만(8조), 농촌 지역에서의 3급 소유제의 구성요소 가운데 하나로서는 언급되지 않았다. 생산대와 생산소조도 폐지되었다.

시장의 발전이 어느 정도까지 진전되도록 허용되어야 하는가를 결정하기 위해, 덩과 그 외 개혁가들은 중국의 경제학자 및 사회과학자들 사이의 토론을 촉진하고자 했다. 자오쯔양은 이와 관련하여 국무원 후원하에 농업 그리고 구조 개혁에 관한 두 개의 학술센터를 설립하는 등, 특히 정력적으로 움직였다. 냉철한 사람인 그는, 먼저 경제현대화를 진전시키기 위해 모든 것을 파악하고자 했다. 뜻밖에도 그는 후야오방에서 야기된 문제에 부딪혔다.

활기차고 충동적인 후야오방은, 크리켓 게임에 사용되는 작고, 빠르게 움직이며, 예측할 수 없는 공을 연상시켰기 때문에, 당 지도부 내 그의 불행을 바라는 사람들에게 "귀뚜라미(크리켓)"라는 별명으로 불렸는데,[31] 덩과 천원 간의 이견을 누구보다도 잘 해결할 수 있을 것 같아 보인, 조용하고 침착한 자오쯔양과는 완전히 달랐다. 후야오방은 자오쯔양의 "인텔리" 경제학자들이 상황을 정리하려고 노력하는 동안 기다리는 것이 싫었다. 그는 성장 속도를 높이기 위해 시장을 가능한 한 확장시키려고 분투했다. 자오쯔양은 후야오방과 자신이 "구체적인 조치, 접근법, 방법론—특히 속도의 문제에 관해 이견이 있었다. 야오방은 덩보다 훨씬 공격적이었다. … 의견 차이는 1982년에 이미 나타났다"고 회고했다.[32] 전국을 돌며 시찰하기를 좋아했던 후야오방은(1986년 말까지 그는 중국 내 2,000개의 현 중에서 1,600개 이상을 방문했다[33]) 가는 곳곳마다 계획을 조기에 달성하고 시장 관계를 발전시키라고 사람들을 독려했다. 1983년 1월, 자오쯔양이 아프리카를 방문하고 있는 동안, 후야오방은 모든 상공업 기업들에 도급제를 도입할 것을 요구했다. 자오의 말에 따르면, 이는 곧 투기 증가로 이어졌다. 도급제로 전환한 대형 베이징 백화점들은 신속하게 수익을 올리기 위해 개인 상인들에게 물건을 도매로 팔았고, 상인들은 다시 이 물건들을 부풀린 가격에 소매로 팔았다. 아프리카에서 돌아온 후, 자오쯔양은 곧 그러한 정책에 반대했다. 1983년 3월 15일, 덩은 자오쯔양과 후야오방을 집으로 불러 이야기를 나누면서 갈등에 개입했다. 양 측의 이야기를 모두 듣고 난 후, 덩은 자오쯔양을 지지하면서 후야오방이 경솔했다고 질책했다.[34]

개혁가 진영의 분열은 천원과 그 외 보수주의자들에게 유리한 상황을 만들어주었다. 모든 자유주의자 중에서 그들이 가장 싫어한 사람은 "모험주의자" 후야오방이었다. 그는 그들의 적의에 보답했다. 그래서 1982년 봄, 성省 업무시찰 중, 그는 천원에게 호의를 가진 사람들이 천원에게 곧 알릴 것이라는 것을 고려하지 않은 채, 천윈을 거듭 비판했다.[35] 천윈과 그의 지지자들은 자오쯔양을 전폭적으로 지지했고, 후야오방은 진정 곤경에 처하게 되었다.

덩의 집에서 대화가 있은 지 이틀 후, 천윈은 정치국 상무위원회와 서기처 합동회의에서 "사적史的 유물론"을 이해하지 못한다고 비난하며 후야오방을 공격했다. 오랫동안 곪아왔던 자유주의자들에 대한 그의 모든 적대감이 결국 터져 나왔다. 후야오방은 완전히 허를 찔려 몹시 당황했으며, 자아비판을 한 이후 국무원의 업무에 개입하지 못하도록 덩에게 금지당했다.[36]

주요 자유주의자에 대항한 투쟁에서 이번 판을 승리한 후, 당 보수주의자들은 이념전선에서 자신들의 공세를 강화했다. 덩은 4항 기본 원칙으로부터의 후퇴로 인식되는 모든 것에 대해 민감했다. 1979년 3월 이후부터, 그는 시종일관 대중에 대한 이념 교육을 강화할 필요성을 강조해왔고, 1980년대 초부터는 개혁과 개방을 이른바 사회주의 정신문화 건설과 통합시킬 필요가 있음을 거듭 확인했다. 1983년 여름, 후챠오무 그리고 1년 전 중앙위원회 선전부장이 된 덩리췬은 이를 교묘하게 이용하여 덩으로 하여금 "정신오염精神汚染"에 반대한 새로운 이념운동을 전개하도록 설득시켰다. 그들은 덩에게, 유명한 문화계 인사인 저우양이 3월 마르크스 서거 100주년 기념 연설에서 인도주의와 소외에 초점을 둔 발언을 했다고 말했다(마르크스에 따르면, 자본주의하에서 노동자들은, 자신들이 아닌 자본가들을 위해서 노동하기 때문에, 노동 그 자체에서, 상품으로부터, 그들 자신으로부터 그리고 다른 사람들로부터 소외되어 있다). 문화대혁명 기간 많은 고초를 겪은 저우는 사회주의 사회에서도 소외가 존재함을 시사했고, 사람들 사이에서 인도적인 관계가 갖는 초월적 의의를 강조했다. 그런데 그 회의는 1982년 위광위안에 이어 마르크스-레닌주의 및 마오쩌등 사상 연구소 소장으로 부임한 수샤오즈가 조직한 것이었다. 회의에 참석한 자유주의자들은 이 아이디어를 열렬히 환영했다. 덩의 친구 왕전처럼, 많은 고령의 보수주의자들은 그저 이해가 안 갔고 그래서 그들도 그 보고가 마음에 든 것처럼 행동했다. 그러나 모든 것을 아주 잘 이해한 후챠오무와 덩리췬은 비록 실패하긴 했지만 그 보고서의 출간을 막으려 했다. 그러고 나서 그들은 덩을 찾아왔다. 덩 역시 아무것도 이해하지 못했지만, "도대체 소외가 뭡니까?"라고 물었다. 세부사항을 철저히 조사하지도 않은 채, 후챠오무와 덩리췬은 단순히 "사회주의에 반하는 것입니다"라고 말했다.

덩은 분개했다. 고령이 된 덩은 곧잘 화를 내고 매우 독재적이 되었다. 그는 성난 목소리로 "문학, 예술, 이론계는 정신오염을 생산해서는 안 됩니다"라고 말하고 후챠오무에게 이 주제에 관한 자신의 연설문 초안을 작성하라고 지시했다.[37] 그는 1983년 10월 12일, 중앙위원회 2차 전체회의에서 그 연설을 했다. 분노를 폭발시키며 창작협회 멤버들뿐만 아니라 이데올로기 전선의 지도부, 즉 본질적으로는 후야오방도 비난했다. 좌경적 그리고 우경적 일탈 모두에 대해 투쟁할 필요성을 강조하면서, 그렇게 하지 않은 사람들의 "나약함과 해이함"을 비난하고 "영혼의 기술자들"(스탈린주의자들이 작가와 지식인을 일컫는 용어)에게 마르크스주의와 사회주의의 기치를 높이 치켜들 것을 요구했다. 그가 보기에, "인도주의, 인간의 가치, 그리고 소외를 논의하는 데 관심이 있는" 정도까지 나아간 "일부 동지들"을 맹비난했다. 그는 사태가 "소수 (예술가들은 심지어) 포르노그라피를 생산하기까지 하는" 지경에 이르렀다고 불만을 토로했다.[38]

전체회의 이후 "정신(혹은 마음의) 오염"을 겨냥한 진짜 대중 운동이 전개되었는데, 그 오염이란 "부르주아지와 기타 착취계급들의 부패하고 퇴폐적인 사상의 확산 그리고 사회주의, 공산주의, 공산당의 영도에 대한 불신의 확산"을 의미했다.[39] 한편, 자유주의적 사상을 가졌다는 이유뿐만 아니라 멋진 옷을 입고, 유행하는 머리 모양을 하고, 외국 음악을 좋아한다는 이류로 "서양 숭배자들"이 폭로되고, 비판받고, 비난을 당했다.

그러나 후야오방과 자오쯔양을 포함한 미온적인 자유주의 개혁가들은 굴하지 않고 그와 같은 반계몽주의에 대항해 단결하고자 했다. 자오쯔양은 "경제정책과 개혁을 위협할 만큼 강력한" "또 다른 문화대혁명이 일어나려는 참인 것 같았다"고 회고했다.[40] 자오쯔양, 완리, 그리고 국무원의 나머지 지도자들과 인민해방군 총정치부는 시골 지역, 산업체, 과학기술연구소 그리고 군에서 그 운동을 하지 못하도록 금지시켰다. 채 한 달이 못 되는 28일 만에 운동은 흐지부지되었다. 1984년 2월 11일, 후야오방은 덩이 문제를 제기한 것은 의심의 여지없이 옳기는 하지만, 기저 수준에서 그의 "현명한 지시"를 실행하는 방법론이 결함이 있고 운동 전체의 실패를 야기했다고 선언했다.[41] 자오쯔양은 "덩은 야오방의 이런 말이 마음에 들지 않았다. 비록 당시에 그는 아무 말도 하지 않았지만, 이전 입장에서 한 발짝도 물러서지 않았다"고 적었다.[42]

자유주의자들 사이의 잠깐 동안의 휴전은 그 운동이 종료된 직후 끝났다. 1984년 5월 26일, 자오쯔양은 자신은 후야오방과 함께 일할 수 없다는 내용의 개인 서신을 덩에게 보냈다. 그는 "당신과 천원 동지 모두 여전히 정력적이고 건강이 양호(하다)"는 것은 좋은 일이라며, 당 지도부가 계속 안정적이고 강력하게 남을 수 있도록 뭔가 조치를 취할 것을 덩에게 요구했다.[43] 그는 천원에게 편지 사본을 보냈다.

덩은 답을 하지 않았지만, 자기 사람들 가운데 가장 강력한 그 둘 사이의 관계를 해결하는 대신, 그 서신의 처리를 뒤로 미루었다. 그는 다가오는 1987년 제13차 중국공산당 전국대표대회에서 후야오방을 제거하는 것을 고려하기 시작했다.

한편, 개혁은 지속적으로 심화되었고, 선도적인 경제 전문가들은 새로운 아이디어를 개발하는 데 갈수록 적극적이었다. 일부는 "이중 경제"로의 전환의 중요성에 대해 이야기하기 시작했는데, 이는 계획과 시장의 일종의 "상호 침투"의 필요성을 의미하는 것이었다. 그리고 어떤 사람들은 보다 더 자유주의적인 아이디어까지 내놓았는데, 예를 들면, 거시경제적 수준에서 계획에 따른 규제와 미시경제적 수준에서 시장 규제의 "유기적" 통합이 그렇다. 지시하는 계획이 아닌 유도에 의한 계획을 발전시킨다는 아이디어도 유포되었는데, 이는 곧, 발전의 방향만 제시되는 보다 부드러운 유형의 계획이었다.[44]

그와 동시에, 중국 지도자들은 해외 학자들과 기업인들을 초청해 중국의 개혁 문제에 관한 그들의 견해를 들었다. 세계은행 출신을 포함한 해외 경제 전문가들은 조사를 수행하고 가치 있는 제안들을 제공했는데, 이에는 급속한 민영화를 추구하지 말 것과 하나는 계획경제에 그리고 또 하나는 시장에 적용되는 이중가격제를 도입할 것 등이 있었다. 그들은 또한 20세기 말까지는 중국이 연간 산업 및 농업 생산량을 4배 증가시킬 수 있을 것이라고 굳게 확신했다. 후자의 이 결론은 덩을 기쁘게 만들었다.[45]

1984년에 인민공사의 청산 작업이 급물살을 탔다. 1982년, 공사의 해체라는 역사적인 결정을 채택한 제5기 전국인민대표대회 5차 회의 전야에 마오주의의 기초가 되는 이들 공사의 수는 5만 4,300개였고, 1983년에는 4만 100개였으나, 1984년 말까지는 단지 249개만이 남았다. 1985년 봄쯤에는 모든 공사가 사라졌다.[46] 생산대와 생산소조도 마찬가지로 해체되었다.

국무원의 농업발전센터가 입안한 두 개의 일호—號 문건이—첫 번째 문건은 1983년 초에, 두 번째 문건은 1984년 초에 공표됨—중국의 농촌 지역에 막대한 영향을 미쳤다. 1983년 12월 23일에 정치국이 채택한 첫 번째 문건은, 비록 "조수와 실습생"이라는 완곡한 표현하에서이긴 했지만, 농민들이 도시의 소기업들과 동일한 원칙에 따라 노동력을 고용할 수 있도록 허용했다. 농촌 거주민들은 또한 공작기계, 농산품 가공 도구, 소형 트랙터, 모터보트, 자동차를 구매할 수 있는 권리도 받게 되었다. 게다가, 농민들은 도매거래, 즉 이웃 농민들에게 곡물 및 기타 물품들을 사들여 시장에서 팔 수 있게 되었다. 두 번째 문건은 가족도급제의 장기계약(15년 및 그 이상)을 허가했고 "부농들", 즉 "솜씨 좋은 지주들의 손에 토지가 점진적으로 집중되는 것"을 장려했다. 이 문건은 또한 한 농부에서 다른 농부로의 계약 이전을 허용하면서, 하도급 역시 승인했다. 문건은 피고용 노동자의 수가 법이 제한한 7인을 초과한 가구에서도, 이는 자본주의적인 것으로 간주되어서는 안 된다는 조항을 담고 있었다.[47]

후자의 이 조항은 인민공사의 청산과 함께 매우 빠르게 발전하기 시작한 향진기업들에도 영향을 미쳤다. 이들은 공동 사업체로 여겨졌기 때문에, 경영자들이 자신들만의 서비스를 위해 회사와 계약했다 하더라도 노동자의 수는 제한을 받지 않았다. 이런 기업들은 특히 빠르게 발전했다. 생산대 해체의 결과로 자유로워진 잉여 노동력 대부분은 그런 기업들에 의해 흡수되었다. 개혁이 심화됨에 따라, 농민 시장의 공업제품에 대한 수요량은 증가 일로였다. 결과적으로, 1978년부터 1985년까지 향진기업 내 고용자의 수는 2800만에서 7000만으로 증가했다.

도시에서는 소기업들이 급증을 계속했다. 700만 명 이상이 개인 기업에 종사했지만, 이 사실이 덩을 괴롭히지는 않았다. 상황을 보고받은 그는, "그것이 사회주의를 해칠 것이라고—어떤 사람들이 두려워했는가?"라고 물었다.[48] 그렇게 함으로써 도시 기업의 발전에 청신호를 보냈다.

경제특구들 역시 번창하고 있었다. 특구의 빠른 성장을 지켜보면서, 천윈까지도 자신의 비판을 약화시켜야 한다는 압력을 느꼈다. 1982년 말쯤, 그는 "우리는 특구를 설립할 필요가 있습니다. 계속해서 그들의 경험을 요약할 필요가 있지만, 이는 특구가 작동하도록 처리되어야 합니다"라고 인정했다.[49] 그 후, 다른 보수주의자들도 경제특구의 긍정적 측면을 지적했다.

덩은 만족스러웠다. 얼마 후 이렇게 말하기까지 했다. "이제는 사람들이 갈수록 더 특구를 칭찬하고 있습니다. 특구는 (정말) 괜찮게 돌아가고 있습니다."[50] 1984년 1월과 2월 초, 그는 네 개 특구 가운데 선전, 주하이, 샤먼 등 세 특구를 방문했다. 긍정적 인상을 받은 그는 "경제특구를 만들 것을 제안한 사람은 저였습니다"라고 자랑스럽게 공표했다.[51] 한때 낙후된 이 지역들은 도시로 변신했고, 그는 "더 좋고 더 빠른 결과를 성취하는 방식으로 특구를 관리"할 필요성을 확신했다.[52] 2월 24일, 다수의 지도자들과 만난 회의에서 덩은 자신의 순방을 이렇게 요약했다. "특구의 설치와 개방정책의 시행에 있어, 우리는 우리의 가이드라인이 폐쇄가 아닌 개방—그것뿐임을 분명히 해야 합니다." 그는 "저는 이곳에 머무르는 동안 선전 특구의 번영에 깊은 인상을 받았습니다. … 특구는 … 우리 대외정책의 창窓입니다. 우리는 특구를 통해 해외기술을 수입하고, 지식을 획득하고, 역시 지식의 일종인 경영법을 학습할 수 있습니다"라고 설명했다. 그는 "(경제특구를 들어왔다 나가는) 자본의 자유로운 흐름"을 허용하고 하이난섬과 함께 "다롄과 칭다오 같은 항구도시들을 더 많이" 개방할 것을 제안했다.[53] 이를 듣고, 후야오방은 "저는 일곱 개 혹은 여덟 개 연안 도시들을 개방할 필요가 있다고 생각합니다. 이는 위험하지 않습니다"라며 시작 신호를 보냈다.[54]

3월 말과 4월 초, 중앙위원회 서기처와 국무원은 몇몇 연해도시 지도자들과의 회의를 소집했고 5월 4일, 14개 항구도시에 경제특구를 설치한다는 결의를 채택했는데, 이에는 상하이, 톈진, 그리고 광저우가 있었다. 이 도시들은 "경제기술개발구Economic and Technological Development Zones, ETDZ"라고 불렸지만, 그 본질은 경제특구와 크게 다르지 않았다. 해외자본 유치에 가장 유리한 조건들이 마련되었는데, 특히 이윤에 대한 소득세가 15퍼센트로 낮춰졌다.[55] 물론, 경제기술개발구들은 검문소에 의해 나머지 중국과 분리되지 않았다.

　　국유기업들도 시장경제내로 활발히 끌어 들여졌고, 계획초과 생산에 관해서 전에 없이 많은 자유를 부여받았다. 동시에, 은행들은 상업 활동에 종사할 수 있는 권리를 얻었고 기업여신업무로 전환했다. 이 역시 시장규제의 영역을 확장시켰다.[56] 1984년 가을부터, 국유기업들은 시장용 제품과 계획에 따른 제품에 대한 이중가격제를 시행할 수 있도록 허가를 받았다.[57]

　　전체적으로 시장은 경제 공간을 신속하게 정복하기 시작했고, 이는 개혁의 방향에 대해 보다 심층적으로 숙고할 필요성을 제기했다. 1984년 9월 9일, 자오쯔양은 후야오방, 덩샤오핑, 리셴녠, 천윈에게 보낸 서신에서, 경제 전문가들의 제안에 기초해, 계획과 시장규제 사이의 상호관계에 대한 새로운 개념을 스케치했다. 그는 지시에 의한 계획을, 주로 경제적 수단에 의해 규제되어야 하는 유도에 의한 계획으로 조직적으로 대체할 필요가 있음을 강조했다. 서신에서 그는 이렇게 말했다. "사회주의 경제는,"

　　　공공 소유에 기반을 둔 계획 상품 경제입니다. … 계획이 첫째, 가치법칙은 둘째라는 표현은 정확하지 않고, 더 이상 사용되어서는 안 됩니다. 그 둘은 분리시키거나 서로 반대되게 하기보다는 통합되어야 합니다. … 중국식 계획경제는 가치법칙에 비추어 그리고 가치법칙에 의해 발전하는 것이어야 합니다.[58]

요컨대, 자오쯔양은 경제체제 전체를 시장경제로 전환시켜, 자유화할 것을 제안했다(그가 "시장" 경제보다는 "상품" 경제를 언급한 것은 순전히 전술적인 이유 때문이었다).

덩이 설득력이 있다고 본 자오쯔양의 서신은 (거시적 수준에서의) 계획과 (미시적 수준에서의) 시장규제 사이의 유기적 통합을 그렸다. 상무위원회의 나머지 위원들 역시 인정했다—심지어 항상 완전히 다른 어떤 것, 즉 계획을 위주로 하고 시장을 보조로 할 것을 주장해왔던 천원까지도. 분명 천원은 후야오방에 대한 투쟁에 있어 자오쯔양을 우방으로 보았기에, 그저 그와 언쟁을 벌이고 싶지 않았다.

1984년 10월, 이 서신은 제12기 중앙위원회 3차 전체회의 결의, "경제체제개혁에 관한 결정中共中央关于经济体制改革的决定"의 기초였는데, 동 결의는 시장경제의 발전 그리고 시장경제와 계획경제의 조화로운 결합에 새로운 추진력을 제공했다. 부하린(물론, 아무도 언급하지 않았다)과 똑같이, 그 결의는 "사회주의와 자본주의 경제의 차이는, 상품경제와 가치법칙에 관한 한, 이런 것들이 여전히 작동하고 있느냐가 아니라, 소유제의 차이에 있다"고 강조했다.[59] 자오쯔양은 이렇게 회고했다.

경제개혁에 관한 결정은 … 수요와 공급의 자연법칙 그리고 시장의 힘의 중요성을 강조했다. 이 결정은 사회주의 경제를 "상품경제"라고 정의했다. 덩은 이 결정을 높이 샀고, "새로운 정치경제이론…"이라고까지 생각했다. 비록 때에 따라 다른 말들을 했지만, 그는 항상 상품경제, 수요와 공급의 법

칙, 그리고 자유 시장 쪽으로 기울어 있었다.[60]

이때쯤 개혁으로 가시적인 성과들이 나타나기 시작했다. 1978년부터 1984년까지, GDP는 연평균 8.8퍼센트를 기록하며 꾸준히 증가했다(전체 기간에는 66퍼센트). 중국은 예전에 그런 성장을 경험해본 적이 없었다. 같은 기간 연간 공업생산량은 78퍼센트 이상이 증가했는데, 특히 중공업에서는 66퍼센트, 경공업에서는 거의 98퍼센트가 증가했다. 전체 투자규모 가운데 해외자본의 투자비율은 여전히 작았지만(1984년에 약 4퍼센트), 외국인들이 만든 것은 신속하고, 신뢰할 수 있었으며, 품질이 좋았다. 게다가 기술 수준도 높았다. 1984년에는 1978년보다 1억 톤 이상 많은 4억 700만 톤이라는 기록적인 곡물 수확이 있었다. 그때는 개혁가들조차 혼란스러워했다. 그렇게 엄청난 양의 곡물을 어떻게 처리해야 할지 아무도 몰랐다. 곡물 창고가 충분하지 않았고 농민들과 정산할 자금도 충분하지 않았다. 그래서 1985년 1월 1일, 국무원은 향후 계획을 초과해 생산된 곡물에 대해서는 국가가 수매 의무를 이행하지 않을 것이라고 선언했다. 이로 인해 곡물생산량이 약간 하락하긴 했지만(1985년에 2800만 톤), 동시에 농촌 지역에서 상품 관계의 발전은 한층 촉진되었다. 1985년까지 농촌인구의 중간 소득은 1.5배 이상, 노동자와 종업원들의 평균 임금은 60퍼센트가량 증가했다. 물론, 1억 2500만 농민들, 즉 15퍼센트의 농민은 여전히 "극빈"층에 속해 있었지만, 덩은 모두가 한꺼번에 다 잘살게 될 것이라고 말한 적은 없었다.[61] 그럼에도, 기아에 시달리는 사람들의 수는 반으로 줄었다.

1985년까지 개혁 정책은 또한 중국의 민족의식, 국가의 통일이라는 가장 민감한 문제와 관련하여 중국 정부에 주목할 만한 성공을 가져다주었다. 1979년 1월, 덩은 "하나의 국가, 두 개의 체제"(일국양제)라는 원칙에 기초한 중국 본토와 타이완, 홍콩, 마카오 통일 계획을 제시했다. 그는 홍콩과 마카오의 중화인민공화국으로의 반환, 그리고 중화인민공화국과 타이완의 통일 이후, 세 지역 모두에서 연장된 기간 동안(50년이라는 숫자가 얼마 후에 제시되었다), 현행 사회경제 그리고 정치 체제, 즉 민주적 자본주의까지도 보존될 것임을 약속했다. 그는 심지어 중국이 타이완의 내정에 간섭하지 않을 것임을 타이완에 약속하기까지 했는데, 이는 타이완이 사실상 자신의 군대를 유지할 수 있다는 것이었다. 그가 타이완에 원한 것은 국제무대에서 베이징이 하나의 중국의 이름으로 발언할 권리뿐이었다. 분명, 그는 통일문제에 대해 "일국양제" 원칙을 자신의 경제특구에 관해서보다 훨씬 광범위하게 해석할 준비가 되어 있었다.

타이완 문제는, 타이완 총통 장징궈가 모스크바의 중산 대학교 시절 학우였던 덩의 제안들을 들으려고도 하지 않았기 때문에, 결코 간단한 문제가 아니었다. 그의 아버지 장제스처럼, 장징궈는 자신의 정권이 중국의 유일한 합법 정부라고 주장했다.

홍콩과 마카오 문제는 나름의 어려움이 있었지만, 특히 홍콩보다 쉬운 편이었다. 마카오에 대해서는 걱정할 필요가 없었는데, 포르투갈 스스로 계속 마카오섬을 중국에 반환하겠다고 제안해왔고 1979년에는, 물론 비밀리에, 중국과 적절한 합의를 보기까지 했기 때문이었다. 덩은 그것을 공표할 알맞은 시기를 기다리고 있었다. 그러나 그는 영국과 문제를 신속하게 해결하지 못했다. 영국 수상 마거릿 대처Margaret Thatcher는 홍콩이 "성공적인 중영협력의 독특한 사례"이며, 홍콩을 중국으로 반환하는 것에 관한 선언은 홍콩 식민지 거주자들이 공산주의자들을 두려워하고 따라서 즉시 자신들의 자본을 뺄 것이기 때문에 "처참한 결과"를 가져올 것으로 생각했다.[62] 타이완의 중국 민족주의자들과는 달리, 영국의 입장은 약했다. 신계新界, New Territories로 알려진 홍콩의 큰 부분에 대한

99년의 임대기간이 1997년에 종료될 예정이었다. 이 지역은 홍콩의 농업 부속 지역이었고, 이 지역 없이는 수백만 인구의 도시, 홍콩은 존재할 수가 없었다.

이를 알고 있는 덩은, 1982년 9월 대처와의 협상에서 매우 강경했다. 그는 "우리는 그 재앙을 정면으로 맞닥뜨리고 새로운 정책 결정을 하게 될 것입니다"라고 유머를 섞어 지적함으로써, 영국이 홍콩을 넘겨주는 데 동의하든 말든 상관없이 홍콩의 반환을 요구하겠다는 중국의 굳은 결의를 알렸다. 감춰지지 않은 이 위협과 함께, 그는 중국인들은 몇 시간 후에 원할 때면 언제든 홍콩에 들어갈 수 있을 것이라고 단언했다.[63]

대처는 덩에 대해 가장 불쾌한 기억들을 갖고 있었다. 그의 위압적인 태도에 더해, 상습적으로 흡연하는 그 세대의 많은 다른 중국인들처럼 그는 옆에 있는 놋쇠 타구에 연신 침을 뱉고 있었다(무례하다는 것을 알고 있었음에도, 그는 대처가 있는 데서뿐만 아니라 상습적으로 그러했다. 격의 없는 때에 그는 "저는 세 가지 나쁜 습관이 있습니다"라며 "술을 마시고, 침을 뱉고, 담배를 피웁니다"라고 말했다[64]). 철의 여인 대처는 자신이 보고 들은 것에 너무 충격을 받은 나머지, 협상이 개최된 인민대회당 건물을 나설 때, 분명히 당황하여, 갑자기 미끄러져 왼쪽 무릎을 꿇으며 넘어졌다. 텔레비전 카메라맨들은 그녀가 넘어지는 모습을 화면에 담았고, 이 곤혹스러운 에피소드를 "분명, 대처는 협상에서 완패를 당했다"와 같은 신랄한 코멘트와 함께 전 세계에 방송했다.[65]

이는 정확한 평가였다. 1984년 9월 말까지 중국과 영국의 외교관들은 모든 세부사항들에 대한 작업을 끝마쳤고, 12월 중순 중국으로 돌아온 대처는 자오쯔양과 함께, 정확히 덩이 내건 조건대로, 1997년에 홍콩을 중국에 반환한다는 것을 보여주는, 이른바 '홍콩문제에 관한 공동성명中英关于香港问题的联合声明'에 서명했다. 중국의 국민들은 조국 통일의 이 첫 걸음을 열렬히 환영했다. 덩 자신도 기뻤다. 1984년 10월 말, 그는 이 해에 자신이 두 가지를 성취했다고 말하며 베테랑들과 기쁨을 함께 나눴다. 첫째, 14개 연해 도시를 해외투자에 개방했고, 둘째, "일국양제" 원칙에 따라 홍콩 문제를 해결했다.[66]

베테랑들과의 만남이 있기 2개월 전, 덩은 그의 대가족과 함께 그의 팔순을 기념했다. 그 자리에 없던 사람은 멀리 뉴욕의 로체스터 대학교에서 유학 중인 막내아들 페이페이, 그리고 며느리 류샤오위안劉小元뿐이었다.[67] 줘린, 덩의 딸들, 그리고 하인들이 큰 테이블 두 개를 차렸다. 그 한 테이블 위에는 맨 위에 아이스크림을 두른 거대한 8단 케이크가 놓였다. 케이크 둘레에는 복숭아 80개, 촛불 80개, 그리고 80회 생일을 상징하는, 크림으로 쓴 80개의 수壽자가 있었다. 덩은 모두가 웃는 가운데 손주들의 도움을 받아 촛불을 몇 번 불어서 껐다. 모두가 외쳤다. "생신 축하드립니다!" 그러고 나서 그들은 케이크를 마음껏 포식했다. 덩은 행복했다.[68] 중국은 1985년에 새로운 모습으로 들어섰을 뿐만 아니라, 중국의 지도자 역시, 이 해는 그가 은퇴를 계획했던 해였음에도 불구하고, 모두가 부러워할 만큼 정신적 그리고 신체적으로 건강하다는 것을 보여주었다.

22

개혁 그리고 민주주의

★
★
★

1985년은 어려운 한 해인 것으로 드러났고, 덩은 자신의 은퇴를 미뤄야 했다. 연초에 그는 창의적인 지식계급에서 다시 위협을 느꼈다. 중국작가협회 제4차 회원대표대회가 개최되어 지도부 선출을 위한 자유선거가 실시되었고, 그 결과 자유주의 성향의 평론가 류빈옌刘宾雁이 부주석에 선출되었다. 다수의 지식인들은 이것을, 특히 후야오방이 중앙위원회의 명의로 이 대회를 환영했기 때문에, 심대한 이념적 변화의 시작으로 보았고, 작가들은 "표현의 자유"를 옹호한다는 입장을 공개적으로 밝혔다.[1] "인간의 얼굴을 한 사회주의"에 대한 이해가 없던 덩은 자유선거를 자본주의와 같은 의미로 간주했다.

그는 이 일에 대한 책임이 있다고 생각한 후야오방에게 불만을 표명했고, 3월 열린 과학기술문제에 관한 전국회의全国科学技术工作会议에서 이상理想과 기율紀律 문제를 다시 제기했다.[2] 그 이후로 그는 부르주아 자유화에 대한 지속적인 투쟁을 반복해서 강조했다. 그는 "부르주아 자유화는 우리 사회를 혼란에 빠트리고 우리로 하여금 (사회주의) 건설을 계속하지 못하게 만들 것"이라고 확신했다.[3]

그러나 후야오방은 분명 그를 무시한 듯 곧 다시 덩의 화를 돋우었다. 5월 10일, 후야오방은 홍콩의 격주 간행지 〈백성百姓〉(일반인이라는 뜻)의 저널리스트 겸 발행인 루컹陸鏗이라는 인물과 두 시간의 인터뷰를 가졌다. 그 인터뷰에 대해 알게 된 덩은, 폭발했다. 루컹은 후야오방을 중국공산당 지도부 내에서 가장 위대한 자유주의자라고 칭송했고 그를 미래 지도자로 환영했다. 그는 도발적인 질문도 던졌다. "어째서 군사위원회에서 덩 선생이 맡고 있는 업무를 그(덩)의 건강이 아직 양호할 때 (즉시) 인수하여 군사위원회 주석이 되려고 하지 않습니까?" 다시 말해, 루컹은 후야오방이 서둘러 모든 권력을 그 자신의 수중에 넣어야 한다고 암시하고 있었다.

후야오방은 그 저널리스트를 비난하는 대신, 재치 있게 대처하고자 했다. 그는 덩이 군에서 매우 많은 존경을 받고 있어서 자신과 자오쯔양이 다섯 마디 해야 할 수 있는 것을 덩은 한 마디만 하면 된다고 말했다. 그는 군사위원회 주석직은 그리 부담스럽지 않기 때문에, 덩이 그저 후야오방과 자오쯔양이 더 중요한 일에 집중할 수 있도록 시간을 아껴주고 있는 것이라고 덧붙였다.[4]

6월 28일, 덩은 후야오방과 가까운 서기처 서기 후치리胡启立를 불러, 후야오방이 4항 기본원칙을 확고히 따르지 않고 있는 데 대해 자신이 불쾌해 한다는 것을 후야오방에게 전하도록 했다. 후치리는 즉시 그렇게 했지만, 후야오방은 반응하지 않았는데, 아마도 자신은 무고하다고 생각해서였을 것이다.

그 후 7월 14일, 덩은 후치리를 다시 불러 신경질적으로 말했다. "누군가가(그는 루컹과 기타 부르주아 자유주의자들을 염두에 두고 있었다) 후야오방을 부추겨 그의 이름으로 우리의 대내외 정책을 공격하려 하고 있습니다." 그는 후야오방에게 자유주의에 대한 투쟁에 집중할 것을 요구했

다. 그러나 후야오방은 여전히 따르지 않았다.[5]

이에 대해 전해 들은 자오쯔양은, 후야오방 총서기와의 마찰에도 불구하고, 그에게 부르주아 자유화에 대항한 투쟁에 관한 서기처 특별 회의를 소집해서 덩을 만족시켜주라고 조언했다. 그는 "그 당시에는, 덩샤오핑과 반대되는 입장을 취하는 것이 불가능했다"고 회고했다.[6] 후야오방은 양심에 거스르는 행동을 하지 않겠다고 거부하며 여전히 주저했다. 덩과 달리, 그는 인간의 얼굴을 한 사회주의를 중국에 실제로 건설하려고 노력하고 있었다.

덩은 후계자를 결정하기 전에 은퇴할 수 없었고, 후야오방은 분명히 더 이상 마음에 들지 않았다. 그는 좀 더 순종적인 누군가로 후야오방을 대체하기 위해 조바심을 내며 제13차 중국공산당 대표대회를 기다렸다.

한편, 불만에 찬 덩은 제13차 대표대회를 2년 앞당겨 소집할지의 여부에 대해 숙고하고 있었지만, 나머지 지도자들은 지지하는 태도를 보이지 않았다. 그 대신, 1985년 가을에 전국 대회와 두 차례의 전체회의를 개최해 당 전체와 국가 지도부의 급진적 쇄신을 단행하기로 결정했다. 40세에서 50세까지의 젊은 사람들이 노장들을 대거 대체하게 될 것이었다.

그러나 덩은 전국대회나 전체회의에서 후야오방 문제를 제기하기를 원치 않았다. 총서기의 은퇴는 매우 중대한 문제였다. 그것은 대중 사이에서 원치 않는 토론을 불러일으킬지도 몰랐다. 그러므로 정례 당 대회에서 후야오방에게 다른 일을 맡기고 그의 은퇴가 그에 따른 이동으로 비춰질 수 있도록 하는 것이 더 나을 것이었다. 덩은 후야오방을 중화인민공화국 주석으로 만들거나 자신을 대체한 군사위원회 주석으로 만들고 싶었지만, 후야오방이 총서기직을 비운다는 조건하에서였다(이제 덩은 1987년 가을에 있을 제13차 대표대회에서 은퇴하기를 고대했는데,[7] 1980년대 중반부터 파킨슨병 증상을 보이기 시작했기 때문에 특히 그러했다[8]).

9월 중순 소집된 중앙위원회 4차 전체회의에서 131명의 노장들이 은퇴를 요청했고 승인을 받았다.[9] 이틀 후, 후야오방은 당무회의에서 은퇴하는 사람들을 대신해 중앙위원회는 대회에 참석한 대표들이 승인한 대략 동수의 새로운 멤버들을 영입할 것을 추천하고 있다고 공표했다.[10] 덩은 만족했다. 그는 "만족스럽게 일이 처리되었습니다"라고 말했다. "수많은 노장 간부들이 주요 보직의 종신임기제 폐지에 앞장서며, 간부 체제의 개혁을 심화했습니다. 이는 우리 당 연보에서 특별히 언급될 만합니다."[11]

그 직후에 소집된 중앙위원회 5차 전체회의에서 6명의 신임 정치국 위원이 선출되었는데, 이들은 3세대 미래 지도자들로 불리기 시작했다 (마오쩌둥과 덩샤오핑이 1세대 그리고 후야오방과 자오쯔양이 2세대). 이들 가운데 눈에 띄는 인물로는 56세의 자유주의자 후치리, 그리고 자오쯔양의 대리인 57세의 보수주의자 리펑李鵬이 있었다. 후치리는 후야오방과 가까웠고—당내 많은 사람들이 그를 후야오방을 이을 미래의 총리로 간주했다—리펑은 저우언라이와 덩잉차오의 양자였고 총리직에 주목하고 있었다. 리펑은 대부분 보수주의자들이자, 리펑의 생각에 영향을 끼친 많은 노장들과 관계를 유지하고 있었다. 리펑은 그들과 함께하는 것이 편했는데, 그들 상당수가 둘 다 혁명영웅으로 사망한 그의 친아버지와 특히 그의 유명한 삼촌(자오스옌 趙世炎)을 기억하고 있었기 때문이었다. 덩샤오핑보다 나이가 반 년 많은 "큰 누님 덩邓大姐"(지도부는 저우언라이의 부인을 이렇게 불렀다)은, 그녀가 은퇴해야 한다는 암시가 나왔을 때 최후통첩을 보냈다. "좋습니다. 나가지요. 하지만 리펑이 정치국에서 제 자리를 차지해야 할 겁니다."[12] 당연히 아무도 그녀의 말을 반박하지 않았다. 이런 일이 없었더라도, 어린 리펑의 운명은 이미 오래 전부터 정해져 있었다.

회의 기간에 덩은 자신이 용서할 수 없었던 후야오방을 괴롭히기 위해, 자오쯔양이 성공적으로 개혁을 수행했을 뿐만 아니라 4항 원칙을 확고히 준수했다며 그를 공개적으로 칭찬하기 시작했다. 많은 이들은 덩이 후야오방을 자오쯔양으로 대체할 생각을 하고 있음을 알아챘다. 그것이 본질적으로 일어난 일이었다. 덩은 후야오방을 우회하여 자오쯔양에게 제13차 당 대표대회 기초 문건을 준비하도록 했다. 얼마 후, 1986년 5월, 그는 1987년 제13차 당 대표대회에서 자신이 정치국 상무위원회 그리고 군사위원회 주석직에서 물러날 생각임을 후야오방에게 알렸다. 후야오방은 자신도 은퇴할 것이라고 정중히 대답했다. 후야오방이 분명 예상했을 것인 바와 같이, 덩은 후야오방의 은퇴를 만류하려하지는 않았지만, 단지 그렇게 젊은 사람이 완전히 물러날 때는 아직 아님을, 그가 좀 가벼운 일을 맡을 수 있을 것임을 지적했다. 덩은 후야오방이 "부분적으로 은퇴", 즉 총서기직을 사임하되 군사위원회 주석이나 중화인민공화국 주석으로 선출될 수 있을 것임을 시사했다. 후야오방은 동의했다.[13]

후야오방은 징조를 예견하고 대표대회 이전의 시간을 이용해 덩의 신임을 다시 얻을 수 있어야 했지만, 1986년에 덩이 그에게 어쩌면 마지막일지도 모를 기회, 즉 다가올 9월의 중앙위원회 6차 전체회의의 "사회주의정신문명건설 지도방침에 관한" 결의中共中央关于社会主义精神文明建设指导方针的决议안 준비를 감독할 기회를 주었음에도 그렇게 하지 않았다. 이 결의는 경제성장뿐만 아니라 정치체제의 지대한 변혁 역시 기대하고 있던 자유주의자들의 입을 결정적으로 막기 위한 것이었다. 덩은 권력의 구조를 재편할 준비는 되어 있었지만, 권력의 체제를 재편할 준비는 되어 있지 않았다.[14] 그런 개편은 당 기관에 의한 과도한 감독에서 경제를 자유롭게 하고, 공장 관리자들이 보다 효과적으로 경제를 관리하게 하고, 생산과정에서 좀 더 적극적인 역할을 하도록 대중에게 권한을 부여함으로써 경제발전에 긍정적 영향을 줄 것이었다.[15] 그러나 그런 개혁은 반대 의견을 가진 비非당원 지식인들을 만족시킬 수 없었다. 일부 당원들도 이견을 표명했다. 천체물리학자 팡리즈方励之 그리고 대중 지식인 류빈옌과 왕뤄왕王若望과 같은 유명한 공산주의자들은 중국이 민주주의를 발전시키는 데 있어 미국과 서유럽의 길을 가야 한다고 거듭 주장했다.[16] 덩은 후야오방에게 그들 셋 모두를 당에서 축출하라고 조언했지만, 후야오방은 계속 결정을 미뤘다. 이것이 덩이 사회주의 "정신문명" 건설에 관한 결의를 채택하기를 원했던 이유였다.

예상대로, 후야오방은 이 마지막 시험에서도 낙제했다. 1986년 8월, 베이다이허北戴河에서 열린 회의에서, 보수주의자들은 후야오방의 서기처가 준비한 결의안이 부르주아 자유화에 대항한 투쟁에 관한 내용이 포함되지 않았기 때문에 근본적으로 결함이 있다고 비판했다. 한 줌의 당내 노장들은 이 내용을 포함시킬 것을 요구하며 즉시 후야오방을 공격했다. 자오쯔양을 포함한 다수가 그들을 지지했고, 후야오방은 마지못해 이를 반영하는 수정을 가했다.

덩은 몹시 불만스러웠다. 회의 후 그는 후야오방에게 자신이 모든 직책에서 물러나면, 후야오방이 군사위원회를 이끌기보다는 중앙고문위원회를 이끄는 게 나을 것이라고 말했다. 그 후 후야오방에 관한 불만을 양상쿤, 보이보와 나눴다. 그는 양상쿤에게 "제가 살아오면서 실수한 것이 있다면, 후야오방을 제대로 평가하지 못한 것입니다"라고 간신히 화를 억누르며 말했다. 상황에 대해 논의한 후, 그 노장들은 후야오방을 교체한다는 덩의 결정을 전적으로 지지했다.[17] 분노가 덩의 판단을 흐렸다. 군자가 염두에 두어야 할 것에 대해 말하자면, 공자는 "화가 나면 화가 불러올 결과를 생각하라"고 말했다.[18] 덩은 이렇게 하지 못했다. 4년 후, 그는 이렇게 했다면 하고 바랄 이유를 갖게 될 것이었다.

한편, 중앙위원회 6차 전체회의가 9월 28일에 열렸다. 옛 중국공산당 중앙위원회 선전부 부장 루딩이 그리고 옛 안후이 지도자 완리를 포함한 후야오방의 몇몇 자유주의 지지자들은 부르주아 자유화에 대한 투쟁 지시를 결의안에서 삭제할 것을 제안했지만, 다수가 이에 단호히 반대했다. 전체회의를 주재하고 있던 후야오방은 회피하는 입장을 취했다.[19] 그때 덩이 발언을 통해 논의를 종료시켰다. "부르주아 자유화를 반대하는 문제와 관련해, 그에 대해 가장 자주 그리고 가장 끈질기게 말해왔던 사람이 저입니다. … 자유화 자체가 본질적으로 부르주아적입니다 (그렇기 때문에) ─ 프롤레타리아 또는 사회주의 자유화 같은 것은 없습니다. … 현재 우리의 정치는 결의에 그것을 사용할 것을 요구하고 있으며, 저는 그것에 찬성합니다."[20] 덩은 자신이 자유화에 반대하는 투쟁을 10년 혹은 20년 동안 계속할 준비가 되어 있다고 말하고는, "그래서 누군가 그것이 마음에 들지 않습니다. 좋습니다. 지금 우리가 다음 세기 중반까지 자유주의를 반대할 수 있도록, 50년 혹은 더, 다 합해 70년을 추가합시다"라고 덧붙였다.[21]

전체회의 이후 노장들은 후야오방에 대한 전면적 비난을 이어갔다. 한 목격자는, "지도자로서 그의 업무는 이미 매우 어려워졌다"고 적었다.[22] 덩의 지시에 따라, 자오쯔양은 정치 구조 개혁에 착수하기 시작했다. 모든 노장이 그를 지지했다. 그들은 이미 제13차 전국대표대회에서 그를 총서기로 만들기로 결정했다.

바로 그때 후야오방의 몰락을 촉진하는 사건들이 중국에서 일어났다. 12월 중순 허페이에서 덩이 그토록 두려워한 바로 그 자유화를 요구하는 학생시위가 발생했다. 그들은 인근의 상하이와 난징의 학생들에게 지지를 받았다. 이 시위들의 이데올로기적 원천 그리고 주요 조직자는 천체물리학자 팡리즈였는데, 그는 베이징 대학교 물리학과 학생이던 1955년에 이미 당국과 일전을 벌인 바 있었다. 이후 그는 세 차례 처벌을 받았다. 1980년대 중반쯤 그의 사상 및 정치적 견해는 성숙해져 있었다. 당원이었지만, 팡리즈는 표현의 자유를 위해 싸웠고 소련의 핵물리학자이자 주요 반체제인사인 안드레이 사하로프Andrei Sakharov를 높이 평가했다. 1984년 그는 허페이 소재 중국과학기술 대학교University of Science and Technology, UST의 부총장이 되었고 이 대학 내에서 사상의 자유라는 분위기를 장려하기 시작했다. 팡리즈는 UST뿐만 아니라 상하이와 난징의 수많은 고등교육기관에서도 강연을 했다.

대중적으로 잘 알려진 또 한 명의 반체제인사로, 저널《상하이문학上海文学》의 주간인 왕뤄왕 역시 상하이의 여러 곳에서 종종 강연을 했다. 그 또한 살아오면서 많은 어려움을 겪었는데, 국민당에 의해 한번, 마오주의자들에 의해 두 번 투옥된 바 있었다. 류빈옌도 1950년대 말과 1960년대에 거듭 박해를 당했다. 권력자들의 부패에 관한 그의 글들은 폭넓은 감탄을 자아냈다. 따라서 많은 소요들이, 11월 허페이에서 시작하여 곧 다른 도시들로 확산된 것은 놀라운 일이 아니다. 학생들은 거리로 나와 "자유가 아니면 죽음을 달라!"라고 연호했다. 그들은 정직한 시 의회 선거, 언론의 자유 그리고 그 밖의 민주적 권리를 요구했다. 시위는 약 17개 도시로 퍼져 나갔고, 150개 단과 및 종합대학의 학생들이 참가했다.[23]

학생들은, 물론, 몇 달 앞서 자국에서 독재의 전복을 요구하는 시위를 벌인 한국과 필리핀인의 젊은이들을 상당 정도 모방하고 있었다. 1986년 2월 말, 필리핀에서 젊은이들의 행동은 페르디난드 마르코스Ferdinand Marcos 정권의 몰락을 야기했다. 1986년 9월 28일, 타이완에서 날아온, 첫 야당―민진당―설립 뉴스도 강력한 자극제가 되었다.

공산당 독재에 대한 불만의 분출은 당연한 것이었는데, 전년도에 학생들 그리고 새로운 경제 내에서 설자리를 찾지 못한 일부 도시인구의 경제적 상황이 심각하게 악화되었기 때문에 특히 그러했다. 시장 개혁의 불가피한 부작용인 물가 상승과 인플레이션으로 인한 피해도 있었다. 1985년 상반기에 물가가 급상승하기 시작했는데, 6개월 만에 14퍼센트가 치솟았고, 인플레이션은 16퍼센트였다.[24] 1985년 하반기 그리고 1986년에도 상황은 개선되지 않았다.

많은 일반 국민들은 관계官界의 부패에 대해 극도로 화가 나 있었다. 관료들은 가장 노골적인 방식으로 뇌물을 받았을 뿐만 아니라 직접적으로 또는 친척들을 통해 경제활동에 연루되어 있었다. 씨족 기반의 중국 사회에서는 '꽌시关系'(관계)가 계속 중요한 역할을 했기 때문에 이는 당연했다. 고위직에 친척이나 친구가 있는 사람들만 성공할 수 있었다. 덩의 막내아들, 페이페이와 그의 아내가 미국에서 유학한 첫 번째 사람들에 속해 있었다는 것은 우연이 아니었다. 1980년대 중반에 귀국한 그들은 홍콩시장에서 사업을 하기 시작했다. 1985년, 덩의 장남 푸팡은 중국 장애인연합회 주석이 되었고, 1979년 딸 덩난은 국가과학기술위원회에서 갑자기 정치적으로 두각을 나타냈다. 그와 동시에, 덩난의 남편은 가장 큰 군 기업 가운데 하나의 총책임자가 되었다. 다른 딸 마오마오는 처음에는 비밀 비서로서 아버지를 보좌했고, 나중에는 남편과 함께 재계에서 성공을 거두었다(중국에는 장녀인 덩린을 제외한 덩의 자식들 모두 결코 정직하지 않다는 소문이 끊질기게 나돌고 있지만, 이런 비난이 사실인지 누가 알겠는가?[25]).

이처럼 1986년 말 중국 학생들은 불만을 표출할 이유가 충분했다. 그들의 옹호자인 팡리즈는 "어떤 종류의 현대화가 필요한가. … 우리는 단지 소수 선택된 측면에서의 현대화가 아닌, 전면적인 현대화가 필요합니다. … 저는 개인적으로 '완전한 서양화론'에 동의합니다. … 마르크스와 레닌에서 스탈린과 마오쩌둥까지 정통 사회주의는 실패였습니다."[26] 11월 말, 전 안후이 지도자 완리가 여전히 전개 중인 운동을 종식시키기 위해 중국과학기술대에 와서, 자신은 학생들에게 상당히 많은 자유와 민주주의를 허락했다고 말했을 때, 팡리즈는 "민주주의는 어떤 한 사람이 나눠주는 게 아닙니다"라고 날카롭게 반응했다. 며칠 뒤 한 학생회의에서 그는 "민주주의는 위에서 주어지는 것이 아니라, 공개 투쟁으로 성취되는 것입니다"라고 주장했다.[27]

학생 소요는 12월 내내 계속되었다. 12월 중순 상하이에서는 일부 노동자들이 학생들에 가담했다. 상하이 도심은, 문자 그대로 시위로 넘쳐흘렀고, 무려 6만 명이나 되는 사람들이 거리로 나섰던 것이다. 팡리즈는 훌륭한 연설을 통해 반민주적인 중국공산당 지도부를 혹평했다. 상하이 당 지도자 장쩌민은 학생들에게 학교로 돌아갈 것을 요구했으나 무시당했다. 결국 장쩌민은 무력에 의지했지만 그 전에 시위를 불법으로 규정하는 엄명을 하달했다.[28] 마침 그때, 상하이 동료 학생들과의 연대의 표시로, 12월 24일 베이징의 학생들이 톈안먼 광장으로 행진을 시도했으나 경찰에 의해 저지를 당했다. 베이징시 위원회 역시 시위를 금지시켰지만, 1월 1일과 2일 학생들은 톈안먼 광장에서 시위를 조직했다. 1월 초, 톈진의 학생들은 항의의 표시로 철길 위에 드러누웠다. 며칠 후, 시위는 모든 도시에서 차츰 잦아들었다. 또다시 민주주의의 패배였다.

덩은 격노했다. 줏대가 없다고 후야오방을 비난했다. 12월 30일, 그는 후야오방, 자오쯔양, 완리, 후치리, 리펑, 그리고 국가교육위원회 부주임 허둥창何东昌을 자신의 집으로 불러 "단호한 조치가 취해져야 합니다. … 소요는 … 지난 몇 년간 부르주아 자유화에 대해 단호한, 명확한 입장을 취하지 못한 결과입니다"라고 말했다. 팡리즈, 왕뤄왕, 류빈옌을 당에서 즉각 제명할 것을 요구했지만,[29] 주 타격 대상은 후야오방이었다. 덩은 "부르주아 자유화에 대해 자유방임적인 태도"를 취했다며 사실상 후야오방을 비난했다.[30]

후야오방은 몹시 낙담했다. 새해가 된 지 이틀 후 그는 덩에게 보낸 사직서에 자신이 4항 기본 원칙을 확고히 준수하는 모습을 모여주지 못한 것과 부지불식간에 나쁜 사람들의 "후원자"로서 일한 것을 후회한다고 적었다. 당 규범과 달리, 덩은 이제 다가오는 대표대회를 기다리지 않고, 즉시 총서기를 교체하기로 결정했다. 1월 4일, 덩은 보수 원로들을 (보이보, 왕전, 양상쿤, 천윈, 펑전) 자신의 집으로 불렀고, "젊은이들"인 자오쯔양과 완리도 초대했다. 그는 아무 말 없이 후야오방의 서신을 그들에게 건넸다. 모두가 그 서신을 읽은 후, 그는 차가운 목소리로 "우리는 후야오방의 은퇴를 승인해야 합니다"라고 말했다. 아무도 반대하지 않았다. 덩은 자오쯔양을 중앙위원회 총서기로 세웠다. 덩은 그들에게 후야오방을 신중히 다뤄야 한다고 덧붙였다. "당 민주생활회民主生活会"(일종의 당 법정)에 소환하긴 하되, 비판 후에 정치국 상무위원회 위원으로 유임시키도록 해야 한다는 의미였다.[31]

당 민주생활회는 1월 10일부터 15일까지 열렸다. 덩은 회의에 참석하지 않고 그 하기 싫은 일을 다른 사람들이 대신 처리하도록 했다. 보이보가 회의를 주재하는 가운데, 후야오방은 두 차례 자아비판을 했고 끊임없는 비판의 대상이 되었다. 집단 지도의 원칙을 어기고, 규율을 유지하지 못했으며, 경제를 이해하지 못하고, 자만했으며, 자유주의를 행하고, 심지어 덩샤오핑을 전복시키려 했다는 비판을 받았다. 후야오방은 절제하지 못하고 갑자기 흐느끼기 시작했다. 그러나 눈물은 냉혹한 공산주의자들의 마음을 움직이지 못했다. 후야오방에게 가장 고통스러웠던 것은 가까운 친구들까지 그를 괴롭히는 데 참가했다는 것이었다.[32] 단지 완리만이 당내 야만적인 행위의 희생자인 그를 동정했다. 후야오방이 개고기를 좋아한다는 것을 아는 그는, 같은 날 저녁 사람을 시켜 후야오방에게 구운 개고기를 보냈다.[33]

다음날, 1월 16일, 덩이 의장을 맡은 정치국 확대회의는 후야오방 사건에 종지부를 찍었다. 회의 막바지에 "후야오방 동지의 중앙위원회 총서기직 사퇴 요청을 수락하고, 자오쯔양을 총서기 대리로 임명하는" 결의를 모두가 만장일치로 승인했다.[34] 자오쯔양은, 중국 방식대로, 자신은 "자격이 없다"고 말했지만, 그리 오래 반대하지는 않았다.[35] 할 일이 있었고, 실행해야 할 개혁이 있었으며, 준비해야 할 대표대회가 있었다—게다가 이 모든 것을 매우 어려운 상황하에서 해내야 했다.

정치국 회의 직후 덩은 보수주의자들의 도움을 받아, 부르주아 자유주의 반대 투쟁을 위한 새로운 대중운동을 전개했다. 모든 시장개혁 반대자들이 즉시 고개를 들었고, 자오쯔양이 경제개혁을 추진하기에 매우 어려운 상황을 만들었다. 덩은 냉정을 유지하지 못했다. 그는 "자유주의자들의 명단을 작성하여 그들을 차례로 처벌할 것을 제안했다."[36] 곧 보수주의자들은 유명한 개혁가들, 특히 자오쯔양이 개혁을 추진하도록 도왔던 개혁가들을 공격하기 시작했다.

결국 자오쯔양은 덩에게 만남을 요청했고, 덩은 4월 28일 자오쯔양을 만났다. 자오쯔양은 "특정인들이 개혁에 저항하기 위해 캠페인을 이용하고 있습니다"라고 불평하며, 이런 상황하에서, 경제개혁의 가속화와 심화를 목표로 한 일련의 조치들을 채택할 예정인 제13차 대표대회가 성공적으로 개최될 수 있을지 의심스러워했다.[37] 덩 스스로도 자신이 지나쳤음을 깨달았다. 그는 좌로부터의 위협을 강조하기 시작했고 자오쯔양에 대한 자신의 지지를 표명했다.[38] 1987년 5월, 중국 언론은 경제 개혁의 추진을 강조하기 시작했다.

그 이후부터 제13차 대표대회 준비는 차질 없이 진행되었다. 자오 쯔양은 참모들의 도움을 받아 지극히 진보적인 보고서를 준비했고, 덩은 이를 승인했다. 그러나 보고서에서 사회주의 상품경제의 발전에 필수적인 시장개혁에 대한 자오쯔양의 확약을 강조한 경제 부분이 천원을 불쾌하게 만들었다. 덩이 그 보고서를 마음에 들어 한다는 것을 안 천원은 보고서를 비판하지도 지지하지도 않았지만, 대표대회에서 자오쯔양의 발표가 시작되자마자 갑자기 일어나 성큼성큼 밖으로 나가버렸다. 자오쯔양은 자신에게 적이 한 명 더 생겼다는 것을 알았다.[39]

제13차 중국공산당 전국대표대회가 1,936명의 의결권 대표와 61명의 무의결권 "특별 초빙 대표들"이 참석한 가운데, 1987년 10월 25일부터 11월 1일까지 개최되었다. 이때쯤 중국공산당은 4,600만 당원으로 성장해 있었다. 공인된 최고 지도자로서 정정해 보이는 덩은 간략한 개회사로 회의를 개막했다. 모두가 일어서서 인터내셔널가를 제창했다. 제창 그리고 마오쩌둥, 저우언라이, 류샤오치, 주더, 그 외 작고한 원로 세대 혁명가들을 기리는 묵념이 있은 후, 덩은 자오쯔양에게 단상을 넘겼다.

먼저 최근의 성과에 대해 개략적으로 진술한 후, 자오쯔양은 중국공산당의 올바른, 마르크스주의 노선의 형성과 발전에 대한 "중대한 공헌", "마르크스 이론을 발전시키는 용기, 현실적 접근, 풍부한 경험과 선견지명 그리고 명민함"을 보여주었다며 덩을 칭송했다.[40] 덩이 당 대표대회에서 그토록 높이 칭송받은 적은 일찍이 없었다. 자오쯔양은 11월 2일 제13기 중앙위원회 1차 전체회의에 제출한 보고서에서, 당의 주요 지도자로서 덩이 최종 결정권을 갖고 있기 때문에, 자신과 그 외의 모든 지도자들은 모든 가장 중요한 문제들에 대해 덩과 상의를 했다고 밝히면서,

덩에 대해 더욱 더 열광적인 표현들을 사용했다. 전체회의는 이를 만장일치로 승인하여, 자오쯔양과 나머지 사람들이 덩에게 복종할 것을 지시했고, 덩에게는 재량에 따라 지도부 회의를 소집할 권한을 부여했다.[41]

1987년 3월에 이미 덩은 자오쯔양과 사적인 대화를 나누다가 중앙위원회, 정치국, 정치국 상무위원회에서 물러나겠다는 의사를 마침내 표명했다. 자오쯔양과 그 외 자유주의자들의 권유로, 그는 보수주의자들에 대한 지속적 견제와 안정의 유지를 위해 군사위원회 주석으로 남기로 동의했다. 덩은 농담으로 이를 "절반의 은퇴"라고 불렀다. 그는 권력은 계속 보유하고 싶었고, 다수의 공식 책무에서는 해방되고 싶었다. 그들은 해결책을 냈다. 자오쯔양은 덩을 칭송하고, 덩은 물러나되, 자오쯔양의 요청으로 중앙위원회 전체회의가 덩을 "장모"(이것이 그들이 사용한 용어로, 물론 농담으로, 한 가정의 비공식적 우두머리를 가리키는데, 여기서 그 가정은 정치국 상무위원회)의 역할을 하는 것으로 보고, 그를 최고 지도자로 남겨둔다는 것이었다.[42] 7월 초, 정치적 무게감이 매우 큰 천원과 리셴녠 두 사람도 추가로 절반의 은퇴를 할 예정이었다. 두 사람 모두 중앙위원회와 정치국에서 은퇴할 것이었으나, 천원은 중앙고문위원회 주임이 되고 리셴녠은 중국인민 정치협상회의 전국위원회 주석이 될 예정이었다.

제13차 대표대회가 시작되자, 자오쯔양은 장모 덩에게 격식을 갖추고 난 후에 전면적인 보고를 했는데, 이 보고에는 중국의 현재 발전단계를 "사회주의 초급 단계"로 정의한 것을 포함하여, 많은 획기적인 내용들이 담겨 있었다. 그의 말에 따르면, 사회주의 초급 단계라는 이 문구는 적어도 100년 이상 지속되어야 했다.[43] 여러 해가 지난 후, 자오쯔양은 자신이 이 용어를 특별히 강조하고 이론적으로 그 기반을 만든 이유가 보수주의자들을 만족시키기 위해서였음을 인정했다. 중국이 사회주의에서 멀리 떨어져 있다는 것을 그 자신도 아주 잘 이해하고 있었지만, 그렇게 말하면 노장들의 노여움을 샀을 것이다. "사회주의 초급단계"는 따라서 최적의 공식이었다. 한편으로, 그것은 사회주의 건설의 성과들을 부정하지 않았고, 다른 한편으로 자오쯔양과 그의 자유주의 개혁가들은 "정통 사회주의 원칙들의 구속에서 완전히 자유롭게 되었다."[44]

이 교묘한 말재주로 자오쯔양은 많은 새로운 아이디어를 추진할 수 있었다. 이를테면 생산의 상업화, 수많은 소기업 재산권의 집단 및 개인들로의 이전, 국유기업에서 소유와 경영의 분리뿐 아니라 계약, 임대, 주식시장의 발전, 생산, 서비스, 금융 수단에서 시장의 확대, 대다수 상품과 서비스에 대한 시장가격으로의 전환, 거시경제적 규제 시스템에서 은행의 역할 강화에 이어 심지어 고용 노동에 기초한 사적 경제의 촉진 등이 있었다.[45]

확실히 자오쯔양이 보고하는 동안 천원이 회의장에서 성큼성큼 걸어 나갈 법했다. 그러나 자오쯔양은 그다지 걱정하지 않았고, 회의 이후에 2년 혹은 3년 후에 계획의 영역이 경제의 60퍼센트에서 30퍼센트로 축소될 것이라고 말하기 시작했다.[46]

회의 마지막에 중앙위원회 선거가 있었다. 합의된 바와 같이, 덩은 투표 대상에 없었지만 다시 군사위원회 주석으로 지명되었다. 후야오방은 정치국 위원으로 유임되었으나 상무위원회에서는 이름이 빠졌고, 자오쯔양에 더해 야오이린, 리펑, 후치리, 그리고 정보와 보안문제를 담당한 노장 당원 챠오스喬石가 상무위원으로 이름을 올렸다. 정치국에 진입한 인물로는 성공적으로 학생들을 진압했던 상하이 "영웅" 장쩌민, 그리고 덩샤오핑의 전처 진웨이잉의 아들로 곧 국가경제체제개혁위원회 주임이 되고, 일 년 후에는 국가교육위원회 주임이 된 리티에잉李铁映이 있었다.[47] 자오쯔양은 중앙위원회 총서기로 확정되었다. 이후에, 그는 총리직을 그만두었고, 리펑이 그의 자리를 대신했다.

덩은 기뻤다. 모든 것이 그의 계획대로 진행되고 있었다. 그는 리펑을 그다지 좋아하지 않았지만, 천원과 리셴녠이 저우언라이의 양자인 리펑을 위해 그 건을 밀어붙였다. 덩은 결국 동의했지만, 리펑이 공개적으로 소비에트 패권주의자들을 비난할 것을 요구했다(무슨 이유에서인지 덩은 리펑이 친소비에트적 인물이라고 생각했는데, 아마도 리펑이 1940년대 후반과 1950년대 초반에 소련에서 오랫동안 유학했기 때문일 가능성이 높다). 리펑은 그 요구에 응했고 총리가 되었다.[48]

1988년 새해는 모든 면에서 더욱 성공적인 한 해가 될 것처럼 보였지만, 실제로는 개혁이 시작된 이후 가장 힘든 해가 되었다. 경제자유화를 위한 새로운 시도들은 급격한 물가상승을 야기했다. 5월에는 자오쯔양이 조만간 대부분의 상품과 서비스에 대해 가격을 자유화할 계획을 하고 있다는 소문이 퍼졌다. 이는 곧 연율 50퍼센트를 초과하는 시장가격의 폭등으로 이어졌다. 술과 담배 가격은 200퍼센트가 치솟았다![49] 7월 초의 인플레이션은 40퍼센트였다.

최악의 상황은 8월, 〈인민일보〉가 물가와 임금에 관한 정치국 결의를 게재한 후에 발생했다.[50] 비록 신문에는 물가가 단번이 아닌 5년에 걸쳐 자유화될 것이라고 되어 있었지만, 사람들은 공황 상태에 빠져 은행계좌에서 돈을 모조리 빼내, 비누부터 쌀 그리고 가장 비싼 전자제품까지 상점에 진열된 것들을 싹쓸이 하듯 사들였다.[51] 철회 압력을 받자, 덩과 자오쯔양은 물가개혁이 5년 혹은 그 이상 연기될 것임을 공표했다. 그러나 사람들은 진정하지 못했다.

한편, 자유화라는 덩의 귀신은 다시 더욱 강해지기 시작했는데, 이번에는 자유 그리고 소련에서 중국으로 불어온 '글라스노스트glasnost'라는 바람에 의해 1987년 말부터 계속 강화되었다. 지식인들 그리고 많은 도시인들도 모스크바에서 날아온 소식들을 열광적으로 흡수했다. 미하일 고르바초프Mikhail Gorbachev는 순식간에 가장 인기 있는 인물이 되었다. 대학생들은 서둘러 러시아어를 배우려 했다. 중국인들은 마주친 외국인들이 러시아인이라는 것을 알면, 엄지손가락을 치켜세우며 "고르바초프 좋습니다!戈尔巴乔夫好!"라는 신호를 보내곤 했다. 버스기사들은 버스 앞쪽 유리창에 그 소련 지도자의 사진을 놓아두었다. 많은 사람이 덩이 고르바초프의 길을 따르기를 기대했다.[52]

그러나 중국 지도자들은, 그리고 덩 자신도, 소련의 개혁에 대해 복잡한 감정을 품고 있었다. 그들은 글라스노스트를 두려워했지만, 소련의 외교정책 변화에 대해서는 긍정적으로 반응했다. 물론, 다년간의 적대감이 금방 잊힐 수는 없었다. 게다가 고르바초프는 여전히 몽골 내부의 병력을 포함하여, 중국의 국경을 따라 무수한 병력을 유지하고 있었다. 그의 군대는 아직도 아프가니스탄에 있었고, 또 그는 캄보디아를 점령하고 있는 베트남을 지지했다. 이처럼, 덩의 시각에서 볼 때 소련은 여전히 중국을 위협하고 있었다. 덩은 관계정상화를 위해 이른바 3대 장애三大障碍를 제거할 것을 소련에 요구했는데, 이는 국경, 아프간, 그리고 베트남-캄보디아 문제를 중국에 유리한 조건으로 해결하는 것이었다. 그때서야 비로소 그는 중소 관계를 정상화할 준비가 될 것이었다.

고르바초프도 중국과의 양호한 관계 회복을 꿈꾸었다. 1986년 7월 28일, 그는 블라디보스토크에서 이 문제를 다루며, 3대 장애에 대해 논의할 뜻이 있음을 표명하기까지 했다.[53] 덩은 1986년 9월 2일, 미국 저널리스트 마이크 월러스Mike Wallace와의 인터뷰에서 긍정적으로 반응했다.[54] 그 후 1987년 2월 26일 정치국 회의에서 고르바초프는 "우리는 중국을 향해 … 노력해야 합니다"라고 말하고, "덩샤오핑을 모스크바로 오도록 설득해보는"것이 좋겠다고 덧붙였다.[55]

2월, 외교차관급에서 장시간의 협상이 시작되었고, 먼저 국경문제,

그다음으로 베트남-캄보디아 문제가 다루어졌다. 모든 점에서 양보한 고르바초프의 압력하에, 양측은 마침내 완전한 상호이해에 이르렀다. 1987년 7월 30일, 고르바초프는 베이징과 본격적인 대화를 시작하겠다는 모스크바의 의향의 표시로 덩샤오핑의 저작들을 러시아어로 출판할 것을 제안했다. 그의 정치국 동료들은 열광적으로 반응했다.[56] 1988년 초, 덩의 연설과 담화를 모은 컬렉션이 출간되었고 〈프라우다〉에는 호의적인 논평이 실렸다.[57]

중국과 소련 외무장관의 상호방문이 이어졌고, 1989년 2월쯤에는 정상회담 개최에 대한 합의가 이루어졌다. 84세의 덩은 당연히 모스크바에 가지 않으려 했다. 그는 미하일 고르바초프의 방문을 받기로 정중하게 동의했다. 고르바초프의 방중은 1989년 5월 15일부터 17일까지로 정해졌다.[58]

덩은 고르바초프의 방문에 대해 준비가 되어 있었다. 경제문제에도 불구하고, 중국은 여전히 떠오르고 있었고 공산당의 독재는 확고부동해 보였다. 덩의 권위도 마찬가지였다.

23

톈안먼의 비극

그때 지붕이 무너져 내렸다. 전혀 예상치 못한 일이, 전국에 만연하고 있
는 인플레이션 그리고 베이징의 중국 지도자들을 여념 없게 만들고 있는
고르바초프 방문 준비에 그늘을 드리웠다. 1989년 4월 8일 아침, 정치국
회의 도중에 후야오방은 갑자기 몸이 좋지 않다고 느꼈다. 그는 창백한
얼굴로 자리에서 일어나더니 회의를 주재하고 있던 자오쯔양 총서기에
게 손을 흔들었다.

"쯔양 동지, 실례해도 되겠습니까?"
그러고 나서 그는 의식을 잃고 바닥에 쓰러졌다.
자오쯔양은 소리쳤다. "누구 니트로글리세린 가지고 있는 사람 없습니까?"
장쩌민이 재빨리 대답했다. "제가 갖고 있습니다. 그런데 사용법은 모릅니
다. 심장에 문제가 생긴 적이 없어서요."

누군가가 니트로글리세린 두 정을 후야오방의 혀 아래로 신속하게
밀어넣었다. 그들은 가장 가까운, 중난하이 길 건너편에 위치한 305호 병

원에 연락했지만, 경비대에 통지하는 것을 깜빡 잊었다. 의사들이 허락을 받고 들어오기까지 10분이 경과했다. 마침내 구급차가 도착했을 때, 의사들은 심근경색 진단을 내렸다. 후야오방은 병원으로 이송되었고, 의사들은 그를 살리기 위해 최선을 다했지만, 일주일 후에 그는 사망했다. 겨우 73세였다.[1]

그로부터 얼마 지나지 않아, 후야오방의 사망 소식은 전국으로 퍼졌고, 사람들은 그 소식을 듣고 울었다. 많은 사람이 국가의 영혼이자 정직한 공산주의자라고 생각한 후야오방은, 그가 1986년 말에 학생들을 지지했다는 이유로 부당하게 고초를 겪었다고 생각한 지식인들에게 특히 사랑을 받았다. 덩에게 후야오방 동지를 공개적으로 복권시키라는 요구들이 있었다.

4월 15일 저녁에 그 뉴스가 방송되었고, 이튿날 학생들은 베이징 시내의 교정으로 모여들었다. 그들은 "살아 있어야 할 사람이 죽었다"고 선언했고, "죽었어야 할 사람이 살아 있다"고 덧붙였다.[2] 일부 학생들은 후야오방을 추모하는 백화白花 화환을 바치기 위해 먼 길을 걸어 톈안먼 광장의 톈안먼 방향에 있는 인민영웅기념비까지 갔다.[3] 그 후 곧 자발적인 움직임이 분출했다. 후야오방이 사망한 지 사흘 후인 4월 18일, 수백 명의 학생들이 전국인민대표대회 상무위원회에 정치적 요구사항이 적힌 목록을 제출했다. "자유와 민주주의, '정신오염 제거'를 위한 노력을 전적으로 거부할 것, 신문에 대한 모든 금제를 해제하고 언론의 자유를 시행할 것, 중대한 잘못을 저지른 관리들에게 사퇴를 요구할 것, 중앙정부를 국민 신임 투표 대상으로 만들 것, 지도자들과 그 자녀들의 수입을 공개할 것, 정치범들을 무조건 석방할 것."[4]

그 후, 다음날 저녁, 중국의 최고 지도자들 대부분이 살고 있는 주택구인 중난하이 앞에 2,000명의 군중이 모여들었다. 그들은 "후야오방은 죽지 않았다!"라고 외쳤다. "리펑 타도!" 열정적인 한 학생은, "공산당을 타도하자!"라고 소리쳤다. 어느 순간 일부 학생들은 중난하이 구내로 뚫고 들어가려고 시도했다. 무위에 그치자 그들은 해산을 거부하고, 바닥에 눌러 앉았다. 경찰은 학생들을 구타하기 시작했고, 그중 일부 학생들은 특별히 집결시킨 버스 안으로 밀어 넣었다. 폭동이 뒤따랐다. 긴 밤이었다. 새벽 5시가 되어서야 질서가 회복되었지만, 나중에 밝혀지듯 잠깐 동안이었다. 4월 20일과 21일, 많은 학생들이 베이징 도심에 다시 모여 후야오방을 정치적으로 복권시킬 것, 부패에 대한 투쟁을 강화할 것, 관시에 근거한 비즈니스에 종지부를 찍을 것, 그리고 모든 중국 인민들에게 자유를 부여할 것을 요구했다. 날이 가면서, 시위의 규모가 커졌다. 4월 22일, 톈안먼 광장 인민대회당 앞에 만 명의 인파가 모여들었다. 인민대회당 안에서는 40분 동안의 후야오방 추도식이 진행 중이었고 학생들은 비통한 침묵 속에 방송을 들으며 질서를 유지했다.[5]

덩은 옛 동지의 죽음에 대해 냉정한 반응을 보였다. 이미 오래전에 후야오방에 대한 관심을 잃었다. 1987년, 덩은 여전히 후야오방을 불러 브리지 게임을 했지만 진지한 대화는 하지 않았다. 1987년 12월 30일 이후, 두 사람은 이러한 공식적 "카드 관계"조차 단절했다. 심지어 덩은 양상쿤과 다른 정치국 위원들이 두 차례나 요청했음에도 병원에 있는 후야오방을 찾아가지도 않았다. 덩은 "저는 의사가 아닙니다"라고 쏘아붙이듯 잘라 말했다.[6] 시위 학생들이 수도 베이징의 광장들을 가득 메운 동안, 4월 20일 자오쯔양의 장례식 연설 초안을 검토하고 있던 덩은 "위대한 마르크스주의자"라는 문구를 삭제했다. 그는 떫은 표정을 지으면서 "그의 장점들에 대한 내용은 이미 너무 많습니다. 우리는 그의 해임 문제를 제기하지 않을 것이지만, (그러나) 저를 포함해 우리 가운데 누구도 '위대한 마르크스주의자'라고 불릴 수 없습니다.

제가 죽으면, 저도 그렇게 부르지 마십시오"라고 말했다.[7] 그러나 덩은 아내의 충고에 따라 4월 22일 인민대회당에서 있은 장례식에 참석하여, 후야오방의 부인과 자식들에게 조의를 표했다. 하지만 그는 냉정해 보였고, 연설도 하지 않았다.

최고 지도자 덩은 수도 한복판에서 벌어지고 있는 학생들의 시위와 그들의 "주제넘은" 요구에 대해 가장 우려했다. 그는 그런 문제들을 해결하기 위해 항상 무력을 사용하는 경향이 있었지만, 4월 19일 덩을 방문한 자오쯔양은 모든 것이 통제하에 있다고 그를 확신시켰다. 덩은 때를 기다렸지만, 마음을 진정시키지 못했다. 4월 23일, 자오쯔양은 북한으로 장기간의 공식 방문을 떠났다. 그는 리펑 총리에게 자신을 대신하여 정치국 상무위원회를 이끌어줄 것을 부탁했지만, 동시에 자신이 신임하는 비서, 바오퉁鮑彤에게 상황을 예의 주시하라는 임무를 맡겼다.[8]

한편, 캠퍼스 그리고 도심에서의 소요는 누그러지지 않고 계속되었다. 학생들은 조직적으로 움직이기 시작했고, 지도자들이 등장했다. 20개 이상의 다른 도시에서 학생들이 그들에 동참했다. 진정한 민주적 학생운동이 전국에서 갑자기 활발해지고 있었다. 거리에서 진행되고 있는 상황이 불안하고 염려스러웠던 리펑과 양상쿤은 덩에게 면담을 요청했다. 그들은 4월 25일 아침에 덩을 만나, 베이징시 당위원회 제1서기 리시민李錫銘 그리고 베이징 시장 천시퉁陳希同의 보고서를 그에게 건넸다. 보고서는 학생시위가 반反사회주의적이라고 기술했으며, 무엇보다도 학생들이 이름을 거론하며 덩샤오핑을 공격하고 있다는 것도 지적했다. 리펑은 이를 "부르주아 자유주의"의 발현으로 간주했다.[9]

당연히 덩은 격분했다. 나이가 들어 그는 어떤 비판도 못 견딜 정도로 과민해지고 의심이 많아졌다. 덩은 "이것은 보통의 학생운동이 아닙니다. 이것은 반란입니다"라고 단언했다.

우리는 순수한 기치를 들고 이러한 무질서를 진압할 효과적인 조치들을 취할 필요가 있습니다. 시간을 벌기 위해 신속히 움직여야 합니다. … 이들의 목표는 공산당의 영도를 전복시키고 국가와 인민들에게서 미래를 강탈하는 것입니다. … 이것은 반란—충분히 계획된 음모입니다. … 우리는 유혈사태를 피하기 위해 가능한 모든 것을 해야 하지만, 그런 사태를 완전히 피할 수 없을지도 모른다는 것을 이해해야 합니다.[10]

평양에서 덩의 말을 전해들은 자오쯔양은 "전적으로 동의"를 표하는 것이 최선이라고 생각했고, 전보를 통해 이런 뜻을 덩과 다른 지도자들에게 전달했다.[11] 리펑은 그때 학생들에게 응답하는 사설을 게재할 것을 〈인민일보〉에 지시했다. 그 사설은 중앙위원회 스태프 멤버가 후치리의 감독하에 작성했는데, 후치리는 후일 이를 유감스럽게 생각하게 되었다.[12] 사설은 덩의 말을 정확히 그의 말 그대로 반복했으나, 그런 말들을 누가 했는지는 밝히지 않았다.[13]

리펑이 예상했든 아니든, 그는 최악을 생각했을 수 있다. 사설은 다수의 학생들을 분노케 했다. 그들은 애국심을 동기로 움직인 것이었지, 당과 사회주의체제를 파괴하려는 욕구에 자극받은 것이 아니었다. 사실 그들은 공산당이 진정한 인민의 당이 되도록 돕고 자신들을 이해했던, 그렇게 보였던 한 지도자를 잃은 슬픔을 표출하고 싶었다.

4월 27일, 베이징에서만 약 5만 명의 사람들이 항의시위에 참가했다. 정부가 시위를 폭력적으로 해산시키려 할 것이라고 확신한 몇몇 학생은 유서와 작별의 편지를 썼다. 그들은 죽을 준비가 되어 있었다. 두려움에는 충분히 그럴 만한 근거가 있었다. 양상쿤은 경찰을 지원하기 위한 베이징 군구의 병력 500명의 배치 허락을 덩에게 얻었기 때문이다. 학생들은 "어머니! 우리는 아무것도 잘못한 것이 없어요!"라고 연호하며 굳게 열을 지어 베이징의 거리를 따라 행진했다. 베이징 시민들은 지지의 뜻을 외쳤고, 일부는 행진에 참여했다. 여러 구(區)에서는 심지어 경찰조차 공감을 표했다.

수도 베이징의 거리에서 일어나고 있는 일에 대해 전해들은 베테랑당 지도자들은 공황 상태에 빠졌다. 리셴녠은 급히 덩에게 전화를 걸어, "우리는 결정을 내리고 수백 수천 명의 사람들을 체포할 준비를 해야 합니다!"라고 말했다. 왕전은 전적으로 동의했다.[14] 그러나 덩은 우물쭈물했다. 고르바초프가 2주 후에 도착할 예정이었고, 덩은 수도 베이징의 거리를 피로 얼룩지게 만들고 싶지 않았다. 당장은, 학생들은 안전하다고 느꼈다. 그들은 자신들의 승리를 축하했고 새롭게 투쟁할 준비가 되었음을 표명했다. 그들은 당 지도자들이 겁을 먹었고 자신들의 요구에 굴복할 준비가 되었다고 생각했다. 5주 후, 학생들은 그 판단이 얼마나 잘못된 것이었는지 알게 될 것이었다.

학생들이 완전히 틀린 것은 아니었다. 덩은 갈수록 초조했다. 그는 많은 중국 시민이 자신을 더 이상 아버지-은인으로 보지 않고 독재자-억압자로 본다는 것을 알고 있었고, 리펑이 〈인민일보〉 편집장에게 그 악명 높은 사설을 게재하라고 지시했을 때 덩의 결정을 언급했을 뿐만 아니라 심지어 그의 말을 바꾸어 말하기까지 했다는 것을 알고는 몹시 기분이 상했다. 덩은 자신이 계속 세상에 알려지지 않기를 선호했다. 엄중한 지시들을 내리는 동안에도, 그는 여전히 자신의 이름이 공개적으로 사람들의 입에 오르내리기를 원치 않았다(그런 행위가 부도덕했다는 생각은 아마도 그의 머리에는 떠오르지조차 않았을 것이다).

덩의 직계 가족들도 그의 평판에 대해 우려했다. 예를 들어, 덩의 딸 마오마오는 다가오는 1919년 5·4운동 70주년 기념식에서 자오쯔양이 발표할 연설문을 작성하고 있던 자오쯔양의 개인 비서 바오퉁에게 전화를 걸어, 덩이 평생에 걸쳐 중국의 젊은이들에 대해 얼마나 관심을 가져 왔는지에 관한 단락을 연설문에 넣어 달라고 요청했다. 바오퉁은 자오쯔양이 북한에서 돌아오자 그의 허락을 받은 후 그 요청에 응해주었다.[15]

그럼에도 5월 3일 자오쯔양 총서기의 연설은 당 지도부 사이에서 크게 긴장을 증가시켰다. 비록 자오쯔양은 역사적 주제에 대해 이야기했음에도 불구하고, 그 두 애국적 청년 운동—1919년의 청년운동과 1989년의 청년운동—사이의 대비는 자명한 것이었다. 무엇보다 중요한 것은, 문제를 평화적으로 해결하고자 필사적으로 노력한 자오쯔양 총서기가 학생소요에 대해 〈인민일보〉에 등장했던 사설과는 본질적으로 다른 평가를 내놓았다는 것이었다. 자오쯔양은 부르주아 자유화에 대한 투쟁에 대해 아무 말도 하지 않았을 뿐만 아니라, 젊은이들이 민주주의를 얻기 위해 노력하고 부패를 비난하는 것은 옳은 행동을 하고 있는 것이라고 인정했다.[16]

다음날 아시아개발은행Asian Development Bank 지도자 회의에서 행한 연설에서 자오쯔양은 한 발 더 나아갔다. 회의에서 자오쯔양은 "이 학생들은 우리의 근본적인 체제를 반대하지 않습니다. 그러나 그들은 우리가 업무상의 결함을 제거할 것을 확실히 요구합니다"라고 말했다.[17]

덩은 자오쯔양의 발언에 분노했다. 그는 학생운동에 대한 자신의 평가를 부정한 자오쯔양을 용서할 수 없었다. 리펑 등 다른 노장들도 마찬가지로 분개했다. 5월 11일, 덩은 양상쿤에게 부패에 관한 학생들의 발언은 "연막에 불과합니다. 그들의 진짜 목적은 공산당과 사회주의 체제를 전복시키는 것입니다"라고 말했다. 그는 그 후 자오쯔양을 비난했다.

덩과 양상쿤의 대화 도중, 상하이 지도자 장쩌민의 이름이 나왔다. 2주 전, 장쩌민은 사람들에게 시위에 나설 것을 촉구하고 있던 지방 신문을 폐쇄시켰다. 이것이 전국의 언론인들 사이에서 강력한 항의를 불러일으켰음에도 덩은 양상쿤에게 천원과 리셴녠이 열광했다고 말했다. 덩 역시 4항 기본원칙에 대한 장쩌민의 충성에 감탄한 것 같았다. 양상쿤은 동의를 표하며, 그 상하이 지도자가 시위의 물결을 어떻게 다루어야 하는지 알고 있을 뿐만 아니라 마르크스주의에 대해서도 놀랄 만큼 잘 알고 있다고 덧붙였다. "그는 영어로 된 마르크스 구절들을 암송했습니다"라고 양상쿤은 지적했다.[18] 대화 막바지에 덩은 양상쿤에게 자오쯔양을 자신에게 데려오라고 요청했다.

이틀 후, 자오쯔양과 양상쿤은 덩을 찾아갔다. 덩은 자오쯔양이 갑자기 자신을 "배신한" 이유를 알고 싶어 했다. 어쨌든 4월 25일 최근에, 자오쯔양은 북한에서 덩의 시각에 "전적으로 동의"한다는 전보를 보냈다. 왜 갑자기 뒤로 돌아섰는가? 자오쯔양은 이렇게 설명했다.

> 저는 … 학생들의 구호가 모두 헌법을 지지한다는 것을 알게 되었습니다. 그들은 민주주의에 찬성하고 부패를 반대합니다. 이런 요구들은 당과 정부가 옹호하는 것과 기본적으로 일치하고, 따라서 우리는 그런 요구를 제대로 고려해보지도 않고 거부할 수 없습니다. … 시위자와 지지자들의 수는 막대하고, 사회 각계각층의 사람들이 모두 포함되어 있습니다. 그래서 저는 우리가 이것을 진정시키고자 한다면 다수를 주시하고 다수의 주류 시각을 인정해야 한다고 생각합니다.

그러나 덩은 그 설명의 어떤 부분도 수용하지 않으려 했다. "우리는 이리저리 끌려다닐 수 없습니다. 이 운동은 너무 오래 끌고 있습니다. 이제 거의 한 달입니다. 원로 동지들도 우려하기 시작했습니다. … 우리는 과감해야 합니다. 저는 우리가 발전하려면 안정이 필요하다고 거듭해서 말했습니다. … 이 사람들은 우리 당과 국가를 전복시키고 싶어 합니다."[19]

대화는 갑자기 끝이 났다. 명목상 최고위직인 총서기였음에도 불구하고, 자오쯔양은 중대한 정치적 판단 착오를 범했다. 전체주의 중국에서는, 마오가 사망한 지 13년이 지난 후에도 단 하나의 의견, 즉 지도자의 의견만이 옳을 수 있다는 것을 그는 이해하지 못했다. 이전에 덩 자신이 마오쩌둥의 사상과 정책에 의심하지 않고 충성하는 것―양개범시―에 반대해 투쟁했음에도 그는 자신의 시각에 논란의 여지가 없다고 생각했다. 한 목격자는 "덩샤오핑은 … 누구의 의견도 듣지 않았습니다. … 무엇이든 그가 결정한 것은 바꾸기 어려웠습니다"라고 회고했다.[20] 많은 연로한 지도자들처럼, 그는 완고하게 자신의 무과실성을 믿었다.

모든 것은 너무도 빨리 변했다. 그날 이후로, 덩은 자오쯔양을 신뢰하지 않았다. 자오쯔양은 이미 후야오방을 파멸시켰던 바로 그 동일한 체제의 피해자가 될 참이었다. 훌륭한 공산주의자로서 후야오방과 자오쯔양은, 동조하고 어울린다는 당의 기존 원칙들을 따른다면 문제가 없을 것이라는 것을 알고 있었지만, 어느 시점에서 그들은 양심의 가책을 느끼기 시작했고 말을 꺼내야 한다고 생각했다. 자오쯔양은 특히 부적절한 시기에 그렇게 했다. 이 시점에서 지도부의 단지 두 사람만이 그와 견해를 같이 했다. 완리와 후치리였다.[21]

한편, 고르바초프의 방문이 임박하고 있었다. 일부 당 지도자들이 학생들의 의견에 공감하고 있다는 것을 일부 시사한 자오쯔양의 연설에도 불구하고, 학생들은 물러나려 하지 않았다. 학생운동은 추진력을 갱신했다. 전국에 걸쳐 51개 도시에서 시위가 발생했다. 5월 11일, 베이징의 일부 학생들은 톈안먼 광장에서 대대적인 단식 투쟁 시위를 벌여 고르바초프의 주의를 끌면, 그 다음에 "이해심이 있는" 그 소련 지도자가 자신들을 대신해 덩에게 탄원을 해줄지도 모른다는 생각을 했다. 5월 13일 오후 2시, 약 1,000명의 학생들이 톈안먼을 차지하고, 천막을 친 후, 단식 투쟁에 돌입했다. 그들이 전날 저녁 수많은 캠퍼스에 게시해둔 대자보에는 이렇게 적혀 있었다. "모국 중국이여! 당신의 자식들을 보라", "죽음이 우리에게 다가오는 것을 보고도, 너는 마음이 움직이지 않을 수 있는가?"[22] 이제 그들은 기본적으로 정부에 단 한 가지만을 요구하고 있었다. 〈인민일보〉에 실린 그 강경한 4월 26일자 사설이 잘못된 것이었음을 정부가 인정하는 것. 그러나 덩은 꼼짝도 하지 않으려 했다. 그에게는 심각한 체면의 손상을 의미했을 것이다.

고르바초프가 도착하던 5월 15일, 2,000명의 학생들이 톈안먼에서 이미 단식 중이었다. 다음날은 3,000명이었다. 만여 명의 학생들이 공감을 표하며 단식 투쟁을 하는 학생들을 둘러싸고 있었다. 그들 가운데 다수가 큰 소리로 덩을 비난하며, 그가 물러날 것을 요구했다. 한편, 덩과 소련 서기장의 회담은 단식 투쟁자들의 텐트 도시에 인접한 인민대회당에서 개최될 예정이었다.

과민한 84세의 덩에게는 괴로운 순간이었다. 일은 순조롭게 시작되었다. 쾌활해 보이는 표정으로, 덩은 5월 16일 아침 고르바초프와 만났고, 두 지도자는 "자유롭게 그리고 격식에 구애받지 않고" 두 시간 반 동안 대화를 나눴다. 덩은 즉시 고르바초프에게 "지나간 일은 지나간 일로 남겨두고 미래로 향하는 문을 열자"고 제안했고, 고르바초프는 동의했으며, 이는 양국 간 관계정상화의 첫 단계였다. 덩은 그 후 "헛된 말이 많았던 데 양측이 일조했다"면서 자신이 두 당 사이의 "신랄한 논쟁"에서 "결코 가볍지 않은 역할"을 했음을 인정했다. 그러나 동시에, 덩은 자신의 손님에게 과거 중국이 러시아의 손에 얼마나 많은 잔혹한 부당함을 겪었는지를 상기시켰다. 원숙한 정치인인 고르바초프는 우리가 역사를 다시 쓸 수는 없지만, 최근에 범한 실수들을 인

정할 수는 있다고 대답했다.[23]

방문하는 동안에 학생들은 모두 고르바초프가 밖으로 나와 자신들과 만날지를 보기 위해 기다리고 있었다. 학생들은 고르바초프에게 자신들에게 연설해줄 것을 요구하며, 호소문에 서명을 받았다. 소련 대사관 앞에 모인 사람들은 "고르바초프! 나오시오!"를 연호했다. 그러나 그는 한 번도 나타나지 않았는데, 특히 대사관이 아니라 시 반대편 끝에 위치한 호화로운 게스트 하우스 댜오위타이釣魚台에 머물고 있었기 때문이었다. 게다가 불필요한 사단으로 자신의 방문 일정에 부담을 지우고 싶지 않았다.

그 결과, 5월 16일 저녁, 자오쯔양이 갑자기 학생 소요라는 주제를 꺼냈을 때, 고르바초프는 매우 놀랐다. 자오쯔양은 그에게 세 가지를 말했다. 첫째, 중국공산당과 학생들은 상호 이해가 부족하다는 것. 둘째, 향후 중국에 다당제 도입 문제가 제기될지도 모른다는 것. 셋째, 덩이 중국에서 모든 것을 관리하고 있고, 1978년 12월 제11기 중국공산당 중앙위원회 3차 전체회의 이래로 당과 국가를 이끌어온 사람은 덩이었다는 것알아야 한다는 것이었다. 바꿔 말하면, 자오쯔양은 가까운 미래에 중국에서 일어날지도 모르는 모든 일에 대한 책임을 덩에게 돌렸다.[24]

고르바초프와의 대담 이후, 자오쯔양은 또 다른 대담한 그러나 정치적으로 무분별한 행보를 했다. 그는 지도부 회의를 소집하여 학생들을 지지하고 〈인민일보〉의 그 사설을 거부하는 성명을 낼 것을 요구했다. 리펑은 펄쩍 뛰며, "4월 26일자 사설의 주요 문구들은 샤오핑 동지의 말에서 끌어온 것입니다. … 그 말들은 바뀔 수 없습니다"라고 말했다. 양상쿤은 리펑을 지지했다. 그는 "4월 26일자 사설을 수정하면 덩샤오핑의 이미지가 훼손될 것임을 경고했다."[25]

논쟁이 끝난 후, 양측은 서둘러 덩에게 전화를 걸었다. 덩은 그들 모두에게 다음날 5월 17일 아침에 자신을 만나러 오라고 요구했다. 결정적이고 숙명적인 날이 될 것이었다. 이 미팅에서 오직 후치리만이 자오쯔양을 지지했다. 몹시 화가 난 덩은 학생들에 대해 그가 이미 여러 번 했던 모든 말, 즉 학생들의 목표는 "서구 모델에 기초한 부르주아 공화국을 수립"하는 것이며, "만일 10억 중국인들이 다당제 선거에 뛰어들면, 우리는 문화대혁명 시기 동안 보았던 '전면적인 내전'과 같은 혼란을 맞게 될 것"임을 되풀이했다. 덩은 "만일 상황이 계속 이렇게 간다면"이라고 덧붙이며, "우리는 결국 가택 연금을 당하기까지 할 수도 있습니다"라고 말했다. 그리고 나서 자신의 결정을 전했다. "저는 우리가 인민해방군을 불러들여 베이징에, 좀 더 정확히는 베이징의 도심 구역에 계엄령을 선포해야 한다고 결론을 내렸습니다(대도시 베이징에는 도심에 있는 5개 도심 구역에 더해, 5개의 전원 구역도 있다). 계엄령의 목표는 그 혼란을 최종적으로 완전히 진압하고 상황을 신속히 정상으로 되돌리는 것입니다."[26] 덩의 지시에 따라, 리펑, 양상쿤, 챠오스는 계엄령 도입을 위한 3인방을 형성했다. 자오쯔양은 학생 탄압에 참여하기를 거부했고, 그날 저녁 중앙위원회에 자신의 퇴직 신청서를 보냈다(다음 날 자오쯔양은 양상쿤의 압력하에 퇴직 신청을 철회했으나, 이로 인해 변한 것은 없었다. 그때쯤 덩은 이미 자오쯔양을 권력에서 제거했다[27]).

몇 시간 내에 계엄령의 시행이 임박했다는 소문이 시 전체에 돌기 시작했다. 오후쯤에는 학생들, 교사들, 공무원들, 노동자들까지 약 120만 명이 거리로 나와 모두 광장에서 단식 투쟁을 벌이고 있는 사람들과의 연대를 표하고 덩을 규탄했다. "당신은 늙었습니다, 샤오핑! 사람은 80세가 넘으면 멍청해집니다! 노인 정부는 물러나야 합니다! 개인숭배 반대!"라고 적힌 플래카드들이 등장했다.[28]

자신의 경력이 끝났다는 것을 깨달은 자오쯔양은 공개적으로 학생들의 편을 들었다. 5월 19일 아침, 그는 단식 투쟁을 하고 있는 이들을 만나기 위해 미니버스로 톈안먼에 도착했다. 리펑은 그를 멈춰 세우려고 했지만, 그럴 수 없다는 것을 알고는, 학생들의 눈에 자오쯔양이 영웅으로 변하는 것을 원치 않아 그와 함께했다. 그러나 리펑은 곧 물러났고, 자오쯔양은 작은 메가폰을 통해 학생들에게 연설을 했다. 지쳐 보인 그는 동정심을 가득 담아 "우리가 너무 늦게 왔습니다. 용서하십시오, 우리를 용서하십시오. 여러분은 우리를 비판할 권리가 있습니다"라고 말했다. 그는 학생들의 모든 문제를, 아마 당장은 아니겠지만, 차차 해결하겠다고 약속하며, 학생들에게 단식 투쟁을 끝낼 것을 간곡히 부탁했다.[29] 물론, 자신이 그럴 힘이 없다는 것을 아주 잘 알고 있었다.

군중 속의 많은 사람이 울기 시작했고, 자오쯔양의 연설 막바지에 그들은 갈채를 보내기까지 했다. 모든 것을 텔레비전으로 지켜본(자오쯔양의 발언들은 방송되었다) 덩은 화를 통제하지 못했다. 그는 양상쿤을 불러 "그(자오쯔양)가 한 말 들었습니까? 얼굴에는 눈물이 계속 흘러내리고 있고(사실 자오쯔양은 울지 않았고, 덩이 왜 이 말을 했는지는 알려지지 않았다) 학대당한 것처럼 보이려고 정말 애를 썼습니다. 여기서 그는 당의 신조를 어겼습니다—규율이 아주 안 잡혔습니다." 덩의 오랜 친구인 양상쿤은, 물론, 전적으로 동의했고, 그리고 안전을 위해 덩이 중난하이로 거처를 옮길 것을 제안했다. 그러나 덩은 거절했다.[30]

5월 20일 오전 10시, 리펑은 베이징 도심 구역에 계엄령을 선포했다. 5월 26일까지는, 전국의 군구軍區에서 차출된 40만 병력이 베이징시 주변에 배치되었다.[31]

학생들과 그 지지자들은 분개했다. 도처에서 "꼭두각시 리펑 타도! 덩샤오핑 타도!"라는 외침이 들렸다.[32] 약 30만 명의 사람이 톈안먼 광장으로 모여들었다. 시 주변의 여러 지역에서, 사람들은 군부대가 진입하지 못하도록 바리케이드를 세우기 시작했다. 사태는 유혈 결말을 향해 거침없이 치닫고 있었다.

한편, 5월 27일 늦은 밤, 덩은 양상쿤, 천윈, 리셴녠, 펑전, 덩잉차오, 왕전 그리고 보이보 등 노장 당 원로 7인을 집으로 불러 모아 누구를 총서기로 신임할지를 논의했다. 물론, 모두가 덩의 의견에 관심이 있었다. 그는 "오랫동안 조심스럽게 비교해보니, 상하이 당 서기 장쩌민 동지가 확실히 적절한 선택인 것으로 보입니다"라고 말했다.[33] 나머지 사람들은 동의했다. 며칠 뒤, 5월 31일, 리펑과 야오이린에게 이야기하던 중 덩은 "은퇴할 결심을 굳혔"으며, 장쩌민이 이끄는 새 지도부가 자리를 잡는 즉시 자신은 새 지도부의 일에 간섭하지 않을 것임을 선언했다.[34]

한편, 학생들은 최후의 결전을 위한 준비를 계속했다. 일찍이 5월 24일, 그들의 지도자 가운데 하나로, 커다란 안경을 쓴 연약한 청년인 왕단王丹은 이미 모두에게 "어둠의 세력"에 대항해 광장을 사수할 것을 촉구했다. 학생들과 그 동조자들은 무엇이든 할 수 있는 것으로 무장하기 시작했지만, 당연히 그들은 여전히 시 주변으로 집결하고 있는 병력과 탱크에 상대가 되지 않았음이 밝혀질 것이었다. 한편, 학생들의 사기를 높이기 위해, 베이징중앙미술학원의 학생들과 교사들은 톈안먼 광장에 자유의 여신상을 닮은, 석고로 만든 민주의 여신상을 세웠다. 그러나 시위자들의 수는 서서히 줄어들었다. 5월 말에는 겨우 7,000명에서 1만 명의 시위자들만이 남아 있었다.[35] 그들이 바로 6월 4일 밤 군대에 맞선 사람들이었다.

군대는 바리케이드에도 불구하고 시내로 강제 진입했다. 6월 3일 오후, 톈안먼으로 접근하는 과정에서 유혈 충돌이 일어났다. 탱크들이 군중속으로 직진하며 길을 텄고, 군인들은 직접 사람들을 향해 발포하며 그 뒤를 따랐다. 성난 시위자들은 이에 대응하여 군용 차량을 향해 화염병을 던지고 열에서 이탈한 개별 병사들과 장교들에게 린치를 가했다. 짧은 시간에 광장으로 향하는 도로들은 피로 얼룩졌고, 도처에 시체가 놓였으며, 부상자들의 신음소리가 공중에 가득 퍼졌다. 불태워진 트럭과 장갑차들에서는 연기가 피어올랐다. 결국 광장을 수호하던 사람들은 강제로 퇴각당했다. 6월 4일 새벽 1시 30분경, 군대는 톈안먼으로 강제 진입해 톈안먼을 포위했다. 세 시간 넘는 동안, 군대는 스피커를 사용해 학생들에게 광장에서 퇴거하라고 거듭 명령했다. 대다수의 학생들이 새벽 다섯 시까지 광장을 떠났다. 그러나 수백 명은 그곳에 남았다. 그들은 광장 중앙의 인민영웅기념비에 떼지어 모여 인터내셔널가를 부르기 시작했다. 40분 내에 그들 역시 군 탱크에 의해 강제로 광장 밖으로 밀려났다. 학생들은 눈물을 닦으며 있는 힘을 다해 군인들을 향해 소리쳤다. "파시스트들! 파시즘 타도! 강도들! 강도들!" 군인들은 학생들을 공격하지 않았다. 그 대신 텐트 도시를 철거하고 민주의 여신상을 쓰러뜨리는 데 집중했다. 광장 전체가 점령당했다. 한편, 다른 군인들은 대학 캠퍼스와 거리를 샅샅이 수색하며 군중을 해산시키고 활동가들을 체포했다. 이후 사흘 동안, 베이징의 몇몇 구역에서 총소리가 들렸다. 군인들은 사람들이 조금이라도 모이면 사전 경고 없이 그들을 향해 발포했다.[36]

덩은 또 한 번의 승리를 축하할 수 있었지만, 이번의 승리는 자국의 젊은이들을 상대로 거둔 것이었다. 다양한 추정에 따르면, 6월 3일부터 6월 6일까지 220에서 3,000명 사이의 사람들이 베이징에서 사망했다. 정확한 숫자는 논쟁 중이며 결코 알려지지 않을 수도 있다. 희생자들 중에는 아홉 살 아이도 있었다.

24

은퇴한 가부장

★
★
★

6월 4일, 가랑비가 온 종일 내렸다. 그러나 6월 5일, 다시 해가 났고 따라서 습도도 올랐다. 주요 도로인 창안가長安街, 그리고 인접한 도로 위에는 전소된 차량들의 검은 뼈대, 바리케이드를 구축하는 데 사용된 콘크리트 덩어리, 돌, 자전거, 보도블록 들이 놓여 있었다. 유리 파편들이 햇빛을 받아 빛났다. 시신들은 이미 온데간데없었지만, 혈흔이 회색 아스팔트를 검게 물들였다. 어제 내린 이슬비는 그 혈흔을 완전히 씻어내지 못했다.

베이징 주민 대부분은 집에 머물렀지만, 감히 거리에 나타난 사람들은 의기소침해 보였다. 많은 이들이 울었고, 눈물을 삼키며 작은 소리로 "우리는 당신을 용서하지 않을 겁니다! 덩샤오핑, 당신은 아이들을 죽였어요!"라고 말했다.[1]

6월 5일, 수도 베이징에서 있던 "반혁명적 반란"의 진압에 관한 중앙위원회와 국무원의 성명이 라디오와 텔레비전을 통해 방송되었다. 청년들의 시위가 181개 도시에서 발생했음에도 다른 도시에서 일어난 사건들에 대해서는 아무런 말도 없었다. 이 시위들은 6월 10일 즈음에서야

차츰 잦아들었다.[2]

6월 4일이나 6월 5일 덩 역시 자신의 집을 떠나지 않았고, 아무도 만나지 않았다. 6월 6일, "질서가 수립된" 후에서야, 그는 자신의 집에서 몇몇 베테랑들 그리고 리펑, 야오이린, 챠오스를 만났다. 그는 매우 불안해했고 외국인들이 제재를 가하더라도, "중국 인민들"은 스스로 선택한 길을 버리지 않을 것임을 모두에게 거듭 단언했다. 그는 최근 발생한 사건들이 1988년의 검은 8월 이후 둔화된 경제개혁을 저해하지 않기를 간절히 바랐다.[3] 당시에 경제에서 계획의 영역을 60퍼센트에서 30퍼센트로 축소시키는 것은 잊어버릴 필요가 있었다. 상당수 베테랑들의 지지를 받은 리펑은 시장을 억제하기 위해 고안된 일련의 조치들을 채택했었다. 제13차 대표대회에서 자오쯔양이 상정한 계획과 시장규제의 유기적인 통합에 대해서는 더 이상 아무도 언급하지 않았다. 경제는 계속 투 트랙으로 움직였는데, 계획이 주가 되고 시장은 보조적인 것으로 간주되었다. 계획과 시장의 상호 침투는 기본적으로 단편적으로 남았다. 1988년 9월, 리펑, 야오이린 그리고 국무원의 나머지 위원들은 제13기 중앙위원회 3차 전체회의에서 즉시 채택된 새로운 규제계획을 만들어냈었다.[4]

이제는 피의 6월이 덩의 개혁을 더욱더 후퇴시키는 위협으로 다가왔다. 그는 당내 많은 인사들, 특히 베테랑들이 시장개혁을 모든 재앙의 원인으로 보고 있다는 것을 알고 있었다. 그들은 그것이 중국을 "부패한 서양"에 개방했고, 이를 통해 "부르주아 자유화"가 젊은이들의 정신을 "오염시켰다"고 말했다. 덩은 경제개혁과 4항 기본 원칙 사이에서 어떻게 합리적인 균형을 유지할 수 있을지를 두고 몇 번이고 고심했다. 그러나 이 근본적인 질문에 대한 해답은 나오지 않고 있었다.

6월 9일, 덩은 학생 시위 진압에 참가했던 군부대의 사령부 간부들을 대상으로 연설을 했다. 군의 노력에 사의를 표하고 "반혁명적 반란"에 맞선 "투쟁"에서 "영웅적으로 숨진" 사병과 장교들에 대해 애도의 말을 전했다. 그의 제안으로, 모두가 기립해 숨진 전사들과 지휘관들을 추모했다. 그는 4월에서 6월 초까지 일어난 일에 대해 자신이 분석한 바를 되풀이했지만 이전의, 좌경 정책으로의 회귀는 없을 것임을 강조했다. 개혁은 예정대로 계속될 것이고, 인민들 사이에서 교육 업무를 수행하는 것도 당연히 필요했다.[5] 지휘관들은 모두 박수를 쳤지만, 그들이 시장개혁의 심화에 동의했는지는 알려지지 않았다.

일주일 후, 덩은 당 및 국가의 최도 지도자들과 만났다. 장쩌민, 리펑, 양상쿤, 완리 그리고 몇몇 다른 사람들이 참석했다. 덩은 5월 31일 자신이 전달했던 메시지, 즉 장쩌민이 신임 총서기가 되고 그(덩)는 곧 은퇴할 것임을 리펑과 야오이린에게 다시 말했다. 덧붙여 그는 "물론, 여러분들이 저와 상의하고자 한다면, 저는 거절하지 않을 것이지만, 예전 같지는 않을 것입니다. … 여러분들이 모든 책임을 져야 합니다"라고 말하고는 다시 한번 경제발전에 대해 이야기했다. 그는 "경제발전이 느려져서는 안 됩니다"라고 언명하고, 국가가 "꾸준히 그리고 지속적으로" 발전하고 외부와의 경제적 관계가 가급적 광범위해지도록 조치를 취할 것을 젊은 동지들에게 요구했다.[6]

6월 19부터 21일까지 정치국 확대회의가 개최되어 자오쯔양의 문제가 검토되었다. 2년 반 전에 후야오방에게 그랬던 것처럼 모두 일제히 자신들의 동지였던 자오쯔양을 혹평했지만, 감정적으로 행동한 후야오방과 달리, 자오쯔양은 어떤 잘못도 인정하기를 거부했을 뿐만 아니라 완강하게 자신의 입장을 옹호했다. 덩은, 당의 규정을 어기면서 정치국 위원이든 아니든 상관없이 참석한 사람들 모두 투표를 할 수 있도록 허락했고, 대다수는 당연히 그 "배반자"를 총서기직에서 해고하고, 중앙위원회, 정치국, 정치국 상무위원회에서 제명하는 데 찬성하는 쪽으로 손을 들었다. 단 한 사람, 자오쯔양 자신만이 반대표를 던졌다. 그는 "저는 직위에서 해고되는 데에 이의를 제기하지 않겠습니다만, 그 … 비난에는 동의하지 않습니다"라고 말했다.[7] 덩도, 회의를 주재하고 있던 리펑도, 그 외의 다른 누구도 대응하지 않았다.

곧, 6월 23일과 24일에 열린 중앙위원회 4차 전체회의는 자오쯔양에 관한 정치국 확대회의의 결정을 확정했다. 리펑은 자오쯔양에 대한 주요 보고를 하며, 그 전임 총서기를 최악에 비추어 묘사했다. 중앙위원회 판공청이 내놓은 자료들이 전체회의 멤버들에게 배포되었는데, 이 자료에서 자오쯔양은 "중국공산당과 덩의 전복을 목표로 한 국내외 반혁명 세력의 음모자이자 대표자"로 소개되었다.[8] 전체회의 이후, 자오쯔양은 가택연금에 처해졌고, 조사가 시작되었다. 조사가 1992년 10월까지 3년 동안 계속되었지만 결론은 밝혀지지 않았고, 그 이유는 분명 지도자들이 과거를 들추고 싶지 않았기 때문인 듯했다. 그러나 그들은 서른 개의 혐의가 담긴 장황한 문서를 자오쯔양 그 자신에게 숙지시켰고, 그 죄수에 대해 어떤 추가조치도 취하지 않았다.[9] 자오쯔양은 2005년 1월 17일 사망할 때까지 가택연금 상태에 있었다.[10]

베테랑들이 이미 결정한 대로, 전체회의는 장쩌민을 자오쯔양의 대체자로 선출했다—물론, 만장일치로. 그들은 또 서기처, 정치국, 정치국 상무위원회에서 후치리도 해고했는데, 그가 톈안먼 사태 동안 확고부동하게 자오쯔양을 지지했기 때문이었다.[11] 완리에 대해서는 제재가 가해지지 않았다. 결정적인 순간에 그는 덩의 편에 섰기 때문이다.

모든 것이 덩에게 잘된 것처럼 보였지만, 그의 불안은 줄어들지 않았다. 그는 개혁을 지속할 필요가 있다고 여름과 가을 내내 강조했지만, 아무도 그의 호소에 귀를 기울이지 않았다. 원로들뿐만 아니라 신임들

(장쩌민, 리펑, 그리고 나머지)도 수동적 자세를 취했다. 아마도 톈안먼 사태가 사람들 사이에서뿐만 아니라 당 지도부 내에서도 덩의 권위를 약화시켰을 것이다. 일찍이 6월 19일부터 21일까지 열린 정치국 확대회의에서 이미 몇몇 주요 당원들은 자오쯔양을 비판한다는 구실로 사실상 덩의 개혁을 비난했다.[12] 덩의 호소에도 불구하고, 개혁은 멈춰섰다. 경제에 대한 이해가 형편없던 덩이 이제 의지할 사람이 아무도 없었다. 그런 문제에 관해서 장쩌민과 리펑은 영향력이 커지는 천윈과 리셴녠 쪽으로 기울었다. "부르주아 자유화"에 대한 적극적인 투쟁은 재개된 반면 경제성장의 속도는 늦춰졌다.

1989년 8월 중순, 85세가 되기 직전에 덩은 완전히 은퇴하리라 굳게 결심했다. 8월 17일, 그는 양상쿤과 왕전에게 알렸다(세 사람 모두 황해 근처 베이다이허에서 휴가 중이었다[13]). 그는 리셴녠과 천윈도 완전히 은퇴할 것으로 생각했다. 두 보수주의자들을 권력에 남겨두면 개혁이 위태로워질 것이었다. 그러나 그들은 절대적으로 거부했고, 자신들의 높은 지위에 완고하게 매달렸다(그들은 사망할 때까지 직을 유지했는데, 리셴녠은 1992년에 그리고 천윈은 1995년에 사망했다). 그래서 덩은 홀로 은퇴해야 했다. 9월 4일, 그는 자신의 의사를 장쩌민, 리펑 그리고 그 밖의 젊은 세대 지도자들에게 알렸다. 그의 고별사는, "중국은 개혁 그리고 외부세계에 대한 개방의 정책을 선호하는 사람들이라는 이미지를 가진 지도부 집단이 있어야만 합니다. 저는 여러분이 이 점에 특히 유의하기를 바랍니다. 우리는 그러한 정책들을 포기해서는 안 됩니다"라는 것이었다.[14] 그와 동시에, 정치국에 자신의 중앙군사위원회 주석직 퇴임 요청서를 제출했다.[15]

9월 초, 제13기 중앙위원회 5차 전체회의는 덩의 요청을 승인하며, "중국 인민들의 탁월한 지도자"의 완전한 퇴임은 전혀 건강 악화로 인한 것이 아님을 강조했다. 그것은 단지 "한 위대한 프롤레타리아 혁명가의 관대함"을 증명할 뿐이었다.[16] 장쩌민이 덩을 대신하여 중앙군사위원회 주석으로 선출되었다. 덩은 장쩌민과 리펑에게 정권을 넘겼다.

그때 이후로, 덩은 자신의 모든 나날들을 가족의 테두리 안에서 보냈다. 이전처럼, 그는 자주 안뜰에서, 대부분은 역시 나이가 들어버린 줘린과 함께, 산책을 했다. 그들은 서로 팔짱을 끼고, 정원을 둘러싼 길 주위를 몇 차례 돌며 걸었다. 두 사람 모두 지팡이에 의지했고 덩이 가족들과 이야기하는 것을 그다지 좋아하지 않았기 때문에 말없이 조용히 걸었다. 그는 그저 걸었고 그 자신만의 생각을 했다. 그의 직원들은 "할아버지는 이 좁은 작은 길에서 중국의 운명을 결정한다"고 농담을 했다. 모두가 그를 "할아버지"라고 불렀다—손주들뿐만 아니라, 줘린, 자식들 그리고 하인들도.[17] 비록 그는 더 이상 많은 결정을 하지 않았지만, 가족들에게 그는 여전히 가장 중요한 사람이었다. 산책하는 동안 그는 정원 가운데 있는, 꽃 모양 석공으로 아름답게 둘러싸인 작은 연못 쪽으로 걷기를 좋아했다. 그는 물속에서 놀고 있는 금붕어를 한참동안 응시하곤 했다. 으레 빵조각을 부숴, 버끔 입을 벌리고 게걸스럽게 먹어치우는 금붕어들에게 떨어뜨려 주었다.

모든 것이 제 갈 길을 갔다. 매일 저녁 가족들은 식당의 원탁에 둘러앉았다. 덩은 잘 먹는 것을 좋아했지만, 더 이상 요리는 하지 않았다. 다른 존경받는 당 지도자들처럼 그는 자기 취향을 잘 아는 요리사를 두고 있었다. 나이가 들어서도, 덩은 여전히 붉은 고추를 넣은 돼지고기와 구운 양지머리 등 아주 맵고 기름진 음식을 선호했다. 그는 남은 음식을 버리지 못하게 했다. "남은 음식을 버리는 사람은 바보야. 푹 끓여놓고 다음날 먹으면 돼."[18]

브리지에 대한 열정은 식지 않았고, 계속해서 전보다 더 자주 그 게임을 했다. 당구도 좋아했지만, 1959년 게임을 하다가 미끄러져 넘어져 대퇴부 골절상을 당한 이래로 큐대를 들지 않았었다. 1988년 7월, 중국 브리지선수협회 명예주석으로 선출되었을 때, 그는 매우 자랑스러워했다. 그러나 5년 후인 1993년, 세계브리지협회 회장에게서 전 세계적으로 브리지를 "발전시키고 촉진한 공로로" 공식 인증서를 수여받자 자긍심이 더 한층 부풀어 올랐다.

축구에도 열정을 가졌다. 직접 축구를 한 적은 없었지만, 텔레비전이나 경기장에서 보는 것은 아주 좋아했다. 만일 무슨 이유에서든 텔레비전 중계를 놓치게 되면, 그는 항상 자신의 경호원 장바오중에게 그 경기를 비디오테이프에 녹화해 두라고 부탁했다.[19]

여름 몇 달 동안, 덩과 가족은 베이다이허나 칭다오로 가서, 해안과 가까운 중앙위원회 게스트 하우스에 머물렀다. 그는 자유를 느끼기 위해, 비바람을 막아주는 수영장이 아닌 트인 곳에서 수영을 즐겼다. 80대의 나이에도 자식들 그리고 경호원들과 하루에 한 시간씩 수영을 했다.[20]

물론, 그는 전적으로 일을 그만둘 수는 없었다. 당과 정부 문건들이 매일 그에게 도착했다. 그는 그 문건들을 읽고 코멘트를 해서 이를 비서에게 주었다. 계속 많은 신문을 읽으면서 사건들을 알고 지냈다. 서재는 완벽하게 정돈되어 있었다. 그는 깔끔함을 좋아했고 모든 것이 제자리에 있도록 했다. 램프 근처에 있는 큰 책상 위에는 손주들이 준 선물인 아이들의 도자기 장난감들—쥐, 작은 호랑이, 양 그리고 송아지가 놓여 있었다. 그 각각은 네 손주들을 나타냈다. 쥐는 손녀 멘멘, 호랑이는 손자 멍멍, 양은 손녀 양양, 그리고 송아지는 손자 샤오디를 의미했다. 장난감들 뒤에는 높은 손잡이가 달린 직물로 짠 작은 바구니가 있었는데, 안경을 쓴 다정한 두 마리의 살찐 작은 돼지들이 그 안에 서 있었다. 하나는 머리에 작은 남성용 중절모를 자랑스럽게 쓰고 있었고, 다른 하나는 나비 모양의 리본을 매고 있었다. 이 둘이 덩샤오핑과 쥐린이었다. 바구니 안에는 다섯 마리의 새끼 돼지들이 있었다. 덩과 쥐린의 자식들로, 덩린, 푸팡, 덩난, 덩룽 그리고 즈팡이었다. 이것은 손주들의 아이디어였다.[21]

덩은 이 작은 동물들을 좋아했지만, 그중에서도 특히, 당연히, 자신의 손자와 손녀들을 떠오르게 하는 것들을 좋아했다. 그는 이제 손주들과 훨씬 많은 시간을 함께 보냈다. 겨울에 그는 손주들과 마당에서 눈사람을 만들고, 여름에는 차를 타고 교외로 나갔다. 그는 농담 삼아 "우리 나라에는 4항 기본 원칙이 있고, 우리 집에도 4항이 있습니다. 우리 집의 기본 원칙은 손자와 손녀들 4명입니다"라고 말했다.[22] 그는 자신의 서재 책상 밑에 손주들을 위한 장난감이 담긴 컬러 상자 몇 개를 항상 놓아두었다.

퇴직 후에 그는 일을 하고 있을 때조차 혼자 있고 싶어 하지 않았고, 그래서 아침식사 후 자신의 서재에 갈 때면 대개 손자 샤오디를 데리고 갔다. 아이는 즉시 할아버지의 책상 아래로 기어들어갔고, 할아버지와 손자는 각자 할 일을 했다. 쥐린도 남편의 서재에 자주 들러 샤오디가 당연히 시끄럽게 하지는 않을까 들여다보았다. 그러나 덩은 손자 때문에 방해를 받지 않았다. 덩은 푹신한 안락의자에 눌러앉아, 낮은 무릎방석 위에 다리를 뻗고는, 독서에 몰두했다. 가끔씩 그는 벽에 붙여둔 긴 의자 쪽으로 건너가, 거기에 누워 전등갓 아래에서 계속 책을 읽었다. 나이가 들면서, 그의 시력은 악화되었다. 가까운 것이 잘 보이지 않았기 때문에, 그는 크고 두꺼운 안경을 써야만 했다.[23] 그는 사전, 특히 두꺼운 자전 《사해辭海》를 훑어보기를 좋아했는데 어휘의 바다라는 의미다. 익숙하지 않은 중국 글자를 접하면, 그는 그 뜻을 해독하기를 즐겼다. 그는 종종 기원전 2세기부터 기원전 1세기까지의 한대에 살았던 사마천의 그 유명한《사기》그리고 송조의 역사가 사마광(서기 11세기)의《자치통감》을 다시 읽었다. 그가 제일 좋아하는 문학 작품은 만주족이 중국을 지배하던 시기에 살았던, 뛰어난 작가이자 괴이소설집《요재지이》의 저자인 포송령(세칭 요재聊齋, 1640~1715)의 작품이었다. 덩과 줘린은 또한 녹음된 경극도 종종 들었다.[24]

가끔 그는 자신과 만나고 싶다고 한 외국 손님들을 만났다. 해외에서 여전히 카리스마 있는 중국 지도자로 여겨졌기 때문에, 그가 톈안먼 유혈 진압에 대해 책임이 있다는 것을 알고 있었음에도 많은 정치인들이 그와 이야기하고 싶어 했다는 것은 놀라운 일이 아니다. 비즈니스는 비즈니스니까. 1989년 10월, 그는 전 미 대통령 리처드 닉슨과 만나, 6월 4일 이후 미국인들이 "계속 중국을 비난하고 있습니다"라고 그에게 불평했다. 그러나 그는 합당한 이유 없이 "중국은 미국에게 해를 끼칠 어떤 일도 하지 않았습니다"라고 말하며, 반면에 "베이징에서 발생한 최근의 소요와 반혁명적 반란은 국제적인 반공산주의와 반사회주의가 부채질한 것입니다"라고 덧붙였다. 그는 닉슨에게 베이징 주재 미연락사무소를 이끌던 1974년부터 자신과 알아온 조지 부시George H. W. Bush 대통령에게 "과거를 뒤로" 해야 한다고 말해줄 것을 요청했다.[25]

그는 1989년 12월, 부시 대통령의 국가안보보좌관, 브렌트 스코우크로프트Brent Scowcroft에게 이 말을 반복했다. 그는 "저는 당신이 특사로서 부시 대통령께 중국에 중미 관계의 개선에 대해 우려하고 있는 은퇴한 노인이 한 명 있다고 말씀해주시기를 바랍니다"라며 미소 지었다. 통역을 맡고 있던 그의 딸 마오마오도 미소를 지었다.[26]

가끔씩 그는 대개 자택에서 장쩌민, 리펑, 그리고 그 외의 지도자들과 만났다. 그들에게 조언이나 칭찬을 했을지는 모르지만, 대체로 그는 당의 일상 업무에 개입하지 않았다. 전반적으로 그는 자신의 은퇴생활을 즐기고 있었다.

단지 한 번 1990년 말에 장쩌민과 리펑에게 시장경제에 대한 강의를 하는 것으로 그는 스스로 만족했다. 그는 새 지도부의 보수적 접근법을 갈수록 싫어하는 것 같았다. 그는 "우리는 자본주의와 사회주의의 차이는 계획경제에 대립하는 것으로서의 시장경제가 아니라는 것을 이론적으로 이해해야 합니다"라고 재차 설명했다. "사회주의에는 시장의 힘에 의한 규제가 있고, 자본주의에는 계획을 통한 통제가 있습니다. … 우리가 시장경제를 일부 실시하면 우리는 자본주의의 길을 걷게 될 것이라고 생각해서는 안 됩니다. 그것은 전혀 사실이 아닙니다. 계획경제와 시장경제 둘 다 필요합니다. … 약간의 위험을 감수하는 것을 두려워하지 마십시오."[27] 양상쿤은 그 미팅에 참석해 전적으로 덩을 지지했다.

비록 은퇴생활에는 그 나름의 즐거움이 있었지만, 덩은 여전히 정치인이었다. 그는 아직도 중국의 문제에 대해 우려했다. 1991년 1월 초, 춘절 연휴를 기념하기 위한 준비 기간 동안, 휴식 겸 시찰을 위해 상하이로 향했다. 시 지도자들과 만나는 동안, 그는 그들에게 부두 바로 맞은편 황푸강 반대편 기슭에 반쯤 버려진 푸동 지역을 "주저 없이" 개발하라고 조언했다. 그는 이를 위해 해외투자자들을 끌어들일 것을 그들에게 추천했다. 그 아이디어 자체는 그가 낸 것이 아니었다. 그것은 1986년 말 혹은 1987년 초에 한 부유한 미국 화교가 자오쯔양과 대화를 나누던 도중 처음으로 꺼낸 것이었다. 자오쯔양은 열성적이었던 덩에게 이 말을 했지만, 천윈과 나머지 보수주의자들이 반대했고, 그래서 그 프로젝트는 연기되었다.[28] 이제 덩은 그 아이디어를 붙잡아 그것이 마치 자신의 것인 양 상세하게 설명했다 (물론, 자오쯔양에 대한 어떤 언급도 없이). 그는 "우리가 약속을 지키고 국제관례에 부합되게 행동하기만 하면 … 외국 기업가들은 상하이에 대한 투자를 선택할 것입니다. 그것이 올바른 경쟁의 방

법입니다"라고 설명했다. 그는 또한 시 지도자들에게 계획경제가 사회
주의를 의미하거나, 시장경제가 자본주의를 의미하지 않음을 상기시키
고, 상하이 사람들 모두가 "사상을 더욱 해방시키고, 좀 더 과감해지고
더 빠르게 전진하기"를 바란다고 밝혔다.[29]

6개월 후, 그는 장쩌민, 리펑, 그리고 외교부장 첸치천에게 성장 속
도의 문제를 다시 제기했고, 이 자리에는 양상쿤이 또다시 참석했다. 그
는 신임 지도자들에게 "안정을 강조하는 것은 옳습니다", "그러나 그 정
도가 지나치면, 우리는 기회를 놓치게 될 수도 있습니다. … 안정만으로
는 모든 문제를 해결할 수 없습니다"라고 다시 강조했다.[30] 분명 그들은
그가 한 말에 거의 주의를 기울이지 않았다.

이제 그는 정신오염에 대한 투쟁에 사로잡힌 신임 지도자들이, 자신
이 수년 전 상정했던, 세기 말까지 중국의 국내 총생산을 4배로 만들겠
다는 목표를 달성하지 못할지도 모른다는 심각한 의심을 품기 시작했다.
GDP 성장률은 불안을 자아냈다. 1986년부터 1988년까지 GDP가 35퍼
센트 성장했다면, 1989년부터 1991년까지는 겨우 18퍼센트였다. 덩은
수출에서의 성장이 부진하지 않았고 해외직접투자가 급속히 증가했다
는 사실에 고무되었다. 1985년부터 1988년까지 해외 사업가들이 중국
경제에 약 90억 달러를 투자했다면, 1989년부터 1991년까지 그 숫자는
110억 달러 이상으로 증가했다.[31] 전 세계 여론은, 물론, 중국에서의 학
생 시위에 대한 잔혹한 진압에 대해 깊은 분노를 표명했지만,[32] 중국에
서 상황을 안정시키는 것이 가져오는 경제적 이익이 모든 도덕적 고려를
능가했다.

덩은, 국제 정세가 유리했기 때문에, 개혁에 새로운 추진력을 제공
하기 위해 자신이 개입할 필요가 있다고 생각했다. 톈안먼의 비극은 과
거 속으로 사라져 갔다. 이제 반反자유주의 캠페인을 줄이고 제13차 중

국공산당 대표대회의 정신에 따라 국가 전체를 경제건설 쪽으로 전환시킬 수 있게 되었다.

1992년 1월 17일, 음력 새해 3주 전에, 87세의 그 가부장은 베이징 기차역을 출발해 남쪽으로, 우창과 창사를 거쳐, 선전과 주하이 경제특구로 향했다. 그의 부인, 네 자녀(즈팡을 제외하고 전부), 손주들, 양상쿤, 그리고 충직한 왕루이린이 그와 동행했다. 그는 상하이를 다시 방문할 계획도 세웠다. 한 달 넘게 계속된 그 순행의 목적은, 그의 개혁을 상징하게 된 장소들을 방문함으로써, 당과 당 지도부에 가속화된 시장화의 길을 알려주어, 중국공산당 내의 신규 세력에 활기를 불어넣는 것이었다. 그는 그것을 꼼꼼하게 생각해 두었었다. 덩은 위대한 조타수가 거듭 사용했던 바로 그 술책을 썼다. 그는 베이징의 지도자들을 제쳐놓고 대중에 직접 호소했고, 마오처럼 그는 성공했다.

지방 간부들과 일반 시민들은 개혁 문제에 관해 충심으로 그를 지지했고, 장쩌민과 리펑은 더 이상 그를 무시할 수 없었는데, 특히 가는 곳마다 덩이 "누구든 제11기 중앙위원회 3차 전체회의 이래로 채택된 노선, 원칙 그리고 정책을 변경하려고 시도하는 사람은 인민들이 용인하지 않을 것입니다. 그는 전복당할 것입니다"라고 선언했기 때문이었다. 그는 지방의 수장들, 엔지니어들, 기술자들, 그리고 다른 사람들과 만나, 재건을 추진하고, 성장의 속도를 촉진하고, 시장규제의 영역을 확대하기 위해 모든 노력을 다 할 필요가 있다고 공개적으로 이야기했다. 은퇴한 이래 그가 그처럼 힘든 공개 활동을 한 것은 이것이 처음이었다.

그는 "우리는 이전보다 더 과감하게 개혁과 외부에 대한 개방을 실행하고 시험할 용기를 가져야 합니다"라고 반복해서 말했다. "우리는 전족이 채워진 여성들처럼 행동해서는 안 됩니다." 최대한 많은 합자기업을 만들고, 전반적으로 "모든 문화가 성취한 것들을 이용하고 선진 자본주의 국가들을 포함한 다른 나라들에서 모든 선진적인 운영방법과 관리기법들을 배울" 것을 호소했다. 시장경제를 발전시키기 두려워하는 사람들, 그리고 "개혁과 개방 정책을 자본주의 도입의 수단이라고" 일축하는 사람들을 "기초 지식이 부족한" 사람들이라고 공개적으로 조롱했다. 흥분한 나머지, 현재 중국에는 "좌경적" 시각이 가장 깊이 뿌리박혀 있고 그것이 모두가 반대해 투쟁할 필요가 있는 시각이라고까지 선언했다. 결국 "당의 역사에서 그러한 (좌경적) 경향들이 비참한 결과를 초래해왔습니다. 일부 좋은 것들이 하룻밤 사이에 파괴되었습니다." 동시에 그는, 이전과 마찬가지로, 모든 개혁은 결국 선진 사회주의 건설을 향한 것임을 역설하며, 4항 기본 원칙을 확고히 고수할 필요가 있다고 강조했다.[33]

그런 발언들이 공개적으로 행해진 후에, 베이징의 지도자들은 실제로 재빨리 차려 자세를 취했다. 비록 영향력을 일부 잃기는 했지만, 덩은 여전히 "가장"이었다.

요컨대, 가부장 덩의 '남방 순회'는 당의 분위기에 엄청난 영향을 끼쳤다. 1992년 2월 말, 중앙위원회는 덩이 시찰 중에 행했던 담화와 연설의 내용을 중국공산당 전체 당원들에게 전달했다. 3월 9일과 10일에, 장쩌민은, 개혁개방 정책을 따라, 본질적으로 당 업무의 무게중심을 경제건설로 전환한다는 것을 재차 결의하기 위한 정치국 회의를 소집했다. 이 회의는 다가오는 제14차 중국공산당 전국대표대회를 위해 준비 중인 문건의 기초로서 덩의 최근 연설들을 사용할 필요를 인정했다.[34]

모든 것이 덩의 계획대로 되었다. 인민들 앞에 드러낸 마지막 모습은 국가에 대한 가부장 덩의 작별인사였다. 덩샤오핑은 무대를 떠났다. 당과 인민을 향한 그의 고별사는 개혁을 지속하고, 사상을 해방하고, 외부세계에 대한 개방의 길을 따라 과감히 전진하라는 것이었다.

제14차 중국공산당 전국대표대회가 1992년 10월 12일부터 18일까지 개최되었다. 덩은 "특별 초빙" 대표 자격으로 참석했다. 동 대회에는 1927년 이전에 입당한 46명의 그런 특별 초빙 대표들이 참석했다. 5100만이 넘는 공산주의자 대군을 대표하는 1,989명의 공식 대표들이 있었다. 덩은 장쩌민의 전체 보고를 다 듣고 난 후, 복도에서 자신의 생각을 나누었다. "아주 좋습니다. 저는 이 보고에 전적으로 찬성합니다."[35] 그는 가장하고 있는 것이 아니었다. 그 보고는 그가 남방에서 행한 담화와 연설의 정수를 반영하고 있었을 뿐만 아니라 제13차 대표대회 결의의 정신과도 맞물려 있었다. 그 보고는 계획과 시장의 유기적 결합이라는 개념에 기초해, 중국에 이른바 사회주의 시장경제를 건설한다는 업무를 상정하고 있었다. 투 트랙 발전 모델은 폐기되어야 했다. 장쩌민 신임 총서기는 자오쯔양의 뒤를 따라, 당연히 장쩌민은 그에 대해 언급하지 않았지만, 중국은 "여전히 사회주의 초급 단계에" 처해 있다고 역설한 후, 수출 지향적으로 경제의 방향을 전환하고, 중국을 외부 세계에 보다 더 넓게 개방하고, 현대화를 달성하고 "개혁의 속도를 가속화"할 것을 호소했다.[36]

대표대회 후에 시장개혁은 새로운 활력을 얻었다. 도시에서 사기업 소유주의 수가 급격히 증가했고, 2000년까지 그 수는 3,950만에 달했다. GDP는 빠른 속도로 증가하기 시작했다. 1991년과 1995년 사이의 GDP 증가율은 78.3퍼센트로, 연평균 성장률이 12.2 퍼센트였다.[37] 중국은 "중국 특색 사회주의"의 활력을 다시 증명해 보였다.

덩은 다시 한번 축하할 수 있었다. 20세기 말까지 중국의 GDP는 1980년의 네 배가 될 것임을 그는 더 이상 의심하지 않았다(미래로 가보면, 그의 생각이 잘못되지 않았고, 그가 예견한 모든 것이 현실이 되었다고 할 수 있다). 이제 그는 편히 쉴 수 있었다. 1992년 말부터 일하는 시간을 차츰 줄였다. 그는 장쩌민과 거의 만나지 않았다. 겨울 몇 달 동안 베이징을 떠나 있었는데, 시찰이 아니라 그저 쉬기 위해서였다. 차가운 북방의 기후가 그를 지치게 만들기 시작했다. 그와 쥐린은 1992년 12월 말과 1993년 1월 초를 항저우에 있는, 마오쩌둥도 사랑했던, 숨이 막히도록 아름다운 서호의 호숫가에서 보냈다. 남은 1월과 2월 일부는 상하이에서 보냈다. 1년 후 그들은 다시 두 달 가까이를 상하이에서 보냈다.

덩잉차오부터 리셴녠, 왕전까지 오랜 동지들이 차례차례 잠들었다. 천윈은 극도로 건강이 안 좋았고 역시 상하이에서 겨울철을 보냈다. 그러나 덩은 파킨슨병이 가차없이 병세를 떨침에도 여전히 기운이 좋았다. 손과 머리에 심한 떨림이 있었고, 발을 바닥에서 떼지 못하고 끌면서 걸었다. 1994년 8월 22일, 그는 가족들끼리 자신의 아흔 번째 생일을 축하했다. 큰 케이크와 함께, 모두가 '할아버지'의 건강과 장수를 기원했고, 다들 즐겁게 놀았다.

그러나 1994년 말쯤에, 덩은 건강이 매우 안 좋다고 느꼈다. 검사 결과 그는 심각한 폐 감염을 앓고 있는 것으로 나왔고, 12월 22일, 실력이 뛰어난 한 인민해방군 병원에 입원하게 되었다. 2월 7일까지 한 달 보름 동안 그곳에 입원해 있었다. 1월 말 음력 새해 전날, 장쩌민이 병원으로 그를 찾았다. 덩은 그와 악수를 하고, 중국 인민들에게 자신의 진심어린 새해 연휴 인사를 전해 달라고 부탁했다.[38]

4월 10일, 그는 천윈의 사망 소식을 전해 들었다. 덩이 가장 가깝게 지내왔던 마지막 베테랑 가운데 한 명은 이제 영원히 가버렸다. 펑전, 보이보, 그리고 여전히 오랜 친구인 양상쿤만이 남아 있었다. 그들 모두는 이미 노쇠했지만 현재로서는 아직도 굳게 삶을 붙들고 있었다(그들은 덩이 숨을 거둔 이후에 사망했다. 펑전은 1997년 4월에, 양상쿤은 갓 1년 후에, 그리고 보이보는 2007년에).

1996년, 파킨슨병은 급격히 진행되었다. 12월 12일, 그는 같은 병원에 입원했고, 지병은 또 다른 심각한 폐 감염으로 악화되었다. 그런고로, 그는 몹시 여위고 지친 채로 병상에서 1997년을 맞이했다. 극도로 쇠약했지만, 1월 1일, 자신에 관한 새로운 텔레비전 시리즈 1부를 시청했다. 비록 이때쯤 귀가 거의 들리지 않았고, 간호사들이 해설 소리를 그에게 끊임없이 반복해줘야 했지만, 그는 기뻐하는 것 같았다. 이후 11일에 걸쳐 그는 시리즈 전체를 모두 시청했다.[39]

2월 초, 새해 인사차 장쩌민이 그를 다시 찾아왔다. 덩은 다시 중국의 모든 인민들에게 그의 새해 인사를 전했고, 올해에는 장쩌민을 중심으로 한 당 중앙위원회가 홍콩에 대한 중국 주권의 확장 그리고 제15차 중국공산당 전국대표대회의 소집이라는 두 가지 역사적 과업을 성공적으로 달성하기를 희망한다고 밝혔다(중국으로의 공식 홍콩 반환식은 1997년 7월 1일로 예정되어 있었고, 제15차 전국대표대회는 두 달 뒤인 9월에 예정되어 있었다).

그는 홍콩과 중화인민공화국의 통일을 살아서 볼 수 있기를 몹시 원했고 홍콩 방문을 꿈꾸기까지 했다. 그러나 운명은 결정을 달리 했다. 2월 중순쯤, 덩의 상태는 몹시 악화되었다. 그는 빠르게 호흡 능력을 잃어가고 있었다. 쥐린과 자식들은 이것이 끝임을 깨달았다. 덩은 죽어가고 있었고, 그를 돕기 위해 의사들이 할 수 있는 것은 아무것도 없었다. 2월 15일, 쥐린과 자식들은 장쩌민과 중앙위원회에 장례준비에 관한 서신을 보냈다. 당 지도자들이 자신의 장례식을 간소하게 유지해주기를 바란다는 덩 자신의 희망에 따라,[40] 그들은 공들인 장례를 치르지 말 것과 덩의 시신을 전시하지 말 것을 요청했다. 추도회는 덩의 영정사진 아래에 놓인 유골 단지 앞에서 하도록 했다.[41] 장례식이 끝난 후, 덩의 유골은 황해의 물결 위에 흩뿌려지기로 되어 있었다.[42] 이것이 그의 유언이었다.

위대한 혁명가 겸 개혁가는 1997년 2월 19일 밤 9시 8분에, 93세의 나이로 숨을 거두었다.

　장례는 정확히 그의 희망에 따라 처리되었다. 2월 24일, 당과 국가 지도자들은 그가 숨진 병원에서 그에게 작별인사를 고했다. 이후 시신은 혁명영웅묘지의 화장터로 운송되었다. 수천수만의 사람들이 마지막 길을 떠나는 그를 배웅하기 위해 창안가를 따라 줄지어 늘어섰다. 그들은 왜 거리로 나왔을까? 동정, 호기심, 사랑 때문이었을까? 누가 알겠는가? 베이징 주민 대부분은 집에 있었다. 다음날 인민대회당에서 추모회가 열렸고 장쩌민이 연설을 했다. 대회당에 있던 만 명이 넘는 사람들은 1분의 묵념으로 덩을 추모했다.

　엿새 뒤인 3월 2일, 쥐린은, 앞으로 중국공산당 및 중화인민공화국의 4세대 지도자가 될 정치국 상무위원회 위원 후진타오胡錦濤를 동반한 가운데, 남편의 유골을 황해의 넓은 물결 위에 흩뿌렸다.[43]

에필로그

★

다시 방문할 때마다 중국은 거의 알아보기가 어렵다. 베이징, 상하이, 충칭, 시안 등 많은 도시들이 엄청난 속도로 변한다. 곳곳에서 새로운 건물들이 지어진다. 호텔, 아파트, 사무실까지 모든 것이 솟구치고, 벤츠와 BMW가 신작로를 따라 질주하고, 오래된 지역들은 재개발되고, 사람들의 옷차림은 갈수록 좋아진다. 거리는 활력으로 넘치고, 상점에는 상품들이 넘쳐나고, 연인들은 길거리에서 키스를 한다. 20년 전쯤만 해도 거의 모든 중국 사람들이 추파를 던지거나 만지려고 외국인들을 쫓아다니거나 가까이서 둘러싸기도 했지만, 이제는 더 이상 아무도 그렇게 하지 않는다. 중국인들은 이제 그 "털 난 외국 악마들"과 사업을 한다. 외국인들은 파트너이지, 식민사 박물관 속의 전시물이 아니다. 비록 도시에서처럼 극적이지는 않지만, 내륙에서도, 북서 및 남서 지역의 마을에서도 변화를 느낄 수 있다. 그러나 덩이 인민 전체가 즉시 부유해지고 문명화될 것이라고 말한 적은 없었다.

상하이는 특히 인상적이다. 이 초현대적인 거대도시는 다채롭고, 사무적이며, 활기차고, 아침부터 밤늦게까지 분주하다. 베르사체부터 메이시 백화점까지, 주요 상업 동맥인 난징로南京路와 화이하이로淮海路를 따라 늘어선 고급 외국 상점들은 사람들로 북적인다. 마오와 덩이 입었던 구식 재킷은 유행이 지나간 지 오래고, 모두들 최신 유행을 따라 서구식으로 옷을 입고 싶어 한다. 여성들은 값비싼 화장품을 구입하고, 다채로운 옷을 착용하며, 우아한 모자를 뽐낸다. 황푸강 건너편 푸동 상업지구에서는 수천수만의 사업가들이 일확천금을 벌어들이고 있다. 소니와 다수의 중국기업들을 포함하여, 거대 외국 기업들의 지사들이 이곳에 자리 잡고 있다. 월요일부터 금요일까지 내내 푸동은 중국의 월스트리트지만, 주말이 되면 거의 인기척이 없어진다. 때때로 찾아와 얼마 전까지 저개발 지대였던 곳이 변신한 모습을 멍하니 바라보는 관광객들을 텅 빈 마천루들이 조용히 지켜본다.

호텔 21층 창문에서 아래로 펼쳐진 상하이가 보인다. 잔잔한 황푸강 물결 너머로 조용한 푸동 지역이 놓여 있지만, 이곳 상하이 시내에서, 삶의 맥박은 더 없이 빠르게 뛰고 있다. 화이하이로 인근의 유럽 지역에 있는 외국 카페와 작은 레스토랑들은 젊은이들로 금방 채워진다. 젊은 남녀들은 커피를 마시고 아이스크림을 먹는다. 그들은 생기가 있고 활기가 넘친다. 오후 6시쯤 하늘이 어두워지면 도시는 광고의 물결로 넘친다. 맥도날드와 코카콜라, 볼보와 파나소닉. 온갖 색조의 다채로운 빛들이 사람들을 거리로 유혹한다.

불이 밝혀진 거리를 따라 걷고 행복한 젊은이들을 보면서, 우리는 무심코 이제는 중국의 특별행정구가 된 영국의 옛 식민지, 홍콩을 생각한다. 홍콩은 상하이처럼 활기 있고 다채로우며, 상하이의 젊은이들 못지않게 매력적이고 삶을 사랑하는 젊은이들이 있는 곳이다. 그리고 우리는 어떻게 홍콩의 젊은이들이 몇 달 전인 2014년 6월 4일에 싸우다 죽어간 톈안먼 광장의 수호자들을 추모하기 위해 거리로 나섰는지 생각한다. 수천

수만의 사람들이 슬픔과 분노를 표출하기 위해 거리와 광장을 채웠다. 그들은 4반세기 동안 매년 이날 시위를 하고 촛불을 밝혀왔다.

중국 대륙의 다른 어떤 도시에서도 이와 비슷한 일은 일어나지 않았다. 그것은 무소불능한 독재 정권 앞에서의 두려움 문제가 아니다. 중국에서 톈안먼의 비극을 계속 기억하는 사람들은 사실 거의 없다. 덩은 전반적인 생활수준을 높였고 많은 사람들에게 부유해질 수 있는 실제 기회를 주었다. 행복해하는 젊은이들로 가득한 현대의 상하이, 푸둥, 베이징이 그에게는 최고의 기념물이다. "중국 특색 사회주의"는 실행 가능한 것으로 판가름 났다.

물론, 덩에게 있어 또 다른 기념물은, 그가 일생을 통해 의도적으로 강화시킨, 공산당이 조종하는 강력한 권위주의 기계이다. 중국이 21세기에, 그 지도자들이 여전히 마르크스와 레닌뿐만 아니라 스탈린과 마오쩌둥에게까지 충성하는 유일한 공산주의 대국으로 남아 있는 것은, 특히 마오 사후에, 그가 기울인 노력 덕분이다. 중국 대륙의 공산당 독재 정권은 대륙을 민주주의 국가로 변모시키고자 했던 사람들의 노력을 이겨냈다. 중화인민국화국의 중국인들은, 타이완의 중국인들과는 달리, 시민의 자유를 누려본 적이 없다. 공산주의 독재의 기둥인 덩의 4항 기본 원칙은 여전히 보통 중국 인민들의 일상적 삶을 틀에 넣고 제한한다.

중화인민공화국은 현대 세계에서 흔치 않은 곳이다. 중국의 정치와 이념은 일종의 권위주의적 사회주의이다. 그러나 현재 중국의 번영은, 비록 국가가 지휘 역할을 계속하지만, 시장경제에 기초하고 있다. 이는 마르크스주의, 스탈린주의, 마오주의 그리고 실용주의를 중국식 사회주의라는 독특한 모델로 결합시킨, 덩샤오핑이 만들어낸 살아 있는 공생체다.

덩은 중국 경제를 부흥시켰지만, 중국의 고르바초프가 되지는 않았

다. 로널드 레이건 그리고 마가렛 대처 같은 이들은 덩샤오핑이 자유주
의적인 학생들을 학살하고 있던 때와 비슷한 시기에 러시아의 서구화주
의자인 고르바초프가 러시아에서 자유주의를 촉진했다며 그에게 한껏
찬사를 보냈다. 그러나 우리는 이것 때문에 그저 덩을 비난해야 하는가?
그는 중국의 고르바초프가 될 수 있었을까?

아니, 그는 그럴 수 없었다. 그 이유는 덩 자신이 고르바초프와 달랐
을 뿐만 아니라, 더 중요하게는 그가 통치한 나라가 소련과 매우 달랐기
때문이었다. 죽는 날까지 덩은 고르바초프를 딱 두 단어로 규정했다. "아
주 멍청하다很蠢".[1] 그러나 그는 상당히 오해하고 있었다. 두 나라의 상황
은 그렇게 간단하지 않았다. 중국은 러시아가 아니다. 그러므로 중국은
개혁이나 변화를 위해 러시아의 길을 따라갈 수 없었을 것이다.

첫째, 우리가 보았듯이, 중국에서의 토지개혁은 아래에서 자생적으
로 시작되었고, 덩은 1년 반이 지난 후에서야 그것을 지지했다. 러시아
에서는 상황이 완전히 달랐다. 1985년 고르바초프가 개혁을 시작했을
때, 그는 덩처럼 사상해방으로 시작했다. 그러나 중국인들처럼 토지분
할로 나아가지 못했다. 중국 농민들과는 달리 러시아 농부들은 그들 스
스로 이런 분할을 원치 않았다. 그들은 기아로 죽어가고 있지 않았고, 자
신들의 개인 토지에 원하는 모든 것을 재배해서, 자가 소비하기도 하고
지역 시장에 내다 팔기도 했으며, 자신들만의 가금과 가축을 길렀고, 또
집단농장에서 훔칠 수 있는 것은 무엇이든 훔쳤다.

둘째, 도시의 상황도 마찬가지로 달랐다. 중국의 경제특구에서 주
된 투자자들은 '화교'(해외의 중국인)였다. 중국인들은 씨족의식이 있어서
모국은 단순히 애국심의 대상일 뿐만 아니라 가족의 구체적인 표현이다.
따라서 화교에게 중국 경제에 투자하는 것은 국가와 자신들의 확대된 가
족 모두를 돕는다는 것을 의미한다. 선전, 주하이 등 경제특구를 성장시

킨 것은 그들의 돈이었다. 만일 고르바초프가 바랐다고 한들 러시아인들이 경제특구를 설립할 수 있었을까? 그럴 가능성은 거의 없을 것 같다. 모국에 대한 다양한 러시아 이민자들 물결의 관계는 중국 화교의 그것과는 전적으로 다르다.

셋째, 중국의 기적의 밑바탕에는 특별히 저렴한 중국의 노동력이 있었다. 덩이 사망한 시기에조차도 중국 노동자의 평균 임금은 미국 노동자 평균 임금의 2퍼센트였고, 타이완 노동자 평균 임금의 5퍼센트였다.[2] 소련 노동자들은 심지어 개혁 초기에도 그렇게 형편없는 보수를 받고 일하기를 거부했다.

넷째, 심지어 중국의 간부들조차 소련과는 달랐다. 자신의 마지막 날까지 독재자 마오는 간부들을 계속 견제했다. 아마도 이상한 말이겠지만, 문화대혁명이라는 악몽은 적어도 중국의 지배 엘리트들이 방종에 빠질 가능성을 억제하는 긍정적 효과가 있었다. 마오의 밑에서 중국의 '간부'들은 브레즈네프의 통치기 동안 부패한 소련의 임명직 간부 노멘클라투라nomenklatura가 타락한 정도로 부패하지 않았다. 국부를 좀도둑질해 자신들, 오직 자신들만 엄청난 부자가 되면서 소련을 무너뜨린 것은 정확히 그 노멘클라투라였다.

마지막으로, 냉전의 요소를 과소평가해서는 안 된다. 1985년 고르바초프가 '페레스트로이카perestroika'를 시작했을 때, 소련은 국가예산의 40퍼센트를 방위비로 사용하고 있던 반면 중국은 1978년 개혁 초기에 예산의 15퍼센트를 방위비에 쓰고 있었다.[3] 소련의 경제는 군비지출 부담으로 붕괴했다. 고르바초프는 사실상 이 상황 때문에 군비 제한 회담을 위해 레이건과 테이블에 앉았고, 소련의 인권 상황을 개선하라는 미국의 요구를 수용할 수밖에 없었다. 이것이 바로 고르바초프가 소련 반체제 운동의 수장 안드레이 사하로프를 망명 생활에서 모스크바로 돌아오게 하고 글라스노스트에 착수한 이유다. 바로 이 시기에 덩은 중국의 경제를 발전시키기 위해 미국인들을 이용하면서, 그 두 초강대국들 사이의 모순을 교묘하게 이용하고 있었다.

그렇기 때문에, 덩은 고르바초프보다 훨씬 쉽게 시장 경제를 발전시킬 수 있었다. 결과적으로, 자유주의적 반대파를 괴멸시키기로 결심했을 때 그는 군대, '간부', 급성장하고 있는 중산층, 그리고 부농들에게 확고한 지지를 받을 것으로 믿을 수 있었다.

그 결과 자국의 엄청난 경제발전에 만족한 대다수 중국인들은, 톈안먼 사건이 "반혁명주의적 반란의 진압"이라는 공식 평가를 수동적으로 받아들였다. 같은 이유로 그들은 장쩌민이 덩샤오핑에 대해 제공한 빛나는 찬사도 수용했다.

> 덩샤오핑 동지가 아니었다면, 중국 인민들에게 현재의 새로운 삶은 없었을 것이고, 중국에 개혁과 개방이라는 새로운 상황, 그리고 사회주의 현대화에 대한 멋진 전망은 없었을 것입니다. 덩샤오핑 동지는 당, 군, 우리나라 사람들에게 최고의 권위를 누리는 걸출한 지도자, 위대한 마르크스주의자, 위대한 프롤레타리아 혁명가, 정치 및 군 지도자, 외교관, 공산주의의 대의를 위해 싸우는 실전으로 다져진 전사, 사회주의 개혁, 개방, 현대화의 주요 설계자, 중국 특색 사회주의 건설 이론의 창시자로 인정받고 있습니다.[4]

덩은 정말로 그렇게 훌륭했는가? 우리 연구는 미묘한 차이가 있으면서 다면적인 그의 초상화를 만들어내기 위해 그의 모든 업적, 그리고 부정할 수 없으며 대규모적인 그의 범죄도 함께 기록함으로써 이 질문에 대한 명확한 대답을 제공한다.

요컨대, 덩은 분명히 걸출한 혁명 지도자, 위대한 경제 및 사회 개혁가, 재능 있는 전략가이자 전술가, 능숙한 정치 조직자였다. 그러나 또한 끔찍한 사회 개혁과 1958년부터 1962년까지의 전례 없는 기근으로 인해 무고한 수백만 명의 사람들이 숨진 데 대해 마오와 함께 책임이 있는 피의 독재자이기도 했다. 마오가 사망한 후, 덩은 1989년 6월 베이징의 거리에서 중국의 젊은 민주주의 투사들을 죽인 살인자라는 영구적인 불명예를 자초했다.

아이러니하게도, 덩은 스스로 자신이 "50 대 50의 공과로 평가될 수 있을 것"이라고 추정했다. 따라서 그가 미래의 지도자들에게 자신을 위대한 마르크스주의자라고 부르지 말라고 한 요구는 헛된 일이었다. 사망하기 몇 년 전, 그는 자신의 전기가 출판되는 것에 결코 동의하지 않을 것이라고까지 말했다. "만일 누군가의 전기를 쓴다면, 좋은 것과 나쁜 것, 심지어 그가 저지른 과오까지 모두 포함해야 한다"고 그는 지적했다.[5] 그가 직접 한 말에 의하면, 그는 많은 잘못을 저질렀다.

현재까지 중국인들은 덩의 자평을 적어도 수용할 수는 있을 것이다. 그러나 미래에, 세계 경제의 발전과 서구적 가치의 전 세계적 확산에 따라, 대부분의 중국인들이 자유 그리고 시민권이라는 개념들을 언젠가 포용할 때, 그 새로운 세대의 중국인들은 길고 굴곡진 그들의 역사 속에서 분명히 덩샤오핑에게 보다 적합한 자리를 찾아줄 것이다. 그리고 마르크스와 마오의 유령들은 덩샤오핑에 대해 그들끼리 무슨 이야기를 하고 있는지 결코 아무에게도 말해주지 않을 것이다.

옮긴이의 말

★

중국 유학 초기에 궁금한 점이 한 가지 있었다. 왜 중국인들은 덩샤오핑보다 마오쩌둥을 높게 평가할까?

비록 공산당을 창당하고 신중국을 건설한 마오쩌둥이지만 수천만명을 기아와 반기아 상태로 내몰았고 스스로 인정할 만큼 비효율적이던 대약진운동, 광기와 극심한 혼돈을 초래한 문화대혁명에 대한 책임을 물어야 하지 않을까? 덩샤오핑도 톈안먼 사건에 대해 큰 책임이 있지만 인권에 관해서는 마오쩌둥 역시 높은 점수를 얻기 어렵다. 그렇다면 먹고사는 문제를 넘어서 미국과 함께 G2로 올라선 오늘날의 중국을 있게 한 덩샤오핑의 공을 제대로 인정해야 하지 않을까? 관우마저 돈의 신으로 숭배할 만큼 돈을 사랑하는 중국인들에게 바로 그 부유함을 선물하고, 천하의 중심으로 그토록 체면을 중시하는 '중화민족'에게 위대한 중화 부흥의 서막을 알린 인물이 덩샤오핑 아닌가? 그런데도 중국인들은 왜 마오쩌둥을 더 높게 평가할까?

유학 시절 동안 한 번씩 떠올리던 이 질문에 중국인들은 다양한 대답을 내놓았다. 공산당 창당, 신중국 건설, 일제와의 전투 지휘부터 지도자로서 마오의 카리스마, 덩샤오핑도 결국은 마오의 인물이다 등등. 사적인 대화에서 톈안먼 사건의 아픈 기억까지 언급한 사람도 있었다. 그럼에도 충분히 납득할 만한 대답은 없었던 것 같다. 만일 이 책이 그때 출판되어 내가 읽었다면 어떤 답을 떠올리게 되었을까?

현대 중국의 수립과 발전은 물론 국가 정체성 형성에서 마오쩌둥 못지않게 덩샤오핑의 역할이 컸음은 누구도 부정하지 못한다. 중국 특색 사회주의와 개혁개방의 심화 등 시진핑 정권이 추진하고 있는 대부분의 전략과 정책 및 방식은 덩샤오핑이 닦아놓은 토양에 그 뿌리를 내리고 있다고 해도 무방하다. 문화대혁명의 종식과 개혁개방의 시작 그 중심에 덩샤오핑이 있었다는 점을 상기하면 오늘날의 중국은 덩샤오핑 이전과 이후로 나뉜다고 말해도 과언은 아닐 것이다. 물론 이 책 곳곳에서 보이듯 그 토양이 사실은 덩샤오핑의 창의도 그 혼자만의 공로도 아니지만 말이다.

지난해는 덩샤오핑이 사망한 지 20년 되는 해였고, 한국어판이 출간되는 2018년은 덩샤오핑의 개혁개방이 시작된 지 40년이 되는 해다. 현재 중국을 이끄는 지도자 시진핑은 마오쩌둥과 덩샤오핑 이후 가장 막강한 권력을 구축하기 시작한 것으로 보인다. 개혁개방을 추구하던 당시에 덩샤오핑은 중국이 향후 100년은 도광양회 전략을 이어가야 한다고 보았다. 또한 개인숭배와 1인 집권의 폐해를 경험했기 때문에 집단지도체제를 정착시키고자 했다. 이후 중국의 발전이 그의 예상보다 훨씬 빠르게 진행되었고 집단지도체제도 잘 지켜져 왔지만, 자신에게 권력을 집중시키는 시진핑과 '중국의 꿈'을 외치고 '일대일로'를 야심차게 추진하며 글로벌 강대국을 향해 질주하는 현재 중국의 지도부를 보면 덩샤오핑은 무슨 말을 할까?

베네데토 크로체는 "모든 역사는 당대사"라고 했고, 에드워드 카는

"역사란 과거와 현재의 끊임없는 대화"라고 갈파했다. 현재 시진핑은 의식적이든 아니든 과거의 덩샤오핑과 끊임없이 대화하며 역사를 만들어가고 있을 테니 그가 만들고자 하는 미래 중국의 실마리는 덩샤오핑과의 대화 속에 있을 것이다. 아마도 시진핑에게 덩샤오핑은 단순한 중국의 지도자 그 이상일 것이다. 시진핑의 개인사를 생각해보면 더욱 그렇다. 시진핑은 문화대혁명 시기에 직접 하방을 경험했을 뿐 아니라 그의 아버지 시중쉰 역시 덩샤오핑과 관계가 있다. 시진핑은 마오쩌둥이 주도한 대약진이 한창이던 시기에 어린 시절을 보냈고 십 대 소년 시절부터 이십 대 초반까지 혼란으로 점철된 문화대혁명 시기를 살았다. 그러나 가치관과 인격이 형성되고 굳어지는 이십 대 초중반부터 사십 대 초반까지는 4인방을 숙청한 뒤 자신의 아버지를 복권시키고 중국을 개혁개방의 길로 이끈 덩샤오핑 시대를 살았다. 실제로 시진핑은 2012년 12월 권력의 정점에 오른 후 첫 방문지로 아버지가 제안하고 덩샤오핑이 승인한 중국 개혁개방의 첫 실험지인 광둥성 선전시를 방문했다. 그리고 최근에는 덩샤오핑의 유산인 중국 특색 사회주의를 '신시대'에 맞춰 부각시키고 개혁을 심화시키고 개방을 강조하며 중화민족의 위대한 부흥을 실현시키고자 한다.

그러나 시진핑은 이미 도광양회를 폐기했고 덩샤오핑 사후 중국 연구자들에게 익숙해진 '집권 2기'라는 용어도 무색하게 만들면서 자신에게 권력을 집중시키고 장기화하기 시작했다. 그는 과연 자신만의 차별화된 업적을 통해 중국을 또 한 번 변화시키며 마오쩌둥과 덩샤오핑에 버금가는 지도자로 등극해 이름을 남길 수 있을까? 이 책에는 시진핑과 현재 중국이 마주한 도전과 문제에 대해 덩샤오핑이 내놓을 만한 해답이 담겨 있을 것이다. 어디서 얼마나 많은 대답 혹은 해답의 실마리를 찾을 수 있는지는 독자마다 다를 것이다. 이 책을 통해 덩샤오핑의 출생부터 사망까지 그의 곁에서 혹은 멀리서, 때로는 앞이나 뒤에서 그를 보고, 그의 이야기를 듣고, 그의 생각을 읽으면서 저마다 각자의 실마리를 찾아갈 테니.

백지를 채우는 일은 무척이나 즐겁지만 동시에 고통스러운 작업이다. 채워진 원고를 다른 언어로 바꾸는 일 역시 마찬가지다. 이 책을 번역하는 동안 여러 차례 원문을 읽으면서 많은 것을 배우고 생각하게 되었다. 비단 덩샤오핑과 중국만이 아니라 정치외교, 경제사회, 문화 등에 대해 그리고 언어와 사람들에 대해서도 많은 것을 다시 생각해볼 수 있었다. 한국어판이 나오기까지 음으로 양으로 많은 도움을 주신 분들이 떠오른다. 먼저 출판을 허락해주셨지만 안타깝게도 출간을 보지 못하고 지난해 타계하신 알마 출판사 정혜인 전 대표께 늦었지만 감사를 드리고 또 명복을 빈다. 이어 출판을 기획하신 노승현 선생님 그리고 바쁜 일정과 부족한 일손에도 출판을 진행해주신 안지미 현 대표님 등 수고해 주신 모든 분들께 감사드린다.

대학 입학 무렵 아버지를 통해 덩샤오핑을 처음 접한 기억이 있다. '등소평'이라는 이름과 '작지만 참 대단한 사람'이라는 평가로 덩샤오핑을 처음 알려주신 아버지 그리고 아흔을 바라보는 연세에도 중국의 그 지도자를 여전히 기억하고 잘 번역해보라고 격려해주신 어머니, 두 분이 이 책의 번역을 시작하고 마치도록 한 원동력이 되었다. 무엇보다 번역에 집중할 수 있던 데에는 옮긴이의 몫까지 더해 극진히 노모를 보살펴온 형과 누나 내외의 도움이 컸다. 지면을 빌려 심심한 사의를 전한다.

책의 출간을 앞두고 여러 가지 아쉬움을 갖게 마련이다. 정확하지 않은 용어나 오역은 오롯이 부족하고 과문한 옮긴이의 탓이다. 독자들의 따끔한 질책과 건설적인 제언을 기다린다. 모쪼록 덩샤오핑과 중국을 연구하는 학자와 전문가는 물론 중국에 관심이 있는 모든 사람에게 이 책이 도움이 되기를 바랄 뿐이다.

2018년 8월
유희복

덩샤오핑 연표

1904년 8월 22일

쓰촨성四川省 광안현广安县 왕시望溪향(현재의 셰싱协兴) 야오핑姚坪촌에서 부유한 지주 덩원밍邓文明과 부인 단 씨淡氏의 집안에 셴성先圣이라는 남자아이가 태어남.

1919년 9월

프랑스에서의 근공검학勤工俭学 프로그램에 참가를 희망하는 학생들을 위한 충칭重庆 예비학교에 입학함.

1920년 10월 19일

프랑스에 도착하여 향후 4년 반 동안 공부하고, 일하며, 정치적 활동에 관여함.

1921년 7월 23일부터 31일까지

제1차 중국공산당 전국대표대회가 상하이와 자싱嘉兴에서 개최됨.

1923년 6월

중국사회주의청년단CSYL 유럽지부에 가입한 직후 부모와의 관계를 단절함.

1925년 4월

중국공산당 유럽지부에 가입함.

1926년 1월 7일

파리를 떠나 모스크바로 향함. 1월 17일 모스크바의 동방노동자공산주의 대학교KUTV에 입학함.

1월 29일

중산중국노동자 대학교UTK로 전학함.

1926년

덩의 모친이 결핵으로 사망함.

1927년 1월 12일

반제국주의전선에서 공산주의자들의 동맹인 펑위샹冯玉祥 원수의 국민군에서 정치업무에 관여하기 위해 학업을 마치지 않은 채, 중국으로 돌아옴.

3월 말

펑위샹은 덩을 시안중산군사학교 정치부 주임에 임명함.

6월 말

펑위샹은 공산주의자들과 결별하고 자신의 군대에서 떠날 것을 요구.

7월 초

우한武汉에 도착한 후, 중국공산당 중앙위원회의 기술 서기가 됨. 덩샤오핑으로 개명함.

8월 7일

한코우汉口에서 개최된 중국공산당 중앙위원회 긴급회의에 참가함. 마오쩌둥을 처음으로 만남.

9월 말 혹은 10월 초

중앙위원회와 함께 상하이로 이동하여 12월에 중국공산당 중앙위원회 비서장이 됨.

1928년 봄

장시위안张锡瑗(1907년 10월 28일생)과 결혼함.

1929년 8월

반反국민당 봉기 조직을 위한 중앙위원회 광시성广西省 대표로 지명됨.

12월 11일

보서시百色市에서 공산주의 봉기가 일어나고, 그 결과 홍7군이 창건됨.

1930년 1월

첫째 아이, 딸이 태어남. 장시위안과 딸 모두 사망. 중앙위원회는 곧 덩을 홍7군 정치위원에 임명함.

2월 1일

룽저우시龙州市에서 공산주의 봉기가 일어나고, 그 결과 홍8군이 창건됨. 중앙위원회는 홍8군의 정치위원으로도 덩을 임명함.

4월과 5월

광시 북서부 동랑东朗의 소비에트 지역 건설에 관여함.

1931년 2월 8일

홍7군은 장시성江西省으로 출발하고, 덩은 보고를 위해 상하이로 떠남.

8월 초

중앙위원회에서 중앙 소비에트 지역 근무를 배정받고, 이 지역에 도착. "아진阿金" 진웨이잉金维映(1904년 가을 출생)과 결혼함.

1931년 8월 중순부터 1933년 5월 초까지

루이진현瑞金县, 후이창会昌, 쉰우쿤乌, 안위안현安远县에서 연속적으로 서기로 일하고 장시성 당위원회 선전부장으로 근무함.

1933년 2월부터 5월까지

당 지도자들에게 "마오주의자", 즉 마오쩌둥의 순전한 게릴라 방어전술 지지자로 비판을 당함. 부인은 그를 떠남.

7월

중앙군사혁명위원회 공식 기관인 저널 《홍성红星》의 편집장으로 임명됨.

1934년 10월

홍군과 함께 장정에 오름.

12월

중국공산당 중앙위원회 비서장으로 재임명됨.

1935년 1월 15일부터 17일까지

쭌이遵义에서 개최된 정치국 확대회의에 참석함.

1935년 6월 말부터 1938년 1월 초까지

홍군에서 연속적으로 일련의 군사 및 정치 지도적 지위를 점함(1937년 8월, 팔로군부터).

1936년

덩의 부친 사망.

1937년 7월 7일

일본이 중국에 대해 광범위한 전쟁을 전개함.

1938년 1월 5일

팔로군 제129사단 정치위원 및 정치부주임으로 임명됨.

1939년 8월 말

쥐린卓琳(1916년 4월 6일생)과 결혼함.

1941년 9월 11일

딸 덩린邓林 출생.

1942년 1944년까지

마오쩌둥의 뜻을 받들어 일본의 후방에서 산시山西-허베이-산둥-허난 경계 지역에서의 광범위한 당 숙청(정풍整风)을 주도함.

1944년 4월

아들 푸팡朴方 출생.

1945년 4월 23일부터 6월 11일까지

제7차 중국공산당 전국대표대회가 옌안延安에서 개최됨. 덩이 중앙위원회 위원으로 선출됨.

8월 14일 (15일)

일본이 항복함.

9월과 10월

국민당 군대를 상대로 성공적인 작전을 수행하며, 다시 내전을 시작함.

10월

딸 덩난邓楠 출생.

1946년 6월

공산군 점령지에 대한 국민당군의 대규모 공격이 시작됨.

1947년 5월 15일

마오가 덩을 중앙위원회 중원국 서기로 임명함.

6월

덩의 군대가 황허를 건너고 공산군이 반격을 개시하면서 내전은 새로운 국면으로 전개되기 시작됨.

8월

덩의 군대가 장제스의 배후지로 강행해 들어가고 중원의 산악지대에 "해방구"를 설치함.

1948년 11월부터 1949년 1월까지

화이하이淮海 작전에서 덩과 류보청刘伯承이 공산군을 지휘함.

1949년 4월 20일

덩의 군대는 양쯔강扬子江을 건너, 4월 23일 난징을, 5월 27일 상하이를 점령함.

8월 1일

마오는 덩을 중국공산당 중앙위원회 신설 서남국西南局 제1서기로 임명함

9월 30일

중앙인민정부위원으로 선출됨.

10월 1일

마오쩌둥이 중화인민공화국의 수립을 선포함.

12월 초

충칭 시장으로 임명됨.

12월 10일

장제스가 쓰촨성의 성도 청두成都에서 타이완으로 도주함.

1950년 1월 25일

딸 덩룽邓榕 출생.

1950년 10월부터 1951년 10월까지

덩의 군대는 허룽贺龙의 군과 함께 티베트西藏를 '해방'시킴.

1950년부터 1952년까지

중국 서남 지역에서 "반反혁명분자들"을 진압하고 급진적 토지개혁을 시행함.

1951년 8월

아들 즈팡质方 출생.

1952년 7월

마오는 덩을 베이징으로 보내 정무원政务院 부총리로 전근시킴.

1953년 여름

중화인민공화국 재경위원회 제1부주임 그리고 재정부부장으로 임명됨.

1953년 12월부터 1954년 2월까지

마오의 지시로 까오강高岗, 라오수스饶漱石 사건을 처리함.

1954년 4월

중국공산당 중앙위원회 비서장 및 조직부 부장으로 임명됨.

9월

전국인민대표대회 1차 회의에서 국무원国务院 부총리로 확정됨.

1955년 4월

중국공산당 중앙위원회 정치국 위원으로 선출됨.

1956년 2월 11일부터 3월 1일까지

제20차 소련공산당 대표대회 중국공산당대표단 부단장으로 소련을 방문.

9월 15일부터 27일까지

제8차 중국공산당 전국대표대회가 베이징에서 개최됨. 당장党章의 수정에 관해 보고하고 중앙위원회위원으로 선출됨. 대표대회 이후 중앙위원회 1차 전체회의에서 정치국 위원, 정치국 상무위원, 중국공산당 중앙위원회 총서기가 됨.

10월 23일부터 31일까지

폴란드와 헝가리에서의 사태와 관련하여 중국공산당대표단과 함께 모스크바를 방문, 흐루쇼프가 이끄는 소련공산당 대표단과 협상함.

1957년 2월부터 9월까지

마오의 지시로, 당 숙청과 전국적인 "백화제방百花齐放, 백가쟁명百家争鸣"운동을 감독하고, 이후 지식층에 대한 억압운동을 지휘함.

11월 2일부터 21일까지

10월혁명 40주년 기념행사를 위해 마오를 수행하여 소련을 방문함. 공산당 및 노동당 대표회의 그리고 사회주의국가 공산당 지도자회의에 참가함.

1958년 2월 18일

사회주의 건설에 있어 "더 많이, 더 빨리, 더 좋게, 더 절약해서"라는 정책을 당의 새로운 총노선으로 선포한 정치국 확대회의에 참석함. 3개월 후, 제8차 중국공산당 전국대표대회 2차 회의는 이 노선을 승인함. 덩이 열렬히 지지한 '대약진'이 시작됨.

7월 31일부터 8월 3일까지

베이징에서 진행된 마오와 흐루쇼프 사이의 협상에 참가함. 중소 관계의 긴장이 높아짐.

겨울

대약진의 결과로 대기근이 시작됨.

1960년 4월

중국공산당과 소련공산당 사이에서 공개적인 논쟁이 시작됨.

9월부터 12월 초까지

중국공산당 대표단 단장으로서, 덩은 모스크바에서 소련공산당 대표단과의 협상에 참가한 후, 공산당 및 노동당 대표 신규 회의의 편집위원회 업무에 그리고 동 회의 자체에 참여함.

1961년 5월

대약진을 비판한 류샤오치刘少奇를 지지함.

12월

마오의 지시로, 중국공산당 중앙위원회 공작회의에서 소련의 "수정주의"에 반대하는 투쟁에 관해 보고함.

1962년 1월과 2월

7,000명의 간부들이 참석한 가운데 베이징에서 열린 중앙위원회 확대 전체회의에 참석함. 마오는 동 회의에서 자아비판을 함.

6월 말부터 7월 초까지

농촌 지역의 가족도급제 발전을 "고양이가 검든 노랗든 상관없고, 쥐를 잘 잡기만 하면 그것이 좋은 고양이입니다"라는 말로 규정지음.

7월

마오는 덩을 포함한 "온건파들"에 대한 당내 투쟁을 단속하지 않음.

1963년 7월 5일부터 20일까지

모스크바에서 열린 소련공산당 대표들과의 회의에서 중국공산당 대표단을 통솔함. 두 당 사이의 관계가 본질적으로 파탄남.

1965년 11월 10일

상하이 신문 〈문회보文汇报〉에 베이징 부시장 우한吳晗이 쓴 역사극 〈해서파관海瑞罢官〉에 대한 야오원위안姚文元의 비평문이 실림.

1966년 5월 16일

마오의 주도로, 정치국 확대회의는 중국내 모든 당 기관에 보낸, 위대한 프롤레타리아 문화대혁명의 기치를 높이 들 것을 요구한 특별 메시지 전문을 중앙위원회 명의로 채택함.

8월

덩이 맡던 중국공산당 중앙위원회 총서기의 직이 폐지됨.

10월 23일

중국공산당 중앙위원회 공작회의에서 자아비판을 함.

12월 25일

베이징에서 칭화 대학교 학생과 교수들이 시위를 조직해, 처음으로, 류샤오치와 덩샤오핑을 공개적으로 공격함.

1967년 4월 1일

공개언론에서는 처음으로 덩이 "주자파로서 당내 권력을 가진 (류샤오치에 이어) 두 번째로 가장 중요한 인물"라고 언급된 글이 〈인민일보〉와 《홍기》에 실림.

7월 29일

덩과 쳐린은 중난하이에 모인 모반자들에 의해 "비판과 투쟁"회로 끌려가 온갖 모욕을 받고 구타까지 당했으며, 그 후 가택연금에 처해짐.

1968년 7월 5일

덩은 "덩샤오핑 전문안건조"邓小平专案组에 자신의 "자백서"를 제출함.

1969년 4월

제9차 중국공산당 대표대회에서, 마오는 "덩샤오핑과 류샤오치 사이에는 구별이 있어야 합니다"라고 주장함.

10월 22일

덩과 부인, 그리고 계모는 베이징에서 난창으로 이송되었고 이후 이른바 5.7학교로 바뀐 전前 푸저우 군구 난창보병학교에 가택연금됨. 덩은 그곳에서 3년 반을 보냄.

1973년 2월 22일

마오의 결정으로, 덩은 가족과 함께 베이징으로 돌아옴.

3월 9일

마오는 덩을 국무원 부총리로 재임명함.

12월

마오의 제안으로, 덩은 중앙위원회 정치국 위원이 됨.

1974년 4월 10일

뉴욕의 유엔총회 연설에서, 마오의 "3개 세계"론을 제시한 후, 헨리 키신저Henry Kissinger와 회담을 가짐.

10월

마오는 덩을 중앙군사위원회 부주석 및 인민해방군 총참모장으로 임명함.

1975년 1월

마오의 제안으로, 중국공산당 중앙위원회 전체회의는 덩샤오핑을 중앙위원회 부주석 그리고 정치국 상무위원회 위원으로 선출함. 그 후 전국인민대표대회는 덩을 제1부총리로 승인하고 덩은 경제를 회복시키고 4개 현대화 정책을 확인하는 업무를 시작함.

1976년 3월 19일부터 4월 5일까지

저우언라이의 사망과 관련하여 톈안먼 광장에서 대규모 시위가 발생함. 쟝칭과 그 지지자들의 보고를 좇아, 마오는 이 "반혁명적 봉기"에 대한 책임을 덩에게 돌림.

4월 7일

마오는 덩을 모든 직위에서 해제시키고 화궈펑을 중앙위원회 제1부주석 및 국무원 총리로 임명함. 덩은 다시 가택연금에 처해짐.

9월 9일

마오가 사망함.

10월 6일

화궈펑, 예젠잉, 왕둥싱은 쟝칭과 4인방의 다른 멤버들을 체포함. 다음 날 화궈펑은 중앙위원회 및 중앙군사위원회의 주석이 됨.

10월 10일

화궈펑에게 서신을 보내 4인방 체포에 대한 자신의 기쁨을 표함.

1977년 2월 7일

화궈펑이 "양개범시兩个凡是" 개념에 대해 상세히 설명함. 덩은 그것을 반대함.

2월

쉬스유 장군이 화궈펑에게 덩의 복권을 요구하는 서신을 보냄.

3월

중앙위원회 공작회의에서 천윈, 왕전, 그리고 몇몇 다른 노장들이 덩을 복권시킬 것을 요구함.

7월 17일

중앙위원회 전체회의는 중앙위원회와 중앙위원회 정치국 및 그 상무위원회 위원, 중앙위원회 및 중앙군사위원회 부주석, 국무원 부총리 그리고 인민해방군 총참모장의 직위로 덩을 복권시킴. 덩은 공산주의자들에게 "실사구시实事求是"를 요구함.

1978년 5월 10일

저널 《이론동태理论动态》가 "실천이 진리 검증의 유일한 기준이다"라는 글을 게재함. 덩은 화궈펑에 대한 투쟁에서 이 글을 이용함.

11월과 12월

중앙위원회 공작회의에서 덩의 지지자들이 화궈펑 일파에 대해 승리를 거둠.

12월 18일부터 22일까지

제11기 중앙위원회 3차 전체회의는 당 업무의 무게중심을 계급투쟁에서 경제건설로 이동시킴.

12월 말

안후이성安徽省 펑양현凤阳县 샤오깡촌小岗村의 농민들이 "완전도급"제를 채택함.

1978년 말부터 1979년 초까지

청년들 사이에서 민주주의 운동이 발흥함.

1979년 1월

'일국양제' 원칙에 의거한 본토와 타이완, 홍콩, 마카오의 통일 계획을 제시함.

1월 28일부터 2월 6일까지

미국을 방문하여 지미 카터Jimmy Carter 대통령과 회담을 가짐.

2월 17일부터 3월 16일까지

베트남사회주의공화국에 대해 전쟁을 벌임.

3월 30일

4항 기본 원칙에 대해 연설. 이때쯤 그는 민주주의 운동을 분쇄함.

7월 중순

황산黄山에 오름.

8월 26일

첫 4개 경제특구를 개방함.

12월 6일

보통 정도의 부유함을 가리키는 '샤오캉小康' 개념을 제시.

1980년 2월

중앙위원회 전체회의에서 덩은 화궈펑의 주요 지지자들을 제거하고 후야오방과 자오쯔양을 상무위원회 위원으로 만듦. 이 전체회의는 류샤오치를 복권시키기로 한 결의를 채택함.

5월

가족도급제를 찬성하는 발언을 함.

9월

본인의 부총리직 사퇴에 이어 화궈펑에게 총리직을 자오쯔양에게 양도할 것을 종용함.

1981년 6월

중앙위원회 전체회의는 "건국 이래 당의 몇 가지 역사 문제에 관한 결의"를 채택함. 화궈펑은 고위 당직에서 해임됨. 덩은 중앙군사위원회 주석에 선출됨.

1982년 9월

신설된 중앙고문위원회의 주임으로 선출됨.

1983년 11월부터 1984년 2월까지

"정신오염精神汚染"에 반대하는 캠페인을 벌임.

1984년 5월 4일

덩의 주도로 14개의 경제기술개발구를 열기로 결정함.

10월

덩의 지지를 얻어, 중앙위원회 전체회의는 "경제체제개혁에 관한 결정"을 채택

1985년 1월

"부르주아 자유화"와 싸우기 위한 캠페인을 시작함.

1986년 12월부터 1987년 1월까지

청년들 사이에서 새로운 민주주의 운동이 발흥함.

12월 30일

학생 소요에 대한 책임을 후야오방에게 돌림.

1987년 1월 16일

덩의 제안으로, 정치국 확대회의는 중국공산당 중앙위원회 총서기로 자오쯔양을 선출함.

10월 25일부터 11월 1일까지

제13차 중국공산당 전국대표대회에서 중앙위원회, 정치국, 그 상무위원회의 위원직, 그리고 중앙고문위원회의 주임직에서 사퇴함.

1989년 4월 15일부터 6월 4일까지

베이징 및 기타 도시들에서 청년들의 새로운 민주주의 운동이 전개됨.

5월 16일

인민대회당에서 미하일 고르바초프와 회담. 중소 관계 정상화.

5월 17일

베이징 도심 구역에 계엄령 선포함.

5월 27일

노장들과의 회의에서 중국공산당 중앙위원회 총서기로 장쩌민을 임명하기로 결정함.

6월 4일

베이징에서 학생들의 민주화 운동을 진압함.

9월 4일

정치국에 중앙군사위원회 주석직 사퇴 신청서를 제출함.

1992년 1월과 2월

우창, 창사, 선전, 주하이, 상하이를 시찰하고, 시장개혁 심화의 필요성을 강조함.

1994년 12월 22일부터 1995년 2월 7일

인민해방군 병원에서, 폐 감염으로 악화된 파킨슨병 치료를 받음.

1996년 12월 12일

동일한 진단으로 다시 입원함.

1997년 2월 19일, 오후 9시 8분

덩 사망함.

덩샤오핑 가계도

★

부모

아버지―덩샤오창邓绍昌 (문중 18대 이름은 '샤오绍', 이어받다 또는 계승하다라는 뜻.
1886~1936, 덩원밍邓文明이라고도 함)

어머니―단 씨淡氏 (1884~1926)

부인

첫 번째 부인―장시위안张锡媛 (1907년 10월 28일~1930년 1월), 1928년 봄에 결혼

두 번째 부인―진웨이잉金维映 (1904년 가을~1941년), 1931년 8월 혹은 9월에 결혼

세 번째 부인―쥐린卓琳 (1916년 4월 6일~2009년 7월 29일), 1939년 늦여름에 결혼

자녀

첫째(첫 번째 부인에게서)―딸 (1930년 1월에 출생 및 사망)

둘째(세 번째 부인에게서)―딸, 덩린邓林 (1941년 9월 11일 출생)

덩린의 남편―우젠창吴建常 (1939년 출생)

셋째(세 번째 부인에게서)―아들 덩푸팡邓朴方 (문중 20대 이름은 모형이나 모델이라는 의
미의 '싱型'. 1944년 4월 16일 출생)

덩푸팡의 아내―까오수닝高苏宁 (출생년도 ?)

넷째(세 번째 부인에게서)―딸, 덩난邓楠 (1945년 10월 출생)

덩난의 남편―장훙张宏 (출생년도 ?)

다섯째(세 번째 부인에게서)—딸, 덩룽邓榕 (마오마오毛毛) (1950년 1월 25일 출생)

덩룽의 남편—허핑贺平 (1946년 출생)

여섯째(세 번째 부인에게서)—아들, 덩즈팡邓质方 (문중 20대 이름은 '싱型'. 1951년 8월 출생)

덩즈팡의 아내—류샤오위안刘小元 (출생년도 ?)

손자손녀

손녀 (덩난에게서)—몐몐眠眠 (덩줘루이邓卓芮) (1972년 11월 출생)

손자 (덩린에게서)—멍멍萌萌 (덩줘수邓卓溯) (1974년 4월~2014년 3월 26일)

손녀 (덩룽에게서)—양양羊羊 (덩줘위에邓卓玥) (1979년 출생)

양양의 남편—펑보冯波 (출생년도 ?)

손자 (덩즈팡에게서)—샤오디小弟 (덩줘디David Zhuo, 邓卓棣. 문중 21대 이름은 배양하다라는 뜻의 '페이培'. 1985년 출생)

형제자매

누나—덩셴례邓先烈 (1902~1997)

첫째 남동생—덩셴슈邓先修 (덩컨邓垦이라고도 함. 문중 19대 이름은 앞서가다라는 의미의 '셴先'. 1910 혹은 1911년 출생)

둘째 남동생—덩셴즈邓先治 (덩수핑邓蜀平. 문중 19대 이름은 '셴先'. 1912~1967년 3월 15일)

첫째 여동생—덩셴전邓先珍 (1913~1923)

셋째 남동생—덩셴칭邓先清 (문중 19대 이름은 '셴先'. 1927년 출생)

둘째 여동생—덩셴룽邓先蓉 (?1930~?1940)

셋째 여동생—덩셴천邓先群 (1935년 12월 출생)

증손녀

증손녀(양양에게서)—? (2009년 출생)

수양 여동생

여동생—덩셴푸邓先芙 (출생년도 ?)

주석

★

서문

1. Lao Tsu, *Tao Te Ching*, trans. Ralph Alan Dale (London: Watkins, 2002), 157.

2. 위의 책, 145.

3. Confucius, *The Analects of Confucius,* trans. Simon Leys (New York: Norton, 1997), 64, 100.

4. 예를 들어, Christian Caryl (*Foreign Policy*, Sept. 13, 2011), Jonathan Mirsky (*New York Times*, Oct. 21, 2011), Pete Sweeney (*China Economic Review*, Nov. 1, 2011), John Garnaut (*The Sydney Morning Herald*, Nov. 5, 2011), Clarissa Sebag-Montefiore (*The Independent,* Dec. 2, 2011), Andrew Nathan (New Republic, Feb. 22, 2012), Charles Horner (*Claremont Review of Books*, Summer 2012), 그리고 기타의 비평을 보라. 중국의 유명 반체제인사 팡리즈(*New York Review of Books*, Nov. 10, 2011) 그리고 왕단의 비평도 참고하라 (*Taipei Times*, Jan. 29, 2012).

5. Pete Sweeney, "Burying Deng: Ezra Vogel Lets Deng Xiaoping off the Hook," *China Economic Review*, vol. 22, no. 11 (Nov. 1, 2011): 62.

1. 용의 해에 태어나다

1. 다음을 참조. Deng Maomao, *Deng Xiaoping: My Father* (New York: Basic Books, 1995), 13; 2010년 6월 24일, 이전 파이팡촌 현장 방문 기간 동안의 알렉산더 V.

판초프의 주석 참조.

2. 지주(地主)는 문자 그대로 "땅의 주인"을 의미하며 통상 "landlord"(지주)로 번역되는데, 이는 유럽에서처럼 별도의 사회적 범주를 형성하지 않기 때문에 전적으로 정확하지는 않다. 지주, 즉 부유한 토지소유주들은 다른 농부들 (농 혹은 농민)과 물질적 부의 측면에서만 다르다. 농부들은 빈농貧農, 중농中農, 그리고 부농富農으로 범주가 나뉜다.

3. 다음을 참조. *Lichnoe delo Den Sisiana* (*Dozorova*) (Personal File of Deng Xixian (Dozorov)), *Rossiiskii gosudarstvennyi arkhiv sotsial'no-politicheskoi istorii* (Russian State Archive of Social and Political History, hereafter RGASPI), collection 495, inventory 225, file 1629, sheets 2, 4, 5.

4. Deng, *Deng Xiaoping*, 34.

5. Deng Ken, "Deng Ken tan Deng Xiaoping" (Deng Ken, Speaks About Deng Xiaoping), in Liu Jintian, ed., *Huashuo Deng Xiaoping* (Stories About Deng Xiaoping) (Beijing: Zhongyang wenxian chubanshe, 2004), 3.

6. 다음을 참조. M. I. Sladkovskii, ed., *Informatsionnyi biulleten. Seriia A. "Kulturnaia revoliutsiia" v Kitae. Dokumenty i materialy (perevod s kitaiskogo), Vypusk 2: "Hunveibinskaia pechat' O Den Siaopine, Pen Chzhene, Yan Shankune i Khe Lune* (Information Bulletin: Series A: "The "Cultural Revolution" in China. Documents and Materials Translated from Chinese: The 2nd Installment. Red Guard Press on Deng Xiaoping, Peng Zhen, Yang Shangkun, and He Long (Moscow: IDV AN SSSR, 1968), 4.

7. Benjamin Yang, *Deng: A Political Biography* (Armonk, NY: Sharpe, 1998), 10, 11.

8. 다음을 참조. *Shiji xiange, bainian chuanxiang: Sichuan da xuexiao shizhan (1896~2006)* (Instrumental Song of a Centenary Echoes for a Hundred Years: History of Universities in Sichuan) (Chengdu: Sichuan daxue chubanshe, 2007), 51.

9. 다음을 참조. Deng, *Deng Xiaoping*, 35; *Deng Xiaoping, 1904~1997* (Chengdu: Sichuan chuban jituan/Sichuan renmin chubanshe, 2009), 18.

10. 다음을 참조. *Deng Xiaoping yu xiandai Zhongguo* (Deng Xiaoping and Contemporary China) (Beijing: Xiandai chubanshe, 1997), 3; *Deng Xiaoping 1904~1997*, 17~18; Robert S. Ramsay, *The Languages of China* (Princeton, NJ: Princeton University Press, 1987), 33.

11. 다음을 참조. Sladkovskii, *Informatsionnyi biulleten. Seriia A. Vypusk*

2 (Information Bulletin: Series A: 2nd Installment), 82~83; Deng, *Deng Xiaoping*, 20~22.

12. Deng, *Deng Xiaoping*, 40.

13. Mencius, *Mencius*, trans. Irene Bloom (New York: Columbia University Press, 2009), 63~64.

14. 다음을 참조. Deng Xiaoping, *Deng Xiaoping zishu* (Autobiographical Notes of Deng Xiaoping) (Beijing: Jiefangjun chubanshe, 2004), 3~4.

15. 위의 책, 2 참조.

16. 위의 책, 3 참조.

17. 다음을 참조. Uli Franz, *Deng Xiaoping*, trans. Tom Artin (Boston: Harcourt Brace Jovanovich, 1987), 10; Richard Evans, *Deng Xiaoping and the Making of Modern China*, rev. ed. (London: Penguin Books, 1997), 4.

18. 다음을 참조. Deng, *Deng Xiaoping*, 12.

19. 다음을 참조. Jin Xiaoming et al., " 'Deng jia lao yuanzi' de lao gushi" (Old Stories of "The Deng Family Old Household"), *Renmin ribao (People's Daily)*, Aug. 22, 2004; "Deng Xiaoping yi jiade gushi" (Stories of Deng Xiaoping's Family), *Xin lang (New Wave)*, Sept. 7, 2006; Deng, *Deng Xiaoping*, 40.

20. 2004년 6월 27일 베이징에서, 알렉산더 V. 판초프가 중국사회과학원 근대사연구소의 리위쩐 교수와 가진 인터뷰.

21. 다음을 참조. Deng, *Deng Xiaoping*, 40; Yang Shengqun and Yan jianqi, eds., *Deng Xiaoping nianpu: 1904~1974* (Chronological Biography of Deng Xiaoping: 1904~1974), vol. 1 (Beijing: Zhongyang wenxian chubanshe, 2010), 3. 다른 출처들에 의하면, 그것은 2년 후에 발생했다. 다음을 참조. Jin, "Deng jia lao yuanzi' de lao gushi" (Old Stories of "The Deng Family Old Household"); "Deng Xiaoping yi jiade gushi" (Stories of Deng Xiaoping's Family).

22. 세부사항은 다음을 참조. Alexander V. Pantsov with Steven I. Levine, *Mao: The Real Story* (New York: Simon & Schuster, 2012), 심규호 옮김, 《마오쩌둥 평전》(민음사, 2017), 15, 20. 모스크바에서 몇 년 후, 중산중국노동자 대학교의 강의과를 위해 쓴 자서전에서, 덩이, 무슨 이유에서인지 "불효에는 세 가지가 있는데 그중 가장 큰 것은 후손이 없는 것이다"라는 맹자의 유명한 문구를 인용하면서, 그 출처를 공자라고 적은 것은 우연이 아니었다. 다음을 참조. RGASPI, collection 530, inventory 2, file 5, sheet 175; Deng, *Deng Xiaoping zishu* (Autobiographical Notes of Deng Xiaoping), 3. 이는 식견 있는 중국인들에게는 용납할 수 없는 실수였다.

23. 다음에서 인용. Deng, *Deng Xiaoping*, 34.

24. 자세한 사항은 다음을 참조. Robert A. Kapp, *Szechwan and the Chinese Republic: Provincial Militarism and Central Power, 1911~1938* (New Haven: Yale University Press, 1973), 8~10.

25. 다음을 참조. Deng, *Deng Xiaoping zishu* (Autobiographical Notes of Deng Xiaoping), 2; Deng, "Deng Ken tan Deng Xiaoping" (Deng Ken Speaks About Deng Xiaoping), 3~4; (Deng Ken), "Gege wei geming bu huijia" (Elder Brother Did Not Return Home for the Sake of the Revolution), *Zhongguo ribao (China Newspaper)*, Sept. 28, 2008.

26. 다음을 참조. Yue Fei, "Man jiang hong" (The River Is Dyed Red), in Yue Fei, *Jingzhong Yue Fei quanji* (Collected Works of the Extremely Dedicated Patriot Yue Fei) (Taipei: Hansheng chubanshe, 1976), 155.

27. 다음에서 인용. Franz, *Deng Xiaoping*, 22.

28. 자세한 사항은 다음을 참조. Daria A. Spichak, *Kitaitsy vo Frantsii* (Chinese in France) (manuscript), 9~12.

29. 위의 책, 23~24 참조.

30. 다음을 참조. Yang and Yan, *Deng Xiaoping nianpu: 1904~1974* (Chronological Biography of Deng Xiaoping: 1904~1974), vol. 1, 7; Jiang Zemin, "Liu Fa, Bi qingong jianxue huiyi" (Recollections on the Diligent Work, Frugal Study in France and Belgium), in *Fu Fa qingong jianxue yundong shiliao* (Materials on the History of the Diligent Work, Frugal Study Movement in France), vol. 3 (Beijing: Beijing chubanshe, 1981), 448~449.

31. Jiang, "Liu Fa, Bi qingong jianxue huiyi" (Recollections on the Diligent Work, Frugal Study in France and Belgium), 448.

32. 다음을 참조. Deng, *Deng Xiaoping*, 70.

33. 세부사항은 다음을 참조. Kapp, *Szechwan and the Chinese Republic*, 8, 14, 17~23.

34. 세부사항은 다음을 참조. *Wusi yundong zai Sichuan* (May 4th Movement in Sichuan) (Chengdu: Sichuan daxue chubanshe, 1989), 103~118, 235~263, 188~322, 353~371; Wen Xianmei and Deng Shouming, *Wusi yundong yu Sichuan jiandang* (May 4th Movement and Party Building in Sichuan) (Chengdu: Sichuan renmin chubanshe, 1985), 10~29.

35. 다음을 참조. Jiang, "Liu Fa, Bi qingong jianxue huiyi" (Recollections on the Diligent Work, Frugal Study in France and Belgium), 448.

36. 다음을 참조. Jin, " 'Deng jia lao yuanzi' de lao gushi" (Old Stories of "The

Deng Family Old Household").

37. 다음을 참조. Deng, *Deng Xiaoping zishu* (Autobiographical Notes of Deng Xiaoping), 3; (Deng), "Gege wei geming bu huijia" (Elder Brother Did Not Return Home for the Sake of the Revolution); Deng, *Deng Xiaoping*, 60.

38. 다음에서 인용. "Deng Xiaoping yi jiade gushi" (Stories of Deng Xiaoping's Family).

2. 파리에서 모스크바로: 볼셰비즘의 교훈

1. 본 장은 다리아 알렉산드로브나 아린체바(슈피차크)의 도움으로 쓰였다.

2. 다음을 참조. Luo Zhengkai et al., eds., *Deng Xiaoping zaoqi geming huodong* (Deng Xiaoping's Early Revolutionary Activity) (Shenyang: Liaoning renmin chubanshe, 1991), 54.

3. 위의 책, 56 참조.

4. 다음에서 인용. Yang, *Deng*, 29.

5. 다음을 참조. "Liner Andre Lebon," http://www.frenchlines.com/ship_en_1018.php.

6. 다음을 참조. Jiang, "Liu Fa, Bi qingong jianxue huiyi" (Recollections on the Diligent Work, Frugal Study in France and Belgium), 449~450; Luo, *Deng Xiaoping zaoqi geming huodong* (Deng Xiaoping's Early Revolutionary Activity), 63~64.

7. 1919년부터 1920년까지 총 1,449명에 이르는 20개 학생그룹이 중국에서 프랑스로 왔다. 첫 번째 그룹은 1919년 3월 17일에 도착했고, 마지막 그룹은 1920년 12월 15일에 도착했다.

8. 다음을 참조. Zi Hui, "Liu Fa jianxue qingong liang nian laizhi jingguo ji xianzhuang" (The Two-year History and Present Development of the Frugal Study, Diligent Work (movement) in France), in *Fu Fa qingong jianxue yundong shiliao* (Materials on the History of the Diligent Work, Frugal Study Movement in France), vol. 1 (Beijing: Beijing chubanshe, 1981), 85~94; Huang Jinping and Zhang Li, *Deng Xiaoping zai Shanghai* (Deng Xiaoping in Shanghai) (Shanghai: Shanghai renmin chubanshe, 2004), 17, 18.

9. Deng, Deng Xiaoping, 60. 학생들은 저녁 8시까지 기숙사로 돌아와야 했고, 9시에 소등되었다. 학생들은 아침 6시에 기상하도록 되어 있었고, 수업은 오전에는 8시부터 11시까지 그리고 오후에는 2시부터 4시까지 진행되었다.

10. 다음을 참조. Deng, *Deng Xiaoping*, 60; Yang and Yan, *Deng Xiaoping*

nianpu: 1904~1974 (Chronological Biography of Deng Xiaoping: 1904~ 1974), vol. 1, 10.

11. Yang and Yan, *Deng Xiaoping nianpu: 1904~1974* (Chronological Biography of Deng Xiaoping: 1904~1974), vol. 1, 8.

12. 다음을 참조. Deng, *Deng Xiaoping*, 61~62.

13. Chen Yi, "Wo liang nian lai liu Fa qingong jianxuede shigan" (My Two-year Impressions from the Diligent Work, Frugal Study in France), in *Fu Fa qingong jianxue yundong shiliao* (Materials on the History of the Diligent Work, Frugal Study Movement in France), vol. 3, 47, 53.

14. Chen Yi, "Wo liang nian lai liu Fa de tong ku" (My Two-year Sufferings from Sojourning in France), 위의 책, 57.

15. 향후 중화인민공화국의 총리가 될 저우언라이는 자신의 운문에서 프랑스를 "자유의 조국 Fatherland of Liberty"이라고 불렀다.

16. 위의 책.

17. Li Huang, *Xuedun shi huiyilu* (Reminiscences of an Uneducated Scholar in His Study Room) (Taipei: Chuanji wenxue chubanshe, 1973), 69.

18. 다음을 참조. Marilyn A. Levine and Chen San-ching, *The Guomindang in Europe: A Sourcebook of Documents* (Berkeley: University of California Press, 2000), 11.

19. 다음에서 인용. Deng, *Deng Xiaoping*, 60.

20. 다음을 참조. Li, *Xuedun shi huiyilu* (Reminiscences of an Uneducated Scholar in His Study Room), 70.

21. 다음을 참조. Paul J. Bailey, "The Chinese Work-Study Movement in France," *China Quarterly*, vol. 115 (September 1988): 458; Marilyn A. Levine, *The Found Generation: Chinese Communists in Europe During the Twenties* (Seattle: University of Washington Press, 1993), 126.

22. 다음을 참조. Deng, *Deng Xiaoping*, 69.

23. 자세한 사항은 다음을 참조. Levine, *The Found Generation*, 121~131; Nora Wang, *Emigration et Politique: Les Etudiants-Ouvriers Chinois en France(1919~1925)* (Emigration and Politics: Chinese Worker-Students in France(1919~1925)) (Paris: Indes savantes, 2002), 213~228, 238~240; Nie Rongzhen, *Inside the Red Star: The Memoirs of Marshal Nie Rongzhen* (Beijing: New World Press, 1983), 18.

24. 자세한 사항은 다음을 참조. Zheng Chaolin, *An Oppositionist for Life: Memoirs*

of the Chinese Revolutionary Zheng Chaolin, trans. Gregor Benton (Atlantic Highlands, NJ: Humanities Press, 1997), 25~26; Zheng Chaolin, "Zheng Chaolin tan Deng Xiaoping" (Zheng Chaolin Speaks About Deng Xiaoping), in Liu Jintian, ed., *Huashuo Deng Xiaoping* (Stories About Deng Xiaoping) (Beijing: Zhongyang wenxian chubanshe, 2004), 10.

25. 다음에서 인용. Deng, *Deng Xiaoping*, 72.

26. Zheng, "Zheng Chaolin tan Deng Xiaoping" (Zheng Chaolin Speaks About Deng Xiaoping), 11.

27. 다음을 참조. Wen and Deng, *Wusi yundong yu Sichuan jiandang* (May 4th Movement and Party Building in Sichuan), 40~41.

28. 다음을 참조. Zheng, *An Oppositionist for Life*, 17~18; Nie, *Inside the Red Star*, 25~26.

29. 다음을 참조. *Zhou Enlai nianpu (1898~1949)* (Chronological Biography of Zhou Enlai (1898~1949)), rev. ed. (Beijing: Zhongyang wenxian chubanshe, 1997), 45, 48; Liao Gailong et al., eds., *Zhongguo gongchandang lishi da cidian. Zengdingben. Zonglun. Renwu* (Great Dictionary of the History of the Chinese Communist Party. Expanded ed. General Section. Personnel) (Beijing: Zhonggong zhongyang dangxiao chubanshe, 2001), 198.

30. 다음을 참조. Zheng, *An Oppositionist for Life*, 22; Liao Gailong et al., eds., *Zhongguo gongchandang lishi da cidian: Chuangli shiqi fenqi* (Great Dictionary of the History of the Chinese Communist Party: Foundation Period Section) (Beijing: Zhonggong zhongyang dangxiao chubanshe, 1989), 205.

31. 다음을 참조. Zheng, *An Oppositionist for Life*, 25; Sun Qiming, "Chen Yannian," in Hu Hua, ed., *Zhonggong dangshi renuiu zhuan* (Biographies of Persons in CCP History), vol. 12 (Xi'an: Shaanxi renmin chubanshe, 1983), 7.

32. 다음을 참조. Daria A. Spichak, *Kitaiskii avangard Kremlia: Revoliutsionery Kitaia v moskovskikh shkolakh Kominterna (1921~1939)* (The Chinese Vanguard of the Kremlin: Revolutionaries of China in Moscow Comintern Schools (1921~1939)) (Moscow: "Veche," 2012), 91~92.

33. 다음을 참조. *Zhou Enlai nianpu (1898~1949)* (Chronological Biography of Zhou Enlai (1898~1949)), 56; Zheng, *An Oppositionist for Life*, 27~29; Peng Chengfu, "Zhao Shiyan," in Hu Hua, ed., *Zhonggong dang shi renwu zhuan* (Biographies of Persons in CCP History), vol. 7 (Xi'an: Shaanxi renmin chubanshe, 1983), 13~14.

34. 다음을 참조. Liao, *Zhongguo gongchandang lishi da cidian: Chuangli shiqi fenqi* (Great Dictionary of the History of the Chinese Communist Party: Foundation Period Section), 205.

35. Deng, *Deng Xiaoping*, 73.

36. 다음을 참조. Edgar Snow, *Random Notes on Red China (1936~1945)* (Cambridge, MA: East Asian Research Center, Harvard University, 1957), 137.

37. Deng, *Deng Xiaoping*, 73.

38. *Lichnoe delo Den Sisiania (Dozorova)* (Personal File of Deng Xixian (Dozorov)), 4, 5.

39. Deng, *Deng Xiaoping zishu* (Autobiographical Notes of Deng Xiaoping), 13.

40. 위의 책, 10; *Lichnoe delo Den Sisiania (Dozorova)* (Personal File of Deng Xixian (Dozorov)), 4~5.

41. 중국공산주의청년 유럽조직의 이름을 변경하라는 천두슈와 중국사회주의청년단 중앙집행위원회의 요구에 따른 것.

42. 다음을 참조. Deng, Deng Xiaoping, 80~81; Deng, *Deng Xiaoping zishu* (Autobiographical Notes of Deng Xiaoping), 16; 중국사회주의청년단에 덩을 추천했던 인물인 왕저카이의 손자 샤오징왕이 2012년 12월 2일 알렉산더 V. 판초프에게 보낸 편지. 후일, 노년에, 덩은 딸에게 자신이 1922년 여름에 중국사회주의청년단에 가입했다고 말했다. 다음을 참조. Deng, *Deng Xiaoping*, 80. 그러나 이는 사실과 부합하지 않는다. 1926년 모스크바에서, 그는 다양한 질문지와 자신이 직접 쓴 자서전에서, 자신이 1923년 6월에 공청단의 멤버가 되었음을 반복적으로 보여주었다. 다음을 참조. *Lichnoe delo Den Sisiania (Dozorova)* (Personal File of Deng Xixian (Dozorov)), 2 reverse side, 4, 5, 10 reverse side, 12 reverse side; *Lichnoe delo Deng Sisiania* (Personal File of Deng Xixian), RGASPI, collection 495, inventory 225, file 2574, sheet 3; Deng, *Deng Xiaoping zishu* (Autobiographical Notes of Deng Xiaoping), 11, 14, 31. 또한 다음도 참조. Yang and Yan, *Deng Xiaoping nianpu: 1904~1974* (Chronological Biography of Deng Xiaoping: 1904~1974), vol. 1, 18.

43. Deng, *Deng Xiaoping zishu* (Autobiographical Notes of Deng Xiaoping), 4; Deng, "Deng Ken tan Deng Xiaoping" (Deng Ken Speaks About Deng Xiaoping), 6~7.

44. Deng, *Deng Xiaoping zishu* (Autobiographical Notes of Deng Xiaoping), 4.

45. 다음을 참조. Deng, "Deng Ken tan Deng Xiaoping" (Deng Ken Speaks About

Deng Xiaoping), 7; (Deng), "Gege wei geming bu huijia" (Elder Brother Did Not Return Home for the Sake of the Revolution).

46. 일본에서 저우언라이는 도쿄 칸다 지역 소재 동아시아상급예비학교에서 1917년 말부터 1918년 초까지 단기간 동안만 단지 일본어만 공부했다.

47. Cai Chang, "Tan qingong jianxue he shehuizhuyi qingniantuan lii Ou zhibu" (On the Diligent Work, Frugal Study in France and the European Branch of the Socialist Youth League), *Gongchanzhuyi xiaozu* (Communist Cells), vol. 2 (Beijing: Zhonggong dangshi ziliao chubanshe, 1987), 947.

48. 다음에서 인용. Deng, Deng Xiaoping, 88. 또한 다음도 참조. Deng Xiaoping, *Selected Works of Deng Xiaoping*, vol. 2 (1975~1982), 2nd ed. (Beijing: Foreign Languages Press, 1995), 32, 9.

49. Li, *Xuedun shi huiyilu* (Reminiscences of an Uneducated Scholar in His Study Room), 89.

50. 다음을 참조. Alexander V. Pantsov and Gregor Benton, "Did Trotsky Oppose Entering the Guomindang 'From the First'?" *Republican China*, vol. 19, no. 2 (April 1994): 52~66.

51. 다음을 참조. *Zhou Enlai nianpu (1898~1949)* (Chronological Biography of Zhou Enlai (1898~1949)), 62.

52. 덩의 딸은 덩이 1924년에 공산당 당원이 되었을 것이라고 하지만, 이 주장은 분명 무리한 측면이 있다. 그것은 그녀의 아버지가 중국사회주의청년단 유럽지부 집행위원회에 선출된 것이 자동적으로 그가 공산당에 입당한 것을 의미한다는 추정에 기초하고 있다. 다음을 참조. Deng, *Deng Xiaoping*, 87.

53. 다음을 참조. *Lichnoe delo Den Sisiania (Dozorova)* (Personal File of Deng Xixian (Dozorov)), 2 reverse, 4, 5, 10 reverse, 12 reverse; *Lichnoe delo Den Sisiania* (Personal File of Deng Xixian), 3; Deng, Deng Xiaoping zishu (Autobiographical Notes of Deng Xiaoping), 1, 31.

54. 다음을 참조. *Lichnoe delo Den Sisiania* (Personal File of Deng Xixian), 3.

55. 다음을 참조. Yang and Yan, *Deng Xiaoping nianpu: 1904~1974* (Chronological Biography of Deng Xiaoping: 1904~1974), vol. 1, 24.

56. 세부 사항은 다음을 참조. Nora Wang, "Deng Xiaoping: The Years in France," *China Quarterly*, vol. 92 (December 1982): 701~705; Wang, *Emigration et Politique* (Emigration and Politics), 280~283; Deng, *Deng Xiaoping*, 92-97.

57. 양핀순은 1926년 가을에야 모스크바로 유학을 오게 된다. 그때쯤 그는 파리에서 이미 공산당 당원이 되어 있었다. 다음을 참조. *Lichnoe delo Maikova (Yan

Pinsunia) (Personal File of Maikov (Yang Pinsun)), RGASPI, collection 495, inventory 225, file 1994.

58. 다음에서 인용. Wang, *Emigration et Politique* (Emigration and Politics) 281 ; Deng, *Deng Xiaoping*, 97.

59. 다음을 참조. Alexander Pantsov, *The Bolsheviks and the Chinese Revolution, 1919~1927* (Honolulu : University of Hawai'i Press, 2000), 282.

60. 자세한 사항은 다음을 참조. Spichak, *Kitaiskii avangard Kremlia* (The Chinese Vanguard of the Kremlin), 43~44.

61. 위의 책, 43, 45 참조.

62. 당시 중국공산당과 중국공산주의청년단에 소속된 300명 가운데 200명 이상이 모스크바에 유학 중이었다. 다음을 참조. Deng, *Deng Xiaoping zishu* (Autobiographical Notes of Deng Xiaoping), 23.

63. 다음을 참조. *Lichnoe delo Den Sisiania* (Personal File of DengXixian), 1~4.

64. Zheng, *An Oppositionist for Life*, 48, 54.

65. Ren Zhuoxuan, "Liu E ji gui guo hou de huiyi" (Reminiscences of Life in Russia and After Returning to the Motherland), in *Liushi nian lai zhongguo liu E xueshengzhi fengxian diaoku* (Reminiscences of Chinese Students About Their Sojourns in Russia Sixty Years Ago) (Taibei: Zhonghua shuju chubanshe, 1988), 74.

66. Deng, *Deng Xiaoping zishu* (Autobiographical Notes of Deng Xiaoping), 28.

67. 다음을 참조. Spichak, *Kitaiskii avangard Kremlia* (The Chinese Vanguard of the Kremlin), 77.

68. 다음을 참조. Pantsov, *The Bolsheviks and the Chinese Revolution, 1919~1927*, 282 ; *Deng Xiaoping*, 31 ; Sheng Yueh, *Sun Yat-sen University in Moscow and the Chinese Revolution: A Personal Account* (Lawrence : University of Kansas, 1971), 88.

69. 다음을 참조. RGASPL collection 530, inventory 1, file 16, not paginated : S. A. Dalin, *Kitaiskie memuary: 1921~1927* (Chinese Memoirs : 1921~1927) (Moscow : Nauka, 1975), 176.

70. 다음을 참조. "V universitete trudiashchikhsia Sun Yat-sena" (In Sun Yat-sen University of Toilers), *Pravda*, Mar. 11, 1926. 1926년 하반기부터, 일정은 월요일부터 수요일까지는 8시간 그리고 목요일부터 토요일까지는 6시간이었다. 다음을 참조. RGASPL collection 530, inventory 1, file 17, sheet 53.

71. RGASPL collection 530, inventory 2, file 5, sheet 175 ; Deng, *Deng Xiaoping*

zishu (Autobiographical Notes of Deng Xiaoping), 26～27.

72. Sheng, *Sun Yat-sen University in Moscow and the Chinese Revolution*, 87～88.

73. 다음을 참조. Deng, *Deng Xiaoping*, 106.

74. Karl Marx, "Critique of the Gotha Programme," in Karl Marx and Frederick Engels, *Collected Works*, vol. 24, trans. Richard Dixon and others (New York: International, 1989), 87.

75. V. I. Lenin, "The Tax in Kind," in V. I. Lenin, *Collected Works*, vol. 32 (Moscow: Progress Publishers, 1965), 344.

76. J. V. Stalin, "The Fourteenth Congress of the C.P.S.U.(B.). December 18～31, 1925," in J. V. Stalin, *Works*, vol. 7 (Moscow: Foreign Languages Publishing House, 1954). 374.

77. N. I. Bukharin, *Selected Writings on the State and the Transition to Socialism, trans.*, ed., and introduced Richard B. Day (Armonk, NY: Sharpe, 1982), 189, 197.

78. 다음을 참조. RGASPI, collection 495, inventory 225, file 1629, unpaginated; Sheng, *Sun Yat-sen University in Moscow and the Chinese Revolution*, 69～70; Leng Rong and Yan Jianqi, eds., *Deng Xiaoping huazhuan* (Pictorial Biography of Deng Xiaoping vol. 1 (Chengdu: Sichuan chuban jituan and Sichuan renmin chubanshe, 2004), 26.

79. 다음에서 인용. L. Yu Miin-ling, *Sun Yat-sen University in Moscow, 1923～1930*, PhD dissertation (New York, 1995), 179.

80. 위의 책, 175 참조.

81. 다음을 참조. RGASPI, collection 530, inventory 2, file 33, sheets 28～30.

82. 위의 책, 31～32 참조.

83. 위의 책, inventory 1, file 42, unpaginated; Sun Yefang, "Guanyu Zhonggong liu Mo zhibu" (On the Moscow Branch of the CCP), *Zhonggong dangshi ziliao* (Materials on the History of the CCP), no. 1 (1982): 180～183; Sheng, *Sun Yat-sen University in Moscow and the Chinese Revolution*, 111～112 참조.

84. 다음을 참조. Yu, *Sun Yat-sen University in Moscow, 1925～1930*, 172～173.

85. 위의 책, 175 참조.

86. RGASPI, collection 530, inventory 2, file 15, sheet 42 reverse.

87. 다음에서 인용. Deng, *Deng Xiaoping*, 107～108.

88. *Lichnoe delo Den Sisiania (Dozorova)* (Personal File of Deng Xixian

(Dozorov)), 18.

89. 위의 책, 9 참조.

90. *Lichnoe delo Dogadovoi* (Personal File of Dogodova), RGASPI, collection 495, inventory 225, file 1669; Leng and Yan, *Deng Xiaoping huazhuan* (Pictorial Biography of Deng Xiaoping), vol. 1, 41.

91. 세부 사항은 다음을 참조. Pantsov, *The Bolsheviks and the Chinese Revolution, 1919~1927*, 84~98.

92. 세부 사항은 다음을 참조. Pantsov with Levine, *Mao* 153~156.

93. 다음을 참조. RGASPI, collection 17, inventory 162, file 3, sheet 55; M. L. Titarenko et al., eds., *VKP(b), Komintern i Kitai: Dokumenty* (The AUCP(b), the Comintern, and China: Documents), vol. 2 (Moscow: AO "Buklet," 1996), 202.

94. 다음을 참조. Titarenko, et al. *VKP(b), Komintern i Kitai: Dokumenty* (The AUCP(b), the Comintern, and China. Documents), vol. 2, 228, 281.

95. 다음을 참조. George T. B. Davis, *China's Christian Army: A Story of Marshal Feng and His Soldiers* (New York: Christian Alliance, 1925), 7; Marshall Broomhall, *General Feng: A Good Soldier of Christ Jesus* (London: China Inland Mission, 1923), 11; Marcus Cheng, *Marshal Feng—The Man and His Work* (Shanghai: Kelly & Walsh, 1926), 9; Feng Lida, *Wo de fuqin Feng Yuxiang jiangjun* (My Father General Feng Yuxiang) (Chengdu: Sichuan renmin chubanshe, 1984), 92.

96. 다음을 참조. Feng Yuxiang, *Feng Yuxian riji* (Diary of Feng Yuxiang), vol. 2 (Nanjing: Jiangsu guji chubanshe, 1992), 177~215; Lars T. Lih et al., eds., *Stalin's Letters to Molotov, 1925~1936*, trans. Catherine A. Fitzpatrick (New Haven: Yale University Press, 1995), 103~118; Meng Xinren and Cao Shusheng, *Feng Yuxiang zhuan* (Biography of Feng Yuxiang) (Hefei: Anhui renmin chubanshe, 1998), 118; *Lichnoe delo Sobinovoi* (Personal File of Sobinova), RGASPI, collection 495, inventory 225, file 1341; *Lichnoe delo Nezhdanovoi* (Personal File of Nezhdanova), 위의 책, file 2034; *Lichnoe delo Kalganskogo* (Personal File of Kalganskii), 위의 책, file 1 818. 또한 다음도 참조. 코민테른 집행위원회(ECCI)에서 임무를 부여받아, 펑위샹이 소련에 머무는 동안 그의 통역을 담당했던 동방노동자공산주의 대학(KUTV)의 학생 쩡융취안(Nikolai Petrovich Nakatov)의 개인 파일 (위의 책, file 2051).

97. 다음을 참조. Feng, *Feng Yuxiang riji* (Diary of Feng Yuxiang), vol. 2,

177~215; Feng Yuxiang, *Wo de shenghuo* (My Life) (Harbin: Heilongjiang renmin chubanshe, 1984), 461~482; Titarenko, et al. *VKP(b), Komintern i Kitai: Dokumenty* (The AUCP(b), the Comintern, and China: Documents), vol. 2, 241, 242; Sheng, *Sun Yat-sen University and the Chinese Revolution*, 133~143; Jin Yanshi et al., "Liu Bojian," in Hu Hua, ed., *Zhonggong dangshi renwu zhuan* (Biographies of Persons in the History of the CCP History), vol. 4 (Xi'an: Shaanxi renmin chubanshe, 1982), 267~268.

98. 다음을 참조. Pang Xianzhi, ed., *Mao Zedong nianpu, 1893~1949* (Chronological Biography of Mao Zedong, 1893~1949), vol. 1 (Beijing: Renmin chubanshe and Zhongyang wenxian chubanshe, 2002), 169~172; M. F. Yuriev, *Revoliutsiia 1925~1927 gg. v Kitae* (The Revolution of 1925~1927 in China) (Moscow: Nauka, 1968), 416; Vera Vladimirovna Vishniakova-Akimova, *Two Years in Revolutionary China 1925~1927*, trans. Steven I. Levine (Cambridge, MA: Harvard University Press, 1971), 243~271; Chang Kuo-t'ao, *The Rise of the Chinese Communist Party, 1921~1927*, vol. 1 (Lawrence: University Press of Kansas, 1972), 532~572.

99. 다음을 참조. James E. Sheridan, *Chinese Warlord: The Career of Feng Yu-hsiang* (Stanford, CA: Stanford University Press, 1966), 203~209.

100. Titarenko, et al. *VKP(b), Komintern i Kitai: Dokumenty* (The AUCP(b), the Comintern, and China. Documents), vol. 2, 449.

101. 문서 복사본에 대해서는 다음을 참조. Deng, *Deng Xiaoping zishu* (Autobiographical Notes of Deng Xiaoping), 28; Leng and Yan, *Deng Xiaoping huazhuan* (Pictorial Biography of Deng Xiaoping), vol. 1, 42.

102. 다음을 참조. *Lichnoe delo Den Sisiania* (Personal File of Deng Xixian), 9.

3. 시안에서 상하이로

1. 다음에서 인용. Deng, *Deng Xiaoping*, 112. 다음도 참조. Deng, *Deng Xiaoping zishu* (Autobiographical Notes of Deng Xiaoping), 27; Yang and Yan, *Deng Xiaoping nianpu: 1904~1974* (Chronological Biography of Deng Xiaoping: 1904~1974), vol. 1, 32.

2. 펑에 대해서는 다음을 참조. V. M. Primakov, *Zapiski volontera: Grazhdanskaia voina v Kitae* (Notes of a Volunteer: The Civil War in China) (Moscow: Nauka, 1967), 36~37.

3. 중국에는 "현자는 부드럽게 말하고 지혜의 잔이 엎질러질까 두려워해야 한다." 라

는 말이 있다.

4. 다음을 참조. Gao Kelin, "Gao Kelin tan Deng Xiaoping" (Gao Kelin Speaks About Deng Xiaoping); in Liu Jintian, ed., *Huashuo Deng Xiaoping* (Stories About Deng Xiaoping) (Beijing: Zhongyangwenxian chubanshe, 2004), 19.

5. 다음을 참조. Zhang Junhua and Wang Shaomin, "Shi Kexuan," in Hu Hua, ed., *Zhonggong dangshi renwu zhuan* (Biographies of Persons in CCP History), vol. 26 (Xi'an: Shaanxi renmin chubanshe, 1983), 104, 111~113.

6. 다음에서 인용. Deng, *Deng Xiaoping*, 113.

7. 다음을 참조. 위의 책; Gao, "Gao Kelin tan Deng Xiaoping" (Gao Kelin Speaks About Deng Xiaoping), 19; Deng Maomao, *Wode fuqin Deng Xiaoping* (My Father Deng Xiaoping) (Beijing: Zhongyangwenxian chubanshe, 1997), 157.

8. 다음에서 인용. Deng, *Deng Xiaoping*, 113; Luo, *Deng Xiaoping zaoqi geming huodong* (Early Revolutionary Activities of Deng Xiaoping), 130. 그의 전임인지 후임인지는 알려지지 않았지만, 또 다른 서기는 정치부에서 그의 부하, 조직국 국장 까오커린이었다. 다음을 참조. Gao, "Gao Kelin tan Deng Xiaoping" (Gao Kelin Speaks About Deng Xiaoping), 20; Zhang and Wang, "Shi Kexuan," 114~15.

9. 다음에서 인용. Yang and Yan, *Deng Xiaoping nianpu: 1904~1974* (Chronological Biography of Deng Xiaoping), vol. 1, 33.

10. 다음에서 인용. Gao, "Gao Kelin tan Deng Xiaoping" (Gao Kelin Speaks About Deng Xiaoping), 20.

11. 다음에서 인용. Deng, *Deng Xiaoping*, 113.

12. RGASPI, collection 17, inventory 162, file 4, sheets 71~72. 또한 다음도 참조. Titarenko, et al. *VKP(b), Komintern i Kitai. Dokumenty* (The AUCP(b), the Comintern, and China. Documents), vol. 2, 632~633. (Italics in original.)

13. Chang, *The Rise of the Chinese Communist Party*, vol. 1, 606.

14. 다음을 참조. Feng, *Wo de shenghuo* (My Life), 535. 일찍이, 1912년 1월 1일 공화국 선포 전에, 산시陝西성 성장의 저택은 인민의 집이라고 불렸다. Harry Alverson Franck, *Wandering in Northern China* (New York: Century, 1923), 383.

15. 다음을 참조. Zhang and Wang, "Shi Kexuan," 117.

16. 다음을 참조. Feng, *Feng Yuxiang riji* (Feng Yuxiang's Diary), vol. 2, 333~334; Sheridan, Chinese Warlord, 224.

17. 다음에서 인용. Sheridan, *Chinese Warlord*, 227.

18. 위의 책, 225~226 참조.

19. 다음에서 인용. 위의 책, 232.

20. 다음에서 인용. 위의 책, 228.

21. 다음을 참조. Feng, *Wo de shenghuo* (My Life), 563; Feng, *Feng Yuxiang riji* (Feng Yuxiang's Diary), vol. 2, 337; *Deng Xiaoping*, 35; Jin, "Liu Bojian," 275; Luo, *Deng Xiaoping zaoqi geming huodong* (Early Revolutionary Activities of Deng Xiaoping), 132; Meng and Cao, *Feng Yuxian zhuan* (Biography of Feng Yuxiang), 144~145.

22. 다음에서 인용. Yang, *Deng Xiaoping*, 55.

23. 다음을 참조. Zhang and Wang, "Shi Kexuan," 119.

24. 다음을 참조. *Deng Xiaoping*, 35~36; Luo, *Deng Xiaoping zaoqi geming huodong* (Early Revolutionary Activities of Deng Xiaoping), 132; Gao, "Gao Kelin tan Deng Xiaoping" (Gao Kelin Speaks About Deng Xiaoping), 20.

25. 다음을 참조. Zheng, *An Oppositionist for Life*, 127, 130~131.

26. 다음을 참조. Deng, *Deng Xiaoping*, 118.

27. RGASPI, collection 17, inventory 162, file 5, sheet 30. 이 전보는 1996년 처음으로 공개되었다. 다음을 참조. Titarenko, et al. *VKP(b), Komintern i Kitai: Dokumenty* (The AUCP(b), the Comintern, and China: Documents), vol. 2, 763~764.

28. Titarenko, et al. *VKP(b), Komintern i Kitai: Dokumenty* (The AUCP(b), the Comintern, and China: Documents), vol. 2, 814, 823.

29. 위의 책, 843 참조.

30. 다음에서 인용. Chang, *The Rise of the Chinese Communist Party*, vol. 1, 715.

31. Zheng, *An Oppositionist for Life*, 129.

32. 다음을 참조. Patricia Stranahan, *Underground: The Shanghai Communist Party and the Politics of Survival, 1927~1937* (Lanham, MD: Rowman & Littlefield, 1998), 23.

33. Chang, *The Rise of the Chinese Communist Party*, vol. 1, 669~670.

34. Stuart R. Schram, ed., *Mao's Road to Power: Revolutionary Writings, 1912~1949* vol. 3 (Armonk, NY: Sharpe, 1995), 30~33; *Baqi huiyi* (The August 7 Conference), Beijing: Zhonggong dangshi ziliao chubanshe, 1986), 73.

35. 다음에서 인용. Leng Buji, *Deng Xiaoping zai Gannan* (Deng Xiaoping in South Jiangxi) (Beijing: Zhongyang wenxian chubanshe, 1995), 85.

36. 로미나제가 선출한 임시정치국 위원에는 마오에 더해 9명의 위원과 6명의 후보위원을 포함한 15명의 위원이 있었으며, 이 중에는 취추바이, 덩중샤, 저우언라이, 장궈타오, 리리싼이 있었다.

37. 세부 사항은 다음을 참조. Pantsov with Levine, *Mao*, 194~198.

38. 다음을 참조 Zheng, *An Oppositionist for Life*, 133 ; Titarenko et al., eds., *VKP(b), Komintern i Kitai: Dokumenty* (The AUCP(b), the Comintern, and China : Documents), vol. 3, 126~127.

39. 세부 사항은 다음을 참조. A. M. Grigoriev, *Kommunisticheskaia partiia Kitaia v nachal'nyi period sovetskogo dvizheniia (iul' 1927g.~sentiabr' 1931g.)* (The Communist Party of China in the Initial Period of the Soviet Movement (July 1927~September 1931)) (Moscow : IDV AN SSSR, 1976), 37~46.

40. 국민당 프로그램의 핵심인 쑨원의 삼민주의(민족, 민권, 민생)는 향후 모든 계급 사이에서의 협력에 기초한 민주적인 중화 국가의 기초를 놓기 위한 것이었다.

41. 다음을 참조. Frederic Wakeman, Jr., *Policing Shanghai, 1927~1937* (Berkeley : University of California Press, 1995), 58, 133.

42. 다음을 참조. Stranahan, *Underground*, 17.

43. 다음을 참조. Pantsov with Levine, *Mao*, 205.

44. 다음을 참조. Chang, *The Rise of the Chinese Communist Party*, vol.2, 39.

45. 다음을 참조. *Deng Xiaoping*, 37 ; Yang and Yan, *Deng Xiaoping nianpu: 1904~1974* (Chronological Biography of Deng Xiaoping: 1904~1974), vol. 1, 39.

46. 다음을 참조. Leng and Yan, *Deng Xiaoping huazhuan* (Pictorial Biography of Deng Xiaoping), vol. 1, 49.

47. 다음을 참조. Huang Zeran, "Huang Xcnan tan Deng Xiaoping" (Huang Zeran Speaks About Deng Xiaoping), in Liu Jintian, ed., *Huashuo Deng Xiaoping* (Stories About Deng Xiaoping) (Beijing : Zhongyangwenxian chubanshe, 2004), 21.

48. 다음을 참조. Deng, *Deng Xiaoping*, 35.

49. 다음에서 인용. 위의 책, 132.

50. Zheng, *An Oppositionist for Life*, 215 참조.

51. 다음을 참조. Luo, *Deng Xiaoping zaoqi geming huodong* (Early Revolutionary Activities of Deng Xiaoping), 134.

52. 다음을 참조. Sladkovskii, *Informatsionnyi biulleten'. Seriia A. Vypusk 2* (Information Bulletin : Series A: 2nd Installment), 4.

53. 2010년 6월 24일, 시에싱協兴 마을 방문 당시 알렉산더 판초프가 개인적으로 받은 인상.

54. Franz, *Deng Xiaoping*, 13~14.

55. 다음에서 인용. Deng, *Deng Xiaoping*, 136~137.

56. 다음을 참조. *Ren Bishi nianpu: 1904~1950* (Chronological Biography of Ren Bishi: 1904~1950) (Beijing: Zhongyangwenxian chubanshe, 2004), 95.

57. M. I. Sladkovskii, ed., *Dokumenty po istorii Kommunisticheskoi partii Kitaia 1920~1949 (v chetyrekh tomakh)* (Documents on the History of the Communist Party of China, 1920~1949. In four volumes), vol. 1 (Moscow: IDV AN SSSR, 1981), 180~181; vol. 2, 26, 30.

58. Pavel Mif ed., *Strategiia i taktika Kominterna v natsional'no-kolonial'noi revoliutsii na primere Kitaia* (Strategy and Tactics of the Comintern in National and Colonial Revolutions: The Case of China) (Moscow: IWEIP Press, 1934), 236~244.

59. 다음을 참조. Titarenko et al., *VKP(b), Komintern i Kitai: Dokumenty* (The AUCP(b), the Comintern, and China: Documents), vol. 3, 603. 또한 다음도 참조. Yang and Yan, *Deng Xiaoping nianpu: 1904~1974* (Chronological Biography of Deng Xiaoping: 1904~1974), vol. 1, 49.

60. 궁인빙에 대한 세부 사항은 다음을 참조. Gong Youzhi, "Gong Yinbing," in Hu Hua, ed., *Zhonggong dangshi renwu zhuan* (Biographies of Persons in CCP History), vol. 34 (Xi'an: Shaanxi renmin chubanshe, 1987), 261~270.

61. 다음을 참조. Deng, *Deng Xiaoping*, 159.

62. 다음에서 인용. Leng and Yan, *Deng Xiaoping huazhuan* (Pictorial Biography of Deng Xiaoping), vol. 1, 50.

4. 광시에서의 시험

1. 다음을 참조. Nie, *Inside the Red Star*, 84~85; Liao Gailong, *Zhongguo gongchandang lishi da cidian. Zengdingben. Zonglun. Renwu* (Great Dictionary of the History of the Chinese Communist Party. Expanded edition. General. Personnel), 177.

2. 다음을 참조. Nie, *Inside the Red Star*, 84~85; Yang and Yan, *Deng Xiaoping nianpu: 1904~1974* (Chronological Biography of Deng Xiaoping: 1904~1974), vol. 1, 50~51; Gong Chu, *Wo yu hongjun* (The Red Army and I) (Hong Kong: Nan feng chubanshe, 1954), 165~167.

3. 다음을 참조. Gong, *Wo yu hongjun* (The Red Army and I), 167.

4. 다음을 참조. Diana Lary, *Region and Nation: The Kwangsi Clique in Chinese Politics, 1925~1937* (London: Cambridge University Press, 1974), 103.

5. 위의 책, 183~200; Gong, *Wo yu hongjun* (The Red Army and I), 173; *Dangshi yanjiu ziliao* (Study Materials on Party History), series 5 (Chengdu: Sichuan renmin chubanshe, 1985), 496~497.

6. 다음을 참조. Chen Xinde, "Wei Baqun," in Hua, ed., *Zhonggong dangshi renwu zhuan* (Biographies of Persons in CCP History), vol. 12, 183~200. 다른 자료에 따르면, 웨이바췬은 1928년 말에 공산당원이 되었다. 다음을 참조. *Zhuangzu jianshi* (Short History of the Zhuang) (Nanning: Guangxi renmin chubanshe, 1980), 149; Huang Xianfan, *Zhuangzu tongshi* (Comprehensive History of the Zhuang) (Nanning: Guangxi renmin chubanshe, 1988), 788.

7. Titarenko et al., *VKP(b), Komintern i Kitai: Dokumenty* (The AUCP(b), the Comintern, and China: Documents), vol. 3, 732.

8. 다음에서 인용. Deng, *Deng Xiaoping*, 144.

9. 위의 책.

10. 위의 책, 146.

11. *Zuo you jiang geming genjudi* (Revolutionary Bases in the Zuojiang and Youjiang Areas), vol. 1 (Beijing: Zhonggong dangshi ziliao chubanshe, 1989), 79. 대표대회에서의 보고를 허창이 했다는 데 대한 정보에 대해서는, 다음을 참조. *Zhang Yunyi dajiang huazhuan* (Pictorial Biography of General Zhang Yunyi) (Chengdu: Sichuan renmin chubanshe, 2009), 66.

12. 레이징톈에 관해서는 다음을 참조. Wang Linmao, "Lei Jingtian," in Hu Hua, ed., *Zhonggong dangshi renwu zhuan* (Biographies of Persons in CCP History), vol. 20 (Xi'an: Shaanxi renmin chubanshe, 1984), 346~360.

13. 다음을 참조. Deng, *Deng Xiaoping zishu* (Autobiographical Notes of Deng Xiaoping), 40.

14. 다음을 참조. Leng and Yan, *Deng Xiaoping huazhuan* (Pictorial Biography of Deng Xiaoping), vol. 1, 52; Yang and Yan, *Deng Xiaoping nianpu: 1904~1974* (Chronological Biography of Deng Xiaoping: 1904~1974), vol. 1, 50.

15. 다음을 참조. Gong, *Wo yu hongjun* (The Red Army and I), 168~169.

16. 다음을 참조. 위의 책, 171~172; Yang and Yan, *Deng Xiaoping nianpu: 1904~1974* (Chronological Biography of Deng Xiaoping: 1904~1974), vol. 1, 51; *Zhang Yunyi dajiang huazhuan* (Pictorial Biography of General Zhang Yunyi), 66.

17. 다음을 참조. Deng, *Deng Xiaoping*, 145.

18. Gong, *Wo yu hongjun* (The Red Army and I), 173~174.

19. H. G. W. Woodhead, ed., *China Year Book 1931* (Nendeln/Liechtenstein: Kraus Reprint, 1969), 595. 이 지역의 아편거래에 대해서는 다음도 참조. Harry A. Franck, *China: A Geographical Reader* (Dansville, NY: F. A. Owen, 1927), 212~213.

20. 다음을 참조. Deng, *Deng Xiaoping*, 148~149; Yang and Yan, *Deng Xiaoping nianpu: 1904~1974* (Chronological Biography of Deng Xiaoping: 1904~1974), vol. 1, 51; Zhang Yunyi, "Bose qiyi yu hong qi jun de jianli" (The Uprising in Bose and the Establishment of the 7th Corps of the Red Army), in Guangxi geming huiyilu (Reminiscences of the Revolution in Guangxi) (Nanning: Guangxi zhuangzu zizhiqu renmin chubanshe, 1959), 6.

21. 다음을 참조. (Deng Xiaoping) "Baogao" (Report) (January 1930), in *Zuo you jiang geming genjudi* (Revolutionary Bases in the Zuojiang and Youjiang Areas), vol. 1, 175.

22. Harry A. Franck, *Roving Through Southern China* (New York: Century, 1925), 356, 357.

23. 이 서신에 대해서는 다음을 참조. *Zuo you jiang geming genjudi* (Revolutionary Bases in the Zuojiang and Youjiang Areas), vol. 1, 76~92.

24. 다음을 참조. Zhang, "Bose qiyi yu hong qi junde jianli" (The Bose Uprising and Establishment of the 7th Corps of the Red Army), 9~10; Chen Daomin (Chen Haoren), "Qi jun qianwei baogao (1930 nian 1 yue) (Report of the Front Committee of the 7th Corps, January 1930), in *Zuo you jiang geming genjudi* (Revolutionary Bases in the Zuojiang and Youjiang Areas), vol. 1, 158.

25. (Deng), "Baogao" (Report), 176~177; Chen Haoren, "Qi jun gongzuo zong baogao (1931 nian 3 yue 9 ri) (General Report on the Work of the 7th Corps, Mar. 9, 1931), in *Zuo you jiang geming genjudi* (Revolutionary Bases in the Zuojiang and Youjiang Areas), vol. 1, 361; Deng, Deng Xiaoping, 155~156.

26. 다음을 참조. Yang and Yan, *Deng Xiaoping nianpu: 1904~1974* (Chronological Biography of Deng Xiaoping: 1904~1974), vol. 1, 53; Huang Rong, "Huang Rong tan Deng Xiaoping" (Huang Rong Speaks About Deng Xiaoping), in Liu Jintian, ed., *Huashuo Deng Xiaoping* (Stories About Deng Xiaoping) (Beijing: Zhongyang wenxian chubanshe, 2004), 24.

27. 다음을 참조. Chen, "Qi jun gongzuo zong baogao" (General Report on the Work of the 7th Corps), 360.

28. Lary, Region and Nation, 102. 또한 다음도 참조. Katherine Palmer Kaup, *Creating the Zhuang: Ethnic Politics in China* (Boulder, CO, and London: L. Reiner, 2000), 94~100; Lan Handong and Lan Qixun, *Wei Baqun* (Beijing: Zhongguo qingnian chubanshe, 1986), 93; Franz, *Deng Xiaoping*, 77~78.

29. 다음을 참조. Mary S. Erbaugh, "The Secret History of the Hakkas: The Chinese Revolution as a Hakka Enterprise," in Susan D. Blum and Lionel M. Jensen, eds., *China off Center: Mapping the Migrants of the Middle Kingdom* (Honolulu: University of Hawai'i Press, 2002), 187, 189; Eugene W. Levich, *The Kwangsi Way in Kuomintang China, 1931~1939* (Armonk, NY: Sharpe, 1993), 179.

30. 다음을 참조. Kaup, *Creating the Zhuang*, 96; Pavel Mif, ed., *Sovety v Kitae: Sbornik dokumentov i materialov* (Soviets in China: A Collection of Documents and Materials) (Moscow: Partizdat TsK VKP(b), 1934), 196.

31. 다음을 참조. Kaup, *Creating the Zhuang*, 95.

32. 다음을 참조. Lary, *Region and Nation*, 103.

33. 다음을 참조. (Deng), "Baogao" (Report), 178.

34. 이 방향에서의 웨이의 노력에 대해서는 다음을 참조. Kaup, *Creating the Zhuang*, 96~99.

35. 위의 책, 104 참조.

36. "The local inhabitants speak various entirely different languages," 덩은 상황에 대해 숙지한 후, 1930년 1월 중국공산당 중앙위원회에, "지역 거주민들은 완전히 다른 여러 언어를 사용한다"고 보고했다. (Deng), "Baogao" (Report), 175.

37. 다음도 참조. Yang and Yan, *Deng Xiaoping nianpu: 1904~1974* (Chronological Biography of Deng Xiaoping: 1904~1974), vol. 1, 54, 55; Deng, *Deng Xiaoping*, 152~153.

38. 다음을 참조. *Zuo you jiang geming genjudi* (Revolutionary Bases in the Zuojiang and Youjiang Areas), vol. 1, 97, 99; Deng, *Deng Xiaoping zishu* (Autobiographical Notes of Deng Xiaoping), 41; Deng Xiaoping, *Wode zishu (Zhailu)* (My Autobiographical Notes (Excerpts)), June 20~July 5, 1968, http://blog.smthome.net/article-htm-tid-993.html; Yang and Yan, *Deng Xiaoping nianpu: 1904~1974* (Chronological Biography of Deng Xiaoping: 1904-1974), vol. 1, 53~54.

39. 다음을 참조. (Deng), "Baogao" (Report), 175.

40. 다음에서 인용. Deng, *Deng Xiaoping*, 153.

41. Chen, "Qi jun gongzuo zong baogao" (General Report on the Work of the 7th Corps), 360.

42. 위의 책.

43. (Deng), "Baogao" (Report), 178 참조.

44. 위의 책.

45. 또한 다음도 참조. 위의 책, 175~176, 179, 363.

46. Chen, "Qi jun gongzuo zong baogao" (General Report on the Work of the 7th Corps), 360.

47. Deng Xiaoping, "Deng Xiaoping qicaode 'Qi jun gongzuo baogao'" ("Report on the Work on the 7th Corps, Written by Deng Xiaoping"), in Deng, *Deng Xiaoping zishu* (Autobiographical Notes of Deng Xiaoping), 50~51.

48. 다음을 참조. Chen, "Qi jun gongzuo zong baogao" (General Report on the Work of the 7th Corps), 360.

49. 다음을 참조. Deng, "Deng Xiaoping qicaode 'Qi jun gongzuo baogao'" ("Report on the Work on the 7th Corps Written by Deng Xiaoping"), 67~69.

50. 다음을 참조. Wang Fukun, ed., *Hong qi jun hong ha jun zong zhihui Li Mingrui* (Li Mingrui, Commander-in-chief of the 7th and 8th Corps of the Red Army) (Nanning: Guangxi renmin chubanshe, 2008), 123~126.

51. 다음을 참조. Yang and Yan, *Deng Xiaoping nianpu: 1904~1974* (Chronological Biography of Deng Xiaoping: 1904~1974), vol. 1, 56~57.

52. 다음을 참조. Chen, "Qi jun qianwei baogao (1930 nian i yue)" ("Report of the Front Committee of the 7th Corps, January 1930), 159~160; Yang and *Yan, Deng Xiaoping nianpu: 1904~1974* (Chronological Biography of Deng Xiaoping: 1904~1974), vol. 1, 55~58; (Deng Xiaoping), "Buchongbaogao" (Supplementary Report), in *Zuo you jiang geming genjudi* (Revolutionary Bases in the Zuojiang and Youjiang Areas), vol. 1, 180.

53. 다음을 참조. (Deng), "Baogao" (Report), 178.

54. 다음을 참조. Deng, "Deng Xiaoping qicaode 'Qi jun gongzuo baogao'" ("Report on the Work of the 7th Corps" Written by Deng Xiaoping), 65; Chen, "Qi jun gongzuo zong baogao" (General Report on the Work of the 7th Corps), 375.

55. 다음을 참조. *Zuo you jiang geming genjudi* (Revolutionary Bases in the Zuojiang and Youjiang Areas), vol. 1, 105~106; Chen, "Qi jun qianwei baogao (1930 nian 1 yue)" (Report of the Front Committee of the 7th Corps, January

1930), 161.

56. Titarenko et al., *VKP(b), Komintern i Kitai: Dokumenty* (The AUCP(b), the Comintern, and China: Documents), vol. 3, 607.

57. 위의 책, 621.

58. 중국공산당 중앙위원회는 이러한 고발 내용을 거부하면서 코민테른 집행위원회 최고 간부회의에 항고장을 보내 극동국의 비판은 "전적으로 근거 없는 중상"이라고 주장했다. 위의 책, 732.

59. *Pravda*, Dec. 29, 1929.

60. *Zuo you jiang geming genjudi* (Revolutionary Bases in the Zuojiang and Youjiang Areas), vol. 1, 180~198, 233. 또한 다음도 참조. Yang Shengqun and Liu Jintian, eds., *Deng Xiaoping zhuan (1904~1974)* (Biography of Deng Xiaoping (1904~1974)), vol. 1 (Beijing: Zhongyang wenxian chubanshe, 2014), 137~140.

61. *Zuo you jiang geming genjudi* (Revolutionary Bases in the Zuojiang and Youjiang Areas), vol. 1, 179~180, 187~188.

62. 다음을 참조. Deng, *Deng Xiaoping*, 158; Wang, *Hong qijun hong ba jun zong zhihui— Li Mingrui* (Li Mingrui, Commander-in-chief of the 7th and 8th corps), 251.

63. 다음을 참조. *Zuo you jiang geming genjudi* (Revolutionary Bases in the Zuojiang and Youjiang Areas), vol. 1, 198, 229, 233.

64. 다음을 참조. (Deng), "Buchongbaogao" (Supplementary report), 180; *Zuo you jiang geming genjudi* (Revolutionary Bases in the Zuojiang and Youjiang Areas), vol. 1, 105.

65. 다음을 참조. *Zuo you jiang geming genjudi* (Revolutionary Bases in the Zuojiang and Youjiang Areas), vol. 1, 218~248.

66. 다음을 참조. Deng, *Deng Xiaoping zishu* (Autobiographical Notes of Deng Xiaoping), 38; Yang and Yan, *Deng Xiaoping nianpu: 1904~1974* (Chronological Biography of Deng Xiaoping: 1904~1974), vol. 1, 60. 유감스럽 게도 이 임명에 대한 문서 증거는 없다.

67. 다음에서 인용. Yang and Yan, *Deng Xiaoping nianpu: 1904~1974* (Chronological Biography of Deng Xiaoping: 1904~1974), vol. 1, 61.

68. 다음을 참조. 위의 책, 203~204; Deng, "Deng Xiaoping qicaode 'Qi jun gongzuo baogao'". ("Report on the Work of the 7th Corps Written by Deng Xiaoping"), 45~46.

69. 다음을 참조. A. Ivin, *Sovetskii Kitai* (Soviet China) (Moscow: "Molodaia gvardiia," 1931), 151; Siao Lo (Xiao Luo), "Sovetskaia vlast' v Lunzhou (provintsiia Guansi)" (Soviet Power in Longzhou (Guangxi province)), in Pavel Mif, ed., *Sovety v Kitae: Sbornik dokumentov i materialov* (Soviets in China: A Collection of Documents and Materials), (Moscow: 4) 198; Deng, "Deng Xiaoping qicaode 'Qijun gongzuo baogao'" ("Report on the Work of the 7th Corps Written by Deng Xiaoping"), 46~47.

70. 다음을 참조. *Zuo you jiang geming genjudi* (Revolutionary Bases in the Zuojiang and Youjiang Areas), vol. 1, 206.

71. 다음을 참조. (Li) Lisan, "Chisede Longzhou" (Red Longzhou), 위의 책, 251; Siao, "Sovetskaia vlast' v Lunzhou (provintsiia Guansi)" (Soviet Power in Longzhou (Guangxi Province)), 194.

72. Deng, *Deng Xiaoping*, 156.

73. 다음을 참조. Ivin, *Sovetskii Kitai* (Soviet China), 151; Siao, "Sovetskaia vlast' v Lunzhou (provintsiia Guansi)" (Soviet Power in Longzhou (Guangxi Province)), 194~199; Snow, *Random Notes on Red China* (1936~1945), 138.

74. 다음을 참조. Yang and Yan, *Deng Xiaoping nianpu: 1904~1974* (Chronological Biography of Deng Xiaoping: 1904-1974), vol. 1, 62~63.

75. Yang, *Deng*, 63.

76. Deng, "Deng Xiaoping qicaode 'Qi jun gongzuo baogao'" ("Report on the Work of the 7th Corps Written by Deng Xiaoping"), 48.

77. Deng, *Deng Xiaoping zishu* (Autobiographical Notes of Deng Xiaoping), 40.

78. 다음을 참조. 위의 책, 43.

79. 다음에서 인용. Deng, *Deng Xiaoping*, 166.

80. 다음을 참조. Lan and Lan, *Wei Baqun*, 139~140; Chen, "Wei Baqun," 201.

81. 다음을 참조. Deng, *Deng Xiaoping*, 166.

82. *Zuo you jiang geming genjudi* (Revolutionary Bases in the Zuojiang and Youjiang Areas), vol. 1, 265~266; Yang and Yan, *Deng Xiaoping nianpu: 1904~1974* (Chronological Biography of Deng Xiaoping: 1904~1974), vol. 1, 64~65.

83. Siao, "Sovetskaia vlast' v Lunzhou (provintsiia Guansi)" (Soviet Power in Lonzhou (Guangxi Province)), 198.

84. 다음을 참조. Deng, "Deng Xiaoping qicaode 'Qi jun gongzuo baogao'"

("Report on the Work of the 7th Corps Written by Deng Xiaoping"), 63~66. 또한 다음도 참조. Huang, "Huang Rong tan Deng Xiaoping" (Huang Rong Speaks About Deng Xiaoping), 26; Chen, "Wei Baqun," 206~207.

85. 다음을 참조. Ivin, *Sovetskii Kitai* (Soviet China), 149.

86. 다음을 참조. Woodhead, *China Year Book 1931*, 595.

87. 다음에서 인용. Deng, *Deng Xiaoping*, 170. 또한 다음도 참조. Deng, *Deng Xiaoping zishu* (Autobiographical Notes of Deng Xiaoping), 41.

88. 다음을 참조. *Lichnoe delo Den Gana* (Personal File of Deng Gang), RGASPI, collection 495, inventory 225, file 2956. 1928년에 UTK는 중산중국노동자공산주의 대학교의 약칭, KUTK로 개명되었다.

89. 다음에서 인용. Wang jianmin, *Zhongguo gongchandang shigao* (A Draft History of the Chinese Communist Party), vol. 2 (Taipei: Author Press, 1965), 77.

90. 다음을 참조. Yang and Yan, *Deng Xiaoping nianpu: 1904~1974* (Chronological Biography of Deng Xiaoping: 1904~1974) vol. 1, 69~70.

91. 다음을 참조. 위의 책, 70. 사건을 목격한 궁추가, 오히려 덩이 대도시들을 공격하는 데 열렬히 찬성했고, 그 자신은 강력히 반대했다고 주장한 것은 사실이다. 다음을 참조. Gong, *Wo yu hongjun* (The Red Army and I), 198. 그러나 이 주장은 다른 정보들에 의해 확인되지 않는다.

92. 다음을 참조. Deng, "Deng Xiaoping qicaode 'Qi jun gongzuo baogao'" (Report on the Work of the 7th Corps Written by Deng Xiaoping), 34.

93. 다음을 참조. Chen Jinyuan, "Wei Baqun tougu chutu jishu" (True Story of the Exhumation of Wei Baqun's Skull), *Wenshi chunqiu (Literary and Historical Chronicle)*, no. 5 (2004): 5~25; Lan and Lan, *Wei Baqun*, 215~218; Levich, *The Kwangsi Way in Kuomintang China, 1931~1939*, 58.

94. 다음을 참조. Deng, "Deng Xiaoping qicaode 'Qi jun gongzuo baogao'" (Report on the Work of the 7th Corps Written by Deng Xiaoping), 57~58; Yang and Yan, *Deng Xiaoping nianpu: 1904~1974* (Chronological Biography of Deng Xiaoping: 1904~1974), vol. 1, 75.

95. Mif, *Strategiia i taktika Kominterna v natsional'no-kolonial'noi revoliutsii na primere Kitaia* (Strategy and Tactics of the Comintern in National and Colonial Revolutions: The Case of China), 283~290.

96. 다음을 참조. *Zuo you jiang geming genjudi* (Revolutionary Bases in the Zuojiang and Youjiang Areas), vol. 1, 513~514.

97. 세부 사항은 다음을 참조. Deng, "Deng Xiaoping qicaode 'Qi jun gongzuo baogao'"(Report on the Work of the 7th Corps Written by Deng Xiaoping), 61~63; Mo Wenhua, *Huiyi hong qi jun* (Reminiscences of the Red 7th Corps), 3rd rev.ed. (Nanning: Guangxi renmin chubanshe, 1979), 85~106; Huang, "Huang Rong tan Deng Xiaoping" (Huang Rong Speaks About Deng Xiaoping), 26.

98. Deng, *Wode zishu (Zhailu)* (My Autobiographical Notes (Excerpts)).

99. 다음에서 인용. Yang, *Deng*, 65~66. 또한 다음도 참조. Yang and Yan, *Deng Xiaoping nianpu, 1904~1974* (Chronological Biography of Deng Xiaoping: 1904~1974), vol. 1, 81; Deng, *Deng Xiaoping*, 185~186; Franz, *Deng Xiaoping*, 87~88.

100. 모 장군의 7군 회고록 첫 두 판본을 참조하라. Mo Wenhua, *Huiyi hong qi jun* (Remembering the 7th Corps) (Nanning: Guangxi renmin chubanshe, 1961 and 1962). 덩이 집권한 직후인 1979년 출간된 세 번째 개정판에서야 1931년 3월 덩을 상하이로 보낸다는 "당의 결정"에 관한 언급이 나온다. 다음을 참조. Mo Wenhua, *Huiyi hong qi jun* (Remembering the 7th Corps), 3rd rev. ed., 106.

101. Sladkovskii, *Informatsionnyi biulleten'. Seriia A. Vypusk 2* (Information Bulletin: Series A: 2nd Installment), 7.

102. Deng, *Wode zishu (Zhailu)* (My Autobiographical Notes (Excerpts)); Deng, "Deng Xiaoping gei Mao zhuxide xin (1972 nian 8 yue 3 ri)" (Deng Xiaoping's Letter to Chairman Mao, Aug. 3, 1972), http://www.sinovision.net/blog/index/php?act=details&id=i2850&bcode=xinwu.

103. 다음을 참조. Deng, "Deng Xiaoping qicaode 'Qi jun gongzuo baogao'" (Report on the Work of 7th Corps Written by Deng Xiaoping), 72.

5. '5불파'의 정신

1. 덩의 표현에 따르면, "전투가 끝난 후에 그는 아무에게도 말하지 않고 조용히 떠났고, 그가 어디로 갔는지는 아무도 몰랐다." 다음에서 인용함. Deng, *Deng Xiaoping*, 181.

2. Chen, *Qi jun gongzuo zong baogao* (General Report on the Work of the 7th Corps), 378.

3. Yan Heng, *Yan Heng tongzhi guanyu di qide baogao (1931nian 4yue 4ri)* (Comrade Yan Heng's Report on the 7th Corps, April 4, 1931), in *Zuo you jiang geming genjudi* (Revolutionary Bases in the Zuojiang and Youjiang Areas), vol. 1, 382~384.

4. Titarenko et al., VKP(b), *Komintern i Kitai: Dokumenty* (The AUCP[b], the Comintern, and China: Documents), vol. 3, 1357.

5. Deng, "Deng Xiaoping qicao de 'Qi jun gongzuo baogao'" (Report on the Work of the 7th Corps Written by Deng Xiaoping), 72.

6. Deng, *Deng Xiaoping*, 219.

7. 장시위안의 유해는 본인의 이름하에 1969년 상하이의 혁명영웅묘지에 개장改葬되었다.

8. 덩은 1931년 5월 중순 〈시사신보〉에 난 동생의 공고를 본 후 동생과 만났다. 공고 내용은 이렇다. "덩시셴 형, 보세요. 동생이 상하이에 도착했고 형을 만나기를 바라고 있습니다." *New Newspaper of Facts*, May 2, 1931.

9. 다음을 참조. *Lichnoe delo Tiszin Veiyin (Lizy)* (Personal File of Jin Weiying [Liza]), RGASPI, collection 495, inventory 225, file 428, sheets 28~31; Xu Zhujin, *Jin Weiying zhuan* (Biography of Jin Weiying) (Beijing: Zhonggong dangshi chubanshe, 2004), 6~86, 330~333.

10. 다음에서 인용함. Xu, *Jin Weiying zhuan* (Biography of Jin Weiying), 95.

11. 다음을 참조. Leng, *Deng Xiaoping zai Gannan* (Deng Xiaoping in South Jiangxi), 31~32, 35.

12. 다음을 참조. 위의 책, 30.

13. 세부사항은 다음을 참조. Stephen C. Averill, "The Origins of the Futian Incident," in Tony Saich and Hans J. van de Ven, eds., *New Perspectives on the Chinese Communist Revolution* (Armonk, NY: Sharpe, 1995), 79~115; Pantsov with Levine, *Mao*, 239~245.

14. Deng, "Deng Xiaoping qicao de 'Qi jun gongzuo baogao'" (Report on the Work of the 7th Corps Written by Deng Xiaoping), 71.

15. Deng, *Wode zishu (Zhailu)* (My Autobiographical Notes [Excerpts]). 또한 다음도 참조. Yang and Yan, *Deng Xiaoping nianpu: 1904~1974* (Chronological Biography of Deng Xiaoping: 1904~1974), vol. 1, 84~85; Leng, *Deng Xiaoping zai Gannan* (Deng Xiaoping in South Jiangxi), 32~37; Feng Du, "Suqu 'jingguan' Deng Xiaoping" (Deng Xiaoping, Head of the "Capital" of the Soviet Area), http://cpc.people.com.cn/GB/64162/64172/64915/4670788.html.

16. 다음을 참조. Yang and Yan, *Deng Xiaoping nianpu: 1904~1974* (Chronological Biography of Deng Xiaoping: 1904~1974), vol. 1, 86.

17. 다음을 참조. Leng, *Deng Xiaoping zai Gannan* (Deng Xiaoping in South Jiangxi), 38~41.

18. Schram, *Mao's Road to Power*, vol. 3,256, 257, 504.

19. 다음을 참조. Hsiao Tso-liang, *Power Relations Within the Chinese Communist Movement, 1930~1934* (Seattle: University of Washington Press, 1967), vol. 2, 382~389.

20. 다음을 참조. "Beseda [G. I.] Mordvinovast. Chzhou En'laem 4 marta 1940 g. (Conversation between [G. I.] Mordvinov and Zhou Enlai, Mar. 4, 1940), RGASPI, collection 495, inventory 225, file 71, vol. 1, sheet 32.

21. Pantsov with Levine, *Mao*, 255.

22. 1931년 11월 7일부터 20일까지 루이진에서 개최된 제1차 중화소비에트 전국대표대회에 의해 중화소비에트공화국(CSR)이 선포되었다.

23. 다음에서 인용함. Leng, *Deng Xiaoping zai Gannan* (Deng Xiaoping in South Jiangxi), 41~42.

24. 1931년 12월, 중화소비에트공화국 토지법이 공개되었다. 그에 따르면, 부농들에게는 최악의 토지가 주어졌고 "지주들"에게는 일반적으로 아무 것도 주어지지 않았다. 다음을 참조. L. M. Gudoshnikov, ed., *Sovetskie raiony Kitaia. Zakonodatel'stvo Kitaiskoi Sovetskoi Respubliki, 1931~1934* (Soviet Areas of China: Codes of Laws of the Chinese Soviet Republic, 1931~1934), trans. Z. E. Maistrova (Moscow: Nauka, 1983), 80~81. 1932년 12월, 샹시의 소비에트정부에 의해 유사한 법이 채택되었다. 다음을 참조. Liu da yilai: Dangnei mimi wenxian (After the Sixth Congress: Secret Intra-party Documents), vol. 1 (Beijing: Renmin chubanshe, 1989), 309~312. 물론, 덩은 이를 무시할 수 없었다.

25. Schram, *Mao's Road to Power*, vol. 3, 155~156.

26. Titarenko et al., *VKP(b), Komintern i Kitai: Dokumenty* (The AUCP[b], the Comintern, and China: Documents), vol. 4, 194, 225, 227.

27. 다음을 참조. Leng, *Deng Xiaoping zai Gannan* (Deng Xiaoping in South Jiangxi), 85.

28. 다음을 참조. Bo Gu, *Moia predvaritel'naia ispoved'* (My Preliminary Confession), RGASPI, collection 495, inventory 225, file 2847, sheet 48.

29. 다음을 참조. Wang jianying, ed., *Zhongguo gongchandang zuzhi shi ziliao huibian—lingdao jigou yange he chengyuan minglu* (Collection of Documents on the Organizational History of the Chinese Communist Party — The Evolution of Leading Organs and Name List of Personnel) (Beijing: Hongqi chubanshe, 1983), 188; Zhang Peisen, ed., *Zhang Wentian nianpu* (Chronological Biography of Zhang Wentian), vol. 1 (Beijing: Zhonggong

30. 다음을 참조. Leng, *Deng Xiaoping zai Gannan* (Deng Xiaoping in South Jiangxi), 76.

31. 그는 홍군이 장카이의 4차 정벌을 격퇴할 준비를 하고 있을 때 반대의견을 표명했다. 4차 정벌은 1933년 2월 말에 시작되었고 한 달 뒤 국민당군의 또 한 번의 패배로 끝났다. 세부 사항은 다음을 참조. Luo Ming, *Luo Ming huiyilu* (Reminiscences of Luo Ming) (Fuzhou: Fujian renmin chubanshe, 1991).

32. 다음을 참조. *Liu da yilai* (After the Sixth Congress), vol 1, 330~348: Li Xing and Zhu Hongzhao, eds., *Bo Gu, 39 suide huihuang yu beizhuang* (Bo Gu, Brilliant Rise and Tragic End at 39) (Shanghai: Xuelin chubanshe, 2005), 215~224; Leng, *Deng Xiaoping zai Gannan* (Deng Xiaoping in South Jiangxi), 77.

33. 다음을 참조. Yang and Yan, *Deng Xiaoping nianpu: 1904~1974* (Chronological Biography of Deng Xiaoping: 1904~1974), vol. 1, 94; Leng, *Deng Xiaoping zai Gannan* (Deng Xiaoping in South Jiangxi), 80.

34. *Liu da yilai* (After the Sixth Congress), vol. 1, 349~350.

35. 이 보고의 기본적 내용은 다음을 참조. *Liu da yilai* (After the Sixth Congress), vol. 1, 362~368. "덩, 마오, 셰, 보" 사건의 조작에 있어 리웨이한의 보기 흉한 역할에 대해서는 다음을 참조. 마오쩌둥과 마오쩌탄의 형제인 마오쩌민이 1939년 8월 26일 코민테른 집행위원회에 보낸 서신 (Titarenko et al., *VKP[b], Komintern i Kitai: Dokumenty* [The AUCP[b], the Comintern, and China: Documents], vol. 4, 1136~1138); 그리고 Bo, "Moia predvaritel'naia ispoved'" (My Preliminary Confession), 68~69.

36. 다음에서 인용함. Yang and Yan, *Deng Xiaoping nianpu: 1904-1974* (Chronological Biography of Deng Xiaoping: 1904~1974), vol. 1, 96.

37. 다음을 참조. Mao Zedong, *Report from Xunwu*, trans. and with an introduction and notes Roger R. Thomson (Stanford, CA: Stanford University Press, 1990), 28.

38. 다음을 참조. Deng, *Wo de zishu. (Zhailu)* (My Autobiographical Notes. [Excerpts]).

39. 다음에서 인용함. Wu Lengxi, *Yi Mao zhuxi: Wo qinshen jingli de ruogan zhongda lishi shijian pianduan* (Remembering Chairman Mao: Several Important Events from My Own Life) (Beijing: Xinhua chubanshe, 1995),

157~158.

40. 문화대혁명 기간 동안, 홍위병들은 아진이 집착의 결과로, 즉, 리웨이한이 자신을 모스크바에 보냄으로써 "자신을 제거"하기로 결정했다는 집착의 결과로 미쳤다고 주장했다.

41. Deng Yingchao, "Guanyu Jin Weiying qingkuang (Li Tieying tongzhi de muqin)" (Regarding Jin Weiying [Comrade Li Tieying's Mother]), in Xu, *Jin Weiying zhuan* (Biography of Jin Weiying), 319~320.

42. 다음을 참조. *Lichnoe delo Tszin Veiyin (Lizy)* (Personal File of Jin Weiying [Liza]), 30~32. Sladkovskii, *Informatsionnyi biulleten. Seriia A. Vypusk 2* (Information Bulletin: Series A: 2nd Installment), 10.

43. Mao zedong, *Jianguo yilai Mao Zedong wengao* (Manuscripts of Mao Zedong from the Founding of the PRC), vol. 13 (Beijing: Zhongyangwenxian chubanshe, 1998), 308.

44. Deng, *Deng Xiaoping zishu* (Autobiographical Notes of Deng Xiaoping), 76.

45. Titarenko et al., *VKP(b), Komintern i Kitai: Dokumenty* (The AUCP[b], the Comintern, and China: Documents), vol. 4, 1146.

46. 다음을 참조. Yang and Yan, *Deng Xiaoping nianpu: 1904~1974* (Chronological Biography of Deng Xiaoping: 1904~1974), vol. 1, 99~111; Deng, *Deng Xiaoping*, 222.

47. 다음을 참조. Titarenko ec al., *VKP(b), Komintern i Kitai: Dokumenty* (The AUCP[b], the Comintern, and China: Documents), vol. 4, 602, 613.

48. 세부 사항은 다음을 참조. Pantsov with Levine, *Mao*, 276~277.

49. 대장정에 관한 자세한 사항은 다음을 참조. Otto Braun, *A Comintern Agent in China, 1932~1939*, trans. Jeanne Moore (Stanford, CA: Stanford University Press, 1982); Harrison E. Salisbury, *The Long March: The Untold Story* (New York: Harper & Row, 1985); Charlotte Y. Salisbury, *Long March Diary: China Epic* (New York: Walker, 1986); Ed Jocelyn and Andrew McEwen, *The Long March and the True Story Behind the Legendary Journey that Made Mao's China* (London: Constable, 2006); 그리고 Sun Shuyun, *The Long March: The True History of Communist China's Founding Myth* (New York: Doubleday, 2006).

50. 다음에서 인용함. Deng, *Deng Xiaoping*, 241.

51. 2010년 6월 21일 쥰이를 방문했을 때, 알렉산더 V. 판초프가 받은 개인적인 인상.

52. Braun, *A Comintern Agent in China, 1932~1939*, 99~102; *Zunyi huiyi wenxian* (Documents of the Zunyi Conference) (Beijing: Renmin chubanshe, 1985), 116~117; Jin Chongji, ed., *Mao Zedong zhuan (1893~1949)* (Biography of Mao Zedong [1893~1949]) (Beijing: Zhongyang wenxian chubanshe, 2004), 353~354; Yang Shangkun, *Yang Shangkun huiyilu* (Memoirs of Yang Shangkun) (Beijing: Zhongyang wenxian chubanshe, 2002), 117~121.

53. 다음을 참조. *Zunyi huiyi wenxian* (Documents of the Zunyi Conference), 117. 세월이 흐른 후, 1966년 10월, 마오는 쭌이회의를 회고하며 저우언라이와 주더의 "긍정적" 역할을 특별히 언급했다. "그들이 없었다면 그 당시 상황이 안 좋아졌을 것이다." O. Borisov (O. B. Rakhmanin) and Titarenko, eds., *Vystupleniia Mao Tsze-duna, ranee ne publikovavshiesia v kitaiskoi pechati* (Mao Zedong's Speeches Previously Unpublished in the Chinese Press), series 5 (Moscow: Progress, 1976), 120.

54. 다음을 참조. Zhang Wentian, *Zhang Wentian xuanji* (Selected Works of Zhang Wentian) (Beijing: Renmin chubanshe, 1985), 37~59.

55. 다음을 참조. *Zunyi huiyi wenxian* (Documents of the Zunyi Conference), 42~43, 132~136.

56. 다음을 참조. 위의 책, 134.

57. 다음을 참조. *Lichnoe delo Chzhu Zhuia* (Personal File of Zhu Rui), RGASPL collection 495, inventory 225, file 1285.

58. 다음에서 인용함. Deng, *Deng Xiaoping*, 246~247.

59. 다음에서 인용함. 위의 책, 244.

60. 세부사항은 다음을 참조. Pantsov with Levine, *Mao*, 285~288.

61. 다음을 참조. Jocelyn and McEwen, *The Long March*, 326~327.

62. Deng, *Deng Xiaoping*, 252.

63. 위의 책, 264.

64. 다음을 참조. Franz, *Deng Xiaoping*, 15~17; Yang and Yan, *Deng Xiaoping nianpu: 1904~1974* (Chronological Biography of Deng Xiaoping: 1904~1974), vol. 1, 140. 대왕에 대해서는 다음을 참조. Richard Wilhelm, ed., *The Chinese Fairy Book* (New York: Frederick A. Stokes, 1921), 131~137.

6. 타이항산맥의 지배자

1. 국민당정부는 명조明朝 첫 통치자의 예를 따라, 난징에 수도를 세우고 이전의 수도를 베이핑北平으로 개명했다.

2. 다음을 참조. Mif, *Sovety v Kitae* (Soviets in China), 454~456; Schram, *Mao's Road to Power*, vol. 4, 209~214.

3. 다음을 참조. Liu Chongwen and Chen Shaochou, eds., *Liu Shaoqi nianpu: 1898~1969* (Chronological Biography of Liu Shaoqi: 1898~1969), vol. 1 (Beijing: Zhongyang wenxian chubanshe, 1998), 145.

4. 다음을 참조. *Zhou Enlai nianpu (1898~1949)* (Chronological Biography of Zhou Enlai [1898~1949]), 366~367; Chang, *The Rise of the Chinese Communist Party*, vol. 2, 517~520.

5. 다음을 참조. Chang, *The Rise of the Chinese Communist Party*, vol. 2, 517~520.

6. Chang Kuo-t'ao, "Introduction," in Liu Shaoqi, *Collected Works of Liu Shao-ch'i Before 1944* (Hong Kong: Union Research Institute, 1969), i.

7. 그에 대한 Sidney Rittenberg의 회고록을 참조; Sidney Rittenberg and Amanda Bennett, *The Man Who Stayed Behind* (New York: Simon & Schuster, 1993), 313.

8. 다음을 참조. Liu and Chen, *Liu Shaoqi nianpu: 1898~1969* (Chronological Biography of Liu Shaoqi: 1898~1969), vol. 1, 178~184; Pang, *Mao Zedong nianpu: 1893~1949* (Chronological Biography of Mao Zedong: 1893~1949), vol. 1, 672~680.

9. 다음을 참조. Yang and Yan, *Deng Xiaoping nianpu: 1904~1974* (Chronological Biography of Deng Xiaoping: 1904~1974), vol. 1, 144~145; Li Jingtian, ed., *Yang Shangkun nianpu: 1907~1998* (Chronological Biography of Yang Shangkun: 1907~1998), vol. 1 (Beijing: Zhonggong dangshi chubanshe, 2008), 265.

10. 다음에서 인용함. Deng, *Deng Xiaoping*, 269.

11. 1937년 9월 11일에 제18집단군으로 개명되었다.

12. 다음을 참조. Yang and Yan, *Deng Xiaoping nianpu: 1904~1974* (Chronological Biography of Deng Xiaoping: 1904~1974), vol. 1, 150~151; P. P. Vladimirov, *Osobyi raion Kitaia, 1942~1945* (Special Region of China, 1942~1945) (Moscow: APN, 1975), 239~240.

13. 다음을 참조. Yang and Yan, *Deng Xiaoping nianpu: 1904~1974* (Chronological Biography of Deng Xiaoping: 1904~1974), vol. 1, 150, 153.

14. 다음을 참조. Liu Bocheng, "Women zai Taihangshan" (We are in the Taihang Mountains), in Liu Bocheng, *Liu Bocheng huiyilu* (Reminiscences of Liu

Bocheng), vol. 1 (Shanghai: Shanghai wenyi chubanshe, 1981), 16: Nie, *Inside the Red Star*, 295.

15. 다음을 참조. Wang Shi, ed., *Zhongguo gongchandang lishi jianbian* (Short History of the Chinese Communist Party) (Shanghai: Shanghai renmin chubanshe, 1959), 178~179; Zhang, *Zhang Wentian nianpu* (Chronological Biography of Zhang Wentian), vol. 1, 488~490; Schram, *Mao's Road to Power*, vol. 6, 11, 12, 14.

16. Mao Zedong, *Mao Zedong wenji* (Works of Mao Zedong), vol. 2 (Beijing: Renmin chubanshe, 1993), 8~10.

17. Schram, *Mao's Road to Power*, vol. 6, 11, 12, 14; See also Vladimirov, *Osobyi Raion Kitaia, 1942~1945* (Special Region of China, 1942~1945), 519, 600.

18. 다음을 참조. Schram, *Mao's Road to Power*, vol. 6, 11, 12; Braun, A Comintern Agent in China, 1932~1939, 212.

19. 다음에서 인용함. Pang Xianzhi, ed., *Mao Zedong nianpu: 1893~1949* (Chronological Biography of Mao Zedong: 1893~1949), vol. 2 (Beijing: Renmin chubanshe and Zhongyang renmin chubanshe, 2002), 18~19.

20. 다음을 참조. Nie, *Inside the Red Star*, 310~324; A. V. Pantsov, "Obrazovanie opornykh baz 8-i Natsional'no-revoliutsionnoi armii v tylu iaponskikh voisk v Severnom Kitae" (Establishment of Base Areas of the 8th National Revolutionary Army in the Rear of Japanese Troops in North China), in M. F. Yuriev, ed., *Voprosy istorii Kitaia* (Problems of Chinese history) (Moscow: Izdatel'stvo MGU, 1981), 39, 41, 42.

21. Mao Zedong, *Selected Works of Mao Tse-tung*, vol. 2 (Peking: Foreign Languages Press, 1967), 62; Schram, *Mao's Road to Power*, vol. 6, 144, 146, 149.

22. 다음을 참조. Yang and Yan, *Deng Xiaoping nianpu: 1904~1974* (Chronological Biography of Deng Xiaoping: 1904~1974), vol. 1, 167.

23. 다음에서 인용함. Jack Belden, *China Shakes the World* (New York: Harper, 1949), 48.

24. 다음에서 인용함. Deng, *Deng Xiaoping*, 280.

25. Deng Xiaoping, "Diao Liu Bocheng" (To the Memory of Liu Bocheng), in Liu Bocheng, *Liu Bocheng huiyilu* (Reminiscences of Liu Bocheng), vol. 3 (Shanghai: Shanghai wenyi chubanshe, 1987), 5.

26. 다음을 참조. 위의 책, 8~9.

27. 위의 책, 5; 다음도 참조. *Lichnoe delo Liu Bochena* (Personal File of Liu Bocheng), RGASPL collection 495, inventory 225, file 171.

28. 다음을 참조. Yang and Yan, *Deng Xiaoping nianpu: 1904~1974* (Chronological Biography of Deng Xiaoping: 1904~1974), vol. 1, 168~230.

29. Evans Fordyce Carlson, *Twin Stars of China: A Behind-the-Scenes Story of China's Valiant Struggle for Existence by a U.S. Marine Who Lived and Moved with the People* (New York: Dodd, Mead & Company, 1940), 252.

30. Deng Xiaoping, *Selected Works of Deng Xiaoping (1938~1965)* (Beijing: Foreign Languages Press, 1992), 11.

31. 위의 책, 40~41, 42.

32. 다음을 참조. Zhang, *Zhang Wentian xuanji* (Selected Works of Zhang Wentian), 66~70; Zhang, *Zhang Wentian nianpu* (Chronological Biography of Zhang Wentian), vol. 1, 278~279, 286~287; Mao, *Mao Zedong wenji* (Works of Mao Zedong), vol. 1 (Beijing: Renmin chubanshe, 1993), 374~375.

33. 다음을 참조. Sidney L. Greenblatt, ed., *The People of Taihang: An Anthology of Family Histories* (White Plains, NY: International Arts and Sciences Press, 1976), xiv.

34. 다음을 참조. Pantsov, *Obrazovanie opornykh baz 8-i Natsional'no-revoliutsionnoi armii v tylu iaponskikh voisk v Severnom Kitae* (Establishment of Base Areas of the 8th National Revolutionary Army in the Japanese Rear in North China), 43.

35. 다음을 참조. Yang and Yan, *Deng Xiaoping nianpu: 1904~1974* (Chronological Biography of Deng Xiaoping: 1904–1974), vol. 1, 206~227; Schram, *Mao's Road to Power*, vol. 6, 267~268.

36. 다음을 참조. Wang, *Zhongguo gongchandang zuzhi shi ziliao huibian-lingdao jigou yange he chengyuan minglu* (Collection of Documents on the Organizational History of the Chinese Communist Party—The Evolution of Leading Organs and Name List of Personnel), 330; Zhang Heng and Jiang Fei, eds., *Zhonggong zhongyang zuzhi renshi jianming tupu* (Brief Chronological Tables of the Organizational Composition of the CC CCP) (Beijing: Zhongguo guangbo dianshi chubanshe, 2003), 17.

37. Schram, *Mao's Road to Power*, vol. 6,539.

38. 다음에서 인용함. Yang and Yan, *Deng Xiaoping nianpu: 1904~1974*

(Chronological Biography of Deng Xiaoping: 1904~1974), vol. 1,230.)

39. 다음을 참조. 위의 책, 233.

40. 다음에서 인용함. 위의 책, 231.

41. 다음을 참조. Deng, *Selected Works of Deng Xiaoping (1938~1965)*, 318~319.

42. 신4군新四軍은 1937년 10월 중국 동남부의 여러 홍군 부대로부터 국민혁명군 내에 형성되었다.

43. 다음에서 인용함. Pang, *Mao Zedong nianpu: 1893~1949* (Chronological Biography of Mao Zedong: 1893~1949), vol. 2, 134.

44. 이 문제를 시작한 데 있어 스탈린의 역할에 관한 세부사항은 다음을 참조. see Pantsov with Levine, *Mao*, 316, 319, 332.

45. 다음을 참조. Schram, *Mao's Road to Power*, vol. 7, 279~306, 330~369, 526.

46. 다음을 참조. Yang and Yan, *Deng Xiaoping nianpu: 1904~1974* (Chronological Biography of Deng Xiaoping: 1904~1974), vol. 1, 449.

47. 다음을 참조. Deng, *Selected Works of Deng Xiaoping (1938~1965)*, 320. 또한 다음도 참조. Deng Xiaoping's telegraphic report to Mao Zedong from Aug. 24, 1944, published in Song Yuxi and Mo Jiaolin, *Deng Xiaoping yu kangri zhanzheng* (Deng Xiaoping and the Anti-Japanese War) (Beijing: Zhongyang wenxian chubanshe, 2005), 318~320.

48. 위의 책, 83, 84, 88.

49. 다음을 참조. Deng, *Deng Xiaoping*, 345.

50. 다음에서 인용함. 위의 책, 293.

51. 다음을 참조. Carlson, *Twin Stars of China*, 162.

52. Zhuo Lin, "Zhuo Lin tan Deng Xiaoping" (Zhuo Lin Speaks About Deng Xiaoping), in Liu Jintian, ed., *Huashuo Deng Xiaoping* (Stories About Deng Xiaoping) (Beijing: Zhongyang wenxian chubanshe, 2004), 387~388; *Yongyuande Xiaoping: Zhuo Lin dengren fangtanlu* (The Unforgettable Xiaoping: Interviews with Zhuo Lin and others) (Chengdu: Sichuan chubanshe, 2004), 22~23; Wu Shihong, *Deng Xiaoping yu Zhuo Lin* (Deng Xiaoping and Zhuo Lin) (Beijing: Tuanjie chubanshe, 2006), 32; Deng, *Deng Xiaoping zishu* (Autobiographical Notes of Deng Xiaoping), 101~102.

53. Deng, *Deng Xiaoping*, 312.

54. *Yongyuande Xiaoping* (The Unforgettable Xiaoping), 25; Deng, *Deng Xiaoping zishu* (Autobiographical Notes of Deng Xiaoping), 103; Wu, *Deng*

Xiaoping yu Zhuo Lin (Deng Xiaoping and Zhuo Lin), 37.

55. 다음에서 인용함. Wu, *Deng Xiaoping yu Zhuo Lin* (Deng Xiaoping and Zhuo Lin), 65.

56. 다음을 참조. Deng, *Deng Xiaoping*, 328.

57. 세부사항은 다음을 참조. Wu, *Deng Xiaoping yu Zhuo Lin* (Deng Xiaoping and Zhuo Lin), 48~51.

58. 다음을 참조. 위의 책, 362.

59. 다음을 참조. Zhang and Jian, *Zhonggong zhongyang zuzhi renshi jianming tupu* (Brief Chronological Tables of the Organizational Composition of the CC CCP), 20.

60. 다음을 참조. Pantsov with Levine, *Mao*, 333~334.

61. 다음을 참조. Wu, *Deng Xiaoping yu Zhuo Lin* (Deng Xiaoping and Zhuo Lin), 51.

62. 마오에 대한 덩의 시각은 다음을 참조. Deng, *Selected Works of Deng Xiaoping (1938~1965)*, 90~96.

63. Liu Shao-chi, *On the Party* (Peking: Foreign Languages Press, 1950), 157.

64. 제7차 전국대표대회를 위한 중앙위원회 위원 명단을 마오가 작성했다는 데 대해서는 다음을 참조. Vladimirov, *Osobyi Raion Kitaia, 1942~1945* (Special Region of China, 1942~1945), 607~608.

7. 신민주주의 혁명의 선봉에서

1. 다음을 참조. Deng, *Deng Xiaoping zishu* (Autobiographical Notes of Deng Xiaoping), 114; Yang and Yan, *Deng Xiaoping nianpu: 1904~1974* (Chronological Biography of Deng Xiaoping: 1904~1974), vol. 1, 562~563; Deng, *Deng Xiaoping*, 358.

2. 다음을 참조. Dieter Heinzig, *The Soviet Union and Communist China, 1945~1950: The Arduous Road to the Alliance* (Armonk, NY: Sharpe, 2004), 51~125.

3. 다음을 참조. Pantsov with Levine, *Mao*, 345~347; Chiang Chung-cheng (Chiang Kaishek), *Soviet Russia in China: Summing-Up at Seventy*, trans. under the direction of Madame Chiang Kai-shek, rev., enlarged ed., with maps (New York: Farrar, Straus and Cudahy, 1958), 143~144; Vladislav Zubok, "The Mao-Khrushchev Conversations, July31~August3, 1958, and October 2, 1959," *Cold War International History Project* (hereafter CWIHP) *Bulletin*, nos. 12~13

(Fall-Winter 2001): 255.

4. 1941~1943년 동안 마오의 옌안 본부에 파견된 스탈린의 밀사 이고르 바실리에비치 위르첸코(Yuzhin)의 개인 소장 기록.

5. 다음에서 인용함. *Zhu De nianpu* (Chronological Biography of Zhu De) (Beijing: Renmin chubanshe, 1986), 274.

6. Chiang, *Soviet Russia in China*, 137.

7. 다음을 참조. Suzanne Pepper, *Civil War in China: The Political Struggle, 1945~1949*, 2nd ed. (Lanham, MD: Rowman & Littlefield, 1999), xi.

8. 다음에서 인용함. *Zhu De nianpu* (Chronological Biography of Zhu De), 276.

9. 다음을 참조. Pepper, *Civil War in China*, xi.

10. 다음에서 인용함. Deng, *Deng Xiaoping zishu* (Autobiographical Notes of Deng Xiaoping), 111.

11. 세부사항은 다음을 참조. Christopher R. Lew, *The Third Chinese Revolutionary Civil War, 1945~1949: An Analysis of Communist Strategy and Leadership* (London and New York: Routledge, 2009), 23~24.

12. Deng, *Deng Xiaoping zishu* (Autobiographical Notes of Deng Xiaoping), 113.

13. Mao Zedong, "Mao Tszedun o kitaiskoi politike Kominterna i Stalina" (Mao Zedong on the China Policy of the Comintern and Stalin), *Problemy Dal'nego Vostoka* (Far Eastern Affairs), no. 5 (1994), 107.

14. 다음에서 인용함. Jonathan Fenby, Chiang Kai-shek: China's Generalissimo and the Nation He Lost (New York: Carroll & Graf, 2004), 434.

15. Mao, *Selected Works of Mao Tse-tung*, vol. 4, 54.

16. 다음을 참조. Dean Acheson, "Letter of Transmittal," in *United States Relations with China: With Special Relations to the Period 1944~1949* (New York: Greenwood Press, 1968), ix-x; Dieter Heinzig, *The Soviet Union and Communist China, 1945~1950*, 79~82, 86~97; *Peng Zhen nianpu, 1902-1997* (Chronological Biography of Peng Zhen, 1902~1997), vol. 1 (Beijing: Zhongyang wenxian chubanshe, 2002), 281~307.

17. 다음을 참조. Yang and Yan, *Deng Xiaoping nianpu: 1904~1974* (Chronological Biography of Deng Xiaoping: 1904~1974), vol. 1, 577.

18. 다음에서 인용함. Deng, *Deng Xiaoping*, 365.

19. *Pis'mo I. V. Stalina V.M. Molotovu, L. P. Berii, G. M. Malenkovu i A. I. Mikoianu* (Letter of J. V. Stalin to V. M. Molotov, L. P. Beria, G. M. Malenkov,

and A. I. Mikoyan), RGASPI, collection 558, inventory 11, file 98, sheet 81.

20. 다음을 참조. Chiang, *Soviet Russia in China*, 179~181.

21. 다음을 참조. O. Arne Westad, *Cold War and Revolution: Soviet-American Rivalry and the Origins of the Chinese Civil War, 1944~1946* (New York: Columbia University Press, 1993), 152.

22. 다음을 참조. Heinzig, *The Soviet Union and Communist China, 1945~1950*, 98-101; Westad, *Cold War and Revolution*, 161.

23. 다음을 참조. Steven L Levine, *Anvil of Victory: The Communist Revolution in Manchuria, 1945~1948* (New York: Columbia University Press, 1987), 78~79.

24. 다음에서 인용함. O. Arne Westad, Decisive Encounters: The Chinese Civil War, 1946-1950 (Stanford, CA: Stanford University Press, 2003), 35.

25. 다음에서 인용함. Pang Xianzhi, ed., *Mao Zedong nianpu: 1893~1949* (Chronological Biography of Mao Zedong: 1893~1949), vol. 3 (Beijing: Renmin chubanshe/Zhongyang wenxian chubanshe, 2002), 92~93.

26. Acheson, "Letter of Transmittal," xv.

27. 다음에서 인용함. Deng, *Deng Xiaoping*, 384.

28. Acheson, "Letter of Transmittal," vi.

29. 다음에서 인용함. Douglas J. Macdonald, *Adventures in Chaos: American Intervention for Reform in the Third World* (Cambridge, MA: Harvard University Press, 1992), 107~108.

30. 위의 책, 110. 다수의 중국공산군 군인들이 국민당군으로부터 탈취한 근대식 미국 무기들(톰슨 자동 화기)로 무장했다는 것은 목격자에 의해 입증된다. 다음을 참조. Noel Barber, *The Fall of Shanghai* (New York: Coward, McCann & Geoghegan, 1979), 146.

31. 다음을 참조. Acheson, "Letter of Transmittal," xv.

32. Deng, *Deng Xiaoping*, 452.

33. 다음을 참조. Deng Rong, *Deng Xiaoping and the Cultural Revolution: A Daughter Recalls the Critical Years*, trans. Sidney Shapiro (Beijing: Foreign Languages Press, 2002), 146, 203, 204; Salisbury, *The Long March*, 137.

34. 다음을 참조. *Taihang geming genjudi shigao, 1937~1949* (Draft History of the Taihang Revolutionary Base Area, 1937~1949) (Taiyuan: Shanxi renmin chubanshe, 1987), 298~304; William Hinton, Fanshen: *A Documentary of Revolution in a Chinese Village* (New York: Monthly Review Press, 2008), 131~138.

35. 다음에서 인용함. Wu, *Deng Xiaoping yu Zhuo Lin* (Deng Xiaoping and Zhuo Lin), 39.

36. 다음에서 인용함. 위의 책, 52~53.

37. 다음에서 인용함. Deng, *Deng Xiaoping*, 400.

38. 다음을 참조. Yang and Yan, *Deng Xiaoping nianpu: 1904~1974* (Chronological Biography of Deng Xiaoping: 1904~1974), vol. 1, 614~615.

39. 다음을 참조. Mao Zedong, *Mao Zedong wenji* (Works of Mao Zedong), vol. 4 (Beijing: Renmin chubanshe, 2001), 241.

40. 다음을 참조. Yang and Yan, *Deng Xiaoping nianpu: 1904~1974* (Chronological Biography of Deng Xiaoping: 1904~1974), vol. 2 (Beijing: Zhongyang wenxian chubanshe, 2010), 666~667.

41. Westad, *Decisive Encounters*, 168.

42. 다음에서 인용함. Deng, *Deng Xiaoping*, 395. 또한 다음도 참조. Yang and Yan, *Deng Xiaoping nianpu: 1904~1974* (Chronological Biography of Deng Xiaoping: 1904~1974), vol. 2, 670~671.

43. 다음을 참조. Deng, *Deng Xiaoping zishu* (Autobiographical Notes of Deng Xiaoping), 118.

44. 다음을 참조. Mao, *Mao Zedong wenji* (Works of Mao Zedong), vol. 4, 274~275.

45. *The Holy Bible* (King James version) (Iowa Falls, lA: World Bible, 1990), 47. [Exodus 14~21, 26, 27].

46. Deng, *Deng Xiaoping zishu* (Autobiographical Notes of Deng Xiaoping), 119.

47. Deng, *Selected Works of Deng Xiaoping* (1938~1965), 97.

48. Deng, *Deng Xiaoping zishu* (Autobiographical Notes of Deng Xiaoping), 119.

49. *Vazhneishie dokumenty ob osvoboditel'noi voine kitaiskogo naroda v poslednee vremia* (The Most Important Documents of the Chinese People's Liberation War in the Most Recent Period) (Harbin: Izd-vo Severo-Vostoka Kitaia, 1948), 3~4.

50. A. V. Meliksetov, *Pobeda kitaiskoi revoliutsii: 1945~1949* (The Victory of the Chinese Revolution: 1945~1949) (Moscow: Nauka, 1989), 112.

51. 세부 사항은 다음을 참조. 위의 책, 110~120.

52. 다음을 참조. Jin Chongji, ed., *Liu Shaoqi zhuan: 1898~1969* (Biography

of Liu Shaoqi: 1898~1969), vol. 1 (Beijing: Zhongyang wenxian chubanshe, 2008), 538~545.

53. Mao Zedong, *Mao Zedong wenji* (Works of Mao Zedong), vol. 5 (Beijing: Renmin chubanshe, 2001), 17.

54. 다음에서 인용함. Yang and Yan, *Deng Xiaoping nianpu, 1904~1974* (Chronological Biography of Deng Xiaoping: 1904~1974), vol. 2, 712.

55. Mao, *Mao Zedong wenji* (Works of Mao Zedong), vol. 5, 18.

56. 다음에서 인용함. Yang and Yan, *Deng Xiaoping nianpu: 1904~1974* (Chronological Biography of Deng Xiaoping: 1904-1974), vol. 2, 716.

57. 다음에서 인용함. Pang, *Mao Zedong nianpu, 1893~1949* (Chronological Biography of Mao Zedong: 1893~1949), vol. 3, 282.

58. Deng, *Selected Works of Deng Xiaoping (1938~1965)*, 107.

59. 위의 책, 110~116.

60. 위의 책, 110; Pang, *Mao Zedong nianpu, 1893~1949* (Chronological Biography of Mao Zedong, 1893~1949), vol. 3, 319.

61. Acheson, "Letter of Transmittal," vii, xi.

62. 다음을 참조. Li Zhisui, *The Private Life of Chairman Mao: The Memoirs of Mao's Personal Physician*, trans. Tai Hung-chao (New York: Random House, 1994), 37.

63. 다음을 참조. A. V. Meliksetov, ed., *Istoriia Kitaia* (History of China) (Moscow: Izdatel'stvo MGU, 1998), 582~588; Jonathan D. Spence, *The Search for Modern China*, 2nd ed. (New York: Norton, 1999), 473~480.

64. Acheson, "Letter of Transmittal," xiv.

65. 다음을 참조. Wu Qinjie, ed., *Mao Zedong guanghui licheng dituji* (Atlas of Mao Zedong's Glorious Historical Path) (Beijing: Zhongguo ditu chubanshe, 2003), 81.

66. 다음을 참조. Pang, *Mao Zedong nianpu: 1893~1949* (Chronological Biography of Mao Zedong: 1893~1949), vol. 3, 343~344.

67. 다음에서 인용함. Yang and Yan, *Deng Xiaoping nianpu: 1904~1974* (Chronological Biography of Deng Xiaoping: 1904~1974), vol. 2, 780.

68. 다음에서 인용함. Deng, *Deng Xiaoping*, 456.

69. 다음을 참조. 위의 책, 422~423.

70. 다음을 참조. Borisov and Titarenko, *Vystupleniia Mao Tsze-duna, ranee ne publikovavshiesia V kitaiskoi pechati* (Mao Zedong's Speeches Previously

Unpublished in the Chinese Press), series 2, 181.

71. Mao, *Mao Zedong wenji* (Works of Mao Zedong), vol. 5, 140~141, 145.

72. Liu Shaoqi, "Guanyu xinminzhuyi de jianshe wenti" (On the Question of New Democratic Construction), in *Gongheguo zouguode lu—-jianguo yilai zhongyao wenxian zhuanti xuanji (1949~1592 nian)* (The Path the Republic Has Taken—Thematic Collection of Selected Important Documents from the Time of the Founding of the PRC [1949~1952]) (Beijing: Zhongyang wenxian chubanshe, 1991), 24. 또한 다음도 참조. Yang Kuisong, "Mao Zedong weishemma fangqi xinminzhuzhuyi?—Guanyu Eguo moshide yingxiang wenti" (Why Did Mao Zedong Abandon New Democracy? On the Influence of the Russian Model), *Jindaishi yanjiu* (*Studies in Modern History*), no. 4 (1997): 177.

73. Deng, *Selected Works of Deng Xiaoping (1938~1965)*, 104~105, 116.

74. 다음을 참조. Pang, *Mao Zedong nianpu: 1893~1949* (Chronological Biography of Mao Zedong: 1893~1949), vol. 3, 437.

75. Deng, *Deng Xiaoping*, 445~446.

76. Deng, *Selected Works of Deng Xiaoping* (1938~1965), 139.

77. Deng, *Deng Xiaoping*, 449.

78. 다음을 참조. Wu, *Deng Xiaoping yu Zhuo Lin* (Deng Xiaoping and Zhuo Lin), 60~61.

79. Deng, *Selected Works of Deng Xiaoping* (1938~1965), 137.

80. 위의 책, 141.

81. 다음을 참조. Deng, *Deng Xiaoping*, 454.

82. 다음을 참조. *Obrazovanie Kitaiskoi Narodnoi Respubliki: Dokumenty i materialy* (Establishment of the People's Republic of China: Documents and Materials) (Moscow: Gospolitizdat, 1950), 64~66.

83. 다음에서 인용함. Pang Xianzhi and Jin Chongji, ed., *Mao Zedong zhuan (1949~1976)* (Biography of Mao Zedong [1949~1976]), vol. 1 (Beijing: Zhongyang wenxian chubanshe, 2003), 3.

8. 서남 지역의 책임자

1. C. Martin Wilbur, ed., *The Communist Movement in China: An Essay Written in 1924 by Ch'en Kung-po* (New York: East Asian Institute of Columbia University, 1960), 126.

2. 다음을 참조. Yang and Yan, *Deng Xiaoping nianpu: 1904~1974* (Chronological Biography of Deng Xiaoping: 1904~1974), vol. 2, 831.

3. 다음을 참조. 위의 책, 831, 832, 845~846. 서남국에 대한 완전한 보완작업은 이후에, 11월 말에 이루어졌다.

4. *Yongyuande Xiaoping* (The Unforgettable Xiaoping), 28.

5. 위의 책.

6. 다음에서 인용함. Thomas Laird, *The Story of Tibet: Conversations with the Dalai Lama* (New York: Grove Press, 2006), 295, 298.)

7. Mao, *Jianguo yilai Mao Zedong wengao* (Manuscripts of Mao Zedong from the Founding of the PRC), vol. 1, 226, 209.

8. 다음에서 인용함. Yang and Yan, *Deng Xiaoping nianpu: 1904~1974* (Chronological Biography of Deng Xiaoping: 1904~1974), vol. 2, 860.

9. 세부 사항은 다음을 참조. Melvyn C. Goldstein, *A History of Modern Tibet, 1913~1951: The Demise of the Lamaist State* (Berkeley: University of California Press, 1989), 638~687; Tang Peiji ed., *Zhongguo lishi dashi nianbiao: Xiandaishi juan* (Chronology of Events in Chinese History: Contemporary History Volume) (Shanghai: Shanghai cishu chubanshe, 1997), 668~669).

10. 목격자로서 당시 티베트 정부에서 근무한 유일한 유럽인이었던 영국인 라디오 엔지니어 로버트 포드는 이런 말을 들은 사람들의 반응을 다소 흥미롭게 묘사하고 있다. "티베트인들 사이에서 웅성거리는 대화 소리가 들렸다. 그들은 완전히 어리둥절해 있었는데, 내가 그들 대부분이 본 유일한 외국 악마였기 때문이었다. 그들을 쫓아내기 위해 그렇게 대규모 군대를 필요로 하는 다른 모든 외국인들은 어디에 있는 것인지 그들은 상상할 수 없었다." Robert Ford, *Captured in Tibet* (Hong Kong: Oxford University Press, 1990), 138~139.

11. 다음에서 인용함. Laird, *The Story of Tibet*, 305. 포드도 비슷하게 기억했다. "공산주의자들은 영리했다 … 그들은 곧 승려들로 하여금 공산주의자들이 구원해준 데 대해 신께 감사드리도록 했다 … 티베트에서 중국군이 그토록 잘 처신한 적이 전에는 없었다." Ford, *Captured in Tibet*, 139.

12. *The Question of Tibet and the Rule of Law* (Geneva: International Commission of Jurists, 1959), 140.

13. 다음에서 인용함. Laird, *The Story of Tibet*, 312.

14. 다음을 참조. Melvyn C. Goldstein, *The Snow Lion and the Dragon: China, Tibet, and the Dalai Lama* (Berkeley: University of California Press, 1997), 51~52; Goldstein, *A History of Modern Tibet*, 698~813.

15. 다음을 참조. Deng Xiaoping, *Deng Xiaoping xinan gongzuo wenji* (Works of Deng Xiaoping on His Work in the Southwest) (Beijing/Chongqing : Zhongyang wenxian chubanshe/Chongqing chubanshe, 2006), 340.

16. 당시, 중국의 신임 당국은 중국 자체 인구가 얼마나 되는지에 대해 단지 막연한 개념만을 갖고 있었다. 그들은 약 4억 7500만 정도로 추정했지만, 실제로는 5억 4160만이었다. 다음을 참조. M. L. Titarenko, ed., *Istoriia Kommunisticheskoi partii Kitaia* (History of the Communist Party of China), vol. 1 (Moscow : IDV AN SSSR, 1987), 48~49. 서남 지역의 인구와 관련하여, 1951년 2월에 덩은 그 숫자를 7000만으로 계산했으나, 1951년 5월에는 8000만이라는 숫자를 내놓았다. 다음을 참조. Deng, *Deng Xiaoping xinan gongzuo wenji* (Works of Deng Xiaoping on His Work in the Southwest), 342; Deng, *Selected Works of Deng Xiaoping (1938~1965)*, 177. 리처드 에번스가 쓴 덩의 전기에 나오는 자료에 따르면, 1950년대 초, 이 지역에는 1억 5000만이 살았다. Evans, *Deng Xiaoping and the Making of Modern China*, 109.

17. 다음을 참조. *Zhonghua renmin gongheguo dashi (1949~2004)* (Chronicle of Major Events in the People's Republic of China [1949~2004]), vol. 1 (Beijing : Renmin chubanshe, 2004), 9; Mao, *Selected Works of Mao Tse-tung*, vol. 5, 40.

18. 다음을 참조. *Obrazovanie Kitaiskoi Narodnoi Respubliki: Dokumenty i materialy* (Establishment of the People's Republic of China : Documents and Materials), 35.

19. 다음에서 인용함. Meliksetov, *Istoriia Kitaia* (History of China), 619.

20. Eighth National Congress of the Communist Party of China, vol. 1 (Peking : Foreign Languages Press, 1956), 90.

21. 1952년 4월, 덩은 티베트에 군사행정위원회를 설립할 것을 제안했지만, 마오는 동의하지 않았다. 다음을 참조. Mao, *Selected Works of Mao Tse-tung*, vol. 5, 73, 74.

22. 다음을 참조. Deng, *Selected Works of Deng Xiaoping (1938~1965)*, 162, 330~331; Deng Xiaoping, *Deng Xiaoping wenxuan* (Selected Works of Deng Xiaoping), vol. 1 (Beijing : Renmin chubanshe, 1994), 370; Dorothy J. Solinger, *Regional Government and Political Integration in Southwest China, 1949~1954: A Case Study* (Berkeley : University of California Press, 1977), 180.

23. 덩은 항상 프로파간다에 많은 주의를 기울였다. 그는 "펜은 리더십 행사의 주요 도구이다."라고 말했다. 이런 측면에서, 모든 공산주의자들과 마찬가지로, 그는 언론

이 완전히 공산당의 통제하에 있어야한다는 데 의심이 없었다. Deng, *Selected Works of Deng Xiaoping (1938~1965)*, 146~147.

24. Karl Marx, "Capital. vol. 1. The Process of Production of Capital," in Karl Marx and Friedrich Engels. *Collected Works*, vol. 35 [trans. Richard Dixon and others] (New York: International, 1996), 739.)

25. Mao, *Selected Works of Mao Tse-tung*, vol. 5, 29.

26. 다음을 참조. Shi Ch'eng-chih, *People's Resistance in Mainland China* (Hong Kong: Union Research Institute, 1956), 1.

27. 다음에서 인용. Yang Kuisong, "Xin zhongguo 'zhenya fangeming' yundong yanjiu" (A Study of New China's Campaign to "Suppress Counter-revolutionaries"), http://www.chinese-thought.org/shgc/007682.htm.

28. Deng, *Deng Xiaoping zishu* (Autobiographical Notes of Deng Xiaoping), 130.

29. 기록으로 보관되어 있는 마오의 러시아 주치의 L. Mel'nikov의 개인 노트와 보고서는 당시 마오의 병을 설득력 있게 증명해준다. 다음을 참조. RGASPI, collection 495, inventory 225, file 71, vol. 1, sheets 185, 187~187 reverse side.

30. 다음에서 인용함. *Eighth National Congress of the Communist Party of China*, vol. 2, 119.

31. 다음을 참조. Deng, *Selected Works of Deng Xiaoping* (1938~1965), 155, 157.

32. 세부 사항은 다음을 참조. Solinger, *Regional Government and Political Integration in Southwest China*, 1949~1954, 177~178.

35. 다음을 참조. Yang, "Xin Zhongguo 'zhenya fangeming' yundong yanjiu" (A study of New China's Campaign to "Suppress Counter-revolutionaries").

34. 다음을 참조. Mao, *Jianguo yilai Mao Zedong wengao* (Manuscripts of Mao Zedong from the Founding of the PRC), vol. 2, 267.

33. 다음을 참조. Frank Dikötter, *The Tragedy of Liberation: A History of the Chinese Revolution, 1945~1957* (New York: Bloomsbury Press, 2013), 88, 90, 309.

36. Mao, *Jianguo yilai Mao Zedong wengao* (Manuscripts of Mao Zedong from the Founding of the PRC), vol. 2, 267.

37. 다음을 참조. Yang, "Xin zhongguo 'zhenya fangeming' yundong yanjiu" (A Study of New China's Campaign to "Suppress Counter-revolutionaries").

38. 다음을 참조. Stephane Courtois et al., *The Black Book of Communism:*

Crimes, Terror, Repression, trans. Jonathan Murphy and Mark Kramer (Cambridge, MA: Harvard University Press, 1999), 481; Maurice Meisner, *Mao's China and After: A History of the People's Republic of China*, 3rd. ed. (New York: Free Press, 1999), 72.

39. 다음을 참조. *Eighth National Congress of the Communist Party of China*, vol. 2, 119~120.

40. Mao, *Selected Works of Mao Tse-tung*, vol. 5, 33.

41. 위의 책, 24.

42. 다음을 참조. A. S. Mugruzin, *Agrarnye otnosheniia v Kitae v 20~40-x godakh XX veka* (Agrarian Relations in China in the 1920s~1940s) (Moscow: Nauka, 1970), 18, 197.

43. Deng, *Selected Works of Deng Xiaoping* (1938~1965), 178. 또한 다음도 참조. Deng, *Deng Xiaoping xinan gongzuo wenji* (Works of Deng Xiaoping on His Work in the Southwest), 371, 407.

44. Mao, *Selected Works of Mao Tse-tung*, vol. 5, 34.

45. Mao, *Jianguo yilai Mao Zedong wengao* (Manuscripts of Mao Zedong from the Founding of the PRC), vol. 2, 303, 304; Deng, *Selected Works of Deng Xiaoping* (1938~1965), 177.

46. 다음을 참조. Ezra F. Vogel, *Deng Xiaoping and the Transformation of China* (Cambridge, MA: Belknap Press of Harvard University Press, 2011), 심규호, 유소영 옮김,《덩샤오핑 평전》(민음사, 2014), 42.

47. Deng, *Selected Works of Deng Xiaoping (1938~1965)*, 169. 소수민족 지역의 토지개혁에 관한 세부사항은 다음을 참조. Solinger, *Regional Government and Political Integration in Southwest China*, 1949~1954, 180~182.

48. 다음을 참조. Deng, *Selected Works of Deng Xiaoping* (1938~1965), 169; Solinger, Regional Government and Political Integration in Southwest China, 1949~1954, 184, 187.

49. Deng, *Deng Xiaoping* xinan gongzuo wenji (Works of Deng Xiaoping on His Work in the Southwest), 544.

50. 다음을 참조. 위의 책, 407, 447, 508, 544.

51. 세부 사항은 다음을 참조. K. V. Shevelev, *Formirovaniie sotsial'no-ekonomicheskoi politiki rukovodstva KPK v 1949~1956 godakh (rukopis')* (The Formation of the CCP's Socio-economic Policy in 1949~1956) (manuscript), IV-6.

52. Mao, *Selected Works of Mao Tse-tung*, vol. 5, 77.

53. 다음을 참조. Deng, *Deng Xiaoping xinan gongzuo wenji* (Works of Deng Xiaoping on His Work in the Southwest), 466~470, 481~493, 504~511, 514~517, 520~521, 524~540, 542~545.

54. 다음을 참조. Mao, *Jianguo yilai Mao Zedong wengao* (Manuscripts of Mao Zedong from the Founding of the PRC), vol. 2, 513; Mao, *Selected Works of Mao Tse-tung*, vol. 5, 64~69. 세부 사항은 다음을 참조. Wang Shoujun and Zhang Fuxing, *Fanfu fengbao—Kaiguo sutan di yi zhan* (The Hurricane Aimed Against Corruption—The First Battle after the Founding of the PRC to Liquidate Corruption) (Beijing: Zhonggong dangshi chubanshe, 2009); *Sanfan wufan yundong wenjian huibian* (Collection of Documents from the Three Anti and Five Anti Movements) (Beijing: Renmin chubanshe, 1953).

55. 다음에서 인용함. Bo Yibo, *Ruogan zhongda juece yu shijiande huigu* (Recollections of Several Important Decisions and Their Implementation), vol. 1 (Beijing: Zhonggong zhongyang dangxiao chubanshe, 1991), 167.

56. 다음을 참조. Yang, "Mao Zedong weishemma fangqi xinminzhuyi?" (Why did Mao Zedong Abandon New Democracy?), 182-83; Pang and Jin, *Mao Zedong zhuan (1949~1976)* (Biography of Mao Zedong [1949~1976]), vol. 1, 236.

57. Evans, *Deng Xiaoping and the Making of Modern China*, 112.

58. Deng, *Selected Works of Deng Xiaoping (1938~1965)*, 153.

59. 위의 책, 158.

60. Sladkovskii, *Informatsionnyi biulleten. Seriia A. Vypusk 2* (Information Bulletin: Series A: 2nd Installment), 22.

61. 다음에서 인용함. Deng, *Deng Xiaoping*, 453. 또한 다음도 참조. Gao Yi, ed., *Fengbei—Deng Xiaoping guju chenleguan* (A Monument to Deng Xiaoping) (Chengdu: Sichuan chubanshe, 2004), 95.

62. Deng, *Deng Xiaoping*, 465.

63. 다음을 참조. *Yongyuande Xiaoping* (The Unforgettable Xiaoping), 78.

64. 덩은 그녀를 전송하면서 이렇게 농담했다. "그리고 마담, 당신은 세뇌를 하고, 사상적 재건을 해서, 원숭이가 어떻게 사람이 되었는지를 배워야 합니다." 위의 책, 79.

65. Sladkovskii, *Informatsionnyi biuletten'. Seriia A. Vypusk 2* (Information Bulletin: Series A: 2nd Installment), 22.

9. 베이징 경마장

1. 다음을 참조. Frederick C. Teiwes, *Politics at Mao's Court: Gao Gang and Party Factionalism* (Armonk, NY: Sharpe, 1990), 100.

2. Deng, *Deng Xiaoping*, 463.

3. Bo, *Ruogan zhongda juece yu shijiande huigu* (Recollections of Several Important Political Decisions and Their Implementation), vol. 1, 318.

4. 세부 사항은 다음을 참조. Pantsov with Levine, Mao, 390~391.

5. 다음을 참조. Jin, *Liu Shaoqi zhuan: 1898~1969* (Biography of Liu Shaoqi: 1898~1969), vol. 2, 671.

6. 다음을 참조. K. V. Shevelev, *Formirovaniie sotsial'no-ekonomicheskoi politiki rukovdostva KPK V 1949~1956 godakh* (The Formation of the CCP's Socioeconomic Policy in 1949~1956), V-4.

7. 다음을 참조. Mao, *Selected Works of Mao Tse-tung*, vol. 5, 71; M. I. Sladkovskii, ed., *Informatsionnyi biuletten. Seriia A. "Kul'turnaia revoliutsiia v Kitae. Dokumenty i materialy. Vypusk i: "Hunveibinovskaia" pechat' o Liu Shaotsi"* (Information Bulletin: Series A: The Cultural Revolution in China. Trans. from Chinese: The 1st installment: The Red Guard Press on Liu Shaoqi) (Moscow: IDV AN SSSR, 1968), 73~74.

8. Shevelev, *Formirovaniie sotsial'no-ekonomicheskoi politiki rukovdostva KPK v 1949~1956 godakh* (The Formation of the CCP's Socio-economic Policy in 1949~1956), IV-14.

9. 다음을 참조. J. V. Stalin, *Sochineniia (Works)*, vol. 18 (Tver': Informatsionno-izdatel'skiitsentr "Soiuz," 2006), 587.

10. 다음에서 인용함. Wu, *Deng Xiaoping yu Zhuo Lin* (Deng Xiaoping and Zhuo Lin), 85~86.

11. 다음에서 인용함. Jin, *Liu Shaoqi zhuan: 1898~1969* (Biography of Liu Shaoqi: 1898~1969), vol. 2, 664; *Dnevnik sovtskogo posla v Kitae V. V. Kuznetsova. Zapis' besedy s Liu Shaoqi, 9 noiabra 1953 g.* (Diary of Soviet Ambassador to China V. V. Kuznetsov. Notes of a Conversation with Liu Shaoqi. November 9, 1953), Archive of the Foreign Policy of the Russian Federation (hereafter AVP RF), collection 0100, inventory 46, file 12, folder 362, sheet 185.

12. 다음을 참조. Philip Short, *Mao: A Life* (New York: Holt, 1999), 442.

13. 다음을 참조. Bo, *Ruogan zhongda juece yu shijiande huigu* (Recollections

of Several Important Political Decisions and Their Implementation), vol. 1, 240;
Jin Chongji, ed., *Zhou Enlai zhuan: 1898~1976 (Biography* of Zhou Enlai:
1898~1976), vol. 2 (Beijing: Zhongyang wenxian chubanshe, 2009), 987~988.

14. 다음을 참조. Yang and Yan, *Deng Xiaoping nianpu: 1904~1974*
(Chronological Biography of Deng Xiaoping: 1904~1974), vol. 2, 1078~1079.

15. 다음을 참조. Mao, *Jianguo yilai Mao Zedong wengao* (Manuscripts of Mao
Zedong from the Founding of the PRC), vol. 4, 27.

16. Mao, *Selected Works of Mao Tse-tung*, vol. 5, 103; Bo, *Ruogan zhongda
juece yu shijiande huigu* (Recollections of Several Important Political Decisions
and Their Implementation), vol. 1, 234~235.

17. 다음을 참조. Bo, *Ruogan zhongda juece yu shijiande huigu* (Recollections
of Several Important Political Decisions and Their Implementation), vol. 1, 242;
Jin, *Zhou Enlai zhuan 1898~1976* (Biogrsiphy of Xhou Enlai 1898–1976), vol.
2, 989.

18. Gao Gang, *Izbrannoe* (Selected Works) (Moscow: IDV AN SSSR, 1989),
226~231.

19. 다음을 참조. Jin, *Liu Shaoqi zhuan: 1898~1969* (Biography of Liu
Shaoqi: 1898~1969), vol. 2, 680; Bo, *Ruogan zhongda juece yu shijiande
huigu* (Recollections of Several Important Political Decisions and Their
Implementation), vol. 1, 218.

20. 다음을 참조. Pang and Jin, *Mao Zedong zhuan (1949~1976)* (Biography of
Mao Zedong [1949~1976]), vol. 1, 252.

21. Mao, *Selected Works of Mao Tse-tung*, vol. 5, 93.

22. 다음을 참조. Paul Wingrove, "Mao's Conversations with the Soviet
Ambassador, 1953~1955," *CWIHP Working Paper*, no. 36 (April 2002), 40; Bo,
Ruogan zhongda juece yu shijiande huigu (Recollections of Several Important
Political Decisions and Their Implementation), vol. 1, 241, 311; Teiwes, *Politics
at Mao's Court*, 242.

23. Teiwes, *Politics at Mao's Court*, 163.

24. 다음에서 인용함. Bo, *Ruogan zhongda juece yu shijiande huigu*
(Recollections of Several Important Political Decisions and Their
Implementation), vol. 1, 247.

25. 다음을 참조. Mao, *Selected Works of Mao Tse-tung*, vol. 5, 103~111; Zhou
Enlai, "Rech' na Vsekitaiskomfinansovo-ekonomicheskom soveshchanii"

(Speech at the All-China Financial-Economic Conference), AVP RF, collection 0100, inventory 46, file 374, folder 121, sheets 8~19; Bo, *Ruogan zhongda juece yu shijiande huigu* (Recollections of Several Important Political Decisions and Their Implementation), vol. 1, 247~248; A. M. Ledovskii, *Delo Gao Gana-Rao Shushi* (The Gao Gang, Rao Shushi Affair) (Moscow: IDV AN SSSR, 1990), 99.

26. Zhou Enlai, "Rech' na Vsekitaiskom finansovo-ekonomicheskom soveshchanii" (Speech at the All-China Financial-Economic Conference), 18.

27. 다음에서 인용함. Bo, *Ruogan zhongda juece yu shijiande huigu* (Recollections of Several Important Political Decisions and Their Implementation), vol. 1, 251.

28. 다음을 참조. 위의 책, 252.

29. Mao, *Selected Works of Mao Tse-tung*, vol. 5, 103, 104, 110.

30. 다음을 참조. Teiwes, *Politics at Mao's Court*, 6~7, 93~96, 101~111, 221~227.

31. Deng, *Selected Works of Deng Xiaoping*, vol. 2 (1975~1982), 278~279.

32. 다음을 참조. Teiwes, *Politics at Mao's Court*, 94.

33. Deng, *Selected Works of Deng Xiaoping*, vol. 2 (1975~1982), 278.

34. 다음을 참조. Yang and Yan, *Deng Xiaoping nianpu: 1904~1974* (Chronological Biography of Deng Xiaoping: 1904~1974), vol. 2, 1129~1135.

35. 세부 사항은 다음을 참조. Teiwes, *Politics at Mao's Court*, 44~47.

36. 다음에서 인용함. 위의 책, 85.

37. 다음을 참조. 위의 책, 308~309. 공자의 인용부분은 다음을 참조. Confucius, *The Analects of Confucius*, 15.

38. 다음에서 인용함. Teiwes, *Politics at Mao's Court*, 229.

39. 다음을 참조. 위의 책, 117.

40. Liu Shaoqi, *Liu Shaoqi xuanji* (Selected Works of Liu Shaoqi), vol. 2 (Beijing: Renmin chubanshe, 1985), 125~131.

41. Zhou Enlai, "Comrade Zhou Enlai's Speech Outline at the Discussion Meeting on the Gao Gang Question (February 1954)," in Teiwes, *Politics at Mao's Court*, 240~245.

42. I. V. Kovalev, "Zapiska I. V. Kovaleva ot 24 dekabria 1949 g." (I. V. Kovalev's Note of December 24, 1949), *Novaia i noveishaia istoriia* (*Modern and Contemporary History*), no. 1 (2004), 132~139; I. V. Kovalev, "Dialog

Stalina s Mao Tszedunom" (Stalin's Dialogue with Mao Zedong), *Problemy Dal'nego Vostoka* (*Far Eastern Affairs*), no. 6 (1991): 89, 91; I. V. Kovalev, "Rossiia v Kitae (S missiei v Kitae)" (Russia in China [My Mission to China]), *Duel*, Nov. 19, 1997; N. S. Khrushchev, *Memoirs of Nikita Khrushchev*, trans. George Shriver, vol. 3 (University Park: Pennsylvania State University Press, 2004), 412~414; Bo, *Ruogan zhongda juece yu shijiande huigu* (Recollections of Several Important Political Decisions and Their Implementation), vol. 1, 40~41; Ye Zilong, *Ye Zilong huiyilu* (Memoirs of Ye Zilong) (Beijing: Zhongyang wenxian chubanshe, 2000), 201; Chen Aifei and Cao Zhiwei, *Zouchu guomende Mao Zedong* (Mao Zedong Abroad) (Shijiazhuang: Hebei renmin chubanshe, 2001), 88~91; Heinzig, *The Soviet Union and Communist China, 1945~1950*, 157, 158, 285~286, 296~297.

43. Deng Xiaoping, Chen Yi, and Tan Zhenlin, "Report of Deng Xiaoping, Chen Yi, and Tan Zhenlin Concerning the Discussion Meeting on the Rao Shushi Question (March 1, 1954)," in Teiwes, *Politics at Mao's Court*, 245~252.

44. 세부 사항은 다음을 참조. Zhao Jialiang and Zhang Xiaoji, *Banjie mubei xia de wangshi: Gao Gang zai Beijing* (A Story Dug from Underneath a Half-destroyed Tombstone: Gao Gang in Beijing) (Hong Kong: Dafeng chubanshe, 2008), 203~216, 238~245.

45. 다음을 참조. Short, *Mao*, 442, 444, 737.

46. 다음을 참조. Ruan Ming, *Deng Xiaoping: Chronicle of an Empire*, trans. and ed. Nancy Liu, Peter Rand, and Lawrence R. Sullivan (Boulder, CO: Westview Press, 1992.), 55.

47. N. G. Sudarikov, ed., *Konstitutsiia i osnovnye zakonodatel'nye akty Kitaiskoi Narodnoi Respubliki* (The Constitution and Founding Legislative Acts of the People's Republic of China) (Moscow: Izdatel'stvo inostrannoi literatury, 1955), 31.

48. 다음을 참조. Deng Xiaoping, "Report on the Gao Gang, Rao Shushi Anti-Party Alliance (March 21, 1955)," in Teiwes, *Politics at Mao's Court*, 254~276.

49. 다음을 참조. Yang Shangkun, *Yang Shangkun riji* (Diary of Yang Shangkun), vol. 1 (Beijing: Zhongyang wenxian chubanshe, 2001), 180, 181, 184.

50. Quoted in Teiwes, *Politics at Mao's Court*, 26.

10. '개인숭배 비판' 그리고 그 결과

1. 다음을 참조. O. Arne Westad, ed., *Brothers in Arms: The Rise and Fall of the Sino-Soviet Alliance,1945~1963* (Stanford, CA: Stanford University Press, 1998), 16, 39; Khrushchev, *Memoirs of Nikita Khrushchev*, vol. 3, 420~427; D. T. Shepilov, "Vospominaniia" (Reminiscences), *Voprosy istorii* (Problems of History), no. 9 (1998), 18~33, no. 10 (1998), 3~31; K. I. Koval, "Moskovskiie peregovory I. V. Stalina s Chzhou En'laem v 1953 g. i N. S. Khrushcheva s Mao Tzedunom v 1954 g." (J. V. Stalin's Moscow Negotiations with Zhou Enlai in 1953 and N. S. Khrushchev's with Mao Zedong in 1954), *Novaia inoveishaia istoriia (Modern and Contemporary History)*, no. 5 (1989), 113~118; Shi Zhe, *Feng yu gu— Shi Zhe huiyilu* (Summit and Abyss —Reminiscences of Shi Zhe) (Beijing: Hongqi chubanshe, 1992), 106~115; Zhihua Shen and Yafeng Xia, "Between Aid and Restrictions: Changing Soviet Policies Toward China's Nuclear Weapons Program, 1954~1960," *Nuclear Proliferation International History Project Working Paper*, no. 2 (May 2012), 1~80.

2. 다음에서 인용함. Yang and Yan, *Deng Xiaoping nianpu: 1904~1974* (Chronological Biography of Deng Xiaoping: 1904~1974), vol. 1, 1272.

3. *Stenograficheskii otchet XX s"ezda KPSS* (Stenographic Record of the Twentieth Congress of the CPSU), vol. 1 (Moscow: Gospolitizdat, 1956), 230.

4. 다음에서 인용함. Yang and Yan, *Deng Xiaoping nianpu: 1904~1974* (Chronological Biography of Deng Xiaoping: 1904~1974), vol. 1, 1273.

5. 위의 책, 1274.

6. 다음에서 인용함. Shi Zhe, *Zai lishi juren shenbian* (By the Side of Historical Titans) (Beijing: Zhongyang wenxian chubanshe, 1995), 595.

7. 다음을 참조. N. S. Khrushchev, *Speech of Nikita Khrushchev Before a Closed Session of the XXth Congress of the Communist Party of the Soviet Union on February 25, 1956* (Washington, DC: U.S. Government Printing Office, 1957).

8. 다음에서 인용함. Wu Lengxi, *Shi nian lunzhan: Zhongsu guanxi huiyilu (1956~1966)* (The Ten-Year Debate: Reminiscences of Sino-Soviet Relations [1956~1966]), vol. I (Beijing: Zhongyang wenxian chubanshe, 1999), 4~5.

9. 다음에서 인용함. Shi, *Zai lishi juren shenbian* (By the Side of Historical Titans), 596; Wu, *Shi nian lunzhan* (The Ten-Year Debate), vol. 1, 5.

10. 다음을 참조. Pang and Jin, *Mao Zedong zhuan (1949~1976)* (Biography of Mao Zedong [1949~1976]),vol. 2,495.

11. 다음을 참조. Mao Zedong, "Mao Tszedun o kitaiskoi politike Kominterna i Stalina" (Mao Zedong on the China Policy of the Comintern and Stalin), *Problemy Dal'nego Vostoka (Far Eastern Affairs)*, no. 5 (1998) 103; M. S. Kapitsa, *Sovetsko-kitaiskie otnosheniia* (Soviet-Chinese Relations) (Moscow: Gospolitizdat, 1958), 357, 364; *Zhanhou zhongsu guanxi zouxiang (1945~1960)* (The Development of Soviet-Chinese Relations After the War [1945~1960]) (Beijing: Shehui kexue wenhua chubanshe, 1997), 78.

12. 다음을 참조. K. Aimermakher, ed., *Doklad N. S. Khrushcheva O kul'te lichnosti Stalina na XX s"ezde KPSS: Dokumenty*. (N. S. Khrushchev's Report on Stalin's Cult of Personality at the 20th CPSU Congress: Documents) (Moscow: ROSSPEN, 2002), 24, 37, 252~253. 또한 다음도 참조. Vittorio Vidali, *Diary of the Twentieth Congress of the Communist Party of the Soviet Union*, trans. Nell Amter Cattonar and A. M. Elliot (Westport, CT, and London: Lawrence Hill and Journeyman Press, 1974), 26~27.

13. 다음을 참조. A. A. Fursenko, ed., *Prezidium TsK KPSS: 1954~1964* (Presidium of the CC CPSU: 1954~1964), vol. 1. *Chernovye protokol'nye zapisi zasedanii, stenogramy, postanovleniia* (Draft Protocol Minutes of the Sessions, Stenographic Records, and Resolutions) (Moscow: ROSSPEN, 2003), 106~107; Yang and Yan, *Deng Xiaoping nianpu: 1904~1974* (Chronological Biography of Deng Xiaoping: 1904~1974), vol. 1, 1275; Shi, *Zai lishi juren shenbian* (By the Side of Historical Titans), 597.

14. 다음에서 인용함. Li, *The Private Life of Chairman Mao*, 115.

15. 다음을 참조. Wu, *Shi nian lunzhan* (The Ten-Year Debate), vol. 1, 6~7; Liu Chongwen and Chen Shaochu, eds, *Liu Shaoqi nianpu: 1898~1969* (Chronological Biography of Liu Shaoqi: 1898~1969), vol. 2 (Beijing: Zhongyang wenxian chubanshe, 1998), 363. 다른 출처들에 따르면, 이는 3월 12일에 열린 중앙위원회 정치국 확대회의였다. 다음에서 인용함. Pang and Jin Chongji, eds., *Mao Zedong zhuan (1949~1976)* (Biography of Mao Zedong [1949~1976]), vol. 2 (2003), 363.

16. 다음을 참조. Pang and Jin, *Mao Zedong zhuan (1949~1976)* (Biography of Mao Zedong [1949~1976]), vol. 2, 496.

17. 다음에서 인용함. Wu, *Shi nian lunzhan* (The Ten-Year Debate), vol. 1, 8.

18. 다음에서 인용함. 위의 책.

19. 왕밍王明은 1931년부터 천샤오위陈绍禹의 가명이었다.

20. 다음에서 인용함. 위의 책, 11.

21. 다음에서 인용함. 위의 책, 14~15.

22. 다음을 참조. 위의 책, 15.

23. 세부 사항은 다음을 참조. Pantsov with Levine, *Mao*, 415~421.

24. 다음을 참조. Wu, *Shi nian lunzhan* (The Ten-Year Debate), vol. 1, 16~19.

25. For the corrections and additions made in the text by Mao himself, 다음을 참조. 위의 책, 59~67. 다음도 참조. Wu, *Yi Mao zhuxi* (Remembering Chairman Mao), 2~7.

26. Borisov and Titarenko, *Vystupleniia Mao Tsze-duna, ranee ne publikovavshiesia V kitaiskoi pechati* (Mao Zedong's Speeches Previously Unpublished in the Chinese Press), series 1, 93.

27. 다음을 참조. Mao, *Selected Works of Mao Tse-tung*, vol. 5, 284~307. 또한 다음도 참조. Stuart Schram, ed., *Chairman Mao Talks to the People: Talks and Letters, 1956~1971* (New York: Pantheon Books, 1974), 81~82; Borisov and Titarenko, *Vystupleniia Mao Tsze-duna, ranee ne publikovavshiesia v kitaiskoi pechati* (Mao Zedong's Speeches Previously Unpublished in the Chinese Press), series 1, 66~86.

28. Borisov and Titarenko, *Vystupleniia Mao Tsze-duna, ranee ne publikovavshiesia v kitaiskoi pechati* (Mao Zedong's Speeches Previously Unpublished in the Chinese Press), series 2, 122; Li, *Private Life of Chairman Mao*, 181, 183, 192.

29. 다음을 참조. Yang, *Deng Xiaoping*, 134.

30. *The Case of Peng Dehuai, 1959~1968* (Hong Kong: Union Research Institute, 1968), 445.

31. 다음을 참조. Deng, *Deng Xiaoping zishu (Zhailu)* (Autobiographical Notes of Deng Xiaoping. [Excerpts]).

32. 다음을 참조. Zhihua Shen, "Zhonggong bada weishemma bu ti 'Mao Zedong sixiang'?" (Why Did the Eighth CCP Congress Not Raise "Mao Zedong Thought"?), *Lishi jiaoxue* (Teaching history), no. 5 (2005), 6. 또한 다음도 참조. Mao Zedong, *Mao Zedong wenji* (Works of Mao Zedong), vol. 6 (Beijing: Renmin chubanshe, 1999), 387.

33. 다음을 참조. Deng, *Deng Xiaoping and the Cultural Revolution*, 53.

34. Liu, *On the Party*, 157; *Eighth National Congress of the Communist Party of China*, vol. 1, 137.

35. *Eighth National Congress of the Communist Party of China*, vol. 1, 200.

36. Deng, *Wode zishu (Zhailu)* (My Autobiographical Notes [Excerpts]).

37. *Eighth National Congress of the Communist Party of China*, vol. 2, 199~200.

38. Mao Zedong, *Mao Zedong wenji* (Works of Mao Zedong), vol. 7 (Beijing: Renmin chubanshe, 1999), 111~112. 또한 다음도 참조. Mao Zedong, *Jianguo yilai Mao wengao* (Manuscripts of Mao Zedong from the Founding of the PRC), vol. 6, 165; Wingrove, "Mao's Conversations with the Soviet Ambassador, 1953~1955." 36.

39. 다음에서 인용함. Mao, *Mao Zedong wenji* (Works of Mao Zedong), vol. 7, 111~112.
이는 1956년 9월 13일, 중국공산당 제7기 중앙위원회 제7차 전체회의 3차 회의에서 발생했다. 세부사항은 다음을 참조. Yang Shengqun and Liu Jintian, eds., *Deng Xiaoping zhuan (1904~1974)* (Biography of Deng Xiaoping [1904~1974]), vol. 2 (Beijing: Zhongyang wenxian chubanshe, 2014), 993~996.

11. 위대한 성장 역량

1. Deng, *Deng Xiaoping and the Cultural Revolution*, 4.

2. 다음을 참조. 위의 책, 37, 44~45, 46, 50~51; *Deng Xiaoping yu Zhuo Lin* (Deng Xiaoping and Zhuo Lin), 71.

3. Fursenko, *Presidium TsK KPSS: 1954~1964* (Presidium of the CC CPSU: 1954~1964), vol. 1, 173.

4. 세부 사항은 다음을 참조. Paul E. Zinner, ed., *National Communism and Popular Revolt in Eastern Europe: A Selection of Documents on Events in Poland and Hungary* (New York: Columbia University Press, 1956), 9~262; Mark Kramer, "New Evidence on Soviet Decision-Making and the 1956 Polish and Hungarian Crisis," *CWIHP Bulletin*, nos. 8~9 (1996~1997): 360~361.

5. 다음을 참조. Vladislav M. Zubok, "Look What Chaos in the Beautiful Socialist Camp! Deng Xiaoping and the Sino-Soviet Split, 1956~1963," *CWIHP Bulletin*, no. 10 (March 1998): 153.

6. 다음에서 인용함. Wu, *Shi nian lunzhan* (The Ten-Year Debate), vol. 1, 35.

7. 위의 책, 39~40.

8. *Istoricheskii arkhiv* (Historical Archive), nos. 4-5 (1996): 184~185; Fursenko, *Prezidium TsK KPSS: 1954~1964* (Presidium of the CC CPSU:

1954~1964), vol. 1, 174~175; A. A. Fursenko, *Prezidium TsK KPSS: 1954~1964* (Presidium of the CC CPSU: 1954~1964), vol. 2. *Postanovleniia: 1954~1958* (Resolutions of 1954-1958) (Moscow: ROSSPEN, 2006), 471~472.

9. *Vozniknovenie i razvitie raznoglasii mezhdu rukovodstvom KPSS i nami: Po povodu otkrytogo pis'ma TsK KPSS* (The Origin and Development of Disagreements Between the Leadership of the CPSU and Us: On the Open Letter of the CC CPSU) (Beijing: Izdatel'stvo literatury na inostrannykh iazykakh, 1963), 12; See also Wu, *Shi nian lunzhan* (The Ten-Year Debate), vol. 1, 42~45; "Records of Meeting of the CPSU and CCP Delegations, Moscow, July 5~20, 1963," in Westad, *Brothers in Arms*, 378.

10. Sandor Petofi, *Rebel or Revolutionary: Sandor Petofi as Revealed by His Diary, Letters, Notes, Pamphlets and Poems*, trans. Edwin Morgan (Budapest: Corvina Press, 1974), 196.

11. 세부 사항은 다음을 참조. Zinner, *National Communism and Popular Revolution*, 398~434; Kramer, "New Evidence on Soviet Decision-Making and the 1956 Polish and Hungarian Crisis," 362~369.

12. 다음을 참조. Fursenko, *Prezidium TsK KPSS: 1954~1964* (Presidium of the CC CPSU: 1954~1964), vol. 1, 178~179, 187~188; Yang and Yan, *Deng Xiaoping nianpu: 1904~1974* (Chronological Biography of Deng Xiaoping: 1904~1974), vol. 2, 1322; Xu Zehao, ed., *Wang jiaxiang nianpu: 1906~1974* (Chronological Biography of Wang jiaxiang: 1906~1974) (Beijing: Zhongyangwenxianchubanshe, 2001, 439~440.

13. 다음을 참조. Pang and Jin, *Mao Zedong zhuan (1949~1976)* (Biography of Mao Zedong [1949~1976]), vol. 1, 602~603; Shi Zhe and Li Haiwen, *Zhong-su guanxi jianzheng lu* (Eyewitness Notes of Sino-Soviet Relations) (Beijing: Dangdai Zhongguo chubanshe, 2005), 225; *Vozniknovenie i razvitie raznoglasii mezhdu rukovodstvom KPSS i nami: Po povodu otkrytogo pis'ma TsK KPSS* (The Origins and Development of Disagreements Between the Leadership of the CPSU and Us: On the Open Letter of the CC CPSU), 12; Wu, *Shi nian lunzhan* (The Ten-Year Debate), vol. 1, 45.

14. Fursenko, *Prezidium TsK KPSS: 1954~1964* (Presidium of the CC CPSU: 1954~1964), vol. 1, 178. 또한 다음도 참조. Shi Zhe and Shi Qiulang, *Wode yisheng—Shi Zhe zishu* (My Life—Autobiographical Notes of Shi Zhe) (Beijing: Renmin chubanshe, 2002), 470~471.

15. Khrushchev, *Memoirs of Nikita Khrushchev*, vol. 3, 430, 488, 489.

16. 다음을 참조. William Taubman, *Khrushchev: The Man and His Era* (New York: Norton, 2003), 297.

17. Fursenko, *Prezidium TsK KPSS: 1954~1964* (Presidium of the CC CPSU: 1954~1964), vol. 1, 188; Wu, *Shi nian lunzhan* (The Ten-Year Debate), vol. 1, 52.

18. Fursenko, *Prezidium TsK KPSS: 1954~1964* (Presidium of the CC CPSU: 1954~1964), vol. 1, 188.

19. 다음에서 인용함. Shi and Li, *Zhong-su guanxi jianzheng lu* (Eyewitness Notes of Sino-Soviet Relations), 235; Zubok, "Look What Chaos in the Beautiful Socialist Camp!" 153.

20. 다음에서 인용함. Shi and Li, *Zhong-su guanxi jianzheng lu* (Eyewitness Notes of Sino-Soviet Relations), 234.

21. L. F. Kurdiukov et al., eds., *Sovetsko-kitaiskie otnosheniia, 1917~1957: Shornik dokumentov* (Soviet-Chinese Relations, 1917~1957: A Documentary Collection) (Moscow: Izd-vo vostochnoi literatury, 1959), 319. 또한 다음도 참조. Fursenko, *Prezidium TsK KPSS: 1954~1964* (Presidium of the CC CPSU: 1954~1964), vol. 1, 191.

22. Fursenko, *Prezidium TsK KPSS: 1954~1964* (Presidium of the CC CPSU: 1954~1964), vol. 1, 191.

23. Khrushchev, *Memoirs of Nikita Khrushchev*, vol. 3, 651. 1956년 11월 10일 제8차 중국공산당 중앙위원회 2차 전체회의에서 이 문제에 대해 류샤오치가 한 발언에 대한 해석도 참조. Pang and Jin, *Mao Zedong zhuan (1949~1976)* (Biography of Mao Zedong [1949~1976]), vol. 1, 603~605.

24. 다음을 참조. G. F. Krivosheev, ed., *Grif sekretnosti sniat: Poteri Vooruzhennykh Sil SSSR v voinakh, boevykh deistviiakh i voennykh konfliktakh: Statisticheskoe issledovanie* (The Stamp of Secrecy Is Removed: Losses of the Armed Forces of the USSR in Wars, Battles, and Armed Conflicts: A Statistical Analysis) (Moscow: Voennoye izdatel'stvo, 1993), 397; Micheal Clodfelter, *Warfare and Armed Conflict: A Statistical Encyclopedia of Casualty and Other Figures, 1494~2007*, 3rd. ed. (Jefferson, NC: McFarland, 2008), 576~577.

25. 다음에서 인용함. Xiao Denglin, *Wushi nian guoshi jiyao: Waijiao juan* (Draft History of State Affairs for the Past Fifty Years: Foreign Affairs Volume) (Changsha: Hunan renmin chubanshe, 1999), 194~195.

26. Wu, *Shi nian lunzhan* (The Ten-Year Debate), vol. 1, 59.

27. 다음을 참조. *People's Daily*, Dec. 29, 1956.

28. 다음에서 인용함. Yang and Yan, *Deng Xiaoping nianpu: 1904~1974* (Chronological Biography of Deng Xiaoping: 1904~1974), vol. 2, 1323.

29. 세부 사항은 다음을 참조. Mao, *Jianguo yilai Mao Zedong wengao* (Manuscripts of Mao Zedong from the Founding of the PRC), vol. 6, 120~121; Roderick MacFarquhar, *The Hundred Flowers Campaign and the Chinese Intellectuals* (New York: Praeger, 1960), 6~9; [Robert R. Bowie and John K. Fairbank, eds.,] *Communist China, 1955~1959: Policy Documents with Analysis* (Cambridge, MA: Harvard University Press, 1962), 5~7.

30. 다음을 참조. Yang and Yan, *Deng Xiaoping nianpu: 1904~1974* (Chronological Biography of Deng Xiaoping: 1904~1974), vol. 2, 1321; Li Ping and Ma Zhisun, eds., *Zhou Enlai nianpu (1949~1976)* (Chronological Biography of Zhou Enlai [1949~1976]), vol. 1 (Beijing: Zhongyang wenxian chubanshe, 1997), 628.

31. 다음에서 인용함. Yang and Yan, *Deng Xiaoping nianpu: 1904~1974* (Chronological Biography of Deng Xiaoping: 1904~1974), vol. 2, 1327.

32. 다음을 참조. Sladkovskii, *Informatsionnyi biulleten'. Seriia A. Vypusk 2* (Information Bulletin: Series A: 2nd Installment), 33; Mao, *Selected Works of Mao Tse-tung*, vol. 5, 353.

33. 다음을 참조. Mao, *Selected Works*, vol. 5, 408~414.

34. 다음에서 인용함. Sladkovskii, *Informatsionnyi biulleten. Seriia A. Vypusk 2* (Information Bulletin: Series A: 2nd Installment), 35. 또한 다음도 참조. Deng, *Selected Works of Deng Xiaoping*, vol. 2 (*1975~1982*), 282~283.

35. 중국에는 집권당인 중국공산당에 더해 공산주의자들과 연합전선을 형성한 8개의 아주 작은 이른바 민주정당들이 존재하고 있다.

36. *People's Daily*, June 8, 1957.

37. *CWIHP Bulletin*, no. 10 (2001), 165.

38. 다음에서 인용함. V. N. Berezhkov, *Riadom so Stalinym* (By Stalin's Side) (Moscow: Vagrius, 1998), 443~444.

39. 다음에서 인용함. Jonathan Fenby, *The Penguin History of Modern China: The Fall and Rise of a Great Power, 1850~2009* (London: Penguin Books, 2009), 392. 다음도 참조. Yang, *Deng Xiaoping*, 141.

40. 다음에서 인용함. Fenby, *The Penguin History of Modern China*, 393. 체포의

규모에 대해서는 다음을 참조. Meliksetov, *Istoriia Kitaia* (History of China), 649.

41. Deng Xiaoping, "Report on the Rectification Campaign, 1955~1959, " [Bowie and Fairbank,] *Communist China, 1955~1959: Policy Documents with Analysis*, 341, 344.

42. Deng, *Selected Works of Deng Xiaoping*, vol. 2 *(1975~1982)*, 262~263, 279.

43. 다음에서 인용함. Li Yueran, *Waijiao wutai shang de xin Zhongguo lingxiu* (Leaders of New China in the Diplomatic Arena) (Beijing: Waiyu jiaoxue yu yanjiu chubanshe, 1994), 143; Khrushchev, *Memoirs of Nikita Khrushchev*, vol. 3, 439, 488; N. S. Khrushchev, *Vremia, Liudi, Vlast': Vospominaniia* (Time, People, Power: Memoirs), vol. 3 (Moscow: Moskovskiie novosti, 1999), 58, 104~105.

44. 다음에서 인용함. Li, *Waijiao wutai shang de xin Zhongguo lingxiu* (Leaders of New China in the Diplomatic Arena), 143.

45. 다음에서 인용함. Khrushchev, *Memoirs of Nikita Khrushchev*, vol. 3, 439; Li, *Waijiao wutai shangde xin Zhongguo lingxiu* (Leaders of New China in the Diplomatic Arena), 143~144.

46. 다음을 참조. Fursenko, *Prezidium TsK KPSS: 1954~1964* (Presidium of the CC CPSU: 1954~1964), vol. 1, 224, 274, 991, 1017; vol. 2, 540, 1003; Yang and Yan, *Deng Xiaoping nianpu: 1904~1974* (Chronological Biography of Deng Xiaoping: 1904-1974), vol. 3, 1401. 이후에, 마오는, 당연히, 흐루쇼프가 회의를 소집하고 선언문을 채택할 것을 제안했다고 주장했다. 다음을 참조. Mao Zedong, *Mao Zedong on Diplomacy* (Beijing: Foreign Languages Press, 1998), 251. 그러나 그의 주장은 문서자료들과는 모순된다.

47. 다음을 참조. N. S. Khrushchev, *Report of the Central Committee of the Communist Party of the Soviet Union to the 20th Party Congress, February 14, 1956* (Moscow: Foreign Languages Publishing House, 1956), 38~47.

48. 다음을 참조. 1956년 3월 12일 정치국 확대회의에서 이 문제에 관한 마오의 발언에 대한 설명은 다음을 참조. Wu, *Yi Mao zhuxi* (Remembering Chairman Mao), 4~5, 그리고 1956년 11월 중순 제8기 중앙위원회 2차 전체회의에서 마오의 발언도 참조. Mao, *Selected Works of Mao Tse-tung*, vol. 5, 341, 342.

49. Mao, *Mao Zedong on Diplomacy*, 252; Yang and Yan, *Deng Xiaoping nianpu: 1904~1974* (Chronological Biography of Deng Xiaoping: 1904~1974), vol. 3, 1401.

50. *Modern China*, 393. 다음을 참조. Yang and Yan, *Deng Xiaoping nianpu: 1904~1974* (Chronological Biography of Deng Xiaoping: 1904~1974), vol. 3, 1402~1416; Wu, *Shi nian lunzhan* (The Ten-Year Debate), vol. 1, 96~98; Yang, *Yang Shangkun riji* (Diary of Yang Shangkun), vol. 1, 286~295.

51. "Tezisy mnenii po voprosu o mirnom perekhode (10 noiabria 1957 g.)" (Theses of Opinions on the Issue of Peaceful Transition [November 10, 1957]), in *Polemika O general'noi linii mezhdunarodnogo kommunisticheskogo dvizheniia* (Polemic on the General Line of the International Communist Movement) (Beijing: Izdatel'stvo literatury na inostrannykh iazykakh, 1965), 112~115.

52. *Dokumenty soveshchanii predstavitelei kommunisticheskikh i rabochikh partii, sostoiavshikhsia v Moskve v noiabre 1957 goda* (Documents from the Meetings of Representatives of Communist and Workers' Parties That Took Place in Moscow in November 1957) (Moscow: Gospolitizdat, 1957), 18~22; 다음도 참조. Wu, *Shi nian lunzhan* (The Ten-year Debate), vol. 1, 98, 127~141; Yang, *Yang Shangkun riji* (Diary of Yang Shangkun), vol. 1, 285~296; Yang and Yan, *Deng Xiaoping nianpu: 1904~1974* (Chronological Biography of Deng Xiaoping: 1904~1974), vol. 3, 1402~1407; Fursenko, *Prezidium TsK KPSS: 1954~1964* (Presidium of the CC CPSU: 1954~1964), vol. 1, 279~281; vol. 2, 720~731, 1004; Yan Mingfu, "Yan Mingfu tan Deng Xiaoping" (Yan Mingfu Speaks About Deng Xiaoping), in Liu Jintian, ed., *Huashuo Deng Xiaoping* (Stories About Deng Xiaoping) (Beijing: Zhongyang wenxian chubanshe, 2004), 164~165.

53. 다음을 참조. Yang and Yan, *Deng Xiaoping nianpu: 1904~1974* (Chronological Biography of Deng Xiaoping: 1904~1974), vol. 3, 1408; Wu, *Shi nian lunzhan* (The Ten-Year Debate), vol. 1, 153~155.

54. 다음에서 인용함. Wu, *Shi nian lunzhan* (The Ten-Year Debate), vol. 1, 100. 또한 다음도 참조. Mao, *Mao Zedong on Diplomacy*, 251.

55. 다음을 참조. Li, *Waijiao wutai shang de xin Zhongguo lingxiu* (Leaders of New China in the Diplomatic Arena), 130~147.

56. 다음에서 인용함. 위의 책, 137.

57. 다음을 참조. Yang, *Yang Shangkun riji* (Diary of Yang Shangkun), vol. 1, 285, 291.

58. Borisov and Titarenko, *Vystupleniia Mao Tsze-duna, ranee ne*

publikovavshiesia V kitaiskoi pechati (Mao Zedong's Speeches Previously Unpublished in the Chinese Press), series 1, 94. 마오는 1957년 11월 19일, 소련의 외무장관 그로미코와의 회담에서 본질적으로 같은 말을 했다. 다음을 참조. A. A. Gromyko, *Pamiatnoe* (Remembered), vol. 2 (Moscow: Politizdat, 1988), 131.

59. *Pravda*, Nov. 7, 1957.

60. 다음을 참조. Chen Jian and Yang Kuisong, "Chinese Politics and the Collapse of the Sino-Soviet Alliance," in Westad, *Brothers in Arms*, 265.

61. Deng, *Selected Works of Deng Xiaoping*, vol. 2 (1975~1982), 281.

62. Borisov and Titarenko, *Vystupleniia Mao Tsze-duna, ranee ne publikovavshiesia V kitaiskoi pechati* (Mao Zedong's Speeches Previously Unpublished in the Chinese Press), series 2, 112, 123; Li Ping, *Kaiguo zongli Zhou Enlai* (Zhou Enlai: The First Premier) (Beijing: Zhonggong zhongyang dangxiao chubanshe, 1994), 359.

63. 다음에서 인용함. Li, *Kaiguo zongli Zhou Enlai* (Zhou Enlai, the First Premier), 361.

64. 다음을 참조. 위의 책, 362~363.

65. Borisov and Titarenko, *Vystupleniia Mao Tsze-duna, ranee ne publikovavshiesia V kitaiskoi pechati* (Mao Zedong's Speeches Previously Unpublished in the Chinese Press), series 2, 134~155.

66. Deng, *Wode zishu (Zhailu)* (My Autobiographical Notes [Excerpts]).

67. 다음을 참조. Chen Yungfa, "Jung Chang and Jon Halliday, 'Mao: The Unknown Story'," *Twentieth Century China*, vol. 33, no 1 (2007): 111.

68. Li, *The Private Life of Chairman Mao*, 277.

69. 다음에서 인용함. Yang and Yan, *Deng Xiaoping nianpu: 1904~1974* (Chronological Biography of Deng Xiaoping: 1904~1974), vol. 3, 1405.

70. Borisov and Titarenko, *Vystupleniia Mao Tsze-duna, ranee ne publikovavshiesia V kitaiskoi pechati* (Mao Zedong's Speeches Previously Unpublished in the Chinese Press), series 2, 156, 158.

71. 다음에서 인용함. Yang and Yan, *Deng Xiaoping nianpu: 1904~1974* (Chronological Biography of Deng Xiaoping: 1904~1974), vol. 3, 1421.

72. *CWIHP Bulletin*, no. 10 (March 1998), 167.

73. 다음을 참조. *Vtoraia sessiia VIII Vsekitaiskogo s"ezda Kommunisticheskoi partii Kitaia* (Second Session of the Eighth Congress of the Chinese Communist Party) (Peking: Izdatel'stvo literatury na inostrannykh iazykakh, 1958), 70~81;

Yang and Yan, *Deng Xiaoping nianpu: 1904~1974* (Chronological Biography of Deng Xiaoping: 1904~1974), vol. 3, 1426.

74. *Vtoraia sessiia VIII Vsekitaiskogo s"ezda Kommunisticheskoi partii Kitaia* (Second Session of the Eighth Congress of the Chinese Communist Party), 68.

75. 다음을 참조. Borisov and Titarenko, *Vystupleniia Mao Tsze-duna, ranee ne publikovavshiesia V kitaiskoi pechati* (Mao Zedong's Speeches Previously Unpublished in the Chinese Press), series 2, 264, 275, 281; Roderick MacFarquhar, *The Origins of the Cultural Revolution*, vol. 2: *The Great Leap Forward, 1958~1960* (New York: Columbia University Press, 1983), 85, 90.

76. 다음을 참조. Yang and Yan, *Deng Xiaoping nianpu: 1904~1974* (Chronological Biography of Deng Xiaoping: 1904~1974), vol. 2, 1318~1319.

77. 다음을 참조. Mao, *Mao Zedong on Diplomacy*, 247; B. N. Vereshchagin, *V starom i novom Kitae: Iz vospominanii diplomata* (In Old and New China: Reminiscences of a Diplomat) (Moscow: IDV RAN, 1999), 119~120; Shu Guang Zhang, "Sino-Soviet Economic Cooperation," in Westad, *Brothers in Arms*, 207; Zhang Shu Guang and Chen Jian, "The Emerging Disputes Between Beijing and Moscow: Ten Newly Available Chinese Documents, 1956~1958," *CWIHP Bulletin*, nos. 6~7 (1995~1996), 154~159, 162~163.

78. Mao, *Mao Zedong on Diplomacy*, 250~258; Vereshchagin, *V starom i novom Kitae* (In Old and New China), 128.

79. Khrushchev, *Memoirs of Nikita Khrushchev*, vol. 3, 455.

80. 위의 책, 456.

81. 다음에서 인용함. Yan, "Yan Mingfu tan Deng Xiaoping," (Yan Mingfu Speaks About Deng Xiaoping), 165~166. 다음도 참조. Yan Mingfu's interview with the American journalist Harrison Salisbury on Apr. 29, 1988, in Harrison E. Salisbury, *The New Emperors: China in the Era of Mao and Deng* (Boston: Little, Brown, 1992), 155~158.

82. 다음을 참조. Zubok, "The Mao-Khrushchev Conversations, July 31–August 3, 1958, and October 2, 1959," 244~272.

83. 1938년 7월 31일과 8월 3일 사이에 있은 네 차례의 최고위급 대화에 관한 속기록 중에서, 첫 번째와 마지막 것만이 입수 가능한 이유로, 우리는 두 번째와 세 번째 미팅에서 누가 말을 했는지 확실히 모른다. 아마 덩일 수도 있다. 전체 대화에 관한 간략한 설명은 다음을 참조. Wu, *Shi nian lunzhan* (The Ten-Year Debate), vol. 1, 162~174. 그러나 우렁시는 덩의 발언에 대해서는 아무런 언급도 하지 않고 있다.

84. 다음에서 인용함. Salisbury, *The New Emperors*, 156.

85. 다음에서 인용함. Yan, "Yan Mingfu tan Deng Xiaoping" (Yan Mingfu Speaks About Deng Xiaoping), 166.

86. 다음에서 인용함. Li, *Private Life of Chairman Mao*, 261.

87. 다음을 참조. Yang and Yan, *Deng Xiaoping nianpu: 1904~1974* (Chronological Biography of Deng Xiaoping: 1904~1974), vol. 3, 1448.

88. Borisov and Titarenko, *Vystupleniia Mao Tsze-duna, ranee nepublikovavshiesia v kitaiskoi pechati* (Mao Zedong's Speeches Previously Unpublished in the Chinese Press), vol. 2, 311.

89. Deng Xiaoping, "Velikoe splochenie kitaiskogo naroda i velikoe splochenie narodov mira" (The Great Unity of the Chinese People and the Great Unity of the Peoples of the World), *Pravda*, Oct. 1, 1959.

90. Peng Dehuai, "Comrade Peng Dehuai's Letter to Chairman Mao (July 14, 1959)." in Peng Dehuai, *Memoirs of a Chinese Marshal: The Autobiographical Notes of Peng Dehuai*, trans. Zheng Longpu (Beijing: Foreign Languages Press, 1984), 515.

91. 다음에서 인용함. Yang and Yan, *Deng Xiaoping nianpu: 1904~1974* (Chronological Biography of Deng Xiaoping: 1904~1974), vol. 3, 1453~1468; MacFarquhar, *Origins of the Cultural Revolution*, vol. 2, 85, 121.

92. 다음을 참조. MacFarquhar, *Origins of the Cultural Revolution*, vol. 2, 127.

93. Alexander V. Pantsov's interview with a citizen of Beijing, Oct. 28, 2004.

94. 다음에서 인용함. Yang and Yan, *Deng Xiaoping nianpu: 1904~1974* (Chronological Biography of Deng Xiaoping: 1904~1974), vol. 3, 1462, 1467.

95. 다음을 참조. Yu Guangren, "Deng Xiaoping qiushi yu fansi jingshen" (The Spirit of Deng Xiaoping: Seek the Truth and Reflect It), Yanhuang chunqiu (History of China), no. 4 (2002): 2~8.

96. Deng, *Selected Works of Deng Xiaoping*, vol. 2 *(1975~1982)*, 328.

97. 다음을 참조. Borisov and Titarenko, *Vystupleniia Mao Tsze-duna, ranee ne publikovavshiesia V kitaiskoi pechati* (Mao Zedong's Speeches Previously Unpublished in the Chinese Press), series 2, 348~407; Yang and Yan, *Deng Xiaoping nianpu: 1904~1974* (Chronological Biography of Deng Xiaoping: 1904~1974), vol. 3, 1468~1469, 1471.

98. 다음을 참조. *Materialy 6-go plenuma Tsentral'nogo Komiteta Kommunisticheskoi partii Kitaia vos'mogo sozyva* (Materials of the Sixth

Plenum of the Eighth Central Committee of the Chinese Communist Party)
(Beijing: Izdatel'stvo literatury na inostrannykh iazykakh, 1959), 13~54.

99. 다음에서 인용함. Yang and Yan, *Deng Xiaoping nianpu: 1904~1974*
(Chronological Biography of Deng Xiaoping: 1904~1974), vol. 3, 1472~1473.

100. 다음을 참조. *Materialy 6-go plenuma Tsentral'nogo Komiteta
Kommunisticheskoi partii Kitaia vos'mogo sozyva* (Materials of the Sixth
Plenum of the Eighth Central Committee of the Chinese Communist Party), 55.

101. 다음에서 인용함. Frank Dikötter, *Mao's Great Famine: The History of
China's Most Devastating Catastrophe, 1958~1962* (New York: Walker, 2010),
80.

102. 다음을 참조. 위의 책, 89; Jasper Becker, *Hungry Ghosts: China's Secret
Famine* (New York: Free Press, 1996), 85.

12. 존재와 의식

1. Mao, *Jianguo yilai Mao Zedong wengao* (Manuscripts of Mao Zedong from
the Founding of the PRC), vol. 8, 42.

2. 다음에서 인용함. Yang and Yan, *Deng Xiaoping nianpu: 1904~1974*
(Chronological Biography of Deng Xiaoping: 1904~1974), vol. 3, 1490.

3. 다음을 참조. 위의 책.

4. 다음을 참조. Li, *Private Life of Chairman Mao*, 295.

5. Borisov and Titarenko, *Vystupleniia Mao Tsze-duna, ranee ne
publikovavshiesia V kitaiskoi pechati* (Speeches of Mao Zedong Previously
Unpublished in the Chinese Press), series 2, 419, 420; series 3, 67.

6. 다음을 참조. Yang and Yan, *Deng Xiaoping nianpu: 1904~1974*
(Chronological Biography of Deng Xiaoping: 1904~1974), vol. 3, 1478~1487.

7. 다음을 참조. MacFarquhar, *Origins of the Cultural Revolution*, vol. 2,
162~163, 169~170.

8. Mao, *Mao Zedong wenji* (Works of Mao Zedong), vol. 7, 117; Yang and
Yan, *Deng Xiaoping nianpu: 1904~1974* (Chronological Biography of Deng
Xiaoping: 1904~1974), vol. 3, 1490.

9. 마오는 고대 중국 춘추전국시대의 역사적 사건을 인용하는 중국의 관용구를 사용
했다.

10. 다음에서 인용함. Yang and Yan, *Deng Xiaoping nianpu: 1904~1974*
(Chronological Biography of Deng Xiaoping: 1904~1974), vol. 3, 1501. 또

한 다음도 참조. Mao, *Jianguo yilai Mao Zedong wengao* (Manuscripts of Mao Zedong from the Founding of the PRC), vol. 8, 196.

11. Peng, "Comrade Peng Dehuai's Letter to Chairman Mao (July 14, 1959)," 510~520.

12. 다음을 참조. Dikötter, *Mao's Great Famine*, 92.

13. Sladkovskii, *Informatsionnyi biulleten. Seriia A. Vypusk 2* (Information Bulletin: Series A: 2nd Installment), 45.

14. 다음을 참조. Li, *Private Life of Chairman Mao*, 314~315.

15. 세부 사항은 다음을 참조. Li Rui, *Lushan huiyi shilu* (The True Record of the Lushan Plenum) (Beijing: Chunqiu chubanshe/Hunan jiaoyu chubanshe, 1989): *The Case of Peng Dehuai, 1959~1968*, 1~121, 405~446.

16. 다음을 참조. Li Xinzhi and Wang Yuezong, eds., *Weida de shijian, guanghui de sixiang— Deng Xiaoping geming huodong dashiji* (Great Practice, Glorious Ideology —Chronicle of Basic Events in the Revolutionary Activity of Deng Xiaoping) (Beijing: Hualing chubanshe, 1990), 117.

17. 다음을 참조. Deng, "Velikoe splochenie kitaiskogo naroda i velikoe splochenie narodov mira" (The Great Unity of the Chinese People and the Great Unity of the Peoples of the World).

18. 다음을 참조. Wu, *Deng Xiaoping yu Zhuo Lin* (Deng Xiaoping and Zhuo Lin), 153~154, 157.

19. Fursenko, *Prezidium TsK KPSS: 1954~1964* (Presidium of the CC CPSU: 1954~1964), vol. 1, 337.

20. 다음을 참조. Wu, *Shi nian lunzhan* (The Ten-Year Debate), vol. 1, 191.

21. 다음에서 인용함. Roxane Witke, *Comrade Chiang Ch'ing* (Boston: Little, Brown, 1977), 272.

22. *Stenograficheskii otchet XXI s"ezda Kommunisticheskoi partii Sovetskogo Soiuza* (Stenographic Record of the Twenty-first Congress of the Communist Party of the Soviet Union), vol. 1 (Moscow: Gospolitizdat, 1959), 93~110.

23. Khrushchev, *Memoirs of Nikita Khrushchev*, vol. 3, 450~451.

24. 다음을 참조. "Records of the Meeting of the CPSU and CCP Delegations, Moscow, July 5~20, 1963," 379: MacFarquhar, *Origins of the Cultural Revolution*, vol. 2, 225~226: Zhang Shu Guang, "Between 'Paper' and 'Real Tigers': Mao's View of Nuclear Weapons," in John Lewis Gaddis et al., eds., *Cold War Statesmen Confront the Bomb: Nuclear Diplomacy Since 1945* (New

York: Oxford University Press, 1999), 208.

25. Khrushchev, *Memoirs of Nikita Khrushchev*, vol. 3, 480~481.

26. 다음에서 인용함. MacFarquhar, *Origins of the Cultural Revolution*, vol. 2, 226.

27. 다음을 참조. Wu, *Shi nian lunzhan* (The Ten-Year Debate), vol. 1, 208.

28. 다음을 참조. Yang and Yan, *Deng Xiaoping nianpu: 1904~1974* (Chronological Biography of Deng Xiaoping: 1904~1974), vol. 3, 1518.

29. Zubok, "The Mao-Khrushchev Conversations, July 31~August 3, 1958, and October 2, 1959," 267~269; 다음도 참조. Li, *Waijiao wutai shang de xin Zhongguo lingxiu* (Leaders of New China in the International Arena), 161~164; Wu, *Shi nian lunzhan* (The Ten-Year Debate), vol. 1, 226~227.

30. 다음에서 인용함. Li, *Waijiao wutai shang de xin Zhongguo lingxiu* (Leaders of New China in the International Arena), 164.

31. Fursenko, *Prezidium TsK KPSS: 1954~1964* (Presidium of the CC CPSU: 1954~1964), vol. 1, 390. 기적적으로, 그 기록은 보존이 되었다.

32. 다음에서 인용함. Wu, *Shi nian lunzhan* (The Ten-Year Debate), vol. 1, 227, 231~234; Mao, *Jianguo yilai Mao Zedong wengao* (Manuscripts of Mao Zedong from the Founding of the PRC), vol. 8, 599~602. 또한 다음도 참조. Yang and Yan, *Deng Xiaoping nianpu: 1904~1974* (Chronological Biography of Deng Xiaoping: 1904~1974), vol. 3, 1520.

33. 다음을 참조. Wu, *Shi nian lunzhan* (The Ten-Year Debate), vol. 1, 251.

34. 다음에서 인용함. 위의 책, 251~252.

35. 다음에서 인용함. 위의 책, 254~255; Deng, *Selected Works of Deng Xiaoping (1938~1965)*, 259~260.

36. 다음을 참조. *Red Flag*, no. 8 (1960); *People's Daily*, Apr. 22, 1960; *Pravda*, Apr. 23, 1960.

37. 다음을 참조. Glenn W. LaFantasie, ed., *Foreign Relations of the United States: 1958~1960*, vol. 19: *China* (Washington, DC: U.S. Government Printing Office, 1996), 710.

38. 다음을 참조. Zubok, "Look What Chaos in the Beautiful Socialist Camp!" 156~157.

39. Fursenko, *Prezidium TsK KPSS: 1954~1964* (Presidium of the CC CPSU: 1954~1964), vol. 1, 443.

40. 다음에서 인용함. Pantsov with Levine, *Mao*, 474.

41. 다음에서 인용함. Lorenz Lüthi, *The Sino-Soviet Split: Cold War in the Communist World* (Princeton, NJ: Princeton University Press, 2008), 173.

42. Westad, *Brothers in Arms*, 361~362.

43. 다음을 참조. Lüthi, *Sino-Soviet Split*, 183~184; Yang and Yan, *Deng Xiaoping nianpu: 1904~1974* (Chronological Biography of Deng Xiaoping: 1904~1974), vol. 3, 1571~1573; Yang, *Yang Shangkun riji* (Diary of Yang Shangkun), vol. 1, 536~537.

44. 다음에서 인용함. Li, *Waijiao wutai shang de xin Zhongguo lingxiu* (Leaders of New China in the International Arena), 167.

45. Yang, *Yang Shangkun riji* (Diary of Yang Shangkun), vol. 1, 541.

46. Li, *Waijiao wutai shang de xin Zhongguo lingxiu* (Leaders of New China in the International Arena), 167. 또한 다음도 참조. Yang, *Yang Shangkun riji* (Diary of Yang Shangkun), vol. 1, 546.

47. 다음에서 인용함. Li, *Waijiao wutai shang de xin Zhongguo lingxiu* (Leaders of New China in the International Arena), 172~174. 또한 다음도 참조. Deng Xiaoping, "Deng Xiaoping's Talks with the Soviet Ambassador and Leadership, 1957~1963," *CWIHP Bulletin*, no. 10 (March 1998): 172~173.

48. 다음에서 인용함. Li Yueran, "Li Yueran tan Deng Xiaoping" in (Li Yueran Speaks About Deng Xiaoping), Liu, Jintian, ed. *Huashuo Deng Xiaoping* (Stories About Deng Xiaoping) (Beijing: Zhongyang wenxian chubanshe, 2004), 176. 또한 다음도 참조. Yang, *Yang Shangkun riji* (Diary ofYang Shangkun), vol. 1, 546.

49. 다음에서 인용함. Li, *Waijiao wutai shang de xin Zhongguo lingxiu* (Leaders of New China in the International Arena), 168.

50. 다음에서 인용함. 위의 책, 169~172.

51. 다음에서 인용함. Yang and Yan, *Deng Xiaoping nianpu: 1904~1974* (Chronological Biography of Deng Xiaoping: 1904~1974), vol. 3, 1579.

52. 다음을 참조. Yang, *Yang Shangkun riji* (Diary of Yang Shangkun), vol. 1, 551~577; Cui ji, *Wo suo qinlide zhongsu da lunzhan* (The Great Polemic Between the USSR and the PRC as Part of My Own History) (Beijing: Renmin ribao chubanshe, 2009), 88~89.

53. 다음에서 인용함. Li, *Waijiao wutai shang de xin Zhongguo lingxiu* (Leaders of New China in the Diplomatic Arena), 175~176; Liu Xiao, *Chushi Sulian ba nian* (Eight Years as Ambassador to the USSR) (Beijing: Zhonggong dangshi

chubanshe, 1998), 121.

54. 다음을 참조. Liu and Chen, *Liu Shaoqi nianpu: 1898~1969* (Chronological Biography of Liu Shaoqi: 1898~1969), vol. 2, 496~499; Yang and Yan, *Deng Xiaoping nianpu: 1904~1974* (Chronological Biography of Deng Xiaoping: 1904~1974), vol. 3, 1592~1603; Yang, *Yang Shangkun riji* (Diary of Yang Shangkun), vol. 1, 580~629.

55. 다음에서 인용함. Westad, *Brothers in Arms*, 366.

56. 다음을 참조. Lüthi, *Sino-Soviet Split*, 159.

57. 다음을 참조. Roderick MacFarquhar, *The Origins of the Cultural Revolution*, vol. 3: *The Coming of the Cataclysm, 1961~1966* (New York: Columbia University Press, 1997), 323.

58. 다음에서 인용함. Westad, *Brothers in Arms*, 371.

59. Confucius, *The Analects of Confucius*, 70.

60. 다음을 참조. MacFarquhar, *Origins of the Cultural Revolution*, vol. 3, 324; Li and Ma, *Zhou Enlai nianpu (1949~1976)* (Chronological Biography of Zhou Enlai [1949~1976]), vol. 2, 366.

61. 다음을 참조. David Wolff, "One Finger's Worth of Historical Events": New Russian and Chinese Evidence on the Sino-Soviet Alliance and Split, 1948~1959," *CWIHP Working Paper*, no. 30 (August 2000), 63~64; MacFarquhar, *Origins of the Cultural Revolution*, vol. 3, 202.

62. 다음을 참조. Li, *Private Life of Chairman Mao*, 339, 340.

63. 다음을 참조. Yang Jisheng, *Mubei: Zhongguo liushi nian dai da jihuang jishi* (Tombstone: Unforgettable Facts About the Great Famine of the 1960s), vol. 2 (Hong Kong: Tian di tushu youxian gongsi, 2008), 875; Lüthi, *Sino-Soviet Split*, 158.

64. 다음을 참조. Dikötter, *Mao's Great Famine*, x, 325. A Chinese researcher gives a more "modest" figure: thirty-six million. 다음을 참조. Yang Jisheng, *The Great Chinese Famine, 1958~1962*, trans. Stacy Mosher and Guo Jian (New York: Farrar, Straus and Giroux, 2012), 430. 일부 다른 사람들은 다른 숫자를 제시한다: 2천만에서 3천만. 세부사항은 다음을 참조. Pantsov with Levine, *Mao*, 475.

65. Borisov and Titarenko, *Vystupleniia Mao Tsze-duna, ranee ne publikovavshiesia V kitaiskoi pechati* (Speeches of Mao Zedong Previously Unpublished in the Chinese Press), series 3, 268, 272.

66. 다음을 참조. Yang and Yan, *Deng Xiaoping nianpu: 1904~1974*

(Chronological Biography of Deng Xiaoping: 1904~1974), vol. 3, 1621~1623, 1628; Dikötter, *Mao's Great Famine*, 118~119.

67. 다음에서 인용함. Wu, *Deng Xiaoping yu Zhuo Lin* (Deng Xiaoping and Zhuo Lin), 73.

68. 다음에서 인용함. Yang and Yan, *Deng Xiaoping nianpu: 1904~1974* (Chronological
Biography of Deng Xiaoping: 1904-1974), vol. 3, 1636~1637.

69. 다음에서 인용함. Li and Ma, *Zhou Enlai nianpu (1949~1976)* (Chronological Biography of Zhou Enlai [1949~1976]), vol. 2, 409. 또한 다음도 참조. *Zhu De nianpu* (Chronological Biography of Zhu De), 478.

70. Mao, *Jianguo yilai Mao Zedong wengao* (Manuscripts of Mao Zedong from the Founding of the PRC), vol. 8, 273.

71. *Liu, Shaoqi xuanji* (Selected Works of Liu Shaoqi), vol. 2, 337.

72. 다음에서 인용함. Yang and Yan, *Deng Xiaoping nianpu: 1904~1974* (Chronological Biography of Deng Xiaoping: 1904~1974), vol. 3, 1642.

73. Mao Zedong, *Mao Zedong wenji* (Works of Mao Zedong), vol. 8 (Beijing: Renmin chubanshe, 1999), 273.

74. 다음에서 인용함. Li, *The Private Life of Chairman Mao*, 380.

75. Deng, *Selected Works of Deng Xiaoping*, vol. 2 *(1975~1982)*, 327~328.

13. 노란 고양이, 검은 고양이

1. 다음을 참조. MacFarquhar, *Origins of the Cultural Revolution*, vol. 3, 217.

2. 다음에서 인용함. Bo Yibo, *Ruogan zhongda juece yu shijiande huigu* (Recollections of Several Important Decisions and Their Implementation), vol. 2 (Beijing: Zhongggong zhongyang dangxiao chubanshe), 1080.

3. 다음에서 인용함. 위의 책.

4. 다음에서 인용함. 위의 책, 1026~1027.

5. 다음에서 인용함. Sladkovskii, *Informatsionnyi biulleten. Seriia A. Vypusk 2* (Information Bulletin: Series A: 2nd Installment), 184.

6. Liu, *Liu Shaoqi xuanji* (Selected Works of Liu Shaoqi), vol. 2, 419, 420~421. 또한 다음도 참조. V. N. Usov, *KNR: Ot "bol'shogo skachka" k "kul'turnoi revoliutsii" (1960~1966)* (The PRC: From the Great Leap to the Cultural Revolution [1960~1966]), part 1 (Moscow: IDV RAN, 1998), 78; Huang Lingjun, "Liu Shaoqi yu dayuejin" (Liu Shaoqi and the Great Leap)," *Zhongguo*

xiandaishi (Contemporary History of China), no. 7 (2003), 10.

7. Borisov and Titarenko, *Vystupleniia Mao Tsze-duna, ranee ne publikovavshiesia V kitaiskoi pechati* (Speeches of Mao Zedong Previously Unpublished in the Chinese Press), series 4 (Moscow: Progress, 1976), 12, 19, 20, 29.

8. Deng, *Selected Works of Deng Xiaoping (1938~1965)*, 269~286. 또한 다음도 참조. Bo, *Ruogan zhongda juece yu shijiande huigu* (Recollections of Several Important Decisions and Their Implementation), vol. 2, 1028.

9. 다음에서 인용함. Gao Wenqian, *Zhou Enlai: The Last Perfect Revolutionary: A Biography* (New York: PublicAffairs, 2007), 96.

10. 다음을 참조. Li, *Private Life of Chairman Mao*, 386.

11. 다음을 참조. 위의 책, 386~387.

12. Borisov and Titarenko, *Vystupleniia Mao Tsze-duna, ranee ne publikovavshiesia V kitaiskoi pechatii* (Speeches of Mao Zedong Previously Unpublished in the Chinese Press), series 4, 114.

13. 다음을 참조. Pang and Jin, *Mao Zedong zhuan (1949~1976)* (Biography of Mao Zedong [1949~1976]), vol. 2, 1207~1208, 1218; Zhu Jiamu, ed., *Chen Yun nianpu: 1905~1995* (Chronological Biography of Chen Yun: 1905~1995), vol. 3 (Beijing: Zhongyang wenxian chubanshe, 2000), 107~110; Becker, *Hungry Ghosts*, 156.

14. 다음을 참조. Deng, *Selected Works of Deng Xiaoping (1938~1965)*, 293; Bo, *Ruogan zhongda juece yu shijiande huigu* (Recollections of Several Important Decisions and Their Implementation), vol. 2, 1078.

15. 다음을 참조. Peng Dehuai, *Memuary marshala* (Memoirs of a Marshal), trans. A. V. Pantsov, V. N. Usov, and K. V. Shevelev (Moscow: Voenizdat, 1988), 16.

16. 다음에서 인용함. Ma Qibin et al., eds., *Zhongguo gongchandang zhizheng sishi nian (1949~1989): Zengdingben* (Forty Years of the Leadership of the CCP [1949~1989]), rev. ed. (Beijing: Zhonggong dangshi chubanshe, 1991), 217.

17. 다음에서 인용함. Li, *Private Life of Chairman Mao*, 390~391.

18. 다음에서 인용함. Bo, *Ruogan zhongda juece yu shijiande huigu* (Recollections of Several Important Decisions and Their Implementation), vol. 2, 1084.

19. 다음에서 인용함. 위의 책.

20. 다음에서 인용함. Ma, *Zhongguo gongchandang zhizheng sishi nian (1949~1989): Zengdingben* (Forty Years of the Leadership of the CCP [1949~1989]), 217.

21. 다음에서 인용함. Bo, *Ruogan zhongda juece yu shijiande huigu* (Recollections of Several Important Decisions and Their Implementation), vol. 2, 1084.

22. 다음을 참조. Ma, *Zhongguo gongchandang zhizheng sishi nian (1949~1989): Zengdingben* (Forty Years of the Leadership of the CCP [1949~1989]), 217.

23. Deng, *Selected Works of Deng Xiaoping (1938~1965)*, 292~293.

24. 위의 책, 306.

25. 다음에서 인용함. Gao, *Zhou Enlai*, 98.

26. 다음에서 인용함. Bo, *Ruogan zhongda juece yu shijiande huigu* (Recollections of Several Important Decisions and Their Implementation), vol. 2, 1086.

27. 다음에서 인용함. Li, *The Private Life of Chairman Mao*, 392.

28. 다음을 참조. Zhu, *Chen Yun nianpu: 1905~1995* (Chronological Biography of Chen Yun: 1905~1995), vol. 3, 120.

29. 다음을 참조. Pang and Jin, *Mao Zedong zhuan (1949~1976)* (Biography of Mao Zedong [1949~1976]), vol. 2, 1232~1233.

30. 다음을 참조. Bo, *Ruogan zhongda juece yu shijiande huigu* (Recollections of Several Important Decisions and Their Implementation), vol. 2, 1086~1087.

31. 위의 책, 1086.

32. 다음을 참조. MacFarquhar, *Origins of the Cultural Revolution*, vol. 3, 268.

33. 다음에서 인용함. Bo, *Ruogan zhongda juece yu shijiande huigu* (Recollections of Several Important Decisions and Their Implementation), vol. 2, 1087; Yang, *Yang Shangkun riji* (Diary of Yang Shangkun), vol. 2 (Beijing: Zhongyang wenxian chubanshe, 2001), 196.

34. 다음에서 인용함. Pang and Jin, *Mao Zedong zhuan (1949~1976)* (Biography of Mao Zedong [1949~1976]), vol. 2, 1234.

35. Borisov and Titarenko, *Vystupleniia Mao Tsze-duna, ranee ne publikovavshiesia V kitaiskoi pechati* (Speeches of Mao Zedong Previously Unpublished in the Chinese

Press), series 4, 38~40.

36. 다음에서 인용함. Lüthi, *Sino-Soviet Split*, 189.

37. 다음에서 인용함. Khrushchev, *Memoirs of Nikita Khrushchev*, vol. 3, 502.

38. Fursenko, *Prezidium TsK KPSS: 1954~1964* (Presidium CC CPSU: 1954~1964), vol. 1, 498, 1088.

39. 다음에서 인용함. Wu, *Shi nian lunzhan* (The Ten-Year Debate), vol. 1, 460.

40. 다음에서 인용함. Lüthi, *Sino-Soviet Split*, 208.

41. 다음에서 인용함. B. T. Kulik, *Sovetsko-kitaiskii raskol: Prichiny i posledstviia* (The Sino-Soviet Split: Causes and Consequences) (Moscow: IDV RAN, 2000), 317.

42. *XXII s'ezd Kommunisticheskoi partii Sovetskogo Soiuza: 17~31 oktiabria 1961 goda: Stenograficheskii otchet* (Twenty-second Congress of the Communist Party of the Soviet Union: Oct. 17~31, 1961: Stenographic Record), vol. 3 (Moscow: Gospolitizdat, 1962), 362.

43. 다음에서 인용함. Wu, *Shi nian lunzhan* (The Ten-Year Debate), vol. 1, 480.

44. 다음을 참조. Zhu Ruizhen, "Zhong-su fenliede genyuan" (Causes of the Sino-Soviet Split), in *Zhanhou zhongsu guanxi zouxiang (1945~1960)* (The Development of Sino-Soviet Relations after the War [1945~1960]), 99~100; Niu Jun, "1962: The Eve of the Left Turn in China's Foreign Policy," *CWIHP Working Paper*, no. 48 (October 2005), 28~29; Lüthi, *Sino-Soviet Split*, 212~213.

45. Borisov and Titarenko, *Vystupleniia Mao Tsze-duna, ranee ne publikovavshiesia v kitaiskoipechati* (Speeches of Mao Zedong Previously Unpublished in the Chinese Press), series 4, 38, 39.

46. 위의 책, 47.

47. Mao Zedong, *Oblaka v snegu: Stikhotvoreniia v perevodakh Aleksandra Pantsova* (Clouds in the Snow: Poems in [Russian] Translation by Alexander Pantsov) (Moscow: "Veche," 2010), 85.

48. 다음을 참조. Wu, *Shi nian lunzhan* (The Ten-Year Debate), vol. 2, 537~538; Bo, *Ruogan zhongda juece yu shijiande huigu* (Recollections of Several Important Decisions and Their Implementation), vol. 2, 1146.

49. Georgi Arbatov, *Zhizn', sobytiia, liudi: Avtobiografiia na fone istoricheskikh peremen* (Life, Events, People: An Autobiography Against the Background of Historical Changes) (Moscow: Liubimaia Rossiia, 2008), 99.

50. Georgi Arbatov, *Zatianuvsheesia vyzdorovlenie (1953~1985): Svidetel'stvo sovremennika* (A Lengthy Convalescence [1953~1985]: Testimony of a Contemporary) (Moscow: Mezhdunarodnye otnosheniia, 1991), 93. 또한 다음도 참조. Georgii Arbatov, *The System: An Insider's Life in Soviet Politics* (New York: Times Books, 1992), 97~98.

51. 중국은 1964년 10월 16일에서야 성공적으로 핵무기 실험을 수행했다.

52. 다음을 참조. Wu, *Shi nian lunzhan* (The Ten-Year Debate), vol. 2, 602.

53. *Stenogramma vstrechi delegatsii Kommunisticheskoi partii Sovetskogo Soiuza i Kommunisticheskoi partii Kitaia 5~20 iulia 1963 g.* (Stenographic Record of the Meeting Between a Delegation of the Communist Party of the Soviet Union and the Communist Party of China, July 5~20, 1963). Moscow, part 1, *Former Archives of the Central Committee of the Socialist Unity Party of Germany*, 93. (우리는 친절하게도 문서 복사본을 선물해준 V. M. Zubok에게 감사한다).

54. 위의 책, part 2, 294. 또한 다음도 참조. Yang, *Yang Shangkun riji* (Diary of Yang Shangkun), vol. 2, 294~301; Wu, *Shi nian lunzhan* (The Ten-Year Debate), vol. 2, 601~623; Li, *Waijiao wutai shang de xin Zhongguo lingxiu* (Leaders of New China in the Diplomatic Arena), 206~211.

55. *Stenogramma vstrechi delegatsii Kommunisticheskoi partii Sovetskogo Soiuza i Kommuniticheskoi partii Kitaia 5~20 iulia 1963 g. Zhongguo* (Stenogram of the Meeting Between a Delegation of the Communist Party of the Soviet Union and the Communist Party of China, July 5~20, 1963), part 2, 317.

56. 위의 책, 317, 318.

57. 위의 책, 329. 다음을 참조. the communique of the negotiations in *Za splochenost' mezhdunarodnogo kommunistichekogo dvizheniia: Dokumenty i materialy* (For the Unity of the International Communist Movement: Documents and Materials) (Moscow: Politizdat, 1964), 66.

58. 다음을 참조. Yan, "Yan Mingfu tan Deng Xiaoping" (Yan Mingfu Speaks About Deng Xiaoping), 170; Yang, *Yang Shangkun riji* (Diary of Yang Shangkun), vol. 2, 301; Yang and Yan, *Deng Xiaoping nianpu: 1904~1974* (Chronological Biography of Deng Xiaoping: 1904~1974), vol. 3, 1763~1766.

59. Borisov and Titarenko, *Vystupleniia Mao Tsze-duna, ranee ne publikovavshiesia v kitaiskoipechati* (Speeches of Mao Zedong Previously

Unpublished in the Chinese press), series 4, 170.

60. 다음을 참조. Yang, *Yang Shangkun riji* (Diary of Yang Shangkun), vol. 2, 294~301; Yan, "Yan Mingfu tan Deng Xiaoping" (Yan Mingfu Speaks About Deng Xiaoping), 170~171; Wu, *Shi nian lunzhan* (The Ten-Year Debate), vol. 2, 623.

61. 다음을 참조. *Otkrytoe pis'mo Tsentral'nogo Komiteta Kommunisticheskoi partii Sovetskogo Soiuza partiinym organizatsiiam, vsem kommunistam Sovetskogo Soiuza* (Open Letter of the Central Committee of the Communist Party of the Soviet Union to All Party Organizations and Communists in the Soviet Union) (Moscow: Gospolitizdat, 1963).

62. Li, *Waijiao wutai shang de xin Zhongguo lingxiu* (Leaders of New China in the Diplomatic Arena), 211. 또한 다음도 참조. Yang and Yan, *Deng Xiaoping nianpu: 1904~1974* (Chronological Biography of Deng Xiaoping: 1904~1974), vol. 3, 1766~1767.

63. Fursenko, *Prezidium TsK KPSS: 1954~1964* (Presidium of the CC CPSU: 1954~1964), vol. 1, 696.

14. 제2호 주자파

1. 다음을 참조. Richard Baum and Frederick C. Teiwes, *Ssu-Ch'ing: The Socialist Education Movement of 1962~1966* (Berkeley: University of California Press), 1968, 58~71.

2. Deng, *Wode zishu (Zhailu)* (My Autobiographical Notes [Excerpts]).

3. Baum and Teiwes가 인용함, *Ssu-ch'ing*, 77.

4. 다음을 참조. MacFarquhar, *Origins of the Cultural Revolution*, vol. 3, 344~348, 426, 606.

5. Borisov and Titarenko, *Vystupleniia Mao Tsze-duna, ranee ne publikovavshiesia V kitaiskoi pechati* (Speeches of Mao Zedong Previously Unpublished in the Chinese Press), series 5, 198.

6. 위의 책, series 4, 183~184.

7. 위의 책, series 5, 133.

8. 다음을 참조. *History of the Chinese Communist Party—A Chronology of Events (1919~1990)* (Beijing: Foreign Languages Press, 1991), 311.

9. 다음을 참조. Wu, *Yi Mao zhuxi* (Remembering Chairman Mao), 148.

10. 다음을 참조. Baum and Teiwes, *Ssu-ch'ing*, 102~117.

11. Borisov and Titarenko, *Vystupleniia Mao Tsze-duna, ranee ne publikovavshiesia V kitaiskoi pechati* (Speeches of Mao Zedong Previously Unpublished in the Chinese Press), series 4, 183~200.

12. 다음에서 인용함. Bo, *Ruogan zhongda juece yu shijiande huigu* (Recollections of Several Important Decisions and Their Implementation), vol. 2, 1131; MacFarquhar, *Origins of the Cultural Revolution*, vol. 3, 423; Jin, *Liu Shaoqi zhuan* (Biography of Liu Shaoqi), vol. 2, 890.

13. Mao Zedong, *Miscellany of Mao Tse-tung Thought (1949~1968)*, part 2 (Springfield, VA: Joint Publications Research Service, 1974), 427; Yang, *Yang Shangkun riji* (Diary of Yang Shangkun), vol. 1, 476.

14. Borisov and Titarenko, *Vystupleniia Mao Tsze-duna, ranee ne publikovavshiesia V kitaiskoi pechati* (Speeches of Mao Zedong Previously Unpublished in the Chinese Press), series 4, 206~207; Li, *Private Life of Chairman Mao*, 416~417; Bo, *Ruogan zhongda juece yu shijiande huigu* (Recollections of Several Important Decisions and Their Implementation), vol. 2, 1131; Pang and Jin, *Mao Zedong zhuan (1949~1976)* (Biography of Mao Zedong [1949~1976]), vol. 2, 1266~1375; MacFarquhar, *Origins of the Cultural Revolution*, vol. 3, 424~425.

15. 다음에서 인용함. Baum and Teiwes, *Ssu-ch'ing*, 120.

16. Edgar Snow, *The Long Revolution* (New York: Random House, 1972), 17.

17. Sladkovskii, *Informatsionnyi biulleten. Seriia A. Vypusk 2* (Information Bulletin: Series A: 2nd Installment), 62; Witke, *Comrade Chiang Ch'ing*, 310, 332.

18. 다음을 참조. Sladkovskii, *Informatsionnyi biulleten'. Seriia A. Vypusk 2* (Information Bulletin: Series A: 2nd Installment), 68; Franz, *Deng*, 180.

19. 다음을 참조. MacFarquhar, *Origins of the Cultural Revolution*, vol. 3, 252~256, 443~447.

20. 다음에서 인용함. V. N. Usov, *KNR: Ot "bol'shogo skachka" k "k'ul'turnoi revoliutsii" (1960~1966)* (The PRC: From the Great Leap to the Cultural Revolution, 1960~1966), part 2, 186.

21. Borisov and Titarenko, *Vystupleniia Mao Tsze-duna, ranee ne publikovavshiesia V kitaiskoi pechati* (Speeches of Mao Zedong Previously Unpublished in the Chinese Press), series 5, 153; Snow, *The Long Revolution*, 169.

22. Borisov and Titarenko, *Vystupleniia Mao Tsze-duna, ranee ne publikovavshiesia V kitaiskoi pechati* (Speeches of Mao Zedong Previously Unpublished in the Chinese Press), series 4, 154, 194~195.

23. 다음을 참조. Roderick MacFarquhar and Michael Schoenhals, *Mao's Last Revolution* (Cambridge, MA: Belknap Press of Harvard University Press, 2006), 17.

24. Sladkovskii, *Informatsionnyi biulleten. Seriia A. Vypusk 2* (Information Bulletin: Series A: 2nd Installment), 68. 또한 다음도 참조. *Velikaia proletarskaia kul'turnaia revoliutsiia (vazhneishie dokumenty)* (The Great Proletarian Cultural Revolution [Key Documents]) (Beijing: Izdatel'stvo literatury na inostrannykh iazykakh, 1970), 99.

25. 다음에서 인용함. Andrew Hall Wedeman, *The East Wind Subsides: Chinese Foreign Policy and the Origins of the Cultural Revolution* (Washington, DC: Washington Institute Press, 1988), 176.

26. 다음에서 인용함. Pang and Jin, *Mao Zedong zhuan (1949~1976)* (Biography of Mao Zedong [1949~1976]), vol. 2, 1395.

27. 다음에서 인용함. Deng, *Deng Xiaoping and the Cultural Revolution*, 3.

28. 다음에서 인용함. Pang and Jin, *Mao Zedong zhuan (1949~1976)* (Biography of Mao Zedong [1949~1976]), vol. 2, 1399.

29. Borisov and Titarenko, *Vystupleniia Mao Tsze-duna, ranee ne publikovavshiesia v kitaiskoipechati* (Speeches of Mao Zedong Previously Unpublished in the Chinese Press), series 5, 154.

30. 다음에서 인용함. Deng, *Deng Xiaoping and the Cultural Revolution*, 3~4.

31. 다음에서 인용함. Pang and Jin, *Mao Zedong zhuan (1949~1976)* (Biography of Mao Zedong [1949~1976]), vol. 2, 1399.

32. 다음에서 인용함. MacFarquhar and Schoenhals, *Mao's Last Revolution*, 18.

33. Sladkovskii, *Informatsionnyi biulleten. Seriia A. Vypusk 2* (Information Bulletin: Series A: 2nd Installment), 68.

34. 다음을 참조. MacFarquhar and Schoenhals, *Mao's Last Revolution*, 18; Wedeman, *The East Wind Subsides*, 223~224.

35. Sladkovskii, *Informatsionnyi biulleten. Seriia A. Vypusk 2* (Information Bulletin: Series A: 2nd Installment), 68.

36. 다음에서 인용함. MacFarquhar and Schoenhals, *Mao's Last Revolution*, 28.

37. Borisov and Titarenko, *Vystupleniia Mao Tsze-duna, ranee ne*

publikovavshiesia v kitaiskoipechati (Speeches of Mao Zedong Previously Unpublished in the Chinese Press), series 3, 195.

38. 다음을 참조. Wu, *Mao Zedong guanghui licheng dituji* (Atlas of Mao Zedong's Glorious Historical Path), 122, 125. 또 다른 출처에 따르면, 마오는 1966년 1월 5일에 우한에 도착했다. 다음을 참조. Pang and Jin, *Mao Zedong zhuan (1949~1976)* (Biography of Mao Zedong [1949~1976]), vol. 2, 1402.

39. M. I. Sladkovskii, ed., *Informatsionnyi* biuletten. *Seriia A. "Kul'turnaia revoliutsiia v Kitae" (perevod s kitaisogo). Vypusk 12: Dokumenty. Sbornik, fevral' 1966—fevral' 1967 gg.* (Information Bulletin. Series A: The Cultural Revolution in China. The 12th installment: Documents, Collection: February 1966~February 1967) (Moscow: IDV AN SSSR, 1972), 1, 5, 7. 이 테제의 본문에 관해서는 다음도 참조. Sladkovskii, *Informatsionnyi biulleten. Seriia A. Vypusk 2* (Information Bulletin: Series A: 2nd Installment), 157~163.

40. 다음에서 인용함. Li, *Private Life of Chairman Mao*, 448. 또한 다음도 참조. History of the Chinese Communist Party—A Chronology of Events (1919~1990), 320.

41. 다음에서 인용함. Pang and Jin, *Mao Zedong zhuan (1949~1976)* (Biography of Mao Zedong [1949~1976]), vol. 2, 1402.

42. 다음을 참조. MacFarquhar and Schoenhals, *Mao's Last Revolution*, 31.

43. Borisov and Titarenko, *Vystupleniia Mao Tsze-duna, ranee ne publikovavshiesia v kitaiskoi pechati* (Speeches of Mao Zedong Previously Unpublished in the Chinese Press), series 5, 62~63, 66, 68.

44. 다음에서 인용함. Wu, *Yi Mao zhuxi* (Remembering Chairman Mao), 152.

45. 다음에서 인용함. Pang and Jin, *Mao Zedong zhuan (1949~1976)* (Biography of Mao Zedong [1949~1976]), vol. 2, 1404: See also MacFarquhar and Schoenhals, *Mao's Last Revolution*, 32, 491.

46. 다음을 참조. MacFarquhar and Schoenhals, *Mao's Last Revolution*, 32.

47. 다음을 참조. Chen Qingquan and Song Guangwei, *Lu Dingyi zhuan* (Biography of Lu Dingyi) (Beijing: Zhonggong dangshi chubanshe, 1999), 496~508.

48. 다음을 참조. *Lichnoe delo Mao Tszeduna* (Personal File of Mao Zedong), RGASPI, collection 495, inventory 225, file 71, vol. 3, sheet 77: *History of the Chinese Communist Party—A Chronology of Events (1919~1990)*, 324~325: Chen Boda, *Chen Boda zuihou koushu huiyi* (The Last Oral Reminiscences

of Chen Boda), rev. ed. (Hong Kong: Xingke'er chubanshe youxian gongsi, 2005), 305; Chen Boda, *Chen Boda yigao: Yuzhong zishu ji qita* (Manuscripts of Chen Boda: Autobiographical Notes from Prison and Other [Materials] (Fiong Kong: Tiandi tushu youxian gongsi, 1998), 87~88.

49. *CCP Documents of the Great Proletarian Cultural Revolution, 1966~1967* (Fiong Kong: Union Research Institute, 1968), 27.

50. 위의 책, 28.

51. O. Arne Westad et al., eds. "77 Conversations Between Chinese and Foreign Leaders on the Wars in Indochina, 1964~1977" *CWIHP Working Paper*, no. 22 (May 1998), 130~131.

52. Nie Yuanzi et al., "Song Shuo, Lu Ping, Peng Peiyuan zai wenhua gemingzhong jiujing gan shenma?" (What Are Song Shuo, Lu Ping, and Peng Peiyuan Really Doing with Respect to the Cultural Revolution?), *People's Daily*, June 2, 1966.

53. 다음을 참조. Deng, *Deng Xiaoping and the Cultural Revolution*, 8.

54. 다음에서 인용함. 위의 책.

55. 위의 책, 6, 15.

56. Sladkovskii, *Informatsionnyi biulleten. Seriia A. Vypusk 2* (Information Bulletin: Series A: 2nd Installment), 73.

57. 다음을 참조. Liu and Chen, *Liu Shaoqi nianpu: 1898~1967* (Chronological Biography of Liu Shaoqi: 1898~1967), vol. 2, 640; MacFarquhar and Schoenhals, *Mao's Last Revolution*, 65, 66.

58. 다음을 참조. Barbara Barnouin and Yu Changgen, *Ten Years of Turbulence: The Chinese Cultural Revolution* (London: Kegan Paul International, 1993), 75; Lowell Dittmer, *Liu Shao-ch'i and the Chinese Revolution: The Politics of Mass Criticism* (Berkeley: University of California Press, 1974), 81. 또한 다음도 참조. Liu and Chen, *Liu Shaoqi nianpu: 1898~1969* (Chronological Biography of Liu Shaoqi: 1898~1969), vol. 2, 641.

59. 다음에서 인용함. Pang and Jin, *Mao Zedong zhuan (1949~1976)* (Biography of Mao Zedong [1949~1976]), vol. 2, 1415.

60. 다음을 참조. M. I. Sladkovskii, ed., *Informatsionnyi Biulleten'. Seriia A. "Kul'turnaia revoliutsiia" v Kitae. Dokumenty i materialy (perevod s kitaisogo). Vypusk 7: Vystupleniia Chzhou En'-laia v period "kul'turnoi revoliutsii" (1966)* (Information Bulletin. Series A. The Cultural Revolution in China. Documents

and Materials Translated from Chinese. The 7th installment: Speeches of Zhou Enlai during the Cultural Revolution [1966]) (Moscow: IDV AN SSSR, 1971), 6.

61. 다음에서 인용함. MacFarquhar and Schoenhals, *Mao's Last Revolution*, 77.

62. 다음에서 인용함. Deng, *Deng Xiaoping and the Cultural Revolution*, 16. 또한 다음도 참조. Liu and Chen, *Liu Shaoqi nianpu: 1898-1969* (Chronological Biography of Liu Shaoqi: 1898–1969), vol. 2, 645.

63. Borisov and Titarenko, *Vystupleniia Mao Tsze-duna, ranee ne publikovavshiesia v kitaiskoipechati* (Speeches of Mao Zedong Previously Unpublished in the Chinese Press), series 5, 84.

64. 위의 책, 84, 85.

65. 위의 책, 129, 130. 또한 다음도 참조. MacFarquhar and Schoenhals, *Mao's Last Revolution*, 84.

66. Deng, *Deng Xiaoping and the Cultural Revolution*, 17.

67. 다음에서 인용함. 위의 책, 18.

68. Rittenberg and Bennett, *The Man Who Stayed Behind*, 313.

69. 다음을 참조. Yang and Yan, *Deng Xiaoping nianpu: 1904~1974* (Chronological Biography of Deng Xiaoping: 1904~1974), vol. 3, 1926.

70. *CCP Documents of the Great Proletarian Cultural Revolution, 1966~1967*, 42.

71. 다음을 참조. Pang and Jin, *Mao Zedong zhuan (1949~1976)* (Biography of Mao Zedong [1949~1976]), vol. 2, 1428~1429; Liu and Chen, *Liu Shaoqi nianpu: 1898~1969* (Chronological Biography of Liu Shaoqi: 1898~1969), vol. 2, 649.

72. Westad et al., "77 Conversations Between Chinese and Foreign Leaders on the Wars in Indochina," 133.

73. 다음을 참조. MacFarquhar and Schoenhals, *Mao's Last Revolution*, 94.

74. 다음을 참조. *Lichnoe delo Mao Tszeduna* (Personal File of Mao Zedong), RGASPI, collection 495, inventory 225, file 71, vol. 3, sheets 104~105; Liao Gailong et al. eds., *Mao Zedong baike quanshu* (Encyclopedia of Mao Zedong), vol. 6 (Beijing: Guangming ribao chubanshe, 2003), 3215; *History of the Chinese Communist Party — A Chronology of Events (1919~1990)*, 329; Pang and Jin, *Mao Zedong zhuan (1949~1976)* (Biography of Mao Zedong [1949~1976]), vol. 2, 1429.

75. Deng, *Deng Xiaoping and the Cultural Revolution*, 22.

76. 다음을 참조. Yang and Yan, *Deng Xiaoping nianpu: 1904~1974* (Chronological Biography of Deng Xiaoping: 1904~1974), vol. 3, 1930.

77. 다음에서 인용함. 위의 책, 1932; Liao, *Mao Zedong baike quanshu* (Encyclopedia of Mao Zedong), vol. 6, 3219; *History of the Chinese Communist Party—A Chronology of Events (1919~1990)*, 331.

78. 다음에서 인용함. MacFarquhar and Schoenhals, *Mao's Last Revolution*, 138.

79. Deng, *Deng Xiaoping and the Cultural Revolution*, 28.

80. 다음에서 인용함. 위의 책.

81. Borisov and Titarenko, *Vystupleniia Mao Tsze-duna, ranee ne publikovavshiesia v kitaiskoi pechati* (Speeches of Mao Zedong Previously Unpublished in the Chinese Press), series 5, 126.

82. 다음에서 인용함. Yang and Yan, *Deng Xiaoping nianpu: 1904~1974* (Chronological Biography of Deng Xiaoping: 1904~1974), vol. 3, 1934.

83. 2011년 3월 17일 에즈라 F. 보걸이 알렉산더 V. 판초프에게 보낸 서신을 참조.

84. 다음을 참조. Yang and Yan, *Deng Xiaoping nianpu: 1904~1974* (Chronological Biography of Deng Xiaoping: 1904~1974), vol. 3, 1935.

85. Confucius, *The Analects of Confucius*, 43.

15. 체포 그리고 유배

1. 다음에서 인용함. Wu, *Deng Xiaoping yu Zhuo Lin* (Deng Xiaoping and Zhuo Lin), 103.

2. 다음에서 인용함. 위의 책.

3. Deng, *Deng Xiaoping and the Cultural Revolution*, 28.

4. 위의 책, 40, 81.

5. 다음을 참조. MacFarquhar and Schoenhals, *Mao's Last Revolution*, 124~125; Pang and Jin, *Mao Zedong zhuan (1949~1976)* (Biography of Mao Zedong [1949~1976]), vol. 2, 1438.

6. 다음에서 인용함. MacFarquhar and Schoenhals, *Mao's Last Revolution*, 110.

7. 다음에서 인용함. 위의 책, 126.

8. *CCP Documents of the Great Proletarian Cultural Revolution, 1966~1967*, 50.

9. 다음에서 인용함. *History of the Chinese Communist Party—A Chronology of Events (1919~1990)*, 334.

10. 다음을 참조. MacFarquhar and Schoenhals, *Mao's Last Revolution*, 165.

11. Mao, *Jianguo yilai Mao Zedong wengao* (Manuscripts of Mao Zedong from the Founding of the PRC), vol. 12, 186~187; Pang and Jin, *Mao Zedong zhuan (1949~1976)* (Biography of Mao Zedong [1949~1976]), vol. 2, 1466.

12. 다음을 참조. Yang and Yan, *Deng Xiaoping nianpu: 1904~1974* (Chronological Biography of Deng Xiaoping: 1904~1974), vol. 3, 1936; Deng Maomao, *Wode fuqin Deng Xiaoping: "Wenge" suiyue* (My Father Deng Xiaoping: Years of the Cultural Revolution) (Beijing: Zhongyang wenxian chubanshe, 2000), 40.

13. 다음에서 인용함. Deng, *Deng Xiaoping and the Cultural Revolution*, 36.

14. 다음을 참조. 위의 책, 37; Yang and Yan, *Deng Xiaoping nianpu: 1904~1974* (Chronological Biography of Deng Xiaoping: 1904~1974), vol. 2, 1937.

15. 다음을 참조. Deng, *Deng Xiaoping and the Cultural Revolution*, 37; Yang and Yan, *Deng Xiaoping nianpu: 1904~1974* (Chronological Biography of Deng Xiaoping: 1904~1974), vol. 3, 1937.

16. 다음을 참조. Deng, *Deng Xiaoping and the Cultural Revolution*, 42~43.

17. 다음을 참조. Yang and Yan, *Deng Xiaoping nianpu: 1904~1974* (Chronological Biography of Deng Xiaoping: 1904~1974), vol. 3, 1938.

18. 다음에서 인용함. Deng, *Deng Xiaoping and the Cultural Revolution*, 44.

19. 다음에서 인용함. Pang and Jin, *Mao Zedong zhuan (1949~1976)* (Biography of Mao Zedong [1949~1976]), vol. 2, 1490.

20. 다음에서 인용함. Deng, *Deng Xiaoping and the Cultural Revolution*, 39.

21. 다음을 참조. Yang and Yan, *Deng Xiaoping nianpu: 1904~1974* (Chronological Biography of Deng Xiaoping: 1904~1974), vol. 3, 1938~1942, 1944, 1946~1947.

22. Deng, *Deng Xiaoping and the Cultural Revolution*, 45~46.

23. 다음을 참조. Yang and Yan, *Deng Xiaoping nianpu: 1904~1974* (Chronological Biography of Deng Xiaoping: 1904~1974), vol. 3, 1939.

24. 다음을 참조. Franz, *Deng Xiaoping*, 201.

25. 다음을 참조. Wu, *Deng Xiaoping yu Zhuo Lin* (Deng Xiaoping and Zhuo Lin), 111; Deng, *Deng Xiaoping and the Cultural Revolution*, 57, 150.

26. 다음에서 인용함. Deng, *Deng Xiaoping and the Cultural Revolution*, 53.

27. 다음에서 인용함. 위의 책.

28. 다음에서 인용함. Yang and Yan, *Deng Xiaoping nianpu: 1904~1974* (Chronological Biography of Deng Xiaoping: 1904~1974), vol. 3, 1944.

29. Deng, *Wode zishu (Zhailu)* (My Autobiographical Notes [Excerpts]).

30. 다음에서 인용함. Yang and Yan, *Deng Xiaoping nianpu: 1904~1974* (Chronological Biography of Deng Xiaoping: 1904~1974), vol. 3, 1946.

31. 다음에서 인용함. *Velikaia proletarskaia kul'turnaia revoliutsiia (vazhneishie dokumenty)* (The Great Proletarian Cultural Revolution [Key Documents]), 167.

32. 다음에서 인용함. Yang and Yan, *Deng Xiaoping nianpu: 1904~1974* (Chronological Biography of Deng Xiaoping: 1904~1974), vol. 3, 1946.

33. 다음에서 인용함. 위의 책, 1947.

34. 다음에서 인용함. 위의 책, 1948; Deng, *Deng Xiaoping and the Cultural Revolution*, 101.

35. 다음에서 인용함. Deng, *Deng Xiaoping and the Cultural Revolution*, 103.

36. 다음에서 인용함. 위의 책, 81.

37. 세부 사항은 다음을 참조. 위의 책, 103~105, 108, 109.

38. *Yongyuande Xiaoping* (The Unforgettable Xiaoping), 46.

39. 다음을 참조. Yang and Yan, *Deng Xiaoping nianpu: 1904~1974* (Chronological Biography of Deng Xiaoping: 1904~1974), vol. 3, 1948; *Deng Xiaoping and the Cultural Revolution*, 124.

40. 다음을 참조. *Geroi ostrova Damanskii* (Heroes of Damansky Island) (Moscow: "Molodaia gvardiia," 1969); Christian F. Osterman, "East German Documents on the Border Conflict, 1969," *CWIHP Bulletin*, nos. 6~7, (1995~1996), 188~190; Krivosheev, *Grif sekretnosti snyat* (The Stamp of Secrecy Is Removed), 398; Clodfelter, *Warfare and Armed Conflict*, 676; D. S. Riabushkin, *Mify Damanskogo* (Myths of Damansky) (Moscow: AST, 2004), 73~75, 78~81.

41. Borisov and Titarenko, *Vystupleniia Mao Tsze-duna, ranee ne publikovavshiesia V kitaiskoi pechati* (Speeches of Mao Zedong Previously Unpublished in the Chinese Press), series 6 (Moscow: Progress, 1976), 266.

42. 다음을 참조. Barnouin and Yu, *Ten Years of Turbulence*, 91.

43. 다음을 참조. Liu Shaoqi, *Liu Shaoqi zishu* (Autobiographical Notes of Liu Shaoqi) (Beijing: Jiefangjun wenyi chubanshe, 2002), 179~254; Wang Guangmei and Liu Yuan, *Ni suo bu zhidaode Liu Shaoqi* (The Unknown Liu Shaoqi) (Zhengzhou: Henan renmin chubanshe, 2000); Liu and Chen, *Liu Shaoqi nianpu: 1898~1969* (Chronological Biography of Liu Shaoqi:

1898~1969), vol. 2, 661; Yen Chia-chi and Kao Kao, *The Ten-Year History of the Chinese Cultural Revolution* (Taipei: Institute of Current China Studies, 1988), 168.

44. 다음에서 인용함. Deng, *Deng Xiaoping and the Cultural Revolution*, 109~110.

45. 짐이 너무 많아 조종사들은 반밖에 가져갈 수 없었다; 비행기는 그렇게 무거운 짐을 싣고 이륙할 수 없었다.

46. 위의 책, 108.

47. 다음을 참조. 위의 책, 127~132; Wu, *Deng Xiaoping yu Zhuo Lin* (Deng Xiaoping and Zhuo Lin), 107~111; *Yongyuande Xiaoping* (The Unforgettable Xiaoping), 40~52; Yang and Yan, *Deng Xiaoping nianpu: 1904~1974* (Chronological Biography of Deng Xiaoping: 1904~1974), vol. 3, 1949~1954; *Deng Xiaoping yu xiandai Zhongguo* (Deng Xiaoping and Contemporary China), 94~99; Xiong Min and Mei Biao, "Huiyi Deng Xiaoping zai Jiangxi Xinjian de yiduan rizi—fangwen Luo Peng tanhualu" (Remembering the Days Spent with Deng Xiaoping in Xinjian [County] of Jiangxi: Notes of a Conversation with Luo Peng), in Wei Renzheng, ed., *Deng Xiaoping zai Jiangxi derizi* (The Days Deng Xiaoping Spent in Jiangxi) (Beijing: Zhonggong dangshi chubanshe, 1997), 134~138.

48. 다음에서 인용함. Deng, *Deng Xiaoping and the Cultural Revolution*, 130.

49. 다음을 참조. 위의 책, 130, 149~151, 165~166, 173, 198~200; Yang and Yan, *Deng Xiaoping nianpu: 1904~1974* (Chronological Biography of Deng Xiaoping: 1904~1974), vol. 3, 1950, 1953~1955, 1958~1959.

50. Deng, *Deng Xiaoping and the Cultural Revolution*, 179~180.

51. 천보다의 몰락에 대해서는 다음을 참조. Pantsov with Levine, *Mao*, 549.

52. 세부 사항은 다음을 참조. 위의 책, 547~551.

53. 다음에서 인용함. Deng, *Deng Xiaoping and the Cultural Revolution*, 184.

54. 다음에서 인용함. 위의 책, 184~187.

55. 위의 책, 69, 184.

56. 다음에서 인용함. 위의 책, 193.

57. 다음에서 인용함. 위의 책, 201.

58. Deng, *Deng Xiaoping gei Mao zhuxi xin* (1972 nian 8 yue 3 ri) (Deng Xiaoping's Letter to Chairman Mao [Aug. 3, 1972]).

59. Mao, *Jianguo yilai Mao Zedong wengao* (Manuscripts of Mao Zedong from

the Founding of the PRC), vol. 13, 308.

60. Witke, *Comrade Chiang Ch'ing*, 362, 363.

61. 다음을 참조. Deng, *Deng Xiaoping and the Cultural Revolution*, 238; Xu and Mei, "Huiyi Deng Xiaoping zai Jiangxi Xinjian deyiduan rizi—fangwen Luo Peng tanhualu" (Remembering the Days Spent with Deng Xiaoping in Xinjian [County] of Jiangxi: Notes of a Conversation with Luo Peng), 138.

62. 다음에서 인용함. Deng, *Deng Xiaoping and the Cultural Revolution*, 226.

16. '솜처럼 부드럽고, 바늘처럼 날카로운'

1. Deng, *Deng Xiaoping and the Cultural Revolution*, 240.

2. 다음에서 인용함. 위의 책, 220.

3. 다음을 참조. Mao, *Jianguo yilai Mao Zedong wengao* (Manuscripts of Mao Zedong from the Founding of the PRC), vol. 13, 347~348; Yang and Yan, *Deng Xiaoping nianpu: 1904~1974* (Chronological Biography of Deng Xiaoping: 1904~1974), vol. 3, 1972.

4. 다음에서 인용함. Yang and Yan, *Deng Xiaoping nianpu: 1904~1974* (Chronological Biography of Deng Xiaoping: 1904~1974), vol. 3, 1973.

5. 다음에서 인용함. Henry A. Kissinger, *White House Years* (Boston: Little, Brown, 1979), 1492.

6. 다음을 참조. Franz, *Deng Xiaoping*, 225~226; Yang, *Deng Xiaoping*, 174.

7. 다음을 참조. Deng, *Deng Xiaoping and the Cultural Revolution*, 245.

8. 다음을 참조. Gao, *Zhou Enlai*, 235~236, 260~262; Zhang Yufeng, "Neskol'ko shtrikhov k kartine poslednikh let zhizni Mao Tszeduna, Chzhou En'laia" (Some Brush Strokes Toward a Picture of the Last Years of Mao Zedong and Zhou Enlai),

in Yu. M. Galenovich, *Smert' Mao Tszeduna* (The Death of Mao Zedong) (Moscow: Izd-vo "Izograf" 2005), 81.

9. 세부 사항은 다음을 참조. Wang Ting, *Chairman Hua: Leader of the Chinese Communists* (Montreal: McGill-Queen's University Press, 1980); Robert Weatherley, *Mao's Forgotten Successor: The Political Career of Hua Guofeng* (New York: Palgrave Macmillan, 2010).

10. Mao, *Jianguo yilai Mao Zedong wengao* (Manuscripts of Mao Zedong from the Founding of the PRC), vol. 13, 356~357.

11. Sec Gao, *Zhou Enlai*, 239.

12. Sec *History of the Chinese Communist Party—A Chronology of Events (1910~1990)*, 385.

13. 다음을 참조. *The Tenth National Congress of the Communist Party of China (Documents)* (Peking: Foreign Languages Press, 1973); *Lichnoe delo Mao Tszeduna* (Personal File of Mao Zedong), RGASPI collection 495, inventory 225, file 71, vol. 6, sheets 257~260.

14. 다음을 참조. Yang and Yan, *Deng Xiaoping nianpu: 1904~1974* (Chronological Biography of Deng Xiaoping: 1904~1974), vol. 3, 1978.

15. 다음에서 인용함. Deng, *Deng Xiaoping and the Cultural Revolution*, 252.

16. 다음을 참조. William Burr, ed., *The Kissinger Transcripts: The Top Secret Talks with Beijing and Moscow* (New York: New Press, 1998), 166~216; Li and Ma, *Zhou Enlai nianpu (1949~1976)* (Chronological Biography of Zhou Enlai [1949~1976]), vol. 3, 632~634; Gao, *Zhou Enlai*, 239~242.

17. Burr, *The Kissinger Transcripts*, 205.

18. 다음에서 인용함. Gao, *Zhou Enlai*, 241.

19. 다음에서 인용함. Yang and Yan, *Deng Xiaoping nianpu: 1904~1974* (Chronological Biography of Deng Xiaoping: 1904~1974), vol. 3, 1990; Gao, Zhou Enlai, 246.

20. 다음에서 인용함. Deng, *Deng Xiaoping and the Cultural Revolution*, 256.

21. Gao, Zhou Enlai, 244.

22. 다음에서 인용함. 위의 책.

23. Deng, *Selected Works of Deng Xiaoping*, vol. 2 *(1975~1982)*, 329~330.

24. 다음을 참조. Li and Ma, *Zhou Enlai nianpu (1949~1976)* (Chronological Biography of Zhou Enlai [1949~1976]), vol. 3, 634~635.

25. 다음에서 인용함. Yang and Yan, *Deng Xiaoping nianpu: 1904~1974* (Chronological Biography of Deng Xiaoping: 1904~1984), vol. 3, 1991~1992. 다소 다른 해석에 대해서는 다음도 참조. Deng, *Deng Xiaoping and the Cultural Revolution*, 259.

26. Borisov and Titarenko, *Vystupleniia Mao Tsze-duna, ranee ne publikovavshiesia V kitaiskoi pechati* (Speeches of Mao Zedong Previously Unpublished in the Chinese Press), series 6, 283; Yang and Yan, *Deng Xiaoping nianpu: 1904~1974* (Chronological Biography of Deng Xiaoping: 1904~1974), vol. 3, 1993.

27. *Vypiska iz materialov posol'stva SSSP v Kitae, vkh. no. 05220 ot 11*

fevralia 1975 g. (Zapis' besedy s poslom DRV v KNR Nguyen Chan Vinem i sovetnikomposlannikom posol'stva DRV Nguyen T'enom 30. V. 1975 g. (Excerpt from Materials of the USSR Embassy in the PRC, no. 05220, Feb. 11, 1975 [Notes of a Conversation with DRV Ambassador Nguyen Chang Vinh and DRV Minister Counselor Nguyen Tien, May 30, 1975]), RGASPI, collection 495, inventory 225, file 2, vol. 3, sheet 12; *Vypiska iz materialov posol'stva SSSR v SShA, vkh. no. 16203, 26. IV. 1974 g. (Zapis' besedy s nauchnym sotrudnikom "Rend korporeishen' W. Whitsonom 16. IV. 1974 g.* (Excerpt from Materials of the USSR Embassy in the U.S.A., no. 16203, Apr. 26, 1974 [Notes of a Conversation with Rand Corporation Researcher W. Whitson, Apr. 16, 1974]), 위의 책, 28. 또한 다음도 참조. Gao, *Zhou Enlai*, 245.

28. 다음을 참조. *Lichnoe delo Chzhou En'laia* (Personal File of Zhou Enlai), RGASPI, collection 495, inventory 225, file 2, vol. 3, sheet 17.

29. 다음을 참조. Yang and Yan, *Deng Xiaoping nianpu: 1904~1974* (Chronological Biography of Deng Xiaoping: 1904~1974), vol. 3, 2004.

30. *Vypiska iz soobshcheniia sovposla v Pekine (vkh. no. 010324 ot 5 aprelia 1974 g.)* (Excerpt from a Report by the Soviet Ambassador in Beijing. [No. 010324, Apr. 5, 1974]), RGASPI, collection 495, inventory 225, file 2, vol. 3, sheet 31.

31. Mao, *Jianguo yilai Mao Zedong wengao* (Manuscripts of Mao Zedong from the Founding of the PRC), vol. 13, 373.

32. 다음을 참조. Mao, *Mao Zedong wenji* (Works of Mao Zedong), vol. 8, 441~442; Mao, *Jianguo yilai Mao Zedong wengao* (Manuscripts of Mao Zedong from the Founding of the PRC), vol. 13, 379~382.

33. 2012년 1월 25일 오하이오 주 콜롬버스에서 알렉산더 V. 판초프의 스티븐 I. 리빈과의 인터뷰.

34. 다음을 참조. Mao, *Jianguo yilai Mao Zedong wengao* (Manuscripts of Mao Zedong from the Founding of the PRC), vol. 13, 386.

35. Deng Xiaoping, *Speech by Chairman of Delegation of the People's Republic of China, Teng Hsiao-p'ing, at the Special Session of the U.N. General Assembly* (Peking: Foreign Languages Press, 1974), 2.

36. Burr, *The Kissinger Transcripts*, 273.

37. 위의 책, 270, 272, 275, 317.

38. Henry A. Kissinger, *Years of Renewal* (New York: Simon & Schuster, 1999),

164.

39. 다음을 참조. Vogel, *Deng Xiaoping and the Transformation of China*, 85~86.

40. Confucius, *The Analects of Confucius*, 6.

41. 다음을 참조. Yang and Yan, *Deng Xiaoping nianpu: 1904~1974* (Chronological Biography of Deng Xiaoping: 1904~1974), vol. 3, 2015; Deng, *Deng Xiaoping and the Cultural Revolution*, 269; Salisbury, *The Long March*, 137.

42. 다음을 참조. Li and Ma, *Zhou Enlai nianpu (1949~1976)* (Chronological Biography of Zhou Enlai [1949~1976]), vol. 3, 671.

43. 다음을 참조. Li, *Private Life of Chairman Mao*, 581~582.

44. Mao, *Jianguo yilai Mao Zedong wengao* (Manuscripts of Mao Zedong from the Founding of the PRC), vol. 13, 394~396.

45. 다음에서 인용함. Yang and Yan, *Deng Xiaoping nianpu: 1904~1974* (Chronological Biography of Deng Xiaoping: 1904~1974), vol. 3, 2058; Deng, *Deng Xiaoping zishu* (Autobiographical Notes of Deng Xiaoping), 167; Deng, *Deng Xiaoping and the Cultural Revolution*, 277.

46. 다음에서 인용함. *A Great Trial in Chinese History: The Trial of Lin Biao and Jiang Qing Counter-Revolutionary Cliques, Nov. 1980~Jan. 1981* (Oxford: Pergamon Press, 1981), 47, 159.

47. 다음에서 인용함. Pang and Jin, *Mao Zedong zhuan (1949~1976)* (Biography of Mao Zedong [1949~1976]), vol. 2, 1704.

48. 다음에서 인용함. Yang and Yan, *Deng Xiaoping nianpu: 1904~1974* (Chronological Biography of Deng Xiaoping: 1904~1974), vol. 3, 2066; Deng, *Deng Xiaoping and the Cultural Revolution*, 281.

49. 다음을 참조. Barnouin and Yu, *Ten Years of Turbulence*, 276~277; V. G. Gel'bras, *Ekonomika Kitaiskoi Narodnoi Respubliki: Vazhneishie etapy razvitiia, 1949~2008: Kurs lektsii: v 2 ch.* (Economy of the People's Republic of China: Key Stages of Development 1949~2008: Lecture Series. In two parts) (Moscow: Rubezhi XXI veka, 2010), 90, 94~97.

50. 다음을 참조. Yang and Yan, *Deng Xiaoping nianpu: 1904~1974* (Chronological Biography of Deng Xiaoping: 1904~1974), vol. 3, 2053~2054, 2061, 2064.

51. 다음에서 인용함. 위의 책, 2060.

52. Mao, *Jianguo yilai Mao Zedong wengao* (Manuscripts of Mao Zedong from the Founding of the PRC), vol. 13, 402.

53. 위의 책, 410.

54. 다음에서 인용함. Yang and Yan, *Deng Xiaoping nianpu: 1904~1974* (Chronological Biography of Deng Xiaoping: 1904~1974), vol. 3, 2066; Deng, *Deng Xiaoping* and the Cultural Revolution, 281.

55. 다음에서 인용함. Yang and Yan, *Deng Xiaoping nianpu: 1904~1974* (Chronological Biography of Deng Xiaoping: 1904~1974), vol. 3, 2076; Deng, *Xiaoping and the Cultural Revolution*, 285.

56. Mao, *Jianguo yilai Mao Zedong wengao* (Manuscripts of Mao Zedong from the Founding of the PRC), vol. 13, 413~414; Borisov and Titarenko, *Vystupleniia Mao Tszeiduna, ranee ne publikovavshiesia v kitaiskoi pechati* (Mao Zedong's Speeches Previously Unpublished in the Chinese Press), series 6, 288.

57. 다음을 참조. Gel'bras, *Ekonomika Kitaiskoi Narodnoi Respubliki* (Economy of the People's Republic of China), 85~86.

58. 다음에서 인용함. Deng, *Deng Xiaoping and the Cultural Revolution*, 283. 또한 다음도 참조. Deng Xiaoping, *Selected Works of Deng Xiaoping*, vol. 3 *(1982~1992)* (Beijing: Foreign Languages Press, 1994), 369.

59. 다음을 참조. Deng, *Selected Works of Deng Xiaoping*, vol. 2, 11~13.

60. 위의 책, 14.

61. 위의 책, 19.

62. 다음에서 인용함. Leng Rong and Wang Zuoling, eds., *Deng Xiaoping nianpu: 1975~1997* (Chronological Biography of Deng Xiaoping: 1975~1997), vol. 1 (Beijing: Zhongyang wenxian chubanshe, 2004), 50.

63. 다음을 참조. 위의 책, 63~64; Pang and Jin, *Mao Zedong zhuan (1949-1976)* (Biography of Mao Zedong [1949~1976]), vol. 2, 1739; Yu Guangyuan, *Wo yi Deng Xiaoping* (Remember Deng Xiaoping) (Hong Kong: Shi dai guo chuban youxian gongsi, 2005), 2~9; Deng, *Deng Xiaoping and the Cultural Revolution*, 329.

64. 실증주의는 이론적 토대 없이 행동하는 것을 가리켰고, 투항주의는 자신의 입장을 적에게 내어 주는 것을 가리켰다. 다음을 참조. *Kaizhan dui "Shuihu" de pinglun* (Develop Criticism of [the Novel] *Water Margin*) (Xi'an: [n.p.], 1975).

65. *Lichnoe delo Chzhou En'laia* (Personal File of Zhou Enlai), RGASPI,

collection 495, inventory 225, file 2, vol. 3, sheet 47.

66. 다음을 참조. Yu, *Wo yi Deng Xiaoping* (I Remember Deng Xiaoping), 5.

67. 다음을 참조. Barnouin and Yu, *Ten Years of Turbulence*, 274; Zhang, "Neskol'ko shtrikhov k kartine poslednikh let zhizni Mao Tszeduna, Chzhou En'laia" (Some Brush Strokes Toward a Picture of the Last Years of Mao Zedong and Zhou Enlai), 95.

68. Westad et al., "77 Conversations Between Chinese and Foreign Leaders on the Wars in Indochina," 193. 다소 다른 인용에 대해서는 다음도 참조. Deng, *Deng Xiaoping and the Cultural Revolution*, 300.

69. Westad et al., "77 Conversations Between Chinese and Foreign Leaders on the Wars in Indochina," 194.

70. 다음에서 인용함. Leng and Wang, *Deng Xiaoping nianpu: 1975~1997* (Chronological Biography of Deng Xiaoping: 1975~1997), vol. 1, 125; Deng, *Deng Xiaoping* and the Cultural Revolution, 352.

71. Mao, *Jianguo yilai Mao Zedong wengao* (Manuscripts of Mao Zedong from the Founding of the PRC), vol. 13, 486.

72. 위의 책.

17. 새로운 시험

1. 다음을 참조. Mao, *Jianguo yilai Mao Zedong wengao* (Manuscripts of Mao Zedong from the Founding of the PRC), vol. 13, 488.

2. 다음에서 인용함. Deng, *Wode fuqin Deng Xiaoping: "Wenge" suiyue* (My Father Deng Xiaoping: The Cultural Revolution Years), 427.

3. Mao, *Jianguo yilai Mao Zedong wengao* (Manuscripts of Mao Zedong from the Founding of the PRC), vol. 13, 488.

4. 다음을 참조. Deng, *Deng Xiaoping and the Cultural Revolution*, 364~369.

5. 다음을 참조. 위의 책, 272.

6. 위의 책, 360.

7. 다음에서 인용함. 위의 책, 347.

8. 다음을 참조. Zhou Bingde, *Moi diadia Chzhou Enlai* (My Uncle Zhou Enlai) (Beijing: Foreign Languages Press, 2008), 285; Deng, *Deng Xiaoping and the Cultural Revolution*, 373.

9. 다음을 참조. James Palmer, *Heaven Cracks, Earth Shakes: The Tangshan Earthquake and the Death of Mao's China* (New York: Basic Books, 2012), 8.

10. 다음을 참조. Leng and Wang, *Deng Xiaoping nianpu: 1975~1997* (Chronological Biography of Deng Xiaoping: 1975~1997), vol. 1, 143.

11. Deng, *Deng Xiaoping and the Cultural Revolution*, 381.

12. 다음에서 인용함. Leng and Wang, *Deng Xiaoping nianpu: 1975~1997* (Chronological Biography of Deng Xiaoping: 1975~1997), vol. 1, 145~147.

13. 다음에서 인용함. Pang and Jin, *Mao Zedong zhuan (1949~1976)* (Biography of Mao Zedong [1949~1976]), vol. 2, 1767.

14. 다음에서 인용함. Leng and Wang, *Deng Xiaoping nianpu: 1975~1997* (Chronological Biography of Deng Xiaoping: 1975~1997), vol. 1, 147.

15. 다음을 참조. 위의 책, 147~148; Pang and Jin, *Mao Zedong zhuan (1949~1976)* (Biography of Mao Zedong [1949~1976]), vol. 2, 1771~1772; *History of the Chinese Communist Party—A Chronology of Events (1919~1990)*, 374~375.

16. 다음에서 인용함. Leng and Wang, Deng Xiaoping nianpu: 1975~1997 (Chronological Biography of Deng Xiaoping: 1975~1997), vol. 1, 148; Deng, *Deng Xiaoping and the Cultural Revolution*, 386.

17. Mao, *Jianguo yilai Mao Zedong wengao* (Manuscripts of Mao Zedong from the Founding of the PRC), vol. 13, 527.

18. 다음을 참조. *Rethinking the "Cultural Revolution"* (Beijing: Foreign Languages Press, 1987), 22~23; Yen and Kao, *The Ten-Year History of the Cultural Revolution*, 553; Palmer, *Heaven Cracks, Earth Shakes*, 95; MacFarquhar and Schoenhals, *Mao's Last Revolution*, 420~430; Witke, *Comrade Chiang Ch'ing*, 15, 469.

19. 다음에서 인용함. Qing Wu and Fang Lei, *Deng Xiaoping zai 1976* (Deng Xiaoping in 1976), vol. 1 (Shenyang: Chunfeng wenyi chubanshe, 1993), 178, 180.

20. 다음에서 인용함. Pang and Jin, *Mao Zedong zhuan (1949~1976)* (Biography of Mao Zedong [1949~1976]), vol. 2, 1776; Deng, *Deng Xiaoping and the Cultural Revolution*, 398. 마오위안신의 보고문은 다음을 참조. Qing and Fang, *Deng Xiaoping zai 1976* (Deng Xiaoping in 1976), vol. 1, 180~183.

21. 다음에서 인용함. Pang and Jin, *Mao Zedong zhuan (1949~1976)* (Biography of Mao Zedong [1949~1976]), vol. 2, 1776~1777.

22. 다음에서 인용함. 위의 책, 1977.

23. Mao, *Jianguo yilai Mao Zedong wengao* (Manuscripts of Mao Zedong from

the Founding of the PRC), vol. 13, 538.

24. 다음에서 인용함. 위의 책, 530.

25. 다음을 참조. Leng and Wang, *Deng Xiaoping nianpu: 1975~1997* (Chronological Biography of Deng Xiaoping: 1975~1997), vol. 1, 150.

26. 다음을 참조. Deng, *Deng Xiaoping and the Cultural Revolution*, 399.

27. 다음에서 인용함. 위의 책, 409.

28. 다음을 참조. Chi Hsin, *The Case of Gang of Four: With First Translation of Teng Hsiaoping's "Three Poisonous Weeds"* (Hong Kong: Cosmos Books, 1977), 201~202.

29. Rittenberg and Bennett, *The Man Who Stayed Behind*, 425~426.

30. Deng, *Deng Xiaoping and the Cultural Revolution*, 419.

31. 위의 책, 422~423.

32. Borisov and Titarenko, *Vystupleniia Mao Tsze-duna, ranee ne publikovavshiesia v kitaiskoi pechati* (Speeches of Mao Zedong Previously Unpublished in the Chinese Press), series 6, 274.

33. *People's Daily*, Sept. 19, 1976.

34. 다음을 참조. Leng and Wang, *Deng Xiaoping nianpu: 1975~1997* (Chronological Biography of Deng Xiaoping: 1975~1997), vol. 1, 151.

35. Deng, *Selected Works of Deng Xiaoping*, vol. 2 (1975~1982), 264, 287.

36. Deng, *Deng Xiaoping and the Cultural Revolution*, 440~441.

37. 다음에서 인용함. Qing Wu and Fang Lei, *Deng Xiaoping zai 1976* (Deng Xiaoping in 1976), vol. 2 (Shenyang: Chunfeng wenyi chubanshe, 1993), 378. 또한 다음도 참조. James T. Myers et al., eds., *Chinese Politics: Documents and Analysis*, vol. 3 (Columbia: University of South Carolina Press, 1995), 174~175.

38. 다음에서 인용함. Liu Jixian, ed., *Ye Jianying nianpu (1897~1986)* (Chronological Biography of Ye Jianying [1897~1986]), vol. 2 (Beijing: Zhongyang wenxian chubanshe, 2007), 1110~1113; *Deng Xiaoping and the Cultural Revolution*, 434.

39. 다음에서 인용함. Deng, *Deng Xiaoping and the Cultural Revolution*, 437.

40. 다음에서 인용함. MacFarquhar and Schoenhals, *Mao's Last Revolution*, 443; Liu, *Ye Jianying nianpu (1897~1986)* (Chronological Biography of Ye Jianying [1897~1986]),vol. 2, 1111.

41. 다음에서 인용함. Liu, *Ye Jianying nianpu (1897~1986)* (Chronological

Biography of Ye Jianying [1897~1986]), vol. 2, 1112~1113.

42. 다음을 참조. 위의 책, 1114.

43. Zhang Yaoci, *Zhang Yaoci huiyilu—zai Mao zhuxi shenbian rizi* (Reminiscences of Zhang Yaoci—Days at the Side of Chairman Mao) (Beijing: Zhonggong dangshi chubanshe, 2008), 271~272. 또한 다음도 참조. Fan Shuo, *Ye Jianying zai guanjian shike* (Ye Jianying in a Critical Period of Time) (Changchun: Liaoning renmin chubanshe, 2011), 294~306; Qing and Fang, *Deng Xiaoping zai 1976* (Deng Xiaoping in 1976), vol. 2, 282~331.

44. 다음에서 인용함. Liu, *Ye Jianying nianpu (1897~1986)* (Chronological Biography of Ye Jianying [1897~1986]), vol. 2, 1114~1115.

45. 다음을 참조. 위의 책, 1116.

46. 다음에서 인용함. Leng and Wang, *Deng Xiaoping nianpu: 1975~1997* (Chronological Biography of Deng Xiaoping: 1975~1997), vol. 1, 156. 다음도 참조. *History of the Chinese Communist Party—A Chronology of Events (1919~1990)*, 378.

47. 다음에서 인용함. Ruan, *Deng Xiaoping*, 19~20.

48. 다음에서 인용함. *Zhonggong dangshi dashi nianbiao* (Chronology of Major Events in the History of the CCP) (Beijing: Renmin chubanshe, 1987), 405.

49. 다음에서 인용함. Leng and Wang, *Deng Xiaoping nianpu: 1975~1997* (Chronological Biography of Deng Xiaoping: 1975~1997), vol. 1, 153.

18. '실천이 진리 검증의 기준'

1. 다음을 참조. Ruan, *Deng Xiaoping*, 20~21.

2. *People's Daily*, Feb. 7, 1977.

3. Leng and Wang, *Deng Xiaoping nianpu: 1975~1997* (Chronological Biography of Deng Xiaoping: 1975~1997), vol. 1, 155; Deng, *Deng Xiaoping zishu* (Autobiographical Notes of Deng Xiaoping), 177.

4. Deng, *Selected Works of Deng Xiaoping*, vol. 2 (1975~1982), 51.

5. 다음을 참조. Meliksetov, *Istoriia Kitaia* (History of China), 699~700.

6. Chen Yun, *Chen Yun wenxuan: 1956~1985* (Selected Works of Chen Yun: 1956~1985) (Beijing: Renmin chubanshe, 1986), 207.

7. 다음에서 인용함. Ruan, *Deng Xiaoping*, 21; Chen Zhongyuan, Wang Yuxiang, and Li Zhenghua *1976~1981 niande Zhongguo* (China in 1976~1981) (Beijing: Zhongyang wenxian chubanshe, 2008), 43~45.

8. 다음에서 인용함. Leng and Wang, *Deng Xiaoping nianpu: 1975~1997* (Chronological Biography of Deng Xiaoping: 1975~1997), vol. 1, 156. 또한 다음도 참조. Ruan, *Deng Xiaoping*, 21.

9. Myers, *Chinese Politics: Documents and Analysis*, vol. 3, 175~176; Deng Xiaoping, *Deng Xiaoping shouji xuan* (Selected Manuscripts of Deng Xiaoping), vol. 3 (Beijing: Zhongguo dang'an chubanshe/Daxiang chubanshe, 2004), 32, 143; Deng, *Selected Works of Deng Xiaoping*, vol. 2 *(1975~1982)*, 52, 55. 또한 다음도 참조. Leng and Wang, *Deng Xiaoping nianpu: 1975~1997* (Chronological Biography of Deng Xiaoping: 1975~1997), vol. 1, 157.

10. Deng, *Selected Works of Deng Xiaoping*, vol. 2 *(1975~1982)*, 51; Ruan, *Deng Xiaoping*, 29~30.

11. Deng, *Selected Works of Deng Xiaoping*, vol. 2 (1975~1982), 52.

12. Deng, *Deng Xiaoping zishu* (Autobiographical Notes of Deng Xiaoping), 174.

13. 다음을 참조. *History of the Chinese Communist Party—A Chronology of Events (1919~1990)*, 382.

14. *People's Daily*, May 1, 1977.

15. Deng, *Selected Works of Deng Xiaoping*, vol. 2 (1975~1982), 58~59, 81, 141; Ruan, *Deng Xiaoping*, 40.

16. Deng, *Selected Works of Deng Xiaoping*, vol. 2 (1975~1982), 59.

17. Deng, *Deng Xiaoping zishu* (Autobiographical Notes of Deng Xiaoping), 171~172.

18. Ruan, *Deng Xiaoping*, 40.

19. *The Eleventh National Congress of the Communist Party of China: Documents* (Beijing: Foreign Languages Press, 1977), 192.

20. 위의 책, 8, 52, 86.

21. Deng, *Deng Xiaoping zishu* (Autobiographical Notes of Deng Xiaoping), 178, 180. 과학과 교육의 발전에 관한 덩의 다른 연설들은 다음을 참조. Deng, *Selected Works of Deng Xiaoping*, vol. 2 (1975~1982), 61~86, 101~116, 119~126.

22. *Great Historic Victory: In Warm Celebration of Chairman Hua Kuo-feng's Becoming Leader of the Communist Party of China, and of the Crushing of the Wang-Chang-Chiang-Yao Anti-Party Clique* (Peking: Foreign Languages Press, 1976), 34, 41.

23. 다음을 참조. Lu Keng, *Hu Yaobang faggwen ji* (Interview with Hu Yaobang) (New York: Niuyue huayu jigou, 1985), 8~9; Hu Deping, *Zhongguo weishemma yao gaige—siyi fuqin Hu Yaobang* (Why Should China Reform? Thoughts and Reflections on My Father Hu Yaobang) (Beijing: Renmin chubanshe, 2011), 3~77; Zheng Zhongbing, ed., *Hu Yaobang nianpu ziliao changbian* (Large Collection of Materials for a Chronological Biography of Hu Yaobang), vol. 1 (Hong Kong: Shidaiguo ji chuban youxian gongsi, 2005), 1~286; Yang Zhongmei, *Hu Yaobang: A Chinese Biography*, trans. William A. Wycoff (Armonk, NY: Sharpe, 1988), 3~126; Sladkovskii, *Informatsionnyi biuletten'. Seriia A. Vypusk 2* (Information Bulletin: Series A: 2nd Installment), 24.

24. 다음을 참조. Zheng, *Hu Yaobang nianpu ziliao changbian* (Large Collection of Materials for a Chronological Biography of Hu Yaobang), vol. 1, 286.

25. Ruan, *Deng Xiaoping*, 24. 또한 다음도 참조. Li Rui, "Yaobang qushi qiande tanhua" (Talks with [Hu] Yaobang Before His Death), *Dangdai Zhongguo yanjiu* (*Modern China Studies*), issue, no. 4 (2001), 23~45.

26. People's Daily, Oct. 7. 1977.

27. 다음을 참조. *History of the Chinese Communist Party—A Chronology of Events (1919~1990)*, 387.

28. 다음에서 인용함. Ruan, *Deng Xiaoping*, 36.

29. 다음을 참조. Vogel, *Deng Xiaoping and the Transformation of China*, 152, 197~198, 724, 726; Frederick C. Teiwes and Warren Sun, *The End of the Maoist Era: Chinese Politics During the Twilight of the Cultural Revolution, 1972~1976* (Armonk, NY: Sharpe, 2007), 423~425.

30. 다음을 참조. *History of the Chinese Communist Party—A Chronology of Events (1919~1990)*, 387.

31. *Documents of the First Session of the Fifth National People's Congress of the People's Republic of China* (Peking: Foreign Languages Press, 1978), 166.

32. 위의 책, 190~191.

33. 다음에서 인용함. Zheng, *Hu Yaobang nianpu ziliao changbian* (Large Collection of Materials for a Chronological Biography of Hu Yaobang), vol. 1, 316; Ruan, *Deng Xiaoping*, 33.

34. 다음을 참조. Leng and Wang, *Deng Xiaoping nianpu: 1975~1997*

(Chronological Biography of Deng Xiaoping: 1975~1997), vol. 1, 357, 401~402, 544; Deng, *Selected Works of Deng Xiaoping*, vol. 2 (1975~1982), 197; Liu, *Ye Jianying nianpu (1897~1986)* (Chronological Biography of Ye Jianying [1897~1986]), vol. 2, 1145, 1152; Zheng, *Hu Yaobang nianpu ziliao changbian* (Large Collection of Materials for a Chronological Biography of Hu Yaobang), vol. 1, 318; Yu Guangyuan, *Deng Xiaoping Shakes the World: An Eyewitness Account of China's Party Work Conference and the Third Plenum (November-December 1978)* trans. Steven L Levine (Norwalk, CT: EastBridge, 2004), 15~16.

35. 다음에서 인용함. Yu, *Deng Xiaoping Shakes the World*, 18.

36. Deng, *Selected Works of Deng Xiaoping*, vol. 2 *(1975~1982)*, 128.

37. 다음을 참조. *History of the Chinese Communist Party—A Chronology of Events (1919~1990)*, 389.

38. Deng Xiaoping, *Deng Xiaoping wenxuan* (*Selected Works of Deng Xiaoping*), vol. 2 (Beijing: Renmin chubanshe, 1994), 129.

39. Deng, *Selected Works of Deng Xiaoping*, vol. 2 *(1975~1982)*, 143. Deng, *Deng Xiaoping wenxuan* (Selected Works of Deng Xiaoping), vol. 2, 133.

40. 다음을 참조. Vogel, *Deng Xiaoping and the Transformation of China*, 187, 189.

41. 다음을 참조. *Documents of the First Session of the Fifth National People's Congress of the People's Republic of China*, 35~66; Meliksetov, *Istoriia Kitaia* (History of China), 702.

42. 다음을 참조. Vogel, *Deng Xiaoping and the Transformation of China*, 189-90.

43. 다음에서 인용함. 위의 책, 223, 218.

44. 다음에서 인용함. Li Xiannian zhuan: 1949~1992 (Biography of Li Xiannian: 1949~1992), vol. 2 (Beijing: Zhongyang wenxian chubanshe, 2009), 1048.

45. 다음을 참조. 위의 책, 1048~1071.

46. Deng, *Deng Xiaoping wenxuan,* (Selected Works of Deng Xiaoping), vol. 2, 130.

47. 다음을 참조. Yu, *Deng Xiaoping Shakes the World*, 23, 25; Liu, *Ye jianying nianpu (1897~1986)* (Chronological Biography of Ye Jianying [1897~1986]), vol. 2, 1155.

48. 다음을 참조. Zhu, *Chen Yun nianpu: 1905~1995* (Chronological Biography

of Chen Yun: 1905~1995), vol. 3, 226.

49. Deng, *Selected Works of Deng Xiaoping*, vol. 2 *(1975~1982)*, 151.

50. 다음을 참조. Ye Xuanji, "Yeshuaizaishiyidisanzhongquanhuiqianhou: Du Yu Guangyuan zhu '1978: Wo qinlide naci lishi da zhuanzhe yugan'" (Marshal Ye Before and After the Third Plenum of the Eleventh Central Committee: Impressions from Yu Guangyuan's Work *1978: The Great Historical Turning Point That I Personally Witnessed*), *Nanfang zhoumo* (*Southern Weekly*), Oct. 30, 2008.

51. 다음을 참조. Vogel, *Deng Xiaoping and the Transformation of China*, 233.

52. Chen, *Chen Yun wenxuan: 1956~1985* (Selected Works of Chen Yun: 1956~1985), 208~210.

53. 다음을 참조. Vogel, *Deng Xiaoping and the Transformation of China*, 235.

54. 다음을 참조. 위의 책, 240.

55. 다음을 참조. Yu, *Deng Xiaoping Shakes the World*, 74~76; Liu, *Ye Jianying nianpu (1897~1986)* (Chronological Biography of Ye Jianying [1897~1986]), vol. 2, 1157.

56. 다음을 참조. Ruan, Deng Xiaoping, 21~22.

57. 다음을 참조. Yu, *Deng Xiaoping Shakes the World*, 80~83, 90~92, 97.

58. Robert D. Novak, *The Prince of Darkness: 50 Years Reporting in Washington* (New York: Crown Forum, 2007), 324.

59. 세부 사항은 다음을 참조. Roger Garside, *Coming Alive: China After Mao* (New York: McGraw-Hill, 1981), 212~239; 2012년 10월 21일 워싱턴 DC에서 알렉산더 판초프의 웨이징성과의 인터뷰.

60. 덩의 인터뷰는 1978년 11월 28일자에 실렸다.

61. Wei Jingsheng, T*he Courage to Stand Alone: Letters from Prison and Other Writings*, ed. and trans. Kristina Torgeson (New York: Viking, 1997), 208~209.

62. 다음에서 인용함. Hu Jiwei, "Hu Yaobang yu Xidan minzhu qiang" (Hu Yaobang and Democracy Wall), http://www.boxun.com/news/gb/z_special/2004/04/200404220644.shtml.

63. 다음에서 인용함. Yu, *Deng Xiaoping Shakes the World*, 163~165.

64. 다음에서 인용함. Ruan, *Deng Xiaoping*, 7.

65. Deng, *Selected Works of Deng Xiaoping*, vol. 2 (1975~1982), 151~165.

66. 다음에서 인용함. Ruan, *Deng Xiaoping*, 13.

67. Novak, *The Prince of Darkness*, 327.

19. 기본 원칙

1. 다음에서 인용함. Myers, *Chinese Politics: Documents and Analysis*, vol. 3, 361.

2. 다음을 참조. Zheng, *Hu Yaobang nianpu ziliao changbian* (Large Collection of Materials for a Political Biography of Hu Yaobang), vol. 1, 134; Yu, *Deng Xiaoping Shakes the World*, 207.

3. Ruan, *Deng Xiaoping*, 47; See also James D. Seymour, ed., *The Fifth Modernization: China's Human Rights Movement, 1978~1979* (Stanfordville, NY: Human Rights, 1980); Stephen C. Angle and Marina Svensson, eds., *The Chinese Human Rights Reader: Documents and Commentary, 1900~2000* (Armonk, NY: Sharpe, 2001), 253~272; Maurice Meisner, *The Deng Xiaoping Era: An Inquiry into the Fate of Chinese Socialism, 1978~1994* (New York: Hill and Wang, 1996), 110~114.

4. Novak, *The Prince of Darkness*, 330~331.

5. 위의 책, 327, 328. "An Interview with Teng Hsiao-p'ing Calling for Stronger U.S.-China Ties and a United Front Against Moscow," *Time*, vol. 113, no. 6 (Feb. 5, 1979): 32~35; David P. Nickles and Adam M. Howard, eds., *Foreign Relations of the United States, 1977~1980*, vol. 13: *China* (Washington, DC: U.S. Government Printing Office, 2013), 743.

6. 다음을 참조. Kissinger, *Years of Renewal*, 868~869.

7. 다음을 참조. Huang Hua, *Memoirs* (Beijing: Foreign Languages Press, 2008), 347~350; Zbigniew Brzezinski, *Power and Principle: Memoirs of the National Security Advisor, 1977~1981* (New York: Farrar, Straus and Giroux, 1985), 209~233; Jimmy Carter, *Keeping Faith: Memoirs of a President* (Fayetteville: University of Arkansas Press, 1995), 199~203; Jimmy Carter, *White House Diary* (New York: Farrar, Straus and Giroux, 2010), 85, 170, 265.

8. 다음을 참조. Patrick Tyler, *A Great Wall: Six Presidents and China: An Investigative History* (New York: PublicAffairs, 1999), 271.

9. 다음을 참조. Huang, *Memoirs*, 347~348; Brzezinski, *Power and Principle*, 215.

10. Nickles and Howard, *Foreign Relations of the United States 1977~1980*, vol. 12, *China*, 729.

11. 다음을 참조. Huang, *Memoirs*, 352; Brzezinski, *Power and Principle*, 405~406; Ji Chaozhu, *The Man on Mao's Right: From Harvard Yard to*

Tiananmen Square: My Life Inside China's Foreign Ministry (New York: Random House, 2008), 298~299.

12. Carter, *White House Diary*, 283.

13. 다음을 참조. Carter, *Keeping Faith*, 207; Ji, *The Man on Mao's Right*, 299~301.

14. Cyrus Vance, *Hard Choices: Critical Years in America's Foreign Policy* (New York: Simon & Schuster, 1983), 121.

15. Nickles and Howard, *Foreign Relations of the United States, 1977~1980*, vol. 13: *China*, 738~741. 또한 다음도 참조. Huang, *Memoirs*, 332; Brzezinski, *Power and Principle*, 405~406.

16. 그의 연설에 대해서는 다음을 참조. Nickles and Howard, *Foreign Relations of the United States 1977~1980*, vol. 13: China, 767~770.

17. 여러 출처에 따르면, 1965년 6월부터 1973년 8월까지의 기간 동안 베트남을 교대로 오갔던 중국인 "지원병들"은 적어도 32만 명이었다.

18. Nickles and Howard, *Foreign Relations of the United States, 1977~1980, vol. 13: China*, 770~771. 또한 다음도 참조. Carter, *White House Diary*, 284, 283; Carter, *Keeping Faith*, 211, 213; Brzezinski. *Power and Principle*, 409~410; Henry A. Kissinger, *On China* (New York: Penguin Press, 2011), 365~367.

19. 다음을 참조. Brzezinski, *Power and Principle*, 410; Kissinger, *On China*, 367.

20. 다음을 참조. Carter, *Keeping Faith*, 211~213.

21. 다음을 참조. Zhai Qiang, "China and the Cambodian Conflict, 1970~1975," in Priscilla Roberts, ed.. *Behind the Bamboo Curtain: China, Vietnam, and the World Beyond Asia* (Washington, DC, and Stanford, CA: Woodrow Wilson Center Press and Stanford University Press, 2007), 391~392.

22. 다음을 참조. Robert S. Ross, *The Indochina Tangle: China's Vietnam Policy, 1975~1979*. (New York: Columbia University Press, 1988), 176~189; Steven J. Hood, *Dragons Entangled: Indochina and the China-Vietnam War* (Armonk, NY: Sharpe, 1992), 136~150.

23. 다음을 참조. Ross, *The Indochina Tangle*, 230~231.

24. 다음을 참조. Weatherley, *Mao's Forgotten Successor*, 153~154; Vogel, *Deng Xiaoping and the Transformation of China*, 532.

25. 2012년 10월 21일 워싱턴 DC에서 알렉산더 V. 판초프의 웨이징성과의 인터뷰; Vogel, *Deng Xiaoping and the Transformation of China*, 528.

26. 다음을 참조. King C. Chen, *China's War with Vietnam, 1979: Issues, Decisions, and Implications* (Stanford, CA: Hoover Institution Press, 1987), 102; John Pilger, *Heroes* (Cambridge, MA: South End Press, 2001), 248; Stein Tennesson and Christopher E. Goscha, "Le Duan and the Break with China," in Priscilla Roberts, ed., *Behind the Bamboo Curtain: China, Vietnam, and the World Beyond Asia* (Washington, DC, and Stanford, CA: Woodrow Wilson Center Press and Stanford University Press, 2006), 462.

27. 보다 구체적인 사항은 다음을 참조. Stephen J. Morris, *Why Vietnam Invaded Cambodia: Political Culture and the Causes of War* (Stanford, CA: Stanford University Press, 1999); Benjamin E. Kringer, "The Third Indochina War: A Case Study on the Vietnamese Invasion of Cambodia," in Ross A. Fisher, John Norton Moore, and Robert F. Turner, eds., *To Oppose Any Foe: The Legacy of U.S. Intervention in Vietnam* (Durham, NC: Carolina Academic Press, 2006), 275~326; Clodfelter, *Warfare and Armed Conflict*, 669.

28. 다음에서 인용함. Brzezinski, *Power and Principle*, 409.

29. 다음을 참조. Kissinger, *On China*, 365~366.

30. 덩이 워싱턴에서 떠나기 전에, 브레진스키는 심지어 그에 대한 "대통령의 지지"를 강조하기까지 했다. (Brzezinski, *Power and Principle*, 410~411). 물론, 이는 그 고고한 중국 손님을 기쁘게 했다.

31. 다음을 참조. Vance, *Hard Choices*, 121~122; Elizabeth Wishnick, *Mending Fences: The Evolution of Moscow's China Policy from Brezhnev to Yeltsin* (Seattle: University of Washington Press, 2001), 63~64.

32. 다음을 참조. *Chinese War Crimes in Vietnam* (Hanoi: Vietnam Courier, 1979).

33. 중국은 57,000 명의 베트남 장교와 병사들이 사망 및 부상을 당했다고 주장했지만, 이는 사실과 부합하지 않는다. 다음을 참조. Zhang Xiaoming, "China's 1979 War with Vietnam: A Reassessment," *China Quarterly*, vol. 184 (December 2005): 866; Clodfelter, *Warfare and Armed Conflict*, 669.

34. Deng, *Selected Works of Deng Xiaoping*, vol. 3 *(1982~1992)*, 85.

35. 다음을 참조. Spichak, *Kitaiskii avangard Kremlia* (The Chinese Vanguard of the Kremlin), 134.

36. 다음을 참조. *Lichnoe delo Chen' Yunia* (Personal File of Chen Yun), RGASPI, collection 495, inventory 225, file 157.

37. Chen, *Chen Yun wenxuan, 1956~1985* (Selected Works of Chen Yun,

1956~1985), 213. 1978년 여름 현대화에 관한 이론 회의 동안 리셴녠에게 보낸 서신에서 언급한 내용을 포함해 천윈 역시 이전에 이런 문제들을 제기했었다. 그러나 당시 그의 말을 듣는 사람은 아무도 없었다. 다음을 참조. Vogel, *Deng Xiaoping and the Transformation of China*, 427.

38. 다음을 참조. Yang, *Deng*, 209~210.

39. 다음에서 인용함. Leng and Wang, *Deng Xiaoping nianpu: 1975~1997* (Chronological Biography of Deng Xiaoping: 1975~1997), vol. 1, 466.

40. 다음을 참조. V. V. Azhaeva, *Evoliutsiia politiki KNR v oblasti sel'skogo khoziaistva: Nauchno-analiticheskii obzor* (Evolution of PRC Agricultural Policy: A Scholarly Analysis) (Moscow: INION AN SSSR, 1983), 5; Gel'bras, *Ekonomika Kitaiskoi Narodnoi Respubliki* (Economy of the People's Republic of China), 110.

41. Chen, *Chen Yun wenxuan, 1956-1985* (Selected Works of Chen Yun, 1956~1985), 224~231.

42. 위의 책, 221, 222.

43. 위의 책, 222~223.

44. 다음을 참조. 위의 책, 232~234; *History of the Chinese Communist Party—A Chronology of Events (1919~1990)*, 399~400.

45. 다음에서 인용함. Leng and Wang, *Deng Xiaoping nianpu: 1975~1997* (Chronological Biography of Deng Xiaoping: 1973~1997), vol. 1, 497.

46. 다음을 참조. Deng, *Selected Works of Deng Xiaoping*, vol. 2 *(1975~1982)*, 169.

47. 다음을 참조. Liu, *Ye Jianying nianpu (1897~1986)* (Chronological Biography of Ye jianying [1897~1986]), vol. 2, 1145.

48. 다음을 참조. Zheng, *Hu Yaobang nianpu ziliao changbian* (Large Collection of Materials for a Chronological Biography of Hu Yaobang), vol. 1, 359.

49. 다음을 참조. Vogel, *Deng Xiaoping and the Transformation of China*, 259.

50. 다음에서 인용함. Richard Baum, *Burying Mao: Chinese Politics in the Age of Deng Xiaoping* (Princeton, NJ: Princeton University Press, 1994), 80.

51. 다음에서 인용함. Leng and Wang, *Deng Xiaoping nianpu: 1975~1997* (Chronological Biography of Deng Xiaoping: 1975~1997), vol. 1, 493.

52. 다음에서 인용함. 위의 책, 499.

53. 다음을 참조. Deng, *Selected Works of Deng Xiaoping*, vol. 2 *(1975~1982)*,

172.

54. 다음을 참조. Vogel, *Deng Xiaoping and the Transformation of China*, 260, 783.

55. Deng, *Selected Works of Deng Xiaoping*, vol. 2 *(1975~1982)*, 174, 183.

56. Zheng, *Hu Yaobang nianpu changbian* (Large Collection of Materials for a Chronological Biography of Hu Yaobang), vol. 1, 387.

57. 다음에서 인용함. Wei, *The Courage to Stand Alone*, 255.

58. 다음을 참조. Hemen Ray, *China's Vietnam War* (New Delhi: Radiant, 1983), 111.

59. Myers, *Chinese Politics: Documents and Analysis*, vol. 3, 401~406; *Democracy Wall Prisoners: Xu Wenli, Wei Jingsheng and Other Jailed Prisoners of the Chinese Pro-Democracy Movement* (New York: Asia Watch, 1993), 38~42.

60. 다음을 참조. Hu, "Hu Yaobang yu Xidan minzhu qiang" (Hu Yaobang and the Xidan Democracy Wall), 27; Wei, *The Courage to Stand Alone*, xii; 2012년 10월 21일 워싱턴 DC에서 알렉산더 V. 판초프의 웨이징성과의 인터뷰; 2012년 4월 30일 오하이오 주 콜롬버스에서 알렉산더 V. 판초프의 전(前) 중국사회과학원 선임 연구위원 린잉(Lin Ying)과의 인터뷰.

61. 2012년 10월 21일 워싱턴 DC에서 알렉산더 V. 판초프의 웨이징성과의 인터뷰 참조. 또한 다음도 참조. Wei, *The Courage to Stand Alone*, 257.

62. 다음을 참조. Wei, *The Courage to Stand Alone*, 256.

63. 다음을 참조. Deng, *Selected Works of Deng Xiaoping*, vol. 2 *(1975~1982)*, 182.

64. Vogel, *Deng Xiaoping and the Transformation of China*, 383.

65. 다음에서 인용함. Leng and Wang, *Deng Xiaoping nianpu: 1975~1997* (Chronological Biography of Deng Xiaoping: 1975~1997), vol. 1, 355. 다음도 참조. *Deng Xiaoping yu xiandai Zhongguo* (Deng Xiaoping and Contemporary China), 145~146.

20. '일부 사람들이 먼저 부유해지도록 하라'

1. Mao, *Selected Works of Mao Tse-tung*, vol. 2, 202.

2. Deng, *Selected Works of Deng Xiaoping*, vol. 2 (1975~1982), 196~199.

3. 다음을 참조. Wu Xiang, Zhang Guangyou, and Han Gang, "Wan Li tan shiyi jie san zhongquanhui qianhoude nongcun gaige" (Wan Li Speaks About Rural

Reform Before and After the Third Plenum of the Eleventh Central Committee),
in Yu Guangyuan et al. *Gaibian Zhongguo mingyunde 41 tian—Zhongyang
gongzuo huiyi, shiyi ji zhongquanhui qin liji* (41 Days That Changed China's
Fate: Reminiscence of the Central Committee Work Conference and the Third
Plenum of the Eleventh Central Committee) (Shenzhen: Haitian chubanshe,
1998), 282~283; Chen, Wang, and Li, *1976~1981 niande Zhongguo* (China in
1976~1981), 358; Daniel Kelliher, *Peasant Power in China: The Era of Rural
Reform, 1979~1989* (New Haven: Yale University Press, 1992), 60.

4. Wu, Zhang, and Han, "Wan Li tan shiyi jie san zhongquanhui qianhoude
nongcun gaige" (Wan Li Speaks About Rural Reform Before and After the Third
Plenum of the Eleventh Central Committee), 286~287.

5. Deng, *Selected Works of Deng Xiaoping*, vol. 2 *(1975~1982)*, 406; *History of
the Chinese Communist Party—A Chronology of Events (1919~1990)*, 397.

6. 다음을 참조. Wu Nanlan, "The Xiaogang Village Story", http://www.china.
org.cn/china/features/content_11778487.htm; Chen, Wang, and Li, *1976~1981
niande Zhongguo* (China in 1976~1981), 366; William Hinton, "A Trip to
Fengyang County: Investigating China's New Family Contract System," *Monthly
Review*, vol. 35, no. 6 (1983): 1~28; Becker, *Hungry Ghosts*, 130~149; Zhang
Deyuan and He Kaiying, *Bianqian: Anhui nongcun gaige shulun* (Changes:
On the Reform in the Anhui Countryside) (Hefei: Anhui daxue chubanshe,
2004), 12~13.

7. Wu, "The Xiaogang Village Story."

8. 다음을 참조. Meliksetov, *Istoriia Kitaia* (History of China), 708.

9. 다음을 참조. Chen, Wang, and Li, *1976~1981 niande Zhongguo* (China in
1976~1981), 364~365; Kelliher, *Peasant Power in China*, 61~62.

10. 다음을 참조. Vogel, *Deng Xiaoping and the Transformation of China*, 439.

11. 다음에서 인용함. Chen, Wang, and Li, *1976~1981 niande Zhongguo* (China
in 1976~1981), 359.

12. 다음에서 인용함. Vogel, *Deng Xiaoping and the Transformation of China*,
439.

13. 다음을 참조. Wu, Zhang, and Han, "Wan Li tan shiyi ji zhongquanhui
qianhoude nongcun gaige" (Wan Li Talks About Rural Reform Before and After
the Third Plenum of the Eleventh Central Committee), 287.

14. *San zhongquanhui yilai—zhongyang wenxian xuanbian* (Collection

of Selected Key Documents Since the Third Plenum), vol. 1 (Beijing: Renmin chubanshe, 1982), 172.

15. 다음을 참조. *History of the Chinese Communist Party—A Chronology of Events (1919~1990)*, 398; Azhaeva, *Evoliutsiia politiki KNR v oblasti sel'skogo khoziastva* (Evolution of PRC Agricultural Policy), 9.

16. 다음을 참조. Gel'bras, *Ekonomika Kitaiskoi Narodnoi Respubliki* (Economy of the People's Republic of China), 128.

17. 다음을 참조. Wu, "The Xiaogang Village Story."

18. Deng, *Selected Works of Deng Xiaoping*, vol. 3 *(1982~1992)*, 369~370.

19. 다음을 참조. Zhao Wei, *The Biography of Zhao Ziyang*, trans. Chen Shibin (Hong Kong: Educational & Cultural Press, 1989), 219~230; David L. Shambaugh, *The Making of a Premier: Zhao Ziyang's Provincial Career* (Boulder, CO: Westview Press, 1984), 81, 99.

20. 다음을 참조. David Bachman, "Differing Visions of China's Post-Mao Economy: The Ideas of Chen Yun, Deng Xiaoping, and Zhao Ziyang," *Asian Survey*, vol. 26, no. 3 (1986): 311~321.

21. Deng. Xiaoping wenxuan (*Selected Works of Deng Xiaoping*), vol. 2, 194.

22. 위의 책, 236.

23. 세부사항은 다음을 참조. Vogel, *Deng Xiaoping and the Transformation of China*, 447~449.

24. Deng, *Deng Xiaoping* wenxuan (*Selected Works of Deng Xiaoping*), vol. 2, 237. 259.

25. 위의 책, 156~157, 198, 235.

26. 다음을 참조. 위의 책, 443; Wang Shuo, "Teshi teban: Hu Yaobang yu jingji tequ" (Special Things Done in Special Ways: Hu Yaobang and Special Economic Zones), *Yanhuang chunqiu* (History of China), no. 4 (2008): 36; *Huiyi Deng Xiaoping* (Remembering Deng Xiaoping), vol. 2 (Beijing: Zhongyang wenxian chubanshe, 1998), 383.

27. 1987년 12월 2일 그리고 1988년 2월 13일 주하이 및 선전 특구 방문에서 알렉산더 판초프가 개인적으로 받은 인상.

28. Deng, *Deng Xiaoping* wenxuan (*Selected Works of Deng Xiaoping*), vol. 2, 199.

29. 다음의 사례를 참조. Chen, *Chen Yun wenxuan: 1956~1985* (Selected Works of Chen Yun: 1956~1985), 236~237.

30. 다음을 참조. Leng and Wang, *Deng Xiaoping nianpu: 1975~1997* (Chronological Biography of Deng Xiaoping: 1975~1997), vol. 1, 574.

31. 다음을 참조. Wang, *Zhongguo gongchandang zuzhi shi ziliao huibian— lingdao jigou yange he chengyuan minglu* (Collection of Materials on the Organizational History of the CCP —Evolution of the Leading Organs and Name List of Personnel), 654.

32. 다음을 참조. Deng, *Selected Works of Deng Xiaoping*, vol. 2 *(1975~1982)*, 228.

33. 다음을 참조. *People's Daily*, Sept. 30, 1979.

34. 다음을 참조. Huang Zheng, *Wang Guangmei fang tan lu* (Notes on Conversations with Wang Guangmei) (Beijing: Zhongyang wenxian chubanshe, 2006), 438.

35. 다음을 참조. Deng, *Selected Works of Deng Xiaoping*, vol. 2 (1975~1982), 228~230.

36. 위의 책, 241~242.

37. 다음에서 인용함. Chang Chen-pang, Hsiang Nai-kuang, and Yin Ching-yao, *Mainland Situation Viewed from the Third Session of the Fifth "National People's Congress"* (Taipei: World Anti-Communist League, China Chapter/ Asian Peoples' Anti-Communist League, 1980), 12.

38. 다음에서 인용함. Huang, *Wang Guangmei fangtan lu* (Notes on Conversations with Wang Guangmei), 441.

39. Deng, *Deng Xiaoping wenxuan* (Selected Works of Deng Xiaoping), vol. 2, 313.

40. Deng, *Selected Works of Deng Xiaoping*, vol. 2 *(1975~1982)*, 297.

41. 다음을 참조. Hinton, "A Trip to Fengyang County," 2~3; Azhaeva, *Evoliutsiia politiki KNR v oblasti sel'skogo khoziastva* (Evolution of PRC Agricultural Policy), 34; Vogel, *Deng Xiaoping and the Transformation of China*, 443.

42. O. N. Borokh, *Kontseptsii ekonomicheskogo razvitiia Kitaia (1978~1982): Avtoreferat dissertatsiii na soiskanie uchenoi stepeni kandidata economicheskih nauk* (Concepts of Economic Development in China [1978~1982]: Abstract of Dissertation Submitted for PhD in Economics) (Moscow: IDV AN SSSR, 1985), 8.

43. 다음을 참조. Su Shaozhi, "A Decade of Crisis at the Institute of Marxism-

Leninism–Mao Zedong Thought, 1979~1989," *China Quarterly*, vol. 134 (June 1993): 335~351.

44. 다음을 참조. Sin–Lin (Lin Ying), *Shattered Families, Broken Dreams: Little-Known Episodes from the History of the Persecution of Chinese Revolutionaries in Stalin's Gulag: Rescued Memoirs and Archival Revelations*, trans. Steven I. Levine (Portland, ME: MerwinAsia, 2012).

45. 다음을 참조. Stephen F. Cohen, *Bukharin and the Bolshevik Revolution: A Political Biography, 1888~1938* (New York: Knopf, 1973).

46. 2012년 5월 27일 오하이오 주 콜롬버스에서 알렉산더 V. 판초프의 전前 중국사회과학원 선임 연구위원 린잉Lin Ying과의 인터뷰.

47. 다음을 참조. *Guoji gongyun shi yanjiu ziliao: Buhalin zhuanji* (Materials on the Study of History of the International Communist Movement: Special Collection on Bukharin) (Beijing: Renmin chubanshe, 1981).

48. 다음을 참조. Yin Xuyi and Zheng Yifan, "Bukharin in the People's Republic of China," in Theodor Bergmann, Gert Schaefer, and Mark Selden, eds., *Bukharin in Retrospect* (Armonk, NY: Sharpe, 1994), 58.

49. 위의 책, 59.

50. 다음을 참조. *Lichnoe delo Sun Yipina* (Personal File of Song Yiping), RGASPI, collection 495, inventory 225, file 2807.

51. 2012년 5월 27일 오하이오 주 콜롬버스에서 알렉산더 V. 판초프의 전前 중국사회과학원 선임 연구위원 린잉Lin Ying과의 인터뷰.

52. Su Shaozhi, *Democratization and Reform* (Nottingham: Spokesman, 1988), 36~38.

53. Deng, *Selected Works of Deng Xiaoping*, vol. 3 (1982~1992), 143.

54. See, for example, Lenin, "The Tax in Kind," 329~354.

55. N. L Bukharin, "Otvet na zapisku V. I. Lenina" (Reply to V. I. Lenin's Note), in L. B. Kamenev, ed., *Leninskii sbornik* (Lenin's Collection), vol. 4 (Moscow: Gosizdat, 1925), 384. 또한 다음도 참조. Cohen, Bukharin, 139.

56. Deng, *Selected Works of Deng Xiaoping*, vol. 2 (1975~1982), 296.

57. 다음을 참조. 위의 책, 295~296; Deng, *Deng Xiaoping wenxuan* (*Selected Works of Deng Xiaoping*), vol. 2, 441~442; *Resolution on CPC History (1949~1981)* (Beijing: Foreign Languages Press, 1981), 48~49. 1980년 11월 19일 정치국회의에서 화궈펑을 비판하는 후야오방의 발언도 참조. Zheng, *Hu Yaobang nianpu ziliao changbian* (Large Collection of Materials for a

Chronological Biography of Hu Yaobang), vol. 1, 504~505.

58. 다음을 참조. Liu, *Ye Jianying nianpu (1897~1986)* (Chronological Biography of Yejianying [1897~1986]), vol. 2, 1196.

59. 다음을 참조. Vogel, *Deng Xiaoping and the Transformation of China*, 372.

60. 다음을 참조. Wang, *Zhongguo gongchandang zuzhi shi ziliao huihian— lingdao jigouy ange he chengyuan minglu* (Collection of Materials on the Organizational History of the Chinese Communist Party—Evolution of Leading Organs and Name List of Personnel), 654~655.

61. 다음을 참조. Deng, *Selected Works of Deng Xiaoping* vol. 2 (1975~1982), 276~296.

62. 다음을 참조. 위의 책, 326~327.

63. *Resolution on CPC History (1949~1981)*, 56, 72.

64. 다음을 참조. *A Great Trial in Chinese History*, 18~26, 102, 108~109, 111, 114, 115, 118, 119, 122~125, 127, 128, 233.

65. Deng, *Selected Works of Deng Xiaoping*, vol. 2 (1975~1982), 334.

66. *Resolution of CPC History (1949~1981)*, 49.

67. 다음을 참조. Liu, *Ye Jianying nianpu (1897~1986)* (Chronological Biography of Yejianying [1897~1986]), vol. 2, 1228.

21. 하나의 국가, 두 개의 체제

1. 다음에서 인용함. Vogel, *Deng Xiaoping and the Transformation of China*, 380; Li, "Yaobang qushi qiande tanhua" (Talks with [Hu] Yaobang Before His Death), 42.

2. 다음을 참조. Vogel, *Deng Xiaoping and the Transformation of China*, 378.

3. Deng, *Selected Works of Deng Xiaoping*, vol. 2 (1975~1982), 214.

4. 2010년 6월 24일 전 파이팡촌 소재 덩샤오핑 박물관을 방문 시 알렉산더 판초프 가 받은 개인적 인상; Zhang Weiwei, "My Personal Memoirs as Deng Xiaoping's Interpreter: From Oriana Fallaci to Kim Il-sung to Gorbachev," http://huffingtonpost.com/zhang-weiwei/deng-xiaoping- remembered_b_5706143. html.

5. 다음을 참조. *Yongyuande Xiaoping* (The Unforgettable Xiaoping), 3.

6. Chen, *Chen Yun wenxuan: 1956~1985* (Selected Works of Chen Yun: 1956~1985), 275~277.

7. 위의 책, 276~277.

8. 다음에서 인용함. Zhu, *Chen Yun nianpu: 1905~1995* (Chronological Biography of Chen Yun: 1905~1995), vol. 3, 287.

9. 다음에서 인용함. Leng and Wang, *Deng Xiaoping nianpu: 1975~1982* (Chronological Biography of Deng Xiaoping: 1975~1982), vol. 2, 796.

10. 다음을 참조. Wang, "Teshi teban: Hu Yaobang yu jingji tequ" (Special Things Done in Special Ways: Hu Yaobang and Special Economic Zones), 37; Zheng, *Hu Yaobang nianpu ziliao changbian* (Large Collection of Materials for a Chronological Biography of Hu Yaobang), vol. 2, 648; Zhu, *Chen Yun nianpu: 1905~1995* (Chronological Biography of Chen Yun: 1905~1995), vol. 3, 287~288.

11. Zheng, *Hu Yaobang nianpu ziliao changbian* (Large Collection of Materials for a Chronological Biography of Hu Yaobang), vol. 2, 650; Wang, "Teshi teban: Hu Yaobang yu jingji tequ" (Special Things Done in Special Ways: Hu Yaobang and Special Economic Zones), 36~37.

12. 다음을 참조. Leng and Wang, *Deng Xiaoping nianpu: 1975~1997* (Chronological Biography of Deng Xiaoping: 1975~1997), vol. 2, 799; Vogel, *Deng Xiaoping and the Transformation of China*, 415.

13. Zheng, *Hu Yaobang nianpu ziliao changbian* (Large Collection of Materials for a Chronological Biography of Hu Yaobang), vol. 2, 653.

14. Chen, *Chen Yun wenxuan: 1956~1985* (Selected Works of Chen Yun: 1956~1985), 280.

15. 다음을 참조. Deng, *Selected Works of Deng Xiaoping*, vol. 2 *(1975~1982)*, 223~224; Deng, *Deng Xiaoping zishu* (Autobiographical Notes of Deng Xiaoping), 189, 259; Deng, *Selected Works of Deng Xiaoping*, vol. 3 (1982~1992), 67, 74.

16. 다음을 참조. Li Songchen, ed., *Gaige dang'an (1976~1999)* (Archive of Reform [1976~1999]), vol. 1 (Beijing: Dangdai Zhongguo chubanshe, 2000), 429; Deng, *Selected Works of Deng Xiaoping*, vol. 2 *(1975~1982)*, 383.

17. Bachman, "Differing Visions of China's Post-Mao Economy," 321.

18. 다음을 참조. *Zhongguo gongchandang xin shiqi lishi dashiji (zengdingben) (12, 1978~3, 2008)* (Chronology of CCP History in the New Period: Expanded edition [in between 12, 1978 and 3, 2008]) (Beijing: Zhonggong dangshi chubanshe, 2009), 11, 45; *People's Daily*, June 19, 1979; Susan Greenhalgh, *Just One Child: Science and Policy in Deng's China* (Berkeley:

University of California Press, 2008), 298~302; Vogel, *Deng Xiaoping and the Transformation of China*, 435.

19. Deng, *Selected Works of Deng Xiaoping*, vol. 3 *(1982~1992)*, 14~15.

20. Gerald R. Ford, *A Time to Heal: The Autobiography of Gerald R. Ford* (New York: Harper & Row, 1979), 337.

21. *Dvenadtsatyi Vsekitaiskii s"ezd Kommunisticheskoi partii Kitaia (dokumenty)* (Twelfth National Congress of the Communist Party of China [Documents]) (Beijing: Foreign Languages Press, 1982), 20, 30~33, 37, 40.

22. *Zhongguo gongchandang di shier ci quanguo daibiao dahui wenjian huibian* (Collection of Documents from the Twelfth National Congress of the Communist Party of China) (Beijing: Renmin chubanshe, 1982), 110.

23. 다음을 참조. Deng, *Selected Works of Deng Xiaoping*, vol. 3 (1982~1992), 17, 18~19.

24. *Dvenadtsatyi Vsekitaiskii s"ezd Kommunisticheskoi partii Kitaia (dokumenty)* (Twelfth National Congress of the Communist Party of China [Documents]), 161~165.

25. Zhao Ziyang, *Prisoner of the State: The Secret Journal of Premier Zhao Ziyang*, trans. Bao Pu et al. (New York: Simon & Schuster, 2009), 93, 122.

26. Chen, *Chen Yun wenxuan: 1956~1985* (Selected Works of Chen Yun: 1956~1985), Z87. 또한 다음도 참조. Zhu, *Chen Yun nianpu: 1905~1995* (Chronological Biography of Chen Yun: 1905~1995), vol. 3, 311~312.

27. O. N. Borokh, *Razvitie kitaiskoi ekonomicheskoi nauki v period reform* (Development of Chinese Economic Science During the Reform Period), part 1 (Moscow: IDV RAN, 1997), 99~100.

28. Deng, *Selected Works of Deng Xiaoping*, vol. 3 *(1982~1992)*, 26~27.

29. 위의 책, 33.

30. 다음을 참조. *Fifth Session of the Fifth National Congress (Main Documents)* (Beijing: Foreign Languages Press, 1982), 12, 20~21; *Documents of the First Session of the Fifth National People's Congress of the People's Republic of China*, 155.

31. 다음에서 인용함. Vogel, *Deng Xiaoping and the Transformation of China*, 569.

32. Zhao, *Prisoner of the State*, 92, 114.

33. 다음을 참조. Ruan, *Deng Xiaoping*, 109.

34. 다음을 참조. Zhao, *Prisoner of the State*, 116; Zheng, *Hu Yaobang nianpu ziliao changbian* (Large Collection of Materials for a Chronological Biography of Hu Yaobang), vol. 2, 778~779, 801~802.

35. 다음을 참조. Zhao, *Prisoner of the State*, 97.

36. 위의 책, 179~180; Zheng, *Hu Yaobang nianpu ziliao changbian* (Large Collection of Materials for a Chronological Biography of Hu Yaobang), vol. 2, 799~802; Zhu, *Chen Yun nianpu: 1905~1995* (Chronological Biography of Chen Yun: 1905~1995), vol. 3, 322~323.

37. 다음에서 인용함. Su, "A Decade of Crisis at the Institute of Marxism-Leninism–Mao Zedong Thought, 1979~1989," 343.

38. Deng, *Selected Works of Deng Xiaoping*, vol. 3 *(1982~1992)*, 48, 50, 51, 53.

39. 위의 책, 51.

40. Zhao, *Prisoner of the State*, 163. 후야오방은 이렇게 회고했다: "자오쯔양과 내가 이 캠페인을 막았다." 다음에서 인용함. Li, "Yaobang qushi qiande tanhua" (Talks with [Hu] Yaobang Before His Death), 43.

41. 다음을 참조. Zheng, *Hu Yaobang nianpu ziliao changbian* (Large Collection of Materials for a Chronological Biography of Hu Yaobang), vol. 2, 901.

42. Zhao, *Prisoner of the State*, 164.

43. 위의 책, 177.

44. Borokh, *Razvitie kitaiskoi ekonomicheskoi nauki* (Development of Chinese Economic Science), 99~101.

45. 다음을 참조. Vogel, *Deng Xiaoping and the Transformation of China*, 454~464.

46. 다음을 참조. Gel'bras, *Ekonomika Kitaiskoi Narodnoi Respubliki* (Economy of the People's Republic of China), 115; Wu Li, ed., *Zhonghua renmin gongheguo jingji shi* (Economic History of the PRC), vol. 2 (Beijing: Zhongguo jingji chubanshe, 1999), 58.

47. 다음을 참조. L. D. Boni, ed., *Ekonomicheskaia reforma v KNR: Preobrazovaniia v derevne: 1978~1988: Dokumenty* (Economic Reform in the PRC: Reform in Villages: 1978~1988: Documents) (Moscow: Nauka, 1993), 81~82, 128~130.

48. 다음에서 인용함. Vogel, *Deng Xiaoping and the Transformation of China*, 449.

49. 다음에서 인용함. Wang, "Teshi teban: Hu Yaobang yu jingji tequ" (Special Things Done in Special Ways: Hu Yaobang and Special Economic Zones), 37.

50. 위의 책, 38.

51. 다음에서 인용함. Leng and Wang, *Deng Xiaoping nianpu: 1975~1997* (Chronological Biography of Deng Xiaoping: 1975~1997), vol. 3, 954.

52. Deng, *Selected Works of Deng Xiaoping*, vol. 3 (1982~1992), 61.

53. 위의 책, 61~62.

54. 다음에서 인용함. Wang, "Teshe teban: Hu Yaobang yu jingji tequ" (Special Things Done in Special Ways: Hu Yaobang and Special Economic Zones), 39.

55. *Shiyi jie san zongquanhui yilai zhongyao wenxian xuandu* (A Reader of Important Documents Since the Third Plenum of the Eleventh Central Committee), vol. 2 (Beijing: Renmin chubanshe, 1987), 735~746.

56. 세부 사항은 다음을 참조. Gel'bras, *Ekonomika Kitaiskoi Narodnoi Respubliki* (Economy of the People's Republic of China), 125~126, 130~131, 137.

57. 다음을 참조. Vogel, *Deng Xiaoping and the Transformation of China*, 465.

58. 다음에서 인용함. Zhao, *The Biography of Zhao Ziyang*, 241~242. 다음도 참조. Zhao, *Prisoner of the State*, 121.

59. *Major Documents of the People's Republic of China: Selected Important Documents Since the Third Plenary Session of the Eleventh Central Committee of the Communist Party of China, December 1978~November 1989* (Beijing: Foreign Languages Press, 1991), 407.

60. Zhao, *Prisoner of the State*, 119~120.

61. 다음을 참조. Wu, *Zhonghua renmin gongheguo jingji shi* (Economic History of the PRC), vol. 2, 109, 127, 131, 141, 143; Gel'bras, *Ekonomika Kitaiskoi Narodnoi Respubliki* (Economy of the People's Republic of China), 122~123, 128, 138, 140; Vogel, *Deng Xiaoping and the Transformation of China*, 444~445.

62. Margaret Thatcher, *The Downing Street Years* (New York: HarperCollins, 1993), 260; Deng, *Selected Works of Deng Xiaoping*, vol. 3 (1982~1992), 25.

63. Deng, *Selected Works of Deng Xiaoping*, vol. 3 (1982~1992), 25; Thatcher, *The Downing Street Years*, 262.

64. 다음에서 인용함. Mark Roberti, *The Fall of Hong Kong: China's Triumph and Britain's Betrayal* (New York: Wiley, 1996), 192.

65. 대처가 넘어지는 장면은 유튜브에서 비디오로 찾아볼 수 있다.

66. Deng, *Selected Works of Deng Xiaoping*, vol. 3 (1982~1992), 91.

67. 페이페이와 그의 아내는 덩과 카터가 학생교환에 동의한 직후인 1980년대 초, 해외로 간 최초의 중국인들에 속했다. 1985년 미국에서 태어났고 따라서 미국 시민인 그들의 아들 샤오디(Xiaodi, "Little Heir")는 이후 이름을 데이비드 쥐David Zhuo로 바꾸고, 듀크대를 졸업한 후 월가에서 근무하고, 백만장자의 삶을 살다가, 섹스 스캔들에 휘말린 후에 결국 중국으로 돌아오게 된다. 할아버지인 덩은 기쁘지 않았을 것이다.

68. Wu, *Deng Xiaoping yu Zhuo Lin* (Deng Xiaoping and Zhuo Lin), 183; *Yongyuande Xiaoping* (The Unforgettable Xiaoping), 121; Yang, *Deng*, 126.

22. 개혁 그리고 민주주의

1. 다음을 참조. Liu Binyan, *A Higher Kind of Loyalty: A Memoir by China's Foremost Journalist*, trans. Zhu Hong (New York: Pantheon Books, 1990), 247.

2. 다음을 참조. Vogel, *Deng Xiaoping and the Transformation of China*, 567; Deng, *Selected Works of Deng Xiaoping*, vol. 3 (1982~1992), 116~119.

3. Deng, *Selected Works of Deng Xiaoping*, vol. 3 (1982~1992), 130.

4. 다음을 참조. Lu, *Hu Yaobang fangwen ji* (Interview with Hu Yaobang), 31~33, 37~42.

5. 다음에서 인용함. Zhao, *Prisoner of the State*, 164~169.

6. 위의 책, 165~166.

7. 다음을 참조. 위의 책, 171.

8. 다음을 참조. *Yongyuande Xiaoping* (The Unforgettable Xiaoping), 158.

9. 다음을 참조. M. V. Karpov, *Ekonomicheskie reformy i politicheskaia bor'ba v KNR (1984~1989)* (Economic Reforms and Political Struggle in the PRC [1984~1989]) (Moscow: ISAA of MGU Press, 1997), 41.

10. 다음을 참조. Zheng, *Hu Yaobang nianpu ziliao changbian* (Large Collection of Materials for a Chronological Biography of Hu Yaobang), vol. 2, 1044.

11. Deng, *Selected Works of Deng Xiaoping*, vol. 3 (1982~1992), 148.

12. 2012년 4월 24일 오하이오 주 콜롬버스에서 알렉산더 V. 판초프의 전前 중국사회과학원 선임 연구위원 린잉Lin Ying과의 인터뷰.

13. 다음을 참조. Li, "Yaobang qushi qiande tanhua" (Talks with [Hu] Yaobang Before His Death), 43.

14. 다음을 참조. Deng, *Selected Works of Deng Xiaoping*, vol. 3 *(1982~1992)*, 178~179.

15. 다음을 참조. Karpov, *Ekonomicheskie reformy i politicheskaia bor'ba v KNR (1984~1989)* (Economic Reforms and Political Struggle in the PRC [1984~1989]), 66.

16. 다음을 참조. Gregor Benton and Alan Hunter, eds., *Wild Lily, Prairie Fire: China's Road to Democracy: From Yan'an to Tiananmen, 1942~1989* (Princeton, NJ: Princeton University Press, 1995), 307~332; Merle Goldman, *Sowing the Seeds of Democracy in China: Political Reform in the Deng Xiaoping Era* (Cambridge, MA: Harvard University Press, 1994), 191~203; Fang Lizhi, *Fang Lizhi zizhuan* (The Autobiography of Fang Lizhi) (Taipei: Tianxia yuanjian chuban gufen youxian gongsi, 2013).

17. 다음을 참조. Zhao, *Prisoner of the State*, 166, 168~169; Ruan, *Deng Xiaoping*, 162~163.

18. Confucius, *The Analects of Confucius*, 83.

19. 다음을 참조. Zhao, *Prisoner of the State*, 166; Li, "Yaobang qushi qiande tanhua" (Talks with [Hu] Yaobang Before His Death), 40.

20. Deng, *Selected Works of Deng Xiaoping*, vol. 3 *(1982~1992)*, 182~183.

21. 다음에서 인용함. Ruan, *Deng Xiaoping*, 163.

22. Zhao, *Prisoner of the State*, 170.

23. 다음을 참조. Goldman, *Sowing the Seeds of Democracy in China*, 200~201.

24. 다음을 참조. Karpov, *Ekonomicheskie reformy i politicheskaia bor'ba v KNR (1984~1989)* (Economic Reforms and Political Struggle in the PRC [1984~1989]), 29.

25. 다음을 참조. Seth Faison, "Condolences Calls Put Rare Light on Deng's Family," *New York Times*, Feb. 22, 1997; Bao Tong, "Bao Tong zai xuechao he dongluan qijian yanxing de 'jiaodai': 1989 nian 9 yue 25 ri yu Qincheng jianyu" ("Explanations" of Bao Tong's Words and Actions During the Student Movement and Disturbances: September 25, 1989, the Qincheng Municipal Prison), in Wu Wei, *Zhongguo bashi niandai zhengzhi gaigede taiqian muhou* (On Stage and Backstage: China's Political Reform in the 1980s) (Hong Kong: Xin shiji chubanshe, 2013), 628~629. "China's Former 'First Family': Deng Children Enjoy Privilege, Jealous Attention," http://www.cnn.com/SPECIALS/1999/china.50/inside.china/profiles/deng.xiaoping/children/.

26. Fang Lizhi, *Bringing Down the Great Wall: Writings on Science, Culture, and Democracy in China*, trans. James H. Williams and others (New York: Knopf, 1991), 158, 160.

27. 다음에서 인용함. Goldman, *Sowing the Seeds of Democracy*, 200; Karpov, *Ekonomicheskie reformy i politicheskaia bor'ba v KNR (1984~1989)* (Economic Reforms and Political Struggle in the PRC [1984~1989]), 80. 또한 다음도 참조. Fang, *Fang Lizhi zizhuan* (The Autobiography of Fang Lizhi), 367~368.

28. 다음을 참조. Robert Lawrence Kuhn, *The Man Who Changed China: The Life and Legacy of Jiang Zemin* (New York: Crown, 2004), 126~134; Goldman, *Sowing the Seeds of Democracy in China*, 201~202; Karpov, *Ekonomicheskie reformy i politicheskaia bor'ba v KNR (1984~1989)* (Economic Reforms and Political Struggle in the PRC [1984~1989]), 81~83.

29. 1987년 1월 세 사람 모두 제명을 당했지만, 그들은 웨이징성과는 달리 투옥되지 않았다. 1988년 봄, 류빈옌은 미국으로 순회강연을 하러 가도록 허락을 받기까지 했다. 팡리즈와 왕뤄왕은 1989년 6월 발생한 새로운 학생 소요가 진압된 후 미국으로 떠났다.

30. Deng, *Selected Works of Deng Xiaoping*, vol. 3 *(1982~1992)*, 194~197. 또한 다음도 참조. Fang, Fang *Lizhi zizhuan* (The Autobiography of Fang Lizhi), 370~377; Li, "Yaobang qushi qiande tanhua" (Talks with [Hu] Yaobang Before His Death), 41.

31. Zhao, *Prisoner of the State*, 172~173; Zheng, *Hu Yaobang nianpu ziliao changbian* (Large Collection of Materials for a Chronological Biography of Hu Yaobang), vol. 2, 1182. 그는 또한 후야오방의 과오를 반당反黨 노선으로 규정하지 말 것, 파벌주의로 그를 비난하지 말 것, 그리고 그의 개인적 성격을 논하지 말 것을 요구했다.

32. 다음을 참조. Zhao, *Prisoner of the State*, 164, 174~175; Zheng, *Hu Yaobang nianpu ziliao changbian* (Large Collection of Materials for a Chronological Biography of Hu Yaobang), vol. 2, 1182~1186. Li, "Yaobang qushi qiande tanhua" (Talks with [Hu] Yaobang Before His Death), 43, 44.

33. 다음을 참조. Zheng, *Hu Yaobang nianpu ziliao changbian* (Large Collection of Materials for a Chronological Biography of Hu Yaobang), vol. 2, 1186.

34. 다음에서 인용함. 위의 책, 1187.

35. 다음을 참조. Zhao, *Prisoner of the State*, 176.

36. 위의 책, 190.

37. 위의 책, 194.

38. 다음을 참조. Deng, *Selected Works of Deng Xiaoping*, vol. 3 *(1982~1992)*, 223.

39. 다음을 참조. Zhao, *Prisoner of the State*, 122~123.

40. *Documents of the Thirteenth National Congress of the Communist Party of China (October 25~November 1, 1987)* (Beijing: Foreign Languages Press, 1987), 7~8.

41. 다음을 참조. Zhao, *Prisoner of the State*, 46~47, 210.

42. 덩의 역할은 장막 뒤에서 통치했던 서태후의 역할에 비교될 수 있겠지만, 이를 시사할 만큼 용감한 사람은 아무도 없었다.

43. *Documents of the Thirteenth National Congress of the Communist Party of China (October 25~November 1, 1987)*, 9~18.

44. Zhao, *Prisoner of the State*, 206.

45. 다음을 참조. *Documents of the Thirteenth National Congress of the Communist Party of China (October 25~November 1, 1987)*, 18~42.

46. 다음을 참조. Richard Baum, "Zhao Ziyang and China's 'Soft Authoritarian' Alternative," in Guoguang Wu and Helen Lansdowne, eds., Zhao Ziyang and China's Political Future (London: Routledge, 2008), 111~112; Zhao, *Prisoner of the State*, 220.

47. 리티에잉이 선택된 후, 그가 덩의 사생아라는 소문이 전국에 돌기 시작했다. 사람들은 1935년 대장정 기간 동안, 진웨이잉이 그녀의 새 남편 리웨이한 몰래—이전의 사랑을 회상하며—어찌하다가 덩을 따르게 되었다고 믿었다. 그러나 이 소문은 분명 사실이 아니다. 우리가 아는 바와 같이, 덩은 자신을 배신한 아내를 끝까지 용서할 수 없었다. 그러나 그는 리티에잉과 좋은 관계를 유지했다.

48. 다음을 참조. Zhao, *Prisoner of the State*, 211.

49. 술과 담배 가격이 특히 치솟은 이유는 국가가 실제로 가격을 자유화했기 때문이었다. 다른 상품에 대한 국정가격은 변화가 없었고, 따라서 시장가격의 상승은 전적으로 대중들의 소란 때문이었다.

50. 다음을 참조. *Zhongguo gongchandang xin shiqi lishi dashiji* (zengdingben) (12, 1978~3, 2008) (Chronology of CCP History in the New Period: Expanded edition [December 1978~March 2008]) Beijing: 182~183.

51. 다음을 참조. Vogel, *Deng Xiaoping and the Transformation of China*, 470; Karpov, *Ekonomicheskie reformy i politicheskaia bor'ba v KNR (1984~1989)*

(Economic Reforms and Political Struggle in the PRC [1984~1989]), 106; Victor Shih, *Factions and Finance in China: Elite Conflict and Inflation* (New York: Cambridge University Press, 2008), 124~136.

52. 1987년부터 1988년까지의 중국 방문에 대한 알렉산더 V. 판초프의 회고.

53. 다음을 참조. *Pravda*, July 29, 1986.

54. 다음을 참조. Deng, *Selected Works of Deng Xiaoping*, vol. 3 *(1982~1992)*, 170~177.

55. A. S. Cherniaev et al., eds., *V Politburo TsK KPSS...Po zapisiam Anatoliia Cherniaeva, Vadinia Medvedeva, Georgiia Shakhnazarova (1985~1991)* (In the CC CPSU Politburo...from The Notes Taken by Anatolii Cherniaev, Vadim Medvedev, Georgii Shakhnazarov [1985~1991]) (Moscow: Alphina Biznes Buks, 2006), 152.

56. 다음을 참조. 위의 책, 216.

57. 다음을 참조. Deng Xiaoping, *Osnovnye voprosy sovremennogo Kitaia* (Fundamental Issues of Contemporary China) (Moscow: Politizdat, 1988).

58. 세부 사항은 다음을 참조. Huang, *Memoirs*, 493~518; Qian Qichen, *Ten Episodes in China's Diplomacy* (New York: HarperCollins, 2005), 1~28; V. P. Fedotov, *Polveka vmeste s Kitaem: Vospominaniia, zapisi, razmyshleniia* (A Half a Century Together with China: Reminiscences, Notes, Thoughts) (Moscow: ROSSPEN, 2005), 482~613; Wishnick, *Mending Fences*, 98~103, 107~115.

23. 톈안먼의 비극

1. Li Peng, "Guanjian shike—Li Peng riji" (The Crucial Moment—Li Peng's Diary), in Zhang Ganghua, *Li Peng liu si riji zhenxiang* (A True Nature of Li Peng's June 4th Diary) (Hong Kong: Aoya chuban youxian gongsi, 2010), 55~56; Zheng, *Hu Yaobang nianpu ziliao changbian* (Large Collection of Materials for a Chronological Biography of Hu Yaobang), vol. 2, 1216~1217; Andrew J. Nathan and Perry Link, eds., *The Tiananmen Papers*, compiled Zhang Liang (New York: PublicAffairs, 2002), 20~21; Lo Ping, "The Last Eight Days of Hu Yaobang," in Michel Oksenberg, Lawrence R. Sullivan, and Marc Lambert, eds., *Beijing Spring, 1989: Confrontation and Conflict: The Basic Documents* (Armonk, NY: Sharpe, 1990), 195~203; Pang Pang, *The Death of Hu Yaobang*, trans. Si Ren (Honolulu: Center for Chinese Studies, 1989),

9~49.

2. 다음에서 인용함. Karpov, *Ekonomicheskie reformy i politicheskaia bor'ba v KNR (1984~1989)* (Economic Reforms and Political Struggle in the PRC [1984~1989]), 168.

3. 다음을 참조. Li, "Guanjian shike—Li Peng riji" (The Crucial Moment—Li Peng's Diary), 59~62.

4. Nathan and Link, *The Tiananmen Papers*, 34.

5. 다음을 참조. Li, "Guanjian shike—Li Peng riji" (The Crucial Moment—Li Peng's Diary), 73, 77; Zhao, *Prisoner of the State*, 4; Nathan and Link, *The Tiananmen Papers*, 29~31; David Turnley, *Beijing Spring* (New York: Stewart, Tabori & Chang, 1989), 29~31, 38~44.

6. 다음에서 인용함. Yang Shangkun, "Yang Shangkun riji: Deng Xiaoping jujue kanwang linzhongde Hu Yaobang" (Yang Shangkun's Diaries: Deng Xiaoping Refused to Visit Dying Hu Yaobang), http://qzxy.blog.epochtimes.com/article/show?articleid=28779. 또한 다음도 참조. Li, "Yaobang qushi qiande tanhua" (Talks with [Hu] Yaobang Before His Death), 43, 44.

7. 다음에서 인용함. Zheng, *Hu Yaobang nianpu ziliao changbian* (Large Collection of Materials for a Chronological Biography of Hu Yaobang), vol. 2, 1220. 또한 다음도 참조. Li, "Guanjian shike—Li Peng riji" (The Crucial Moment—Li Peng's Diary), 71.

8. 다음을 참조. Zhao, *Prisoner of the State*, 5~6, 8~9, 50, 63~64.

9. 다음을 참조. 위의 책, 9~10; Nathan and Link, *The Tiananmen Papers*, 53~54, 57~60; Leng and Wang, *Deng Xiaoping nianpu: 1975~1997* (Chronological Biography of Deng Xiaoping: 1975~1997), vol. 2, 1272.

10. 다음에서 인용함. Leng and Wang, *Deng Xiaoping nianpu: 1975~1997* (Chronological Biography of Deng Xiaoping: 1975~1997), vol. 2, 1272~1274; Oksenberg, Sullivan, and Lambert, *Beijing Spring, 1989*, 203~206.

11. Nathan and Link, *The Tiananmen Papers*, 74; Zhao, *Prisoner of the State*, 11.

12. 다음을 참조. Bao, "Bao Tong zai xuechao he dongluan qijian yanxing de jiaodai': 1989 nian 9 yue 25 ri yu Qincheng jianyu" ("Explanations" of Bao Tong's Words and Actions During the Student Movement and Disturbances: September 25, 1989, the Qincheng Municipal Prison), 626.

13. 다음을 참조. Oksenberg, Sullivan, and Lambert, *Beijing Spring, 1989*, 206~208.

14. 다음에서 인용함. Zhao, *Prisoner of the State*, 13. 그러나 자오쯔양은 "이것이 정확하다고 제가 증명할 수 없다는 것은 인정합니다."라고 덧붙였다.

15. 다음을 참조. 위의 책, 16; Zhao Ziyang, "Make Further Efforts to Carry Forward the May 4th Spirit in the New Age of Construction and Reform," in Oksenberg, Sullivan, and Lambert, *Beijing Spring, 1989*, 249; Bao, "Bao Tong zai xuechao he dongluan qijian yanxing de 'jiaodai': 1989 nian 9 yue 25 ri yu Qincheng jianyu" ("Explanations" of Bao Tong's Words and Actions during the Student Movement and Disturbances: September 25, 1989, the Qincheng Municipal Prison), 624~625.

16. 다음을 참조. Zhao, "Make Further Efforts to Carry Forward the May 4th Spirit in the New Age of Construction and Reform," 248.

17. Nathan and Link, *The Tiananmen Papers*, 115. 이 연설문도 바오퉁이 작성했으나, 자오쯔양이 그에게 구두로 모든 주요 아이디어를 만들어 주었다. 바오퉁에 따르면, 자오쯔양 스스로가 자신의 견해를 상무위원회의 "집단 결정"과 대조시켰다. 다음을 참조. Bao, "Bao Tong zai xuechao he dongluan qijian yanxing de 'jiaodai': 1989 nian 9 yue 25 ri yu Qincheng jianyu" ("Explanations" of Bao Tong's Words and Actions During the Student Movement and Disturbances: September 25, 1989, the Qincheng Municipal Prison), 625.

18. 위의 책, 143.

19. 위의 책, 147~149.

20. 2013년 2월 베이징에서 존 가노(John Garnaut)가 후챠오무의 아들 후스잉(Hu Shiying)과 가진 인터뷰.

21. 다음을 참조. 위의 책, 19~22.

22. Nathan and Link, *The Tiananmen Papers*, 154. 또한 다음도 참조. Philip J. Cunningham, *Tiananmen Moon: Inside the Chinese Student Uprising of 1989* (Lanham, MD: Rowman & Littlefield, 2009), 59~85.

23. Mikhail Gorbachev, *Memoirs* (New York: Vantage Press, 1996), 488~489; Deng, *Selected Works of Deng Xiaoping*, vol. 3 *(1982~1992)*, 284~287; Qian, *Ten Episodes in China's Diplomacy*, 29~30; Fedotov, *Polveka vmeste s Kitaem* (A Half a Century Together with China), 616~618.

24. 다음을 참조. Gorbachev, *Memoirs*, 490; Oksenberg, Sullivan, and Lambert, *Beijing Spring, 1989*, 261; Wu, *Zhongguo bashi niandai zhengzhi gaigede taiqian muhou* (On Stage and Backstage: China's Political Reform in the 1980s), 438, 621~623, 626. 당 지도부와 가까운 일부 사람들은 자오쯔양이 그랬던

이유가 리셉션에서 그가 과음을 했기 때문이었다고 후일 주장했다. 다음을 참조. 위의 책, 627.

25. Nathan and Link, *The Tiananmen Papers*, 181; Zhao, *Prisoner of the State*, irj.

26. Nathan and Link, *The Tiananmen Papers*, 188~189.

27. Zhao, *Prisoner of the State*, 29, 68~69. 양샹쿤은 자오쯔양의 사퇴가 학생들의 "소요"를 부채질할 것을 우려했다. 다음을 참조. Bao, "Bao xuechao he dongluan qijian yanxing de 'jiaodai' : 1989 nian 9 yue 25 ri yu Qincheng jianyu" ("Explanations" of Bao Tong's Words and Actions During the Student Movement and Disturbances: September 25, 1989, the Qincheng Municipal Prison), 627.

28. Nathan and Link, *The Tiananmen Papers*, 194.

29. Oksenberg, Sullivan, and Lambert, *Beijing Spring, 1989*, 288~290.

30. Nathan and Link, *The Tiananmen Papers*, 217~219.

31. 다음을 참조. Oksenberg, Sullivan, and Lambert, *Beijing Spring, 1989*, 309~316; Karpov, *Ekonomicheskie reformy i politicheskaia bor'ba v KNR (1984~1989)* (Economic Reforms and Political Struggle in the PRC [1984~1989]), 148.

32. Nathan and Link, *The Tiananmen Papers*, 238~239.

33. 위의 책, 309.

34. Deng, *Selected Works of Deng Xiaoping*, vol. 3 *(1982~1992)*, 292.

35. 다음을 참조. Karpov, *Ekonomicheskie reformy i politicheskaia bor'ba v KNR (1984-1989)* (Economic Reforms and Political Struggle in the PRC [1984~1989]), 148.

36. 다음을 참조. Nathan and Link, *The Tiananmen Papers*, 377~385, 421~422, 436~437; David J. Firestein, *Beijing Spring 1989: An Outsider's Inside Account* (Austin, TX: Banner Press, 1990), 147~156; Chen Yizi, *Chen Yizi huiyilu* (Memoirs of Chen Yizi) (Hong Kong: New Century, 2013), 626~628; Latin American Diplomat Eyewitness Account of June 3—4 Events in "Tiananmen Square," https://wikileaks.org/cable/1989/07/89BEIJING8828/html.

24. 은퇴한 가부장

1. 1989년 6월 4일과 5일, 알렉산더 V. 판초프의 중국 시민과의 인터뷰.

2. 다음을 참조. *Major Documents of the People's Republic of China*, 828~831; Nathan and Link, *The Tiananmen Papers*, 392~396, 398~416.

3. 다음을 참조. Nathan and Link, *The Tiananmen Papers*, 420~424.

4. 다음을 참조. Zhao, *Prisoner of the State*, 231~236.

5. Deng, *Selected Works of Deng Xiaoping*, vol. 3 *(1982~1992)*, 294~299.

6. 위의 책, 301, 303. 또한 다음도 참조. Leng and Wang, *Deng Xiaoping nianpu: 1975~1997* (Chronological Biography of Deng Xiaoping: 1975~1997), vol. 2, 1281~1282.

7. Zhao, *Prisoner of the State*, 41.

8. 위의 책, 42; Nathan and Link, *The Tiananmen Papers*, 438~441.

9. 판결문은 다음을 참조. Zhao, *Prisoner of the State*, 63~70.

10. 사망하기 몇 년 전, 자오쯔양은 테이프 녹음기에 자신의 회고를 구술로 남기기 시작했다. 그는 카세트를 빈 박스에 담아 손자들의 장난감 사이에 숨겼다. 전 총서기 자오쯔양이 사망한 후, 그의 가족들은 그 카세트를 홍콩으로 가져갔다. *Prisoner of the State: The Secret Diaries of Zhao Ziyang* 이라는 제목하에 홍콩, 타이베이, 뉴욕에서 동시에 출판된 그의 회고록은 센세이션을 일으켰다.

11. 다음을 참조. *Major Documents of the People's Republic of China*, 840~843.

12. 다음을 참조. Nathan and Link, *The Tiananmen Papers*, 432~436.

13. 다음을 참조. Leng and Wang, *Deng Xiaoping nianpu: 1975~1997* (Chronological Biography of Deng Xiaoping: 1975~1997), vol. 2, 1286.

14. Deng, *Selected Works of Deng Xiaoping*, vol. 3 (1982~1992), 307~308.

15. 다음을 참조. 위의 책, 312~313.

16. *Major Documents of the People's Republic of China*, 878.

17. *Yongyuande Xiaoping* (The Unforgettable Xiaoping), 15, 17.

18. 위의 책, 39.

19. 다음을 참조. 위의 책, 147, 177; Wu, *Deng Xiaoping yu Zhuo Lin* (Deng Xiaoping and Zhuo Lin), 153~155.

20. 다음을 참조. Deng, *Selected Works of Deng Xiaoping*, vol. 3 *(1982~1992)*, 314; Wu, *Deng Xiaoping yu Zhuo Lin* (Deng Xiaoping and Zhuo Lin), 152.

21. 다음을 참조. Wu, *Deng Xaoping yu Zhuo Lin* (Deng Xiaoping and Zhuo Lin), 198; *Yongyuande Xiaoping* (The Unforgettable Xiaoping), 12, 15, 159.

22. 다음에서 인용함. Wu, *Deng Xiaoping yu Zhuo Lin* (Deng Xiaoping and Zhuo Lin), 185.

23. 다음을 참조. *Yongyuande Xiaoping* (The Unforgettable Xiaoping), 13, 18, 179.

24. 다음을 참조. 위의 책, 159; Wu, *Deng Xiaoping yu Zhuo Lin* (Deng Xiaoping

and Zhuo Lin), 148~151.

25. Deng, *Selected Works of Deng Xiaoping*, vol. 3 *(1982~1992)*, 320~321.

26. 위의 책, 339; George Bush and Brent Scowcroft, *A World Transformed* (New York: Knopf, 1998), 176.

27. Deng, *Selected Works of Deng Xiaoping*, vol. 3 *(1982~1992)*, 457.

28. 다음을 참조. Zhao, *Prisoner of the State*, 109~110.

29. Deng, *Selected Works of Deng Xiaoping*, vol. 3 *(1982~1992)*, 353~355.

30. 위의 책, 356.

31. 다음을 참조. Gel'bras, *Ekonomika Kitaiskoi Narodnoi Respubliki* (Economy of the People's Republic of China), 161, 177~178, 187~189.

32. 톈안먼 광장 사건에 대한 세계의 반응에 관해서는, 예를 들어, 다음을 참조. Nathan and Link, *The Tiananmen Papers*, 416~418; Gorbachev, *Memoirs*, 492~493; Bush and Scowcroft, *A World Transformed*, 86~89, 97~99, 101, 106~111, 115, 128, 174.

33. Deng, *Selected Works of Deng Xiaoping*, vol. 3 *(1982~1992)*, 358~370.

34. 다음을 참조. Leng and Wang, *Deng Xiaoping nianpu: 1975~1997* (Chronological Biography of Deng Xiaoping: 1975~1997), vol. 2, 1341, 1345~1346.

35. 다음에서 인용함. 위의 책, 1355.

36. 다음을 참조. Jiang Zemin, *Izbrannoye* (Selected Works), vol. 1 (Beijing: Izdatel'stvo literatury na inostrannykh iazykakh, 2010), 247, 252~275.

37. 다음을 참조. Gel'bras, *Ekonomika Kitaiskoi Narodnoi Respubliki* (Economy of the People's Republic of China), 206, 230.

38. 다음을 참조. Leng and Wang, *Deng Xiaoping nianpu: 1975~1997* (Chronological Biography of Deng Xiaoping: 1975~1997), vol. 2, 1367~1371.

39. 다음을 참조. *Yongyuande Xiaoping* (The Unforgettable Xiaoping), 159; Gao Xiaolin, ed., *Zoujin Deng Xiaoping* (Together with Deng Xiaoping) (Beijing: Dangdai Zhongguo chubanshe, 2004), 197.

40. 예를 들어, 다음을 참조. Deng, *Selected Works of Deng Xiaoping*, vol. 3 *(1982~1992)*, 307.

41. 그의 소망에 따르면, 그의 몸만 화장되는 것이었다. 각막과 장기들은 전문의들에게 연구용으로 주어지기를 바랐다.

42. 다음을 참조. Leng and Wang, *Deng Xiaoping nianpu: 1975~1997* (Chronological Biography of Deng Xiaoping: 1975~1997), vol. 2, 1374~1375.

43. 쿼린은 덩샤오핑보다 12년 반, 거의 그와의 나이차만큼의 햇수를 더 산다. 주어린은 2009년 7월 29일, 오랜 지병 끝에 숨졌다.

에필로그

1. 고르바초프와의 회견 이후, 덩은 자신의 통역에게 이렇게 말했다. "고르바초프가 매우 똑똑해 보일지 모르지만, 사실은 아주 멍청해요." [Zhang Weiwei], "Fangyiyuan huiyi Deng Xiaoping: Qiangdiao renhe shiqing dou yao qin zi shijian" (Interpreter Remembers Deng Xiaoping: One Must Definitely Go from Practice in All Things), news.qq.com/2/20140818/009294.htm. 다음도 참조. Vogel, *Deng Xiaoping and the Transformation of China*, 423.

2. 다음을 참조. Gel'bras, *Ekonomika Kitaiskoi Narodnoi Respubliki* (Economy of the People's Republic of China), 288.

3. 다음을 참조. M. S. Gorbachev, *Zhizn' i reformy* (Life and Reforms), vol. 2 (Moscow: Novosti, 1995), 334; Barry Naughton, *Growing out of the Plan: Chinese Economic Reform, 1978-1993* (Cambridge: Cambridge University Press, 1995), 261; M. L. Titarenko, ed., *40 let KNR* (Forty Years of the PRC) (Moscow: Nauka, 1989), 531~532.

4. Jiang, *Izbrannoye* (Selected Works), vol. 1, 727.

5. Deng, *Selected Works of Deng Xiaoping, vol. 2 (1975~1982)*, 349; *vol. 3 (1982~1992)*, 175.

참고문헌

1차 자료

1. 기록보관소에 있는 자료

Russian State Archive of Social and Political History (RGASPI in Russian Abbreviation)

Collection 17. Inventory 2. Plenums of the Central Committee of the Russian Communist Party (Bolsheviks) and the All-Union Communist Party (Bolsheviks). 1918~1941.

Collection 17. Inventory 3. Minutes of Sessions of the Politburo of the Central Committee of the Russian Communist Party (Bolsheviks) and the All-Union Communist Party (Bolsheviks).

Collection 17. Inventory 162. Special Papers of the Politburo of the Central Committee of the Russian Communist Party (Bolsheviks) and the All-Union Communist Party (Bolsheviks).

Collection 146. Inventory 2. File 3. The Diary of Georgii Dimitrov (Mar. 9, 1933~Feb. 6, 1949).

Collection 495. Inventory 65 . Personal Files of Employees of the Executive Committee of the Communist International Apparatus.

Collection 495. Inventory 225. File 71. Dossier to the Personal File of Mao Zedong. 5 vols.

Collection 495. Inventory 225. File 71. Personal File of Mao Zedong. 10 vols.

Collection 495. Inventory 225. File 428. Personal file of Jin Weiying (Liza). [덩샤오핑의 두 번째 부인.]

Collection 495. Inventory 225. File 1629. Personal File of Deng Xixian (Dozorov). [덩샤오핑]

Collection 495. Inventory 225. File 1669. Personal File of Dogadova. [덩샤오핑의 첫 번째 부인.]

Collection 495. Inventory 225. File 2574. Personal File of Deng Xixian. [덩샤오핑]

Collection 495. Inventory 225. Personal Files of 3,323 Members of the Chinese Communist Party and the Guomindang.

Collection 505. International Control Commission of the Communist International.

Collection 514. Central Committee of the Chinese Communist Party.

Collection 514. Inventory 3. Collection of Mao Zedong's Documents of 1923–1940.

Collection 530. Communist University of the Toilers of China.

Collection 531. International Lenin School.

Collection 532. Communist University of the Toilers of the East and the Research Institute of National and Colonial Problems.

Collection 558. Joseph Vissarionovich Stalin. Collection of unsorted documents.

Archive on the Foreign Policy of the Russian Federation (AVP RF in Russian Abbreviation)

Collection 0100. Inventory 46. File 12. Folder 362. The Diary of Soviet Ambassador to China Vasily Vasilevich Kuznetsov. Miscellaneous papers.

Collection 0100. Inventory 46. File 374. Folder 121. Zhou Enlai Speech at the All-China Financial-Economic Conference.

Former Archive of the Central Committee of the Socialist Unity Party of Germany.

Stenographic Record of the Meeting Between a Delegation of the Communist Party of the Soviet Union and the Communist Party of China, July 5~20, 1963. Moscow. [2 parts.]

Bureau of Investigation of the Ministry of Legislation on Taiwan
Miscellaneous papers on Chinese Communist movement.

· 개인 소유 기록보관소에 있는 자료
Archives of Alexander V. Pantsov. Miscellaneous papers.
Archives of Igor Vasilievich Yurchenko (Yuzhin), Stalin's Emissary at Mao's
    Headquarters in Yan'an, 1941~1943. Miscellaneous papers.

2. 출판된 문서

Acheson, Dean. "Letter of Transmittal." In *United States Relations with China:*
    With Special Reference to the Period 1944~1949. New York: Greenwood
    Press, 1968, iii–xvii.

Aimermakher, K., ed. *Doklad N. S. Khrushcheva o kul'te lichnosti Stalina na*
    XX s"ezde KPSS: Dokumenty (N. S. Khrushchev's Report on Stalin's Cult of
    Personality at the 20th CPSU Congress: Documents). Moscow: ROSSPEN,
    2002.

" 'All Under the Heaven Is Great Chaos': Beijing, the Sino–Soviet Clashes, and
    the Turn to Sino–American Rapprochement, 1968~1969." *CWIHP Bulletin,*
    no. 11 (March 1998): 155~175.

Angle, Stephen C., and Marina Svensson, eds. *The Chinese Human Rights*
    Reader: Documents and Commentary, 1990~2000. Armonk, NY: Sharpe,
    2001.

Bao Tong. "Bao Tong zai xuechao he dongluan qijian yanxing de 'jiaodai': 1989
    nian 9 yue 25 ri yu Qincheng jianyu" ("Explanations" of Bao Tong's Words
    and Actions During the Student Movement and Disturbances: September
    25, 1989, the Qincheng Municipal Prison). In Wu Wei, *Zhongguo bashi*
    niandai zhengzhi gaigede taiqian muhou (On Stage and Backstage:
    China's Political Reform in the 1980s). Hong Kong: Xin shiji chubanshe,
    2013, 624~630.

Baqi huiyi (August 7 Conference). Beijing: Zhonggong dangshi ziliao
    chubanshe, 1986.

Baum, Richard, and Frederick C. Teiwes. *Ssu-Ch'ing: The Socialist Education*
    Movement of 1962~1966. Berkeley: University of California Press, 1968.

Benton, Gregor, and Alan Hunter, eds. *Wild Lily, Prairie Fire: China's Road to Democracy: From Yan'an to Tian'anmen, 1942~1989*. Princeton, NJ: Princeton University Press, 1995.

Boni, L. D., ed. *Ekonomicheskaia reforma v KNR: Preobrazovaniia v derevne: 1978~1988: Dokumenty* (Economic Reform in the PRC: Reform in Villages: 1978~1988: Documents). Moscow: Nauka, 1993.

Borisov, O. [Rakhmanin O. B.], and M. Titarenko, eds. *Vystupleniia Mao Tszeduna, ranee ne publikovavshiesia v kitaiskoi pechati* (Mao Zedong's Speeches Previously Unpublished in the Chinese Press.) 6 series. Moscow: Progress, 1975~1976.

[Bowie, Robert R., and John K. Fairbank, eds.] *Communist China, 1955~1959: Policy Documents with Analysis*. Cambridge, MA: Harvard University Press, 1962.

Bukharin, N. I. "Otvet na zapisku V. I. Lenina" (Reply to V. I. Lenin's Note). In L. B. Kamenev, ed. *Leninskii sbornik* (Lenin's Collection). Vol. 4. Moscow: Gosizdat, 1925, 384~385.

Bukharin, N. I. *Selected Writings on the State and the Transition to Socialism*. Translated, edited, and introduced by Richard B. Day. Armonk, NY: Sharpe, 1982.

Burr, William, ed. *The Kissinger Transcripts: The Top Secret Talks with Beijing and Moscow*. New York: New Press, 1998.

Carter, Jimmy. *White House Diary*. New York: Farrar, Straus and Giroux, 2010.

The Case of Peng Dehuai: 1959~1968. Hong Kong: Union Research Institute, 1968.

CCP Documents of the Great Proletarian Cultural Revolution, 1966~1976. Hong Kong: Union Research Institute, 1968.

Chen Jian. "Deng Xiaoping, Mao's 'Continuous Revolution,' and the Path Towards the Sino-Soviet Split: A Rejoinder." *CWIHP Bulletin*, no. 10 (March 1998): 162~164.

Chen Yun. *Chen Yun wenxuan: 1926~1949* (Selected Works of Chen Yun: 1926~1949). Beijing: Renmin chubanshe, 1984.

Chen Yun. *Chen Yun wenxuan: 1949~1956* (Selected Works of Chen Yun: 1949~1956). Beijing: Renmin chubanshe, 1984.

Chen Yun. *Chen Yun wenxuan: 1956~1985* (Selected Works of Chen Yun: 1956~1985). Beijing: Renmin chubanshe, 1986.

Cherniaev, A. S., et al., eds. *V Politburo TsK KPSS ... Po zapisiam Anatoliia Cherniaeva, Vadima Medvedeva, Georgiia Shakhnazarova (1985~1991)* (In the CC CPSU Politburo ··· from the Notes Taken by Anatolii Cherniaev, Vadim Medvedev, Georgii Shakhnazarov). Moscow: Alphina Biznes Buks, 2006.

Chi Hsin. *The Case of Gang of Four: With First Translation of Teng Hsiao-ping's "Three Poisonous Weeds."* Hong Kong: Cosmos Books, 1977.

Chinese War Crimes in Vietnam. Hanoi: Vietnam Courier, 1979.

Chou En-lai. "Report on the Proposals for the Second Five-Year Plan for Development of the National Economy." In *Eighth National Congress of the Communist Party of China.* Vol. 1: *Documents.* Peking: Foreign Languages Press, 1956, 261~328.

Deng Xiaoping. "Deng Xiaoping gei Mao zhuxide xin (1972 nian 8 yue 3 ri)" (Deng Xiaoping's Letter to Chairman Mao [August 3, 1972]), http://www.sinovision.net/blog/index/php?act=details&id=12850&bcode=xinwu.

Deng Xiaoping. "Deng Xiaoping qicaode 'Qi jun gongzuo baogao'" (Report on the Work of the 7th Corps Written by Deng Xiaoping). In Deng Xiaoping. *Deng Xiaoping zishu* (Autobiographical Notes of Deng Xiaoping). Beijing: Jiefangjun chubanshe, 2004, 45~74.

Deng Xiaoping. *Deng Xiaoping shouji xuan* (Selected Manuscripts of Deng Xiaoping). 4 vols. Beijing: Zhongguo dang'an chubanshe/Daxiang chubanshe, 2004.

Deng Xiaoping. *Deng Xiaoping wenxuan* (Selected Works of Deng Xiaoping). 3 vols. Beijing: Renmin chubanshe, 1994.

Deng Xiaoping. *Deng Xiaoping xinan gongzuo wenji* (Works of Deng Xiaoping on His Work in the Southwest). Beijing/Chongqing: Zhongyang wenxian chubanshe/Chongqing chubanshe, 2006.

Deng Xiaoping. "Deng Xiaoping's Talks with the Soviet Ambassador and Leadership, 1957~1963." *CWIHP Bulletin*, no. 10 (March 1998): 165~182.

Deng Xiaoping. *Osnovnye voprosy sovremennogo Kitaia* (Fundamental Issues of Contemporary China). Moscow: Politizdat, 1988.

Deng Xiaoping. "Report on the Rectification Campaign, 1955~1959." In [Bowie, Robert R., and John K. Fairbank, eds.] *Communist China, 1955~1959: Policy Documents with Analysis.* Cambridge, MA: Harvard University

Press, 1962, 341~363.

Deng Xiaoping. *Selected Works of Deng Xiaoping (1938~1965)* Beijing: Foreign Languages Press, 1992.

Deng Xiaoping. *Selected Works of Deng Xiaoping.* Vol. 2 *(1975~1982).* Beijing: Foreign Languages Press, 1995.

Deng Xiaoping. *Selected Works of Deng Xiaoping.* Vol. 3 *(1982~1992).* Beijing: Foreign Languages Press, 1994.

Deng Xiaoping. *Speech by Chairman of Delegation of the People's Republic of China, Teng Hsiao-p' ing, at the Special Session of the U.N. General Assembly.* Beijing: Foreign Languages Press, 1974.

Deng Xiaoping. "Velikoe splochenie kitaiskogo naroda i velikoe splochenie narodovmira" (The Great Unity of the Chinese People and the Great Unity of the Peoples of the World). *Pravda (Truth),* Oct. 1, 1959.

IX Vsekitaiskii s"ezd Kommunisticheskoi partii Kitaia (dokumenty) (Ninth Congress of the Communist Party of China [Documents]). Beijing: Izdatel'stvo literatury na inostrannykh iazykakh, 1969.

Documents of the First Session of the Fifth National People's Congress of the People's Republic of China. Beijing: Foreign Languages Press, 1978.

Documents of the National Conference of the Communist Party of China: March 1955. Peking: Foreign Languages Press, 1955.

Documents of the Thirteenth National Congress of the Communist Party of China(October 25~November 1, 1987). Peking: Foreign Languages Press, 1987.

"Doklad delegatsii iz Guansi na I Vsekitaiskoi konferentsii predstavitelei Sovetskikh raionov: Mai 1930 g." (Report of the Guangxi Delegation at the First All-China Conference of the Soviet Areas' Representatives: May 1930). In Pavel Mif, ed. *Sovety v Kitae: Sbornik dokumentov i materialov* (Soviets in China: A Collection of Documents and Materials). Moscow: Partizdat TsK VKP(b), 1934, 195~200.

Dokumenty soveshchaniia predstavitelei kommunisticheskikh i rabochikh partii, sostoiavshikhsia v Moskve v noiabre 1957 goda (Documents from the Meetings of Representatives of Communist and Workers' Parties that Took Place in Moscow in November 1957). Moscow: Gospolitizdat, 1957.

Dokumenty VIII Plenuma Tsentral'nogo Komiteta Kommunisticheskoi partii

Kitaia vos'mogo sozyva (Documents of the Eighth Plenum of the Eighth Central Committee of the Communist Party of China). Beijing: Izdatel'stvo literatury na inostrannykh iazykakh, 1959.

Dvenadtsatyi Vsekitaiskii s"ezd Kommunisticheskoi partii Kitaia (dokumenty) (Twelfth National Congress of the Communist Party of China [Documents]). Beijing: Foreign Languages Press, 1982.

XXII s"ezd Kommunisticheskoi partii SovetskogoSoiuza: 17~31 oktiabria 1961: Stenograficheskii otchet (Twenty-second Congress of the Communist Party of the Soviet Union: October 17~31, 1961: Stenographic Record). 3 vols. Moscow: Gospolitizdat, 1962.

Eighth National Congress of the Communist Party of China. 2 vols. Peking: Foreign Languages Press, 1956.

The Eleventh National Congress of the Communist Party of China: Documents. Beijing: Foreign Languages Press, 1977.

"The Emerging Disputes Between Beijing and Moscow: Ten Newly Available Chinese Documents, 1956~1958." *CWIHP Bulletin,* nos. 6~7 (1995~1996): 148~163.

"Excerpt from the Communiqué of the Fourth Plenum (February 18, 1954)." In Frederick C. Teiwes. *Politics at Mao's Court: Gao Gang and Party Factionalism.* Armonk, NY: Sharpe, 1990, 236~237.

Fang Lizhi. *Bringing Down the Great Wall: Writings on Science, Culture, and Democracy in China.* Translated by James H. Williams and others. New York: Knopf, 1991.

Feng Yuxiang. *Wo de shenghuo* (My Life). Harbin: Heilongjiang renmin chubanshe, 1984.

Feng Yuxiang. *Feng Yuxian riji* (Diary of Feng Yuxiang). 2 vols. Nanjing: Jiangsu guji chubanshe, 1992.

Fifth Session of the Fifth National Congress (Main Documents). Beijing: Foreign Languages Press, 1982.

Fu Fa qingong jianxue yundong shiliao (Materials on the History of the Diligent Work, Frugal Study Movement in France). 3 vols. Beijing: Beijing chubanshe, 1981.

Fursenko, A. A., ed. *Prezidium TsK KPSS: 1954~1964* (Presidium of the CC CPSU: 1954~1964). Vol. 1. *Chernovye protokol'nye zapisi zasedanii, stenogramy, post-anovleniia* (Draft Protocol Minutes of the Sessions, Stenographic Records, and Resolutions). Moscow: ROSSPEN, 2003.

Fursenko, A. A., ed. *Prezidium TsK KPSS: 1954~1964* (Presidium of the CC of the CPSU: 1954~1964). Vol. 2. *Postanovleniia 1954~1958* (Resolutions of 1954~1958). Moscow: ROSSPEN, 2006.

Fursenko, A A., ed. *Prezidium TsK KPSS: 1954~1964* (Presidium of the CC of the CPSU: 1954~1964). Vol. 3. *Postanovleniia 1959~1964* (Resolutions of 1959~1964). Moscow: ROSSPEN, 2008.

Gao Gang. *Izbrannoe* (Selections). Moscow: IDV AN SSSR, 1989.

Gao Yi, ed. *Fengbei—Deng Xiaoping guju chenleguan* (A Monument to Deng Xiaoping). Chengdu: Sichuan chubanshe, 2004.

Geroi ostrova Damanskii (Heroes of Damansky Island). Moscow: "Molodaia gvardiia," 1969.

Gongchan xiaozu (Communist Cells). 2 vols. Beijing: Zhonggong dangshi ziliao chubanshe, 1987.

Gongheguo zouguode lu—jianguo yilai zhongyao wenxian zhuanti xuanji (1949~1952 nian) (The Path the Republic Has Taken—Thematic Collection of Selected Important Documents from the Time of the Founding of the PRC [1949~1952]). Beijing: Zhongyang wenxian chubanshe, 1991.

The Great Cultural Revolution in China. Rutland, VT: Tuttle, 1968.

Great Historic Victory: In Warm Celebration of Chairman Hua Kuo-feng's Becoming Leader of the Communist Party of China, and of the Crushing of the Wang-Chang-Chiang-Yao Anti-Party Clique. Beijing: Foreign Languages Press, 1976.

The Great Socialist Cultural Revolution in China. 1~6. Peking: Foreign Languages Press, 1966.

A Great Trial in Chinese History: The Trial of the Lin Biao and Jiang Qing Counter-Revolutionary Cliques, Nov. 1980~Jan. 1981. Oxford: Pergamon Press, 1981.

Han Minzhu, ed. *Cries for Democracy: Writings and Speeches from the 1989 Chinese Democracy Movement*. Princeton, NJ: Princeton University Press, 1990.

Ho Chi Minh. "The Last Testament of Ho Chi Minh." *Antioch Review*. Vol. 29, no. 4(1969~1970): 497~499.

Hsiao Tso-liang. *Power Relations Within the Chinese Communist Movement, 1930-1934.* Vol. 2. Seattle: University of Washington Press, 1967.

Huang Jinping, and Zhang Li. *Deng Xiaoping zai Shanghai* (Deng Xiaoping in Shanghai). Shanghai: Shanghai renmin chubanshe, 2004.

"An Interview with Teng Hsiao-p'ing: Calling for Stronger U.S.-China Ties and a United Front Against Moscow." *Time,* vol. 113, no. 6 (Feb. 5, 1979): 32~35.

Jiang Zemin, Izbrannoye (Selected Works), vol. 1. Beijing: Izdatel'stvo literatury na inostrannykh iazykakh, 2010.

Jinggangshan geming genjudi shiliao xuanbian (Collection of Selected Materials on the Revolutionary Base Area in the Jinggang Mountains). Nanchang: Jiangxi renmin chubanshe, 1986.

Kaizhan dui "Shuihu" de pinglun (Develop Criticism of [the Novel] *Water Margin*). Xi'an: [n.p.], 1975.

Kau, Michael Y. M., ed. *The Lin Piao Affair: Power Politics and Military Coup.* White Plains, NY: International Arts and Sciences Press, 1975.

Khrushchev, N. S. *Report of the Central Committee of the Communist Party of the Soviet Union to the 20th Party Congress,* February 14, 1956. Moscow: Foreign Languages Publishing House, 1956.

Khrushchev, N. S. *Speech of Nikita Khrushchev Before a Closed Session of the XXth Congress of the Communist Party of the Soviet Union on February 25, 1956.* Washington, DC: U.S. Government Printing Office, 1957.

"Khrushchev's Nuclear Promise to Beijing During the 1958 Crisis." *CWIHP Bulletin,* nos. 6~7 (1995~1996): 219, 226~227.

Kovalev, I. V. "Zapiska I. V. Kovaleva ot 24 dekabria 1949 g." (I. V. Kovalev's Note of December 24, 1949). *Novaia i noveishaia istoriia (Modern and Contemporary History),* no. 1 (1998): 132~139.

Kramer, Mark. "New Evidence on Soviet Decision-Making and the 1956 Polish and Hungarian Crisis." *CWIHP Bulletin,* nos. 8~9 (1996~1997): 358~384.

Kramer, Mark. "The USSR Foreign Ministry's Appraisal of Sino-Soviet Relations on the Eve of the Split, September 1959." *CWIHP Bulletin,* nos. 6-7 (1995~1996): 170~185.

Kurdiukov, I. F., et al., eds. *Sovetsko-kitaiskie otnosheniia, 1917~1957: Sbornik dokumentov* (Soviet-Chinese Relations, 1917~1957: A Documentary Collection). Moscow: Izd-vo vostochnoi literatury, 1959.

LaFantasie, Glenn W., ed. *Foreign Relations of the United States: 1958~1960.* Vol. 19: *China.* Washington, DC: U.S. Government Printing Office, 1996.

Laird, Thomas. *The Story of Tibet: Conversations with the Dalai Lama.* New York: Grove Press, 2006.

Laoyibei gemingjia shuxin xuan (Selected Letters of the Old Generation Revolutionaries). Changsha: Hunan renmin chubanshe, 1984.

Latin American Diplomat Eyewitness Account of June 3~4 Events in "Tiananmen Square." https://wikileaks.orgcable/1989/07/89BEIJING8828/html.

"Le Duan and the Break with China." *CWIHP Bulletin*, nos. 12~13 (Fall-Winter 2001), 273~288.

Lenin, V. I. *Collected Works.* 45 vols. Moscow: Progress Publishers, 1972.

Lenin, V. I. *Polnoe sobranie sochinenii* (Complete Collected Works). 55 vols. Moscow: Politizdat, 1963~1978.

Levine, Marilyn A., and Chen San-ching. *The Guomindang in Europe: A Sourcebook of Documents.* Berkeley: University of California Press, 2000.

Li Fu-ch'un. "Report on the First Five-Year Plan, 1953~1957, July 5~6, 1955." In [Robert R. Bowie and John K. Fairbank, eds.] *Communist China, 1955~1959: Policy Documents with Analysis.* Cambridge, MA: Harvard University Press, 1962, 43~91.

Li Songchen, ed. *Gaige dang'an (1976~1999)* (Archive of Reform [1976~1999]). 2 vols. Beijing: Dangdai Zhongguo chubanshe, 2000.

Li Xiannian. *Li Xiannian wenxuan: 1935~1988* (Selected Works of Li Xiannian). Beijing: Renmin chubanshe, 1989.

Lih, Lars T., et al., eds. *Stalin's Letters to Molotov, 1925~1936.* Translated by Catherine A. Fitzpatrick. New Haven: Yale University Press, 1995.

Liu da yilai: Dangnei mimi wenxian (After the Sixth Congress: Secret Intra-party Documents). 2 vols. Beijing: Renmin chubanshe, 1989.

Liu Shao-chi. *On the Party.* Peking: Foreign Languages Press, 1950.

Liu Shaoqi. "Guanyu xinminzhuyi de jianshe wenti" (On the Question of New Democratic Construction). In *Gongheguo zouguode lu—jianguo yilai zhongyao wenx-ian zhuanti xuanji (1949~1952 nian)* (The Path the Republic Has Taken—Thematic Collection of Selected Important Documents from the Time of the Founding of the PRC [1949~1952]). Beijing: Zhongyang wenxian chubanshe, 1991, 17~26.

Liu Shaoqi. *Liu Shaoqi xuanji* (Selected Works of Liu Shaoqi). 2 vols. Beijing: Renmin chubanshe, 1985.

Liu Shaoqi. *Selected Works of Liu Shaoqi*. 2 vols. Beijing: Foreign Languages Press, 1984.

Lu Keng. *Hu Yaobang fangwen ji* (Interview with Hu Yaobang). New York: Niuyue huayu jigou, 1985.

MacFarquhar, Roderick, ed. *The Secret Speeches of Chairman Mao: From the Hundred Flowers to the Great Leap Forward*. Cambridge, MA: Council on East Asian Studies/Harvard University, 1989.

Major Documents of the People's Republic of China: Selected Important Documents Since the Third Plenary Session of the Eleventh Central Committee of the Communist Party of China, December 1978-November 1989. Beijing: Foreign Languages Press, 1991.

Mao Zedong. *Jianguo yilai Mao Zedong wengao* (Manuscripts of Mao Zedong from the Founding of the PRC). 13 vols. Beijing: Zhongyang wenxian chubanshe, 1987~1998.

Mao Zedong. "Mao Tszedun o kitaiskoi politike Kominterna i Stalina" (Mao Zedong on the China Policy of the Comintern and of Stalin). *Problemy Dal'nego Vostoka (Far Eastern Affairs)*, no. 5 (1998): 101~110.

Mao Zedong. *Mao Zedong on Diplomacy*. Beijing: Foreign Languages Press, 1998.

Mao Zedong. *Mao Zedong shuxin xuanji* (Selected Letters of Mao Zedong). Beijing: Renmin chubanshe, 1983.

Mao Zedong. *Mao Zedong sixiang wansui* (Long Live Mao Zedong Thought). 2 vols. Beijing: S.N.I., 1967~1969.

Mao Zedong. *Mao Zedong wenji* (Works of Mao Zedong). 8 vols. Beijing: Renmin chubanshe, 1993~1999.

Mao Zedong. *Mao Zedong xuanji* (Selected Works of Mao Zedong). Vols. 1~5. Beijing: Renmin chubanshe, 1951~1977.

Mao Zedong. *Mao Zedong zai qidade baogao he jianghua ji* (Collection of Reports and Speeches of Mao Zedong at the 7th Congress). Beijing:

Zhangyang wenxian chubanshe, 2000.

Mao Zedong. *Miscellany of Mao Tse-tung Thought (1949~1968)*. 2 parts. Springfield, VA: Joint Publications Research Service, 1974.

Mao Zedong. *Oblaka v snegu. Stikhotvoreniia v perevodakh Aleksandra Pantsova* (Clouds in the Snow: Poems in [Russian] Translation by Alexander Pantsov). Moscow: "Veche," 2010.

Mao Zedong. "Qida gongzuo fangzhen" (Work Report at the Seventh Congress). *Hongqi* (*Red Flag*), no. 11 (1981): 1~7.

Mao Zedong. *Report from Xunwu*. Translated, with an introduction and notes by Roger R. Thomson. Stanford, CA: Stanford University Press, 1990.

Mao Zedong. *Selected Works of Mao Tse-tung*. 5 vols. Peking: Foreign Languages Press, 1967~1977.

Mao Zedong shenghuo dang'an (Archives of Mao Zedong's Life). 3 vols. Beijing: Zhonggong dangshi chubanshe, 1999.

Materialy 6-go plenuma Tsentral'nogo Komiteta Kommunisticheskoi partii Kitaia vos'mogo sozyva (Materials of the Sixth Plenum of the Eighth Central Committee of the Chinese Communist Party). Beijing: Izdatel'stvo literatury na inostran-nykh iazykakh, 1959.

Materialy VIII Vsekitaiskogo s"ezda Kommunisticheskoi partii Kitaia (Materials from the 8th Congress of the Communist Party of China). Moscow: Gospolitizdat, 1956.

"Memo, PRC Foreign Ministry to the USSR Embassy in Beijing, March 13, 1957." *CWIHP Bulletin*, nos. 6~7 (1995~1996): 159~160.

"Meeting Between Zhou Enlai and Kosygin at the Beijing Airport." http://www. fmprc.gov.cn/eng/56920%l.html.

Mif, Pavel, ed. *Sovety v Kitae: Materialy i dokumenty: Sbornik vtoroi* (Soviets in China: Materials and Documents. Collection Two). Moscow: Partizdat TSK VKP(b), 1935. Unpublished proofs.

Mif, Pavel, ed. *Sovety v Kitae: Sbornik materialov i dokumentov* (Soviets in China: Collection of Materials and Documents). Moscow: Partizdat, 1934.

Mif, Pavel, ed. *Strategiia i taktika Kominterna v natsional'no-kolonial'noi revoliutsii na primere Kitaia* (Strategy and Tactics of the Comintern in National and Colonial Revolution: The Case of China). Moscow: IWEIP Press, 1934.

"Minutes, Mao's Conversation with a Yugoslavian Communist Union Delegation, Beijing, [undated] September, 1956." *CWIHP Bulletin*, nos. 6~7 (1995~1996): 148~152.

Myers, James T., et al., eds. *Chinese Politics: Documents and Analysis*. 4 vols. Columbia: University of South Carolina Press, 1986.

Nathan, Andrew J., and Perry Link, eds. *The Tiananmen Papers*. Compiled by Zhang Liang. New York: PublicAffairs, 2002.

"A New 'Cult of Personality': Suslov's Secret Report on Mao, Khrushchev, and Sino-Soviet Tensions, December 1959." *CWIHP Bulletin*, nos. 8~9 (1996~1997): 244, 248.

Nickles, David P., and Adam M. Howard, eds. *Foreign Relations of the United States, 1977~1980*. Vol. 13: *China*. Washington, DC: U.S. Government Printing Office, 2013.

Nie Yuanzi, et al. "Song Shuo, Lu Ping, Peng Peiyuan zai wenhua gemingzhong jiujing gan shenma" (What Are Song Shuo, Lu Ping, and Peng Peiyuan Really Doing with Respect to the Cultural Revolution). *Renmin ribao* (*People's Daily*), June 2, 1966.

The Ninth National Congress of the Communist Party of China (Documents). Peking: Foreign Languages Press, 1969.

Obrazovanie Kitaiskoi Narodnoi Respubliki: Dokumenty i materialy (Establishment of the Chinese People's Republic: Documents and Materials). Moscow: Gospolitizdat, 1950.

Ogden, Suzanne, et al., eds. *China's Search for Democracy: The Student and the Mass Movement of 1989*. Armonk, NY: Sharpe, 1992.

Oksenberg, Michel, Lawrence R. Sullivan, and Marc Lambert, eds. *Beijing Spring, 1989: Confrontation and Conflict: The Basic Documents*. Armonk, NY: Sharpe, 1990.

Ostermann, Christian F. "East German Documents on the Border Conflict, 1969." *CWIHP Bulletin*, nos. 6~7 (1995~1996): 186~193.

Otkrytoe pis'mo Tsentral'nogo Komiteta Kommunisticheskoi partii Sovetskogo Soiuza partiinym organizatsiiam, vsem kommunistam Sovetskogo Soiuza (Open Letter of the Central Committee of the Communist Party of the Soviet Union to all Party Organizations and Communists in the Soviet Union). Moscow: Gospolitizdat, 1963.

Peng Dehuai. "Comrade Peng Dehuai's Letter to Chairman Mao (July 14, 1959)." In Peng Dehuai. *Memoirs of a Chinese Marshal: The Autobiographical Notes of Peng Dehuai (1898~1974).* Translated by Zheng Longpu. Beijing: Foreign Languages Press, 1984, 510~520.

The Polemic on the General Line of the International Communist Movement. Peking: Foreign Languages Press, 1965.

Polemika o general'noi linii mezhdunarodnogo kommunisticheskogo dvizheniia (Polemic on the General Line of the International Communist Movement). Beijing: Izdatel'stvo literatury na inostrannykh iazykakh, 1965.

Politburo TSK VKP(b) i Sovet ministrov SSSR 1945~1953 (The Politburo of the CC of the AUCP[b] and the USSR Council of Ministers 1945~1953). Moscow: ROSSPEN, 2002.

The Question of Tibet and the Rule of Law. Geneva: International Commission of Jurists, 1959.

"Record of Conversation, Mao Zedong and Soviet Ambassador to Beijing Pavel Yudin, July 22, 1958." In O. Arne Westad, ed., *Brothers in Arms: The Rise and Fall of the Sino-Soviet Alliance, 1945~1963.* Stanford, CA: Stanford University Press, 1998, 347~356.

Resolution on CPC History (1949~1981). Beijing: Foreign Languages Press, 1981.

Saich, Tony, ed. *The Rise to Power of the Chinese Communist Party: Documents and Analysis.* Armonk, NY: Sharpe, 1996.

Sanfan wufan yundong wenjian huibian (Collection of Documents from the Three Anti and Five Anti Movements). Beijing: Renmin chubanshe, 1953.

San zhongquanhui yilai—zhongyang wenxian xuanbian (Collection of Selected Key Documents Since the Third Plenum). 2 vols. Beijing: Renmin chubanshe, 1982.

Schell, Orville. *Mandate of Heaven: A New Generation of Entrepreneurs, Dissidents, Bohemians, and Technocrats Lays Claim to China's Future.* New York: Simon & Schuster, 1994.

Schell, Orville, and David Shambaugh, eds. *The China Reader: The Reform Era.* New York: Vintage Books, 1999.

Schoenhals, Michael, ed. *China's Cultural Revolution, 1966~1969: Not a*

Dinner Party. Armonk, NY: Sharpe, 1996.

Schram, Stuart, ed. *Chairman Mao Talks to the People: Talks and Letters, 1956~1971.* New York: Pantheon Books, 1974.

Schram, Stuart R., ed. *Mao's Road to Power: Revolutionary Writings, 1912~1949.* 7 vols. Armonk, NY: Sharpe, 1992~2005.

Seymour, James D., ed. *The Fifth Modernization: China's Human Rights Movement, 1978~1979.* Stanfordville, NY: Human Rights, 1980.

Shi Ch'eng-chih. *People's Resistance in Mainland China.* Hong Kong: Union Research Institute, 1956.

Shiyi jie san zhongquanhui yilai zhongyao wenxian xuandu (A Reader of Important Documents Since the Third Plenum of the Eleventh Central Committee). 2 vols. Beijing: Renmin chubanshe, 1987.

Siao Lo (Xiao Luo). "Sovetskaia vlast' v Lunzhou (provintsiia Guansi)" (Soviet Power in Longzhou [Guangxi Province]). In Pavel Mif, ed. *Sovety v Kitae: Sbornik doku-mentov i materialov* (Soviets in China: A Collection of Documents and Materials). Moscow: Partizdat TsK VKP(b), 1934, 192~195.

The Sino-Soviet Dispute. New York: Scribner, 1969.

Sladkovskii, M. I., ed. *Dokumenty po istorii Kommunisticheskoi partii Kitaia 1920~1949 (v chetyrekh tomakh)* (Documents on the History of the Communist Party of China, 1920~1949. 4 vols.). Moscow: IDV AN SSSR, 1981.

Sladkovskii, M. I., ed. *Informatsionnyi biulleten': Seriia A: "Kulturnaia revoliutsiia" v Kitae: Dokumenty i materialy (perevod s kitaiskogo)* (Information Bulletin. Series A: The "Cultural Revolution" in China. Documents and Materials [Translated from Chinese]). 12 installments. Moscow: IDV AN SSSR, 1968~1972.

Stalin, J. V. *Sochineniia (Works).* Vol. 18. Tver': Informatsionno-izdatel'skii tsentr "Soiuz," 2006.

Stalin, J. V. *Works.* 13 vols. Moscow: Foreign Languages Publishing House, 1954.

"Stalin's Conversations with Chinese Leaders: Talks with Mao Zedong, 1949~January 1950, and with Zhou Enlai, August~September 1952." *CWIHP Bulletin,* nos. 6~7 (1995~1996): 5~19.

Stenograficheskii otchet XX s"ezda KPSS (Stenographic Record of the Twentieth Congress of the CPSU). 2 vols. Moscow: Gospolitizdat, 1956.

Stenograficheskii otchet XXI s"ezda Kommunisticheskoi partii Sovetskogo Soiuza (Stenographic Record of the Twenty-first Congress of the Communist Party of the Soviet Union). 2 vols. Moscow: Gospolitizdat, 1959.

Sudarikov, N. G., ed. *Konstitutsiia i osnovnye zakonodatel'nye akty Kitaiskoi Narodnoi Respubliki* (The Constitution and Founding Legislative Acts of the People's Republic of China). Moscow: Izdatel'stvo inostrannoi literatury, 1955.

Sun Yat-sen. *Izbrannye proizvedeniia* (Selected Works), 2nd ed., revised and expanded. Moscow: Nauka, 1985.

Sun Yat-sen. *Zhongshan quanji* (Complete works of [Sun] Yatsen). 2 vols. Shanghai: Lianyou tushuguan yinshu gongsi, 1931.

The Tenth National Congress of the Communist Party of China (Documents). Peking: Foreign Languages Press, 1973.

Tikhvinsky, S. L., ed. *Rossiisko-kitaiskiie otnosheniia v XX veke* (Russo-Chinese Relations in the 20th Century). Vol. 5. 2 books. Moscow: Pamiatniki istoricheskoi mysli, 2005.

Titarenko, M. L., ed. *Kommunisticheskii Internatsional i kitaiskaia revoliutsiia: Dokumenty i materialy* (The Communist International and the Chinese Revolution: Documents and Materials). Moscow: Nauka, 1986.

Titarenko, M. L., et al., eds., *VKP (b), Komintern i Kitai: Dokumenty* (The AUCP[b], the Comintern, and China: Documents). 5 vols. Moscow: AO "Buklet," 1994~2007.

Unger, Jonathan, ed. *The Pro-Democracy Protests in China: Reports from the Provinces.* Armonk, NY: Sharpe, 1991.

United States Relations with China: With Special Reference to the Period 1944~1949. New York: Greenwood Press, 1968.

"V universitete trudiashchikhsia Sun Yat-sena" (In Sun Yat-sen University of Toilers). *Pravda (Truth).* March 11, 1926.

Vazhneishie dokumenty ob osvoboditel'noi voine kitaiskogo naroda v poslednee vremia (The Most Important Documents of the Chinese People's Liberation War in the Most Recent Period). Harbin: Izd-vo Severo-Vostoka

Kitaia, 1948.

Velikaia proletarskaia kul'turnaia revoliutsiia (vazhneishie dokumenty) (The Great Proletarian Cultural Revolution [Key Documents]). Beijing: Izdatel'stvo literatury na inostrannykh iazykakh, 1970.

Vladimirov, P. P. *Osobyi raion Kitaia, 1942~1945* (Special Region of China, 1942~1945). Moscow: APN, 1975.

Vidali, Vittorio. *Diary of the Twentieth Congress of the Communist Party of the Soviet Union.* Translated by Nell Amter Cattonar and A. M. Elliot. Westport, CT, and London: Lawrence Hill and Journeyman Press, 1974.

Vozniknovenie i razvitie raznoglasii mezhdu rukovodstvom KPSS i nami: Po povodu otkrytogo pis'ma TsK KPSS (The Origin and Development of Disagreements Between the Leadership of the CPSU and Us: On the Open Letter of the CC CPSU). Beijing: Izdatel'stvo literatury na inostrannykh iazykakh, 1963.

Vtoraia sessiia VIII Vsekitaiskogo s"ezda Kommunisticheskoi partii Kitaia (Second Session of the Eighth Congress of the Communist Party of China). Beijing: Izdatel'stvo literatury na inostrannykh iazykakh, 1958.

Wang Dongxing. *Wang Dongxing riji* (Diary of Wang Dongxing). Beijing: Zhongguo shehui kexue chubanshe, 1993.

Wang Ming. *Sobranie sochinenii* (Collected Works). 4 vols. Moscow: IDV AN SSSR, 1984~1987.

Wei Jingsheng. *The Courage to Stand Alone: Letters from Prison and Other Writings.* Edited and translated by Kristina Torgeson. New York: Viking, 1997.

Westad, O. Arne, et al., eds. "77 Conversations Between Chinese and Foreign Leaders on the Wars in Indochina, 1964~1977." *CWIHP Working Paper,* no. 22 (May 1998).

Wilbur, C. Martin, ed. *The Communist Movement in China: An Essay Written in 1924 by Ch'en Kung-po.* New York: East Asian Institute of Columbia University, 1960.

Wingrove, Paul. "Mao's Conversations with the Soviet Ambassador, 1953~1955." *CWIHP Working Paper,* no. 36 (April 2002).

Wishnick, Elizabeth. "In the Region and in the Center: Soviet Reactions to the Border Rift." *CWIHP Bulletin,* nos. 6~7 (1995~1996): 194~201.

Wishnick, Elizabeth. "Sino-Soviet Tensions, 1980: Two Russian Documents." *CWIHP Bulletin*, nos. 6~7 (1995~1996): 202~206.

Wolff, David. " 'One Finger's Worth of Historical Events' : New Russian and Chinese Evidence on the Sino-Soviet Alliance and Split, 1948~1959." *CWIHP Working Paper*, no. 30 (August 2000).

Wusi shiqi qikan jieshao (Survey of May 4th Era Publications). 4 vols. Beijing: Shenghuo. Dushu. Xinzhi sanlian shudian, 1979.

Wusi yundong zai Sichuan (May 4th Movement in Sichuan). Chengdu: Sichuan daxue chubanshe, 1989.

Yang Shangkun. *Yang Shangkun riji* (Diary of Yang Shangkun). 2 vols. Beijing: Zhongyang wenxian chubanshe, 2001.

Yang Shangkun. "Yang Shangkun riji: Deng Xiaoping jujue kanwang linzhongde Hu Yaobang" (Yang Shangkun's Diaries: Deng Xiaoping Refused to Visit Dying Hu Yaobang), http://qzxy.blog.epochtimes.com/article/show?articleid=28779.

Za splochenost' mezhdunarodnogo kommunisticbekogo dvizheniia: Dokumenty i materialy (For the Unity of the International Communist Movement: Documents and Materials). Moscow: Politizdat, 1964.

Zhang Shu Guang, and Chen Jian. "The Emerging Disputes Between Beijing and Moscow: Ten Newly Available Chinese Documents, 1956~1958." *CWIHP Bulletin*, nos. 6~7 (1995~1996), 148~163.

Zhang Wentian. *Zhang Wentian xuanji* (Selected Works of Zhang Wentian). Beijing: Renmin chubanshe, 1985.

Zhang Yunhou, et al. *Wusi shiqi de shetuan* (Societies During the May 4th Era). 4 vols. Beijing: Shenghuo. Dushu. Xinzhi sanlian shudian, 1979.

Zhao Ziyang. *China's Economy and Development Principles: A Report by Zhao Ziyang*. Beijing: Foreign Languages Press, 1982.

Zhao Ziyang. "Make Further Efforts to Carry Forward the May 4th Spirit in the New Age of Construction and Reform." In Michel Oksenberg, Lawrence R. Sullivan, and Marc Lambert, eds. *Beijing Spring, 1989: Confrontation and Conflict: The Basic Documents*. Armonk, NY: Sharpe, 1990, 244~251.

Zheng Zhongbing, ed. *Hu Yaobang nianpu ziliao changbian* (Large Collection of Materials for a Chronological Biography of Hu Yaobang). 2 vols. Hong Kong: Shidaiguo ji chuban youxian gongsi, 2005.

Zhonggong zhongyang wenjian xuanji (Collection of CCP CC Selected Documents). 18 vols. Beijing: Zhonggong zhongyang dangxiao chubanshe, 1989.

Zhongguo gongchandang di shier ci quanguo daibiao dahui wenjian huibian (Collection of Documents from the Twelfth National Congress of the Communist Party of China). Beijing: Renmin chubanshe, 1982.

Zhou Enlai. *K voprosu ob intelligentsii. (Doklad na soveshchanii po voprosu ob intelligentsii, sozvannom TsK KPK 14 ianvaria 1956 g.)* (On the Issue of Intelligentsia: A Report at the Meeting on Intelligentsia Held by the CCP CC on January 14, 1956). Beijing: Izdatel'stvo literatury na inostrannykh iazykakh, 1956.

Zhou Enlai. *Selected works of Zhou Enlai*. 2 vols. Beijing: Foreign Languages Press, 1981.

Zhou Enlai. *Zhou Enlai xuanji* (Selected works of Zhou Enlai). 2 vols. Beijing: Renmin chubanshe, 1980.

Zhou Xun, ed. *The Great Famine in China, 1958~1962: A Documentary History*. New Haven: Yale University Press, 2012.

Zinner, Paul E. ed. *National Communism and Popular Revolt in Eastern Europe: A Selection of Documents on Events in Poland and Hungary*. New York: Columbia University Press, 1956.

Zubok, Vladislav. "'Look What Chaos in the Beautiful Socialist Camp!' Deng Xiaoping and the Sino-Soviet Split, 1956~1963." *CWIHP Bulletin*, no. 10 (March 1998): 152~162.

Zubok, Vladislav. "The Mao-Khrushchev Conversations, July 31~August 3, 1958, and October 2, 1959." *CWIHP Bulletin*, nos. 12~13 (Fall-Winter 2001): 244~272.

Zunyi huiyi wenxian (Documents of the Zunyi Conference). Beijing: Renmin chubanshe, 1985.

Zuo you jiang geming genjudi (Revolutionary Bases in the Zuojiang and Youjiang Areas). 2 vols. Beijing: Zhonggong dangshi ziliao chubanshe, 1989.

3. 회고록

Aleksandrov-Agentov, A. M. *Ot Kollontai do Gorbacheva: Vospominaniia* diplomata, sovetnika A. A. Gromyko, pomoshchnika L. I. Brezhneva, Iu. V. Andropova, K. U. Chernenko i M. S. Gorbacheva (From Kollontai to Gorbachev: The Reminiscences of a Diplomat and Adviser to A. A. Gromyko, and Assistant to L. I. Brezhnev, Iu. V. Andropov, K. U. Chernenko, and M. S. Gorbachev). Moscow: Mezhdunarodnye otnosheniia, 1994.

Arbatov, Georgii. *The System: An Insider's Life in Soviet Politics.* New York: Times Books, 1992.

Arbatov, Georgii. *Zatianuvsheesia vyzdorovlenie (1953~1985): Svidetel'stvo sovremen-nika* (A Lengthy Convalescence [1953~1985]: Testimony of a Contemporary). Moscow: Mezhdunarodnye otnosheniia, 1991.

Arbatov, Georgii. *Zhizn', sobytiia, liudi: Avtobiografiia na fone istoricheskikh peremen* (Life, Events, People: An Autobiography Against the Background of Historical Changes). Moscow: Liubimaia Rossiia, 2008.

Barber, Noel. *The Fall of Shanghai.* New York: Coward, McCann & Geoghegan, 1979.

Belden, Jack. *China Shakes the World.* New York: Harper, 1949.

Berezhkov, V. N. *Riadom so Stalinym* (By Stalin's Side). Moscow: Vagrius, 1998.

Bo Yibo. *Ruogan zhongda juece yu shijiande huigu* (Recollections of Several Important Decisions and Their Implementation). 2 vols. Beijing: Zhonggong zhongyang dangxiao chubanshe, 1991.

Braun, Otto. *A Comintern Agent in China, 1932~1939.* Translated by Jeanne Moore. Stanford, CA: Stanford University Press, 1982.

Brezhnev, A. A. *Kitai: ternistyi put' k dobrososedstvu: vospominaniia i razmyshleniia* (China: The Arduous Way to Neighborliness: Reminiscences and Thoughts). Moscow: Mezhdunarodnye otnosheniia, 1998.

Broomhall, Marshall. *General Feng: A Good Soldier of Christ Jesus.* London: China Inland Mission, 1923.

Brzezinski, Zbigniew. *Power and Principle: Memoirs of the National Security Advisor, 1977~1981.* New York: Farrar, Straus and Giroux, 1985.

Bush, George, and Brent Scowcroft. *A World Transformed.* New York: Knopf, 1998.

Cai Chang. "Tan fu Fa qingong jianxue he shehuizhuyi qingniantuan lü Ou zhibu" (On the Diligent Work, Frugal Study in France and the European Branch of the Socialist Youth League). *Gongchanzhuyi xiaozu* (Communist Cells). Vol. 2. Beijing: Zhonggong dangshi ziliao chubanshe, 1987, 945~948.

Carlson,EvansFordyce. *EvansF. CarlsononChinaatWar,1937~1941.* New York: China and Us, 1993.

Carlson, Evans Fordyce. *Twin Stars of China: A Behind-the-Scenes Story of China's Valiant Struggle for Existence by a U.S. Marine Who Lived and Moved with the People.* New York: Dodd, Mead & Company, 1940.

Carter, Jimmy. *Keeping Faith: Memoirs of a President.* Fayetteville: University of Arkansas Press, 1995.

Chang Kuo-t'ao. "Introduction." In Liu Shaoqi. *Collected Works of Liu Shao-ch'i Before 1944.* Hong Kong: Union Research Institute, 1969, i~x.

Chang Kuo-t'ao. *The Rise of the Chinese Communist Party. Volumes One & Two of Autobiography of Chang Kuo-t'ao.* Lawrence: University Press of Kansas, 1972.

Chen Boda. *Chen Boda yi gao: yuzhong zishu ji qita* (Manuscripts of Chen Boda: Autobiographical Notes from Prison and Other [Materials]). Hong Kong: Tiandi tushu youxian gongsi, 1998.

Chen Boda. *Chen Boda zuihou koushu huiyi* (The Last Oral Reminiscences of Chen Boda). Rev. ed. Hong Kong: Xingke'er chubanshe youxian gongsi, 2005.

Chen Yi. "Wo liang nian lai liu Fa de tong ku" (My Two-year Sufferings from Sojourning in France). In *Fu Fa qingong jianxue yundong shiliao* (Materials on the History of the Diligent Work, Frugal Study Movement in France). Vol. 3. Beijing: Beijing chubanshe, 1981, 54~57.

Chen Yi. "Wo liang nian lai liu Fa qingong jianxuede shigan" (My Two-year Impressions from the Diligent Work, Frugal Study in France). In *Fu Fa qingong jianxue yundong shiliao* (Materials on the History of the Diligent Work, Frugal Study Movement in France). Vol. 3. Beijing: Beijing chubanshe, 1981, 47~53.

Chen Yizi. *Chen Yizi huiyilu* (Memoirs of Chen Yizi). Hong Kong: New Century, 2013.

Ch'eng, Marcus. *Marshal Feng—The Man and His Work*. Shanghai: Kelly & Walsh, 1926.

Chiang Ching-kuo. *My Days in Soviet Russia*. [Taipei: [n.p.], 1963].

Chiang Chungcheng (Chiang Kai-shek). *Soviet Russia in China: Summing-Up at Seventy* Translated, under the direction of Madame Chiang Kai-shek. Rev., enlarged ed., with maps. New York: Farrar, Straus and Cudahy, 1958.

Cressy-Marcks, Violet. *Journey into China*. New York: Dutton, 1942.

Cui Ji. *Wo suo qinlide zhongsu da lunzhan* (The Great Polemic Between the USSR and the PRC as Part of My Own History). Beijing: Renmin ribao chubanshe, 2009.

Cunningham, Philip J. *Tiananmen Moon: Inside the Chinese Student Uprising of 1989*. Lanham, MD: Rowman & Littlefield, 2009.

Dalin, S. A. *Kitaiskie memuary: 1921~1927* (Chinese Memoirs: 1921~1927). Moscow: Nauka, 1975.

Davidson, Robert J., and Isaac Mason. *Life in West China Described by Two Residents in the Province of Sz-Chwan*. London: Headley Brothers, 1905.

Davis, George T. B. *China's Christian Army: A Story of Marshal Feng and His Soldiers*. New York: Christian Alliance, 1925.

Dedijer, Vladimir. *Tito Speaks*. London: Weidenfeld and Nicolson, 1953.

Deng Ken. "Deng Ken tan Deng Xiaoping" (Deng Ken Speaks About Deng Xiaoping). In Liu Jintian, ed. *Huashuo Deng Xiaoping* (Stories About Deng Xiaoping). Beijing: Zhongyang wenxian chubanshe, 2004, 3~9.[Deng Ken]. "Gege wei geming bu huijia" (Elder Brother Did Not Return Home for the Sake of the Revolution). *Zhongguo ribao* (*China Newspaper*). Sept. 28, 2008.

Deng Maomao. *Deng Xiaoping: My Father*. New York: Basic Books, 1995.

Deng Maomao. *Wode fuqin Deng Xiaoping* (My Father Deng Xiaoping). Beijing: Zhongyang wenxian chubanshe, 1997.

Deng Maomao. *Wode fuqin Deng Xiaoping: "Wenge" suiyue* (My Father Deng Xiaoping: Years of the Cultural Revolution). Beijing: Zhongyang wenxian chubanshe, 2000.

Deng Rong. *Deng Xiaoping and the Cultural Revolution: A Daughter Recalls the Critical Years*. Translated by Sidney Shapiro. Beijing: Foreign Languages

Press, 2002.

Deng Xiaoping. *Deng Xiaoping zishu* (Autobiographical Notes of Deng Xiaoping). Beijing: Jiefangjun chubanshe, 2004.

Deng Xiaoping. "Diao Liu Bocheng" (To the Memory of Liu Bocheng). In Liu Bocheng, *Liu Bocheng huiyilu* (Reminiscences of Liu Bocheng). Vol. 3. Shanghai: Shanghai wenyi chubanshe, 1987, 5~9.

Deng Xiaoping. *Wode zishu (Zhailu)* (My Autobiographical Notes [Excerpts]). June 20~July 5, 1968. http://blog.smthome.net/article-htm-tid-993.html.

Deng Yingchao. "Guanyu Jin Weiying qingkuang (Li Tieying tongzhi de muqin)" (Regarding Jin Weiying [Comrade Li Tieying's Mother]). In Xu Zhujin. *Jin Weiying zhuan* (Biography of Jin Weiying). Beijing: Zhonggong dangshi chubanshe, 2004, 319~320.

Djilas, Milovan. *Conversations with Stalin.* Translated by Michael B. Petrovich. New York: Harcourt, Brace & World, 1962.

Fang Lizhi. *Fang Lizhi zizhuan* (The Autobiography of Fang Lizhi). Taipei: Tianxia yuanjian chuban gufen youxian gongsi, 2013.

Fedotov, V. P. *Polveka vmeste s Kitaem: Vospominaniia, zapisi, razmyshleniia* (A Half a Century Together with China: Reminiscences, Notes, Thoughts). Moscow: ROSSPEN, 2005.

Feng Lida. *Wo de fuqin Feng Yuxiang jiangjun* (My Father General Feng Yuxiang). Chengdu: Sichuan renmin chubanshe, 1984.

Feng Yuxiang, Wo de shenghuo (My Life). Harbin: Heilongjiang renmin chubanshe,1984.

Firestein, David J. *Beijing Spring 1989: An Outsider's Inside Account.* Austin, TX: Banner Press, 1990.

Ford, Gerald R. *A Time to Heal: The Autobiography of Gerald R. Ford.* New York: Harper & Row, 1979.

Ford, Robert. *Captured in Tibet.* Hong Kong: Oxford University Press, 1990.

Franck, Harry Alverson. *China: A Geographical Reader.* Dansville, NY: Owen, [1927].

Franck, Harry Alverson. *Roving Through Southern China.* New York: Century, 1925.

Franck, Harry Alverson. *Wandering in Northern China.* New York: Century, 1923.

Gao Kelin. "Gao Kelin tan Deng Xiaoping" (Gao Kelin Speaks About Deng Xiaoping). In Liu Jintian, ed. *Huashuo Deng Xiaoping* (Stories About Deng Xiaoping). Beijing: Zhongyang wenxian chubanshe, 2004, 17~20.

Gao Xiaolin, ed. *Zoujin Deng Xiaoping* (Together with Deng Xiaoping). Beijing: Dangdai Zhongguo chubanshe, 2004.

Garside, Roger. *Coming Alive: China after Mao*. New York: McGraw-Hill, 1981.

Geil, William Edgar. *Eighteen Capitals of China*. Philadelphia: Lippincott, 1911.

Geil, William Edgar. *A Yankee on the Yangtse: Being a Narrative of a Journey from Shanghai Through the Central Kingdom to Burma*. New York: A. C. Armstrong and Son, 1904.

Gong Chu. *Wo yu hongjun* (The Red Army and I). Hong Kong: Nan feng chubanshe, 1954.

Gorbachev, Mikhail. *Memoirs*. New York: Vantage Press, 1996.

Gorbachev, Mikhail. *Zhizn'i reformy*(Life and Reforms). 2vols. Moscow: Novosti, 1995.

Greenblatt, Sidney L., ed. *The People of Taihang: An Anthology of Family Histories*. White Plains, NY: International Arts and Sciences Press, 1976.

Gromyko, A. A. *Pamiatnoe* (Remembered). 2 vols. Moscow: Politizdat, 1988.

Gromyko, A. A. *Pamiatnoe* (Remembered). 2 vols. 2nd, enlarged ed. Moscow: Politizdat, 1990.

Hu Deping. *Zhongguo weishemma yao gaige—siyi fuqin Hu Yaobang* (Why Should China Reform? Thoughts and Reflections on My Father Hu Yaobang). Beijing: Renmin chubanshe, 2011.

Hu Jiwei. "Hu Yaobang yu Xidan minzhu qiang" (Hu Yaobang and the Xidan Democracy Wall"), http://www.boxun.com/news/gb/z_special/2004/04/200404220644.shtml.

Huang Hua. *Memoirs*. Beijing: Foreign Languages Press, 2008.

Huang Rong. "Huang Rong tan Deng Xiaoping" (Huang Rong Speaks About Deng Xiaoping). In Liu Jintian, ed. *Huashuo Deng Xiaoping* (Stories About Deng Xiaoping). Beijing: Zhongyang wenxian chubanshe, 2004, 24~26.

Huang Zeran. "Huang Zeran tan Deng Xiaoping" (Huang Zeran Speaks About Deng Xiaoping). In Liu Jintian, ed. *Huashuo Deng Xiaoping* (Stories About Deng Xiaoping). Beijing: Zhongyang wenxian chubanshe, 2004, 21~23.

Huang Zheng. *Wang Guangmei fang tan lu* (Notes on Conversations with Wang Guangmei). Beijing: Zhongyang wenxian chubanshe, 2006.

Huiyi Deng Xiaoping (Remembering Deng Xiaoping). 3 vols. Beijing: Zhongyang wenxian chubanshe, 1998.

Ji Chaozhu. *The Man on Mao's Right: From Harvard Yard to Tiananmen Square, My Life Inside China's Foreign Ministry.* New York: Random House, 2008.

Jiang Zemin. "Liu Fa, Bi qingong jianxue huiyi" (Recollections on the Diligent Work, Frugal Study in France and Belgium). In *Fu Fa qingong jianxue yundong shiliao* (Materials on the History of the Diligent Work, Frugal Study Movement in France), vol. 3. Beijing: Beijing chubanshe, 1981, 448–68.

Kapitsa, M. S. *Na raznykh paralleliakh: Zapiski diplomata* (On Various Parallels: Notes of a Diplomat). Moscow: Kniga i biznes, 1996.

Khrushchev, Nikita S. *Memoirs of Nikita Khrushchev.* 3 vols. Translated by George Shriver. University Park: Pennsylvania State University Press, 2004~2008.

Khrushchev, Nikita S. *Vospominaniia: Izbrannye fragmenty* (Reminiscences: Selected Fragments). Moscow: Vagrius, 1997.

Khrushchev, Nikita S. *Vremia, Liudi, Vlast'. Vospominaniia* (Time, People, Power. Memoirs). 4 vols. Moscow: Moskovskie novosti, 1999.

Kissinger, Henry A. *On China.* New York: Penguin Press, 2011.

Kissinger, Henry A. *White House Years.* Boston: Little, Brown, 1979.

Kissinger, Henry A. *Years of Renewal.* New York: Simon & Schuster, 1999.

Kissinger, Henry A. *Years of Upheaval.* Boston: Little, Brown, 1982.

Koval', K. I. "Moskovskiie peregovory I. V. Stalina s Chzhou En'laem v 1953 g. i N. S. Khrushcheva s Mao Tszedunom v 1954 g. (J. V. Stalin's Negotiations in Moscow with Zhou Enlai in 1953 and N. S. Khrushchev's with Mao Zedong in 1954), *Novaia i noveishaia istoriia* (*Modern and Contemporary History*), no. 5 (1989): 104~119.

Kovalev, I. V. "Dialog Stalina s Mao Tszedunom" (Stalin's Dialogue with Mao Zedong). *Problemy Dal'nego Vostoka* (*Far Eastern Affairs*), no. 6 (1991): 83~93; nos. 1~3 (1992): 77~91.

Kovalev, I.V. "Rossiia v Kitae (S missiei v Kitae)" (Russia in China [My Mission to China]). *Duel' (Duel)*. Nov. 5, 11, 19, 25, Dec. 3, 17, 1996, Jan. 14, Feb. 11, 25, Mar. 25, Apr. 8, 1997.

Krutikov, K. I. *Na kitaiskom napravleniu: Iz vospominanii diplomata* (Pointed Toward China: A Diplomat's Reminiscences). Moscow: IDV RAN, 2003.

Lee, Xiao Hong Lily, and A. D. Stefanowska, eds. Biographical Dictionary of Chinese Women: The Twentieth Century, 1912~2000. Hong Kong: Hong Kong University Press, 2003.

Li Huang. *Xuedun shi huiyilu* (Reminiscences of an Uneducated Scholar in His Study Room). Taipei: Chuanji wenxue chubanshe, 1973.

Li Peng. "Guanjian shike—Li Peng riji" (The Crucial Moment—Li Peng's Diary). In Zhang Ganghua, *Li Peng liu si riji zhenxiang* (A True Nature of Li Peng's June 4th Diary). Hong Kong: Aoya chuban youxian gongsi, 2010, 43~379.

Li Rui. *Lushan huiyi shilu* (The True Record of the Lushan Plenum). Beijing: Chunqiu chubanshe/Hunan jiaoyu chubanshe, 1989.

Li Rui. "Yaobang qushi qiande tanhua" (Talks with [Hu] Yaobang Before His Death), *Dangdai Zhongguo yanjiu* (*Modern China Studies*), no. 4 (2001), 23~45.

Li Weihan. *Huiyi yu yanjiu* (Reminiscences and Studies). 2 vols. Beijing: Zhonggong dangshi ziliao chubanshe, 1986.

Li Yueran. "Li Yueran tan Deng Xiaoping" (Li Yueran Speaks About Deng Xiaoping). In Liu Jintian, ed. *Huashuo Deng Xiaoping* (Stories About Deng Xiaoping). Beijing: Zhongyang wenxian chubanshe, 2004, 174~177.

Li Yueran. "Mao zhuxi di erci fangwen Sulian" (Chairman Mao's Second Visit to the Soviet Union). In Li Min, et al., eds. *Zhenshide Mao Zedong: Mao Zedong shen bian gongzuo renyuande huiyi* (The Real Mao Zedong: Recollections of People Who Worked with Mao Zedong). Beijing: Zhongyang wenxian chubanshe, 2004: 566~578.

Li Yueran. *Waijiao wutai shang de xin Zhongguo lingxiu* (Leaders of the New China in the Diplomatic Arena). Beijing: Waiyu jiaoxue yu yanjiu chubanshe, 1994.

Li Zhisui. *The Private Life of Chairman Mao: The Memoirs of Mao's Personal Physician*. Translated by Tai Hung-chao. New York: Random House, 1994.

Liu Binyan. *A Higher Kind of Loyalty: A Memoir by China's Foremost Journalist*. Translated by Zhu Hong. New York: Pantheon Books, 1990.

Liu Bocheng. *Liu Bocheng huiyilu* (Reminiscences of Liu Bocheng). 3 vols. Shanghai: Shanghai wenyi chubanshe, 1981.

Liu Jintian, ed. *Huashuo Deng Xiaoping* (Stories About Deng Xiaoping). Beijing: Zhongyang wenxian chubanshe, 2004.

Liu Shaoqi. *Liu Shaoqi zishu* (Autobiographical Notes of Liu Shaoqi). Beijing: Jiefangjun wenyi chubanshe, 2002.

Liu Xiao. *Chushi Sulian ba nian* (Eight Years as Ambassador to the USSR). Beijing: Zhonggong dangshi chubanshe, 1998.

Luo Ming. *Luo Ming huiyilu* (Reminiscences of Luo Ming). Fuzhou: Fujian renmin chubanshe, 1991.

Meng Qingshu. *Chen Shaoyu—Wan Min: Biográfiia: Vospominania* (Chen Shaoyu—Wang Ming: A Biography. Memoirs). Translated and edited by Wang Danzhi. Moscow: BF "Ontopsikhologiia," 2011.

Mo Wenhua. *Huiyi hong qi jun* (Reminiscences of the Red 7th Corps). Nanning: Guangxi renmin chubanshe, 1961.

Mo Wenhua. *Huiyi hong qi jun* (Reminiscences of the Red 7th Corps). 2nd rev. ed. Nanning: Guangxi renmin chubanshe, 1962.

Mo Wenhua. *Huiyi hong qi jun* (Reminiscences of the Red 7th Corps). 3rd rev. ed. Nanning: Guangxi renmin chubanshe, 1979.

Nichols, Francis H. *Through Hidden Shensi*. London: G. Newnes, 1902.

Nie Rongzhen. *Inside the Red Star: The Memoirs of Marshal Nie Rongzhen*. Beijing: New World Press, 1983.

Nixon, Richard. *RN: The Memoirs of Richard Nixon*. New York: Grosset & Dunlap, 1978.

Novak, Robert D. *The Prince of Darkness: 50 Years Reporting in Washington*. New York: Crown Forum, 2007.

Peng Dehuai. *Memoirs of a Chinese Marshal: The Autobiographical Notes of Peng Dehuai (1898~1974)*. Translated by Zheng Longpu. Beijing: Foreign Languages Press, 1984.

Peng Dehuai. *Memuary marshala* (Memoirs of a Marshal). Translated by A. V. Pantsov, V. N. Usov, and K. V. Shevelev. Moscow: Voenizdat, 1988.

Primakov, V. M. *Zapiski volontera: Grazhdanskaia voina v Kitae* (Notes of a

Volunteer: The Civil War in China). Moscow: Nauka, 1967.

Pu Yi. *From Emperor to Citizen*. Translated by W. J. F. Jenner. Oxford: Oxford University Press, 1987.

Qian Qichen. *Ten Episodes in China's Diplomacy*. New York: HarperCollins, 2005.

Quan Yanchi. *Mao Zedong: Man, Not God*. Beijing: Foreign Languages Press, 1992.

Ren Zhuoxuan. "Liu E ji gui guo hou de huiyi" (Reminiscences of Life in Russia and After Returning to the Motherland). In *Liushi nian lai zhongguo liu E xuesheng zhi fengxian diaoku* (Reminiscences of Chinese Students About Their Sojourns in Russia Sixty Years Ago). Taibei: Zhonghua shuju chubanshe, 1988), 73~78.

Rittenberg, Sidney, and Amanda Bennett. *The Man Who Stayed Behind*. New York: Simon & Schuster, 1993.

Ruan Ming. *Deng Xiaoping: Chronicle of an Empire*. Translated and edited by Nancy Liu, Peter Rand, and Lawrence R. Sullivan. Boulder, CO: Westview Press, 1992.

Sheng Yueh. *Sun Yat-sen University in Moscow and the Chinese Revolution: A Personal Account*. Lawrence: University of Kansas, 1971.

Shepilov, D. T. "Vospominaniia" (Reminiscences). *Voprosy istorii* (*Problems of History*), no. 9 (1998): 18~33; no. 10 (1998): 3~31.

Shi Zhe. *Feng yu gu—Shi Zhe huiyilu* (Summit and Abyss—Reminiscences of Shi Zhe). Beijing: Hongqi chubanshe, 1992.

Shi Zhe. *Zai lishi juren shenbian* (By the Side of Historical Titans). Rev. ed. Beijing: Zhongyang wenxian chubanshe, 1995.

Shi Zhe, and Li Haiwen. *Zhong-su guanxi jianzheng lu* (Eyewitness Notes of Sino-Soviet Relations). Beijing: Dangdai Zhongguo chubanshe, 2005.

Shi Zhe, and Shi Qiulang. *Wode yisheng—Shi Zhe zishu* (My Life— Reminiscences of Shi Zhe Autobiographical Notes). Beijing: Renmin chubanshe, 2002.

Sin-Lin (Lin Ying). *Shattered Families, Broken Dreams: Little-Known Episodes from the History of the Persecution of Chinese Revolutionaries in Stalin's Gulag: Rescued Memoirs and Archival Revelations*. Translated by Steven I. Levine. Portland: MerwinAsia, 2012.

Snow, Edgar. *Journey to the Beginning*. New York: Random House, 1958.

Snow, Edgar. *The Long Revolution*. New York: Random House, 1972.

Snow, Edgar. *Random Notes on Red China (1936~1945)*. Cambridge, MA: East Asian Research Center, Harvard University, 1957.

Snow, Edgar. *Red Star over China*. London: Victor Gollancz, 1937.

Snow, Helen Foster (Nym Wales). *The Chinese Communists: Sketches and Autobiographies of the Old Guard*. Westport, CT: Greenwood, 1972.

Snow, Helen Foster (Nym Wales). *Inside Red China*. New York: Da Capo Press, 1977.

Snow, Helen Foster (Nym Wales). *My China Years*. New York: Morrow, 1984.

Su Shaozhi. "A Decade of Crisis at the Institute of Marxism-Leninism-Mao Zedong Thought, 1979~1989." *China Quarterly*, vol. 134 (June 1993): 335~351.

Sun Yefang. "Guanyu Zhonggong liu Mo zhibu" (On the Moscow Branch of the CCP). *Zhonggong dangshi ziliao* (*Materials on the History of the CCP*), no. 1 (1982): 180~183.

Sun Yong. *Zai Mao zhuxi shenbian ershi nian* (Twenty Years at the Side of Chairman Mao). Beijing: Zhongyang wenxian chubanshe, 2010.

Teichman, Eric. *Travels of a Consular Officer in North-West China*.Cambridge: Cambridge University Press, 1921.

Thatcher, Margaret. *The Downing Street Years*. New York: HarperCollins, 1993.

Vance, Cyrus. *Hard Choices: Critical Years in America's Foreign Policy*. New York: Simon & Schuster, 1983.

Vereshchagin, B. N. *V starom i novom Kitae: Iz vospominanii diplomata* (In Old and New China: Reminiscences of a Diplomat). Moscow: IDV RAN, 1999.

Vishniakova-Akimova, Vera Vladimirovna. *Dva goda v vostavshem Kitae 1925~1927: Vospominaniia* (Two Years in Revolutionary China, 1925~1927: Memoirs). Moscow: Nauka, 1965.

Vishniakova-Akimova, Vera Vladimirovna. *Two Years in Revolutionary China, 1925~1927*. Translated by Steven I. Levine. Cambridge, MA: East Asian Research Center, Harvard University, 1971.

Wang Guangmei, and Liu Yuan. *Ni suo bu zhidaode Liu Shaoqi* (The Unknown Liu Shaoqi). Zhengzhou: Henan renmin chubanshe, 2000.

Witke, Roxane. *Comrade Chiang Ch'ing*. Boston: Little, Brown, 1977.

Wu Lengxi. *Shi nian lunzhan: Zhongsu guanxi huiyilu (1956~1966)* (The Ten-Year Debate: Reminiscences of Sino-Soviet Relations [1956~1966]). 2 vols. Beijing: Zhongyang wenxian chubanshe, 1999.

Wu Lengxi. *Yi Mao zhuxi: Wo qinshen jinglide ruogan zhongda lishi shijian pianduan* (Remembering Chairman Mao: Some Important Historical Events from My Own Life). Beijing: Xinhua chubanshe, 1995.

Wu Wei. *Zhongguo bashi niandai zhengzhi gaigede taiqian muhou* (On Stage and Backstage: China's Political Reform in the 1980s). Hong Kong: Xin shiji chubanshe, 2013.

Wu Xiang, Zhang Guangyou, and Han Gang. "Wan Li tan shiyi san zhong-quanhui qianhoude nongcun gaige" (Wan Li Speaks About Rural Reform Before and After the Third Plenum of the Eleventh Central Committee). In Yu Guangyuan et al. *Gaibian Zhongguo mingyunde 41 tian—Zhongyang gong-zuo huiyi, shiyi ji zhongquanhui qin liji* (41 Days That Changed China's Fate: Reminiscence of the Central Committee Work Conference and the Third Plenum of the Eleventh Central Committee). Shenzhen: Haitian chubanshe, 1998, 281~289.

Xiong Min and Mei Biao. "Huiyi Deng Xiaoping zai Jiangxi Xinjian de yiduan rizi—fangwen Luo Peng tanhualu" (Remembering the Days Spent with Deng Xiaoping in Xinjian [County] of Jiangxi: Notes of a Conversation with Luo Peng). In Wei Renzheng, ed. *Deng Xiaoping zai Jiangxi de rizi* (The Days Deng Xiaoping Spent in Jiangxi). Beijing: Zhonggong dangshi chubanshe, 1997, 134~138.

Yan Mingfu. "Yan Mingfu tan Deng Xiaoping" (Yan Mingfu Speaks About Deng Xiaoping). In Liu Jintian, ed. *Huashuo Deng Xiaoping* (Stories About Deng Xiaoping). Beijing: Zhongyang wenxian chubanshe, 2004), 164~173.

Yang, Rae. *Spider Eaters: A Memoir*. Berkeley: University of California Press, 1997.

Yang Shangkun. *Yang Shangkun huiyilu* (Memoirs of Yang Shangkun). Beijing: Zhongyang wenxian chubanshe, 2001.

Ye Zilong. *Ye Zilong huiyilu* (Memoirs of Ye Zilong). Beijing: Zhongyang wenxian chubanshe, 2000.

Yongyuande Xiaoping: Zhuo Lin dengren fangtanlu (The Unforgettable

Xiaoping: Interviews with Zhuo Lin and others). Chengdu: Sichuan chubanshe, 2004.

Yu Guangyuan. *Deng Xiaoping Shakes the World: An Eyewitness Account of China's Party Work Conference and the Third Plenum (November~December 1978)*. Translated by Steven I. Levine. Norwalk, CT: EastBridge, 2004.

Yu Guangyuan. *Wo yi Deng Xiaoping* (I Remember Deng Xiaoping). Hong Kong: Shi dai guo chuban youxian gongsi, 2005.

Yu Guangyuan, et al. *Gaibian Zhongguo mingyunde 41 tian—Zhongyang gongzuo huiyi, shiyi ji zhongquanhui qin liji* (Forty-one Days That Changed China's Fate: Reminiscence of the Central Committee Work Conference and the Third Plenum of the Eleventh Central Committee). Shenzhen: Haitian chubanshe, 1998.

Zhao Ziyang. *Prisoner of the State: The Secret Journal of Premier Zhao Ziyang*. Translated by Bao Pu et al. New York: Simon & Schuster, 2009.

[Zhang Weiwei]. "Fangyiyuan huiyi Deng Xiaoping: Qiangdiao renhe shiqing dou yao qin zi shijian" (Interpreter Remembers Deng Xiaoping: One Must Definitely Go from Practice in All Things), news.qq.com/d/20140818/009294.htm.

Zhang Weiwei. "My Personal Memoirs as Deng Xiaoping's Interpreter: From Oriana Fallaci to Kim Il-sung to Gorbachev." http://www.huffingtonpost.com/zhang-weiwei/deng-xiaoping-remembered_b_5706143.html.

Zhang Yaoci. *Zhang Yaoci huiyilu—Zai Mao zhuxi shenbian de rizi* (Memoirs of Zhang Yaoci—Days at the Side of Chairman Mao). Beijing: Zhonggong dangshi chubanshe, 2008.

Zhang Yufeng. "Neskol'ko shtrikhov k kartine poslednikh let zhizni Mao Tszeduna, Chzhou En'laia" (Some Brush Strokes Toward a Picture of the Last Years of Mao Zedong and Zhou Enlai). In Yu. M. Galenovich, *Smert' Mao Tszeduna* (The Death of Mao Zedong). Moscow: Izd-vo "Izograf," 2005, 79~106.

Zhang Yunyi. "Bose qiyi yu hong qi jun de jianli" (The Uprising in Bose and the Establishment of the 7th Corps of the Red Army). In *Guangxi geming huiyilu*(Reminiscences of the Revolution in Guangxi). Nanning: Guangxi zhuangzu zizhiqu renmin chubanshe, 1959, 1~16.

Zheng Chaolin. *An Oppositionist for Life: Memoirs of the Chinese Revolutionary Zheng Chaolin*. Translated by Gregor Benton. Atlantic Highlands, NJ: Humanities Press,1997.

Zhang Chaolin. *Zheng Chaolin huiyilu* (Memoirs of Zheng Chaolin). [Hong Kong], [n.p.], 1982.

Zhang Chaolin. "Zheng Chaolin tan Deng Xiaoping" (Zheng Chaolin Speaks About Deng Xiaoping). In Liu Jintian, ed. *Huashuo Deng Xiaoping* (Stories About Deng Xiaoping). Beijing: Zhongyang wenxian chubanshe, 2004, 10~12.

Zhou Bingde. *Moi diadia Chzhou Enlai* (My Uncle Zhou Enlai). Beijing: Foreign Languages Press, 2008.

Zhou Enlai. *Zhou Enlai zishu* (Autobiographical Notes of Zhou Enlai). Beijing: Jiefangjun wenyi chubanshe, 2002.

Zhuo Lin. "Zhuo Lin tan Deng Xiaoping" (Zhuo Lin Speaks About Deng Xiaoping), in Liu Jintian, ed. *Huashuo Deng Xiaoping* (Stories About Deng Xiaoping). Beijing: Zhongyang wenxian chubanshe, 2004, 387~392.

Zi Hui. "Liu Fa jianxue qingong liang nian laizhi jingguo ji xianzhuang" (The Two-year History and Present Development of the Frugal Study, Diligent Work [movement] in France). In *Fu Fa qingong jianxue yundong shiliao* (Materials on the History of the Diligent Work, Frugal Study Movement in France). Vol. 1. Beijing: Beijing chubanshe, 1981, 83~94.

4. 신문과 잡지

Asian Survey. Berkeley, CA, 1986.

Bainian chao (*Century Tides*). Beijing, 2001~2005.

Bulletin of Concerned Asian Scholars. Cambridge, MA., 1988.

China Economic Review. London/Hong Kong, 2011.

The China Quarterly. London, 1960-2009.

Claremont Review of Books. Claremont, 2012.

Dangdai Zhongguo yanjiu (*Modern China Studies*). Princeton, NJ, 2001~2014.

Dangshi yanjiu (*Studies on Party History*). Beijing, 1986~1987.

Dangshi yanjiu ziliao (*Study Materials on Party History*). Beijing, 1979~2009.

Duel' (*Duel*). Moscow, 1996~1997.

Ershiyi shiji (*The Twenty-first Century*). Beijing, 2007.

Far Eastern Affairs. Moscow, 2011~2014.

Foreign Policy. Washington, 2011.

Guangming ribao (Enlightenment Daily). Beijing, 1988.

Hongqi (Red Flag). Beijing, 1958~1988.

The Independent. London, 2011.

Istoricheskii arkhiv (Historical Archive). Moscow, 1992~1996.

Izvestiia (News). Moscow, 1994.

Izvestiia TsK KPSS (News of the CPSU CC). Moscow, 1989~1991.

Jindaishi yanjiu (Studies in Modern History). Beijing, 1985~2009.

Jiefang ribao (Liberation Daily). Beijing, 2005.

Moskovskii komsomolets (Moscow Young Communist). Moscow, 2002.

Nanfang zhoumo (Southern Weekly). Canton, 2008.

Narody Azii i Afriki (Peoples of Asia and Africa). Moscow, 1972~1976.

New York Times. New York, 1997~2011.

The New Republic. Washington, DC, 2012.

New York Review of Books. New York, 2011.

Novaia i noveishaia istoriia (Modern and Contemporary History). Moscow, 1989~2011.

Pravda (Truth). 1917~2009.

Problemy Dal'nego Vostoka (Far Eastern Affairs). Moscow, 1972~2011.

Renmin ribao (People's Daily). Beijing, 1949~2014.

Renmin zhengxie bao (Newspaper of the Chinese People's Political Consultative Conference). Beijing, 2004.

Segodnia (Today). Ukraine, 1989.

Shishi xinbao (New Newspaper of Facts). Shanghai, 1931.

The Sydney Morning Herald. Sydney, 2011.

Taipei Times. Taipei, 2012.

Time. New York, 1978~1986.

Twentieth Century China. Columbus, OH, 2007.

Voprosy istorii (Problems of History). Moscow, 1990.

Voprosy istorii KPSS (Problems of History of the Communist Party of the Soviet Union). Moscow, 1958.

Wenshi chunqiu (Literary and Historical Chronicle). Nanning, 2004.

Xin lang (New Wave). Shanghai, 2006.

Xinmin wanbao (*The Renovation of People Evening Newspaper*). Beijing, 2004.

Yanhuang chunqiu (*History of China*). Beijing, 2002.

Za rubezhom (*Abroad*). Moscow, 1934.

Zhongguo ribao (*China Newspaper*). Beijing, 2008.

Zhongguo xiandaishi (*Contemporary History of China*). Beijing, 2003.

Zhuanji wenxue (*Biographical Literature*). Beijing, 2004~2008.

2차 자료

All About Shanghai and Environs: A Standard Guide Book: Historical and Contemporary Facts and Statistics. Shanghai: University Press, 1934.

Arincheva, Daria A., and Alexander V. Pantsov. "Mao Zedong's 'New Democracy'and Chiang Kai-shek's New Authoritarianism: Two Paradigms of China's Social Progress in the Middle of the 20th Century." *Problemy Dal'nego Vostoka* (*Far Eastern Affairs*) no. 1 (March 2014): 109~118.

Averill, Stephen C. "The Origins of the Futian Incident." In Tony Saich and Hans J. van de Ven, eds. *New Perspectives on the Chinese Communist Revolution*. Armonk, NY: Sharpe, 1995, 79~115.

Azhaeva, V. V. *Evoliutsiia politiki KNR v oblasti sel'skogo khoziaistva: Nauchno analiticheskii obzor* (Evolution of PRC Agricultural Policy: A Scholarly Analysis). Moscow: INION AN SSSR, 1983.

Bachman, David. "Differing Visions of China's Post-Mao Economy: The Ideas of Chen Yun, Deng Xiaoping, and Zhao Ziyang." *Asian Survey*. Vol. 26, no. 3 (1986):292~321.

Bailey, Paul J. "The Chinese Work-Study Movement in France." *China Quarterly*, vol. 115 (September 1988): 441~461.

Barnouin, Barbara, and Yu Changgen. *Ten Years of Turbulence: The Chinese Cultural Revolution*. London: Kegan Paul International, 1993.

Baum, Richard. *Burying Mao: Chinese Politics in the Age of Deng Xiaoping*. Princeton, NJ: Princeton University Press, 1994.

Baum, Richard. "Zhao Ziyang and China's 'Soft Authoritarian' Alternative." In Guoguang Wu and Helen Lansdowne, eds. *Zhao Ziyang and China's Political Future*. London: Routledge, 2008, 110~121.

Becker, Jasper. *Hungry Ghosts: Mao's Secret Famine*. New York: Free Press, 1996.

Bonavia, David. *Deng*. Hong Kong: Longman, 1989.

Bony, L. D. "Mekhanizm iz"iatiia tovarnogo zerna v KNR (50-e gody)" (The Mechanism of Grain Acquisition in the PRC in the 1950s). In L. P. Deliusin, ed. *Kitai: gosudarstvo i obshchestvo* (China: State and Society). Moscow: Nauka, 1977, 275~295.

Borokh, O. N. *Kontseptsii ekonomicheskogo razvitiia Kitaia (1978~1982): Avtoreferat dissertatsiii na soiskanie uchenoi stepeni kandidata economicheskih nauk* (Concepts of Economic Development in China [1978~1982]: Abstract of Dissertation Submitted for PhD in Economics). Moscow: IDV AN SSSR, 1985.

Borokh, O. N. *Razvitie kitaiskoi ekonomicheskoi nauki v period reform* (Development of Chinese Economic Science During the Reform Period). Moscow: IDV RAN, 1997.

Burlatskii, F. *Mao Zedong, Tsian Tsin i sovetnik Den* (Mao Zedong, Jiang Qing, and the Advisor Deng). Moscow: Eksmo-press, 2003.

Chang Chen-pang, Hsiang Nai-kuang, and Yin Ching-yao. *Mainland Situation Viewed from the Third Session of the Fifth "National People's Congress."* Taipei: World Anti-Communist League, China Chapter/Asian Peoples' Anti-Communist League, Republic of China, 1980.

Chao Feng, ed. *"Wenhua da geming" cidian* (Dictionary of the Great Cultural Revolution). Taibei: Taiwan donghua shuju gufen youxian gongsi, 1993.

Chen Aifei and Cao Zhiwei, *Zouchu guomende Mao Zedong* (Mao Zedong Abroad). Shijiazhuang: Hebei renmin chubanshe, 2001.

Chen Jian. "A Crucial Step Towards the Breakdown of the Sino-Soviet Alliance: The Withdrawal of Soviet Experts from China in July 1960." *CWIHP Bulletin*, nos. 8~9 (1996~1997): 246, 249~250.

Chen Jian. *Mao's China and the Cold War*. Chapel Hill: University of North Carolina Press, 2001.

Chen Jian. "Deng Xiaoping, Mao's 'Continuous Revolution,' and the Path Towards the Sino-Soviet Split." *CWIHP Bulletin*, no. 10 (March 1998): 162~164.

Chen Jian, and Yang Kuisong. "Chinese Politics and the Collapse of the Sino-Soviet Alliance." In O. Arne Westad, ed., *Brothers in Arms: The Rise and Fall of the Sino-Soviet Alliance, 1945~1963*. Stanford, CA: Stanford

University Press, 1998, 246~294.

Chen Jinyuan. "Wei Baqun tougu chutu jishu" (True Story of the Exhumation of Wei Baqun's Skull). *Wenshi chunqiu (Literary and Historical Chronicle)*, no. 5(2004): 5~25.

Chen, King C. *China's War with Vietnam, 1979: Issues, Decisions, and Implications.* Stanford, CA: Hoover Institution Press, 1987.

Chen Qingquan, and Song Guangwei. *Lu Dingyi zhuan* (Biography of Lu Dingyi). Beijing: Zhonggong dangshi chubanshe, 1999.

Chen Xinde. "Wei Baqun." In Hu Hua, ed., *Zhonggong dangshi renwu zhuan*(Biographies of Persons in CCP History). Vol. 12. Xi'an: Shaanxi renmin chuban she, 1983, 183~200.

Chen Yungfa. "Jung Chang and Jon Halliday. 'Mao: The Unknown Story.' " *Twentieth Century China*, vol. 33, no. 1 (2007): 104~113.

Chen Yutang. *Zhonggong dangshi renwu bieming lu (zihao, biming, huaming)* (Collection of Pseudonyms of CCP Historical Personalities [Aliases, Pen names, Other Names]). Beijing: Hongqi chubanshe, 1985.

Chen Zhiling. "Li Fuchun." In Hu Hua, ed. *Zhonggong dangshi renwu zhuan* (Biographies of Persons in CCP History). Vol. 44. Xi'an: Shaanxi renmin chu-banshe, 1990, 1~112.

Chen Zhongyuan, Wang Yuxiang, and Li Zhenghua. *1976~1981 niande Zhongguo*(China in 1976~1981). Beijing: Zhongyang wenxian chubanshe, 2008.

Cheng Bo. *Zhonggong " bada" juece neimu* (Behind the Scenes Decision-making at the Eighth Congress of the CCP). Beijing: Zhonggong dang'an chubanshe, 1999.

"China's Former 'First Family': Deng Children Enjoy Privilege, Jealous Attention.", http://www.cnn.com/SPECIALS/1999/china.50/inside.china/profiles/deng.xiaoping/children/.

Clodfelter, Micheal. *Warfare and Armed Conflict: A Statistical Encyclopedia of Casualty and Other Figures, 1494~2007.* 3rd. ed. Jefferson, NC: McFarland, 2008.

Cohen, Stephen F. *Bukharin and the Bolshevik Revolution: A Political Biography, 1888~1938.* New York: Knopf, 1973.

Confucius. *The Analects of Confucius.* Translated by Simon Leys. New York:

Norton, 1997.

Cormack, J. G. *Chinese Birthday, Wedding, Funeral, and Other Customs.* Peking, Tientsin: La Librairie française, 1923.

Courtois, Stéphane, et al. *The Black Book of Communism: Crimes, Terror, Repression.* Translated by Jonathan Murphy and Mark Kramer. Cambridge, MA: Harvard University Press, 1999.

Democracy Wall Prisoners: Xu Wenli, Wei Jingsheng and Other Jailed Pioneers of the Chinese Pro-Democracy Movement. New York: Asia Watch, 1993.

Deng Xiaoping, 1904~1997. Chengdu: Sichuan chuban jituan/Sichuan renmin chubanshe, 2009.

"Deng Xiaoping yi jiade gushi" (Stories of Deng Xiaoping's Family). *Xin lang* (*New ave*). Sept. 7, 2006.

Deng Xiaoping yu xiandai Zhongguo (Deng Xiaoping and Contemporary China). Beijing: Xiandai chubanshe, 1997.

Dikötter, Frank. *Mao's Great Famine: The History of China's Most Devastating Catastrophe, 1958~1962.* New York: Walker, 2010.

Dikötter, Frank. *The Tragedy of Liberation: A History of the Chinese Revolution, 1945~1957.* New York: Bloomsbury Press, 2013.

Dillon, Michael, ed. *China: A Cultural and Historical Dictionary.* Richmond, Surrey: Curzon Press, 1998.

Dillon, Michael. *Deng Xiaoping: A Political Biography.* London: I. B. Tauris, 2015.

Dittmer, Lowell. *Liu Shao-ch'i and the Chinese Revolution: The Politics of Mass Criticism.* Berkeley: University of California Press, 1974.

Ehrenburg, G. "K voprosu o kharaktere i osobennostiakh narodnoi demokratii v Kitae" (On the Nature and Characteristics of People's Democracy in China). In L. V. Simonovskaia and M. F. Yuriev, eds. *Sbornik statei po istorii stran Dal'nego Vostoka* (Collection of Articles on the History of the Countries of the Far East). Moscow: Izdatel'stvo MGU, 1952, 5~21.

Ehrenburg, G. "Mao Tszedun" (Mao Zedong). *Za Rubezhom* (*Abroad*), no. 31 (63)(1934): 15.

Ehrenburg, G. *Sovetskii Kitai* (Soviet China). Moscow: Partizdat, 1933.

Esherick, Joseph W. *Reform and Revolution in China: The 1911 Revolution in Hunan and Hubei.* Berkeley: University of California Press, 1976.

Erbaugh, Mary S. "The Secret History of the Hakkas: The Chinese Revolution as a Hakka Enterprise." In Susan D. Blum and Lionel M. Jensen, eds. *China off Center: Mapping the Migrants of the Middle Kingdom*. Honolulu: University of Hawai'i Press, 2002, 185~213.

Evans, Richard. *Deng Xiaoping and the Making of Modern China*. Rev. ed. London: Penguin Books, 1997.

Faison, Seth. "Condolences Calls Put Rare Light on Deng's Family." *New York Times*. Feb. 22, 1997.

Fan Shuo. *Ye Jianying zai guanjian shike* (Ye Jianying in a Critical Period of Time). Changchun: Liaoning renmin chubanshe, 2011.

Fenby, Jonathan. *Chiang Kai-shek: China's Generalissimo and the Nation He Lost*. New York: Carroll & Graf, 2004.

Fenby, Jonathan. *The Penguin History of Modern China: The Fall and Rise of a Great Power, 1850-2009*. London: Penguin Books, 2009.

Feng Du. "Suqu 'jingguan' Deng Xiaoping" (Deng Xiaoping—head of the "Capital" of the Soviet Area). http://cpc.people.com.cn/GB/64162/64172/64915/4670788.html.

Franz, Uli. *Deng Xiaoping*. Translated by Tom Artin. Boston: Harcourt Brace Jovanovich, 1987.

Galenovich, Yu. M. *Smert' Mao Tszeduna* (The Death of Mao Zedong). Moscow: Izd-vo "Izograf," 2005.

Gao, Mobo G. G. *Gao Village: A Portrait of Rural Life in Modern China*. Honolulu: Hawai'i University Press, 1999.

Gao Wenqian. *Zhou Enlai: The Last Perfect Revolutionary: A Biography*. New York: Public Affairs, 2007.

Gel'bras, V. G. *Ekonomika Kitaiskoi Narodnoi Respubliki: Vazhneishie etapy razvitiia, 1949~2008: Kurs llektsii. V 2 ch* (The Economy of the People's Republic of China: Key Stages of Development, 1949~2008: Lecture Series. In two parts). Moscow: Rubezhi XXI veka, 2010.

Goldman, Merle. *Sowing the Seeds of Democracy in China: Political Reform in the Deng Xiaoping Era*. Cambridge, MA: Harvard University Press, 1994.

Goldstein, Melvyn C. *A History of Modern Tibet, 1913~1951: The Demise of the Lamaist State*. Berkeley: University of California Press, 1989.

Goldstein, Melvyn C. *The Snow Lion and the Dragon: China, Tibet, and the*

Dalai Lama. Berkeley: University of California Press, 1997.

Gong Youzhi. "Gong Yinbing." In Hu Hua, ed. *Zhonggong dangshi renwu zhuan*(Biographies of Persons in CCP History). Vol. 34. Xi'an: Shaanxi renmin chubanshe, 1987, 261~270.

Goodman, David S. G. *Deng Xiaoping and the Chinese Revolution: A Political Biography.* London: Routledge, 1994.

Greenhalgh, Susan. *Just One Child: Science and Policy in Deng's China.* Berkeley: University of California Press, 2008.

Grigoriev, A. M. *Kommunisticheskaia partiia Kitaia v nachal'nyi period sovetskogo dvizheniia (iul' 1927 g.~sentiabr' 1931 g.)* (The Communist Party of China in the Initial Soviet Period [July 1927~September 1931]). Moscow: IDV AN SSSR, 1976.

Guoji gongyun shi yanjiu ziliao: Bukhalin zhuanji (Materials on the Study of History of the International Communist Movement: Special Collection on Bukharin). Beijing: Renmin chubanshe, 1981.

Gudoshnikov, L. M., ed. Sovetskie raiony Kitaia: Zakonodatel'stvo Kitaiskoi Sovetskoi Respubliki, 1931~1934 (Soviet Areas of China: Codes of Laws of the Chinese Soviet Republic, 1931~1934). Translated by Z. E. Maistrova. Moscow: Nauka, 1983.

Han Wenfu. *Deng Xiaoping zhuan* (A Biography of Deng Xiaoping). 2 vols. Taipei: Shibao wenhua, 1993.

He Long nianpu (Chronological Biography of He Long). Beijing: Zhonggong zhong-yang dangxiao chubanshe, 1988.

Heinzig, Dieter. *The Soviet Union and Communist China, 1945~1950: The Arduous Road to the Alliance.* Armonk, NY: Sharpe, 2004.

Hinton, William. *Fanshen: A Documentary of Revolution in a Chinese Village.* New York: Monthly Review Press, 2008.

Hinton, William. "A Trip to Fengyang County: Investigating China's New Family Contract System." *Monthly Review*, vol. 35, no. 6 (1983): 1~28.

History of the Chinese Communist Party—A Chronology of Events (1919~1990). Beijing: Foreign Languages Press, 1991.

Hood, Steven J. *Dragons Entangled: Indochina and the China-Vietnam War.* Armonk, NY: Sharpe, 1992.

Hsiao Tso-liang. *Power Relations Within the Chinese Communist Movement,*

1930~1934: A Study of Documents. Seattle: University of Washington Press, 1967.

Hu Sheng et al. *Zhongguo gongchandang qishi nian* (Seventy Years of the Chinese Communist Party). Beijing: Zhonggong dangshi chubanshe, 1991.

Huang Lingjun. "Liu Shaoqi yu dayuejin" (Liu Shaoqi and the Great Leap Forward). *Zhongguo xiandaishi* (*Contemporary History of China*), no. 7 (2003): 107~111.

Huang Xianfan. *Zhuangzu tongshi* (Comprehensive History of the Zhuang). Nanning: Guangxi renmin chubanshe, 1988.

Jiang Boying et al. "Deng Zihui." In Hu Hua, ed. *Zhonggong dangshi renwu zhuan*(Biographies of Persons in CCP History). Vol. 7. Xi'an: Shaanxi renmin chuban she, 1990, 296~380.

Jin Chongji, ed. *Liu Shaoqi zhuan: 1898~1969* (Biography of Liu Shaoqi: 1898-1969). 2 vols. Beijing: Zhongyang wenxian chubanshe, 2008.

Jin Chongji, ed. *Mao Zedong zhuan (1893~1949)* (Biography of Mao Zedong [1893~1949]). Beijing: Zhongyang wenxian chubanshe, 2004.

Jin Chongji, ed. *Zhou Enlai zhuan: 1898~1976* (Biography of Zhou Enlai: 1898~1976).2 vols. Beijing: Zhongyang wenxian chubanshe, 2009.

Jin Qiu. *The Culture of Power: The Lin Biao Incident in the Cultural Revolution.* Stanford, CA: Stanford University Press, 1999.

Jin Xiaoming, et al. " Deng jia lao yuanzi' de lao gushi" (Old Stories of "The Deng Family Old Household"). *Renmin ribao* (*People's Daily*), Aug. 22, 2004.

Jin Yanshi, et al. "Liu Bojian." In Hu Hua, ed. *Zhonggong dangshi renwu zhuan* (Biographies of Persons in CCP History). Vol. 4. Xi'an: Shaanxi renmin chuban she, 1982), 255~294.

Jocelyn, Ed, and Andrew McEwen. *The Long March and the True Story Behind the Legendary Journey that Made Mao's China.* London: Constable, 2006.

Ivin, A. *Sovetskii Kitai* (Soviet China). Moscow: "Molodaia gvardiia," 1931.

Kapitsa, M. S. *Sovetsko-kitaiskie otnosheniia* (Soviet-Chinese Relations). Moscow: Gospolitizdat, 1958.

Kapp, Robert A. *Szechwan and the Chinese Republic: Provincial Militarism and Central Power, 1911~1938.* New Haven: Yale University Press, 1973.

Karpov, M. V. *Ekonomicheskie reformy i politicheskaia bor'ba v KNR (1984~1989)*(Economic Reforms and Political Struggle in the PRC [1984~1989]). Moscow: ISAA of MGU Press, 1997.

Kaup, Katherine Palmer. *Creating the Zhuang: Ethnic Politics in China.* Boulder, CO, and London: L. Reiner, 2000.

Kelliher, Daniel. *Peasant Power in China: The Era of Rural Reform, 1979~1989.* New Haven: Yale University Press, 1992.

Kenny, Henry J. "Vietnamese Perceptions of the 1979 War with China." In Mark A. Ryan, David M. Finkelstein, and Michael A. McDevitt, eds. *Chinese Warfighting: The PLA Experience Since 1949.* Armonk, NY: Sharpe, 2003, 217~240.

Klein, Donald, and Anne Clark. *Biographic Dictionary of Chinese Communism: 1921~1969.* 2 vols. Cambridge, MA: Harvard University Press, 1971.

Kratkaia Istoriia KPK (1921~1991) (A Short History of the CCP [1921~1991]). Beijing: Izdatel'stvo literatury na inostrannykh iazykakh, 1993.

Kringer, Benjamin E. "The Third Indochina War: A Case Study on the Vietnamese Invasion of Cambodia." In Ross A. Fisher, John Norton Moore, and Robert F. Turner, eds. *To Oppose Any Foe: The Legacy of U.S. Intervention in Vietnam.* Durham, NC: Carolina Academic Press, 2006, 275~326.

Krivosheev, G. F., ed. *Grif sekretnosti sniat: Poteri Vooruzhennykh Sil SSSR v voinakh, boevykh deistviiakh i voennykh konfliktakh: Statisticheskoe issledovanie* (The Stamp of Secrecy Is Removed: Losses of the Armed Forces of the USSR in Wars, Battles, and Armed Conflicts: A Statistical Analysis). Moscow: Voennoye izdatel'stvo, 1993.

Kuhn, Robert Lawrence. *The Man Who Changed China: The Life and Legacy of Jiang Zemin.* New York: Crown, 2004.

Kulik, B. T. *Sovetsko-kitaiskii raskol: Prichiny i posledstviia* (The Sino–Soviet Split: Causes and Consequences). Moscow: IDV RAN, 2000.

Lan Handong, and Lan Qixun. *Wei Baqun.* Beijing: Zhongguo qingnian chubanshe, 1986.

Lao Tsu. *Tao Te Ching.* Translated by Ralph Alan Dale. London: Watkins, 2002.

Lary, Diana. *Region and Nation: The Kwangsi Clique in Chinese Politics, 1925~1937.* London: Cambridge University Press, 1974.

Ledovskii, A. M. *Delo Gao Gana-Rao Shushi* (The Gao Gang, Rao Shushi Affair). Moscow: IDV AN SSSR, 1990.

Lee, Frederic E. *Currency, Banking, and Finance in China.* Washington, DC: U.S. Government Printing Office, 1926.

Leng Buji. *Deng Xiaoping zai Gannan* (Deng Xiaoping in South Jiangxi). Beijing: Zhongyang wenxian chubanshe, 1995.

Leng Rong and Wang Zuoling, eds. *Deng Xiaoping nianpu: 1975~1997* (Chronological Biography of Deng Xiaoping: 1975~1997). 2 vols. Beijing: Zhongyang wenxian chubanshe, 2004.

Leng Rong and Yan Jianqi, eds. *Deng Xiaoping huazhuan* (Pictorial Biography of Deng Xiaoping). 2 vols. Chengdu: Sichuan chuban jituan/Sichuan renmin chubanshe, 2004.

Lévesque, Léonard. *Hakka Beliefs and Customs.* Translated by J. Maynard Murphy. Taichung: Kuang Chi Press, 1969.

Levich, Eugene W. *The Kwangsi Way in Kuomintang China, 1931~1939.* Armonk, NY: Sharpe, 1993.

Levine, Marilyn A. *The Found Generation: Chinese Communists in Europe During the Twenties.* Seattle: University of Washington Press, 1993.

Levine, Steven I. *Anvil of Victory: The Communist Revolution in Manchuria, 1945~1948.* New York: Columbia University Press, 1987.

Lew, Christopher R. *The Third Chinese Revolutionary Civil War, 1945~1949: An Analysis of Communist Strategy and Leadership.* London and New York: Routledge, 2009.

Li Jingtian, ed. *Yang Shangkun nianpu, 1907~1998* (Chronological Biography of Yang Shangkun, 1907~1998). Vol. 1. Beijing: Zhonggong dangshi chubanshe, 2008.

Li Ping. *Kaiguo zongli Zhou Enlai* (Zhou Enlai, the First Premier). Beijing: Zhonggong zhongyang dangxiao chubanshe, 1994.

Li Ping and Ma Zhisun, eds. *Zhou Enlai nianpu (1949~1976)* (Chronological Biography of Zhou Enlai: [1949~1976]). 3 vols. Beijing: Zhongyang wenxian chubanshe, 1997.

Li Xiannian nianpu (Chronological Biography of Li Xiannian). 6 vols. Beijing: Zhongyang wenxian chubanshe, 2011.

Li Xiannian zhuan: 1949~1992 (Biography of Li Xiannian: 1949~1992). 2

vols. Beijing: Zhongyang wenxian chubanshe, 2009.

Li Xing and Zhu Hongzhao, eds. *Bo Gu, 39 suide huihuang yu beizhuang* (Brilliant Rise and Tragic End at 39). Shanghai: Xuelin chubanshe, 2005.

Li Xinzhi and Wang Yuezong, eds. *Weida de shijian, guanghui de sixiang—Deng Xiaoping geming huodong dashiji* (Great Practice, Glorious Ideology—Chronicle of Basic Events in the Revolutionary Activity of Deng Xiaoping). Beijing: Hualing chubanshe, 1990.

Li Ying, ed. *Cong yida dao shiliu da* (From the First to the Sixteenth Congress). 2 vols. Beijing: Zhongyang wenxian chubanshe, 2002.

Li Yuan, ed. *Mao Zedong yu Deng Xiaoping* (Mao Zedong and Deng Xiaoping). Beijing: Zhonggong dangshi chubanshe, 2008.

Liao Gailong et al., eds. *Mao Zedong baike quanshu* (Encyclopedia of Mao Zedong). 7 vols. Beijing: Guangming ribao chubanshe, 2003.

Liao Gailong, et al., eds. *Zhongguo gongchandang lishi da cidian: Chuangli shiqi fengqi* (Great Dictionary of the History of the Chinese Communist Party: Foundation Period Section). Beijing: Zhonggong zhongyang dangxiao chubanshe, 1989.

Liao Gailong, et al., eds. *Zhongguo gongchandang lishi da cidian. Zengdingben: Shehui geming shiqi* (Great Dictionary of the History of the Chinese Communist Party. Expanded edition: The Period of the Socialist Revolution). Rev. ed. Beijing: Zhonggong zhongyang dangxiao chubanshe, 2001.

Liao Gailong, et al., eds. *Zhongguo gongchandang lishi da cidian. Zengdingben: Xin minzhu zhuyi geming shiqi* (Great Dictionary of the History of the Chinese Communist Party. Expanded edition: The Period of the New Democratic Revolution). Rev. ed. Beijing: Zhonggong zhongyang dangxiao chubanshe, 2001.

Liao Gailong, et al., eds. *Zhongguo gongchandang lishi da cidian. Zengdingben. Zonglun: Renwu.* (Great Dictionary of the History of the Chinese Communist Party. Expanded edition. General section: Personnel). Rev. ed. Beijing: Zhonggong zhongyang dangxiao chubanshe, 2001.

Liao Gailong, et al., eds. *Zhongguo renwu da cidian* (Great Dictionary of China's Personalities). Shanghai, Shanghai cishu chubanshe, 1992.

"Liner André Lebon.", http:/www.frenchlines.com/ship_en_1018.php.

Liu Binyan, with Ruan Ming, and Xu Gang. *"Tell the World": What Happened in China and Why*. Translated by Henry L. Epstein. New York: Pantheon Books, 1989.

Liu Chongwen and Chen Shaochou, eds. *Liu Shaoqi nianpu: 1898~1969* (Chronological Biography of Liu Shaoqi: 1898~1969). (2) vols. Beijing: Zhongyang wenxian chu banshe, 1998.

Liu Guokai. *A Brief Analysis of the Cultural Revolution*. Armonk, NY: Sharpe, 1987.

Liu Jixian, ed. *Ye Jianying nianpu (1897~1986)* (Chronological Biography of Ye Jianying [1897~1986]). 2 vols. Beijing: Zhongyang wenxian chubanshe, 2007.

Lo Ping. "The Last Eight Days of Hu Yaobang." In Michel Oksenberg, Lawrence R. Sullivan, and Marc Lambert, eds. *Beijing Spring, 1989: Confrontation and Conflict: The Basic Documents*. Armonk, NY: Sharpe, 1990, 195~203.

Lu Ren and Liu Qingxia. "Mao Zedong chong Heluxiaofu fahuo" (How Mao Got Angry at Khrushchev). *Zhuanji wenxue (Biographical Literature)*, no. 4 (2004): 21~28.

Lubetkin, Wendy. *Deng Xiaoping*. New York: Chelsea House, 1988.

Luo Shaozhi. "Cai mu Ge Jianhao" (Mama Cai, Ge Jianhao). In Hu Hua, ed. *Zhonggong dangshi renwu zhuan* (Biographies of Persons in CCP History). Vol. 6. Xi'an: Shaanxi renmin chubanshe, 1982, 47~57.

Luo Shaozhi et al. "Cai Hesen." In Hu Hua, ed. *Zhonggong dangshi renwu zhuan* (Biographies of Persons in CCP History). Vol. 6. Xi'an: Shaanxi renmin chuban she, 1982, 1~46.

Luo Zhengkai et al., eds. *Deng Xiaoping zaoqi geming huodong* (Deng Xiaoping's Early Revolutionary Activity). Shenyang: Liaoning renmin chubanshe, 1991.

Lüthi, Lorenz M. *The Sino-Soviet Split: Cold War in the Communist World*. Princeton, NJ: Princeton University Press, 2008.

Ma Qibin et al., eds. *Zhongguo gongchandang zhizheng sishi nian (1949~1989): Zengdingben* (Forty Years of the Leadership of the CCP [1949~1989]). Rev. ed. Beijing: Zhonggong dangshi chubanshe, 1991.

Macdonald, Douglas J. *Adventures in Chaos: American Intervention for Reform in the Third World*. Cambridge, MA: Harvard University Press, 1992.

MacFarquhar, Roderick. *The Hundred Flowers Campaign and the Chinese Intellectuals*. New York: Praeger, 1960.

MacFarquhar, Roderick. *The Origins of the Cultural Revolution. Vol. 1: Contradictions Among the People, 1956~1957*. New York: Columbia University Press, 1974.

MacFarquhar, Roderick. *The Origins of the Cultural Revolution. Vol. 2: The Great Leap Forward, 1958~1960*. New York: Columbia University Press, 1983.

MacFarquhar, Roderick. *The Origins of the Cultural Revolution. Vol. 3: The Coming of the Cataclysm, 1961~1966*. New York: Columbia University Press, 1997.

MacFarquhar, Roderick, and Michael Schoenhals. *Mao's Last Revolution*. Cambridge, MA: Belknap Press of Harvard University Press, 2006.

Maliavin, V. V. *Kitaiskaia tsivilizatsiia* (Chinese Civilization). Moscow: Astrel', 2004.

Marx, Karl. "Capital. Vol. 1. The Process of Production of Capital." In Karl Marx and Friedrich Engels. *Collected Works*. Vol. 35. [Translated by Richard Dixon and oth ers.] New York: International, 1996.

Marx, Karl. "Critique of the Gotha Program." In Karl Marx and Friedrich Engels. *Collected Works*. Vol. 24. [Translated by Richard Dixon and others]. New York: International, 1989.

McCord, Edward A. *The Power of the Gun: The Emergence of Modern Chinese Warlordism*. Berkeley: University of California Press, 1993.

Meisner, Maurice. *The Deng Xiaoping Era: An Inquiry into the Fate of Chinese Socialism, 1978~1994*. New York: Hill and Wang, 1996.

Meisner, Maurice. *Li Ta-chao and the Origins of Chinese Marxism*. New York: Atheneum, 1979.

Meisner, Maurice. *Mao's China and After: A History of the People's Republic*. 3rd ed. New York: Free Press, 1999.

Meliksetov, A. V., ed. *Istoriia Kitaia* (History of China). Moscow: Izdatel'stvo MGU, 1998.

Meliksetov, A. V. " 'Novaia demokratiia' " i vybor Kitaem putei sotsial'no-ekonomicheskogo razvitiia (1949~1953)" ("New Democracy" and China's

Choice of a Socio-economic Development Path in 1949~1953). *Problemy Dal'nego Vostoka(Far Eastern Affairs)*, no. 1 (1996): 82~95.

Meliksetov, A. V. *Pobeda kitaiskoi revoliutsii: 1945~1949* (The Victory of the Chinese Revolution: 1945~1949). Moscow: Nauka, 1989.

Meliksetov, A. V., and Alexander Pantsov. "Stalinization of the People's Republic of China." In William C. Kirby, ed. *Realms of Freedom in Modern China*. Stanford, CA: Stanford University Press, 2003, 198~233.

Mencius. *Mencius*. Translated by Irene Bloom. New York: Columbia University Press, 2009.

Meng Xinren, and Cao Shusheng. *Feng Yuxiang zhuan* (Biography of Feng Yuxiang). Hefei: Anhui renmin chubanshe, 1998.

Morris, Stephen J. "The Soviet-Chinese-Vietnamese Triangle in the 1970's: The View from Moscow." *CWIHP Working Paper*, no. 25 (April 1999).

Morris, Stephen J. *Why Vietnam Invaded Cambodia: Political Culture and the Causes of War*. Stanford, CA: Stanford University Press, 1999.

Mugruzin, A. S. *Agrarnye otnosheniia v Kitae v 20~40-kh godakh XX veka* (Agrarian Relations in China in the 1920s~1940s). Moscow: Nauka, 1970.

Niu Jun. "1962: The Eve of the Left Turn in China's Foreign Policy." *CWIHP Working Paper*, no. 48 (October 2005).

Niu Jun. "The Origins of the Sino-Soviet Alliance." In O. Arne Westad, ed. *Brothers in Arms: The Rise and Fall of the Sino-Soviet Alliance, 1945~1963*. Stanford, CA: Stanford University Press, 1998, 47~89.

North, Robert C. *Moscow and Chinese Communists*. Stanford, CA: Stanford University Press, 1953.

Naughton, Barry. *Growing out of the Plan: Chinese Economic Reform, 1978-1993*. Cambridge, UK: Cambridge University Press, 1995.

Palmer, James. *Heaven Cracks, Earth Shakes: The Tangshan Earthquake and the Death of Mao's China*. New York: Basic Books, 2012.

Pan Ling. *In Search of Old Shanghai*. Hong Kong: Joint Pub., 1983.

Pang Pang. *The Death of Hu Yaobang*. Translated by Si Ren. Honolulu: Center for Chinese Studies, School of Hawaiian, Asian, and Pacific Studies, University of Hawai'i, 1989.

Pang Xianzhi, ed. *Mao Zedong nianpu: 1893~1949* (Chronological Biography of Mao Zedong: 1893~1949). 3 vols. Beijing: Renmin chubanshe/

Zhongyang wenxian chubanshe, 2002.

Pang Xianzhi and Jin Chongji, eds. *Mao Zedong zhuan (1949~1976)* (Biography of Mao Zedong [1949~1976]). 2 vols. Beijing: Zhongyang wenxian chubanshe, 2003.

Pantsov, Alexander V. *The Bolsheviks and the Chinese Revolution 1919~1927.* Honolulu: University of Hawai'i Press, 2000.

Pantsov, Alexander *Den Siaopin* (Deng Xiaoping). Moscow: "Molodaia gvardiia," 2013.

Pantsov, Alexander V. *Iz istorii ideinoi bor'by v kitaiskom revoliutsionom dvizhenii 20~40-x godov* (On the History of Ideological Struggle in the Chinese Revolutionary Movement, 1920s~1940s). Moscow: Nauka, 1985.

Pantsov, Alexander V. "Liubimets partii" (The Favorite of the Party). *The Primary Russian Magazine*, no. 20 (2013): 95~100.

Pantsov, Alexander V. *Mao Tszedun* (Mao Zedong). 2nd, rev. ed. Moscow: "Molodaia gvardiia," 2012.

Pantsov, Alexander V. "Obrazovanie opornykh baz 8-i Natsional'no-revoliutsionnoi armii v tylu iaponskikh voisk v Severnom Kitae" (Establishment of Base Areas of the 8th National Revolutionary Army in the rear of Japanese Troops in North China). In M. F. Yuriev, ed. *Voprosy istorii Kitaia* (Problems of Chinese History). Moscow: Izdatel'stvo MGU, 1981, 39~43.

Pantsov, Alexander V., and Daria A. Spichak. "Deng Xiaoping in Moscow (1926~1927): Ideological Development of a Chinese Reformer." *Far Eastern Affairs*, no. 4 (November 2011): 153~164.

Pantsov, Alexander V., and Daria A. Spichak. "Light from the Russian Archives: Chinese Stalinists and Trotskyists at the International Lenin School, 1926~1938." *Twentieth-Century China*, no. 2 (2008): 29~50.

Pantsov, Alexander V., and Gregor Benton. "Did Trotsky Oppose Entering the Guomindang 'From the First'?" *Republican China*, vol. 19, no. 2 (April 1994): 52~66.

Pantsov, Alexander V., and Steven I. Levine. *Chinese Comintern Activists: An Analytic Biographic Dictionary.* (Manuscript.)

Pantsov, Alexander V., with Steven I. Levine. *Mao: The Real Story.* New York: Simon & Schuster, 2012, 심규호 옮김, 《마오쩌둥 평전》(민음사, 2017).

Peng Chengfu. "Zhao Shiyan." In Hu Hua, ed. *Zhonggong dangshi renwu zhuan* (Biographies of Persons in CCP History). Vol. 7. Xi'an: Shaanxi renmin chuban she, 1983, 1~48.

Peng Dehuai nianpu (Chronological Biography of Peng Dehuai). Beijing: Renmin chubanshe, 1998.

Peng Zhen nianpu (1902~1997) (Chronological Biography of Peng Zhen, 1902~1997). vol. 1 Beijing: Zhongyang wenxian chubanshe, 2002.

Pepper, Suzanne. *Civil War in China: The Political Struggle, 1945~1949.* 2nd ed. Lanham, MD: Rowman & Littlefield, 1999.

Perevertailo, A. S., et al., eds. *Ocherki istorii Kitaia v noveishee vremia* (An Outline History of Contemporary China). Moscow: Izd-vo vostochnoi literatury, 1959.

Perry, Elizabeth J., and Li Xun. *Proletarian Power: Shanghai in the Cultural Revolution.* Boulder, CO: Westview Press, 1997.

Pilger, John. *Heroes.* Cambridge, MA: South End Press, 2001.

Poston, Jr., Dudley L., and David Yaukey, eds. *The Population of Modern China.* New York: Plenum Press, 1992.

Qing Shi (Yang Kuisong). "Gongchan guoji yazhi Mao Zedong le ma?—Mao Zedong yu Mosike de enen yuanyuan" (Did the Comintern Suppress Mao Zedong?

Concord and Discord in the Relations Between Mao Zedong and Moscow). *Bainian chao (Century Tides),* no. 4 (1997): 21~33.

Qing Wu and Fang Lei. *Deng Xiaoping zai 1976* (Deng Xiaoping in 1976). 2 vols. Shenyang: Chunfeng wenyi chubanshe, 1993.

Ramsay, Robert S. *The Languages of China.* Princeton, NJ: Princeton University Press, 1987.

Ray, Hemen. *China's Vietnam War.* New Delhi: Radiant, 1983.

Ren Bishi nianpu, 1904~1950 (Chronological Biography of Ren Bishi, 1904~1950). Beijing: Zhongyang wenxian chubanshe, 2004.

Ren Jianshu. "Chen Duxiu." In Wang Qi and Chen Zhiling, eds. *Zhonggong dangshi renwu zhuan* (Biographies of Persons in the CCP History). Vol. 51. Xi'an: Shaanxi renmin chubanshe, 1992, 1~129.

Rethinking the "Cultural Revolution." Beijing: Beijing Review, 1987.

Riabushkin, D. S. *Mify Damanskogo* (Myths of Damansky). Moscow: AST,

2004.

Roberti, Mark. *The Fall of Hong Kong: China's Triumph and Britain's Betrayal.* New York: Wiley, 1996.

Roberts, Priscilla, ed. *Behind the Bamboo Curtain: China, Vietnam, and the World Beyond Asia.* Washington, DC, and Stanford, CA: Woodrow Wilson Center Press and Stanford University Press, 2006.

Ross, Robert S. *The Indochina Tangle: China's Vietnam Policy, 1975~1979.* New York: Columbia University Press, 1988.

Rue, John E. *Mao Tse-tung in Opposition: 1927~1935.* Stanford, CA: Stanford University Press, 1966.

Saich, Tony, and Hans J. van de Ven, eds. *New Perspectives on the Chinese Communist Revolution.* Armonk, NY: Sharpe, 1995.

Salisbury, Charlotte Y. *Long March Diary: China Epic.* New York: Walker, 1986.

Salisbury, Harrison E. *The Long March: The Untold Story.* New York: Harper & Row, 1985.

Salisbury, Harrison. *The New Emperors: China in the Era of Mao and Deng.* Boston: Little, Brown, 1992.

Sándor, Petöfi. *Rebel or Revolutionary: Sándor Petöfi as Revealed by His Diary, Letters, Notes, Pamphlets and Poems.* Translated by Edwin Morgan. Budapest: Corvina Press, 1974.

Schram, Stuart R. *Mao Tse-tung.* New York: Simon and Schuster, 1966.

Schram, Stuart R. *Mao Tse-tung.* Harmondsworth: Penguin, 1974.

Sergeant, Harriet. *Shanghai.* London: Jonathan Cape, 1991.

Shambaugh, David L. *The Making of a Premier: Zhao Ziyang's Provincial Career.* Boulder, CO: Westview Press, 1984.

Shen Zhihua. "Zhonggong bada weishemma buti 'Mao Zedong sixang?'" (Why Did the Eighth Congress Not Raise "Mao Zedong Thought?" *Lishi jiaoxue* (*Teaching of History*), no. 5 (2005): 5~10.

Shen Zhihua and Yafeng Xia. "Between Aid and Restrictions: Changing Soviet Policies Toward China's Nuclear Weapons Program, 1954–1960." *Nuclear Proliferation International History Project Working Paper.* No. 2 (May 2012).

Sheridan, James E. *Chinese Warlord: The Career of Feng Yu-hsiang.* Stanford,

CA: Stanford University Press, 1966.

Shevelev, K. V. *Formirovaniie sotsial'no-ekonomicheskoi politiki rukovodstva KPK v 1949~1956 godakh (rukopis')* (The Formation of the CCP's Socio-economic Policy in 1949~1956). (Manuscript.)

Shevelev, K. V. *Iz istorii obrazovaniia Kommunisticheskoi partii Kitaia* (From the History of the Establishment of the Communist Party of China). Moscow: IDV AN SSSR, 1976.

Shih, Victor. *Factions and Finance in China: Elite Conflict and Inflation.* New York: Cambridge University Press, 2008.

Shiji xiange, bainian chuanxiang: Sichuan da xuexiao shizhan (1896~2006) (Instrumental Song of a Centenary Echoes for a Hundred Years: History of Universities in Sichuan). Chengdu: Sichuan daxue chubanshe, 2007.

Short, Philip. *Mao: A Life.* New York: Holt, 1999.

Song Yuxi and Mo Jiaolin. *Deng Xiaoping yu kangri zhanzheng* (Deng Xiaoping and the Anti-Japanese War). Beijing: Zhongyang wenxian chubanshe, 2005.

Spence, Jonathan D. *Mao Zedong.* New York: Viking, 1999.

Spence, Jonathan D. *The Search for Modern China.* 2nd ed. New York: Norton, 1999.

Spichak, Daria A. *Kitaitsy vo Frantsii* (Chinese in France). (Manuscript.)

Spichak, Daria A. *Kitaiskii avangard Kremlia: Revoliutsionery Kitaia v moskovskikh shko lakh Kominterna (1921~1939)* (The Chinese Vanguard of the Kremlin: Revolutionaries of China in Moscow Comintern Schools [1921~1939]). Moscow: "Veche," 2012.

Solinger, Dorothy J. *Regional Government and Political Integration in Southwest China, 1949~1954: A Case Study.* Berkeley: University of California Press, 1977.

Stewart, Whitney. *Deng Xiaoping: Leader in a Changing China.* Minneapolis, MN: Lerner, 2001.

Stranahan, Patricia. *Underground: The Shanghai Communist Party and the Politics of Survival, 1927~1937.* Lanham, MD: Rowman & Littlefield, 1998.

Su Shaozhi. *Democratization and Reform.* Nottingham: Spokesman, 1988.

Sun Qiming. "Chen Yannian." In Hu Hua, ed. *Zhonggong dangshi renwu zhuan* (Biographies of Persons in CCP History). Vol. 12. Xi'an: Shaanxi renmin chuban she, 1983, 1~38.

Sun Shuyun. *The Long March: The True History of Communist China's Founding Myth.* New York: Doubleday, 2006.

Sweeney, Pete. "Burying Deng: Ezra Vogel Lets Deng Xiaoping off the Hook." *China Economic Review,* vol. 22, no. 11 (November 2011): 62. "A Symposium on Marxism in China Today: An Interview with Su Shaozhi, with Comments by American Scholars and a Response by Su Shaozhi." *Bulletin of Concerned Asian Scholars,* vol. 20, no. 1 (January~March 1988): 11~35.

Taihang geming genjudi shigao, 1937~1949 (Draft History of the Taihang Revolutionary Base Area, 1937~1949). Taiyuan: Shanxi renmin chubanshe, 1987.

Tang Chunliang. *Li Lisan quanzhuan* (A Complete Biography of Li Lisan). Hefei: Anhui renmin chubanshe, 1999.

Tang Chunliang. *Li Lisan zhuan* (Biography of Li Lisan). Harbin: Heilongjiang ren min chubanshe, 1984.

Tang Peiji, ed. *Zhongguo lishi da nianbiao: Xiandaishi juan* (Chronology of Events in Chinese History: Contemporary History Volume). Shanghai: Shanghai cishu chubanshe, 1997.

Tang Zhentang. *Jindai Shanghai fanhualu* (Lively Notes on Modern Shanghai). Beijing: Shangwu yinshuguan, 1993.

Taubman, William. *Khrushchev: The Man and His Era.* New York: Norton, 2003.

Taylor, Jay. *The Generalissimo: Chiang Kai-shek and the Struggle for Modern China.* Cambridge, MA: Belknap Press of Harvard University Press, 2009.

Teiwes, Frederick C. *Politics and Purges in China: Rectification and the Decline of Party Norms, 1950~1965.* 2nd ed. Armonk, NY: Sharpe, 1993.

Teiwes, Frederick C. *Politics at Mao's Court: Gao Gang and Party Factionalism.* Armonk, NY: Sharpe, 1990.

Teiwes, Frederick C., and Warren Sun. *The End of the Maoist Era: Chinese Politics During the Twilight of the Cultural Revolution, 1972~1976.* Armonk, NY: Sharpe, 2007.

Teiwes, Frederick C., and Warren Sun, eds. *The Politics of Agricultural*

Cooperativization in China: Mao, Deng Zihui and the "High Tide" of 1955. Armonk, NY: Sharpe, 1993.

Terrill, Ross. *Madam Mao: The White-boned Demon.* Rev. ed. Stanford, CA: Stanford University Press, 1999.

Thomas, S. Bernard. *Season of High Adventure: Edgar Snow in China.* Berkeley: University of California Press, 1996.

Titarenko, M. L., ed. Istoriia Kommunisticheskoi partii Kitaia (History of the Communist Party of China). 2 vols. Moscow: IDV AN SSSR, 1987.

Titarenko, M. L. ed. *40 let KNR* (Forty Years of the PRC). Moscow: Nauka, 1989.

Titov, A. S. *Iz istorii bor'by i raskola v rukovodstve KPK, 1935~1936 gg.* (From the History of Struggle and Split in the Leadership of the CCP, 1935~1936). Moscow: Nauka, 1979.

Titov, A. S. *Materialy k politicheskoi biografii Mao Tsze-duna* (Materials for a Political Biography of Mao Zedong). 3 vols. Moscow: IDV AN SSSR, 1969.

Tønnesson, Stein, and Christopher E. Goscha. "Le Duan and the Break with China." In Priscilla Roberts, ed. *Behind the Bamboo Curtain: China, Vietnam, and the World Beyond Asia.* Washington, DC, and Stanford, CA: Woodrow Wilson Center Press and Stanford University Press, 2006, 453~486.

Turnley, David. *Beijing Spring.* New York: Stewart, Tabori & Chang, 1989.

Tyler, Patrick. *A Great Wall: Six Presidents and China: An Investigative History.* New York: PublicAffairs, 1999.

Usov, V. N. *KNR: Ot " bol'shogo skachka" k " kul'turnoi revoliutsii" (1960~1966)* (The PRC: From the Great Leap to the Cultural Revolution, 1960~1966). 2 parts. Moscow: IDV RAN, 1998.

Vogel, Ezra F. *Canton Under Communism: Programs and Politics in a Provincial Capital.* Cambridge, MA: Harvard University Press, 1969.

Vogel, Ezra F. *Deng Xiaoping and the Transformation of China.* Cambridge, MA: Belknap Press of Harvard University Press, 2011, 심규호, 유소영 옮김, 《덩샤오핑 평전》(민음사, 2014).

Wakeman, Jr., Frederic. *Policing Shanghai, 1927~1937.* Berkeley: University of California Press, 1995.

Wang Dong. "The Quarreling Brothers: New Chinese Archives and a

Reappraisal of he Sino–Soviet Split, 1959~1962." *CWIHP Working Paper*, no. 36 (April 2002).

Wang Fukun, ed. *Hong qi jun hong ba jun zong zhihui Li Mingrui* (Li Mingrui, Commander-in-chief of the 7th and 8th Corps of the Red Army). Nanning: Guanxi renmin chubanshe, 2008.

Wang Jianmin. *Zhongguo gongchandang shigao* (A Draft History of the Chinese Communist Party). 3 vols. Taipei: Author Press, 1965.

Wang Jianying, ed. *Zhongguo gongchandang zuzhi shi ziliao huibian— lingdao jigou yange he chengyuan minglu* (Collection of Documents on the Organizational History of Chines Communist Party —The Evolution of Leading Organs and Name List of Personnel). Beijing: Hongqi chubanshe, 1983.

Wang Linmao. "Lei Jingtian." In Hu Hua, ed. *Zhonggong dangshi renwu zhuan* (Biographies of Persons in CCP History). Vol. 20. Xi'an: Shaanxi renmin chuban she, 1984, 346~360.

Wang Meng. *Bolshevik Salute: A Modernist Chinese Novel*. Translated by Wendy Larson. Seattle: University of Washington Press, 1989.

Wang, Nora. "Deng Xiaoping: The Years in France." *China Quarterly*, vol. 92 (December 1982): 698~705.

Wang, Nora. *Émigration et Politique: Les tudiants-Ouvriers Chinois en France (1919~1925)* (Emigration and Politics: Chinese Worker–Students in France [1919~1925]). Paris: Indes savantes, 2002.

Wang Shaoguang. *Failure of Charisma: The Cultural Revolution in Wuhan*. Hong Kong: Oxford University Press, 1995.

Wang Shi, ed. *Zhongguo gongchandang lishi jianbian* (Short History of the Chinese Communist Party). Shanghai: Shanghai renmin chubanshe, 1959.

Wang Shoujun and Zhang Fuxing. *Fanfu fengbao—Kaiguo sutan di yi zhan* (The Hurricane Aimed Against Corruption —The First Battle After the Founding of the PRC to Liquidate Corruption). Beijing: Zhonggong dangshi chubanshe, 2009.

Wang Shuo. "Teshi teban: Hu Yaobang yu jingji tequ" (Special Things Done in Special Ways: Hu Yaobang and Special Economic Zones). *Yanhuang chunqiu* (*History of China*), no. 4 (2008): 36~40.

Wang Ting. *Chairman Hua: Leader of the Chinese Communists*. Montreal: McGill–Queen's University Press, 1980.

Wang Xingfu. *Linshi sanxiongdi: Lin Yuying, Lin Yunan, Lin Biao* (The Three Lin Brothers: Lin Yuying, Lin Yunan, Lin Biao). Wuhan: Hubei renmin chubanshe, 2004.

Weatherley, Robert. *Mao's Forgotten Successor: The Political Career of Hua Guofeng*. New York: Palgrave Macmillan, 2010.

Wedeman, Andrew Hall. *The East Wind Subsides: Chinese Foreign Policy and the Origins of the Cultural Revolution*. Washington, DC: Washington Institute Press, 1988.

Wei, Betty Peh-t'i. *Old Shanghai*. Hong Kong: Oxford University Press, 1993.

Wei Renzheng, ed. *Deng Xiaoping zai Jiangxi rizi* (The Days Deng Xiaoping Spent in Jiangxi). Beijing: Zhonggong dangshi chubanshe, 1997.

Wen Xianmei and Deng Shouming. *Wusi yundong yu Sichuan jiandang* (May 4th Movement and Party Building in Sichuan). Chengdu: Sichuan renmin chubanshe, 1985.

Westad, Odd Arne, ed. *Brothers in Arms: The Rise and Fall of the Sino-Soviet Alliance, 1945~1963*. Stanford, CA: Stanford University Press, 1998.

Westad, Odd Arne. *Cold War and Revolution: Soviet-American Rivalry and the Origins of the Chinese Civil War, 1944~1946*. New York: Columbia University Press, 1993.

Westad, Odd Arne. *Decisive Encounters: The Chinese Civil War, 1946~1950*. Stanford, CA: Stanford University Press, 2003.

Westad, Odd Arne. "Fighting for Friendship: Mao, Stalin, and the Sino-Soviet Treaty of 1950." *CWIHP Bulletin*, nos. 8~9 (1996~1997): 224~236.

Wilhelm, Richard, ed. *The Chinese Fairy Book*. New York: Frederick A. Stokes, 1921.

Wilson, Dick. *Zhou Enlai: A Biography*. New York: Viking, 1984.

Wishnick, Elizabeth. *Mending Fences: The Evolution of Moscow's China Policy from Brezhnev to Yeltsin*. Seattle: University of Washington Press, 2001.

Woodhead, H. G. W., ed. *China Year Book 1931*. Nendeln/Liechtenstein: Kraus Reprint, 1969.

Wu Guoguang and Helen Lansdowne, eds. *Zhao Ziyang and China's Political Future* London: Routledge, 2012.

Wu Li, ed. *Zhongguo renmin gongheguo jingji shi* (Economic History of the PRC). 2 vols. Beijing: Zhongguo jingji chubanshe, 1999.

Wu Nanlan. "The Xiaogang Village Story.", http://www.china.org.cn/china/feature-content_11778487.htm.

Wu Qinjie, ed. *Mao Zedong guanghui licheng dituji* (Atlas of Mao Zedong's Glorious Historical Path). Beijing: Zhongguo ditu chubanshe, 2003.

Wu Shihong. *Deng Xiaoping yu Zhuo Lin* (Deng Xiaoping and Zhuo Lin). Beijing: Tuanjie chubanshe, 2006.

Xiao Denglin. *Wushi nian guoshi jiyao: Waijiao juan* (Draft History of State Affairs for the Past Fifty Years: Foreign Affairs Volume). Changsha: Hunan renmin chubanshe, 1999.

Xiao Xiaoqin et al., ed. *Zhonghua renmin gongheguo sishi nian* (Forty Years of the People's Republic of China). Beijing: Beijing shifan xueyuan chubanshe, 1990.

Xu Yuandong et al. *Zhongguo gongchandang lishi jianghua* (Lectures on the History of the CCP). Beijing: Zhongguo qingnian chubanshe, 1982.

Xu Zehao, ed. *Wang Jiaxiang nianpu: 1906~1974* (Chronological Biography of Wang Jiaxiang: 1906~1974). Beijing: Zhongyang wenxian chubanshe, 2001.

Xu Zhujin. *Jin Weiying zhuan* (Biography of Jin Weiying). Beijing: Zhonggong dang shi chubanshe, 2004.

Yang, Benjamin. *Deng: A Political Biography*. Armonk, NY: Sharpe, 1998.

Yang Jisheng. *Mubei: Zhongguo liushi niandai da jihuang jishi* (Tombstone: Unforgettable Facts About the Great Famine in the 1960s). 2 vols. Hong Kong: Tian di tushu youxian gongsi, 2008.

Yang Jisheng. *The Great Chinese Famine, 1958~1962*. Translated by Stacy Mosher and Guo Jian. New York: Farrar, Straus and Giroux, 2012.

Yang Kuisong. "Mao Zedong weishenma fangqi xinminzhuyi? Guanyu Eguo moshide yingxiang wenti" (Why Did Mao Zedong Discard New Democracy? On the Influence of the Russian Model). *Jindaishi yanjiu* (Studies in Modern History), no. 4 (1997): 139~183.

Yang Kuisong. "Xin zhongguo 'zhenya fangeming' yundong yanjiu" (A Study of New China's Campaign to "Suppress Counter-revolutionaries"), http://wenku.baidu.com/view/6a3d9b165f0e7cd18425362b.html

Yang Kuisong. *Zhonggong yu Mosike guanxi (1920~1960)* (Relations Between the CCP and Moscow [1920~1960]). Taibei: Sanmin shuju, 1997.

Yang Kuisong. *Zouxiang polie: Mao Zedong yu Mosike enen yuanyuan* (Heading for a Split: Concord and Discord in Relations Between Mao Zedong and Moscow). Hong Kong: Sanlian shudian, 1999.

Yang Shengqun and Liu Jintian, eds. *Deng Xiaoping zhuan (1904~1974)* (Biography of Deng Xiaoping [1904~1974]). 2 vols. Beijing: Zhongyang wenxian chubanshe, 2014.

Yang Shengqun and Yan Jianqi, eds. *Deng Xiaoping nianpu: 1904-1974* (Chronological Biography of Deng Xiaoping: 1904~1974). 3 vols. Beijing: Zhongyang wenxian chubanshe, 2010.

Yang Zhongmei. *Hu Yaobang: A Chinese Biography*. Translated by William A. Wycoff. Armonk, NY: Sharpe, 1988.

Ye Jianying zhuanlüe (Short Biography of Ye Jianying). Beijing: Junshi kexueyuan chubanshe, 1987.

Ye Xuanji. "Ye shuai zai shi yi di san zhongquanhui qianhou: Du Yu Guangyuan zhu '1978: Wo qinlide naci lishi da zhuanzhe yugan' " (Marshal Ye Before and After the Third Plenum of the Eleventh Central Committee: Impressions from Yu Guangyuan's Work *1978: The Great Historical Turning Point That I Personally Witnessed*), *Nanfang zhoumo* (*Southern Weekend*), Oct. 30, 2008.

Ye Yonglie. *Deng Xiaoping gaibian Zhongguo: Cong Hua Guofeng dao Deng Xiaoping* (Deng Xiaoping Transforms China: From Hua Guofeng to Deng Xiaoping). Chengdu: Sichuan renmin chubanshe, 2014.

Ye Yonglie. *Jiang Qing zhuan* (Biography of Jiang Qing). Beijing: Zuojia chubanshe, 1998.

Yen Chia-chi and Kao Kao. *The Ten-Year History of the Chinese Cultural Revolution*. Taipei: Institute of Current China Studies, 1988.

Yin Xuyi and Zheng Yifan. "Bukharin in the People's Republic of China." In Theodor Bergmann, Gert Schaefer, and Mark Selden, eds. *Bukharin in Retrospect*. Armonk, NY: Sharpe, 1994, 54~62.

Yu Guangren. "Deng Xiaoping qiushi yu fansi jingshen" (The Spirit of Deng Xiaoping: Seek the Truth and Reflect It). *Yanhuang chunqiu* (*History of China*), no. 4 (2002): 2~8.

Yu Miin-ling, L. *Sun Yat-sen University in Moscow, 1925~1930.* PhD dissertation. New York, 1995.

Yue Fei. "Man jiang hong" (The River Is Dyed Red). In Yue Fei. *Jingzhong Yue Fei quanji* (Collected Works of the Extremely Dedicated Patriot Yue Fei). Taipei: Hansheng chubanshe, 1976, 155.

Yuriev, M. F. *Revoliutsiia 1925~1927 gg. v Kitae* (The Revolution of 1925~1927 in China). Moscow: Nauka, 1968.

Zhai Qiang. "China and the Cambodian Conflict, 1970~1975." In Priscilla Roberts, ed. *Behind the Bamboo Curtain: China, Vietnam, and the World Beyond Asia.* Washington, DC, and Stanford, CA: Woodrow Wilson Center Press and Stanford University Press, 2006, 369~404.

Zhang Deyuan and He Kaiying. *Bianqian: Anhui nongcun gaige shulun* (Changes: On the Reform in the Anhui Countryside). Hefei: Anhui daxue chubanshe, 2004.

Zhang Heng and Jiang Fei, eds. *Zhonggong zhongyang zuzhi renshi jianmian tupu* (Brief Chronological Tables of the Organizational Composition of the CC CCP). Beijing: Zhongguo guangbo dianshi chubanshe, 2003.

Zhang Jingru et al. *Wusi yilai lishi renwu biming, bieming lu* (Collection of Pen names and Pseudonyms of Historical People Since the May 4 Movement). Xi'an: Shaanxi renmin chubanshe, 1986.

Zhang Junhua and Wang Shaomin. "Shi Kexuan." In Hu Hua, ed. *Zhonggong dangshi renwu zhuan* (Biographies of Persons in CCP History). Vol. 26. Xi'an: Shaanxi renmin chubanshe, 1985), 104~121.

Zhang Peisen, ed. *Zhang Wentian nianpu* (Chronological Biography of Zhang Wentian). 2 vols. Beijing: Zhonggong dangshi chubanshe, 2000.

Zhang Shu Guang. "Between 'Paper' and 'Real Tigers': Mao's View of Nuclear Weapons." In John Lewis Gaddis, et al., eds. *Cold War Statesmen Confront the Bomb: NuclearDiplomacy Since 1945.* New York: Oxford University Press, 1999, 194~215.

Zhang Shu Guang. "Sino-Soviet Economic Cooperation." In O. Arne Westad, ed. *Brothers in Arms: The Rise and Fall of the Sino-Soviet Alliance, 1945-1963.* Stanford, CA: Stanford University Press, 1998, 189~225.

Zhang Xiaoming. "China's 1979 War with Vietnam: A Reassessment." *China Quarterly*, vol. 184 (December 2005): 851~874.

Zhang Yunyi dajiang huazhuan (Pictorial Biography of General Zhang Yunyi). Chengdu: Sichuan renmin chubanshe, 2009.

Zhanhou zhongsu guanxi zouxiang (1945~1960) (The Development of Sino-Soviet Relations After the War [1945~1960]). Beijing: Shehui kexue wenhua chubanshe, 1997.

Zhao Chang'an et al. *Lao gemingjiade lian'ai, hunyin he jiating shenghuo* (Love, Marriages, and Family Life of the Old Generation Revolutionaries). Beijing: Gongren chubanshe, 1985.

Zhao Jialiang and Zhang Xiaoji. *Banjie mubei xia de wangshi: Gao Gang zai Beijing* (A Story Dug from Underneath a Half-destroyed Tombstone: Gao Gang in Beijing). Hong Kong: Dafeng chubanshe, 2008.

Zhao Wei. *The Biography of Zhao Ziyang*. Translated by Chen Shibin. Hong Kong: Educational & Cultural Press, 1989.

Zhonggong dangshi dashi nianbiao (Chronology of Major Events in the History of the CCP). Beijing: Renmin chubanshe, 1987.

Zhongguo gongchandang lishi jiangyi (Lectures on CCP History). 2 vols. Changchun: Liaoning renmin chubanshe, 1981.

Zhongguo gongchandang lishi jiangyi (Lectures on CCP History). 2 vols. Jinan: Shandong renmin chubanshe, 1982.

Zhongguo gongchandang xin shiqi lishi dashiji (zengdingben) (12, 1978~3, 2008) (Chronology of CCP History in the New Period: Expanded edition [December 1978~March 2008]). Beijing: Zhonggong dangshi chubanshe, 2009.

Zhonghua renmin gongheguo dashi (1949~2004) (Chronicle of Major Events in the People'sRepublicofChina[1949~2004]).2vols.Beijing: Renminchubanshe, 2004.

Zhongguo renmin jiefangjun zuzhi yange he geji lingdao chengyuan minglu (Organizational Evolution and Personnel of the Leading Organs at All Levels of the PLA). Beijing: Junshi kexue chubanshe, 1987.

Zhou Enlai nianpu (1898~1949) (Chronological biography of Zhou Enlai [1898~1949]). Rev. ed. Beijing: Zhongyang wenxian chubanshe, 1998.

Zhou Guoquan et al. *Wang Ming nianpu* (Chronological Biography of Wang Ming). [Hefei]: Anhui renmin chubanshe, 1991.

Zhu De nianpu (Chronological Biography of Zhu De). Beijing: Renmin chubanshe, 1986.

Zhu Jiamu, ed. *Chen Yun nianpu: 1905~1995* (Chronological Biography of Chen Yun: 1905~1995). 3 vols. Beijing: Zhongyang wenxian chubanshe, 2000.

Zhu Ruizhen. "Zhong-su fenliede genyuan" (Causes of the Sino-Soviet Spilt). In *Zhanhou zhong-su guanxi zuoxiang (1945~1960)* (The Development of Sino-Soviet Relations After the War [1945~1960]). Beijing: Shehui kexue wenhua chubanshe, 1997. 91~116.

Zhuangzi. *The Complete Works of Chuang Tsu*. Translated by Burton Watson. New York: Columbia University Press, 1968.

Zhuangzu jianshi (Short History of the Zhuang). Nanning: Guangxi renmin chubanshe, 1980.

Zweig, David. "Context and Content in Policy Implementation: Household Contracts and Decollectivization, 1977~1983." In David M. Lampton, ed. *Policy Implementation in Post-Mao China*. Berkeley: University of California Press, 1987. 255~283.

찾아보기

지은이

알렉산더 판초프 Alexander V. Pantsov

오하이오주 콜럼버스에 있는 캐피탈 대학교 역사학 교수이자 에드워드 앤드 메리 캐서린 게르홀트 인문학 강좌 교수다. 모스크바에서 태어나 모스크바 국립대학교 아시아-아프리카 학부를 졸업했다. 《볼셰비키와 중국 혁명 1919~1927 The Bolsheviks and the Chinese Revolution 1919~1927》《마오쩌둥 평전》 등을 포함하여 다수의 저작을 출간했다.

스티븐 레빈 Steven I. Levine

몬태나 대학교 역사학과 고등연구원이다. 판초프와의 공저 《마오쩌둥 평전》, 마이클 헌트 Michael H. Hunt와의 공저 《제국의 호: 필리핀부터 베트남까지 미국의 아시아에서의 전쟁 Arc of Empire: America's Wars in Asia from the Philippines to Vietnam》을 비롯하여 러시아어 및 중국어 전문 번역가로서 학술 논문, 논평 등을 포함한 다수의 저작을 출간했다.

옮긴이

유희복

고려대학교에서 문학사, 동 대학 국제대학원에서 국제지역학 석사 학위를 마친 후, 중국 푸단 대학교 국제관계학원에서 국제관계학 박사 학위를 취득했다. 강남대, 아주대, 연세대 등 여러 대학에서 국제안보와 국제관계 그리고 중국의 정치, 외교, 사회 등을 강의했으며 현재 신한대학교에 출강 중이다. 주로 국제관계이론과 미중 관계 연구에 관심이 있으나, 중국의 경우 제도와 체제보다는 지도자의 특성이 대내외 정책에 비교적 강하게 반영되어온 점을 고려하여 최근에는 역대 지도자들에 대해서도 관심을 갖고 있다. 논문으로 〈중국의 미중 신형대국관계 구축 제의와 함의〉(2013), 〈아태 재균형과 중미 신형대국관계 구축의 전개 현황 분석〉(2016), 〈강대국화 과정에서 중국의 지적 대항과 실천〉(2017) 등이 있으며, 《중국연구의 동향과 쟁점》(2016), 《중국의 꿈: 중국이 지향하는 강대국 초상》(2018) 등의 공저가 있다.

설계자 덩샤오핑

1판 1쇄 찍음 2018년 9월 27일
1판 1쇄 펴냄 2018년 10월 10일

지은이 알렉산더 V. 판초프, 스티븐 I. 레빈
옮긴이 유희복
펴낸이 안지미
기획 노승현
편집 김진형 최장욱 박승기
교정 문형숙
디자인 한승연
제작처 공간

펴낸곳 알마 출판사
출판등록 2006년 6월 22일 제2013-000266호
주소 03990 서울시 마포구 연남로 1길 8, 4~5층
전화 02.324.3800 판매 02.324.7863 편집
전송 02.324.1144

전자우편 alma@almabook.com
페이스북 /almabooks
트위터 @alma_books
인스타그램 @alma_books

ISBN 979-11-5992-229-9 03990

이 도서의 국립중앙도서관 출판시도서목록CIP은 서지정보유통지원시스템
홈페이지http://seoji.nl.go.kr와 국가자료공동목록시스템http://www.nl.go.kr/kolisnet에서
이용하실 수 있습니다. CIP제어번호: 2018030011

알마는 아이쿱생협과 더불어 협동조합의 가치를 실천하는 출판사입니다.

종이 표지_스노우 화이트 150g/㎡ 본문_그린라이트 70g/㎡